项目管理

（第二版）

主　编　何清华　杨德磊
副主编　李永奎　李殿维　王　歌

内 容 简 介

本书在吸收国内外项目管理最新成果的基础上，结合作者自身的教学、科研和实践等多方面的心得体会，以及第一版的反馈结果，较为全面地介绍了项目管理相关领域的基本知识，对价值工程、挣值管理、网络计划等关键项目管理技术展开更为详细的阐述，针对性地强化了项目组织的相关知识，对项目管理发展的前沿问题和热点问题进行了深入剖析，特别对敏捷项目管理、复杂项目管理等方面的发展进行了系统的论述和发展趋势分析，并选择介绍了一批近年来的典型项目管理案例，帮助读者在对项目管理总体认识的基础上，更好地了解项目管理前沿、发展趋势、管理技能及关键技术。

本书可作为高等学校管理科学与工程、工程管理及相关专业的本科教材，以及工程硕士、工程管理硕士、MBA、MPA 和 EMBA 等专业学位项目管理课程的教材和企业项目管理培训教材，也可供从事项目管理相关工作的专业人员参考阅读。

图书在版编目(CIP)数据

项目管理 / 何清华等编著. —2 版. —上海：同济大学出版社，2019.8
 ISBN 978-7-5608-8614-5

Ⅰ. ①项… Ⅱ. ①何… Ⅲ. ①项目管理-高等学校-教材 Ⅳ. ①F224.5

中国版本图书馆 CIP 数据核字(2019)第 146280 号

项目管理(第二版)

主编 何清华 杨德磊 **副主编** 李永奎 李殿维 王 歌
责任编辑 姚烨铭 **责任校对** 徐春莲 **封面设计** 张 微

出版发行	同济大学出版社　　www.tongjipress.com.cn	
	(地址：上海市四平路1239号　邮编：200092　电话：021-65985622)	
经　销	全国各地新华书店	
排　版	南京新翰博图文制作有限公司	
印　刷	启东市人民印刷有限公司	
开　本	787 mm×1092 mm　1/16	
印　张	32.75	
字　数	817 000	
版　次	2019 年 8 月第 2 版　　2019 年 8 月第 1 次印刷	
书　号	ISBN 978-7-5608-8614-5	
定　价	78.00 元	

本书若有印装质量问题，请向本社发行部调换　　版权所有　侵权必究

再版前言

本书自2011年第一版出版以来,在包括同济大学在内的几十所高等院校工程管理和土木工程等本科相关专业,以及MBA、MPA、MEM和EMBA等专业硕士学位教学中被选为指定教材,受到了广大老师和学生的肯定和好评。本教材作为普通高等教育"十一五"国家级规划教材,被教育部评选为2011年度普通高等教育精品教材。

距第一版出版已经八年,项目管理学科无论是在理论拓展还是实践探索方面,都取得了显著的发展和拓展,对第一版进行与时俱进的调整和完善显得越来越迫切。在第一版教材使用过程中,我也收到许多老师和同学的积极反馈,希望本书能够结合项目管理理论和实践的最新发展进行内容更新,同时也为本书进行再版修订提出了许多有价值的意见和建议。由于工作繁忙,又深知教材编写和再版需要怀着敬畏之心去高质量地完成,所以从着手启动第一版的再版工作到第二版书稿最终完成,历时三年半。在此,向使用第一版教材的师生表示深深的歉意,也向即将使用第二版教材的师生表示深深的谢意。

本书第二版在吸收国内外项目管理最新理论研究和实践应用成果的基础上,结合作者从事项目管理教学、科研和社会实践等方面的不断总结和提升,对教材整体结构和内容进行了诸多更新、调整和完善。从教材结构编排来看,章节数量由第一版的11章扩展为第二版的23章,所有章节组合为相对独立又相互关联的六大篇章,即导论篇、组织篇、管理篇、工具篇、前沿篇、案例篇,全书的模块化和结构化特征更加明显。从教材内容完善角度,将第一版第一章项目管理导论拆分为项目管理概述和项目管理知识体系两章,形成导论篇;在保留第一版项目组织、项目团队的基础上,新增独立章节项目管理人员的能力,强调以人为主线的知识逻辑,形成更为系统和完整的组织篇;借鉴PMBOK十大知识体系,在保留项目成本管理、项目进度管理、项目质量管理、项目采购和合同管理、项目风险管理的基础上,新增项目整合管理、项目范围管理、项目沟通管理、项目利益相关者管理(项目人力资源管理包含在组织篇)章节,形成完整的管理篇;以第一版工作分解结构、价值工程为基础,进一步整合项目成本管理、项目质量管理和项目进度管理相关工具,形成更为完善的工具篇;将第一版项目管理前沿章节升格为独立的前沿篇,选取复杂项目管理、敏捷项目管理、跨文化项目管理的最新成果,以便学生能捕捉项目管理学科的最新思想和典型热点;单设案例篇,将第一版散落在各章节的案例集中编排,并增加案例数量,强化案例选取的典型性及其对教学内容不同篇章的呼应和支撑。

本书第一、二、三章由何清华撰写,第十三、十九、二十章以及案例11由杨德磊撰写,第二十一、二十二章由李永奎撰写,第十七、二十三章由李殿维撰写,第八、九章由王歌撰写,第六、十二章以及案例12由王剑锋撰写,第五、七、十四章以及案例10由郭臻撰写,第十、十五、十六章以及案例1~5由陈杨雪撰写,第四、十一、十八章以及案例6~9由李含章撰写。在撰写过程中,同济大学复杂工程管理研究院谢坚勋、罗晟、陈训、翟暨、马亮、高宇等人提供了大量素材和修订建议,范道安、刘晓雪、王婷、李金、祝军、陈小燕、何晖、李洋、罗培圣等研究生做了大量的修改和校对工作,感谢他们为本书改版做出的贡献。本版由何清华教授、杨德磊博士修改定稿,副主编为同济大学李永奎教授、辽宁工程技术大学李殿维老师和华中农业大学王歌博士,同济大学经济与管理学院乐云教授担任主审。上海科瑞真诚建设项目管理有限公司为本书提供了部分案例支持,在此表示感谢。本书撰写过程中参考和引用了部分国内外作者的专著、教材、期刊论文和会议论文的有关内容,不一一明示,在此向他们表示深深的谢意。

由于作者水平及经验所限,书中缺点和谬误在所难免,敬请读者批评指正,不胜感激。

何清华
2019 年 6 月
于同济大学

目　录

再版前言

第一篇　导　论

第 1 章　项目管理概述 ………………………………………………………………… 3
1.1　项目管理的产生和发展 …………………………………………………………… 3
　　1.1.1　项目管理的历史发展 ……………………………………………………… 5
　　1.1.2　项目导向型组织与项目导向型社会 ……………………………………… 7
　　1.1.3　项目管理展望 ……………………………………………………………… 8
1.2　项目管理的定义 …………………………………………………………………… 9
　　1.2.1　项目的定义 ………………………………………………………………… 9
　　1.2.2　项目的生命周期 …………………………………………………………… 11
　　1.2.3　项目管理的定义 …………………………………………………………… 15
　　1.2.4　项目管理的内容 …………………………………………………………… 16
1.3　项目集管理 ………………………………………………………………………… 16
　　1.3.1　项目集管理的基本概念 …………………………………………………… 16
　　1.3.2　项目集管理和项目管理之间的关系 ……………………………………… 18
　　1.3.3　项目集管理的组织结构 …………………………………………………… 18
　　1.3.4　项目集管理活动 …………………………………………………………… 19
1.4　项目组合管理 ……………………………………………………………………… 20
　　1.4.1　项目组合管理的基本概念 ………………………………………………… 20
　　1.4.2　项目组合管理与项目管理、项目集管理之间的关系 …………………… 21
　　1.4.3　项目组合管理的过程 ……………………………………………………… 22
　　1.4.4　项目组合管理的难点 ……………………………………………………… 22
1.5　项目管理专业人士资格认证 ……………………………………………………… 23
　　1.5.1　PMP 认证 …………………………………………………………………… 23
　　1.5.2　IPMP 认证 ………………………………………………………………… 24
　　1.5.3　ACP 认证 …………………………………………………………………… 26
　　1.5.4　PRINCE2 认证 ……………………………………………………………… 26
　　1.5.5　行业项目管理专业资格认证 ……………………………………………… 27
1.6　项目管理实践 ……………………………………………………………………… 30
　　1.6.1　航空项目管理实践 ………………………………………………………… 30
　　1.6.2　建设项目管理实践 ………………………………………………………… 31

1.6.3　IT 项目管理实践 ……………………………………………………… 31
　复习思考题 …………………………………………………………………………… 32

第 2 章　项目管理知识体系 …………………………………………………… 33
　2.1　PMBOK ……………………………………………………………………… 33
　　2.1.1　PMBOK 发展与体系结构 …………………………………………… 33
　　2.1.2　项目管理过程 ………………………………………………………… 34
　　2.1.3　项目管理知识领域 …………………………………………………… 40
　　2.1.4　其他标准 ……………………………………………………………… 47
　2.2　PRINCE2 …………………………………………………………………… 49
　　2.2.1　PRINCE2 发展及体系结构 …………………………………………… 49
　　2.2.2　原则 …………………………………………………………………… 50
　　2.2.3　主题介绍 ……………………………………………………………… 51
　　2.2.4　流程介绍 ……………………………………………………………… 52
　　2.2.5　剪裁 …………………………………………………………………… 57
　2.3　C-PMBOK …………………………………………………………………… 58
　　2.3.1　C-PMBOK 的特点 …………………………………………………… 58
　　2.3.2　项目化管理 …………………………………………………………… 59
　复习思考题 …………………………………………………………………………… 60

第二篇　组　织　篇

第 3 章　项目组织 ………………………………………………………………… 63
　3.1　组织理论概述 ………………………………………………………………… 63
　　3.1.1　组织的基本概念 ……………………………………………………… 63
　　3.1.2　组织理论的发展 ……………………………………………………… 64
　3.2　项目组织结构 ………………………………………………………………… 65
　　3.2.1　项目组织结构的基本模式 …………………………………………… 66
　　3.2.2　不同组织结构的比较 ………………………………………………… 73
　　3.2.3　影响项目组织结构选择的因素 ……………………………………… 75
　　3.2.4　项目组织结构模式的发展 …………………………………………… 77
　3.3　项目组织分工 ………………………………………………………………… 79
　　3.3.1　工作任务分工 ………………………………………………………… 80
　　3.3.2　管理职能分工 ………………………………………………………… 83
　3.4　项目组织文化 ………………………………………………………………… 86
　　3.4.1　项目组织文化内涵 …………………………………………………… 86
　　3.4.2　项目组织文化分类 …………………………………………………… 87
　　3.4.3　项目组织文化职能 …………………………………………………… 89
　　3.4.4　项目组织文化的建设和发展 ………………………………………… 90

3.5 项目管理办公室 ·· 90
　　3.5.1 项目管理办公室的发展历程 ··· 91
　　3.5.2 项目管理办公室的内涵 ·· 92
　　3.5.3 项目管理办公室的职能 ·· 93
　　3.5.4 项目管理办公室的构建 ·· 95
复习思考题 ·· 96

第4章　项目团队 ·· 97
4.1 项目团队概述 ·· 97
　　4.1.1 项目团队的定义 ·· 97
　　4.1.2 项目团队的特征 ·· 97
　　4.1.3 项目团队的构成 ·· 98
4.2 项目团队建设与发展 ··· 99
　　4.2.1 项目团队组建 ·· 99
　　4.2.2 项目团队建设 ·· 99
　　4.2.3 项目团队管理 ·· 99
　　4.2.4 项目团队发展阶段 ··· 100
　　4.2.5 项目团队发展技巧 ··· 102
4.3 项目团队领导 ·· 103
　　4.3.1 项目团队领导的定义 ·· 103
　　4.3.2 项目团队领导的角色 ·· 105
　　4.3.3 项目团队领导的特征 ·· 106
　　4.3.4 项目团队领导的风格 ·· 107
　　4.3.5 项目团队领导的选拔 ·· 108
4.4 项目团队成员 ·· 109
　　4.4.1 项目团队成员选择 ·· 110
　　4.4.2 项目团队成员绩效管理 ··· 112
4.5 项目团队冲突管理 ·· 113
　　4.5.1 项目团队冲突概述 ·· 114
　　4.5.2 项目团队冲突来源 ·· 114
　　4.5.3 项目团队冲突类型 ·· 115
　　4.5.4 冲突对项目团队的影响 ··· 115
　　4.5.5 项目团队冲突解决 ·· 116
4.6 项目界面管理 ·· 118
　　4.6.1 界面管理的内涵 ·· 118
　　4.6.2 项目界面系统的构成 ·· 118
　　4.6.3 项目界面管理的方法 ·· 120
　　4.6.4 项目界面管理实例 ·· 120
复习思考题 ·· 121

第5章 项目管理人员的能力 ····· 122
5.1 PMI 项目经理胜任力标准 ····· 122
- 5.1.1 技术项目管理 ····· 123
- 5.1.2 战略和商务管理技能 ····· 123
- 5.1.3 领导力技能 ····· 124
- 5.1.4 项目集经理的技能要求 ····· 124

5.2 IPMA 项目经理能力标准 ····· 127
- 5.2.1 洞察力（Perspective）····· 128
- 5.2.2 人（People）····· 129
- 5.2.3 实践（Practice）····· 130

5.3 APC 专业胜任能力评核 ····· 131
- 5.3.1 APC 胜任力 ····· 131
- 5.3.2 APC 中项目管理专业路径的要求 ····· 132

5.4 复杂项目管理人员能力标准 ····· 134
- 5.4.1 复杂项目经理能力标准的产生 ····· 135
- 5.4.2 理解复杂项目经理能力标准 ····· 135
- 5.4.3 复杂项目经理能力标准 ····· 137
- 5.4.4 举例 ····· 141

5.5 复杂项目的核心领导团队 ····· 142
复习思考题 ····· 143

第三篇　管　理　篇

第6章 项目整合管理 ····· 147
6.1 项目整合管理的依据 ····· 147
- 6.1.1 项目章程 ····· 147
- 6.1.2 项目管理计划 ····· 148

6.2 项目监控 ····· 151
- 6.2.1 项目监控内容和关注点 ····· 151
- 6.2.2 项目监控工具 ····· 152

6.3 项目整体变更控制 ····· 155
- 6.3.1 整体变更控制依据与影响因素 ····· 155
- 6.3.2 整体变更控制方法 ····· 156

6.4 项目知识管理 ····· 161
- 6.4.1 项目知识管理的内涵 ····· 161
- 6.4.1 项目知识管理的方法 ····· 161

复习思考题 ····· 162

第 7 章 项目范围管理 ··· 163
7.1 项目范围管理概述 ··· 163
7.2 项目范围识别 ·· 163
7.2.1 项目范围识别依据 ·· 164
7.2.2 范围识别活动的影响因素 ···································· 166
7.2.3 项目范围识别成果 ·· 167
7.3 项目范围变更与控制 ··· 169
7.3.1 范围变更的产生 ·· 169
7.3.2 范围变更的控制 ·· 170
7.4 项目范围管理中的研讨会方法 ····································· 173
7.4.1 准备阶段 ·· 173
7.4.2 实施阶段 ·· 174
7.4.3 会议后阶段 ·· 175
复习思考题 ·· 176

第 8 章 项目进度管理 ··· 177
8.1 项目进度管理概述 ··· 177
8.1.1 项目进度管理的概念 ·· 177
8.1.2 项目进度管理的内容 ·· 177
8.2 网络计划技术概述 ··· 179
8.2.1 网络计划技术的起源与发展 ································ 179
8.2.2 网络计划技术的分类 ·· 179
8.2.3 网络计划技术的特点 ·· 182
8.3 项目进度控制 ·· 183
8.3.1 项目进度控制的内涵 ·· 183
8.3.2 项目进度控制的方法 ·· 183
8.3.3 项目进度控制的措施 ·· 189
8.4 计算机辅助项目进度管理 ··· 190
8.4.1 计算机辅助进度管理软件的核心功能 ················ 190
8.4.2 Primavera 6.0 软件介绍 ··· 193
8.4.3 Microsoft Project 2016 软件介绍 ·························· 196
复习思考题 ·· 198

第 9 章 项目成本管理 ··· 199
9.1 项目成本管理概述 ··· 199
9.1.1 成本管理理论的发展 ·· 199
9.1.2 项目成本及分类 ·· 200
9.1.3 项目成本管理基本内容 ·· 201
9.2 项目资源计划 ·· 202

9.2.1 项目资源计划概念 ······ 202
9.2.2 项目资源计划编制依据 ······ 202
9.2.3 项目资源计划编制的步骤与方法 ······ 203
9.3 项目成本估算 ······ 204
9.3.1 项目成本估算依据 ······ 204
9.3.2 项目成本估算方法 ······ 205
9.3.3 项目成本估算结果 ······ 207
9.4 项目成本预算 ······ 208
9.4.1 项目成本预算原则 ······ 208
9.4.2 项目成本预算流程 ······ 209
9.4.3 项目成本预算编制案例 ······ 211
9.5 项目成本控制 ······ 213
9.5.1 项目成本控制原则 ······ 214
9.5.2 项目成本控制依据 ······ 214
9.5.3 项目成本控制方法 ······ 215
9.5.4 项目成本控制结果 ······ 216
9.5.5 项目审计与分析 ······ 217
复习思考题 ······ 217

第 10 章 项目质量管理 ······ 218
10.1 项目质量管理概述 ······ 218
10.1.1 质量与项目质量的内涵 ······ 218
10.1.2 质量管理的发展 ······ 218
10.1.3 项目质量管理内涵及体系 ······ 219
10.2 项目质量规划 ······ 220
10.2.1 项目质量规划概述 ······ 220
10.2.2 项目质量规划内容与过程 ······ 220
10.2.3 项目质量规划方法 ······ 221
10.2.4 项目质量规划结果 ······ 222
10.3 项目质量保证 ······ 223
10.3.1 项目质量保证概述 ······ 223
10.3.2 项目质量保证基本内容 ······ 223
10.3.3 项目质量保证方法 ······ 224
10.4 项目质量控制 ······ 224
10.4.1 项目质量控制概述 ······ 224
10.4.2 项目质量控制内容与步骤 ······ 225
10.4.3 质量控制的结果 ······ 226
10.5 项目质量改进 ······ 226
10.5.1 项目质量改进的概述 ······ 226

	10.5.2 项目质量改进的过程	227
	10.5.3 6Sigma 改进方法	228
10.6	质量管理体系	230
	10.6.1 建立质量管理体系的标准和原则	230
	10.6.2 ISO9001:2015 标准质量管理体系模式	231
	10.6.3 质量体系文件构成	231
	10.6.4 质量管理体系认证	232
复习思考题		232

第 11 章 项目采购与合同管理 ... 233

- 11.1 基本概念 ... 233
  - 11.1.1 项目采购与项目采购管理 ... 233
  - 11.1.2 项目合同与合同管理 ... 235
  - 11.1.3 项目采购流程 ... 235
- 11.2 采购准备 ... 238
  - 11.2.1 采购需求确定 ... 238
  - 11.2.2 采购内容分析 ... 238
  - 11.2.3 采购计划编制 ... 241
- 11.3 招标与供应商确定 ... 242
  - 11.3.1 招标准备阶段 ... 242
  - 11.3.2 开标评标阶段与供应商选择 ... 244
  - 11.3.3 授标签约阶段与采购谈判 ... 245
- 11.4 采购实施与合同执行 ... 246
  - 11.4.1 采购监控与合同的履行 ... 246
  - 11.4.2 合同变更管理 ... 248
  - 11.4.3 合同索赔管理 ... 250
  - 11.4.4 支付管理 ... 251
- 11.5 采购完成与合同收尾 ... 252
  - 11.5.1 结束采购 ... 252
  - 11.5.2 合同收尾 ... 254
- 复习思考题 ... 256

第 12 章 项目沟通管理 ... 257

- 12.1 项目沟通管理的依据 ... 258
  - 12.1.1 沟通需求分析 ... 258
  - 12.1.2 沟通管理计划 ... 258
- 12.2 团队沟通模型 ... 260
  - 12.2.1 团队沟通过程 ... 260
  - 12.2.2 团队沟通障碍 ... 261

  12.3 沟通管理方法 ·· 262
    12.3.1 团队沟通方式 ·· 262
    12.3.2 沟通管理策略 ·· 264
    12.3.3 协作沟通工具 ·· 265
  复习思考题 ··· 265

第 13 章　项目风险管理 ·· 266
  13.1 项目风险管理概述 ·· 266
    13.1.1 风险的概念 ·· 266
    13.1.2 项目风险管理简介 ·· 266
    13.1.3 项目风险管理的过程 ··· 267
  13.2 风险管理规划 ··· 268
    13.2.1 风险管理规划的含义和依据 ··· 268
    13.2.2 风险管理规划的主要内容 ·· 268
    13.2.3 风险管理规划的方法与工具 ··· 269
  13.3 项目风险识别 ··· 269
    13.3.1 项目风险识别的含义 ··· 269
    13.3.2 项目风险识别的依据 ··· 270
    13.3.3 项目风险识别的过程 ··· 270
    13.3.4 项目风险识别的方法 ··· 272
  13.4 项目风险分析 ··· 274
    13.4.1 项目风险定性分析 ·· 274
    13.4.2 项目风险定性分析的方法 ·· 276
    13.4.3 项目风险定量分析 ·· 278
    13.4.4 项目风险定量分析的方法 ·· 278
  13.5 风险应对计划 ··· 281
    13.5.1 风险应对计划的含义和依据 ··· 281
    13.5.2 项目风险应对的过程及主要内容 ································· 281
    13.5.3 项目风险应对的方法 ··· 282
  13.6 项目风险监控 ··· 284
    13.6.1 项目风险监控的含义和依据 ··· 284
    13.6.2 项目风险监控的过程及主要内容 ································· 285
    13.6.3 项目风险监控的方法 ··· 285
  复习思考题 ··· 286

第 14 章　利益相关者管理 ·· 287
  14.1 利益相关者识别 ·· 287
    14.1.1 项目团队成员 ·· 288
    14.1.2 项目高层管理者 ·· 288

14.1.3 其他利益相关者 ·········· 289
14.1.4 项目利益相关者分析 ·········· 290
14.2 利益相关者参与管理 ·········· 293
14.2.1 现实环境中利益相关者参与管理 ·········· 293
14.2.2 虚拟环境中利益相关者参与管理 ·········· 295
14.2.3 利益相关者参与管理中的沟通 ·········· 297
14.3 利益相关者管理技能 ·········· 298
14.3.1 领导力 ·········· 298
14.3.2 认同 ·········· 300
14.3.3 谈判 ·········· 302
复习思考题 ·········· 303

第四篇 工 具 篇

第15章 工作分解结构 ·········· 307
15.1 工作分解结构概述 ·········· 307
15.1.1 工作分解结构的概念 ·········· 307
15.1.2 工作分解结构的特点 ·········· 308
15.1.3 工作分解结构的重要性 ·········· 308
15.2 创建工作分解结构 ·········· 310
15.2.1 工作分解结构的编制 ·········· 310
15.2.2 需要考虑的基本因素 ·········· 313
15.2.3 需要做出的基本判断 ·········· 314
15.3 工作分解结构示例 ·········· 314
15.3.1 自行车工作分解结构示例 ·········· 314
15.3.2 软件实施工作分解结构示例 ·········· 317
复习思考题 ·········· 318

第16章 挣值管理 ·········· 319
16.1 挣值管理概述 ·········· 319
16.1.1 挣值管理的概念 ·········· 319
16.1.2 挣值管理的起源 ·········· 319
16.1.3 挣值管理的适用范围 ·········· 320
16.2 挣值管理的基本指标 ·········· 320
16.2.1 挣值管理中的三个关键指标 ·········· 320
16.2.2 偏差和绩效指标 ·········· 321
16.2.3 挣值法的其他指标 ·········· 322
16.2.4 用挣值法预测完工估算 ·········· 322
16.3 偏差分析工具 ·········· 323

    16.3.1 横道图 ··· 323
    16.3.2 表格法 ··· 324
    16.3.3 S形曲线 ·· 325
    16.3.4 偏差原因分析与纠偏措施 ··· 325
 复习思考题 ··· 326

第17章 价值工程 ·· 328
 17.1 价值工程基本理论 ··· 328
    17.1.1 价值工程的产生背景 ·· 328
    17.1.2 价值工程的定义 ·· 329
    17.1.3 价值工程与项目管理 ·· 331
 17.2 项目实施不同阶段价值工程的应用 ······································ 332
 17.3 价值工程的实施步骤 ·· 332
 17.4 价值工程常用方法 ··· 334
    17.4.1 对象选择的方法 ·· 334
    17.4.2 功能系统分析的方法 ·· 337
    17.4.3 功能评价的方法 ·· 339
    17.4.4 方案创新的方法 ·· 342
    17.4.5 方案评价的方法 ·· 343
    17.4.6 成果鉴定的方法 ·· 345
 复习思考题 ··· 346

第18章 项目质量管理工具 ·· 347
 18.1 基本质量工具 ·· 347
    18.1.1 检查表 ··· 347
    18.1.2 因果图 ··· 347
    18.1.3 帕累托分析 ·· 349
    18.1.4 控制图 ··· 350
    18.1.5 散点图 ··· 350
    18.1.6 直方图 ··· 351
    18.1.7 分层法 ··· 352
 18.2 质量管理工具的发展 ·· 353
    18.2.1 KJ法 ··· 353
    18.2.2 过程决策程序图（PDPC法）···································· 354
    18.2.3 关联图 ··· 355
    18.2.4 树形图 ··· 356
    18.2.5 矩阵图法 ·· 357
    18.2.6 矩阵数据分析法 ·· 357
    18.2.7 网络图法 ·· 357

复习思考题 ·· 357

第 19 章　常用网络计划技术 ·· 358
19.1　双代号网络技术 ·· 358
19.2　单代号网络技术 ·· 366
19.3　双代号网络时标计划 ·· 371
19.4　单代号搭接网络计划 ·· 374
　　复习思考题 ·· 385

第五篇　前　沿　篇

第 20 章　复杂项目管理 ·· 389
20.1　复杂项目管理概述 ·· 389
20.1.1　复杂项目的定义 ·· 389
20.1.2　复杂项目管理研究现状及趋势 ·· 389
20.1.3　复杂项目的复杂性 ·· 393
20.2　复杂项目领导团队 ·· 394
20.2.1　复杂项目的核心领导团队 ·· 394
20.2.2　发掘团队潜力 ·· 397
20.2.3　项目团队的领导 ·· 397
20.2.4　团队协作、沟通和协调 ·· 399
20.3　复杂项目组织管理 ·· 400
20.3.1　组织理论与复杂项目 ·· 400
20.3.2　复杂项目的组织特征 ·· 401
20.3.3　复杂项目的组织结构 ·· 402
20.3.4　复杂项目的组织集成管理 ·· 403
20.4　复杂项目与外部环境 ·· 406
20.4.1　不稳定市场中的复杂项目管理 ·· 406
20.4.2　重大政治环境中的复杂项目管理 ·· 407
20.4.3　其他不确定环境中的复杂项目管理 ·· 409
　　复习思考题 ·· 410

第 21 章　敏捷项目管理 ·· 411
21.1　敏捷项目管理概述 ·· 411
21.1.1　敏捷项目管理的产生与发展 ·· 411
21.1.2　敏捷项目管理价值观和原则 ·· 412
21.1.3　敏捷项目管理的优势 ·· 413
21.1.4　经典敏捷项目管理方法 ·· 414
21.2　敏捷项目管理过程 ·· 416

21.2.1　构想阶段 ··· 416
21.2.2　推测阶段 ··· 419
21.2.3　探索阶段 ··· 421
21.2.4　适应和结束阶段 ·· 422
21.3　敏捷项目管理的扩展与治理 ··· 423
21.3.1　敏捷项目管理的扩展 ··· 423
21.3.2　敏捷项目管理的治理 ··· 425
复习思考题 ··· 426

第 22 章　跨文化项目管理 ··· 427

22.1　跨文化项目管理概述 ··· 427
22.1.1　跨文化项目管理的产生背景 ·· 427
22.1.2　跨文化项目管理的内涵 ·· 427
22.2　跨文化项目管理的相关理论 ··· 428
22.2.1　国家文化差异分析理论 ·· 428
22.2.2　跨文化沟通理论 ··· 430
22.2.3　跨文化谈判理论 ··· 432
22.3　跨文化项目管理的实施 ·· 435
22.3.1　跨文化项目管理的实施障碍 ·· 435
22.3.2　跨文化项目管理的实施策略 ·· 436
22.3.3　跨文化项目管理的实施工具 ·· 438
复习思考题 ··· 440

第 23 章　项目管理成熟度模型 ·· 441

23.1　项目管理成熟度模型概述 ·· 441
23.1.1　项目管理成熟度内涵 ··· 441
23.1.2　项目管理成熟度模型的产生和发展 ··· 442
23.1.3　项目管理成熟度模型内涵 ·· 443
23.2　典型项目管理成熟度模型 ·· 443
23.2.1　OPM3 模型 ··· 443
23.2.2　K-PM3 模型 ·· 446
23.2.3　其他项目管理成熟度模型 ·· 447
23.3　项目管理成熟度改进与模型构建 ··· 448
23.3.1　项目管理成熟度改进 ··· 448
23.3.2　项目管理成熟度模型的构建 ·· 450
复习思考题 ··· 452

第六篇 案 例 篇

第24章 案例 ··· 455
24.1 案例1 National 公司组织案例 ··· 455
24.2 案例2 Multi project 公司案例 ··· 459
24.3 案例3 国际合作双频微波辐射计研制项目进度管理 ··· 461
24.4 案例4 项目采购与合同管理案例 ··· 465
24.5 案例5 挣值法的应用 ··· 468
24.6 案例6 价值工程在商场营销项目中的应用 ··· 470
24.7 案例7 三洋电机运用价值工程降低生产成本 ··· 474
24.8 案例8 项目风险管理 ··· 475
24.9 案例9 S电梯公司 e-Logistics 项目延期案例研究 ··· 478
24.10 案例10 梅赛德斯-奔驰汽车4S店的标准化项目管理 ··· 484
24.11 案例11 中国电信××公司业务支撑系统(BSS)项目集管理 ··· 489
24.12 案例12 本田斯文顿新工厂建设项目管理 ··· 494

参考文献 ··· 501

第一篇

导　论

第1章 项目管理概述

在过去几十年中,项目管理理论和实践取得了长足发展,很多组织都使用项目管理方法来达成目标。项目管理的历史却绝不仅仅只有几十年。《项目的管理》作者彼得·莫里斯(Peter W.G Morris)说:"对项目的管理是人类最古老、最值得尊敬的成就之一。我们敬畏地面对着古老奇迹创造者的伟大成就,他们是金字塔的建造者,古老城市的建筑师,大教堂和清真寺的泥瓦匠与工匠;还有中国长城和世界其他奇迹背后的权力和劳动。"

现代企业比以往任何时候都面临严峻的竞争压力,几乎每天都有新产品、新技术和新工艺推出。实际上任何创新和改革都是项目活动。由于这些任务具有一次性和独特性的共同特征,人们日益认识到采用常规的运营管理方法难以应付,必须组成专门的项目班子,采用项目管理方法,因此出现了强烈的项目管理需求。世界银行把每一笔贷款作为一个项目来管理;早在1957年,美国杜邦公司把项目管理方法应用于设备维修,使维修停工时间由125小时锐减为7小时;中国也不例外,项目管理需求几乎渗透到了任何形式的机构中,起着变革性的作用。

越来越多商界领袖和专家认为,"项目管理是未来的浪潮"。如果把以往应用职能式管理方法的人员比作恐龙,那么应用项目管理方法的项目经理就是必将替代它们的哺乳动物。项目管理理论和方法的出现和取得的成就让我们看到在竞争日益激烈的现代社会,要确保一个项目获得成功,以往单纯依靠投入大量金钱和资源的方法已经过时。相反,在资源有限的条件下采用合理方法实现项目目标管理,会带来事半功倍的效果。总之,项目管理带来的是一种靠智慧生存的技巧,而要发展这些技巧,我们的逻辑出发点是了解项目管理发展历史以及项目的独特性。

1.1 项目管理的产生和发展

【举例】 俘虏与地牢的故事

你是国王的俘虏。他要给自己的城堡增加三个新地牢,让你做一个规划。干得好就释放,干不好就终身监禁。

小地牢很难设计,要12周,但容易建成,1周即可;中地牢设计要5周,施工要6周;大地牢设计只要1周,但建造要用9周。

你有一个建筑师和一个建造师,建筑师不会建造,建造师不会设计。

要建好这三个地牢,你规划的总工期是几周?

要解决这个问题,我们主要有3个限制条件:质量或数量(Quality & Quantity,下文中用Q表示),时间(Time,下文中用T表示)和资源(Resources,下文中用R表示)。地牢项目的QRT分析如图1-1所示。

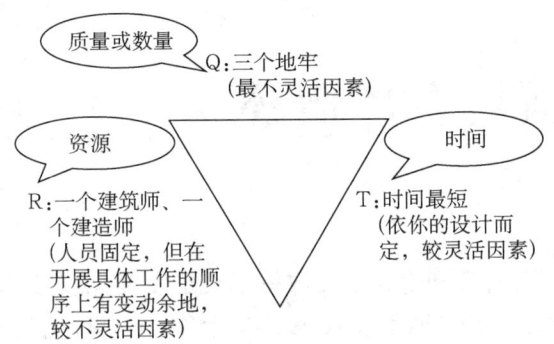

图 1-1 地牢项目的 QRT 分析

规划地牢项目实施有两种不同思路，如图 1-2 所示。

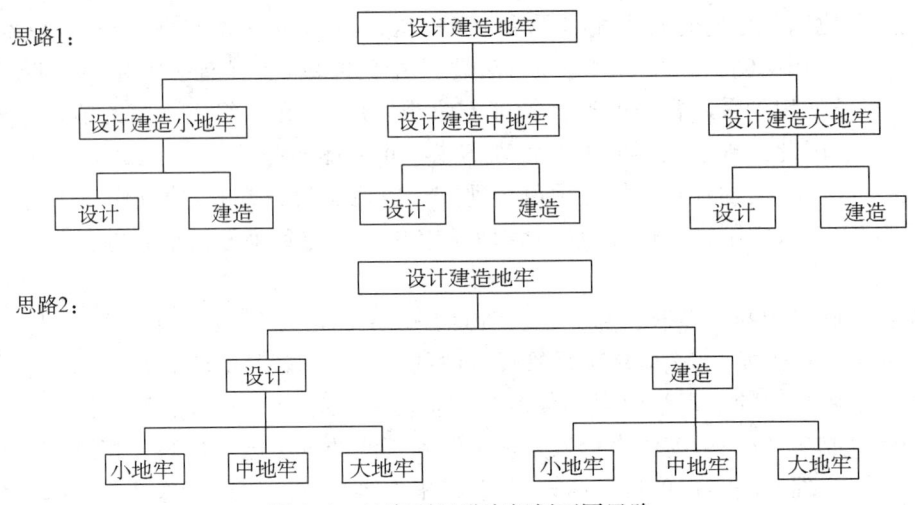

图 1-2 地牢项目进度规划不同思路

如果是你的话，会选择哪种思路进行地牢项目的实施呢？

思路 1 从一开始就关注单个产品的细节。思路 2 则可以根据设计单个地牢的时间，安排好建造单个地牢时间，以取得项目进度规划的最佳效果。

按照思路 2 先设计后建造的原则，可以很容易判断先设计小地牢或中地牢都会导致项目总进度过长，地牢设计的排序应该是大地牢→中地牢→小地牢。有兴趣的可以尝试思考：按照不同的地牢设计如何排序？项目总进度分别是多少？

我们可以编制甘特图来形象地表示单个地牢设计和建造的进展情况（甘特图的概念将在第 8 章详细介绍），如图 1-3 所示。

从图 1-3 中我们可以很明显地看出，要让项目总进度最短，最优的方法是让某一地牢的建造在其他地牢的设计过程中进行，以达到缩短总工期的目的。

同时也可以看出，如果建造中地牢的时间缩短 2 周，项目总进度不会缩短；而如果设计小地牢的时间缩短 2 周，项目总进度将由 19 周缩短到 17 周。

另外，很明显可以看出，在中地牢建造完毕后，建造师会有两周的空闲时间。我们可以合理地利用这两周时间，比如让建造师晚开工两周，或是在建造完大地牢和中地牢后各留出一周时间来让建造师休息。将可利用的时间和资源进行合理优化，是项目顺利进行的关键。

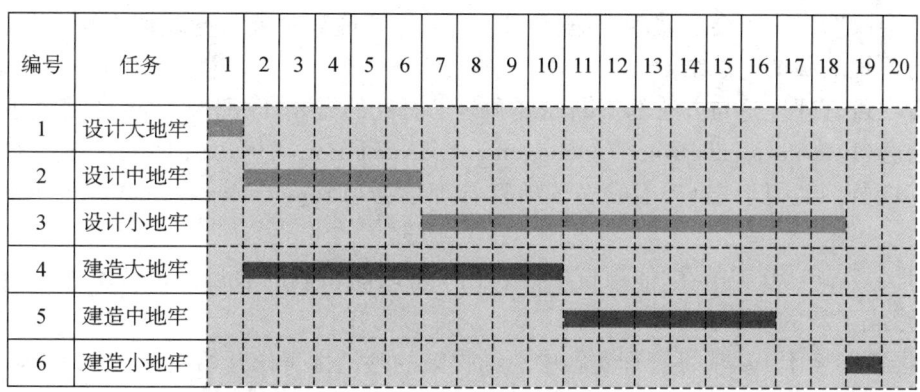

图 1-3　地牢项目进度规划方案

1.1.1　项目管理的历史发展

人类社会的发展促进了项目管理科学理论与方法的创立和发展。项目管理的起源可以追溯到远古时代,如埃及的金字塔、古罗马的尼母水道、中国的万里长城、都江堰等,都是前人项目管理实践的典范,人类智慧的结晶。但是,当时的项目管理思想还是朴素的、非系统的,没有形成系统项目管理理论、技术与方法,主要依靠个人的天赋与才能来进行项目管理。

20 世纪初期,随着科学技术的发展和产业规模的扩大,人们开始有意识地探索科学的项目管理方法。亨利·甘特(Henry L. Gantt)在 1900 年发明了甘特图(又称横道图),被广泛应用于项目进度计划与控制,目前仍然是项目管理的常用工具。1936 年,美国在洪水控制的水利工程中提出了"效益与费用比"基本准则,这一准则直至今日仍被广泛应用。

20 世纪 40 年代,直线经理使用"栅栏范围"的理念来管理项目。直线经理只执行直线组织所需的工作,工作完成后,便把"球"踢出栅栏,希望别人来接。一旦踢出栅栏,直线经理就会与项目的一切责任摆脱关系。这种理念的问题在于客户找不到一个可以进行咨询的人,信息缓慢流动浪费了客户与承包商的宝贵时间,所以这种理念在冷战时期逐渐被弃用。

20 世纪 50 年代,各个学科的科学家和工程技术人员从不同角度开发了许多理论与方法,网络计划技术(Network Planning Techniques)就是在这一时期产生。1957 年,美国杜邦公司将关键路线法(Critical Path Method,简称 CPM)应用于一个投资 1 000 万美元的化工项目,结果不仅大大缩短建设工期,而且节省项目总投资约 10%,取得了显著的经济效益。1958 年,美国海军部在"北极星导弹计划"中,利用计算机作为管理工具,开发出"计划评审技术"(Program Evaluation & Review Technique,简称 PERT),顺利解决了涉及 48 个州的 200 多个主要承包商和 11 000 多家企业的组织和协调问题,节省了大量投资,缩短工期 25%(约两年时间)。这一技术的出现,被公认为是现代项目管理的起点。1962 年,美国国防部发文规定,凡承包美国国防部有关工程的单位都必须采用计划评审技术来安排计划。由此,项目管理的理论与方法逐渐发展成为管理科学领域的一个重要分支,为项目管理学科的进一步发展奠定了基础。

20 世纪 60 年代,美国在"阿波罗计划"中,通过立案、规划、评价和实施,开发了著名的"矩阵管理技术"。美国还成功开发了计划项目预算体系(Planning-Programming-Budgeting System,简称 PPBS)。1962 年,为解决航天技术落后于苏联的问题,美国召开了"全国先进技术管理会议",出版了会议文献汇编《科学、技术与管理》,对项目管理理论与实践、技术与方法进行系统的归纳与总结。

随着项目管理理论与方法的不断发展和学术研究的需要,欧洲于1965年成立了国际项目管理协会(International Project Management Association,简称 IPMA),几乎所有欧洲国家都是其成员。美国于1969年成立了项目管理学会(Project Management Institute,简称 PMI)。

20世纪70年代,美国在"能源自主计划"中,将以前积累的项目管理技术进一步完善和系统化,形成了新的评估方法。

20世纪80年代,从项目管理实践中总结提高的理论性著作开始出版,如1983年美国出版了由30多位教授、专家和高级管理人员撰写的《项目管理手册》,论述了项目组织、项目寿命周期、项目规划、项目控制、项目管理中的行为尺度等问题。同年,美国国防部防务系统管理学院组织编写了《系统工程管理指南》,该书是美国30多年项目管理理论研究与实践经验的总结,于1986年出版了第2版,1990年出版了第3版,对综合优化武器装备系统的费用、进度、性能、提高系统效能和战备完好性起了重要作用。PMI从1976年开始将项目管理的通用管理上升为"标准"的工作,经过20年的努力,于1987年正式出版了《项目管理知识体系》(*Project Management Body of Knowledge*,简称 PMBOK)。PMI在2000年、2004年、2008年和2012年先后出版了PMBOK第二版、第三版、第四版和第五版,第六版于2017年正式出版,2018年第1季度正式启用。

我国在传统项目管理方面的研究和实践起步早,但后续发展却比较缓慢。早在2000多年前,我国就已经开始项目管理实践,并且创造了许多很好的传统项目管理方法。例如,战国时期都江堰工程从工程项目设计和施工等各个方面都使用了系统思想,成功实施了都江堰分洪与灌溉工程项目。宫廷建设项目的实施,很早就有了"工料定额"和"工时""造价"管理方法,许多朝代的"工部"都有相应的"国家标准"。但是,自宋朝以后开始在科技和管理方面走了下坡路,未能跟上世界科技与管理的快速发展。尤其是从清朝以后到中华人民共和国建国以前,我们与世界发达国家在科技和管理方面逐步拉开了距离,一直处于落后的地位。

在现代项目管理的学术发展方面,建立起适合我国国情的现代项目管理制度的是著名科学家华罗庚教授和钱学森教授。1965年,华罗庚教授出版了《统筹方法平话及其补充》,书中包含了绘制箭头图、找主要矛盾线等内容,并对统筹法进行了阐释。1992年,钱学森教授提出"从定性到定量的综合集成研讨厅"的项目管理体系,探讨了系统工程这种解决复杂巨系统的方法。尽管我国一些高校和研究机构在20世纪70年代末就开始做这方面的引进工作,但是现代项目管理作为管理科学的一个分支,到1997年教育部修订的学科目录中还没有列入。尽管有些高校已经在尝试开设现代项目管理的课程和培养现代项目管理人才,但是国家至今尚未设立高等教育本科和研究生专业。虽然我国已经有了监理工程师和建造师等职业资格认证、注册制度和办法,但其主要是针对工程建设项目管理,而不是面向广义项目管理。

可以看出,我国在现代项目管理的职业化和学术发展方面与国际上还存在较大差距。现代项目管理学科和专业的重要性和现实意义还没有在我国各行业、各领域引起足够重视,我们仍需要在这一方面做进一步的研究和推动,使我国现代项目管理职业化和学术发展能够尽快地与发达国家接轨,并逐步走向成熟。

我国的项目管理实践也开展得较晚,20世纪80年代后期才在建筑业和国内工程建设项目的管理体制和管理方法上做了许多重大的改革,开始借鉴和采用国际上先进的现代项目管理方法。最先开展现代项目管理实践的项目是我国鲁布革水电站项目,该项目在启动三年后即1984年4月采用世界银行贷款,开始用国际惯例开展现代项目管理实践,结果大大缩短了项目工期,降低了工程造价,取得明显的经济效益。财政部于1994年申请了一笔世界银行机构发展基金,专门用于项目管理人才培养,建立了项目管理培训网。但是主要针对工程建设项目管理,而不是广义项目管理。

必须承认,我国的现代项目管理理论与实践水平与国际水平还有较大差距,不管是从学术研究和专业教育方面,还是职业化发展与管理实践方面,现阶段我们需要各方面能够共同努力去做好各种引进、消化、培养人才和开展学术研究等方面的工作,还需要进一步研究中国国情下的现代项目管理的特殊性问题,逐步形成有中国特色的现代项目管理理论和方法体系,以及相应的职业化和学术发展道路。

1.1.2 项目导向型组织与项目导向型社会

项目导向型组织(Project Oriented Organizations,简称POO)和项目导向型社会(Project Oriented Society,简称POS)由IPMA提出,相关研究最早开始于20世纪90年代末,最初是Roland Gareis和J. Rodney Turner等人提出了相关的设想和模型。随后这些研究引起了IPMA的关注,并委托维也纳经济管理大学开始对项目导向型社会、组织和企业进行全面的研究,然后在此基础上完成了相应的实证研究和评价。

在知识经济与社会中,由于各种创新活动是创造社会财富的主导模式和手段,人们需要建设创新型国家和创新型企业以创造更多的财富,而这需要通过建设项目导向型组织和社会去提供组织方面的保障。全球各国发展经验表明,在一种主导的经济与社会模式出现之后,各国应积极开展经济与社会范式的转换工作,从而实现经济与社会的发展和跨越。

(1) 项目导向型组织。项目导向型组织是人类经济和社会从工业社会和经济向知识社会和经济转化过程中产生的,目的是为了更好地组织社会开展各种现代项目管理服务。它既不同于专门从事项目工作的项目组织,也不同于专门从事运营工作的直线职能组织,而且也不同于兼顾项目和运营的矩阵型组织,是一种在知识经济和社会中面向创新活动的全新组织形式。有关项目导向型组织的基本模型如图1-4所示,模型中给出了这种组织的基本模式和主要内涵。

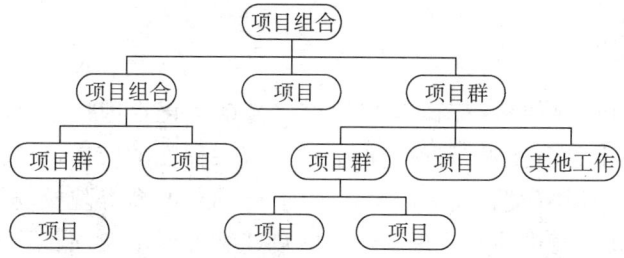

图1-4 现代项目导向型组织的基本构成要素模型示意图

由图 1-4 可以看出,这种组织的主要要素是:具有很强的创新活动能力(即现代项目管理能力),具有基于项目的全新管理模式,具有项目导向型的组织结构,具有项目导向型的组织文化,组织中项目团队和个人都具有较高的项目管理能力。在项目导向型组织中,一切都与项目有关。

(2) 项目导向型社会。随着逐步向创新性导向和知识经济的转变,人类社会正越来越向项目导向型社会发展。项目导向型社会以项目导向型组织为主要单元,以项目导向型的创新活动和项目管理作为社会的核心任务,以现代项目管理及其相关服务为社会实践的主要特征。项目导向程度的不同决定了社会的项目管理成熟程度和项目管理社会化服务的成熟度。IPMA 的研究表明,项目导向型社会成熟度越高,社会的项目管理能力和创新能力越强,知识经济和社会发展的效率和国际竞争力提升得越快,项目导向型组织的基本构成要素模型如图 1-5 所示。

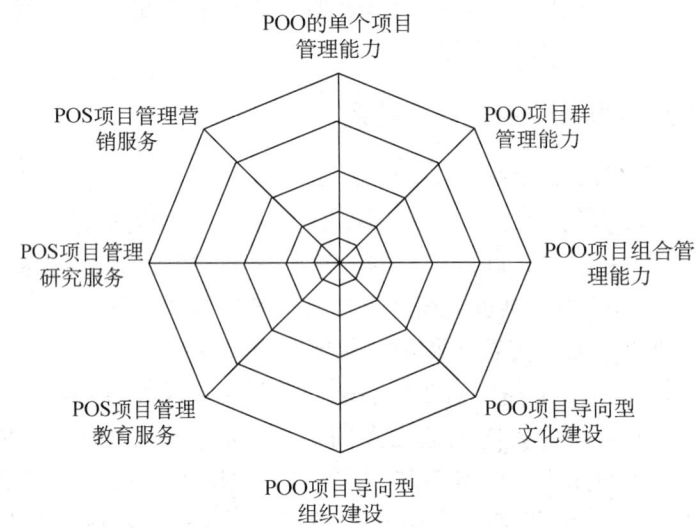

图 1-5 现有项目导向型组织的基本构成要素模型示意图

由图 1-5 可见,项目导向型社会主要有两个基本特征:一是项目导向型组织是社会的基本单元;二是社会化项目管理服务是社会发展的关键。社会化项目管理服务主要包括三方面内容:一是项目管理研究方面的服务,包括项目管理科学的研究和出版等,主要由社会化研究机构提供,同时国家也有专门基金提供资助;二是项目管理营销方面的服务,包括社会化服务机构提供的项目管理认证、项目管理销售和相关标准制订等;三是项目管理教育方面的服务,包括各种社会化的项目管理学位和学历教育以及培训等。

1.1.3 项目管理展望

(1) 理论领域。在可预见的未来,项目集成化与结构化管理技术、项目管理可视化技术以及项目过程测评技术等新技术、新理论都会得到很大程度的应用,体现出独特的价值。项目管理理论——矩阵树形将发展成平面柔性管理;国内外的高等院校、科研单位以及工程部门之间合作深化,将共同促进项目管理新学科的创建和发展。从项目管理理论的趋势来看,企业多项目管理及组织级项目管理成熟度的理论研究仍是热点。另外,复杂项目管理、敏捷项目管理和跨文化项目管理也是现阶段的重要研究前沿。

（2）实践领域。项目管理的观念在向一般管理领域渗透，如项目管理的方法和技术被越来越多企业用于日常运营，"按项目管理"的观念在一些企业得到运用和推广。组织级项目管理成熟度模型引起了许多大型企业的关注，如何不断提高组织的项目管理水平将是未来项目管理实践的热点之一。在实践领域，企业的项目管理是另外一个发展热点。如华为公司、联想集团、LG集团等公司，普遍采用项目管理的方法来实现企业管理。

（3）多学科性。项目管理将有更多的学科介入，其科学性和综合性得到增强。项目管理以系统工程学为指导，将人、资源、技术、流程、时间和经济活动有效地结合起来，构成一个系统，应用科学方法和计算机技术，对系统进行分析、设计、制造和服务，以便高效地实现项目目标。当前，将组织行为学、管理学理论与技术进行有机结合，充分发挥项目运行过程中人力资源的作用，使得项目管理在理论和应用两方面达到新的高度，成为项目管理研究的重要方向之一。

1.2　项目管理的定义

1.2.1　项目的定义

PMI在PMBOK 2012版中将项目定义为："项目是用来创建具备唯一性的产品、服务或结果而进行的临时性努力（A project is a temporary endeavor undertaken to create a unique product, service or result.）。"联合国工业发展组织《工业项目评估手册》对项目的定义是："项目是对一项投资的一个提案，用来扩建、创建或发展某些工厂企业，以便在一定的周期内增加货物的生产或社会的服务。"有学者认为，建造巴比伦通天塔（Tower of Babel）或埃及金字塔属于最早的项目，但是史前穴居人收集材料加工猛犸象肉的活动可能是最早的项目。可以肯定的是，建造巨石水坝（Shoulder Dam）和爱迪生发明电灯无论从何种意义上说都属于项目。然而，通常人们认为现代项目管理始于"曼哈顿计划"。早期项目管理主要应用于复杂的大型军事研究与开发（Research and Development，简称R&D）项目，如阿特拉斯洲际导弹研究与开发。大规模的建设工程也逐渐按照项目管理方式进行组织与实施，如水坝、化工厂和高速公路等项目。

随着项目管理技术的日益发展，对项目型组织的应用也开始推广。私有建筑公司发现，项目型组织对于一些小型工程（如仓库或公寓等工程）的实施很有益处；汽车公司在新车型开发中也使用项目型组织，通用电气（General Electric）公司和普特拉·惠特尼（Pratt & Whitney）公司都使用项目型组织，以开发新的喷气式飞机引擎；项目管理还被用来开发新型号的鞋子和船只；跨国公司也开始运用项目管理方法提供跨国服务；广告策划、全球化合并、资本兼并均以项目管理方式进行；项目管理方法还进一步渗透到非盈利性领域，如朋友聚会、结婚典礼、募集资金、竞选活动、社交聚会和独唱音乐会等活动均使用了项目管理的方法。

从最为广义的角度讲，项目是一个需要完成的具体而又明确的任务，具有以下特征。

（1）独特性。项目的独特性是指项目具有独特的活动过程，整体上不具有重复性。与一般的工业产品生产不同,每个项目都有区别于其他项目的特殊要求,没有两个项目是完全相同的。项目的独特性是项目区别于运作的主要标志,是项目得以从人类有组织的活动中分划出来的关键所在,是项目一次性的基础。

(2)一次性。项目的一次性体现在任何一个项目具备临时性特征(Temporary),即任何一个项目有明确的开始和结束。项目的一次性体现:项目是一次性的成本中心;项目经理是一次性得到授权的管理者;项目组织是一次性的组织,项目一旦完成,项目组织即解散;项目机会是一次性的。项目的一次性针对项目整体而言,并不排斥在项目中存在重复性的工作。

(3)多目标性。项目的目标包括成果性目标和约束性目标。项目的成果性目标是项目必须实现的,约束性目标是项目管理者必须努力的方向。在项目实施过程中,成果性目标都是由一系列技术指标来定义的,同时受到多种约束性目标的制约。项目目标属性的根源是使利益相关者满意,由于利益相关者的多元性,导致了项目目标的多样性。项目多个目标之间可以相互协调,也可能相互制约,如有时为了实现时间目标而不得不降低功能要求。在项目执行过程中必须注意各目标之间的平衡,在利益相关者满意的前提下,实现系统目标最优化,如图1-6所示。

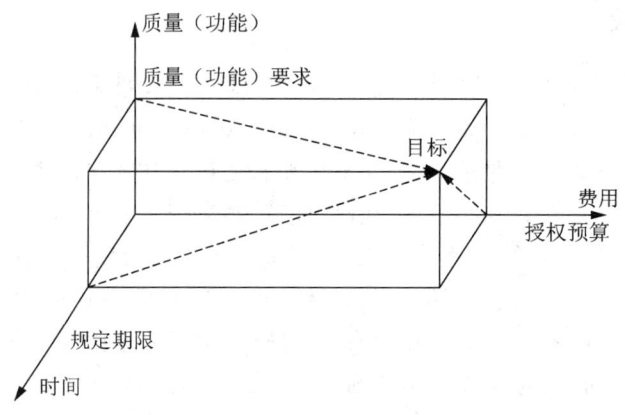

图1-6 项目多目标属性

(4)生命周期性。项目的一次性是项目生命周期属性的根源。同时,由于项目中广泛存在的不确定性,从易于管理的角度出发,按照时间维度,把项目的生命周期分为若干阶段。本书将在第1.2.2小节对项目生命周期进行详细阐述。

(5)相互依赖性。项目的相互依赖属性是指项目由若干相互关联、相互依赖的子过程组成整体,是一个相互关联的系统,应当采用系统观点和方法去组织项目。一个项目要取得良好的经济效益,需要在设计技术上先进可行,经济上合理,有优化设计方案;项目实施要求造价低、工期短、质量符合预定标准,项目使用后效益好、寿命长。其各阶段各环节之间是相互影响、相互依赖的有机整体。在这些问题上,如果只考虑某一阶段工作的优化,则整体不一定为最优。

(6)冲突性。冲突性是由于项目的不一致性而导致项目中存在各种各样的冲突。项目管理中唯一不变的是变化,不确定性贯穿于项目整个生命周期,不确定性引起不一致性从而产生冲突。项目经理经常被描述成一个冲突经理，其工作过程可以说是一个不断解决和协调冲突的过程。项目之间有为资源与其他项目进行的竞争，有为人员而与其他职能部门的竞争，等等。项目成员在解决项目问题时，几乎一致是处在资源和领导问题的冲突中。

项目可以创造：

① 一个产品，可能是其他产品的组成部分、某个产品的升级，也可能本身就是最终产品；

② 一种服务或提供某种服务的能力（如支持生产或配送的业务职能）；

③ 对现有产品线或服务线的改进（如实施六西格玛项目以降低缺陷率）；

④ 一种成果，例如某个结果或文件（如某项目所创造的知识，可据此判断某种趋势是否存在，或判断某个新过程是否有益于社会）。

项目例子包括（但不限于）：

① 建设一幢大楼或厂房；

② 开发一种新产品；

③ 实施、改进或提升现有的业务流程；

④ 一次环球旅行；

⑤ 北京申奥项目。

1.2.2 项目的生命周期

项目与项目管理都是在比项目更大的环境中进行的。理解这个大环境，有助于确保项目的执行符合企业目标，项目的管理符合组织既有实践方法论。

项目生命周期是通常按顺序排列而有时又相互交叉的项目集合。阶段名称和数量取决于参加项目的一个或多个组织的管理与控制需要、项目本身特征及其所在的应用领域。生命周期可以用某种方法加以确定和记录，可以根据所在组织或行业的特征，或者所用技术的特征来确定或调整项目生命周期。虽然每个项目都有明确的起点和终点，但其具体可交付成果以及项目期间的活动会因项目的不同而有很大差异。无论项目涉及什么具体工作，生命周期都能为管理项目提供基本框架。

1) 项目生命周期的特征

项目的规模和复杂性各不行同，但不论其大小繁简，所有项目都呈现下列生命周期结构，如图 1-7 所示：

（1）启动项目；

（2）组织与准备；

（3）执行项目工作；

（4）结束项目。

这个通用的生命周期结构，用于与高级管理层或其他不太熟悉项目细节的人员进行沟通。它从宏观视角为项目间的比较提供了通用参照系，即使项目的性质完全不同。

通用的生命周期结构通常具有以下特征：

（1）成本与人力投入在开始时较低，在工作执行期间达到最高，并在项目快要结束时迅速回落。这种典型的走势如图 1-7 中的虚线所示。

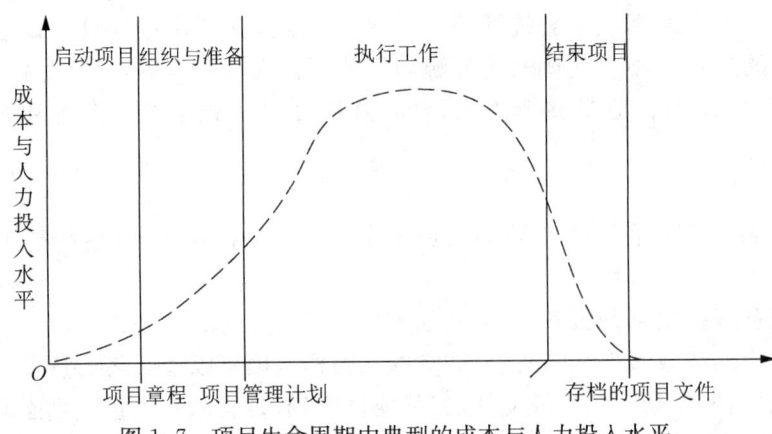

图 1-7 项目生命周期中典型的成本与人力投入水平

(2) 干系人的影响力、项目的风险与不确定性在项目开始时最大,并在项目的整个生命周期中随时间的推移而递减(图 1-8)。

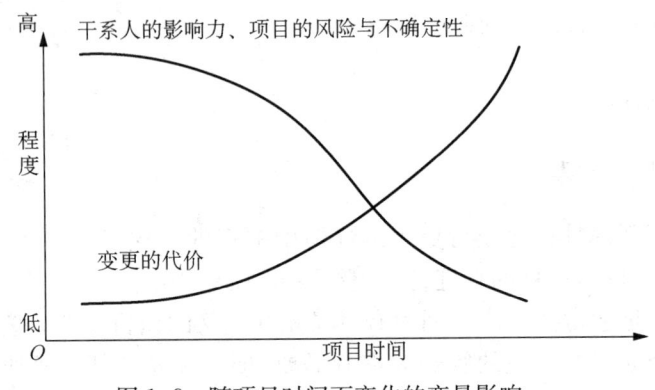

图 1-8 随项目时间而变化的变量影响

(3) 在不显著影响成本的前提下,改变项目产品最终特性的能力在项目开始时最大,并随项目进展而减弱。图 1-8 表明,变更和纠正错误的代价在项目接近完成时,通常会显著增高。

在通用生命周期结构的指导下,项目经理可以决定对某些可交付成果施加更有力的控制。大型复杂项目尤其需要这种控制。在这种情况下,最好能把项目工作正式分解为若干阶段。

2) 产品生命周期与项目生命周期的关系

产品生命周期通常包含顺序排列但不相互交叉的一系列产品阶段。产品阶段由组织的制造和控制要求决定。产品生命周期的最后阶段通常是产品的退出。一般而言,项目生命周期包含在一个或多个产品生命周期中。要注意区分项目的生命周期与产品生命周期。任何项目都有自己的目的或目标。如果项目的目标是创造一项服务或成果,则其生命周期应为服务或成果的生命周期,而非产品生命周期。

如果项目产出的是一种产品,那产品与项目之间就有许多种可能的关系。例如,新产品的开发,其本身就可以是一个项目,或者现有产品可能得益于某个为之增添新功能或新特性的项目,或可以通过某个项目来开发产品的新型号。产品生命周期中的很多活动都可以作为项目来实施,例如,进行可行性研究,开展市场调研,开展广告宣传,安装产品,召集焦点小组会议,试销产品等。在这些例子中,项目生命周期都不同于产品生命周期。

由于一个产品可能包含多个相关项目,所以可通过对这些项目的统一管理来提高效率。例如,新车的开发可能涉及许多单独项目,虽然每个项目都不同,但最终都是为了将这款新车推向市场。由一名高级负责人监管所有项目,能显著提高成功的可能性。

3) 项目阶段

为有效完成某些重要的可交付成果,而在需要特别控制的位置将项目分界,就形成了项目阶段。项目阶段大多是按顺序完成的,但在某些情况下也可重叠。项目阶段具有的这种宏观特性使之成为项目生命周期的组成部分。项目阶段不同于项目管理过程组。

采用项目阶段结构,把项目划分成合乎逻辑的子集,有助于项目管理。阶段划分数量和必要性以及每个阶段所需的控制程度,取决于项目规模、复杂程度和潜在影响。但不论项目被划分成几个阶段,所有的项目阶段都具有以下共同特征:

(1) 当各阶段为顺序排列时,阶段结束就以作为阶段性可交付成果的工作产品转移或移交为标志。阶段结束点是对项目进行重新评估,并在必要时变更或终止项目的一个时点。这些时点可称为阶段出口、里程碑、阶段关卡、决策关卡、时段关卡或关键决策点。

(2) 各阶段的工作重点不同,通常涉及不同的组织,需要不同的技能组合。

(3) 需要施加额外控制,以成功实现各阶段的主要可交付成果或目标。重复实施五大过程组中的过程,就能提供所需的额外控制,并定义各阶段的边界。

尽管很多项目可能有相似的阶段名称和相似的可交付成果,但很少有完全相同的阶段划分。有些项目仅有一个阶段,如图 1-9 所示。有些项目则有多个阶段。图 1-10 是一个三阶段项目的例子。不同的阶段通常有不同的持续时间或长度。

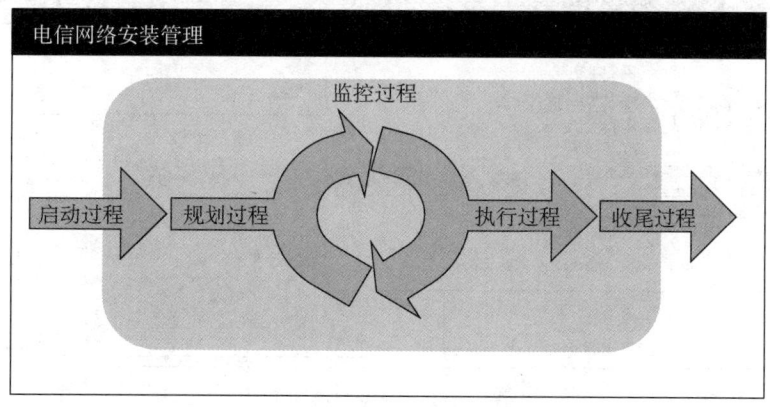

图 1-9 单阶段项目的例子

尚没有统一的方法来定义项目的最佳结构。尽管行业惯例常常引导项目优先采用某种结构,但同一个行业内甚至同一个组织中的项目仍然可能大不相同。有些组织已经为所有项目制订了标准化结构,而有些组织则允许项目管理团队自行选择最适合其项目的结构。例如,某个组织可能将可行性研究作为常规的项目前期工作,某个组织将其作为项目的第一个阶段,而另一个组织则可能视其为一个独立的项目。同样,某个项目团队可能把一个项目划分成两个阶段,而另一个项目团队则可能把所有工作作为一个阶段进行管理。这些都在很大程度上取决于具体项目特性以及项目团队或组织的风格。

4）阶段间的关系

当项目被划分为多个阶段时，这些阶段通常按顺序排列，用来保证对项目的适当控制，并产出所需的产品、服务或成果。然而在某些情况下，项目也能从交叠或并行的阶段中受益。

阶段与阶段的关系有三种基本类型。

（1）顺序关系，即一个阶段只能在前一阶段完成后开始。图1-10就是一个所有阶段均按顺序排列的项目的例子，其按部就班的特点减少了项目不确定性，但也排除了缩短进度的可能性。

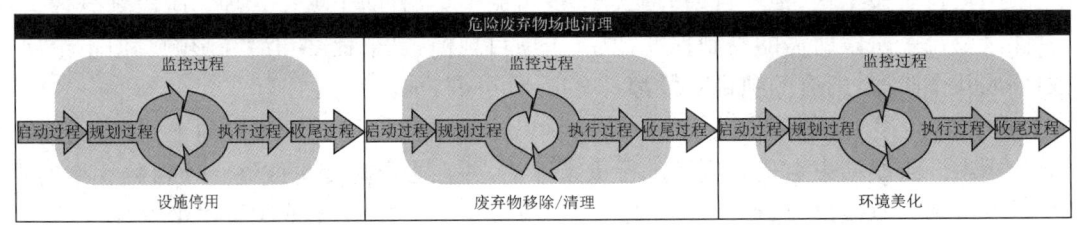

图1-10　三阶段项目

（2）交叠关系，即一个阶段在前一阶段完成前就开始。图1-11是新工厂建设中设计阶段和施工阶段交叠的例子。这有时可作为进度压缩的一种技术，被称为"快速跟进"。如果在获得来自前一阶段的准确信息之前，就开始后一阶段，那么阶段的交叠就可能增加风险或导致返工。

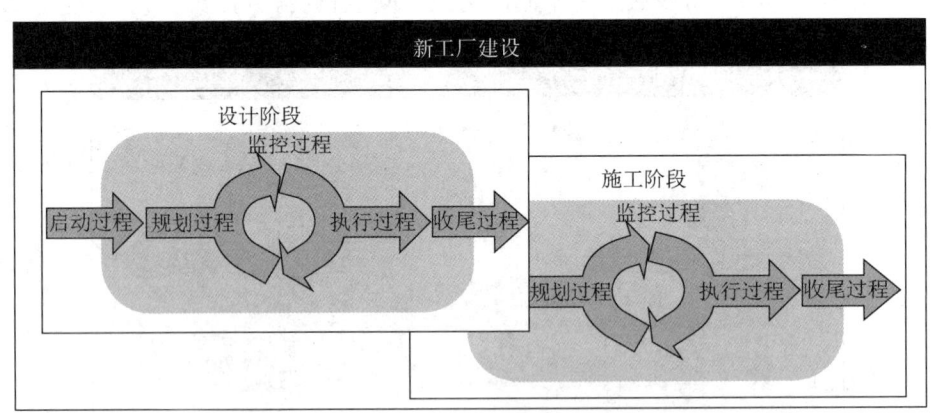

图1-11　阶段交叠项目

（3）迭代关系，即一次只规划一个阶段，且下一阶段的规划取决于当前阶段及其阶段成果的进展情况。迭代关系适合在高度不明确、不确定或快速变化的环境中使用，但是不利于进行长期规划。在管理这类项目的范围时，必须通过不断实现产品增量以及排列需求优先级，来最小化项目的风险、最大化产品的商业价值。这种模式要求所有项目团队成员（如设计者、开发者等）在整个项目生命周期或至少连续两个阶段中使用。

对多阶段项目而言，整个项目生命周期中可能发生不止一种阶段间的关系。所需达到的控制水平和效果，以及所存在的不确定性程度，决定着应该采用何种阶段间关系。因此，上述三种关系可能在同一个项目的不同阶段间发生。

1.2.3 项目管理的定义

PMI 在 PMBOK 中对项目管理的定义是：Project management is the application of knowledge, skills, tools, and techniques to project activities to meet the project requirements. 即项目管理就是将知识、技能、工具与技术应用于项目活动，以满足项目的要求。PMBOK 中把项目管理工作总结为 47 个项目管理过程（这 47 个过程将在后文中详细介绍）。又根据其逻辑关系将 47 个过程分为 5 大过程组，即启动、规划、执行、监控和收尾。管理一个项目一般包括（但不限于）：识别需求；在规划和执行项目时，处理干系人的各种需求、关注和期望；在干系人之间建立、维护和开展积极有效沟通；为了满足项目需求和创建项目可交付成果而对干系人进行管理；平衡项目间互相竞争的制约因素，比如范围、质量、进度、预算、资源和风险。

英国皇家特许建造师学会（The Chartered Institute of Building，简称 CIOB）对项目管理的定义是：Project management may be defined as an overall planning, co-ordination and control of a project from inception to completion aimed at meeting a client's requirements in order to produce a functionally and financially viable project that will be completed on time within authorized cost and to the required quality standards. 即从项目开始至完成对其全面的计划、协调和控制，其目的是为了生产出在功能与财务方面可行的项目，并需在确定的成本和要求的质量标准前提下及时完成。

本书对项目管理的定义如下：

项目管理就是以项目为对象的系统管理方法，通过一个临时性的专门的柔性组织，对项目进行高效率的计划、组织、指导和控制，以实现项目全过程的动态管理和项目目标的综合协调与优化。

所谓实现项目全过程的动态管理是指在项目的生命周期内，不断进行资源的配置和协调，不断做出科学决策，从而使项目执行的全过程处于最佳运行状态，产生最佳效果。所谓项目目标的综合协调与优化是指项目管理应综合协调好时间、费用及功能等约束性目标，在相对较短的时期内成功地达到一个特定的成果性目标。项目管理日常活动通常是围绕项目计划、项目组织、质量管理、费用控制及进度控制等五项基本任务来展开的。项目管理具有以下几个基本特点：复杂性、探索性、生命周期性和需要更多的协调沟通。

项目管理贯穿于项目的整个生命周期，是一种运用既有规律又经济的方法对项目进行高效率的计划、组织、指导和控制的手段，并在时间、费用和技术效果上达到预定目标。

项目的特点也表明，它需要的管理及管理办法与一般作业管理不同。一般的作业管理只须对效率和质量进行考核，并注重将当前的执行情况与前期进行比较。在典型的项目环境中，尽管一般的管理办法也适用，但管理结构须以任务（活动）定义为基础来建立，以便进行时间、费用和人力的预算控制，并对技术、风险进行管理。在项目管理的过程中，项目管理者并不负责资源调配，而是通过各个职能部门调配使用资源，但最后决定什么样的资源可以调拨，取决于业务领导。

一般来说，列作项目管理的一般是指技术上比较复杂、工作量比较繁重、不确定性因素很多的任务或项目。目前项目管理已经应用在几乎所有的工业领域中。

项目管理是以项目经理（Project Manager）负责制为基础的目标管理。一般来讲，项目管理是按任务（垂直结构）而不是按职能（平行结构）组织起来的。项目管理自诞生以来发展很快，当前已发展为三维管理。

(1) 时间维。即把整个项目的生命周期划分为若干阶段，从而进行阶段管理。

(2) 知识维。即针对项目生命周期的各不同阶段，采用和研究不同的管理技术方法。

(3) 保障维。即对项目人、财、物、技术及信息等的后勤保障管理。

由于项目情况可能发生变化，所以应在整个项目生命周期中反复开展制订项目管理计划的工作，对计划进行渐进明细。渐进明细是指随着项目信息越来越详细，估算越来越准确，持续完善和明细项目计划。此方法随着项目进展，可使项目管理团队对项目进行更明确的定义以及更加细致的管理。

1.2.4 项目管理的内容

项目管理的核心内容体现在：两层次、四阶段、五过程组和十大知识领域。

两个层次的项目管理是指企业层面和项目层面的管理。企业级项目管理重视实现企业所有的项目目标，保证一个总体目标的实现，关键是建立整个企业的项目管理系统，主要内容是企业层面的组织结构、企业级管理系统、企业内项目经理的职业方向。项目层次项目管理重视某个单一项目的成功，关键是建立单一项目的管理计划和运作规范，主要内容是项目实施过程体系规划、项目管理的管控过程方式设定。

项目管理的四个阶段，是把项目整个生命周期进行切割，即上文提到的启动项目阶段、组织与准备阶段、执行项目工作阶段和结束项目阶段。

项目管理的五个过程组为启动、规划、执行、监控和收尾。启动：即定义一个新项目或现有项目的一个新阶段，授权开始该项目或阶段的一组过程。规划：即明确项目范围，优化目标，为实现目标制订行动方案的一组过程。执行：即完成项目管理计划中确定的工作，以满足项目规范要求的一组过程。监控：即跟踪、审查和调整项目进展与绩效，识别必要的计划变更并启动相应变更的一组过程。收尾：即完结所有过程组的所有活动，正式结束项目或阶段的一组过程。

按照项目管理学科融合的各应用领域知识，从不同职能角度将其划分为如下十个管理领域：项目整合管理、范围管理、质量管理、成本管理、进度管理、风险管理、人力资源管理、利益相关者管理、采购管理以及沟通管理。具体内容将在后续章节进行具体介绍。

1.3　项目集管理

1.3.1 项目集管理的基本概念

1) 项目集

项目集（Program，亦称为项目群）是通过协调管理而取得单独管理这些项目时所无法取得的收益和控制的一组互相联系的项目。项目集可能包括处于项目集中各单个项目范围之外的相关工作（如持续运作）。不难理解，实行项目集管理可以实现 $1+1>2$ 的效应。另外，一些组织把大项目认为是项目集。对被拆分为若干易于管理的子项目的大型项目或大型独立项目进行管理仍然属于项目管理的范围，并且在 PMBOK 指南第 3 版中已经包含了这些内容。如果一个大型项目被分为若干个相互关联的项目，并且这些相互关联的项目都具有明确的收益管理时，这种类型的工作就成了项目集。比如，2010 年上海世博会的工程建设项目包括指挥部负责实施的项目、其他投资主体负责建设的项目以及大型市政项目，而每个大类项目下面又包括了许多不同的子项目，如其他投资主体负责建设的项目包括永久性项目和临时性项目。上述这些项目的收益管理都是非常明确的，组成了一个典型项目集。

项目集和项目都是通过提高组织现有能力、拓展新的能力并提供给组织使用，以便为组织交付收益。收益是对利益相关者提供效用的活动或行为而产生的成果，组织通过预期投资启动项目和项目集以获得收益。项目集收益有可能在整个项目集执行过程中渐进实现，也可能在项目集结束时一次性全部实现。与项目一样，项目集通常是在战略计划背景下，实现组织目的和目标的一种手段。

尽管在一个项目集中所包含的一组项目可以具有各自独立的收益，但它们通常也都支持基于项目集所建立的共同收益。

2）项目集管理

项目集管理是对一个项目集采取集中式的协调管理，以实现这个项目集的战略收益和目标，它包括对多个组件进行组合调整。此外，在项目集管理中，项目集经理需要通过五个互相关联和依赖的项目集管理绩效域的工作来控制和整合组件之间的相互依赖关系。这五个绩效域分别是：项目集战略一致性、项目集收益管理、项目集干系人争取、项目集治理和项目集生命周期管理。

以项目集的方式管理多个项目可以优化和集成成本控制工作，整合项目集的可交付成果，交付额外收益，在满足整个项目集需求的情况下实现人员优化配置。如果项目间的关系只是共享客户、供应商、技术或资源，则此类工作应视为项目组合，而不是项目集。一个项目集可能与项目之间有多种关联，表现在以下几个方面：

（1）项目中各项任务之间的依赖性。

（2）可能会影响到项目集中各项目的资源约束。

（3）影响到多项目的风险和降低风险所采取的行动。

（4）组织方向的改变影响项目中的工作，以及与其他项目和工作之间的关系。

（5）不断出现的问题、范围的变更、质量、沟通管理、风险，以及项目集接口或依赖关系。

项目集管理关注这些项目之间的依赖性关系，进而制订出最佳项目集计划。这样就可以有效地对项目集中项目的计划、进度、执行、监视和控制。

此外，项目集管理不同于多项目管理，多项目管理是对多个项目进行管理，这些项目之间不一定存在联系。而项目集管理的目的是为了实现组织确定的目标，该目标是组织长期战略计划的一部分，它和多项目组合管理、项目管理共同构成一个多层次结构的系统；而多项目管理却连一个共同目标都没有，虽然能对其所管理项目的管理起指导作用，但是它不能属于上述系统。实际上，是否应该把多项目按照项目集的方式来进行管理取决于以下因素：战略收益、协调计划、共享资源、依赖性和最优计划等。

1.3.2 项目集管理和项目管理之间的关系

项目集管理过程的本质就是对每个项目或项目集工作包的流程进行协调,协调贯穿启动、计划、执行、监控和收尾全过程。对这些过程的管理,在高于单个项目管理层面的层级上进行。这种集成的例子如:在项目集层面上,管理需要解决的问题和风险,因为它们涉及多个项目或跨越项目边界,因此它们在单个的项目管理层面是无法解决的。

项目集及其组件的交互往往是迭代和循环的。在项目集规划阶段,信息流主要但不是绝对地从项目集组件流到项目集。此时,关于影响交叉依赖关系的状态变化信息可以从项目流向项目集,然后再从项目集流向受影响的项目。项目集早期,项目集指导和指引各项目集组件保持一致,并实现期望的目标和收益。项目集也影响项目集中各项目的管理方法,这通过项目集经理的决策能力、项目集干系人争取及项目集治理一起实现。项目集后期,单个组件通过项目集治理过程向项目集报告项目状态、风险、变更、成本、问题及影响项目集的其他信息。这种交互的实例可以出现在制订项目集进度计划期间,组件层面整体进度计划的详细评审需要在项目集层面确认信息。

项目集管理就好比运动员的大脑,一般只关心如何完成项目的整体目标并进行战略指导,而项目管理就好比是运动员身体,它负责各个项目的具体实施,接受项目集管理的指挥。同样,项目集管理一般也不会涉及某个项目的具体管理,因为项目经理及其团队应该已经具有保证该项目顺利实施的能力。在特殊情况下,项目集管理有时候也会参与单个项目的管理。例如,解决在单个项目中出现的对项目集造成重大影响的问题,制订多个项目共享资源的详细计划,在多个项目间进行核心人员的调动,参与单个项目重大问题的决策等。

1.3.3 项目集管理的组织结构

从组织结构上讲,项目管理一般通过跨职能部门的矩阵结构组织实施,使传统的线性结构管理快速做出决策,提高效率。项目集管理一方面要保持项目管理的优势,另一方面项目集还要发挥学习型组织的特点以及规模经济和网络协同效应,在传统功能组织框架中构建有利于项目成功、持续改进、垂直等级少的组织结构,如图 1-12 所示。

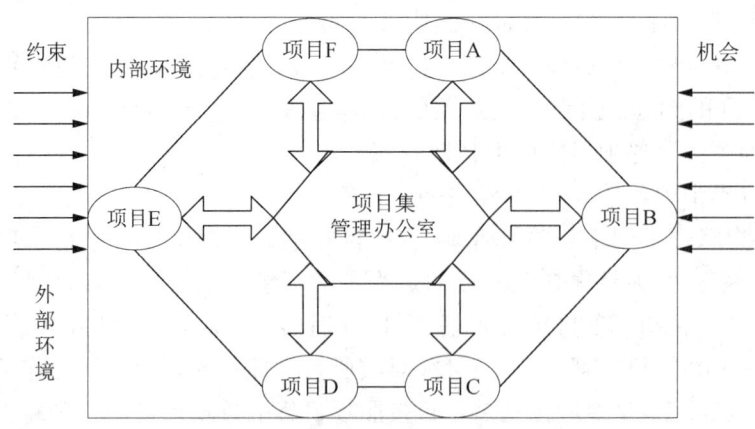

图 1-12　项目集管理组织结构

项目集管理组织结构的核心是项目集管理办公室,它是一个组织实体,关注如何有效管理项目集中的所有项目,负责将战略反映到项目集中去,并监控项目集,以确保可以持续地获得战略上的主动权,提升企业核心竞争力。BIA 的研究报告指出:为更好地实现组织目标,在组织中设立项目集管理办公室是一个可行办法,通过设立项目集管理办公室可以确保每个特定项目都能更贴近企业战略目标,更好地实现企业的战略目标。项目集管理办公室是一个规模不大,却是一个高端的和战略层次的工作组,它将企业所进行的项目管理工作与企业战略、商业目标、高层管理思想联结在一起。它既具有传统的项目管理职能,又具有战略性的管理职能,常包括:提供项目支持;实施并维持项目管理过程、标准和方法;提供项目管理培训,管理和培养项目管理人员;提供项目管理咨询和指导;选择并维护项目管理软件工具;进行项目集协同管理;评估和提升项目管理成熟度;创建项目文化以及提升企业文化;企业内过程和系统的整合以及满足企业独特需求的其他职能。

项目集管理办公室不同于一般项目办公室,项目办公室常常出现在巨大而复杂的单个项目上,或是单个部门内部管理该部门的多个项目;而项目集管理办公室存在于企业一级,负责对所有项目进行挑选、确定优先级、管理和监督等,目的是为了实现企业战略目标。另外,执行规模特别巨大、十分繁杂的项目集组织,可能建立多个项目集管理办公室,其中每个办公室可能仅专门负责实施一个或多个关键的组织项目集。

1.3.4 项目集管理活动

项目集管理虽源于项目管理,但它无论从战略高度,还是管理范围、管理内涵、复杂性和不确定性都远远超越于项目管理。从管理要素维度看,它不仅包括《项目管理知识体系指南》中列入的十个基本管理要素,还应包括协同管理、知识管理等体现项目集管理特点的管理要素。随着信息技术的发达与外包的盛行,以项目集为中心的管理活动越来越多,正是在这个意义上,项目集利益相关者的协同管理与战略合作显得尤为重要。

从层次维度看,项目集是对项目进行集群管理的组织框架,在最高层次,项目间是一种扁平的组织结构(图 1-12),以下各层次的划分按照项目分解结构(Project Breakdown Structure,简称 PBS)进行(图 1-13)。项目分解结构类似于工作分解结构(Work Breakdown Structure,简称 WBS),但它只是物理单位的分解,项目的下一个层级为子项目,子项目的下一个层级为工作包,它具有一定的功能,这样就保证了控制过程中信息来源的单一性和集成性。因而,由其组成的结构体系不仅能反映整个项目的控制过程,又能反映所有特性、内部相互关系和控制目标要求。

从时间维度看,由于项目集组成的复杂性,管理过程的时间跨度的模糊和不明确,管理过程也呈现出一定的循环特性。项目集管理过程可以划分为这样 5 个环节:启动、计划、执行、监控与收尾。图 1-13 给出了时间维度上的项目集管理过程。

项目集管理通过有效管理项目集中的所有项目,为实现企业的战略和商业目的提供了管理途径。项目集管理的优势带来了项目管理理论与实践的发展,项目集管理中项目的优选、资源的分配、不确定性管理等将是进一步需要研究的问题。

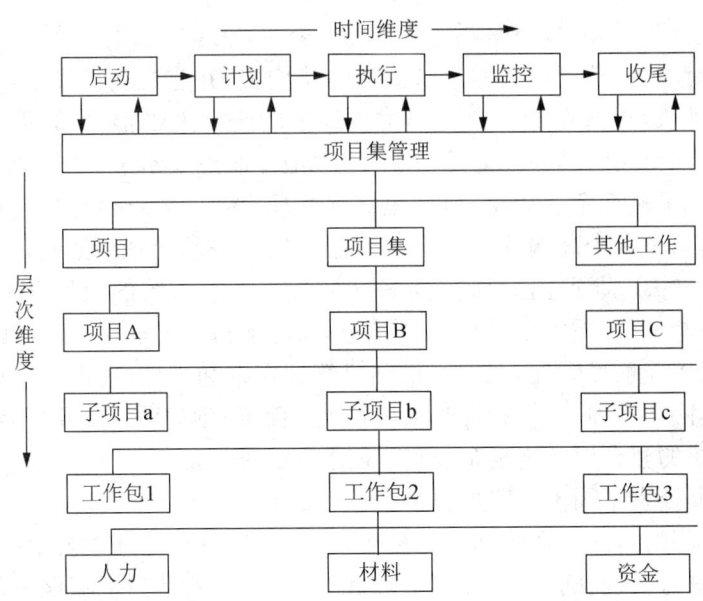

图1-13 基于时间维度和层次维度的项目集管理活动

1.4 项目组合管理

最早提出"组合管理"思想的是诺贝尔经济学奖获得者、美国经济学家 Harry Markowitz,他于1952年在 *Journal of Finance* 杂志上发表了《现代组合理论》一文,阐述如何进行投资组合选择,减少投资风险。直到1998年,才由 John Thorp 在 *The Information Paradox* 上发表文章指出:组合管理常被用来进行风险管理,也可以用来获取投资的最大回报。这种管理思想在金融投资领域叫作投资组合管理(Portfolio Management)。

美国学者 David Cleland 称:在应付全球化的市场变动中,战略管理和项目管理将起到关键性作用。实践证明,战略管理与项目管理已逐渐成为企业成功的两大支柱。战略管理指引企业"do the right thing(做正确的事情)",项目管理引导企业"do the thing right(把事情做正确)"。因此,在未来社会中获得成功的企业将是那些"do the right thing right(把正确的事情做正确)"的企业。

随着外部环境的发展变化,项目管理方法在企业的应用已不局限于传统的"项目型公司",生产运作型企业及政府部门也已广泛地实施项目管理。这使得"基于战略视角"的企业项目管理模式研究成为必然趋势。项目组合管理(Project Portfolio Management)正是这一趋势的产物,它架起了企业战略与项目之间的桥梁。项目组合管理已被美国、英国和欧洲其他一些国家的很多企业采用。跨国集团公司的实践表明,项目组合管理要比独立项目管理给企业带来更佳的绩效。

1.4.1 项目组合管理的基本概念

(1)项目组合。项目组合是指为了实现战略业务目标而集中统一在一起,以便进行有效管理的一组项目、项目集、子项目组合和运营工作。项目组合中的项目或项目集不一定彼此依赖或直接相关。项目组合体现了组织已经执行或已经计划的投资,这些投资必须支持组织的战略整体目标和细化目标。项目组合会确认组成项目的优先级、制订投资决策并分配资源。

（2）项目组合管理。项目组合管理是为了实现特定的战略业务目标,对一个或多个组合进行集中管理,包括对项目、项目集和其他相关工作的识别、优先排序、授权和控制等活动。为了确保组织的战略整体目标得以实现,项目组合管理会从以下两个方面综合考虑：①组织角度,确保所投资的项目能够满足项目组合的战略目的；②项目管理角度,有效交付项目,并且对项目组合做出期望的贡献。

项目组合的评审过程,将使用项目集管理和项目管理过程收集的项目实施报告来确定如何采取适当的措施。项目组合管理,也会借助项目管理和项目组合管理职能来确定某个正在执行的组成项或某个获得提议的组成项是否可以通过"继续或不继续"的判断标准,也包括"是否终止"的标准（这往往发生在阶段末尾的控制关口）以及提供资源需求信息（如人力资源、财务资产、实物资产等）,作为组织能力规划的依据。

1.4.2 项目组合管理与项目管理、项目集管理之间的关系

项目组合表示在某个特定时间点组织内部正在活跃着的一系列项目集、项目、子项目组合和其他工作,这些组成项支持也影响着组织战略目标。项目或项目集不一定都相互依赖或者直接相关。图 1-14 展示了三者之间的关系。

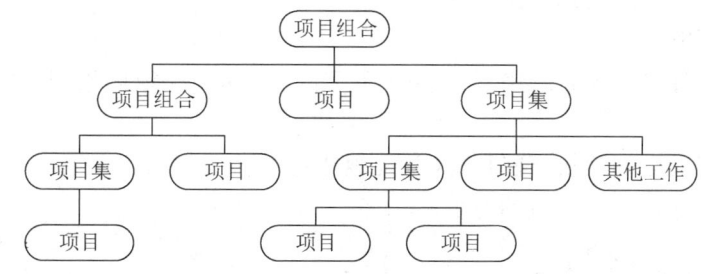

图 1-14　项目组合与项目及项目集之间的关系

表 1-1 对项目、项目集和项目组合管理进行了对比。

表 1-1　　　　　　　　　　项目、项目集和项目组合管理的比较

比较项	项目	项目集	项目组合
范围	项目的范围较窄,有具体的交付物。其范围在整个项目生命周期中渐进明细	项目集的范围较宽,为了满足组织对收益的期望,可以对范围做出调整	项目组合只有一个业务范围,它随着组织战略目标的调整而变化
变更	项目经理试图把变更控制在最小范围内,并执行一定的过程来确保变更处于控制中	项目集经理必须对变革有所准备,甚至需要主动利用变更	项目组合经理在较宽的范围内对变更进行持续监控
成功	以是否符合预算、是否准时、是否交付了规定的产品来测量成功	以投资收益率、新增生产能力、所实现的收益等来测量成功	以项目组合中组成项的总体绩效来测量成功
领导风格	为了满足成功标准,侧重于对任务的委派和指导	侧重于关系管理和冲突解决。项目集经理在利益相关者管理中应注重政治因素的影响	应该在项目组合决策中体现价值

续表

比较项	项目	项目集	项目组合
管理	项目经理需要管理技术人员和专业人员等	项目集经理需要管理项目经理和项目集人员	项目组合经理需要管理或协调项目组合管理成员,以及可能向项目组合汇报的项目集或项目人员
管理者扮演的角色	项目经理是团队协作者,使用知识和技能对团队进行激励	项目集经理是领导者,提供愿景和领导力	项目组合经理是领导者,需要有敏锐的洞察力和综合考虑事情的能力
规划	项目经理通过制订详细计划对项目产品的交付进行管理	项目集经理制订项目集整体计划,并制订项目宏观计划来指导下一层次的详细规划	项目组合经理建立并维护必要的项目组合过程并就此进行沟通
监督	项目经理监督并控制完成项目产生所需的任务和工作	项目集经理监督项目集所有组成部分的进展,确保实现项目集的整体目标、进度、预算和收益	项目组合经理监督战略变更和资源总体分配、绩效结果及项目组合风险

1.4.3 项目组合管理的过程

项目组合管理通过一系列的过程实现,在这些过程中,需要使用相关知识、技能、工具和方法。每个过程都依据一定的输入,并产生一定的输出结果。项目组合经理及其团队对每个过程及过程的输入和输出进行仔细考虑。项目组合管理是一个业务过程,里面包含的各个过程之间存在着顺序关系,因此它们相互关联,并推动着最终的决策和项目组合的平衡。为了取得成功,项目组合管理团队必须:

(1) 理解组织的战略计划;

(2) 根据战略计划确定管理项目组合的决定因素,这些决定因素对项目组合管理过程的启动起着支持作用;

(3) 考虑组织所有的项目、项目集及其他组成项;

(4) 遵循已经获得广泛认可的过程。

1.4.4 项目组合管理的难点

由于项目管理与一般的管理活动相比具有特殊性,因而项目组合管理存在一些难点。其主要表现:一是项目组合可能与经济最优化应用以及其他利益相关者无关,这就可能使得项目团队和其他利益相关者之间产生理解差异,以及优先顺序的差异(其他利益相关者可能忙于解决当前的运行问题),造成无谓的矛盾;二是多项目目标的多样性和层次性,会产生项目利益相关者不同期望和需求的诱惑,如,政府有关部门、社区公众、项目用户、新闻媒体、市场中潜在的竞争对手和合作伙伴等不同的项目利益相关者对项目有不同的期望和需求,有的期望和需求相差甚远,甚至相互抵触;三是某些项目的技术特性使得非专业人员难以预测项目的进程或计划实施的效果,项目管理人员虽然受过一定专业技术培训,但可能项目组合管理和项目管理知识有限;四是信息和知识是连贯形成的,因而在所有项目团队成员间合理地分享信息可能耗费时间而且代价昂贵,这样,一系列相关项目在不同地点进行,促进信息及时地共享以减少重复工作或无效的努力就显得尤为重要。为解决项目组合管理存在的难点,可以采取合理编制项目实施的统筹规划,组建有资历的专家组和相应人员的组合,选派项目的骨干管理人员,项目经理应使用项目管理工具(例如 Project)等对策。

1.5 项目管理专业人士资格认证

国际项目管理协会(International Project Management Association,简称 IPMA),美国项目管理协会(Project Management Institute,简称 PMI)以及一些其他的国内外专业协会、学会为推动全球或本国项目管理发展,经过多年的研究,提出了相对较为成熟的项目管理专业人士资格认证,比如 PMI 推出的项目管理专业人员资格认证(Project Management Professional,简称 PMP)和敏捷管理专业人士资格认证(Agile Certification Practitioner,简称 ACP)、IPMA 的四级认证、英国商务部(Office of Government Commerce,简称 OGC)推出的受控环境下的项目管理(PRojects IN Controlled Environments 2nd version,简称 PRINCE2)认证、英国皇家特许测量师学会(Royal Institution of Chartered Surveyors,简称 RICS)认证、CIOB 认证以及中国政府推出的建造师资格认证。以下将简单介绍上述资格认证。

1.5.1 PMP 认证

PMP 指项目管理专业人员资格认证。它是由 PMI 发起的,严格评估项目管理人员知识技能是否具有高品质的资格认证考试。其目的是为了给项目管理人员提供统一的行业标准。1999 年,PMP 考试在所有认证考试中第一个获得 ISO9001 国际质量认证。

PMP 作为项目管理资格认证考试为美国培养了一大批项目管理专业人才,项目管理职业已成为美国的"黄金职业"。在我国,许多媒体已把 PMP 称为继 MBA、MPA 之后的三大金字招牌之一,在国际上树立了其权威性。

PMP 认证已成为一个国际性的认证标准,现在同时用英语、德语、法语、日语、朝语、西班牙语、葡萄牙语和中文等九种语言进行认证考试;到目前为止,获得"PMP"资格的已有四万多人,并在逐年增长;各国纷纷效仿美国的项目管理认证制度,推动了世界项目管理的发展。

要想获得 PMP 专业认证,考生须达到 PMI 规定的对项目管理专业知识的掌握程度及相应的工作经验和要求。总体来说,项目经理需要满足以下需求:任务需求、团队需求和个人需求。项目管理是一门很重要的战略性学科,项目经理是战略与团队之间的联系纽带。项目对于组织的生存与发展至关重要。项目可以用改进业务流程的方式创造价值,对新产品和新服务的研发不可或缺,能使组织更容易应对环境、竞争和市场变化。因此,项目经理的角色在战略上越来越重要。但是,仅理解和使用那些被公认为良好做法的知识、工具和技术,还不足以实现有效的项目管理。要有效管理项目,除了应具备特定应用领域的技能和通用管理方面的能力以外,项目经理还需具备以下能力:

(1) 知识能力——项目经理对项目管理了解多少。

(2) 实践能力——项目经理能够应用所掌握的项目管理知识做什么、完成什么。

(3) 个人能力——项目经理在执行项目或相关活动时的行为方式。个人态度、主要性格特征和领导力,决定着项目经理指导项目团队平衡项目制约因素、实现项目目标的能力,决定着项目经理的行为的有效性。

项目经理通过项目团队和其他干系人来完成工作。有效的项目经理需要平衡道德因素、人际技能和概念性技能，以便分析形势并有效应对。较为重要的人际技能包括：

(1) 领导力；

(2) 团队建设；

(3) 激励；

(4) 沟通；

(5) 影响力；

(6) 决策能力；

(7) 政治和文化意识；

(8) 谈判；

(9) 建立信任；

(10) 冲突管理；

(11) 教练技术。

此外，获得 PMP 证书的专业人员应继续从事项目管理工作，以不断适应项目管理发展的要求。

2000 年，PMI 授权国家外专局培训中心作为中国 PMP 资格认证考试的唯一指定考试报名机构，为将 PMP 国际考试引入中国迈出了第一步。

在外专局培训中心的大力支持下，PMP 资格考试在中国已经初具规模，并在逐步壮大。2000 年的 6 月、12 月分别举行了 PMP 考试，有二百多人参加考试；2001 年 6 月、11 月又分别举行了 PMP 资格认证考试，采用中英文对照考试形式，近八百人参加了考试。PMP 资格考试现在为中英文对照形式，题型为单项选择题，共 200 道题。目前在国内的笔试时间是从早上 9 点到下午 1 点，考试时间为 4 小时。PMP 认证考试一年有四次，分别在 3 月、6 月、9 月、12 月。考试的内容涉及 PMBOK 中的知识内容，包括项目管理的五大过程组以及十大知识领域。

1.5.2 IPMP 认证

国际项目管理专业资质认证（International Project Management Professional，简称 IPMP）是 IPMA 在全球推行的四级项目管理专业资质认证体系的总称。IPMA 全球四级证书体系如表 1-2 所示。IPMA 依据国际项目管理专业资质标准（IPMA Competence Baseline，简称 ICB），针对项目管理人员专业水平的不同将项目管理专业人员资质认证划分为四个等级，即 A 级、B 级、C 级、D 级，每个等级分别授予不同级别的证书。

A 级（Level A）证书是国际特级项目经理（Certified Projects Director）。申请资格：至少具有 5 年管理项目组合、大型项目管理或者多项目管理的经验，其中至少 3 年在公司/组织或部门的项目组合中担任领导的角色，或者管理重要的大型项目。核心能力：能够管理项目组合或大型项目。附加要求：负责管理公司/组织或者部门重大的项目组合，或者管理一个或多个重要的大型项目；从事战略管理，对高层管理者进行指导；开发项目管理人员，培训项目经理；制订和实施项目管理需求、过程、方法、技术、工具、手册和指导方针。

B 级（Level B）证书是国际高级项目经理（Certified Senior Project Manager）。申请资格：至少具有 5 年的项目管理的经验，其中至少 3 年负责复杂项目的领导工作。核心能力：

表 1-2　　　　　　　　　　IPMA 全球四级证书体系（IPMP）

头衔	能力	认证程序			有效期
		阶段1	阶段2	阶段3	
国际特级项目经理 Certified Projects Director (IPMA Level A)	能力 =知识 +经验 +个人素质	A B C	项目集管理报告	面试	5年
国际高级项目经理 Certified Senior Project Manager (IPMA Level B)			项目报告		
国际项目经理 Certified Project Manager (IPMA Level C)			申请 履历 项目清单 证明材料 自我评估	笔试 二选一： 案例研讨或短项目报告	
国际助理项目经理 Certified Project Management Associate (IPMA Level D)	知识	D	申请 履历 自我评估	笔试	无时间限制

能够管理复杂项目。附加要求：负责复杂项目中所有项目管理能力要素；作为大型项目管理团队的项目经理，承担总体管理角色；使用适当的项目管理过程、方法、技术和工具。

C 级（Level C）证书是国际项目经理（Certified Project Manager）。申请资格：具有至少 3 年的项目管理经验；负责领导非复杂程度的项目。核心能力：有能力管理非复杂程度的项目和/或管理一个复杂项目的子项目，涉及所有的项目管理能力要素。附加要求：负责管理非复杂程度的项目及其所有方面的工作，或者负责管理一个复杂项目的子项目；应用常规的管理过程、方法、技术和工具。

D 级（Level D）证书是国际助理项目经理（Certified Project Management Associate）。申请资格：项目管理能力的经验不是必需的，但是，如果申请者已经在一定程度上运用项目管理知识，将是个优势。核心能力：掌握所有项目管理能力要素的知识。附加要求：能够将任何的项目管理能力要素付诸实践,是某些技术领域的专家;担任项目团队成员或者项目管理人员的角色;广泛的项目管理知识和应用能力。

由于各国项目管理发展情况不同,各有各的特点,因此 IPMA 允许各成员国的项目管理专业组织结合本国特点,参照 ICB 制定在本国认证国际项目管理专业资质的国家标准(National Competence Baseline,简称 NCB),这一工作授权于代表本国加入 IPMA 的项目管理专业组织完成。中国项目管理研究委员会(Project Management Research Committee,简称 PMRC)是 IPMA 的成员国组织,是我国唯一的跨行业跨地区的项目管理专业组织,PMRC 代表中国加入 IPMA 成为 IPMA 的会员国组织,IPMA 已授权 PMRC 在中国进行 IPMP 的认证工作。PMRC 已经根据 IPMA 的要求建立了"中国项目管理知识体系(Chinese-Project Management Body of Knowledge,简称 C-PMBOK)"及"国际项目管理专业资质认证中国标准",这些均已得到 IPMA 的支持和认可。PMRC 作为 IPMA 在中国的授权机构,于 2001 年 7 月开始全面在中国推行国际项目管理专业资质的认证工作。

1.5.3 ACP 认证

在复杂多变的项目条件下,需要更加敏捷地运行项目,敏捷项目管理是一套基于敏捷方法论对项目进行管理和治理的系统化方法,包括指导原则、生命周期和流程、项目进展中的交付成果,同时角色和责任定义清晰,所有项目干系人都能参与其中。

ACP 是由 PMI 在全球 204 个国家和地区推出的敏捷实践者资格认证,PMI-ACP 证书认可证书持有者针对不同敏捷方法的原则、实践、工具与技能所掌握的知识,且不对从业者限定某一种敏捷方法。与其他仅基于考试或培训的敏捷认证不同,PMI-ACP 要求申请者参加多种敏捷培训,拥有丰富的敏捷项目工作经验、普通项目工作经验并通过考试。ACP 证书在全球范围内通用,适用于任何行业,包括从事或不从事互联网技术(IT)和软件开发或维护的人员。目前参加 ACP 认证考试的人数以每年 20%~30% 的速度快速增长。

申请人获得 ACP 认证需掌握以下核心能力:

(1) 理解如何把基于 DSDM Atern 的敏捷项目管理框架应用到工作实践;
(2) 敏捷项目环境下,作为项目经理如何更加卓有成效;
(3) 组织不同层面下,敏捷项目管理的应用;
(4) 学习在给定场景下如何配置敏捷项目的生命周期;
(5) 引导组织、团队、项目建立快速交付价值成果的过程。

获得 ACP 认证有以下几点价值:

(1) 获得证书可证实从业者在敏捷原则、实践、工具和技能等方面拥有的知识和技能;
(2) 该证书覆盖多种敏捷方法,而不是简单地将从业者限定于一种敏捷策略;
(3) 增加项目管理专业能力;
(4) 为从业者提供比现有的仅基于培训或考试的入门级认证更可靠的证书。

1.5.4 PRINCE2 认证

PRINCE2 是 Project IN Controlled Environment(受控环境下的项目管理)的简称,由英国政府商务部(OGC)所有,于 1996 年开始推广,现流行于欧洲和英国、澳大利亚等国家。PRINCE2 已经在全球 150 多个国家和地区进行认证,联合国将其作为项目管理的推荐标准,也被誉为世界500强企业首选的项目管理方法论。PRINCE2是一种开放的方法论,并且是全球范围内应用最广的项目管理方法论之一。这主要是因为PRINCE2是真正通用的:它能够应用到任何一个项目中,而不管项目的规模、类型、组织、地理区域或文化是怎样的。

PRINCE2能做到这一点,是因为它把项目中的管理工作与专业工作完全分开,例如设计、建筑等。任何类型的项目专业工作都可以较容易地与PRINCE2结合,与PRINCE2配套使用,为项目工作提供一个可靠的总体框架。

因为PRINCE2是通用的,是以经过验证的原则为基础的方法论,如果组织选择PRINCE2作为项目管理的标准,就可以在商业变革、组织结构、信息技术、重组与并购、研究以及产品开发等多种商业活动领域,极大地提升组织的能力与成熟度。

PRINCE2分基础级和专业级。基础级考试没有报考限制条件,根据申请人掌握的知识能力和工作经验报考;专业级考试不可越级进行,申请人需先通过基础级考试才可进行专业级考试。另外,PMP认证等同于PRINCE2基础级,获得PMP认证的可直接参加专业级考试。基础级人员需要展示其对PRINCE2方法论原理和术语的理解,主要掌握项目管理的"三七四二",即七大原则、七大主题、七大流程、四大组织结构和两种项目管理技术,侧重于考察书中知识、基本概念的掌握。专业级人员需要展示其在特定项目环境和项目情节中对PRINCE2方法论的应用和灵活使用。要去运用PRINCE2书里具体知识持续的业务验证、吸取经验教训、明确定义的角色和职责、按阶段管理、例外管理、关注产品及跟进项目环境剪裁,讲究的是套路和对应自己工作的裁剪方式以保障企业落地。通俗点说,基础级是懂得原理,专业级是会应用。

1.5.5　行业项目管理专业资格认证

RICS和CIOB都是享誉全球的专业性学会,其中RICS涉及专业领域更广,CIOB则侧重于建筑行业。下面介绍的关于RICS和CIOB的专业人士资格认证都是关于建筑行业的资格认证。

1) RICS的项目管理方向认证

RICS,英国皇家特许测量师学会,是全球广泛认可的专业性学会,其专业领域涵盖了土地、物业、建造及环境等16个不同的行业。专业胜任能力评核(Assessment of Professional Competence,简称APC)是确保准会员能够胜任特许测量师的职位,达到RICS要求的专业路径人士的高标准。APC以申请者满足一系列要求或能力为基准。是技术能力、专业路径实践能力以及人际、商业和管理技能的融合。胜任能力的具体要求取决于APC专业路径。每个专业路径领域均规定了需要具备的强制能力和技术能力。

为了具备RICS会员的执业资格,申请者必须具备执行各种任务或职能的技能或能力。RICS胜任能力要求不只是工作任务或指责的罗列,也包括态度和行为表现。胜任能力分为三个类别:

① 强制能力。所有专业路径申请人都必须掌握的个人管理、人际关系、专业路径实践和商务方面的技能。

② 核心能力。申请人所选择的APC专业路径所需的首要技能。

③ 可选能力。与申请人所选择的APC专业路径相关的其他技能要求。在多数情况

下，有一定的选择性。

申请人在选择并对这些胜任能力进行组合时，需做出认真思考。申请人的选择应当与其日常工作内容（由其客户或雇主的需求决定）相关。申请人对胜任能力的选择和组合将反映申请人的判断力。

在最终面试评核时，考官会将申请人的选择纳入考虑范围。他们希望申请人作出现实、理智的选择，能反映出申请人所在执业领域内测量师常规职责所需的技能。

申请人必须达到以下强制能力的最低标准水平。

达到层次三：

行为准则、职业道德和专业路径实践。

达到层次二：

（1）客户关怀；

（2）沟通与谈判；

（3）健康与安全。

达到层次一：

（1）会计原则与程序；

（2）商业计划；

（3）利益冲突规避、管理程序和争议解决程序；

（4）数据管理；

（5）可持续性；

（6）团队合作。

对于项目管理方向的核心能力如下。

层次三：

（1）合同实务；

（2）人员管理；

（3）采购与竞标；

（4）计划与规划。

层次二：

（1）建造技术及环境服务；

（2）领导能力；

（3）项目管理；

（4）项目流程和程序；

（5）风险管理。

可选能力如下。

从下列目录中选择三项达到层次二的能力：

（1）有关施工的商业管理；

（2）开发评估；

（3）开发/项目简介；

（4）项目审计；

（5）项目评估。

2) CIOB

CIOB 是一个主要由从事建筑管理的专业人员组织起来的社会团体，是一个涉及建设全过程管理的专业学会。该学会成立于 1834 年，至今已有 180 多年的历史，在 1980 年获得英国皇家的认可。由于 CIOB 在国际上具有较高声望，近年来，国内外越来越多的从事建筑管理的专业人员希望成为皇家特许建造师。

CIOB 会员资格共分 5 个等级。最低一级为学生会员，也是最基础的等级，任何与项目管理专业相关的在读大学生都可申请，且无需缴纳会费。第二级为申请人等级，申请人必须是项目管理相关专业的毕业大学生，且有 3~5 年的工作经验，一般来说只要申请都可达到该等级，且须缴纳会费。第三级为正式会员(Chartered Membership，即 MCIOB)，申请人必须达到第二级才可申请，对专业的限制则相对较少。申请人先参加相关的培训课程，达到相应的项目管理能力后，参加 CIOB 中国区管委会的面试，面试通过后即可成为正式会员，每年缴纳 1 907 元的会费。第四级为资深会员(Fellowship，即 FCIOB)。申请人需在工作岗位上担任要职 5 年以上，并在专业领域做出突出贡献，或为提高学会的声望作出贡献。申请时，申请人只需向 CIOB 提交最近几年内的工作经验、学术沙龙的经历以及个人简历，审核通过后即成为资深会员。会费缴纳是每年 2 225 元。最高级是特许资深会员，该等级会员人数世界范围内也比较少，是较难达到的等级水准。

成为 CIOB 会员后，有许多益处：

(1) 帮助和引导会员们继续进行专业发展，以不断提高个人的专业素质；负责有关建筑管理标准的制定和维护，并通过有关期刊和各种会议进行传播，组织科研，引导会员参与国内外有关建筑管理的教育与实践。CIOB 还专门设有信息中心，以便会员们查询有关建筑业的最新资料。

(2) 证明个人和公司的实力及社会地位：目前许多公司通常要求其项目管理人员获得这一资格，这一方面可以证明个人的实力，另一方面可以增强公司的社会地位。一个公司要想成为 CIOB 特许建筑公司，就要求公司的绝大多数的部门经理取得特许建造师这一资格。

(3) 在国际上得到认可：CIOB 的资格已在国际上得到认可，皇家特许建造师这一头衔已成为欧共体国家以及美国、澳大利亚、非洲和东南亚等国家和地区获得就业机会的通行证。

3) 注册建造师认证

建造师是指从事建设工程项目总承包和施工管理关键岗位的执业注册人员，建造师执业资格制度源于 1834 年的英国。建造师的含义是指懂管理、懂技术、懂经济、懂法规，综合素质较高的综合型人员，既要有理论水平，也要有丰富的实践经验和较强的组织能力。

建造师的认证机构是住房和城乡建设部及人力资源和社会保障部。注册受聘后，可以建造师的名义担任建设工程项目施工的项目经理，从事其他施工活动的管理、从事法律、行政法规或国务院建设行政主管部门规定的其他业务。建造师的职责是根据企业法定代表人的授权，对工程项目自开工准备至竣工验收，实施全面的组织管理。

建造师分为一级注册建造师(Constructor)和二级注册建造师(Associate Constructor)。一级、二级建造师报考人员要符合有关文件规定的相应条件。建造师执业资格考试合格人员，分别获得《中华人民共和国一级建造师执业资格证书》《中华人民共和国二级建造师执业资格证书》。

一级建造师设置十个专业：建筑工程、公路工程、铁路工程、民航机场工程、港口与航道工程、水利水电工程、市政公用工程、通信与广电工程、矿业工程及机电工程。一级建造师可在全国范围内以一级注册建造师名义执业，可以建造师的名义担任建设工程项目施工的项目经理，从事其他施工活动的管理、从事法律、行政法规或国务院建设行政主管部门规定的其他业务。在行使项目经理职责时，一级注册建造师可以担任《建筑业企业资质等级标准》中规定的特级、一级建筑业企业资质的建设工程项目施工的项目经理。大中型工程项目的项目经理必须逐步由取得建造师执业资格的人员担任；但取得建造师执业资格的人员能否担任大中型工程项目的项目经理，应由建筑业企业自主决定。一级建造师具有较高的标准、较高的素质和管理水平，有利于开展国际互认。一级建造师需掌握建设工程经济、建设工程项目管理、建设工程法规及相关知识，以及专业工程管理与实务。

二级建造师设置六个专业：建筑工程、公路工程、水利水电工程、矿业工程、市政公用工程及机电工程。二级建造师可以建造师的名义担任建设工程项目施工的项目经理，从事其他施工活动的管理、从事法律、行政法规或国务院建设行政主管部门规定的其他业务。在行使项目经理职责时，二级注册建造师可以担任二级建筑业企业资质的建设工程项目施工的项目经理。但取得建造师执业资格的人员能否担任大中型工程项目的项目经理，应由建筑业企业自主决定。二级建造师需掌握建设工程法规及相关知识、建设工程施工管理、专业工程管理与实务。另外，二级建造师证书只能在本省使用。

1.6 项目管理实践

随着科研学术团体的积极推动以及各行业对项目管理的迫切需求，21世纪以来，项目管理在各行业得到了迅猛的发展。项目管理除了在国防工业继续得到发展，在水利、交通、电力、环境、建筑与地产、影视制作、体育、医药、石油化工及政府公共事业等部门也得到了广泛的应用，如三峡工程、大亚湾核电站项目等均采用了项目管理的方式。项目管理不再局限于工程概念，它已渗透到社会领域，并在社会的各个方面都发挥着积极的作用。

1.6.1 航空项目管理实践

系统工程和项目管理在航空航天领域取得了巨大的成功，并在中国载人航天中得到了广泛的应用。2006年1月，中国空间技术研究院院长袁家军主编了《神舟飞船系统工程管理》一书。书中描绘了在研制神舟飞船过程中，对技术状态、进度、质量、经费、风险和集成等各个因素的管理，介绍了将可靠性、安全性、技术状态、软件工程化作为独立的项目要素进行管理的思想。此外，书中建立了以"项目经理负责制"为核心的组织管理体系，以总体设计为龙头的技术体系、系统规范的质量体系、综合统筹的计划体系以及坚持创新、创造、创业的人力资源管理体系，还提出了以完整的计划流程保证并行工程和目标管理的实施方法。全书体现了神舟飞船项目在"集成管理"和"神舟飞船项目管理成熟度模型"这两方面进行的创新和思考。

2015年9月20日，中国新一代运载火箭家族中的首飞火箭——长征六号运载火箭在太原卫星发射中心顺利升空，成功将20颗卫星送入太空，创造了我国一箭多星发射的新纪录。

2016 年 9 月 15 日，天宫二号空间实验室在酒泉卫星发射中心发射成功，这些重大工程的成功无不体现着项目管理的应用，这些成果对于我国航空航天领域以及其他行业大型工程项目管理提供了重要的参考和借鉴。

1.6.2 建设项目管理实践

20 世纪 80 年代，我国利用世界银行贷款项目对云南鲁布革水电站进行招标，被日本的大成公司以低于标价 1/3 的价格中标。大成公司中标后，采用项目管理的方法对施工进行科学管理，大成公司仅用 20 多人的队伍，雇佣中方劳务平均 424 人，劳务管理严格，施工高效，均衡生产。当时曾流传过在大成公司施工的隧洞里，穿着布鞋可以走到开挖工作面的佳话。大成公司的项目管理方法大大缩短了工期，降低了项目的造价，取得明显的经济效益。这深深刺激了我国的建设部门，意识到了在建设项目中开展项目管理的重要性，于是开始在全国各个行业广泛推广项目管理理论与方法。1983 年 5 月，国家计委通过"大中型项目前期项目经理负责制"；1984 年，企业组织整顿，任命建筑企业项目经理；1987 年，建设部推行在鲁布革水电站项目中取得极大成功的"项目法施工"，同年，国家计委等五个政府有关部门联合发出通知决定在建设项目和一批企业中试点采用项目管理方法；1988 年，建设部开始推行建设监理制度。1991 年，建设部提出把工程建设领域项目管理试点转变为全面推广。2004 年，我国开始推广"建造师"认证。随着这一系列的改革和推动，建设行业成为项目管理推广和规模最大、应用最快的行业之一。

在三峡工程、小浪底水库、二滩电厂等大型项目中均采用了现代项目管理的方法，降低了建设成本，提高了项目建设的效率。此外，项目管理在建筑行业的理论研究也越发深入，如工程项目施工风险评估、大型工程项目决策管理体系模型、索赔风险管理模型、大型建设工程采购管理等一系列的理论研究，都为今后项目管理在建筑行业中更好地运用奠定了扎实的理论基础。

1.6.3 IT 项目管理实践

随着微软和 IBM 等国际大型 IT 企业积极采用项目管理的方法，项目管理在 IT 行业也得到了迅速的发展。IBM 公司在 1991—1993 年经历了严重的业绩下滑，因此公司引进了新的总裁 Louis V. Gerstner，他在进行了一轮业务流程重组后，意识到项目管理在公司中的重要性，于是在 1996 年宣称将公司转变成项目化的组织，以项目管理作为核心竞争力，希望重振公司业务。IBM 创建了项目管理中心，其成员都是在全球性的组织中服务过的专家，并经过层层筛选。为了将项目管理融入 IBM 传统，还制订了一系列的项目管理方法，在重大项目中实行项目经理负责和绩效评估制度。

在国内，一些著名的 IT 企业，比如联想、华为、LG、中兴等公司也都采用了项目管理的方法来管理企业。其中，联想公司正在内部推广 PRINCE2 认证。项目管理以其内部契约式管理的形式，在整合内外部人力资源、实施全过程监控、为用户提供信息等方面，特别适用IT 行业高动态、高风险的特点。我国的中创软件还因地制宜地建立了以项目管理为核心，以全员考评为基础，以自主开发的企业管理数字神经系统为手段的独具特色的管理体系，实现了管理上质的飞跃。并且，中创软件的实施经验不断受到有关专家、机构的赞赏和认可，还被国际项目管理协会列为中国项目管理试点单位。另外，由于 IT 企业与软件、电子商务等息息相关,所以有关软件、电子商务方面的研究也正在不断展开,比如软件项目的开发技术研究以及电子商务项目的开发风险研究,这些研究毫无例外地都运用项目管理的理念开展。从这些研究中,吸取相关的项目管理的经验和教训,从而使得IT企业的项目管理更加完善。

复习思考题

1. 请总结一下项目管理产生和发展过程中的关键事件有哪些。
2. 项目管理比较成熟的理论体系有哪些?各有什么特点?
3. 你认为项目最突出的特点是什么?请举例阐述。
4. 项目管理、运营管理、企业管理之间是什么关系?
5. 按照自己的理解,说明一下项目管理的相关学科有哪些?各相关基础学科与项目管理有着怎样的联系?
6. 项目管理包含哪几个过程组?各过程组之间有何关系?
7. 项目管理有哪些最新的发展趋势?

第 2 章　项目管理知识体系

国际项目管理协会(International Project Management Association,简称 IPMA)、美国项目管理学会(Project Management Institute,简称 PMI)、英国政府商务部(The Office of Government Commerce,简称 OGC)、中国项目管理研究委员会(Project Management Research Committee China,简称 PMRC)等国内外专业协会、学会为推动全球或本国项目管理发展,经过几十年的研究,提出了相对较为成熟的项目管理理论体系。

不同项目管理理论体系因建立的出发点不同,其结构和内容各有差异,但其中包含的知识要素和方法工具是共通的。PMI 出版的《项目管理知识体系》(*Project Management Body of Knowledge*,简称 PMBOK)是基于项目管理专业人员应该掌握的知识要素构架的,强调项目管理的职能划分及其综合。英国 CCTA 的 PRINCE 2 从 IT 领域发展而来,是一种结构化的项目管理方法论,更强调过程控制及其知识要素的组合。IPMA 的 ICB 是从项目管理专业人员所应具备的能力要素出发,强调项目管理应用能力的评价要素组合。PMRC 的 C-PMBOK 基于项目生命周期概念的阶段划分整合项目管理的知识要素,是基于模块结构的构架体系。国际标准化组织的 ISO10006 主要以 PMI 的 PMBOK 为原型进行构架,强调项目管理过程中要交付高质量成果的关键要素。PMI 的项目组织管理成熟度模型(Organizational Project Management Maturity Model,简称 OPM3)则从组织项目管理应用角度,建立的对项目管理应用水平的评价体系。

上述理论体系的建立对推动全世界项目管理的不断发展起到了重要的作用。为适应不断变化的新情况,现有理论体系在不断地完善和更新,同时将有新的理论体系不断涌现。

本书将在这章对美国项目管理学会的项目管理知识体系(Project Management Body of Knowledge,简称 PMBOK)、英国中央计算机与电信管理中心(Central Computer and Telecommunications Agency,简称 CCTA)的受控环境下项目管理(PRojects IN Controlled Environments,简称 PRINCE,PRINCE2 是它的第二个重要版本)和 PMRC 的中国项目管理知识体系(Chinese-Project Management Body of Knowledge,简称 C-PMBOK)进行介绍。

2.1　PMBOK

2.1.1　PMBOK 发展与体系结构

美国项目管理学会(Project Management Institute, PMI)于 1984 年最早提出项目管理知识体系(Project Management Body of Knowledge, PMBOK),并于 1987 年推出了第一个基准版本。随后于 1996 年进行了改进并正式发布了 PMBOK1.0;2000 年发布了

PMBOK2.0；2004 年发布了 PMBOK3.0；2008 年发布了 PMBOK4.0；2013 年发布了 PMBOK5.0；2018 年发布了 PMBOK6.0。PMBOK 是针对项目管理专业人员提出的一套完善的项目管理知识体系。PMBOK 可视作所有项目中使用项目管理知识领域的指导纲要，它描述了这些领域的基本知识框架，是项目管理体系中大而全的知识百科全书。PMBOK 仅适用于单个项目，且仅包含被普遍公认为良好实践的项目管理过程。为更好地了解项目所处的大环境，管理人员可参考其他标准。PMBOK 为满足不同行业独特的需要，还建立了 3 个扩展，分别是：

（1）项目管理知识体系指南在政府部门的扩展（Government Extension for PMBOK Guide—2000 Edition）；

（2）项目管理知识体系指南在建筑领域的扩展（Construction Extension to the PMBOK Guide—2000 Edition）。

（3）项目管理知识体系指南在美国国防部的扩展（U.S.DoD Extension to the PMBOK Guide）。

根据最新版，PMBOK 涵盖两部分内容：

第一部分为项目管理知识体系。该部分首先介绍了解项目管理领域所需的基本要素、项目运行环境，以及项目经理的角色等基本内容。然后将项目管理过程按知识领域进行分类，确定了大多数情况下大部分项目通常使用的十个知识领域。

第二部分为项目管理标准。该部分描述在大多数时候适用于大多数项目的、被视为良好实践的过程，并把这些过程归入相应的过程组。对这五大过程组进行了逐一定义并描述其下属过程。同时该部分也对关键的项目管理概念进行了定义，还介绍了项目生命周期、项目相关方，以及项目经理的角色。

本书将对 PMBOK 中第一部分的十个知识领域和第二部分的五个项目管理过程组作介绍，最后作为对 PMBOK 的补充，还将对 PMI 其他标准作简要介绍。

2.1.2 项目管理过程

项目管理是将知识、技能、工具和技术应用于项目活动之中，以满足项目的要求。项目管理通过一系列的过程，将输入（依据）转化为输出（成果）。

过程指为完成事先指定的产品、成果或服务，将输入（资源）转化为输出而需执行的一系列相互联系的活动。为使项目取得成功，项目团队必须在项目管理过程组中选用实现项目目标所必需的合适过程。

项目管理通过合理运用并整合 49 个项目管理过程得以实现。根据逻辑关系，可以将这 49 个过程归类成五大过程组，即：

① 启动过程组：定义一个新项目或现有项目的一个新阶段，授权开始该项目或阶段的一组过程。

② 规划过程组：明确项目范围，优化目标，为实现目标制订行动方案的一组过程。

③ 执行过程组：完成项目管理计划中确定的工作，以满足项目规范要求的一组过程。

④ 监控过程组：跟踪、审查和调整项目进展与绩效，识别必要的计划变更并启动相应变更的一组过程。

⑤ 收尾过程组：完结所有过程组的所有活动，正式结束项目或阶段的一组过程。

对于项目管理的各个过程，PMBOK 是分开介绍的，彼此之间保持清楚的界限。但实践中，它们会以某种方式相互交叉重叠。大多数经验丰富的项目管理人员认识到管理项目的方式不止一种。项目被定义为可实现的若干目标，这些目标能否实现，取决于项目的复杂程度、风险、规模大小、时间限制、项目团队的经验、资源的有无与多寡、历史信息的数量、各个组织对项目管理的熟练程度、行业和应用领域等因素。

在一个项目中，项目管理各过程要被反复使用。许多过程会在项目执行期间进行多次重复和修改。项目经理及其项目团队负责确定在该项目中要应用哪些过程组中的子过程以及由什么部门或成员来执行这些任务。

项目管理的过程组包括以各自的依据和成果相互联系的项目管理子过程，即一个过程的结果或成果变成了另一个过程的依据。项目管理各过程组之间的相互关系如图 2-1 所示。

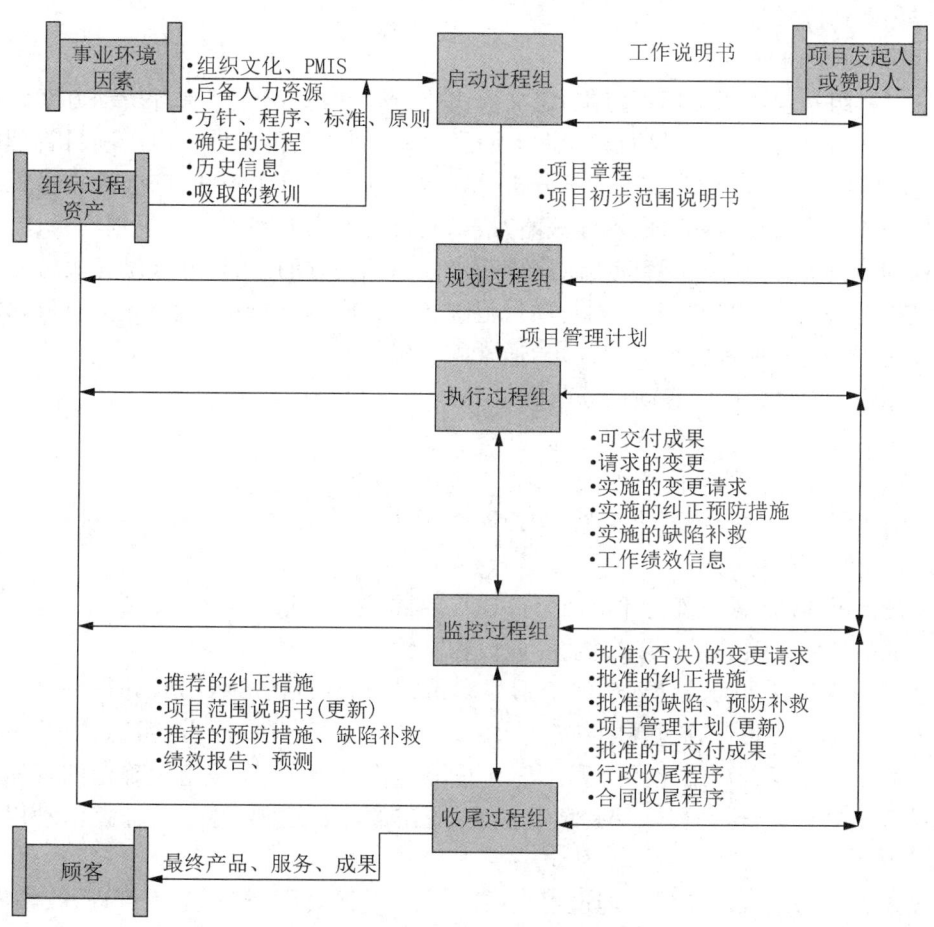

图 2-1　项目管理各过程组之间的关系

1）启动过程组

启动过程组是包含定义一个新项目或现有项目的阶段，授权开始该项目或阶段的一组过程。通常，在项目启动之前，组织已将其经营需要或要求形成文件。启动过程中，定义初步范围，落实初步财务资源，识别相互作用并影响项目总体目标的内外部干系人，选定项目经理(如果尚未安排)。这些信息应反映在项目章程和相关方登记册中。该过程组的主要作用是:确保相关方期望与项目目标一致,使相关方明了项目范围和目标,同时令相关方理解他们在项目和项目阶段中的参与有助于实现他们的期望,过程有助于设定项目愿景——需要完成什么。大型或复杂项目的生命周期被划分为多个阶段,在每个阶段开始时进行启动过程有助于保证项目符合预定的业务需要,核查是否符合成功标准,审查项目干系人的影响、动力和目标。

项目启动阶段的主要工作内容包括两个方面:制订项目章程;识别相关方。制订项目章程是编写一份正式批准项目并授权项目经理在项目活动中使用组织资源文件的过程,主要作用是明确项目与组织战略目标之间的直接联系,确立项目的正式地位,并展示组织对项目的承诺。识别相关方是定期识别项目相关方,分析和记录他们的利益、参与度、相互依赖性、影响力和对项目成功的潜在影响的过程,主要作用是使项目团队能够建立对每个相关方或相关方群体的适度关注。

2) 规划过程组

规划过程组是包含明确项目范围,定义和优化目标,为实现目标制订行动方案的一组过程。规划过程组制订用于指导项目实施的项目管理计划和项目文件。由于项目管理的复杂性,可能需要通过多次反馈来做进一步分析。项目规划是项目实施的基础,规划过程组的主要作用是为成功完成项目或阶段确定战略、战术及行动方案或路线。在规划项目、制订项目管理计划和项目文件时,项目管理团队应该适当征求相关方的意见,并鼓励相关方参与。作为规划过程组的输出,项目管理计划对项目范围、时间、成本、质量、沟通、人力资源、风险、采购和相关方等参与等所有方面做出规定,通常需明确:

(1) 为完成项目目标的各项任务范围。
(2) 确定负责执行项目任务的全部人员。
(3) 制订各项任务的时间进度表。
(4) 阐明每项任务所必需的资源(人、财、物)。
(5) 确定每项任务的预算。
(6) 进行风险的识别、风险评价,制订风险应对措施。
(7) 识别各种依赖关系、要求、机会、假设和制约因素。

上述项目管理各方面的计划最终应形成一份综合的项目管理计划,并得到项目主要利益相关方的认可。项目计划过程中通常采用"滚动式计划"方法,即由"粗"到"细"不断完善和细化计划。由于反馈和细化的过程不能无止境地拖延下去,应按组织确定的程序在适当的时机结束规划过程,这类程序受到项目性质、既定的项目边界、适当的监控活动以及项目所处环境的影响。

规划过程组中包含的项目管理过程有:制订项目管理计划、规划范围管理、收集需求、定义范围、创建 WBS、规划进度管理、定义活动、排列活动顺序、估算活动持续时间、制订进度计划、规划成本管理、估算成本、制订预算、规划质量管理、规划资源管理、估算活动资源、规划沟通管理、规划风险管理、识别风险、实施定性风险分析、实施定量风险分析、规划风险应对、规划采购管理和规划相关方参与。

3) 执行过程组

执行过程组包括完成项目管理计划中确定的工作,以满足项目规范要求的一组过程。

该过程组需要按照项目管理计划来协调人员和资源,管理相关方参与,以及整合并实施项目活动。该过程组的主要作用是根据计划执行为满足项目需求、实现项目目标所需的项目工作。相当多的项目预算、资源、时间将用于开展执行过程组的过程。开展执行过程组的过程,可能导致变更请求。一旦变更请求获得批准,则可能触发一个或多个规划过程来修改管理计划、完善项目文件,甚至建立新的基准。

执行过程组包括的项目管理过程为:指导与管理项目执行、管理项目知识、管理质量、获取资源、建设团队、管理团队、管理沟通、实施风险应对、实施采购和管理相关方参与。

4) 监控过程组

监控过程组包含跟踪、审查和调整项目进展与绩效,识别必要的计划变更并启动相应变更的一组过程。监督是收集项目绩效数据,计算绩效指标,并报告和发布绩效信息。控制是比较实际绩效与计划绩效,分析偏差,评估趋势以改进过程,评价可选方案,并建议必要的纠正措施。该过程组的主要作用是,按既定时间间隔、在特定事件发生时或异常情况出现时,对项目绩效进行测量和分析,以识别和纠正与项目管理计划的偏差。监控过程组还涉及:

(1) 评价变更请求并制订恰当的响应行动;
(2) 建议纠正措施,或者对可能出现的问题建议预防措施;
(3) 影响可能导致规避变更控制过程的因素,确保只有经批准的变更才能付诸执行。

监控过程组包括的项目管理过程为:监控项目工作、实施整体变更控制、确认范围、控制范围、控制进度、控制成本、控制质量、控制资源、监督沟通、监督风险、控制采购和监督相关方参与。

5) 收尾过程组

收尾过程组指包含完结所有项目管理过程组的所有活动,正式结束项目或阶段或合同责任的一组过程。该过程组一旦完成,表明所有过程组中为结束某一项目或项目阶段而确定的各个必要过程,以及项目或项目阶段均已完成。该过程组的主要作用是,确保恰当地关闭阶段、项目和合同,虽然该过程组只有一个过程,但是组织可以自行为项目、阶段或合同添加相关过程。

收尾过程组包括结束项目或阶段。

6) 过程间的相互联系与交互作用

项目管理过程组之间通过它们所产生的成果形成相互联系。一个过程的成果同时成为另一个过程的依据或成为项目的可交付成果。例如,规划过程组为执行过程组提供正式的项目管理计划和项目范围说明书,并随着项目的绩效变更项目管理计划。此外,过程组极少是孤立的或只执行一次的事件。它们在整个项目生命周期内自始至终都以不同的程度相互重叠。图2-2描述了过程组间的联系和相互作用,以及在各个不同时间相互重叠的水平。若将项目划分为阶段,过程组不仅在阶段内,还可能跨越阶段相互影响和相互作用。

在过程组及其子过程之间,过程的成果互相联系,并影响其他过程组。例如,结束某设计阶段会要求顾客验收设计文件;之后设计文件为执行过程组确定产品说明书。当项目划分为阶段时,同样的过程组一般在项目生命周期的每一阶段都发生重复,并有效地推动项目完成。过程组及其相互之间的关系表示如图2-3所示。

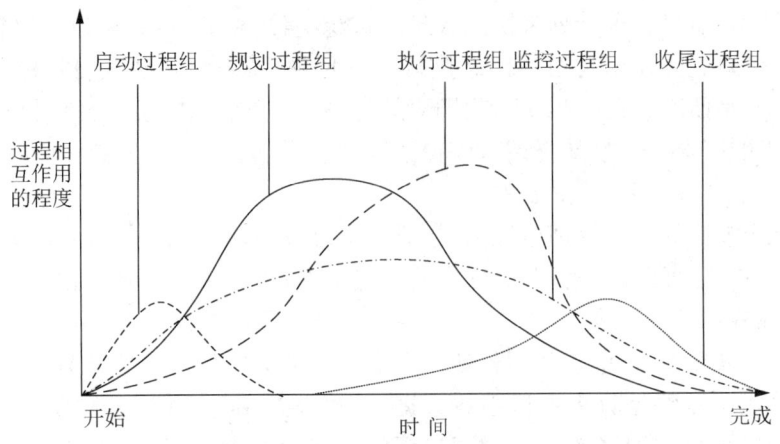

图 2-2　项目或阶段中的过程组相互作用

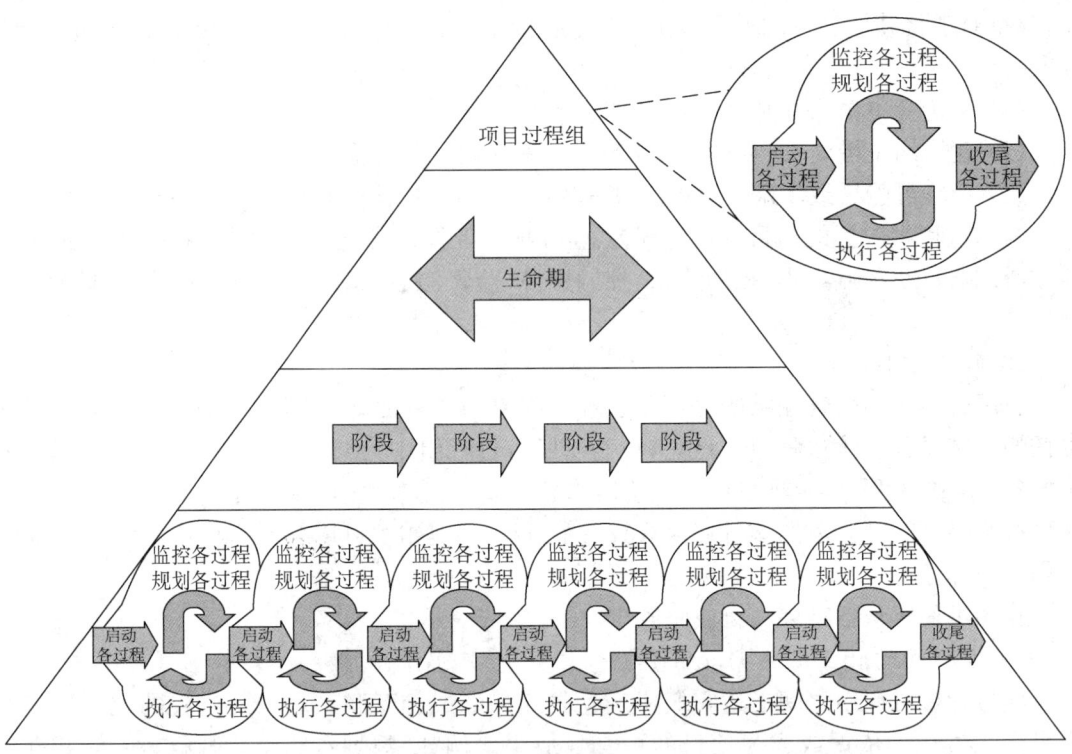

图 2-3　项目管理过程组之间的三角关系

然而，正如并非所有的项目都需要所有的过程，过程间的所有相互作用也并非都在所有的项目或项目阶段中表现出来。例如：

(1) 依赖于独特资源的项目(如商业软件开发、生物制药)可在确定范围之前确定角色与责任，因为能够做什么取决于承担这一工作的人员。

(2) 过程的某些依据实际上是制约因素，事先就已经确定。例如，高层管理人员规定完成时间目标，而不是规划过程确定完成日期。强加的完成日期经常要求从规定的完成日期开始倒排进度表，并有可能增加项目的风险和费用，损害质量，甚至在极端的情况下要求大规模修改项目的范围。

7) 项目管理过程图解

PMBOK 中，49 个项目管理过程进一步归组于十大知识领域。知识领域是一套完整的概念、术语和活动的集合，它们联合构成某个专业领域、项目管理领域或其他特定领域。这十大知识领域在大部分时间适用于大部分项目。在具体的项目中，项目团队应该根据需要使用这十大知识领域和其他知识领域。表 2-1 阐述了 49 个项目管理过程同启动、规划、执行、监控和收尾 5 个项目管理过程组及 10 个项目管理知识领域的关系。每个必要的项目管理过程都与大部分活动所在过程组对应起来。例如，当某个通常属于规划过程组的过程在执行期间重新使用或更新之后，该过程仍属于同一过程，而不是另外的新过程。

表 2-1 项目管理过程组与知识领域

过程组 知识领域	启动过程组	规划过程组	执行过程组	监控过程组	收尾过程组
项目整合管理	• 制订项目章程	• 制订项目管理计划	• 指导与管理项目执行 • 管理项目知识	• 监控项目工作 • 实施整体变更控制	• 结束项目或阶段
项目范围管理		• 规划范围管理 • 收集需求 • 定义范围 • 创建 WBS		• 确认范围 • 控制范围	
项目进度管理		• 规划进度管理 • 定义活动 • 排列活动顺序 • 估算活动持续时间 • 制订进度计划		• 控制进度	
项目成本管理		• 规划成本管理 • 估算成本 • 制订预算		• 控制成本	
项目质量管理		• 规划质量管理	• 管理质量	• 控制质量	
项目人力资源管理		• 规划力资源管理 • 估算活动资源	• 获取资源 • 建设团队 • 管理团队	• 控制资源	
项目沟通管理		• 规划沟通管理	• 管理沟通	• 监督沟通	
项目风险管理		• 规划风险管理 • 识别风险 • 实施定性风险分析 • 实施定量风险分析 • 规划风险应对	• 实施风险应对	• 监督风险	
项目采购管理		• 规划采购管理	• 实施采购	• 控制采购	
项目相关方管理	• 识别相关方	• 规划相关方管理	• 管理相关方参与	• 监督相关方参与	

2.1.3 项目管理知识领域

以下将从项目整合管理、项目范围管理、项目进度管理、项目成本管理、项目质量管理、项目人力资源管理、项目沟通管理、项目风险管理、项目采购管理和相关方管理等十大知识体系分别阐述 49 个项目管理过程组每一过程的输入、工具和技术以及输出。

（1）项目整合管理。项目整合管理包括为识别、定义、组合、统一和协调各项目管理过程组的各种过程和活动而开展的过程与活动。"整合"兼具统一、合并、沟通和建立联系的性质，促进受控项目从执行到完成，成功管理相关方期望和满足项目要求，以确保整个项目的成功。如图 2-4 所示。整合管理包括：进行资源分配；平衡竞争性需求；研究各种备选方法；为实现项目目标而剪裁过程；管理各个项目管理知识领域之间的依赖关系。

图 2-4 项目整合管理

（2）项目范围管理。项目范围管理包括确保项目做且只做所需的全部工作，以成功完成项目的各个过程。管理项目范围主要在于定义和控制哪些工作应该包括在项目内，哪些不应该包括在项目内。虽然项目范围管理的各个过程以界限分明、相互独立的形式出现，但在实践中它们会以一定方式相互交叠、相互作用。如图 2-5 所示。

图 2-5　项目范围管理

（3）项目进度管理。项目进度管理包括为管理项目按时完成所需的各个过程。开展项目进度管理的根本目的是要通过做好项目工期计划和项目工期控制等管理工作，确保项目的成功。该管理的主要过程包括：规划进度管理；定义活动；排列活动顺序；估算活动持续时间；制订进度计划；控制进度。如图 2-6 所示。

图 2-6　项目进度管理

（4）项目成本管理。项目成本管理包含为使项目在批准的预算内完成，而对成本进行规划、估算、预算、融资、筹资、管理和控制的各个过程，从而确保项目在批准的预算内完工。这项管理的主要内容包括：规划成本管理、估算成本、制订预算和控制成本。如图 2-7 所示。在某些项目，特别是范围较小的项目中，成本估算和成本预算之间的联系非常紧密，以至于可视为一个过程，但这两个过程所用的工具和技术各不相同。

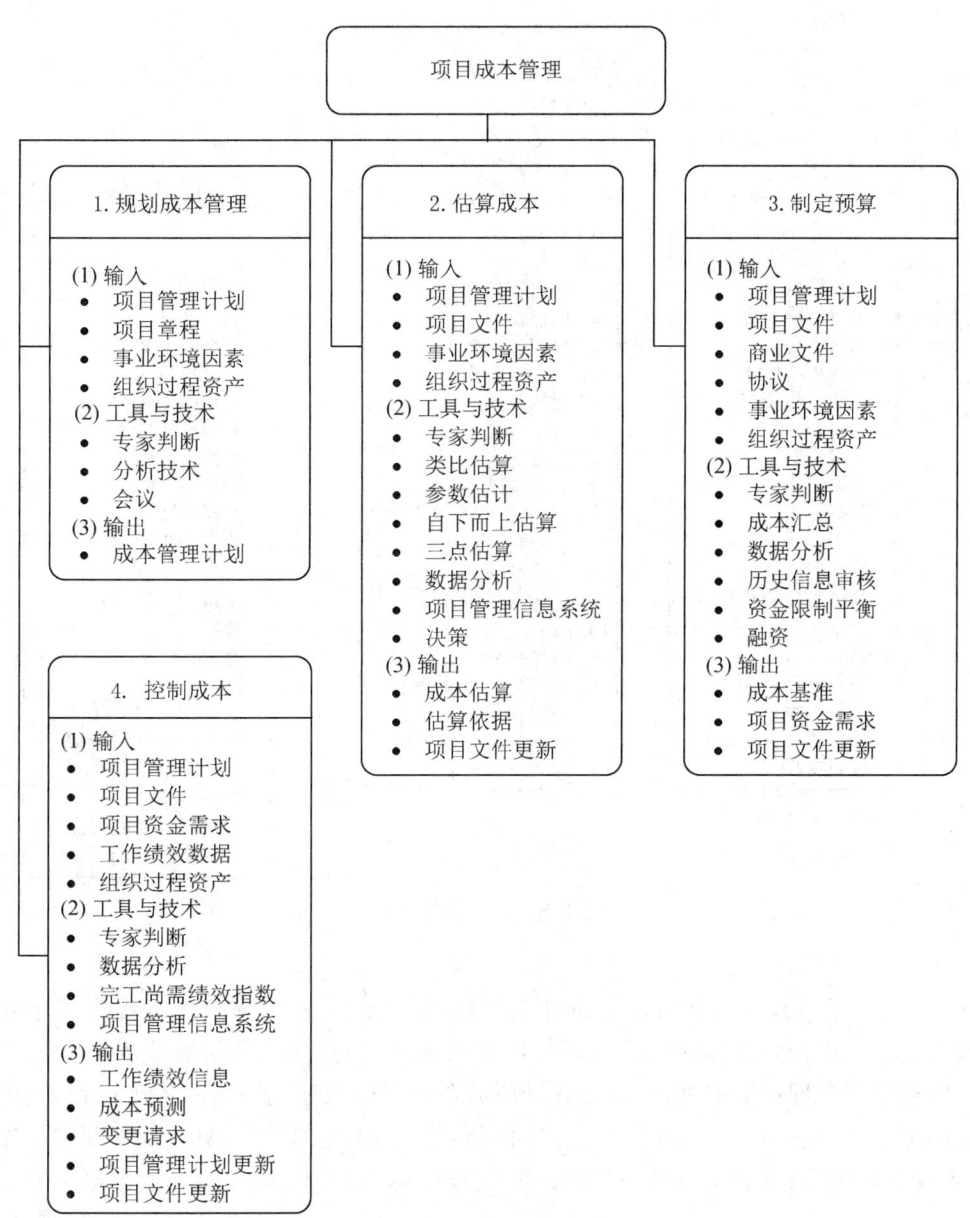

图 2-7　项目成本管理

(5) 项目质量管理。项目质量管理包括把组织的质量政策应用于规划、管理、控制项目和产品质量要求，以满足相关方目标的各个过程。此外，项目质量管理以执行组织的名义支持过程的持续改进活动。这项管理的主要过程包括：规划质量管理、管理质量和控制质量。规划质量管理关注工作需要达到的质量，管理质量则关注管理整个项目期间的质量过程，控制质量关注工作成果与质量要求的比较。如图 2-8 所示。

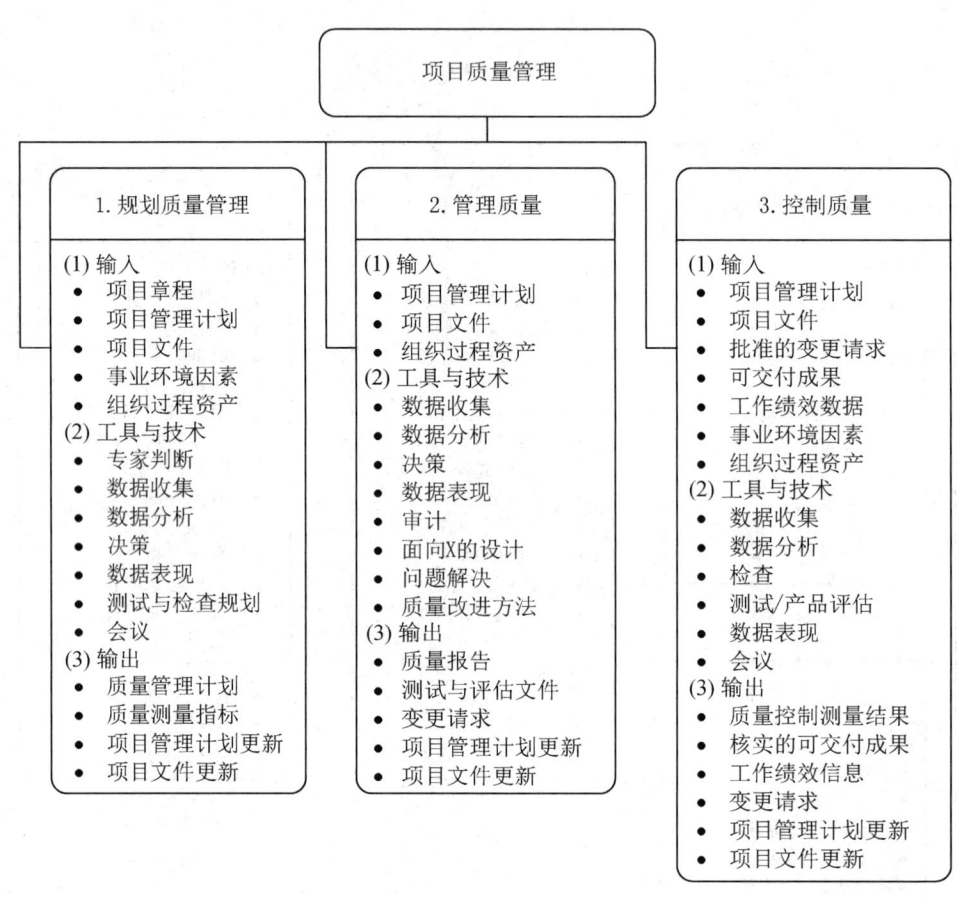

图 2-8　项目质量管理

(6) 项目资源管理。团队资源管理相对于实物资源管理，对项目经理提出了不同的技能和能力要求。实物资源包括设备、材料、设施和基础设施，而团队资源或人员指的是人力资源。项目资源管理包括识别、获取和管理所需资源以成功完成项目的各个过程，这些过程有助于确保项目经理和项目团队在正确的时间和地点使用正确的资源。该管理主要过程包括：规划资源管理、估算活动资源、获取资源、建设团队、管理团队及控制资源等。如图 2-9 所示。

```
                        项目资源管理

1. 规划资源管理          2. 估算活动资源         3. 获取资源
(1) 输入                 (1) 输入                (1) 输入
• 项目章程               • 项目管理计划          • 项目管理计划
• 项目管理计划           • 项目文件              • 项目文件
• 项目文件               • 事业环境因素          • 事业环境因素
• 事业环境因素           • 组织过程资产          • 组织过程资产
• 组织过程资产           (2) 工具与技术          (2) 工具与技术
(2) 工具与技术           • 专家判断              • 决策
• 专家判断               • 自下而上估算          • 人际关系与团队技能
• 数据表现               • 类比估算              • 预分派
• 组织理论               • 参数估算              • 虚拟团队
• 会议                   • 数据分析              (3) 输出
(3) 输出                 • 项目管理信息系统      • 物质资源分配单
• 资源管理计划           • 会议                  • 项目团队派工单
• 团队章程               (3) 输出                • 资源日历
• 项目文件更新           • 资源需求              • 变更请求
                         • 估算依据              • 项目管理计划更新
                         • 资源分解结构          • 项目文件更新
                         • 项目文件更新          • 事业环境因素更新
                                                 • 组织过程资产更新

4. 建设团队
(1) 输入                 5. 管理团队             6. 控制资源
• 项目管理计划           (1) 输入                (1) 输入
• 项目文件               • 项目管理计划          • 项目管理计划
• 事业环境因素           • 项目文件              • 项目文件
• 组织过程资产           • 工作绩效报告          • 工作绩效数据
(2) 工具与技术           • 团队绩效评价          • 协议
• 集中办公               • 事业环境因素          • 组织过程资产
• 虚拟团队               • 组织过程资产          (2) 工具与技术
• 沟通技术               (2) 工具与技术          • 数据分析
• 人际关系与团队技能     • 人际关系与团队技能    • 问题解决
• 认可与奖励             • 项目管理信息系统      • 人际关系与团队技能
• 培训                   (3) 输出                • 项目管理信息系统
• 个人和团队评估         • 变更请求              (3) 输出
• 会议                   • 项目管理计划更新      • 工作绩效信息
(3) 输出                 • 项目文件更新          • 变更请求
• 团队绩效评价           • 事业环境因素更新      • 项目管理计划更新
• 变更请求                                       • 项目文件更新
• 项目管理计划更新
• 项目文件更新
• 事业环境因素更新
• 组织过程资产更新
```

图 2-9　项目资源管理

(7) 项目沟通管理。项目沟通管理包括通过开发工件,以及执行用于有效交换信息的各种活动,来确保项目及其相关方的信息需求得以满足的各个过程。项目沟通管理由两个部分组成:第一部分是制订策略,确保沟通对相关方行之有效;第二部分是执行必要活动,已落实沟通策略。这一管理的主要过程包括:规划沟通管理;管理沟通;监督沟通等方面的内容。如图 2-10 所示。

图 2-10　项目沟通管理

(8) 项目风险管理。项目风险管理包括规划风险管理、识别风险、开展风险分析、规划风险应对、实施风险应对和监督风险。项目风险管理的目标在于提高正面风险的概率和影响,降低负面风险的概率和影响,从而提高项目成功的可能性。项目风险管理的过程包括:规划风险管理;识别风险;实施定性风险分析;实施定量风险分析;规划风险应对;实施风险应对;监督风险等。如图 2-11 所示。

(9) 项目采购管理。项目采购管理包括从项目团队外部采购或获取所需产品、服务或成果的各个过程。项目采购管理包括编制和管理协议所需的管理和控制过程,例如,合同、订购单、协议备忘录(MOA),或服务水平协议(SLA)。被授权采购项目所需货物和服务的人员可以是项目团队、管理层或组织采购部的成员。项目采购管理的过程包括:规划采购管理;实施采购;控制采购等。如图 2-12 所示。

(10) 项目相关方管理。项目相关方管理包括用于开展下列工作的各个过程:识别能够影响项目或受项目影响的人员、团体或组织,分析相关方对项目的期望和影响,制订合适的管理策略来有效调动相关方参与项目决策和执行。用这些过程分析相关方期望,评估他们

图 2-11 项目风险管理

对项目或受项目影响的程度,以及制订策略来有效引导相关方支持项目决策、规划和执行,同时也能够支持项目团队的工作。项目相关方管理包括:识别相关方;规划相关方参与;管理相关方参与;监督相关方参与等过程。如图 2-13 所示。

2.1.4 其他标准

PMBOK 指南专用于单个项目的管理,仅包含被普遍公认为良好做法的项目管理过程。为更好地了解项目所处的大环境,对于项目集和项目组合的管理,可能需要参考其他标准,如项目集管理标准(The Standard for Program Management)和项目组合管理标准(The Standard for Portfolio Management)。由于这两项标准均是对《PMBOK 指南》的扩充,本书接下来将对这两个标准的构架作简要介绍。

图 2-12 项目采购管理

（1）项目集管理标准。项目集管理是指在项目集中应用知识、技能、工具与技术来满足项目集的要求，获得分别管理各项目所无法实现的收益与控制。《项目集管理标准》与 PMI 核心标准中的基本概念具有一致性，同时也注重其与 PMI 其他核心标准的区别。《项目集组合标准》结构体系由三部分组成，第一部分为项目集管理领域的核心概念；第二部分为项目集管理绩效域，该部分强调在项目集中，项目集经理需要通过五个相互关联的项目集管理绩效域的工作来整合和控制组件之间的关系，这五个绩效域包括项目集战略一致性、项目集收益管理、项目集干系人争取、项目集治理和项目集生命周期管理；第三部分为项目集管理支持过程，该部分详细描述了在组织环境下完成项目集交付的支持过程，包括项目集沟通管理、项目集财务管理、项目集整合管理、项目集采购管理、项目集质量管理、项目集资源管理、项目集风险管理、项目集进度管理和项目集范围管理。

（2）项目组合管理标准。项目组合管理是一门学科，指高级管理层能够通过关于项目、项目集和运营的有效决策来实现组织战略和目标。项目组合管理的执行环境更为广泛，角色和流程也是跨组织的。该标准在结构体系上与 PMBOK 类似，但有其独特的过程。《项目管理组合标准》也由三部分构成，第一部分为项目组合管理领域的核心概念，用来理解项目组合管理的基本结构，定义关键的术语；第二部分为项目组合管理过程，每个关键项目组合管理过程都显示在三个过程组里，分别是定义过程组、调整过程组、授权和控制过程组；第三

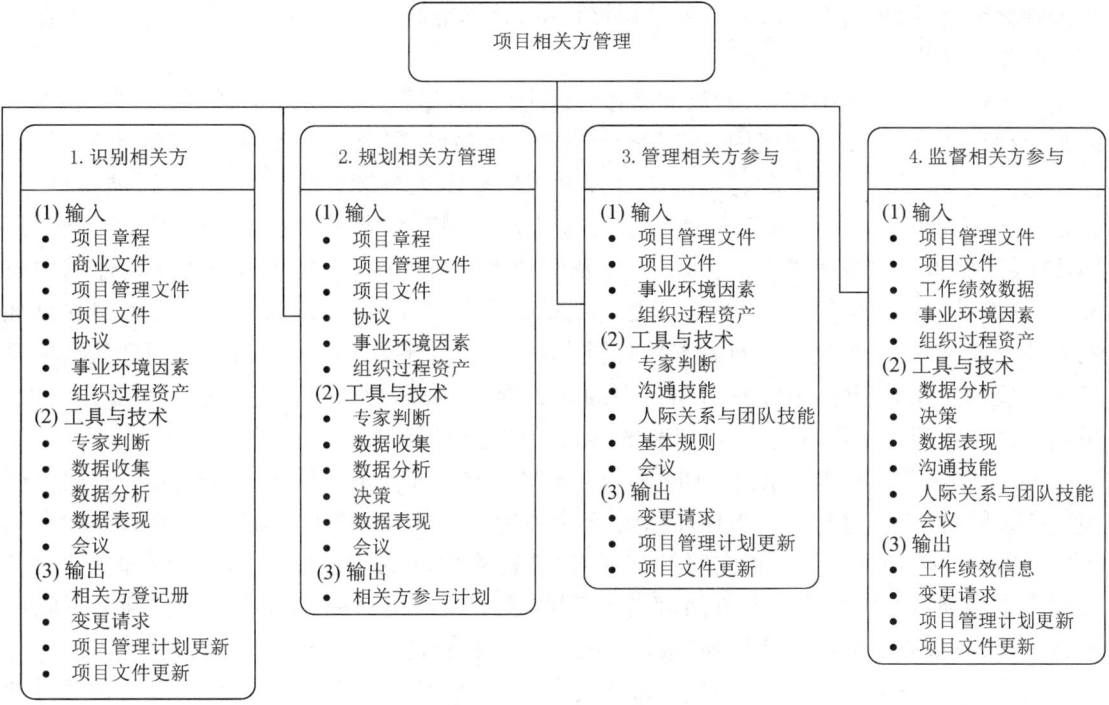

图 2-13 项目相关方管理

部分项目组合知识领域,描述了管理项目组合的输入、输出及工具与技术,将 16 个项目组合管理过程归纳在 5 个项目管理知识领域中,分别是项目组合战略管理、项目组合治理管理、项目组合绩效管理、项目组合沟通管理和项目组合风险管理。

2.2 PRINCE2

2.2.1 PRINCE2 发展及体系结构

(1) PRINCE2 的发展与应用。PRINCE(Projects IN Controlled Environments,受控环境中的项目)是进行有效项目管理的结构化方法,该方法最初是由 CCTA(Central Computer and Telecommunications Agency,中央计算机与电信局,现为英国政府商务办公室)于 1989 年在 PROMPT2(Project Resource Organization Management Planning Technique,项目资源组织管理计划技术)的基础上建立起来的。PROMPT2 是 Simpact Systems 公司 1975 年建立的项目管理方法,1979 年由 CCTA 改编为政府部门信息系统项目的标准,主要用于公共部门的信息系统和信息技术项目中。1989 年 3 月,在政府项目中用 PRINCE 取代了 PROMPT2,以区分官方版本与其他版本。

为了适用于所有项目而不仅是信息系统和信息技术项目管理,CCTA 在进行深入调研和广泛咨询后,对该方法进一步开发,形成了 PRINCE2。PRINCE2 尽管沿用了 PROMPT 的基本原理,但仍有多处改进。它汇集了项目经理和项目小组成功的经验与失败的教训,其目的是要使其适用于比信息系统和信息技术项目更大范围的普适性项目。PRINCE2 是一个公共标准，英国政府在实践时普遍采用该标准，该标准同时也被英国和国际上许多企业所广泛接受和使用。

PRINCE2 是一种结构化、开放的项目管理方法论，尽管不同项目规模、组织、类型、地域或文化存在差异，但都能够使用它进行指导管理。作为英国政府商务办公室（OGC）开发的指南之一，它也可以与其他配套指南结合帮助组织或个人持续有效地管理项目、项目群等。其他配套指南包括《pfM -成功的项目组合方法论》《MSP -成功的项目群管理方法论》等。PRINCE2 中不提供专业工作、具体技术以及领导力三方面内容，这些内容可在其他书中查阅到，并将其与 PRINCE2 结合即可满足特定的需求。PRINCE2 认为项目是为依照获批准的商业论证，交付一个或多个商品产品而创建的一个临时性组织。所以 PRINCE2 认为项目管理不仅为了完成工作，更注重对项目中的人的管理，是更关注于人际关系的一套方法论，更适合帮助中国环境下有责任、没权利的项目经理管理好项目。

（2）PRINCE2 的体系结构。PRINCE2 强调在项目管理中将原则、主题、流程和项目环境四要素结合，具体包括 7 个指导性原则、7 个主题、7 个流程、剪裁。其中，7 个指导性原则可以判断有一个项目是否真正应用 PRINCE2 进行管理；7 大主题描述了项目管理在项目生命周期中必须持续关注的重要方面；7 个流程描述了项目生命周期从项目准备到项目收尾的推进过程；最后根据项目类型和项目规模进行剪裁，获得适宜的解决方案；PRINCE2 还介绍了四层组织架构，即战略管理层、项目委员会、项目经理和项目小组经理，以及两种项目管理技术，分别是质量审查技术、基于产品的规划技术。

2.2.2 原则

PRINCE2 所基于的原则，是从成功与失败项目中总结的经验教训。PRINCE2 的 7 大原则可以总结为：①持续业务验证；②吸取经验教训；③角色和职责定义明确；④按阶段管理；⑤例外管理；⑥关注产品；⑦根据产品环境剪裁。如果一个项目未遵循这些原则，证明它没有应用 PRINCE2 来管理。这 7 大原则是定义 PRINCE2 项目的基础，能够有效促进项目成功。

（1）持续业务验证。应对项目进行持续业务验证，即项目启动具备合理理由；项目需要获得批准认可；在全生命周期保持合理性。PPRINCE2 要求将项目合理性记录在商业论证中，可确保项目与商业目标和预期收益保持一致。无论什么原因，若项目实施推进过程中不能证明项目具有合理性，该项目就应立即中止。这种情况下释放出来的资金和资源对组织是一种积极贡献，可投入更具价值的项目。

（2）吸取经验教训。在项目内生命周期内，PRINCE2 项目团队要积极吸取以往项目经验教训。在项目准备阶段，回顾类似项目，检查是否有值得利用的经验教训。如果是首个项目，则应考虑借鉴团队外部经验。项目实施阶段，项目应当持续学习，不断寻求改进机会。项目结束后，项目总结经验教训供以后的项目借鉴。

（3）角色和职责定义明确。在 PRINCE2 项目中，应该定义涉及商业、用户和供应商等利益相关方在组织中的角色与职责，以项目目标将利益相关方联系在一起，明确项目管理团队结构。使项目参与人员各司其职，彼此有效沟通。

（4）按阶段管理。PRINCE2 要求先对项目进行阶段划分，在此基础上计划、监督和控制。在每一个阶段结束时，高级管理层都应该对项目进行评估，然后按照项目优先排序、风险和复杂性对项目控制程度加以调整。在编制计划时要合理规划周期，否则将导致计划不准确和精力浪费,因此要注重短期计划与长期计划相结合。

(5) 例外管理。PRINCE2 项目对定义了每个项目目标的容许偏差,以此建立授权限制范围。具体通过以下三种方式来实现:①通过设定每个层次计划目标的 6 个绩效指标(时间、成本、质量、范围、风险和收益)的容许偏差,从上级管理层依次向下一层次授权。②进行控制,若超出容许偏差则向上一级管理层报告,决定项目如何继续。③实施保障机制。

(6) 关注产品。PRINCE2 项目注重产品定义与交付,尤其是质量要求。在项目实施之前,在利益相关方需要对项目范围及质量期望达成共识。在 PRINCE2 中,可以通过"产品描述"来实现,它定义了产品目的、组成、来源、格式、质量标准和质量方法,也提供了决定估算投入、资源要求、依赖关系和活动进度表的方法。

(7) 根据产品环境剪裁。PRINCE2 的价值在于可以根据项目的环境、规模、复杂性、重要性、能力和风险,剪裁 PRINCE2,因此 PRINCE2 可用于任何项目。进行剪裁需要信息(不局限于文件)和决策(不一定是会议)。进行剪裁要求项目经理和项目管理委员会针对 PRINCE2 怎么应用,需要哪些指导等问题进行决策,同时在项目启动文件中讲明 PRINCE2 是如何根据特定项目环境进行剪裁的。

2.2.3 主题介绍

PRINCE2 的 7 个项目管理主题分别是:商业论证、组织、质量、计划、风险、变更和进展。它们解释了 PRINCE2 对于各种不同项目管理要素的特定方法及其必要性,表 2-2 列出了 7 个 PRINCE2 主题。这 7 个主题需全部应用于项目中,同时按照相关项目的规模、特种点和复杂性进行剪裁。接下来本书对 7 大主题作简要介绍。

表 2-2　　　　　　　　　　PRINCE2 主题介绍

主题	描述	回答
商业论证	项目的潜在价值是什么,该主题说明这个项目如何能够成为组织可交付的投资建议,项目管理过程中如何持续关注组织目标	为什么?
组织	项目组织进行工作分配,直到项目完成。项目是跨职能的,正常的直线型职能结构并不适合项目。该主题描述了 PRINCE2 项目管理团队中的角色和职责	谁?
质量	该主题解释了概要如何深化,使所有参与人员理解交付产品质量要求,然后项目管理如何确保这些要求能够实现	什么?
计划	PRINCE2 项目是按照一系列已批准的计划推进的。该主题通过描述制订计划所需步骤和所应用的 PRINCE2 技术,对质量主题进行补充。在 PRINCE2 中,计划要与组织中不同层次人员需求相匹配。计划是项目生命周期中沟通和控制的重点	如何? 什么时候?
风险	项目通常比运营活动面临担更多风险。该主题说明了项目管理如何管理计划和项目环境中的不确定性	如何? 将会怎样?
变更	该主题描述项目管理如何评估和处理可能对项目基线(项目计划与已完成的产品)产生影响的问题。问题可能是没有预料到的难题、变更请求或者质量不合格	什么影响?
进展	该主题关注计划持续的可交付性,解释了批准计划。监督实际绩效的决策流程,以及如果项目没有按照计划执行的上报流程。最后,进展主题决定项目是否应该继续,以及如何继续	现在在哪里? 要去哪里? 是否继续?

(1) 商业论证。商业论证代表信息的最佳组合,其目的是建立一种机制判断项目是否可取、可交付和可获得,由此判断项目是否值得投资。项目可取性又会受到项目类型的影响,故商业论证会根据项目类型而采取不同方法。在 PRINCE2 中的商业论证方法是:在项

目开始时开发商业论证,在项目生命周期中进行维护,并有项目委员会在每个关键决策点进行验证,在产生收益时,要对收益进行确认。

(2) 组织。组织主题的目的,是定义与建立项目的责任和职责结构(解决"谁"的问题)。为了项目能够获得有效指导、管理、控制和沟通,在项目开始时就应该建立有效项目团队结构和沟通战略,并在项目生命周期持续进行维护。一个成功的项目项目管理团队应该具备商户、用户和供应商等利益相关方代表;明确指导层次、管理层次和项目交付层次所承担的职责与责任;持续评审项目管理团队;制订有效战略进行与利益相关方之间沟通管理。PRINCE2 从组织层次、项目团队工作等方面提出了项目的组织方法。

(3) 质量。PRINCE2 中质量的焦点在于产品达到要求的能力。质量主题的目的是定义项目产品应该满足的标准,同时在实施项目的过程中验证其是否符合预期。PRINCE2 特定的质量处理方法是从项目初始就关注产品,通过系统性的活动识别项目所有的产品;描述产品定义;在项目生命周期中实施质量计划与进行质量跟踪。前两个活动由编制质量计划完成,后一活动可通过质量控制和质量保证完成。

(4) 计划。成功的项目管理需要有效的计划。计划的目的就是通过定义产品交付方式来促进沟通和控制。PRINCE2 的计划具有综合性,它是描述如何、什么时候、由谁来实现一个特定目标或一组目标的文件。这些目标包括项目的产品、时间、成本、质量和收益。编制计划时,PRINCE2 建议项目采用 3 个层次的计划,反映项目、阶段和小组等不同层次的管理需求,分别对应着项目计划、阶段计划、小组计划。PRINCE2 计划编制原理是基于产品的规划技术,首先识别目标产品,然后识别交付那些产品的所需活动、相互依赖关系和资源,它适用于项目计划、阶段计划,也适用于小组计划,其具体编制步骤包括:设计计划;设计和分析产品;识别活动和依赖关系;准备估算和计划进度表;分析风险;记录计划。

(5) 风险。持续业务验证原则的先决条件是进行有效风险管理,有效风险管理必须要建立能够有助于项目获得最佳效益的风险管理流程,主动识别、评估和控制可能影响项目交付目标的风险。PRINCE2 中,所有项目首先要求明确在企业层面和项或项目群层面是否存在需要执行的风险管理政策或指南流程等相关文件,再根据项目自身情况建立风险管理战略和风险登记单。风险管理战略阐明如何将风险管理根植到项目管理活动中去。风险登记单是记录识别出来与项目相关的、可能影响项目的威胁,其中每个风险都有唯一的标识符。

(6) 变更。变更主题的目的是识别、评估、控制任何潜在的和已批准的对基线的变更。每一个项目都需要一种系统的方法,来对那些可能导致变更的问题作识别、评估和控制。虽然不同的项目变更的因素不同,但是 PRINCE2 提供了一种通用的变更控制方法。问题和变更控制步骤需要与项目所用的配置管理系统整合到一起,确保所有可能的问题和变更能够被识别、评估,然后被批准、拒绝或推迟。

(7) 进展。进展是对计划的各项目标实现程度的度量,可以在工作包、阶段和项目层次上对项目进行监控。其目的是通过建立监督和比较计划成果与实际成果的机制,对项目目标和项目持续可行性提供预测,对不可接受的项目偏差进行控制。进展控制包括根据时间、成本、质量、范围、收益及风险的绩效目标衡量实际进展,然后把这些用于决策并采取必要行动。

2.2.4 流程介绍

PRINCE2 是一种基于流程的项目管理方法,流程是为完成特定目标而设计的一组结构化活动。PRINCE2 有 7 个流程，分别是项目准备、指导、启动、控制、交付管理、边界管理和收尾流程，它们提供了成功进行指导、管理和交付项目所需要的一系列活动。图 2-14 表示了每个流程在项目生命周期的应用。

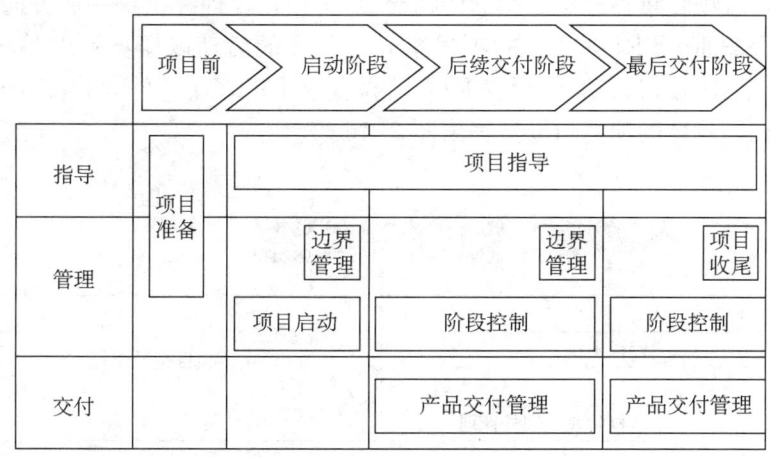

图 2-14　PRINCE2 流程

（1）项目准备。项目准备流程是为了防止不合理的项目启动，也批准可行项目的流程。PRINCE2 中，项目启动前提是项目任务书，它应该提供项目的关键信息，而且要求至少能够确定未来项目管理委员会的项目主管，进一步完善形成项目概述文件。项目概述文件为项目管理委员会提供充分的信息，只有在此基础上项目才能启动。

项目准备流程中的活动可由公司或项目集管理层、项目主管和项目经理共同负责。这些活动包括：①任命项目主管和项目经理；②获取过去的经验教训；③设计和任命项目管理团队；④准备概要商业论证；⑤选择项目方法和汇总项目概述文件；⑥编制启动阶段的计划。具体的项目准备流程可由图 2-15 表示。

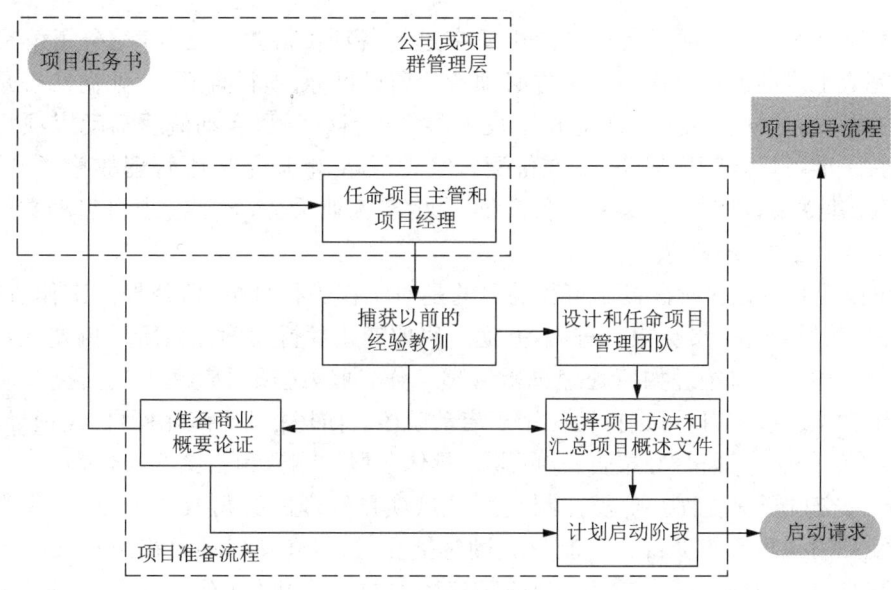

图 2-15　项目准备流程概要

（2）项目指导流程。项目准备流程结束,在启动项目后项目指导流程开始。项目指导流程需要项目管理委员会作出关键决策,并进行总体控制,同时把项目的日常管理委托给项目经理,因此明确授权层次和识别决策流程十分重要。同时项目管理委员会在指导流程中还要承担与公司或项目集管理层之间的沟通交流,为项目经理提供统一的方向和指导,负责持续业务验证等职责。PRINCE2 中,项目指导流程中的活动以项目管理委员会为核心导向,这些活动包括:①授权启动;②授权项目;③授权一个极端或例外计划;④给予特别指导;⑤授权项目收尾。具体的项目指导流程由图 2-16 表示。

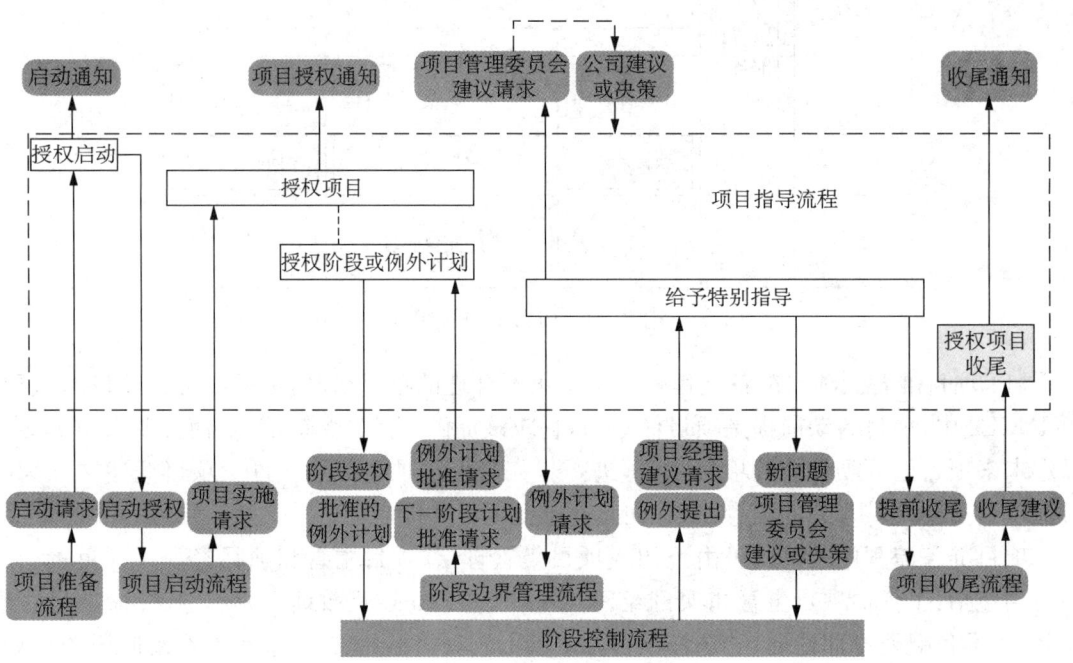

图 2-16　项目指导流程概要

（3）项目启动流程。项目启动是使组织在进行各项资源投入之前,充分了解交付项目产品所需完成工作的流程。所有相关方必须清楚项目目标、项目合理性、如何实现预期成果以及各自的职责,这样各相关方才能真正投入参与项目。项目启动流程活动以项目经理为导向,包括:①准备风险管理战略;②准备配置管理战略;③质量风险管理战略;④准备沟通管理战略;⑤建立项目控制;⑥编制项目计划;⑦完善商业论证;⑧汇总项目启动文件。具体的项目启动流程由图 2-17 表示。

（4）阶段控制流程。阶段控制流程的目的是对工作进行分配,监督控制工作进展情况,处理问题,向项目管理委员会报告进展,并通过采取纠正性行动确保该阶段偏差在容许范围内。该流程描述了项目经理如何处理日常管理工作,通常是项目管理委员会授权后第一个流程。对于大型复杂项目,可选择性应用于启动阶段。阶段控制活动由项目经理导向,这些活动包括:①工作包;②监督和报告;③问题。具体阶段控制流程由图 2-18 表示。

（5）产品交付管理流程。阶段控制流程是从项目经理的视角看待项目,产品交付管理是从小组经理的视角看待项目。该流程通过对接受、执行和交付项目提出正式要求来控制项目经理与小组经理的联系。产品交付管理流程中的活动由小组经理导向,包括:①接受工

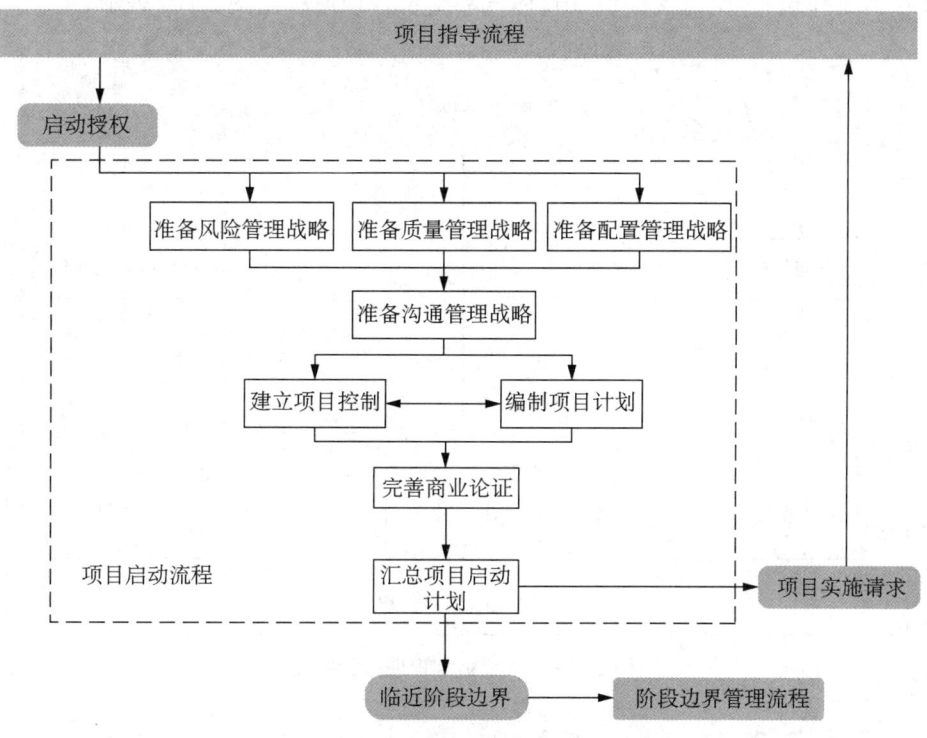

图 2-17　项目启动流程概要

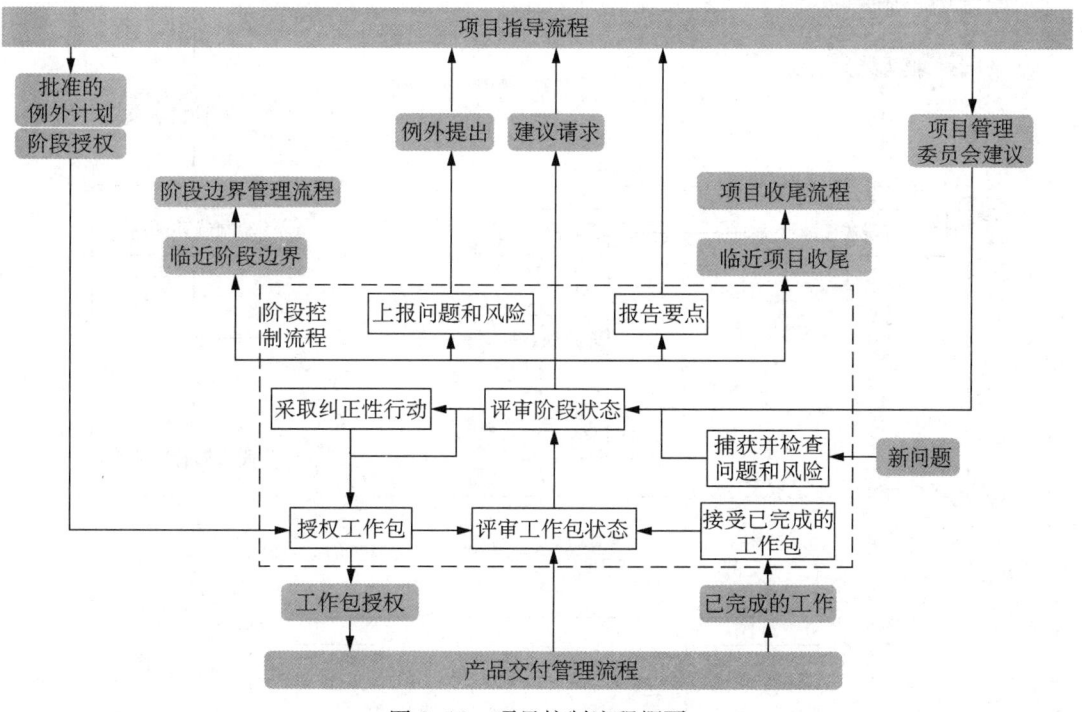

图 2-18　项目控制流程概要

作包;②执行工作包;③交付工作包。具体产品交付管理流程由图 2-19 表示。

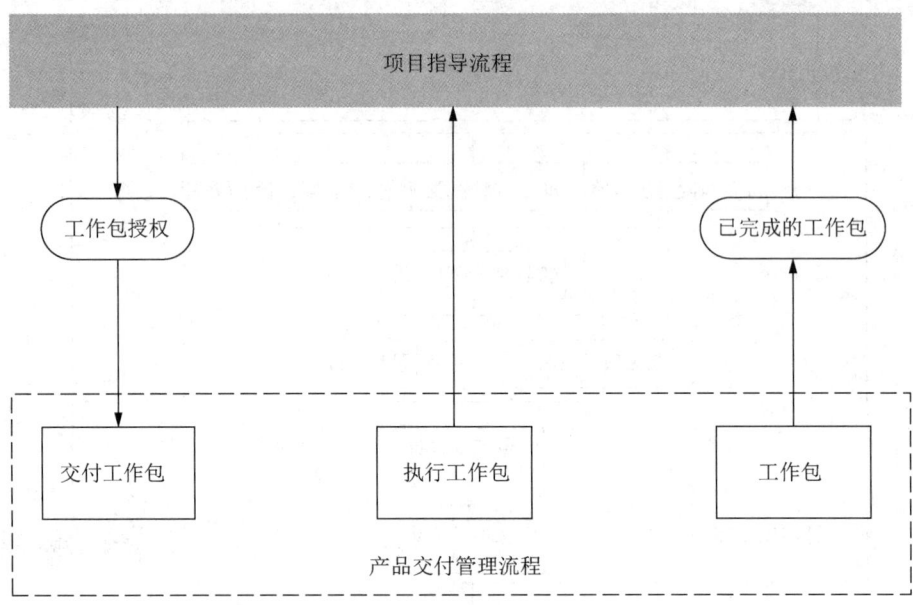

图 2-19　产品交付管理流程概要

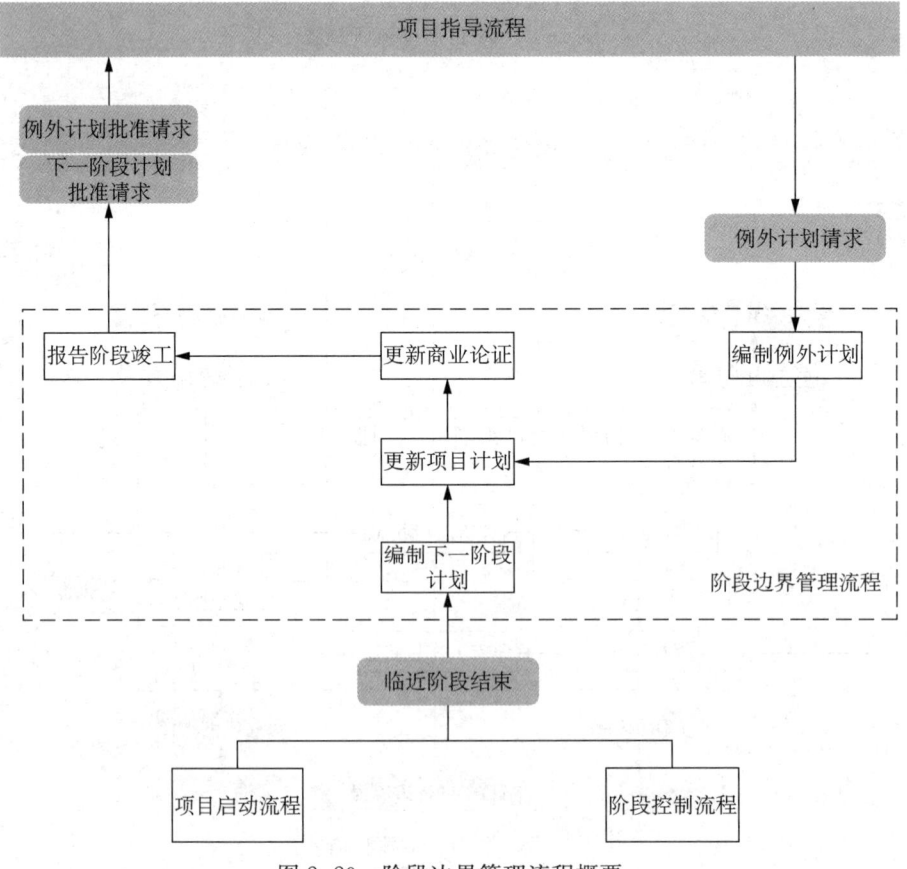

图 2-20　阶段边界管理流程概要

（6）阶段边界管理。项目边界管理流程的目的是要求项目经理向项目管理委员会提供信息，来评审当前阶段的成果，批准下一阶段计划；评审更新的项目计划，以及确认持续业务验证和风险可接受性。在应对例外报告时，项目管理委员会可要求当前阶段重新编制计划，即例外计划，该计划也要交给项目管理委员会批准。阶段边界管理流程的活动以项目经理为导向，包括：①编制下一阶段计划；②更新项目计划；③更新商业论证；④报告阶段竣工；⑤编制例外计划。具体阶段边界管理流程由图 2-20 表示。

（7）项目收尾。PRINCE2 项目是有限的，具有明确的起点和终点。收尾活动是一个管理阶段计划的最后一部分，当项目临近结束时，需要向项目管理委员会提出申请以获得授权进行项目收尾。项目收尾流程的目的是提供一个固定点进行产品验收，确认项目启动文件中最初设立的目标已经实现。项目收尾流程的活动由项目经理导向，包括：①准备按计划收尾；②准备提前收尾；③移交产品；④评价项目；⑤建议项目收尾。具体阶段边界管理流程由图 2-21 表示。

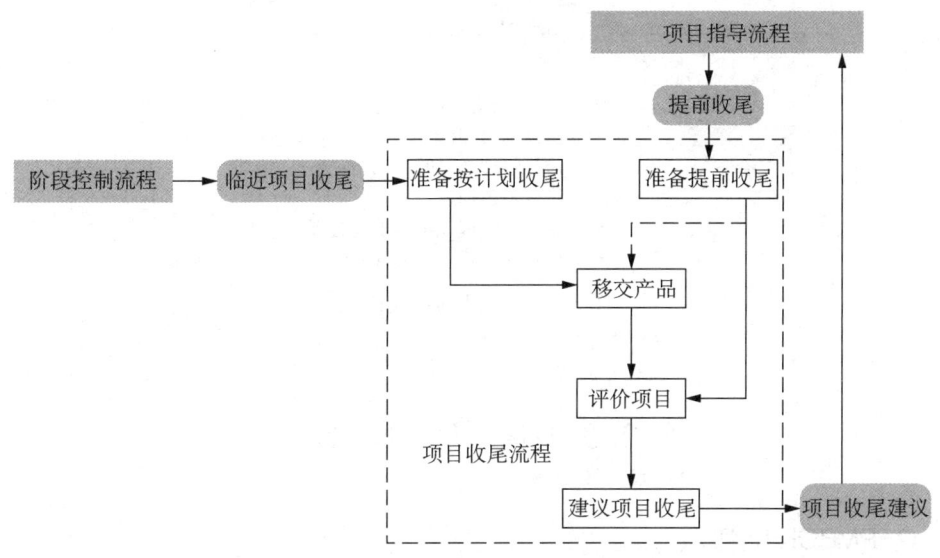

图 2-21 项目收尾流程概要

2.2.5 剪裁

项目应用 PRINCE2 的原则就是使用剪裁的方法使其适应项目具体情况，因此 PRINCE2 是通用的方法论，可应用于任何项目。剪裁指在给定项目中合理使用 PRINCE2，项目管理团队调整这套方法以适应特定项目环境，确保使用适度的计划、控制、治理和流程。PRINCE2 的设计思路就是剪裁使用。剪裁不是删掉 PRINCE2 的要素，其目的是在给定的外部和项目因素作用下将 PRINCE2 项目管理方法应用至某种程度，使之既不加重项目负担又提供了合理的控制水平。剪裁的基本方法有：①应用各项原则；②调整主题；③应用组织的术语和语言；④调整管理产品；⑤调整项目角色；⑥调整流程。图 2-22 显示了剪裁 PRINCE2 时如何评价环境和项目因素。

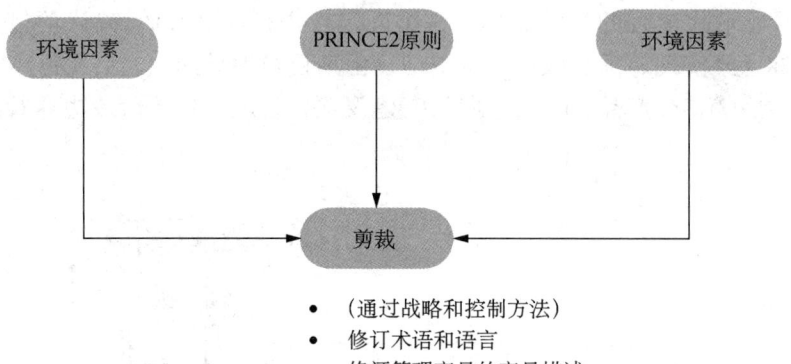

图 2-22 剪裁的影响因素

2.3 C-PMBOK

2.3.1 C-PMBOK 的特点

中国项目管理知识体系（Chinese Project Management Body of Knowledge,简称 C-PMBOK）的概念于 1993 年由中国（双法）项目管理研究委员会（PMRC）首次提出,历经了知识体系结构研究（国家自然科学基金项目）、知识体系文件开发（C-PMBOK2001）、C-PMBOK2001 试行与修订四个阶段,C-PMBOK2006 修订版现已发布。

C-PMBOK 具有以下几个突出特点：

（1）以构建项目管理学科体系框架为导向。C-PMBOK2006 作为中国项目管理学科的基础性文件,其明确了项目管理学科的定位,界定了项目管理学科的知识范畴,构建了项目管理学科的体系框架。这是国际项目管理界第一个以构建项目管理学科体系框架为直接驱动目标建立的项目管理知识体系。知识体系是一个学科的基础,但国际上现存的各种版本的项目管理知识体系无一例外都是以为项目管理专业资质认证体系提供规范的知识体系为直接动因的,包括 C-PMBOK2001。二者的主要差别在于,以专业资质认证体系服务为目标的项目管理知识体系,以满足专业实践的需求为导向,通常在大量实践的基础上归纳提炼形成项目管理知识体系,是"自下而上"建立的;而以构建项目管理学科体系基础性文件为目标的项目管理知识体系,是在总结实践的基础上,明确学科研究的对象、凝练出学科的指导思想,进而形成解决问题的方法体系,是在"自下而上"的基础上"自上而下"建立的。

(2) 采用了"模块化结构",便于知识的按需组合和知识的更新。模块化结构是C-PMBOK的一大特点,其为多线索组织项目管理知识体系框架提供了可能性。通过C-PMBOK模块的组合能将相对独立的知识模块组织成为一个有机的体系,不同层次的知识模块可满足对知识不同详细程度的要求;同时,知识模块的相对独立性,便于对知识模块进行增加、删除、更新,也便于知识按需组合以满足各种不同的需要。模块化结构也保证了C-PMBOK的开放性。

(3) 拓展了项目管理的外延。长期性组织的项目化管理成为项目管理的重要组成部分。随着商业化环境的变化和项目管理的发展,项目管理越来越多地用于企业之类的长期性组织各项任务中。项目化管理(Managing By Project,简称MBP)即通过项目管理实施长期性组织的战略,成为长期性组织管理的发展方向。项目管理的外延不断扩大,从面向一次性任务的管理,即所谓"项目的管理"(Managing of Project,简称 MOP),拓展到面向长期性组织的"项目化管理"(MBP),项目管理上升为一种面向对象(Object Oriented)的变化管理方法论,其内容涉及临时性项目组织和长期性组织两个层次的管理。

(4) 提出了长期性组织项目化管理(MBP)的体系框架与主要内容。项目化管理(MBP)作为变化环境中长期性组织的一种有效管理方式已得到人们的普遍认同。C-PMBOK 2006从变化环境中长期性组织管理方法论的高度,提出了项目化管理的体系结构与主要内容。

(5) 以项目生命周期为主线组织项目管理知识模块,体现了项目管理作为实际应用学科的特点。项目的生命周期反映了项目自始至终一步一步实现项目目标的过程,以项目生命周期为主线组织项目管理的相关知识,有利于指导项目管理实践,体现了项目管理作为实用性学科的特点。

(6) 加强了项目概念阶段的内容,适应管理中心前移的发展要求。正确的决策是项目成功的前提,C-PMBOK 2006加强了项目选择与决策的相关内容,一方面是适应管理重心前移的要求,提高项目成功的机会;另一方面也体现了对我国项目管理发展历史继承性的关注。

2.3.2 项目化管理

PMBOK已得到国际项目管理界的广泛认可,成为国际项目管理领域的实践标准。为保证与国际接轨,C-PMBOK 2006参考了PMBOK的内容,如管理过程模块、知识领域等。但C-PMBOK 2006拓展了项目管理的外延,提出了项目化管理的体系结构与主要内容,这是C-PMBOK一大突出特点。

项目化管理是伴随着项目管理方法在长期性组织中的广泛应用而逐步形成的一种适宜于变化环境中长期性组织的管理方式。通俗地讲,该方式是一种以"项目"为中心,以项目为导向,面向环境、市场、客户驱动构建的柔性组织结构;强调部门间的沟通和协调,通过减少管理层级,实现组织结构柔性和扁平化的长期性组织管理方式。经过长期的实践与探索,项目化管理逐步形成了相应的方法体系,其内容包括项目化管理的思想、方法、组织、机制和流程。

（1）思想。组织的项目化管理本质上是相对于组织的职能化管理而言的，在多变的环境下，根据任务的具体需要动态地定义业务流程和配置资源，是项目化管理的精神实质，它是面向对象（项目）的组织管理方法论。其他现代管理思想与理念也可以集成项目化管理的理念中，形成以项目为导向的面向对象组织管理方法体系。

（2）方法。项目化管理的三个核心方法是：项目管理；大型计划管理（Programme Management）；项目组合管理（Portfolio Management）。大型计划管理是一个动态过程，其管理过程是一个螺旋式上升的过程，在执行过程中不断调整目标，通过阶段性目标的实现保证战略目标的实现。大型计划管理的生命周期过程可分为识别、计划、执行和结束 4 个阶段。项目组合管理是对多个相关且有并行关系项目的管理模式，是实现项目和企业战略相结合的有效方法和工具。项目组合管理具有战略性、动态性、组织整合性和项目选择重要性的特点，它的管理过程通常由 5 步组成：设定战略目标；获取详细的项目清单；调整项目组合；评估项目组合内的每个项目；管理项目组合。

（3）组织。在剧烈变化的外部环境中，柔性组织结构逐渐被采用来对不断变化的市场需求做出迅速反应。组织结构不再是固定不变，而是逐步倾向于分布化、自主管理、讲究柔性和弹性、呈扁平的网络结构。同时，项目化管理中常设立项目管理委员会、风险管理委员会、变更控制委员会和管理支持办公室等组织要素，由此来加强对多项目间的冲突、协调、综合、变更、控制的管理。

（4）机制。基于项目化管理的特点，应该重点关注项目选择与决策机制、资源配置与整合机制、绩效考评和激励机制、信息沟通与知识积累机制以及项目管理能力持续改进机制。

（5）流程。项目化管理的机制最终是通过流程来体现的。将项目化管理的抽象理念转变为可操作的具体流程和图表工具是有效实施项目化管理的保障。项目化管理流程可以最大限度地消除项目执行过程中不确定因素的影响，同时引入业务流程再造，可以把每一个项目管理过程看成是一次业务流程再造、不断改进项目化管理的流程。

复习思考题

1. 简述 PMBOK、PRINCE2、C-PMBOK 的异同。
2. 根据 PMBOK 相关内容，项目管理分为哪些过程组？如何理解各过程组之间的相互关系？

第二篇
组 织 篇

第 3 章 项目组织

项目管理作为一门学科是在许多规模较大、组织较复杂的项目实施过程中逐步形成的。项目管理的核心任务是控制项目目标,项目目标能否实现受诸多因素影响,任何组织都是为了完成一定的使命和实现一定的目标而设立的。控制项目目标的主要措施包括组织措施、管理措施、经济措施和技术措施,其中组织措施是最重要的措施。组织是管理存在的基础与载体,管理活动依托于一定的组织开展,管理的目的就是实现组织目标。在项目管理中,如何构建适合项目本身的组织结构、如何确定项目目标控制的组织分工、如何营造项目特有的组织文化,这都涉及项目的组织问题。项目目标决定了项目组织,组织是项目目标能否实现的决定性因素。

所谓项目组织是指具有明确目标导向和精心设计结构的社会实体,是与外部环境保持密切联系并通过相互协作来实现共同目标的群体。为完成某个特定的项目任务,项目组织由不同部门、不同专业的人员所组成,通过计划、组织、领导和控制等过程,对项目的各种资源进行合理配置,以保证项目目标的成功实现。组织是项目系统性控制的主体和难点,在项目初始阶段并无任何资源,要实现项目目标,项目需要构建合适的项目组织结构,明确项目组织分工,规范项目流程组织,营造良好的项目组织文化。本章将围绕组织理论、项目组织结构、项目组织分工、项目组织文化以及项目管理办公室,共同探讨如何通过组织实现项目目标。

3.1 组织理论概述

3.1.1 组织的基本概念

组织是对实体(人员和/或部门)的系统化安排,以便通过开展项目等方式实现某种目的。政府部门、慈善机构、职业足球队和企业(图 3-1 所示的迪士尼公司)等,这些都是组织,它们有三个共同特征:目的明确、拥有资源、保持一定的权责结构。

1) 明确的目标

每个组织都有明确的一个或一组目标,它反映了组织所希望达到的状态。

2) 拥有资源

组织拥有的资源主要包括五大类:人、财、物、信息和时间。

(1) 每一个组织都是由人员构成的,组织的目标需要借助人员工作来实现,人是组织最大的资源,是组织创造力的源泉。

(2) 财的资源主要是指资金,组织在其存在和发展中需要大量的资金,这些资金部分是归组织或股东所有的,还有相当一部分是通过各种渠道聚集起来的。有了资金,组织的各项

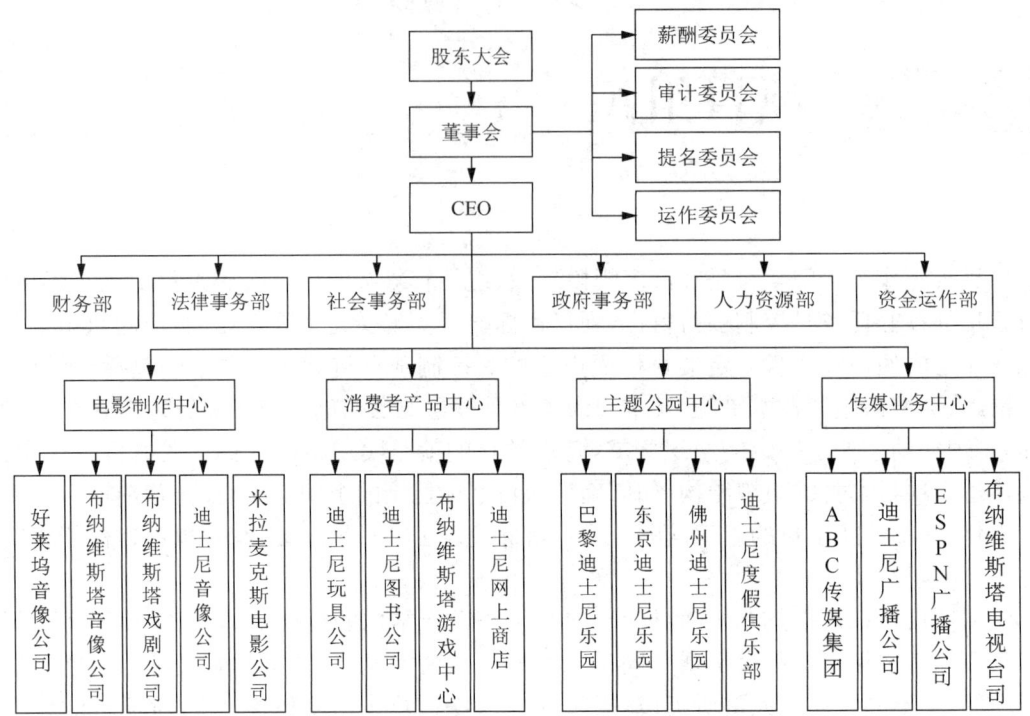

图 3-1 组织示例：迪士尼公司

工作才能运转起来。

（3）物质资源。组织的发展仅有资金是不够的，还需要物资的支持。组织物资的获得通常是通过将抽象的资金资源转化为实体的物质资源实现的。

（4）信息资源。西蒙(H. A. Simon)曾提出，组织向每个成员提供了决策所需的大量信息。信息实际上是一种可以认知其意义的符号，现代社会信息传输、交换、存储的手段已经非常发达，信息量激增，给管理带来了许多好处，同时也提出了挑战。在海量信息中如何找到最有价值的，如何能在信息不完全的情况下进行管理决策，这是对每一个管理者的考验。

（5）时间。科学管理起源于工业革命后期企业家对效率的追求，而效率就是对时间的节约，同样的时间做更多的事、出更多的成果就是效率，从这点上看，管理学这门学科的发展源于人类对于充分利用自己时间资源的追求。

3) 保持一定的权责结构

组织通常保持一定的权责结构，这种权责结构层次清晰，每一岗位有明确的职权范围，任务有明确的承担者，组织成员间有明确的工作关系。同时，组织中的权力和责任是对等的，有多大的权力就有多大的责任，如果哪个管理者要坐享其成，却努力逃避责任风险，那么被管理者就一定会站出来反对他。

3.1.2 组织理论的发展

（1）传统(古典)组织理论阶段。传统组织理论流行于19世纪末至20世纪30年代。传统组织理论主要集中于研究组织的目标、组织内部分工、权利分配等，其核心是研究组织结构和组织管理的基本原则。这一阶段的研究更加注重组织的制度安排,而忽略组织中的个体人员,缺乏对人的研究。传统的组织理论主要以静态的观点研究组织问题,代表成果有韦伯(Max Weber)提出的官僚组织模式;法约尔(Henri Fayol)提出的一般管理理论等。尽管传统组织理论对于组织中的人际关系、组织激励、组织人员心理等方面缺乏研究,但是仍对后续组织理论的发展产生了深刻的影响。

(2) 科学组织理论阶段。20世纪20年代,行为科学理论兴起,对组织理论的发展产生了深远的影响,以人际关系为研究重点的组织理论开始出现。这一时期的组织理论与传统组织理论相比,更加重视人在组织中的作用,从过去的静态研究方法转变为动态研究,对组织中的沟通、激励、组织人员影响力等方面进行更加深入的研究。这一阶段的代表人物有主持霍桑实验的美国学者梅奥(George Elton Mayo),提出均衡理论的巴纳德(Chester I. Barnard),提出双因素理论的赫茨伯格(Fredrick Herzberg)等。

科学组织理论虽然使组织理论更进一步,但是仍存在一定的缺陷,例如仍用封闭的观点研究组织,忽略了外部环境的影响。

(3) 现代组织理论阶段。20世纪中叶,随着科学技术的发展,组织理论进入了以系统论方法为指导的现代组织理论阶段。其中,具有代表性的理论有卡斯特(Fremont Ellswort Kast)、罗森茨韦克(James E. Rosenzweig)提出的系统管理组织理论和伍德沃德(Joan Woodward)等人提出的权变理论。

系统管理组织理论强调组织是一个开放的系统,组织中各个子系统间有相互联系,组织与外部环境同样有紧密的联系。组织从外界接受资源和信息,经过转换后对外界输出产物。权变理论的主要观点是否认存在普适性的管理原则,主张相机行事。该理论强调,要根据现有的环境条件,选择灵活的组织结构、管理方法和领导模式。

对组织的研究经历了从"事"的研究到"人"的研究再到"事"与"人"相结合的研究这三个阶段,研究范围不断扩大,研究角度更加系统化。组织理论的形成和发展,体现了人类对于组织及其活动规律认知的不断深入,人们可以自觉地应用这一理论有效地管理组织,以适应人类自身的组织活动。

3.2 项目组织结构

任何组织都是为完成一定的使命和实现一定的目标而设立的,由于项目目标、资源和环境的差异,其组织结构也不尽相同,因此难以设计出一个适合于各种项目的理想组织结构。实际上,任何组织结构的设计都取决于诸多因素,亦随着项目进展而处于动态发展过程中,因此项目组织甚至可能不存在一个理想结构。于项目而言,无所谓好的或坏的组织结构,只有适合的或不适合的组织结构。

项目是一种临时性组织,项目组织结构的选择对项目成败至为关键。面向运作的企业(如公共事业企业)、面向项目的企业(如大型建筑企业)、同时执行运作和项目的企业在组织结构模式选择方面依据其特征而各具特色。组织结构是组织运行的基础,组织结构的合理设计是组织高效运行的先决条件。组织结构设计的内容包括设置职能部门、明确工作岗位分工以及工作部门之间的指令关系。建立合理的组织结构,可以确保各个部门高效率工作,促使各种资源充分利用,以便有效实现项目目标。

为发挥项目组织的整体效能,促使项目组织科学运转,增强项目组织活力,确保项目目标的实现,组织结构的建立必须遵循以下原则:

(1) 必须与项目目标和计划相统一。
(2) 必须根据实际工作需要设计组织结构。
(3) 必须有明确的指令关系。
(4) 必须设计精简的机构和减少管理层次。
(5) 必须创造人尽其才的环境。
(6) 必须有利于全过程及全局的控制。

3.2.1 项目组织结构的基本模式

组织结构模式可用组织结构图来描述,组织结构图是一个重要的组织工具,反映组织系统中各组成部门(组成元素)及其之间的组织关系(指令关系)。在组织结构图中,矩形框表示工作部门,上级工作部门对其直接下属工作部门的指令关系用连接线表示。常见的组织结构模式包括职能型、项目型、矩阵型和组合型四大类。

1) 职能型组织结构

某玩具厂商决定生产低龄儿童玩具,高层领导决定实施此项目并将项目的各部分分配给适当的部门;工业设计部门负责设计产品外观和规格并给出图纸;生产部门根据设计图纸规划玩具的生产方式;营销部衡量玩具的需求与价格,并确定分销渠道,策划营销方案。这种组织结构即为职能型组织结构,最早由现代管理之父泰勒提出。职能型组织结构是一种典型的面向运营的组织结构,现有的加工制造企业多采用这种组织结构。如图3-2所示。

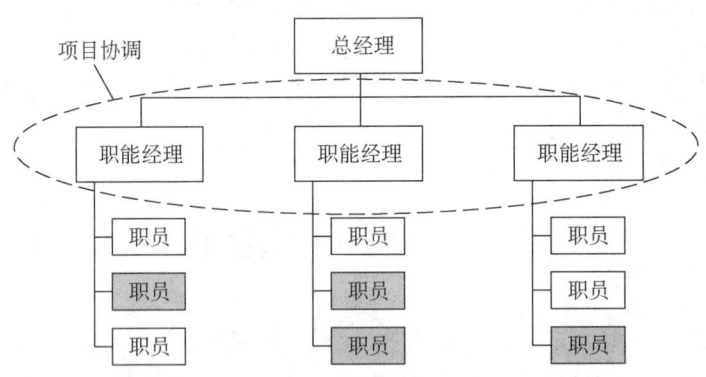

(灰框为参与项目活动的职员)

图3-2 职能组织结构

在职能型组织结构中,项目的各个组成部分由各职能部门承担,各职能部门根据项目的需要承担本职能范围内的工作,项目在组织目前的职能型等级结构下完成,各职能部门之间的协作可以通过正常的管理渠道来维持。

职能型组织结构的刚性较大,是一种基于职能和部门的组织结构体系。在这种组织环境下,项目团队的工作和协调是在职能部门的层面上进行的,项目团队是按照一种松散的协调关系建立的,项目实施组织界限并不十分明显,项目团队成员需要完成项目中由本部门职能来完成的任务,同时由于没有脱离原来的职能部门,在项目实施中的工作多属于兼职性质。职能型组织结构的另一特点是没有明确的项目经理,项目中各种协调工作由处于职能部门的部门主管或经理承担,即使有项目经理其权限也很小,多称其为"项目协调人"。

职能型组织结构的优点体现在以下几个方面:

(1) 由于职能型组织是以职能相似性来划分部门,高度专业化为各成员提供职业和技能上交流进步的工作环境,有利于专业人才专心致志钻研本专业领域理论知识,有利于积累经验与提高业务水平。同时各职能部门可作为保证项目技术连续性的基础,技术专家可同时介入不同项目,有利于提升企业整体技术水平和实现有效技术控制。

(2) 职能型组织结构中项目实施组织中的人员或其他资源仍归职能部门领导,因此职能部门可以根据需要分配所需资源。而当某个成员从某项目退出或闲置时,部门主管可以安排他到另一个项目去工作,可以降低人员及资源的闲置成本。

(3) 各职能部门具有稳定清晰的职能要求,其政策、工作程序和职责规范明确并易于理解,便于职能部门有效控制人力资源。同时,该组织结构的沟通渠道是顺畅的垂直型,每个成员都有且只有一个上级,因此各成员具有快速反应能力,实现人员控制的有效性。

职能型组织结构的缺点体现在以下几个方面:

(1) 在职能型组织结构中,每一个职能部门可根据它的管理职能对其下属工作部门下达工作指令。每一个工作部门可能得到不同上级工作部门下达的多个工作指令,而这些指令有时是相互矛盾的,对部门工作的展开造成了一定的困难。

(2) 由于项目实施组织没有明确的项目经理,缺乏重视项目导向的任务,每个职能部门由于职能的差异性及本部门的局部利益,因此容易从本部门的角度去考虑问题。当发生部门间冲突时,难以协调部门经理之间的关系,获得一致同意的决定往往耗时耗力,这会影响项目目标和企业整体目标的实现。

(3) 由于项目参与者只是临时从职能部门抽调而来,有时工作的重心仍在职能部门,因此很难树立积极承担项目责任的意识。尽管项目参与者在职能范围内承担相应责任,然而由于项目是由各部门组成的有机系统,必须要有人对项目总体承担责任,职能型组织结构不能保证项目责任完全落实。

(4) 项目参与者认为项目是一项额外的负担,与他们的职业发展与提升并无直接关系,因此对客户的需求反应迟钝。另外,各职能专家仅关心自己负责的项目部分而非整个项目,因此造成项目次优化,进而导致其激励和创新力下降。

职能型组织结构适用于公司的内部项目,包括开发新产品、设计公司信息系统、重新设计办公场所和完善公司的规章制度等。

2) 项目型组织结构

在项目型组织结构中,项目从公司组织中分离出来作为独立的单元,有其自己的技术人员和管理人员,每一个项目部都相当于一个微型的公司。项目型组织结构是一种面向任务或活动的组织结构,现有的建筑施工企业、信息系统集成企业、管理咨询企业等在项目实施中多采用这种组织结构,如图3-3所示。

项目型组织结构按项目来划归所有资源,即每个项目有完成项目任务所必需的资源,每个项目实施组织有明确的项目经理。项目经理也就是每个项目的负责人,对上直接接受企业主管或大项目经理领导,对下负责本项目资源的运用以完成项目任务,每个项目组之间相

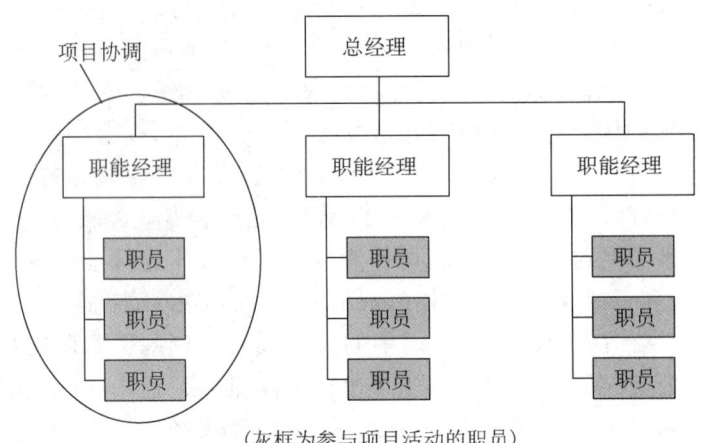

(灰框为参与项目活动的职员)

图 3-3 项目型组织结构

对独立,项目经理对项目有完全的项目权力和行政权力。在 20 世纪 80 年代,苹果公司和 IBM 都是利用这种方式开发了个人电脑的新生产线。

项目型组织结构是一种非常适合开展项目活动的组织形式,项目团队通常是由各种职能或专业人员组成的独立团队,项目活动的协调在项目团队内部进行。在该组织结构中,项目经理由专职人员担任,并拥有较大的权力和较高的权威。

项目型组织结构的优点体现在如下几个方面:

(1) 项目型组织是基于某项目而组建的,圆满完成项目任务是项目组织的首要目标,而每个项目成员的责任及目标也是通过对项目总目标的分解而获得。同时,项目成员只受项目经理领导,不会出现多头领导的现象。

(2) 由于项目型组织按项目划分资源,项目经理在项目范围内具有绝对的控制权,项目具有完整的直线型职权。项目内部沟通渠道通畅,权利集中度较高,制订决策的速度加快,能对客户需求和高层指令做出迅速响应,因而缩短项目的反应时间,避免因等级组织内上传下达而拖延,因此项目时间、成本和开发周期的执行都较有保证。

(3) 项目实施涉及指挥、组织、计划、控制、协调与沟通等多种职能,因此项目型组织模式提供了全面型管理人才的成长之路。项目成员之间动力强、凝聚力高,共同分享项目目标与责任。此外,项目成员对项目具有高度忠诚度,对产品形象有更强的信念。

(4) 项目型组织体量较小,人员配置灵活,进度管理、成本管理、项目绩效等方面的规划与执行可以根据项目具体情况进行调整,有较大的弹性。

(5) 项目型组织中的各个项目团队易于出现高水平的多职能组合,项目成员拥有既定项目所需的专长,不同领域的专家在项目经理的指导下紧密合作,从项目角度实现进度、成本、质量优化,即实现项目最优化,而非各自专业领域的最优化。

项目型组织结构的缺点体现在如下几个方面:

(1) 项目型组织按项目所需来设置机构及获取相应资源,致使项目拥有自身的机构。机构设置中一方面是完成项目任务的必需,另一方面是企业从整体上进行项目管理的必要,这就造成了机构重复设置。而在设备、人员等资源的使用方面,当某项目的资源闲置时,其他项目也很难利用这些资源,造成较大的闲置成本。

(2) 项目技术水平在相当程度上受项目中的专家所拥有的才能和经验限制,因此项目型组织限制了用最好的技术来解决问题。同时,项目型组织往往注重项目中所需的技术,不利于专业人员钻研本专业业务。此外,各个项目型组织之间往往相互独立,不同项目之间缺乏技术交流的机会,企业在新项目中技术难以提高。

(3) 项目的一次性特点使得项目型组织结构随项目产生而建立,也随项目结束而解体,因此从企业整体角度来看,企业的资源及结构会不断发生变化。而在项目组织内部,由新成员刚刚组建的组织会发生相互碰撞而不稳定,随着项目进展进入相对稳定期;但在项目快结束时,项目成员又会考虑自己的未来,"人心惶惶",又进入不稳定期。因此,项目成员缺少稳定的职位和工作机会。

项目型组织结构适合于开展各种业务项目的组织,是一种专为开展一次性和独特性项目任务而设计的组织结构,项目规模大、数量少的公司多采取这种组织结构模式。

3) 矩阵型组织结构

职能型组织结构和项目型组织结构各具优缺点,并且职能型组织结构的优点与缺点恰好对应项目型组织结构的缺点与优点。如何建立一种组织形式,既有两种组织结构的优点又能避免两种组织结构的缺点呢?矩阵型组织结构能较好地解决这一问题。矩阵型组织结构是为兼顾日常运营和项目实施这两种不同的组织活动而创立的一种组织结构形式,兼有直线职能型和项目型组织结构的成分,如图3-4所示。

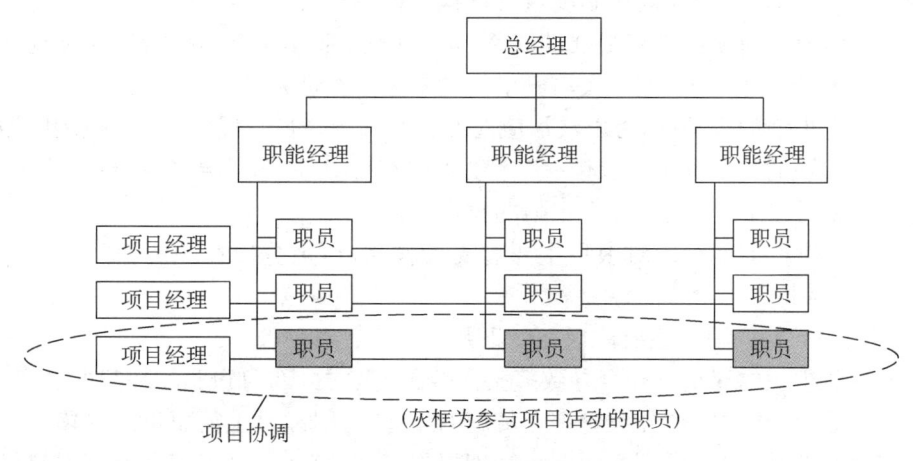

图 3-4 矩阵型组织结构

矩阵型组织结构将按照职能划分的纵向部门与按照项目划分的横向部门结合起来,构成类似矩阵的管理系统,在这种组织结构下,每项业务都有两条管理线,一条是项目管理线,一条是职能管理线。当一个企业承接一个新项目时,由一个指定的项目经理领导,从不同职能部门挑选出人员共同组织项目团队,这些成员在项目执行期间仍有义务完成其职能部门的工作,即向两个上司汇报工作,项目结束后各成员又回到原来的职能部门中,具有很大的灵活性。例如,一个综合性医院会有内科、外科、脑外科等各种各样的医疗科室,当需要组织各种救灾、外援医疗队的时候,会从不同的科室中抽调出各种专业医护人员,任命专门的医疗队长,组成专门的医疗队去完成一项救灾或外援任务。一旦任务完成,医疗队就会解散,这些医护人员就各自回到原来的科室。在矩阵型组织结构中,项目团队任务和目标的协调也是在自己的团队中实现的。

矩阵型组织的建立需满足以下几个原则：

(1) 参与者必须全职参与项目，这保证了对项目的忠诚度。

(2) 必须有作出承诺的水平通道和垂直通道。

(3) 必须有迅速解决冲突的方法。

(4) 必须搭建一个良好的沟通渠道。

(5) 所有经理必须参与项目规划全过程。

(6) 所有经理必须愿意就资源进行协商。

(7) 除非有行政上的安排，同级部门必须作为独立的单位运作。

矩阵型组织结构有效满足诸多项目对职能部门有限资源的广泛需求，矩阵型组织中，项目经理在项目活动的"什么"和"何时"方面，即内容和时间方面对职能部门行使权力，而各职能部门负责人决定"如何"支持。每个项目经理要直接向最高管理层负责，并由最高管理层授权，而部门负责人对各种资源做出合理分配和有效调度。

矩阵型组织结构的优点主要体现在以下几个方面：

(1) 只要时间上不与其他项目冲突，项目经理通过职能经理有权调用公司资源。可以平衡资源以保证各个项目都能完成各自的进度、费用及质量要求。

(2) 可以为每个项目单独制订政策和程序，只要不与公司的政策和程序相冲突。部分成员来自行政部门，能在公司规章制度执行过程中保持与公司一致性。

(3) 项目组成员与项目具有很强的联系，但对职能部门也有一种"家"的感觉。成员对激励和最终项目成果很敏感，能很快培养出一批专家和经理人员。

(4) 组织有很强的机动性，可以灵活应对变化及冲突，对项目需求能快速做出反应。

(5) 对于稀缺的技术骨干，能够在多个项目中充分共享，提高组织内部资源的利用率，项目成本实现最小化，能够建立一个很强的技术基础。

(6) 权责并存。职能组织对项目主要起支持作用，压力分散在职能团队和项目团队之间，权力与责任共担。

矩阵型组织结构的缺点主要体现在以下几个方面：

(1) 矩阵型组织的双重领导会导致多头命令，如果项目部门和职能部门的意见不一致，会使员工无所适从，严重时会导致管理人员间的矛盾。此外，员工需要不断向横向项目经理和纵向职能经理报告，当需要不断向多个经理报告工作情况时，员工感觉不到对自己命运的控制。

(2) 不断变更优先项目，资源在不同项目中的分配较困难，容易引起项目经理之间的争斗，项目目标而非企业整体目标成为项目经理考虑的核心，职能经理由于有他们自己的一套优先顺序而可能存在偏见。

(3) 对项目经理与职能经理的协调提出非常高的要求，容易引起职能组织与项目组织间权力失衡，必须注意职能组织与项目组织间的权力平衡。

(4) 组织开始运行以前和初期，需要更多的时间和精力来制订政策和程序，特别是项目经理和职能经理的任务分工和管理职能分工，以及确定清晰的工作流程和信息流程。在矩阵型组织结构中，职员和经理比在传统组织中不易弄清自己的角色。明确项目经理与职能经理的任务和管理职能分工，并使之为职能经理和项目人员所理解和接受是极其重要的。

(5) 职能部门人员流动频繁,会给管理带来一定的困难,增加调动难度和管理费用。

(6) 各个项目独立运行,必须谨防出现重复工作,提高成本效率。

矩阵型组织结构最早应用于飞机制造和航天器械的生产项目中,现在矩阵型组织结构已经在跨国公司里普遍使用。一般而言,矩阵型组织结构适用于集权和分权优化组合的企业,从事技术复杂、涉及面广的项目。

任何一种组织结构都有其优点和缺点,没有一种结构能适用于一切项目,甚至是在同一个项目的整个寿命周期内。所以,项目管理组织结构在项目寿命周期内为适应不同发展阶段的不同要求而加以改变也是很自然的。项目应围绕工作来组织,工作变了,项目组织也相应改变。企业建立的组织结构并非一成不变,要依据具体情况进行具体分析,建立适合自身的组织结构。一般而言,职能型组织结构有利于提高效率,项目型组织结构有利于取得效果。矩阵型组织结构兼具两者优点,但也带来某些不利因素。例如,各个项目可能在同一个职能部门中争夺资源;一个成员有两个顶头上司,既难处,也难管等。

矩阵型组织结构按照其嵌入程度又可以分为强矩阵、弱矩阵以及平衡矩阵三类。每种形式都代表着授予项目经理权力的不同程度。强度取决于项目经理和职能经理谁对工作人员日常任务的影响更大一些。如果项目经理的影响大,那么组织结构的功能相当于项目经理眼中的强矩阵结构。如果职能经理的影响比项目经理大,那么组织结构的功能相当于项目经理眼中的弱矩阵结构。

(1) 弱矩阵型组织结构。弱矩阵型组织结构保留了较多的职能型组织结构的特点,它所设立的项目团队成员主要服务于各职能部门,只是临时性地从事项目工作。所谓的项目经理充当的是项目协调者和监督者的角色,在资源分配及项目管理方面并无特权,如图 3-5 所示。

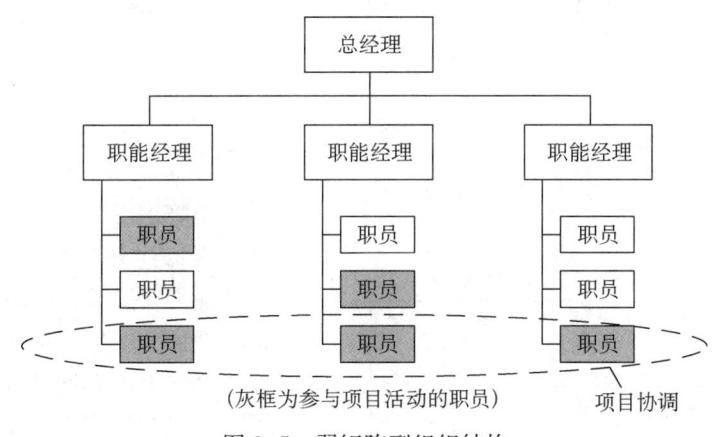

(灰框为参与项目活动的职员)　项目协调

图 3-5　弱矩阵型组织结构

(2) 平衡矩阵型组织结构。平衡矩阵型组织结构是职能型和项目型两种组织结构相对均衡的一种矩阵型组织形式。这种形式一般很难维持,因为它主要取决于项目经理和职能经理的相对力度,平衡不好,很可能转化为强矩阵型或弱矩阵型组织,如图 3-6 所示。

(3) 强矩阵型组织结构。强矩阵型组织结构具有较多项目型组织结构的色彩,拥有专职的、有较大权限的项目经理,项目经理可以对项目实施进行有效控制,职能部门对项目的影响被减弱,如图 3-7 所示。

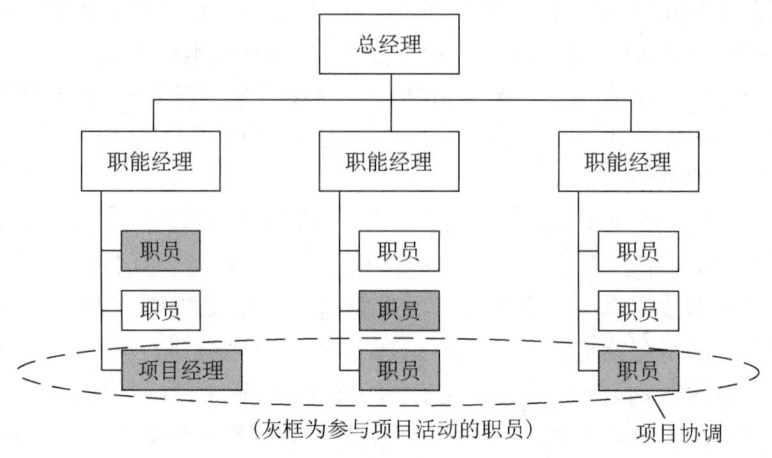

图 3-6　平衡矩阵型组织结构

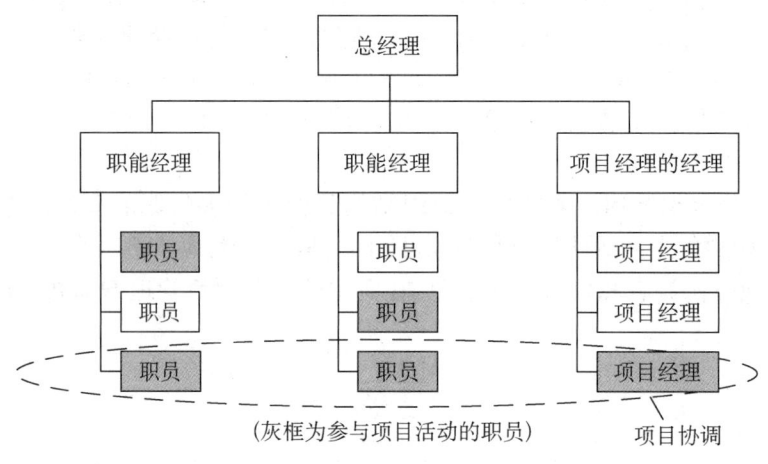

图 3-7　强矩阵型组织结构

4）矩阵嵌套

矩阵嵌套可以定义为原矩阵中又建立第二个矩阵结构，这在大型公司中普遍存在。例如，一家公司有一个总的矩阵型组织，而公司下属的每个部门（例如研发部门）也有自己的内部矩阵，在这种情况下，所有矩阵都正常运作。

矩阵嵌套也可能是非正式和正式组织的结合。正式矩阵依据工作流程设计，但是组织内部也可能形成一个非正式矩阵，它们可以是权力矩阵、汇报矩阵等。

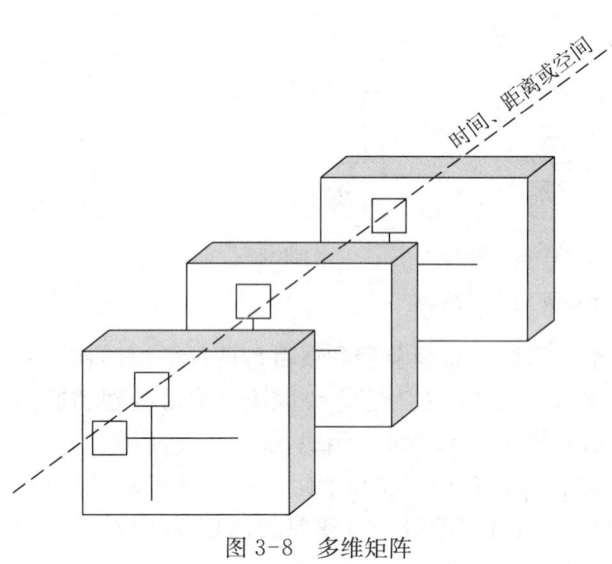

图 3-8　多维矩阵

矩阵嵌套也可能表现为矩阵的分层，如多维矩阵，如图3-8，每个层面可以代表时间、距离或地理区域。在大型跨国企业中，通常采用跨国矩阵对全球的项目进行控制，这种情况下，可以将不同的地理位置看作矩阵的第三维，每个不同的地理位置将代表总矩阵中不同的局面。

5) 组合型组织结构

当设计项目组织结构时，并非总是"或者-或者"这样的选择题，因此组合型组织结构应运而生。企业依据职能、产品、地域、生产过程、客户和子公司等进行部门划分，因此一些大企业往往在不同的层次上出现不同的组织方式。组合型项目结构是一种集成了职能型、矩阵型和项目型的组合型的组织结构，如图3-9所示。

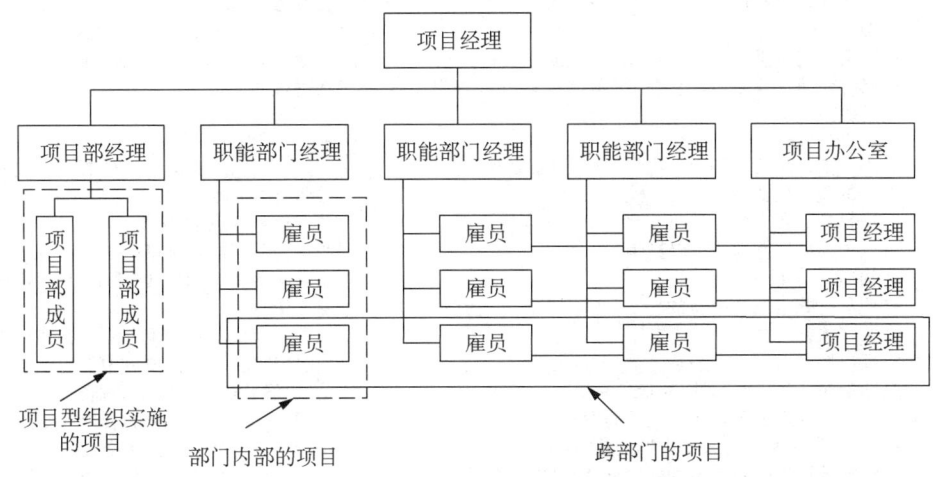

图3-9 组合型项目组织结构

组合型组织结构中既有职能型部门，又有为完成各类项目而设立的矩阵型组织和项目型组织。该组织结构中的项目团队拥有自身的管理机制和独特的报告、权力体系，各职能部门需要为完成特定项目而派出人员，在项目完成后项目团队人员则重新回到职能部门中去。同时，该组织模式也允许职能部门自行组织项目团队完成本部门承担的项目工作。例如，Chaparral钢铁企业（美国一家利用废弃金属生产钢条与横梁的小型工厂）将项目分为三类：高级开发型项目、平台型项目与增长型项目。高级开发型项目旨在创建具有突破性的产品或流程，风险程度高，因此选择项目型组织结构；平台型项目是通过系统升级产生新的产品和过程，风险中等，因此是在强矩阵型组织结构下完成的；增长型项目是对现存产品及流程的微小调整，具有风险低、期限短的特征，因此多采用弱矩阵型组织结构。

组合型组织结构使公司在建立项目组织时具有较大的灵活性，但也存在一定的风险。同一公司的若干项目采取不同的组织方式，由于资源或利益分配上的不一致，容易产生资源浪费和各种矛盾。

3.2.2 不同组织结构的比较

前文介绍的项目组织结构的三种基本模式，即职能型、项目型和矩阵型项目组织结构，其各具优缺点，如表3-1所示。

表 3-1　　　　　　　　　　　三种组织结构形式的比较

组织结构	优点	缺点
职能型组织结构	• 预算简单,便于控制成本 • 能实现更好的技术控制 • 专业人员可分成小组,共享资源,分担责任 • 人员可分配在不同的项目上 • 所有的项目都能利用最先进的技术(人员少而效率更高) • 人员数量可自由决定 • 有充足的工作人员 • 职能和政策具有稳定性。工作程序和职责规范十分明确并且容易理解 • 在已有的专业化基础上容易采取大规模生产 • 人员比较容易控制,因为每个职员都有而且只有一个商机 • 沟通渠道是垂直型的,而且十分畅通 • 具有快速反应能力,但这可能取决于职能经理自主权的大小	• 没有一个直接对整个项目负责的人(比如没有正式的权力部门、委员会) • 缺乏项目导向的思维方式 • 协调十分困难,获得一致同意的决定需要加上从产品设计到实际投产的时间 • 决策通常有利于实力最强的职能团队 • 没有客户问题处理中心 • 对客户需求的反应十分迟钝 • 责任难以确定,这是因为很少有或没有直接的项目报告,很少有项目发展计划,没有项目权力 • 激励和创新力下降 • 计划倾向于如何更易于实施而很少考虑正在进行的项目
项目型组织结构	• 整个项目具有完整的直线型职权(也就是说,有一个很强的项目权威控制) • 项目参与者直接为项目经理工作,不合格的产品线可以很容易地发现并予以撤销 • 沟通渠道畅通 • 职员有既定项目所需的专长,因而不需要与其他项目共享关键人员 • 反应快 • 职员对项目忠诚,对产品形象有更强的信念 • 有一个处理公司外客户关系的中心 • 时间、成本和产品开发周期的执行都具有弹性 • 随着单位规模的缩小,界面管理变得更为容易 • 上层管理者有更多的时间用于行政决策	• 工作、设备、人员的重复设置,使得在一个产品多元化的公司里维持这样的组织形式要花费很高的成本;资源低效使用 • 职员任务完成后仍可能被束缚在项目里,上层管理者必须在项目开始和逐步结束时平衡工作量 • 没有强大的职能群体,技术支持困难,也因而阻碍了公司在新项目中能力的提高(也就是说,没有稳定的技术基础) • 对职能(即组织)专家的管理需要高层协调 • 不同项目之间缺乏技术交流的机会 • 项目人员缺少稳定的职位和工作机会
矩阵型组织结构	• 项目经理(通过职能经理)拥有对所有资源的最大的项目控制权,包括成本和工作人员 • 可以为每个项目单独制订政策和程序,只要不与公司的政策和程序相冲突 • 项目经理有权调用公司资源,只要在时间上不与其他项目相冲突 • 对变化、冲突的解决以及项目的需求(如技术或进度)可以做出快速反应 • 职能组织对项目主要起支持作用 • 每个人在项目结束后都有自己的"归宿";个人对激励和最终项目的鉴定很敏感,每个人都能通过项目找到自己的发展之路 • 由于技术骨干共享,因而项目成本可以最小化,职员可以从事多种工作,能够进行更好的人员控制 • 能够建立一个很强的技术基础,更多的时间可用于解决复杂问题;所有项目都能平等地获取信息 • 冲突最少,而且那些需要使用直线命令的问题也很容易解决 • 时间、成本和任务协调得更好 • 能很快培养出一批专家和经理人员 • 权力与责任共担 • 压力分散在团队内部(以及职能经理之间)	• 信息流多维化 • 工作流多维化 • 双重领导 • 不断变更优先项目,影响组织稳定性 • 管理目标不同于项目目标 • 连续不断的冲突及冲突解决 • 监督与控制困难 • 在公司范围内缺少成本效益,人员架构臃肿,尤其是行政人员太多 • 各个项目独立进行,必须谨防出现重复工作 • 与职能型相比,刚开始时需要更多的时间和精力来制订政策和程序 • 职能经理由于有自己的一套有限程序可能存在偏见 • 必须注意职能组织与项目组织间的权力平衡 • 必须对时间、成本和绩效之间的平衡进行监督 • 尽管个人问题可以获得快速解决,但反应可能变得非常慢 • 职员和经理比在职能组织中更不易弄清自己的角色 • 冲突的产生和解决可能会不断发生(很可能需要组织发展专家的帮助) • 当需要不断向多个经理报告工作情况时,人们感觉不到对自己命运的掌控

职能型、项目型和矩阵型组织结构内在相互关联,可以表示为一序列的变化,如图 3-10 所示。项目组织结构形式的变化范围较广,职能型组织结构和项目型组织结构位于两端,矩阵型组织结构介于二者之间,图中的百分比分别表示项目成员为企业职能部门工作和为项目工作的时间百分比,随着比重增加,项目型组织结构的特点渐趋明显。

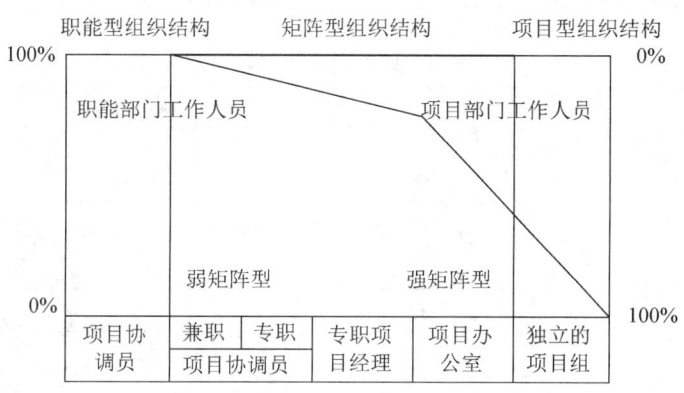

图 3-10 项目管理组织的结构变化

职能型组织中项目团队可能根本没有自己的全职工作人员。弱矩阵型组织中项目团队具有项目兼职协调员,向强矩阵型组织结构变化时,则开始出现专职的项目协调员、项目经理,最后到项目办公室(可能包括系统工程师、成本分析师、进度计划员等)或独立的项目组。项目协调员与项目经理的差别仅表现在综合协调项目与实际决策权的责任分配上。项目经理在强矩阵型项目组织中的权力和责任要大于其在弱矩阵型组织中的权力和责任。值得注意的是项目型组织中的某些职能,如财务、维修等,通常仍由职能部门完成,并非所有人员都集中于项目团队内部。

3.2.3 影响项目组织结构选择的因素

企业在实施项目之前,需要决策采取何种形式的组织结构。项目组织结构的选择就是要决定项目实施与公司日常业务的关系问题,即使是对于一个有经验的专业人士来说,也并非易事,因为目前尚没有一种完美的组织结构完全适用于所有的项目管理和类似的临时性任务。采取不同的组织结构,同一个人或者同一家企业的绩效可能存在天壤之别。组织结构不仅能对整个工作系统的有机结合程度产生影响,同时也深刻地影响着个人激励、群体激励、团队合作程度、冲突以及权力斗争等。

在具体项目实践中,究竟选择何种项目组织形式没有一个可循的公式,一般只有在充分考虑各种组织结构特点、企业特点、项目特点和项目所处环境等因素条件下,才能做出较为适当的选择。因此,在选择项目组织结构时,需要了解哪些因素制约项目组织的实际选择,将这些制约因素作为选择组织结构的标准,根据项目条件的约束而确定项目组织结构。表 3-2 列出了一些可能的因素与组织结构之间的关系。

一般来说,职能型组织结构比较适用于规模较小、偏重技术的项目,而不适应于项目环境变化较大的项目。因为环境变化需要各职能部门间紧密合作,而职能部门本身的存在以及权责的界定会阻碍部门间密切配合。当一个公司中有许多项目或项目规模大、技术复杂时,则应选择项目型的组织结构,同职能型组织相比,在应对不稳定的环境时,项目型组织则显示出潜在的长处，这来自项目团队的整体性和各类人才的紧密合作。同前两种组织结构相比，矩阵式组织结构无疑在充分利用企业资源方面显示出巨大的优越性，由于其融合了两种组织结构的优点，矩阵型组织结构在进行技术复杂、规模巨大的项目管理时呈现出明显的优势。需要指出的是，在同一家公司将三种组织结构用于不同的项目也是完全可能的，同时，这三种组织结构也可以应用于同一项目的不同层次。

表 3-2　　　　　　　　　　　影响组织结构选择的关键因素

组织结构＼影响因素	职能型	矩阵型	项目型
不确定性	低	高	高
所用技术	标准	复杂	新
复杂程度	低	中等	高
持续时间	短	中等	长
规模	小	中等	大
重要性	低	中等	高
客户类型	多样	中等	单一
对内部依赖性	弱	中等	强
对外部依赖性	强	中等	弱
时间限制性	弱	中等	强

另外，选择合适的组织结构还需要考虑诸如项目预期参与人员的任务分配、项目管理者的偏好、项目工作性质、时间成本质量的重要性、人员的能力与可用性、与项目所涉及客户或顾客的沟通渠道、项目团队成员的文化观念以及项目与其他组织和部门的关系等。

任何项目都必须认清不同组织结构的特性及其对项目管理的影响。项目管理者需要确定项目组织管理对策，以及如何带领项目团队适应所处的组织环境，以便高效实现项目目标。不同项目组织结构对项目管理的影响如表 3-3 所示。

表 3-3　　　　　　　　　　　项目组织结构对项目管理的影响

组织结构特征	职能型	弱矩阵型	平衡矩阵型	强矩阵型	项目型
项目经理权力	很低或没有	较低	中等	较高	很高
可利用的资源	很低或没有	较低	中等	较高	很高
项目全职人员	很少或没有	0～25%	15%～60%	50%～95%	85%～100%
项目预算控制者	职能经理	职能经理	混合	项目经理	项目经理
项目经理角色	兼职	兼职	全职	全职	全职
项目经理称谓	项目协调人	项目协调人	项目经理	项目经理	项目经理
项目管理人员	兼职	兼职	兼职	全职	全职

由于组织目标、资源和环境的差异，难以为所有组织确定一个理想的结构。实际上，甚至可能不存在一个理想的组织结构。没有好的或者坏的组织结构，而只有适合或者不适合的组织结构。应该认识到，组织结构模式也并非一经确定就一成不变，随着项目环境的不断变化，组织结构模式也必须适时动态调整。

3.2.4 项目组织结构模式的发展

1) 非正式组织

非正式组织最早由美国管理学家梅奥通过"霍桑实验"提出,是指人们在共同工作过程中自然形成的以感情、喜好等情绪为基础的、松散的、没有正式规定的群体。在一个组织内部,正式组织和非正式组织往往是同时并存的。人们在正式组织所安排的职位中共同工作和相互接触,必然会以感情、性格、爱好为基础形成若干人群,这些群体不受正式组织的行政部门和管理层次等的限制,也没有明确规定的正式结构,但在其内部也会形成一些特定的关系结构,形成一些不成文的行为准则和规范。

通常从"安全性"和"紧密度"两方面来划分非正式组织。安全性是与破坏性相对立,凡是积极的、正面的、有益的活动都是"安全"的,比如满足成员归属感、安全感的需要、增强组织的凝聚力、有益于组织成员的沟通和有助于组织目标的实现等;凡是消极的、反面的、有害的都是"危险"的,比如抵制变革、滋生谣言、操纵员工及阻碍努力使高素质、高绩效员工流失等。所谓紧密性是与松散性相对立的,凡是有固定成员、有活动计划、有固定领导,都是"紧密度"高的;相反则是"紧密度"低的。将"安全性"和"紧密性"作为横坐标和纵坐标,非正式组织分为消极型、兴趣型、破坏型和积极型四类,如图 3-11 所示。

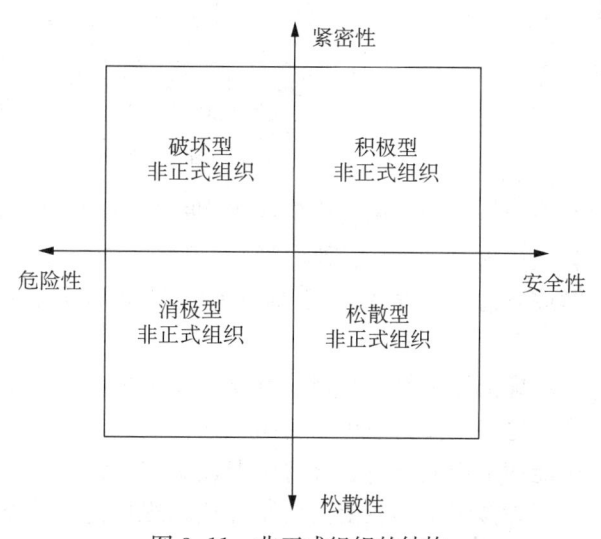

图 3-11 非正式组织的结构

正如在组织结构模式选择中介绍的,经过精心设计和不断调整而建立的较为合理的组织结构,称之为正式组织。而非正式组织是伴随着正式组织的运转而形成的。正式和非正式的组织示例,如图 3-12 所示。从图中可以看出,该正式组织 4 为线性组织结构,领导和下属之间有着非常明确的指令关系。而在该正式组织中,由于个人兴趣爱好的不同,形成了三个非正式组织,分别为①每天习惯喝咖啡的团体;②保龄球队;③国际象棋队。观察这三个非正式组织我们不难发现,非正式组织的人员构成是随机的,它是可以跨越领导层级和部门而随意组合的。非正式组织的活动可能对正式组织造成一定的影响。对于每天习惯喝咖啡的非正式组织,地区经理将跨越自己的直接领导而经常和副总裁有私下的接触,可能获得很多自己的直接领导不知道的消息,这将可能会对他的直接领导的工作和地位产生微妙的影响。

正式组织和非正式组织的形成过程和目的不同,其存续条件也不一样。正式组织的活动以成本和效率为主要标准,通过组织成员在活动过程中的表现予以正式的物质和精神奖励或惩罚来引导其行为。非正式组织则主要以感情和融洽关系为标准,以赞许、欢迎、鼓励作为接受手段,以嘲笑、孤立、讥讽作为排斥手段。正式组织是理性的结果,而非正式组织是感情的产物。

非正式组织的存在及其活动对正式组织目标的实现既可能起到积极促进作用,也可能

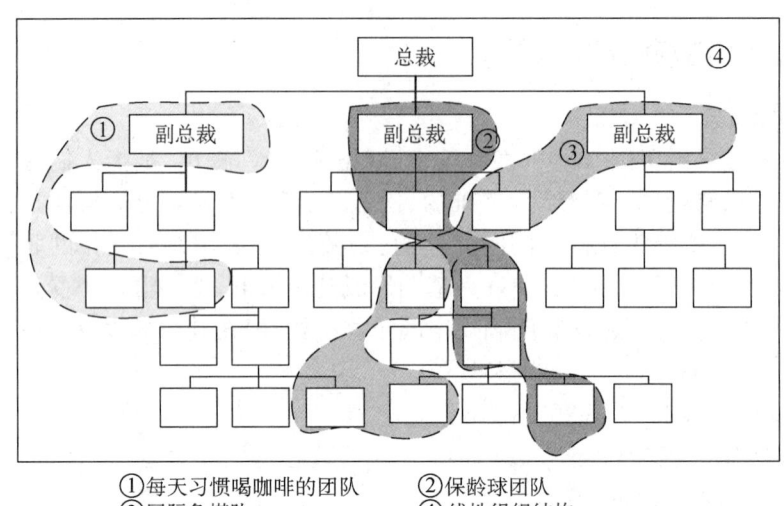

① 每天习惯喝咖啡的团队　② 保龄球团队
③ 国际象棋队　④ 线性组织结构

图 3-12　正式和非正式组织示例

产生消极影响。积极作用在于，非正式组织可以满足职工的需要，增强组织凝聚力，益于团队成员沟通，从而实现项目组织目标。消极作用在于，非正式组织有碍于组织结构变革，束缚成员的个人发展，易于扭曲信息传递等，从而阻碍项目目标的实现。

2）虚拟组织

虚拟组织是 20 世纪 90 年代才出现的一个组织理论概念，被认为是 21 世纪的主要组织模式之一。作为一种新的组织运作模式，虚拟组织注重核心能力的开发与利用，这种组织结构能使组织通过整合优势资源而具有更强的生存能力和应对新机遇和新挑战的能力。

虚拟组织实质上是为了抓住稍纵即逝的市场机会而快速组合起来的临时性企业网络，是迅速聚集一系列核心能力以利用市场机会的独立企业动态联盟。虚拟组织不是一个企业，而是一个由独立企业组成的企业群体，组成虚拟组织的独立企业称为虚拟组织单位。组成虚拟组织的每一个独立企业拥有各自的核心能力和资源，为了一个共同的市场机会，这些独立的企业联合起来，贡献各自的核心能力和资源，相互协作，以谋求实现共同的市场目标，同时使虚拟组织整体价值最大化。虚拟组织不具有法人资格，也没有固定的组织层次和内部命令系统，而是一种开放的组织结构。

虚拟组织的结构一般从宏观和微观视角剖析如下。

（1）虚拟组织的宏观结构。宏观结构是从虚拟组织的外部获得对虚拟组织整体结构的认识。按照对于虚拟组织价值的大小，组成虚拟组织各方可以分成两种基本类型：一种是核心成员，另一种是外围成员。核心层由对虚拟组织价值大的成员构成，主要完成难以外包或市场化的业务，成员联系紧密，流动性较小；松散层由不负责关键技术的外围伙伴构成，替代伙伴较多，流动性强，它们与核心层的关系一般是业务外包或标准件供应关系，如图 3-13 所示。

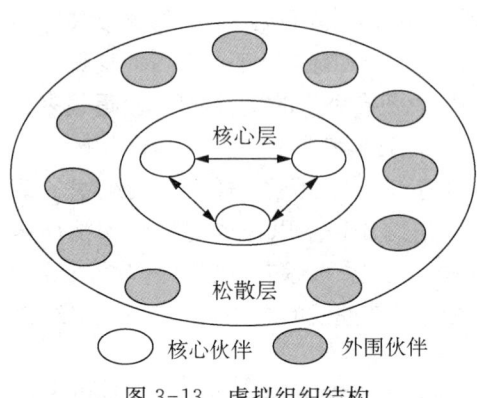

图 3-13　虚拟组织结构

(2) 虚拟组织的微观结构。从内部来看,虚拟组织的微观结构表现为不同的集成工作团队的集合,集成工作团队的人员来自不同的合作伙伴,以共同的目的、行为目标和工作方法开展工作,成员之间相互负责。集成工作团队是虚拟组织最基本工作单元,完成有限的工作任务,且具有可定义、可度量的输出,团队内不存在竞争。参与虚拟组织的各方,在虚拟组织的价值链条上贡献各自的核心能力,但并非将合作伙伴的全部资源都配置到虚拟组织中,只有其中一部分参与到虚拟组织的运作。虚拟组织运作过程的各个环节,是由来自不同合作伙伴的人员组成的集成工作团队来承担;不同的工作团队承担着不同的工作分工。虚拟组织的微观结构如图 3-14 所示。

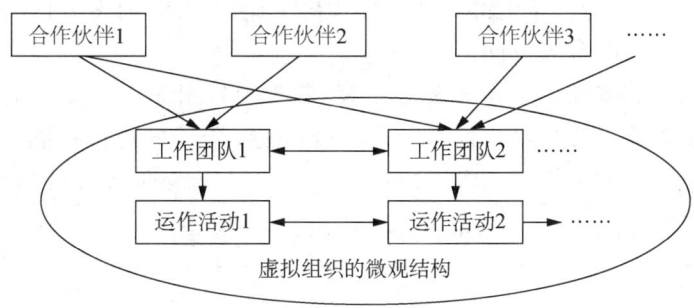

图 3-14 虚拟组织的微观结构

与常规的项目管理组织相比,虚拟组织具有以下重要特征:

(1) 空间上的分布性和时间上的有限性。虚拟组织的项目参与方通常在地理上分散。虚拟组织的存在以确定的项目为前提,其参与方的组合具备动态性和临时性。在项目结束之后,虚拟组织也随之解散,但组织成员之间的关系网络仍然存在。一旦有新的市场机会,所有项目参与方可以在关系网络的基础上迅速并自发地重新组合。

(2) 法律上的独立性和经济上的相关性。虚拟组织参与方在法律上独立并且平等,在经济上相关,具有共同的项目利益。基于信任,这些项目参与方完成他们自身的确定的任务,并且共同促进项目实施的成功。

(3) 模糊的组织界限和灵活的组织结构。虚拟组织的边界是模糊的、不确定的。在虚拟组织的组织结构中,没有层级或纵向的集中,其参与方只是松散地彼此联合。虚拟组织结构的灵活性保证了虚拟组织能够按照外界的动态要求和项目进展情况予以迅速反应。

(4) 核心竞争力的互补和资源的共享。由于项目的复杂性,所有参与方在虚拟组织中的协作必须以核心竞争力互补和资源共享(比如信息、经验和知识)为必要前提。

(5) 具有决定意义的信息/通信技术支持。信息技术既是虚拟组织产生的前提条件,又是虚拟组织赖以存在的技术基础。

3.3 项目组织分工

完成项目组织结构设计,还应进行项目组织分工。项目组织分工首先分解所有要完成的工作任务,将其布置到各部门和子部门,其次建立和定义所有部门、子部门与公司之间的职责、协调和沟通关系的体系结构。项目组织分工包括工作任务分工和管理职能分工。

3.3.1 工作任务分工

在组织结构确定后,应对各部门或个体的主要工作任务进行分工。项目工作任务分工是对项目组织结构的说明和补充,将组织结构中各部门或个体的职责进行细化扩展,也是项目组织设计的重要内容。项目工作任务分工建立在工作分解结构(WBS)的基础上,工作分解结构是以可交付成果为导向对项目要素进行的分组,它归纳和定义项目的整个工作范围,每下降一层代表对项目工作更详细的定义。工作任务分工体现组织结构中各单位部门或个体的职责任务范围,从而为各单位部门或个体指出工作的方向,将多方向的参与力量整合到同一个有利于项目开展的合力方向。

每一个项目都应编制项目工作任务分工表,属于项目组织设计文件的一部分。在编制项目工作任务分工表前,应结合项目特点,对项目实施各阶段的投资控制、进度控制、质量控制、合同管理、信息管理和组织协调等工作任务进行详细分解,如表 3-4 所示。

表 3-4　　某家庭室内装修工作任务分解表

序号	工作任务
1	施工进场准备
1.1	对墙、地、顶的平整度和给排水管道等进行检测
1.2	电、煤气畅通情况进行检测
1.3	列材料清单,进行采购
1.4	确定施工人员,明确负责人
1.5	现场放样,明确施工制作要求
2	现场装修施工
2.1	水电煤工程
2.1.1	冷热水管的排放及供水设备的安装
2.1.2	电源、电器、电信和照明各线路排放,确定装暗盒位置,线箱开关插座定位安装
2.1.3	煤气管道和煤气器具的安装
2.2.3	安装水管和其他部件
2.2	泥工工程
2.2.1	砌筑隔墙、门窗
2.2.2	粉刷
2.3	木工工程
2.3.1	木制品的制作:门窗套、护墙板、顶角线、吊顶隔断、厨具和玄关等
2.3.2	家具制作:衣橱、鞋柜等
2.3.3	铺设地板、踢脚线
2.4	油漆工程
2.4.1	批嵌墙、顶面腻子、油漆

续表

序号	工作任务
2.4.2	木制品批嵌腻子、油漆
2.4.3	地板、踢脚线油漆
2.4.4	墙顶面粉刷乳胶漆
2.5	安装工程
2.5.1	电器开关、插座面板、灯具安装
2.5.2	卫生洁具、五金配件安装
3	竣工验收
3.1	清场,已装潢的居室逐室逐项进行清理打扫
3.2	按验收标准进行验收

在项目工作任务分解的基础上,定义项目经理部和投资控制、进度控制、质量控制、合同管理、信息管理和组织与协调等主管工作部门或主管人员的工作任务,从而编制工作任务分工表,如表 3-5 所示。在工作任务分工表中应明确各项工作任务由哪个工作部门(或个人)负责,由哪些工作部门(或个人)配合或参与。在项目的进展过程中,可视需要对工作任务分工表进行调整。

表 3-5　　　　　　　　　工作任务分工表

工作任务 \ 工作部门	项目经理部	投资控制部	进度控制部	质量控制部	合同管理部	信息管理部

在某卷烟厂建设项目中,项目管理部作为业主的主要咨询方,利用专业理论和丰富经验为业主提供全方位的咨询,深入业主团队中协助业主对项目进行全过程全方位的项目控制,同时为业主培养项目管理人员提供帮助。为实现这些宗旨,规定工作任务分工表如表 3-6 所示。

表 3-6　　　　　　　某卷烟厂项目工作任务分工表

编号	工作部门名称	主要任务	备注
A	业主代表	接受厂长的指令	
		对 A1,B,C,D,E,L,M,N,O 下达指令	
		主持和负责整个项目建设的实施,对项目建设的投资目标、进度目标、质量目标以及建设的安全负总的责任	
	业主副代表	接受业主代表的指令	

续表

编号	工作部门名称	主要任务	备注
A	业主副代表	在业主代表授权范围内对 A1，B，C，D，E，L，M，N，O 下达指令	
		协助业主代表主持和负责整个项目建设的实施	
		在业主代表授权范围内主持和负责有关的工作	
		在业主代表确定的范围内负相应的责任	如建设安全
		主持项目建设实施的日常运行	
A1	业主代表办公室主任	接受业主代表和副代表的指令	
		对 A11，A12，A13 下达指令	
		协助业主代表和副代表处理日常行政事务	
		负责项目报建	
		协助业主代表和副代表执行与政府建设主管部门的联系任务	
		对财务组、行政组和信息组的工作任务承担总的责任	
A11	财务组	接受业主代表和业主副代表以及业主代表办公室主任的指令	
		负责项目资金筹措与资金运用	
		参与项目投资控制与资金控制	
		日常财务和会计工作	
A12	行政组	接受业主代表办公室主任的指令	
		负责处理有关的行政和文秘事务	
		负责办理项目建设的业主方各工作部门的后勤事务	
A13	信息组	接受业主代表办公室主任的指令	
		负责收集、保管和整理项目建设的工程文档	
		按业主代表和副代表的要求收集和整理项目建设的有关信息	
A2	决策委员会	接受厂长的指令	
		不对任何部门下达指令	
		对项目建设过程中的重大问题做决策咨询	
B	项目建设总控与专家咨询部主任	接受 A 的指令	
		作为工程管理服务班子的对外发言人	
		全面领导项目建设总控组开展工作	
		负责与业主代表和业主副代表的沟通和协调	
		协助业主策划和组织必要的专家咨询会议	
B1	项目建设总控组	接受 B 的指令	
		项目实施组织策划	
		设计组织策划与控制	

续表

编号	工作部门名称	主要任务	备注
B1	项目建设总控组	工程发包、设备材料采购组织策划与控制	
		投资、进度和质量目标规划和控制	
		项目管理信息系统(PMIS)应用策划	
		合同管理策划与控制	

3.3.2 管理职能分工

同工作任务分工类似,管理职能分工也是组织结构的补充和说明,体现对于一项工作任务,组织中各任务承担者管理职能上的分工。管理是由多个环节组成的、有限的循环过程,如图 3-15 所示。

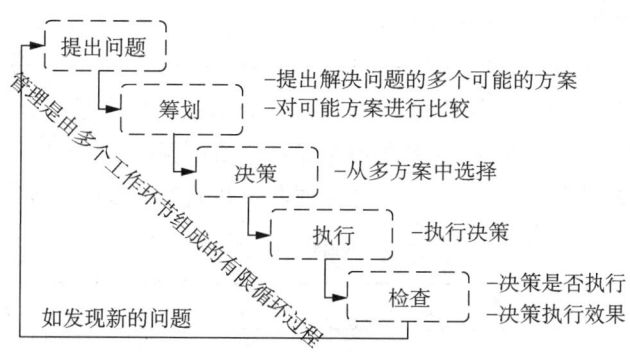

图 3-15 管理职能

这些组成管理的环节就是管理的职能。管理的职能在一些文献中也有不同的表述,但其内涵是类似的。

以下以一个示例来解释管理职能的含义:

(1) 提出问题——通过进度计划值和实际值的比较,发现进度延迟。

(2) 筹划——加快进度有多种可能的方案,如改一班工作制为两班工作制,增加夜班作业,增加施工设备和改变施工方法,应对这三个方案进行比较。

(3) 决策——从上述三个可能的方案中选择一个将被执行的方案,增加夜班作业。

(4) 执行——落实夜班施工的条件,组织夜班施工。

(5) 检查——检查增加夜班施工的决策有否被执行,如已执行,则检查执行的效果如何。

如通过增加夜班施工,工程进度的问题解决了,但发现新的问题,施工成本增加,这样就进入了管理的一个新的循环:提出问题、筹划、决策、执行和检查。整个施工过程中,管理工作就是不断发现问题和不断解决问题的过程。

以上不同的管理职能可由不同的职能部门承担,如:

(1) 进度控制部门负责跟踪和提出有关进度的问题。

(2) 施工协调部门对进度问题进行分析,提出三个可能的方案,并对其进行比较。

(3) 项目经理在三个可供选择的方案中,决定采用第一方案,即增加夜班作业。

(4) 施工协调部门负责执行项目经理的决策,组织夜班施工。

(5) 项目经理助理检查夜班施工后的效果。

管理职能分工表(表 3-7)是用表的形式反映项目管理班子内部项目经理、各工作部门和各工作岗位对各项工作任务的项目管理职能分工。表中用拉丁字母表示管理职能,管理职能分工表也可用于企业管理。

表 3-7　　　　　　　　　　　　　　管理职能分工

工作任务 \ 工作部门	项目经理部	投资控制部	进度控制部	质量控制部	合同管理部	信息管理部

每一个方块用拉丁字母表示管理的职能

在等级层次组织中,每个人的职责是由他在等级结构中的职位确定的,当组织结构比较扁平或完全扁平时,每个人的职责界限便不甚清晰。加之项目的环境和组织随公司及项目的不同而各异,因此多数公司为每一个项目管理职位确定项目的职责说明,如表 3-8 所示。

表 3-8　　　　　　　　　　　　　　项目管理职位和职责

项目管理职位	主要职责	技能要求
• 项目行政人员 • 项目协调者 • 技术助理	协调和整合子系统任务,协助确定技术和人才需求、进度和预算,根据技术进展、进度计划和预算来预测和分析项目的执行	• 计划编制 • 协调 • 分析 • 对组织的了解
• 任务经理 • 项目工程师 • 项目经理助理	与上述相同,只是在制订和保证项目要求方面责任更大;进行权衡;根据制订的进度和预算进行技术指导	• 专业技术知识 • 权变分析 • 任务实施管理 • 对任务专家的领导
• 项目经理 • 大型项目经理	与上述相同,但更注重项目几乎按编制和控制;协调和商谈投资者与执行组织间的要求;提出意向书,报价;建立项目组织并配备人员,全面领导项目计划的实施;使项目充满活力;开发新业务	• 领导整个大型项目 • 组建团队 • 解决冲突 • 管理多种职能任务 • 计划编制和资源配置 • 接洽客户/投资者
• 大型项目执行经理	一般在超大型项目中设立此头衔,职责同上。主要是指导整体项目实现既定目标;联系客户,使项目充满活力,开发新业务,培养组织	• 业务领导 • 管理整个大型项目业务 • 组建大型项目组织 • 培养人员 • 开发新业务
• 大型项目总监 • 大型项目开发副总裁	通过各种项目组织负责管理多项目业务,其中每一业务由一个项目经理领导,主要是进行企业规划和发展,使项目充满活力,技术开发,制订政策和程序,制订大型项目管理指导方针,培养人员和组织	• 领导 • 战略计划编制 • 大型项目业务指导和管理 • 组织建设 • 关键人员的挑选和培养 • 新业务的开创和发展

职责表是表达项目对成员期望的有用工具，应被视为项目组织结构的另一必要补充。职责表的基本形式是由表示可交付物活动的行和涉及组织机构单元的列组成，对于每一项活动，职责表会向相关的组织机构分配不同的职责。表 3-9 为空白职责表，用符号字母表示各类人力资源在产生对应可交付物中的参与角色和责任，表 3-10 为角色和责任的种类。

表 3-9　　　　　　　　　　　　　　空白项目职责表

项目职责表	X, D, d, P, T, C, I, A		公司/部门/职能/资源种类				
项目名称：							
工作量：小时/日/周	工期：	发布日期：	批准人：				
		编号	里程碑				

表 3-10　　　　　　　　　　　　项目组织责任和角色的种类

字母	角色和责任
X：e**X**ecutes the work	执行工作
D：takes **D**ecision solely or ultimately	单独做决策
d：takes **d**ecision jointly or partly	共同做决策
P：controls **P**rogress	管理项目进展
T：provides **T**uition on the job	提供工作指导
C：must be **C**onsulted	必须向其咨询
I：must be **I**nformed	必须向其通报
A：available to **A**dvise	提供建议

职责表可用于定义项目管理流程、原则及方针，也可用于定义实现里程碑的角色和责任。表 3-11 是苏黎世机场建设工作的管理职能分工表，它将管理职能分成七个，即决策准备、决策、执行、检查、信息、顾问和了解。每项任务都有工作部门或个人负责决策准备、决策、执行和检查。我国多数企业和建设项目的指挥或管理机构，习惯用岗位责任制的岗位责任描述书来描述每一个工作部门的工作任务（包括责任、权力和任务等）。而工业发达国家在建设项目管理中广泛应用管理职能分工表，以便管理职能分工更清晰、更严谨，并会暴露仅用岗位责任描述书时所掩盖的矛盾。如使用管理职能分工表还不足以明确每个工作部门的管理职能，则可辅以使用管理职能分工描述书。

表 3-11　　苏黎世机场建设工作管理职能分工表

编号	工作任务 P—决策准备　Ko—检查　B—顾问 E—决策　I—信息　D—执行　Ke—了解	项目建设委员会	项目建设委员会成员	机场经理会	机场经理会成员	机场各部门负责人	工程项目协调部门	工程项目协调工程师	工程项目协调组
1	总体规划的目的/工期/投资	E	BKo	Ke	Ke	Ke	—	—	—
2	组织方面的负责	E	BKo	Ke	Ke	Ke			
3	投资规划	E	BKo	Ke	Ke	Ke			
4	长期的规划准则	E	Ko	BKe	BKe	DI	B	B	—
5	机场—机构组成方面的问题	E	B	Ke	Ke	Ke			
6	总体经营管理	E			Ke	PKe			
7	有关设计任务书、工期与投资的控制检查	Ko	Ko	DI	DI	I			
8	与机场有关的其他项目	Ke	Ke	E	IKo	P	BKo	BKo	Ke
9	施工方面有关技术问题的工作准则	—	—	E	BIKo	B	Ke	PKo	Ke

3.4　项目组织文化

组织文化的概念最早由 Pettigrew（1979）在《组织文化研究》一文中提出。20 世纪 80 年代,随着人们对于美日管理比较的研究,这一概念引起了管理学界和企业界的广泛关注。一个项目组织的成功与失败常归因于组织文化。组织文化是项目组织成员共同接受的价值观念、思维方式、工作作风及行为准则等群体意识的总称。组织通过培养、塑造一种适合项目的组织文化,用以影响项目成员的工作态度,引导员工为实现组织目标而付出努力,促进员工使命感、归属感的形成,从而实现项目组织目标,提高组织凝聚力。因此,根据外在环境的变化实施变革组织文化常被视为项目组织成功的基础。正如 Trompenaars 所言:"一条鱼不在水中时才发觉它对水的需求。我们自身的文化就像水对鱼一样,它维持我们的生命,我们通过文化生活和呼吸。"

3.4.1　项目组织文化内涵

1）项目组织文化的概念

项目组织文化主要指人们分享的价值观、经营理念、人际关系和职业道德等方面的要素,是一个组织的组织体制和管理机制的内化,用以同化所有组织成员的统一思想追求。项目组织文化借助共同的规范、信仰、价值观及假设将人们联系在一起,从而对事物产生共同的理解。文化反映了组织的个性,能使我们预测组织成员的态度和行为,文化还是组织定义的一个方面,它能将某个组织与同行业内的其他组织区分开来。

2）项目组织文化的本质

项目组织文化的本质可用以下十个特点综述,通过这十点评估项目组织文化。如图 3-16 所示。

(1) 成员认同感——项目成员对整个组织而非对他们工作类型或专业领域的认同程度。

(2) 小组重心——工作活动围绕团队而非个人组织的程度。

(3) 管理中心——管理决策考虑结果对组织人员效果的程度。

(4) 单位整合——鼓励组织的各个单位按照合作或相互依赖的方式运行的程度。

(5) 控制——用规则、政策及直接监督等手段来监督和控制雇员行为的程度。

(6) 风险容忍度——鼓励项目成员具有进攻性、创新意识及风险探索意识的程度。

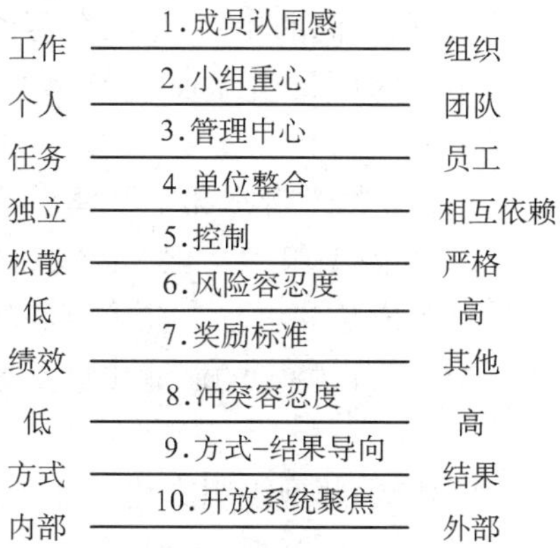

(7) 奖励标准——奖励(如提升及加工资)的分配按照项目成员的成绩而非论资排辈、偏爱或其他非业绩因素的程度。

(8) 冲突容忍度——鼓励项目成员公开表达对冲突的看法及发表评论的程度。

(9) 方式-结果导向——管理集中于结果而非获得这些结果的技术及过程的程度。

(10) 开放系统聚焦——组织在外部环境中监督并对变化做出反应的程度。

图 3-16 定义组织文化的关键维度

3) 项目组织文化的表现形式

组织文化的表现形式包括(但不限于)：

(1) 共同的愿景、价值观、行为规范、信念和期望。

(2) 政策、方法和程序。

(3) 对职权的看法。

(4) 工作伦理和工作时间。

4) 项目组织文化的构成

项目组织是一个不断同外界进行能量交换的动态系统,因此组织文化作为组织成功运作的重要因素之一,同样受到来自组织外部和内部各种因素的冲击和影响。从组织文化的构成方面出发,将影响组织文化内容的要素划分为四层次。

(1) 物质要素。组织物质文化是由组织的各种物质设施中蕴含的文化价值及组织所提供产品或服务中的文化价值两部分构成,是一种以物质为形态的表层组织文化。

(2) 行为要素。组织的行为要素即指组织中所有成员的言行举止所反映的组织文化内涵,以及从组织的服务、管理活动到成员的个人行为所反映的文化特征。

(3) 制度要素。组织的制度文化主要指组织在进行生产经营管理时所指定的,起规范保证作用的管理制度、管理方法和管理政策,以及由之构成的管理氛围,是一种成文的规定和硬性约束。

(4) 精神要素。组织文化的精神要素是一种更深层次的文化现象,是在生产经营过程中,受到一定社会文化及意识形态影响而形成的一种精神成果和文化理念。

3.4.2 项目组织文化分类

项目组织文化并非是孤立的组织要素,而是与其他要素密切联系、相互作用的有机体。

因此，根据不同的角度、层次和影响因素，将项目组织文化划分为多种类型，不同的划分依据对应不同的项目组织文化类型。组织文化的详细分类有助于人们认识不同组织文化的差异。

（1）美国学者杰弗里·桑南菲尔德依据不同的组织类型将项目组织划分为以下四类：

① 学院型组织文化。此类型组织文化为试图全面掌握每一种新工作的人所设计，以期望其不断成长和进步。此类型组织倾向于雇佣刚毕业的大学生，为员工提供大量专门培训，然后指导其在特定的职能领域从事专业化工作。例如通用汽车公司、可口可乐公司、宝洁公司等。

② 俱乐部型组织文化。此类型组织文化重视组织成员的作用，在俱乐部型公司中，组织成员的资历、年龄和经验等都是至为关键的因素，公司非常重视成员的适应性、忠诚感和承诺。在这类组织中，员工通常会被培养为通才而非某一领域的专业化人才。例如贝尔公司、德尔塔航空公司、政府机构等。

③ 棒球队型组织文化。此类型的公司组织通常是冒险家和创新者的天堂，这类公司根据成员贡献的多寡给付报酬。一般而言，在会计、法律、投资银行和咨询公司等较适合该类型组织文化。

④ 堡垒型组织文化。该类型公司着眼于公司的生存问题，适合于喜欢流动性挑战的员工。例如，大型零售店、林业产品公司、天然气探测公司等。

（2）根据环境和战略对项目组织文化的影响，将其划分为以下四类。

① 创新型组织文化。该类型组织文化以战略焦点集中于外部环境为特征，需要对组织环境变化作出快速反应，而且要积极创造变化。因此，它看重和激励革新、创造和冒险行为。

② 使命型组织文化。该文化强调对组织的目标和宗旨要有清晰的认识，注重通过销售增长、盈利能力或市场份额等目标的达成来实现组织宗旨和目标，代表强势竞争和利润导向的行为。

③ 团体型组织文化。该文化关注组织成员的介入和参与，以及对外部环境的迅速变化作出反应，强调满足项目成员的需要是高绩效的关键。在该文化中，成员通常有强烈的责任感和主人翁意识。

④ 行政机构型组织文化。该组织更关注组织内部，适应外部稳定的环境而强调组织内行为的一致性。该组织文化更注重业务经营的方式和方法，通过仪式、口号、事迹等促使成员秉承传统，增加对组织的忠诚度。

（3）Cameron 和 Quinn 通过考虑组织焦点和组织结构两个维度，将组织文化分为了四种类型：团队文化(clan culture)、灵活文化(adhocracy culture)、市场文化(market culture)和层级文化(hierarchy culture)，如图 3-17 所示。

图中横轴代表"组织焦点"，从关注组织内部到关注组织外部；其纵轴代表"组织结构"，从强调稳定性到强调灵活性。在这四种组织文化类型中，团队文化强调共享的价值观、忠诚和承诺，其特点是团队合作和成员参与；灵活文化强调企业家精神，创新和外部环境适应性；市场文化关注的焦点是外部的竞争及目标的达成，强调生产力、效率和成就；层级文化关注的焦点是内部控制及可预见性，重视组织的稳定运作，一切以正式制度和规则为标准来评价。

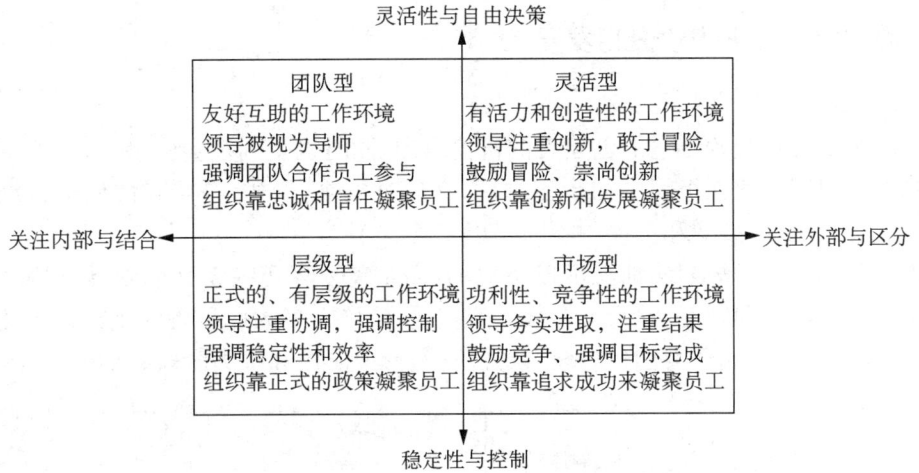

图 3-17 Cameron 和 Quinn 的组织文化模型

（4）根据组织文化所适应和认同的人群，以及组织文化对组织的影响程度和范围，将其分为以下两种类型。

① 主文化。主文化是组织文化的核心价值观，为组织中大多数成员所认可，显示了组织的独特个性和鲜明特点，也是区别于其他组织的基本要求。

② 亚文化。亚文化通常是由于组织内部部门的设计和地理上的分布造成的，通常出现在大型组织中，反应的是组织成员面临的共同问题、形势和经历。例如，一家公司的营销部门有可能形成自己内部独特的亚文化，这种部门内部的亚文化与公司整体的主文化是可以共存的。

3.4.3 项目组织文化职能

在项目中，组织文化作为影响组织目标实现的"软性"因素，发挥着重要的作用。

首先，项目组织文化为其成员提供认同感。组织共同的理念和价值观陈述得越清楚，项目成员就越认同他们的组织。认同感激发了成员对组织的责任感，并使其有理由向组织奉献精力及忠诚度。

其次，项目组织文化驱使项目组织的管理系统合法化。组织文化有助于澄清权力关系，并阐明项目成员处于某一权力地位以及其他成员尊重权利的原因。另外，组织文化有助于项目成员协调理想与实际行动之间的不一致。

再次，项目组织文化澄清并加强了行为标准。组织文化有助于确定哪些行为是被允许的，哪些行为是不合时宜的。

另外，项目组织文化利于在项目组织内建立社会秩序。由于项目成员具有相似的信仰、价值观及假设，因此组织文化表现出的风俗、规范及理念有利于行为的稳定性和可预测性，避免项目组织混乱不堪。

最后，项目组织文化能够提高项目绩效。组织文化与项目绩效之间的关系由最初的定性猜测到定量测度，逐渐表征二者之间存在强相关。

3.4.4 项目组织文化的建设和发展

1) 项目组织文化的形成阶段

项目的组织文化起始于它的创建者的价值取向,同时也受到社会经济学、组织环境与制度上的制约。组织文化在组织中初步创立后,又通过故事、仪式、符号和惯例进行维持和传递,在组织内部成员的接受和反馈中不断得以完善。

组织文化不是经过短期培训就可以建立的,而是需要经历一系列的发展阶段才能逐渐成为组织的一种规范和制度,并为大多数人所接受,使绝大多数成员融入到组织文化中。一般而言,组织文化的形成分为创建阶段、认知阶段、形成阶段和扩大阶段。如图3-18所示。

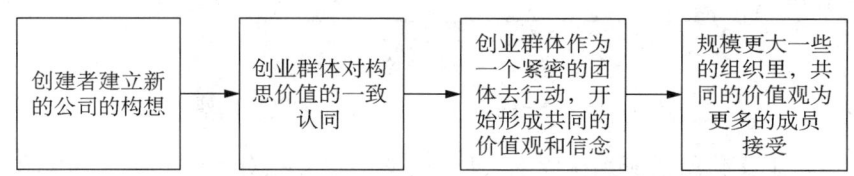

图3-18 项目组织文化形成的四个阶段

(1) 创建阶段:在这一阶段内,组织的创建者首先要对组织进行合理定位,明确组织类型、组织成员特征、组织目标和愿景。

(2) 认知阶段:在这一阶段内,组织成员将对创建阶段形成的"构思"进行认知,以实现对组织文化的充分理解和认同,真正融入组织文化中。

(3) 形成阶段:在对组织文化有了充分的认知后,组织成员将按照创建者的思想理念进行活动,从而形成组织共同的价值观和理念。

(4) 扩大阶段:在组织价值观初步建立后,随着组织规模的扩大,组织所形成的价值观被更多组织成员接受和认同,组织文化进一步完善,逐渐成熟和稳定起来。

2) 项目组织文化的发展阶段

项目的规模在不断扩大,组织所面临的外部环境也在发生变化,这要求组织文化不能只停留在初始创立阶段,而是要根据组织环境、组织规模和组织目标的变化而加以调整,从而不断发展完善。根据组织文化的制度化程度,可以将组织文化的发展划分为三个阶段:

(1) 初级阶段:在这一阶段内,组织文化还处于未被知觉阶段,需要对组织文化的要素进一步认定。在这一时期,形成组织文化的基础条件包括组织与环境的关系、现实与时空的性质、关于人性的基本假设以及人类活动和人类关系的本质等。

(2) 中级阶段:这一阶段是基本价值的认同阶段。主要表现为组织成员对外在环境形成了初步共识,并认识到这种共同价值,为组织文化的进一步发展奠定了基础。

(3) 高级阶段:在这一时期,组织文化中有许多观念性的东西已经被物化,以技术、标志、口号等具体形式体现出来。

3.5 项目管理办公室

由于近年来企业和各种组织的项目管理正在从只注重单一项目的管理转向重视企业或

组织的多项目协调管理,因而项目管理办公室(Project Management Office,简称 PMO)得以出现和盛行。项目管理办公室是项目组织非常重要的职能部门,用以解决使用单一项目管理方式处理多项目管理时面临的成功率低和消耗高的问题。项目管理办公室是一个企业或组织为保障项目成功而设立的项目集成管理的组织机构,建立项目管理办公室是增强组织项目管理能力的有效办法。

项目管理办公室是企业项目管理中一种常用的组织形式,在实际应用中对这一组织形式存在着各种不同的称谓,如项目支持办公室(Project Support Office)、计划支持办公室(Program Support Office)、项目办公室(Project Office)、项目管理支持办公室(Project Management Support Office)、计划办公室(Program Office)。

3.5.1 项目管理办公室的发展历程

随着项目管理实践的发展,对项目实施系统方法的需求也在不断增长。一些组织行动迅速,很快就接受了项目计划软件,并送员工参加项目管理培训,甚至开设项目管理学位课程。在以项目为主导的企业中存在大量的项目和众多的项目组,不同项目组在实现自身目标的同时势必会与其他项目组产生各种各样的冲突。另一方面,由于不同项目经理的水平参差不齐,项目成员的经验和能力各有差异,如果没有统一的方法指导和过程监控,项目实施质量和成果也难有保证。

为了解决这一系列问题,20 世纪 90 年代以来,欧美企业在内部推行项目管理的同时也开始搭建项目管理的统一平台——项目管理办公室。项目管理办公室最初源于需要对项目经理提供行政和管理支持的大型项目,早期的项目管理办公室通常隶属于某个业务部门或业务单元,向项目组提供很少的服务和支持工作,企业管理层主要利用项目管理办公室来"管制"项目经理,监控项目的绩效,而不是为他们提供方向和指导,此时的项目管理办公室更多地扮演着企业内"项目监理"的角色。

在 20 世纪 90 年代后期,随着企业项目化管理的进一步提升,项目管理办公室的作用又有了新的拓展。一方面,项目管理办公室成为企业战略与具体项目之间衔接的桥梁,项目管理办公室需要依据企业的战略规划实施项目组合管理(Project Portfolio Management),对每一个项目根据企业发展战略进行评估和排序,然后对它们进行恰当的资源分配;另一方面,项目管理办公室肩负着培养和提升项目成员项目管理专业能力的重任,需要通过建设统一的项目管理流程、方法体系和知识库来应对日益复杂的多项目管理问题。此时的项目管理办公室已成为企业级项目管理(Enterprise Project Management)的组织结构形式。

加拿大学者奥布里等人对四个公司项目管理办公室的演变进行了分析,与上述发展历程有一定的相似之处,如表 3-13 所示。

表 3-13 四个公司的 PMO 发展历程

公司	发展阶段	特点
跨国公司大型研发部门	早期 PMO	项目经理与技术人员集中到大型项目中进行管理,矩阵式的组织结构
	职能型 PMO	成立了真正意义上的 PMO,负责维护客户关系,开始承担战略性的责任
	技术型 PMO	负责研发中心技术项目的管理,PMO 权力更大,项目经理首次成为 PMO 的一员

续表

公司	发展阶段	特点
跨国公司大型研发部门	部门级 PMO	研发中心的四个部门都有 PMO，负责本部门的技术项目
	咨询性 PMO	PMO 主要提供咨询服务，包括对项目过程的控制和项目结果的评估
国际公司 a	早期 PMO	由 IT 部门负责项目管理
	大型项目 PMO	为了应对某个大型项目而成立了 PMO
	企业级 PMO	PMO 依据公司战略，进行项目组合管理
	"巴尔干化"	存在两个层面的 PMO，公司层面的 PMO 负责战略指导、过程控制和提供标准化程序；部门级的 PMO 负责具体项目管理。这两种 PMO 之间可能会产生一些冲突
家族企业	早期 PMO	由地方发展部门负责业务拓展与项目管理
	规划型 PMO	负责做出计划以协调公司的资源
	配置型 PMO	负责全局性的资源配置
	项目集 PMO	项目数量和复杂程度提升，PMO 开始了对项目集的管理
国际公司 b	早期 PMO	成立 PMO 管理众多的 IT 项目
	IT PMO	PMO 参与公司战略的制订，负责项目的组合管理

3.5.2 项目管理办公室的内涵

项目管理办公室已经成为大部分企业和组织不可或缺的职能部门，在欧美等地已有越来越多企业设置了项目管理办公室。一般而言，项目管理办公室是一个企业或组织的内部的项目管理中心，它是组织提高项目分析、设计、管理和检查等方面能力的企业或组织部门。

1）项目管理办公室的定义

项目管理办公室是对与项目相关的治理过程进行标准化，并促进资源、方法论、工具和技术共享的一个部门。国内外对项目管理办公室的定义有所差异，其中 PMI 对项目管理办公室的定义是：项目管理办公室是为创造和监管整个企业或组织全部项目的管理体系，这个管理体系使项目和项目管理更为有效和最大程度实现组织目标。实际上项目管理办公室就是一个企业或组织为集成所有项目经验和资源而设置的管理机构，它可以为企业或组织各种项目共享资源和企业或组织的各种项目和项目管理提供服务。

成立项目管理办公室的最初目的，是减少企业中项目管理职能的成本和改善呈报给高层管理者的信息质量。它根据业界最佳实践和公认的项目管理知识体系负责为本企业或组织量身定制项目管理流程、培养项目管理人力资源、建立项目管理信息系统、对具体项目提供管理指导以及帮助组织开展多项目的管理等工作，以此提高项目成功率和有效贯彻执行组织战略。

2）项目管理办公室的分类

项目管理办公室有狭义和广义之分，狭义的项目管理办公室是临时性的管理团队，它是为管理一个特定项目而设立的临时性机构，如在企业并购项目中设立的项目管理办公室。广义的项目管理办公室是永久性的项目管理机构，它是为一个企业或组织的战略发展和集成组织的各种项目而设立的专门项目管理机构。但是由于各个企业或组织对项目管理办公室职权范围的界定和期望不同，所以不同的企业或组织的项目管理办公室会有不同的规模、形式和功能。表 3-14 列出了项目管理办公室所处的组织层次及其典型称谓和要求。

表 3-14　　　　　　　　　项目管理办公室的组织层及称谓

第一层	项目级	项目控制办公室（project control office）（狭义的）
第二层	部门级	项目管理办公室（project management office）（广义的）
第三层	公司级	战略项目管理办公室（strategic PMO）（最广义的）

由表 3-14 可知，狭义的项目管理办公室是针对单个项目的，实际上就是具体项目团队的办公室；最广义的项目管理办公室是战略项目管理办公室，这是在企业或组织中从战略角度出发的负责项目管理的组织机构。战略项目管理办公室负责从企业或组织战略发展出发设计和生成项目，管理和控制项目的计划与变更。战略项目管理办公室将一个企业或组织的项目与项目管理作为实现企业或组织经营目标和战略发展目标的根本手段，它对企业或组织的所有项目进行资源和机会的优化，并协调风险和项目的相互关系，统一报告和掌控企业或组织的全部项目。

3）项目管理办公室的人员

项目管理办公室起初的人员构成为组织中具有突出技术能力的人，项目管理办公室人员的职业化现象逐渐凸显，因此项目管理办公室配备的是对技术能理解但是并不精通的多面手，而且项目管理办公室人员之间可以相互支持，减少了过度管理的开销。

项目管理办公室的服务对象为公司总经理、项目经理或主管、项目团队成员、职能部门的经理、其他利益相关者（如项目产品的接受者）等。

4）项目管理办公室的位置

项目管理办公室应建立在合理的位置上，不同企业和组织将其设置在不同的位置。例如，许多金融机构把项目管理办公室设置在信息部门中，如此设置合理之处在于金融机构的项目需要借助电信系统将人们联系起来，其核心工作在信息服务部门。而在以工程项目为主的企业，项目管理办公室常与组织的工程活动联系在一起。另外，在其他类型的组织中，一般把项目管理办公室看作与合同、销售和财务部门并行的一个独立职能部门。

5）项目管理办公室的特点

项目管理办公室有以下四个特点：

（1）多样化。在不同的组织中，PMO 的定位和职能是不同的，不具有跨组织的相似性。

（2）有价值。PMO 往往是为了实现某一目标而设立的，在建立之初就被寄希望于产生经济附加效应。

（3）通常会经历成立、解体再成立的过程。PMO 不是一成不变的，PMO 的职能、人员构成等，会随着组织的发展不断变化。

（4）在变革中发展。

3.5.3　项目管理办公室的职能

项目管理办公室的设置与否取决于企业的具体需求，而且会随着这些需求的变化不断调整。通常，项目管理办公室被看作是企业项目管理的业务支持机构或内部咨询机构，其主要职能包括以下几个方面。

(1) 配置项目资源和工作。项目管理办公室实现企业或组织中所有资源的集中与合理配置，协调好企业或组织各个项目对公用资源的争夺和有效利用。这包括企业或组织的各种物质资源、人力资源、信息资源和财务资源等。同时，项目管理办公室还需要从整个企业或组织的角度确定在既定资源情况下项目开展的优先顺序，从而实现整个企业或组织的资源最佳配置和工作集成计划与管理。

(2) 建立项目管理信息系统。项目管理办公室负责收集、整理和报告项目情况，以供企业或组织的领导者和各个项目团队使用，为企业或组织建立统一的项目管理信息系统。该信息系统既可以收集、处理和发布项目的各种信息，也可以收集和推广项目管理经验教训和知识。通过项目管理信息系统的开发、使用和维护，人们利用其收集、处理和使用企业或组织的各种项目信息。

(3) 提供项目管理培训。项目管理办公室为项目管理提供培训，并不负责具体项目的一线管理工作，而是负责提升整个企业或组织的项目管理能力。项目管理办公室提供项目管理培训的主要内容包括一般的项目管理知识体系、项目所属专业的专门管理知识体系、项目管理技能培训等。

(4) 制订项目管理规范。所谓项目管理规范是指在一个企业或组织中通行的项目管理工作的流程、方法、模式、标准、方针和政策等。所有这些项目管理的规范都是企业或组织中各个项目团队开展项目管理的准则和规定，为使这种项目管理规范能够适应企业或组织项目管理的发展变化，项目管理办公室必须不断地修订和改进以增加其使用价值。另外，随着现代项目管理学科的发展，项目管理规范也需要不断补充新内容，从而使其能够不断发展和反映项目管理理论与知识方法的进步。

(5) 开发项目管理工具。项目管理办公室还负责企业或组织中使用的项目管理工具的开发工作，在这方面项目管理办公室主要负责制订开发项目的立项以及项目计划与总结报告等工作，具体的项目管理工具的开发任务是由具体项目的项目经理和项目团队在开展具体项目时完成的。项目管理办公室要求每个项目团队不但对他们的项目管理工具开发工作进行申请和立项，而且最终还需要提交开发结果和使用结果的总结报告，这样就可以使企业或组织不断积累项目管理工具，从而获得不断的发展与提高。

(6) 项目团队建设。项目管理办公室参与项目团队的组建工作，并对组织成员提供各种各样的指导、帮助和支持。这种帮助既有资源方面的（如项目管理办公室积极推动人力资源部、供应部门和财务部门等为具体项目提供资源），也有方法和技术方面的（如项目管理办公室为具体项目的项目经理和项目团队提供项目管理方面的支持和帮助）。项目管理办公室还组织和召开企业和组织中各种项目的项目经理或团队开展项目管理协作及各种形式的讨论与交流，分享不同项目经理的成功经验等。

(7) 总结推广具体项目的经验。一个项目的成败、盈亏、好坏及其项目团队是否应该奖惩等都需要通过全面总结而得出结论，所以项目管理办公室的另一项重要职责即为监督、检查和开展每个已完成项目的全面总结工作。这种总结又分两个层面，一是项目团队自己所做的项目全面总结，二是项目管理办公室所做的项目全面总结。前者的项目全面总结主要是为自我总结和提供考核数据而用，后者的项目全面总结是为吸取教训和推广经验而用。项目管理办公室可以从各个项目总结中获取数据和经验，然后进行整理、分析并推广。同时，项目管理办公室还可以使用这种办法开展项目审核和改进学习，促进项目流程的持续改进,从而提升企业或组织的项目管理水平。

（8）为组织开展多项目管理。项目管理办公室最重要的功能是为整个企业或组织提供多项目或项目组合管理,即从整个企业或组织的角度出发开展多项目和项目组合的全面集成管理。这包括根据组织发展目标和战略设计提出项目与项目组合,根据项目和项目组合的实际需要集成配置资源,实施集成计划,以及根据企业或组织的发展需要进行项目或项目组合的变更与变更总体控制等多项目管理工作。

（9）提供项目管理其他支持。除上述功能外,项目管理办公室还具有很多其他方面的功能。例如,新项目的评审和选择功能、企业或组织的各种项目信息的集成管理功能、全部项目的合同管理功能、全部文档和资料管理功能,项目与日常运营之间的协调功能,开展项目并与外部组织所发生的各种关系的统一管理功能（即统一对外的功能）等。实际上,项目管理办公室的根本功能是提高企业或组织的综合管理能力,从而更好实现企业或组织的资源最佳配置和价值最大化。

一般而言,企业每年开展的项目如果超过数十个,就有必要建立项目管理办公室。通过这一管理平台提供的专业服务,项目组可以从中获取项目管理知识、经验以及日常支持,同时它也扮演着公司项目知识库的角色,源源不断地将各项目的成败教训沉淀归总起来,为将来的项目实施提供参考借鉴。

3.5.4　项目管理办公室的构建

项目管理办公室提供项目相关的专业化服务以满足企业的业务需求,并为项目相关部门建立信息平台,将项目管理的多项职能加以整合以便提高工作效率。项目管理办公室并非是决策机构和项目管理机构,而是项目决策的支持机构和项目管理的服务机构。从开始建立项目管理办公室到使其具备成熟的管理能力,通常需要经过如下几个阶段：

（1）可行性分析,由高层领导牵头,结合组织现状、所处环境等,对建立项目管理办公室的可行性进行论证。

（2）确定项目管理办公室提供的服务内容。其服务内容必须得到高层管理者和项目经理的认可,项目管理办公室的职能可能会逐步演化,其工作范围的确定及与各方达成一致意见尤为重要。

（3）建立项目管理办公室团队,明确人员的职责和技能要求,制订项目管理办公室的运作流程。

（4）正式开始工作。项目管理办公室成立之初,应制订一个能成功支持总经理和项目经理的工作计划,并通过宣传所取得的成功扩大项目管理办公室的影响。

（5）与总经理和项目经理密切联系,以便了解他们的需求并满足这些需求。由于项目经理的日常工作交由项目管理办公室去做,所以他可以从日常事务中解脱出来,但此时又可能会产生其他需求。

（6）在为项目经理提供服务时,通过不断满足业务需求,扩展项目管理办公室的服务范围。

（7）在客户的经常参与下,项目管理办公室将不断改进其技能和完善其职责。

（8）为客户提供最佳的服务。项目管理办公室的客户是指接受项目管理办公室的产品和服务的个人,主要包括公司总经理、项目经理或主管、项目团队成员、职能经理及其他利益相关者等。

项目管理办公室的建立必须有高层管理者的支持,但其运行的成功与否则取决于其"客户"。如果客户对其服务不满意,那么来自高层管理者的支持将会减弱,项目管理办公室也就无法生存下去。

复习思考题

1. 简述组织理论的发展历程,并概括各阶段的特点。
2. 系统的组织和系统的目标的关系是什么?
3. 组织结构的基本模式有哪些?各自都有哪些优缺点?
4. 矩阵式组织结构模式有哪些演化?
5. 请思考是否存在最优的理想的组织结构。组织结构是否一经确定就一成不变了?
6. 请举出一个身边非正式组织的例子,并说明它们对正式组织的工作产生了哪些影响。
7. 什么是 PMO?它的功能有哪些?

第4章 项目团队

4.1 项目团队概述

项目团队是为项目有效实施而建立的团队,由来自不同团体的个人组成,他们拥有执行项目工作所需的专业知识或特定技能。项目团队的具体职责、组织结构、人员构成和人数配备等因项目性质、复杂程度、规模大小和持续时间长短而各异。项目团队的根本使命是实现项目目标和完成项目所确定的各项任务。项目团队是一种临时性组织,一旦项目完成或中止,项目团队的使命即告完成,随之项目团队亦告解散。

4.1.1 项目团队的定义

项目团队是由一组个体成员为实现一个具体项目的目标而组建的协同工作队伍,项目团队成员拥有共同的目的、绩效目标及工作方法,且自我约束。换而言之,项目团队是为了达到某一确定目标,由拥有不同层次的权力和责任构成的分工与合作的人群。项目团队的概念包含以下内容:

(1)必须具有明确的目标。任何团队都是为目标而建立和存在的,目标是项目团队存在的前提。

(2)具有不同层次的权力和责任。分工后要赋予每个人相应的权力和责任,以便于实现项目团队目标。

(3)进行有效的分工与合作。分工与合作的关系由团队目标确定,没有分工与合作就不能称之为项目团队。

4.1.2 项目团队的特征

正如项目本身所具有的独特性,任何两支项目团队也都不可能完全雷同。项目团队作为一种临时性组织,主要具有以下几方面的特征。

(1)共同的目标。组建项目团队的目标即为完成特定项目和实现项目的既定目标,因此项目团队具有高度的目的性,它只承担与既定项目目标有关的使命或任务,而不承担与此无关的使命和任务。项目团队的共同目标包含了团队成员的个人目标,充分体现了个人的意志与利益,并且具有足够的吸引力,能够引发团队成员的激情。

(2)高度的凝聚。项目团队按照协同工作的团队作业模式开展项目工作,因此项目团队具有高度凝聚力,使得项目成员积极热情地为项目的成功付出必要的时间和努力。

(3)相互信任。团队的绩效受到团队成员间信任程度的影响,一个高效的团队在成立之初就应该建立彼此间的信任,并且通过平等、公开的交流推动这种信任。

(4) 合理的分工。项目团队成员明确自己的角色、权力、任务和职责,以及各个成员之间的相互关系,以便在项目执行过程中减少因分工不明而导致的执行混乱。

(5) 有效的沟通。高效的项目团队具备高效的沟通能力,项目团队利用先进的信息技术系统与通信网络,通过各种正式及非正式的信息沟通渠道,保证项目团队直接和高效的沟通。

(6) 开放性。项目团队的开放性指项目团队成员可在项目实施期间依据项目需求,随时进入和离开项目。

(7) 临时性。项目团队的临时性是指项目团队成员随着项目开始而组建,随着项目结束而解散。

(8) 双重领导性。项目团队成员通常既要受项目经理的领导,也要受原职能部门的领导,有可能出现双重领导而使项目成员无所适从的情况。

4.1.3 项目团队的构成

项目团队的独特性在于,一群可能以前根本没有合作过的人为完成一项从未执行过的任务而快速有效地集中起来。真正的团队是一支不断变化的、有生命力和充满活力的队伍,在任何背景下,项目团队由如下三个层次的小组构成。如图4-1所示。

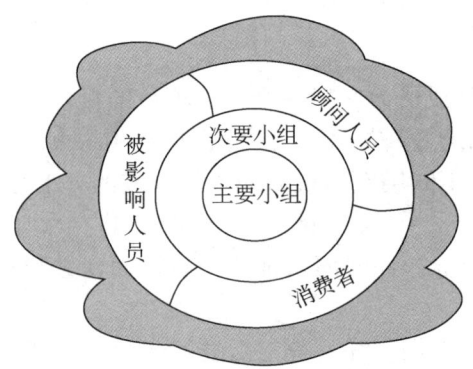

图4-1 项目团队的构成层次

(1) 主要小组。主要小组人员面对面工作,认识组中其他所有人。他们可以在项目中全职工作或者兼职工作。如果是兼职工作,他们可能被安排到项目办公室工作,也可能仍在原工作地点,但是在其所属项目中的工作期间,这些人要接受该经理的领导。

(2) 次要小组。次要小组的成员与主要小组相互协作配合,直接辅助主要小组的工作,在项目环境中,这些职能都是通过矩阵型组织起作用的。

(3) 外围人员。外围人员由那些对主要小组和次要小组产生影响,或者那些受项目工作影响但对工作没有直接贡献的人员组成。一个典型项目的外围人员主要包括:①顾问人员,即那些能够影响主要小组和次要小组成员的人,可能是小组成员的家人和朋友、地位相当的人或者专业人士;②那些受到项目产品影响的人员,或者在产品交付使用后使用或操作设施的人;③消费者,即购买项目产品的人。

以一个正在进行手术的项目团队为例,主要小组指外科这一子团队;次要小组指主要小组所在医院的外科以及其他科室,如病理和放射科;顾问人员则包括外科医生学院、医院的其他外科医生、医学伦理委员会的医院管理部门;用户和消费者是病人及其家属。

4.2 项目团队建设与发展

4.2.1 项目团队组建

组建项目团队是在综合考虑人员配备需求、现有人力资源情况、外界环境制约因素的基础上,选择合适的项目人员,为开展项目活动而组建团队的过程。项目团队的组建工具主要包括预分派、谈判、招募、虚拟团队和多标准决策分析。

(1) 预分派。如果项目团队成员是事先选定的,他们就是被预分派的。预分派可在下列情况下发生:在竞标过程中承诺分派特定人员进行项目工作;项目取决于特定人员的专有技能;项目章程中指定了某些人员的工作分派。

(2) 谈判。在许多项目中,可以通过谈判完成人员分派。例如,项目经理与职能经理进行谈判,以获得具备适当能力的团队成员。

(3) 招募。如果组织内部不能提供合格的项目团队成员,则需要从外界招募,例如雇佣独立咨询师,相关工作的外包等。

(4) 虚拟团队。虚拟团队是具有共同目标、在完成角色任务的过程中很少或没有时间面对面工作的一群人。现代信息技术(如电子邮件、电话会议、社交媒体及网络会议等)使虚拟团队的组建成为可能。

(5) 多标准决策分析。在团队成员选择的过程中,可以利用多标准决策分析,制订出人员选择标准,对候选人员进行定级或打分。这些标准包括经验、能力、用人成本和工作态度等。

4.2.2 项目团队建设

建设项目团队是提高成员工作能力,促进团队成员互动,改善团队整体氛围,以提高项目绩效的过程。项目团队的建设工具主要包括培训、团队建设活动、规划和集中办公及奖励。

(1) 培训。培训包括所有旨在提高项目团队能力的活动。培训可以是正式的,也可以是非正式的。例如,课堂培训、在线教育、在职培训等。

(2) 团队建设活动。团队建设活动旨在改善人际关系,既可以是定期举行的情况汇报会,又可以是户外素质拓展。

(3) 规则。规则界定了项目团队成员的可接受行为,尽早遵循这些明确的规则,可避免误解,提高生产力。规则以规章制度表现,团队成员有责任、有义务严格执行规则。

(4) 集中办公。集中办公是指项目团队中的某些重要成员集中在同一地点办公,以增强整体协作能力,从而提高项目团队工作绩效。集中办公既可以是临时性的,又可以贯穿整个项目过程始终。

(5) 奖励。奖励方法在团队选择成员前制订,并在管理团队成员过程中,通过绩效考核,以正式或非正式的方式授予表现优良的团队成员相应的物质或精神奖励。

4.2.3 项目团队管理

管理项目团队是跟踪团队成员工作表现,提供反馈,解决问题并管理团队变更,以优化项目绩效的过程。项目团队的管理工具主要包括观察和交谈、项目绩效评估、冲突管理及人际关系技能。

（1）观察和交谈。可以通过观察和交谈，随时了解团队成员的工作成果和工作态度，监督项目的进展，及时处理各种问题。

（2）项目绩效评估。通过项目过程中的绩效评估，可以向团队成员提供建设性的反馈意见、发现未知问题、制订个人培训计划以及确立未来目标。

（3）冲突管理。在项目团队中，冲突不可避免，而成功的冲突管理可以改进工作关系，提高项目绩效。冲突管理的方法包括正视、妥协、缓和、强制和退出。

（4）人际关系技能。项目经理利用自身的人际关系技能，如影响力、领导力和决策能力，与团队成员有效互动，充分发挥全体团队成员的优势。

4.2.4 项目团队发展阶段

项目具有生命周期性，一个项目团队从开始到终止，是一个不断成长和变化的过程。在许多项目中，项目团队成员来自不同的职能部门或不同组织，要想使这样一组人员发展成为一个高效的团队，需要经历一个过程。根据塔克曼（Tuckman BW）教授的阶梯理论，典型的项目团队发展需要经过五个阶段，分别称为形成阶段（Forming）、震荡阶段（Storming）、正规阶段（Norming）、表现阶段（Performing）和终止阶段（Adjourning），如图4-2

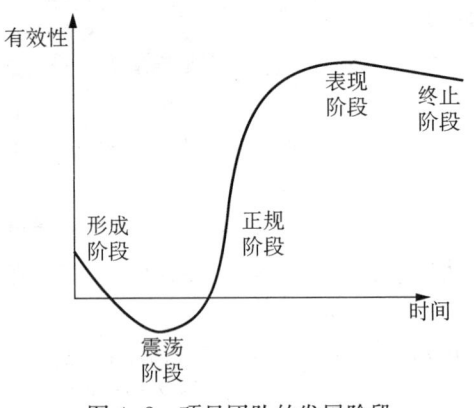

图4-2 项目团队的发展阶段

所示。这五个阶段依次展开，形成了一个团队从创建到发展壮大到最终解散的全过程。

（1）形成阶段。项目团队的形成阶段是团队的初创和组建阶段，在此阶段，项目团队的成员来自组织中的不同部门或外部组织，其成员总体上具有一种积极向上的愿望，并急于开始工作和展示自己。

然而，在此阶段项目团队的目标、结构和领导方式都不确定，团队成员还不甚了解自己及团队伙伴的角色和职责，成员之间缺乏必要的信任。另外，项目团队成员的心理处于一种高度焦虑和极不稳定的状态，团队成员担心自己的角色能否与个人能力、职业发展及兴趣爱好相一致。

因此，在项目团队的形成阶段，项目经理一定要不断地向团队成员说明项目的背景和目标，并且阐述团队成员的角色、职责岗位、任务和利益。该阶段项目经理的主要工作包括两个方面：一是构建项目团队的内部框架，包括项目团队的任务、目标、角色、规模、人员构成、规章制度以及队员行为准则等；二是建立项目团队与外界的初步联系，包括建立项目团队与各职能部门的信息联系及相互关系、确定项目团队的权限、建立项目团队绩效评估体系、建立项目团队成员激励制度、争取项目团队的外部支持及建立项目团队的外部联系等。

（2）震荡阶段。项目团队的震荡阶段是团队的冲突和磨合阶段，在此阶段，项目团队成员开始按照分工进行初步合作，各成员着手完成自己的任务，逐步明确项目目标及任务界定。

然而，在此阶段项目团队成员逐渐发现项目工作、成员关系等都与自身期望存在差距和矛盾，这些问题使其消极对待项目工作。在此阶段，项目团队工作气氛紧张，项目团队成员的思想和人际关系等都处于一种动荡的状态，他们的特点是紧张、挫折、不满、对立和抵制并存，项目团队的士气和效能较组建阶段明显下降。

因此，在项目团队的震荡阶段，项目经理需要应对和解决各种矛盾和问题，消除团队中各种震荡因素，最终引导项目团队根据任务和团队情况对自己的角色和责任进行调整。该阶段项目经理的主要工作包括两方面：一是建立可操作的基本规则，以规范项目团队的合作方式，包括计划决策、追踪决策、管理变动决策和关系决策；二是分析和解决冲突，包括鼓励建设性冲突、管理破坏性冲突。

震荡阶段是决定团队能否组建成功的关键阶段，很多团队都因不能顺利度过这一阶段而消亡。

(3) 正规阶段。项目团队的正规阶段是团队经受了震荡期的考验后的稳定阶段，在此阶段，项目团队成员之间、团队成员与项目管理人员之间的关系业已明晰，成员之间的分歧与矛盾多已解决。项目团队成员已经接受并熟悉了工作环境，项目规程得以改进和规范，项目团队的凝聚力开始形成，成员获得归属感和集体感，并为取得的项目目标所做的贡献得到认同和赞赏。

在此阶段，项目团队成员的情绪特点是信任、合作、忠诚、友谊和满意，随着成员之间相互信任关系的建立，成员之间大量交流信息、观点和感情，团队合作意识增强，项目团队的工作效率明显提高。

因此，在项目团队的正规阶段，项目经理鼓励项目团队建立一种创造性的工作模式，减少指令性工作，给予更多的支持和指导，努力规范项目团队成员的行为，从而促使项目团队不断发展和完善。该阶段项目经理的主要工作是建立并管理项目奖励系统，通过表扬信、公开承认突出的工作、工作安排和例外情况等方法来激励和承认个人贡献。

(4) 表现阶段。项目团队的表现阶段是项目团队不断取得辉煌成就的阶段，在此阶段，项目团队成员积极工作，努力为实现项目目标而做出贡献。项目团队根据实际需要，以项目团队、个人或临时小组的方式进行工作，项目经理给项目团队成员的授权增多，项目成员会意识到项目工作的结果是他们获得职业发展的需要。在这一阶段，项目会出现大量的成果，所以这一阶段也称为成熟阶段。

在此阶段，项目团队成员的情绪特点是开放、坦诚、依赖、集体感和荣誉感，项目团队相互依赖度高，项目团队成员及时交换信息和思想。

因此，在项目团队的表现阶段，项目经理应对项目团队充分授权，促使其进行更多的自我管理和自我激励。该阶段项目经理的主要工作包括三方面：一是对项目团队成员充分合理授权；二是及时公告项目进程，表彰先进团队成员；三是集中精力控制项目预算。

(5) 终止阶段。项目团队的终止阶段是项目接近尾声，团队成员陆续离开，项目团队慢慢解散的阶段。在这一阶段，项目团队的效率逐渐降低，因为项目团队面临着调整，部分团队成员会担忧未来的去向。

在此阶段，项目团队成员的情绪呈现出一定的分化，有的成员沉浸在获得成果的喜悦中，而有些成员则不舍得离开这个已经建立起来的和谐团队，团队成员的总体工作动力下降，有可能出现负面情绪。

因此,在项目团队的终止阶段,项目经理既要通过对团队充分授权维持团队的效率,又需要通过集权的方式处理可能出现的纷争,确保项目的交付质量,以免团队解散后出现问题。

在项目生命周期过程中,项目和项目团队不断发生变化,在已确认的各个阶段之间随时间演进,每一阶段演进特征如表4-1所示。

表 4-1　　　　　　　　　　　团队形成的五个阶段及其特征

特征	形成阶段	震荡阶段	规范阶段	表现阶段	终止阶段
团队任务	队员不了解团队的工作和团队对他们的期望	在工作中有许多不同的意见。有些队员过分关心团队给他们的成功机会	团队的工作正向好的方面发展	团队的目标正在实现,时间充分利用	团队的目标已基本实现,但需要确保项目最终的交付质量
信息分享	队员共同分享许多信息资源	队员只为自己着想	队员各抒己见,并不断提出问题,从其他成员处获得信息	队员探究各自观点,并从团队中或外界听取新的建议	队员间基本已经没有新的共享信息
工作情况	队员各自隐藏自己的工作情况	队员开始相互了解各自的工作情况	队员真正了解各自的工作情况	队员已经相互接受各自的工作情况	队员效率逐渐变低
冲突	队员避免引起冲突	队员经常表达不同意见,并引起冲突	队员学会如何相互面对,进而解决问题	队员以诚相待,不怕争论和意见分歧	队员之间基本没有冲突
参与	只有少数队员参与讨论,其他人很少说话	当有些队员保持沉默或等待事态发展时,一些人则设法影响其观点	大多数队员提出建议和意见,并积极参与团队讨论	由于每个队员的积极参与,团队会议变得活跃	部分队员的参与热情变低
人际关系	队员之间害羞、犹豫和警觉	队员之间既合作又竞争	队员互助信任并开始传递和接收反馈信息	队员相互信任,成为一个紧密的整体	队员即将离开,团队内部弥漫着离别的伤感

4.2.5　项目团队发展技巧

1) 应树立良好的团队意识

良好的团队意识主要包括以下三个方面。

(1) 集体成功观。团队中所有成员必须有一种将个人成功融入集体成功当中的意识,因为只有当项目成功、团队成功才谈得上个人成功。相反,项目的失败会使所有人付出的努力付诸东流,表现再出众的成员也不会有成就感。因此,团队协作是项目成功的必要条件。

(2) 个人利益和团队利益相结合。团队中应具有团队利益大于个人利益的共识,倘若团队成功需要,不惜暂时牺牲个人利益。团队中人人都能为团队着想,自觉维护团队形象,自愿以团队纪律约束个人行为,摒弃个别人自以为是、居功自傲的作风。

(3) 及时沟通与反馈。项目团队中所有成员应该及时有效沟通,相互理解。团队中出现意见分歧时,分歧双方的基本态度应该是说服对方而非强制对方,裁决两种不同意见的唯一标准是看哪一种意见更有利于推动项目的正常进行。

2) 应树立良好的团队凝聚力

项目团队的凝聚力指团队对成员的吸引力,成员对团队的向心力,以及团队成员之间的相互吸引力。团队的凝聚力不仅是维持团队存在的必要条件,而且对团队潜能的发挥有重要作用。一个团体如果失去了凝聚力,就不可能完成组织赋予的任务,团队本身也就失去了存在的条件。

已有学者对团队凝聚力与团队工作效率之间的关系进行研究。研究结果表明,凝聚力的大小对生产效率有重要的影响。一般情况下,凝聚力强的团队比凝聚力弱的更有效率。但凝聚力与团队工作效率之间的关系很复杂,还会受其他因素的影响,斯蒂芬·罗宾斯等人曾对此进行过研究,认为团队凝聚力与团队工作效率之间的关系存在以下四种情形:

(1) 如果团队目标同组织目标一致程度高,即使团队的凝聚力较低,生产率也能提高;

(2) 如果团队目标同组织目标一致程度高,并且团队的凝聚力也高,生产率则会大大提高;

(3) 如果团队目标与组织目标很不一致,即使团队的凝聚力很高,生产率也会下降;

(4) 如果团队目标与组织目标一致程度很低,并且团队凝聚力也低,它对生产率不会产生明显的影响。

可见,凝聚力对生产率的影响还与团队目标同组织目标一致性有关。当团队与组织的目标一致时,增强凝聚力会大幅度提高生产率。Lakhanpal B 于 1993 年研究了 31 个软件项目中团队的凝聚力、个人能力和经验如何影响整个项目业绩。这些项目的持续时间从 14 个月到 16 个月不等,项目团队有 4~8 人。研究发现,项目团队的凝聚力要比个人能力和经验对生产率的影响更大,因此在选择项目团队成员时,应把项目成员可能对增强项目团队凝聚力的贡献作为首要标准,其次才是项目成员的个人能力。

项目团队的凝聚力不仅是维持项目团队存在的必要条件,而且对项目团队潜能的发挥、项目团队生产效率的提高有重要作用。因此,项目经理应注意在工作中采取必要的措施不断增强项目团队的凝聚力,并引导团队成员努力为实现项目目标而工作。增强项目团队的凝聚力,项目经理可以采取以下措施:

(1) 建立共同的愿景;

(2) 采取措施满足项目组织成员各种物质和精神需求;

(3) 成为具有超凡魅力的领导者。

有超凡魅力的领导者会对下属产生怎样的影响?美国的 Robert House 对此也进行了研究。她的研究表明,有超凡魅力的领导者与下属的高绩效和高满意度之间有着显著的相关性。为有超凡魅力的领导者工作的员工,会因为受到激励而更努力地工作,而且由于项目成员喜爱和敬佩自己的领导,也会表现出更高的满意度。满意度越高,团队的凝聚力越强。

4.3 项目团队领导

项目团队领导是项目团队的灵魂,是决定项目成功与否的关键人物。项目团队领导的管理素质、组织能力、知识结构、经验水平和领导艺术等都对项目管理的成败具有决定性的影响。本节将对项目团队领导的定义、角色、特征、技能及风格进行介绍。

4.3.1 项目团队领导的定义

项目团队领导,即项目经理,是项目的负责人,负责项目的组织、计划及实施过程,以保证项目目标成功实现,是项目团队的灵魂。项目团队领导不仅要对项目全权负责,而且对项目结果也负有全部责任。

项目经理作为项目团队领导,具有影响团队成员追求项目目标的能力。根据 Stephen Covey 的专著,项目团队领导包含三个要素,即 ethos、pathos 和 logos。其中,ethos 是项目团队领导确定的基本价值观,pathos 是项目团队领导与团队的关系,logos 是项目团队领导试图用逻辑来说服下属。项目经理一旦获得对其个人价值和项目价值的支持,且人们在团队中良好合作时,团队成员就会在项目遇到问题时易于听取别人的意见和忠告。

项目经理身为项目的管理者,同样具有管理者的角色特点,但同时区别于其他管理者。首先,项目经理与职能经理不同。项目经理对项目全权负责,职能经理对项目设计本部门的工作施加影响;项目经理拥有强大的沟通和人际交往能力,职能经理往往是公认的该领域的技术专家;项目经理会有不断增加的责任,却只有很少的权力,职能经理负责提供充足的资源完成目标。项目经理与职能经理的职责区别如表 4-2 所示。

表 4-2　　项目经理与职能经理的职责区别

主题	职责	
	项目经理	职能经理
报酬	提供建议:非正式的	提供报酬:正式的
指导	里程碑(摘要)	详细的
评估	摘要	详细的
衡量	摘要	详细的
控制	摘要	详细的

在矩阵型组织结构中,项目经理与直线经理的关系异常重要,表 4-3 表明项目经理和职能经理的关系并非总能达到平衡。

表 4-3　　项目经理和职能经理的报告关系

项目经理的类型	矩阵类型	报告关系 / PM 的商谈目标	项目经理(PM) 雇员接受技术指导(来自)	职能经理(LM) PM 取得职能进展(通过)	雇员关系 雇员工作评估依据
轻量级	弱矩阵	交付物	LM	主要是 LM	LM 只考虑 PM 的意见
重量级	平衡矩阵	向 PM 非正式汇报,但向 LM 正式汇报的人们	PM 和 LM	由 LM 任命并向 LM 汇报的雇员	LM 及 PM 的意见
老虎团队	强矩阵	在项目的自始至终向 PM 汇报的人们	只有 PM	任命那些现在直接向 PM 汇报的雇员	只有 PM 的意见

其次,项目经理与公司总经理职责不同。项目经理是项目的直接管理者,是一线的管理者,而公司总经理是通过对项目经理的选拔、使用、考核等来间接管理一个项目。项目经理实际上是总理式的人物,他需要了解公司的全部运作。事实上,项目经理比大多数高层管理者更了解公司的运作情况,因此项目经理岗位总是作为未来高层管理者的培训基地。

总之,项目经理是项目团队的领导者,其能力、素质、理念和工作直接关乎项目成败。

4.3.2 项目团队领导的角色

项目经理的根本职责是带领项目团队按时优质完成项目任务,从而使项目业主或顾客对项目结果满意。项目经理的角色不应该是技术专家,而应该实现由技术专家向项目经理的转变,如图 4-3 所示。项目经理的核心地位使其承担着诸多不同角色。

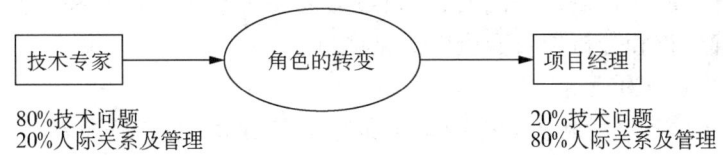

图 4-3　项目经理的角色转变

1) 团队组建者和管理决策者

项目经理负责挑选适合项目的团队成员,在项目启动阶段组建项目团队,包括设计项目团队的构成、分配成员角色、安排人员职责等。项目经理充分运用自己的权力去影响他人,使整个团队为实现项目目标而努力。同时,项目经理在项目实现过程中,需要制订项目管理方面的各种决策,例如确定项目及项目各阶段的目标、范围、任务和工作要求。

2) 团队协调者和整合者

项目经理负责对横跨多个职能部门的活动进行协调和整合。由项目经理进行整合的工作如下:

(1) 整合制订项目计划所需的活动;

(2) 整合执行项目计划所需的活动;

(3) 整合进行范围变更所需的活动。

这些整合的责任如图 4-4 所示,项目经理必须把输入(如资源)转变为产品、服务和最终利润的输出。为此,项目经理需要强大的沟通和人际交往能力,要熟悉每个职能部门的运作状况,并对将要使用的技术大致了解。

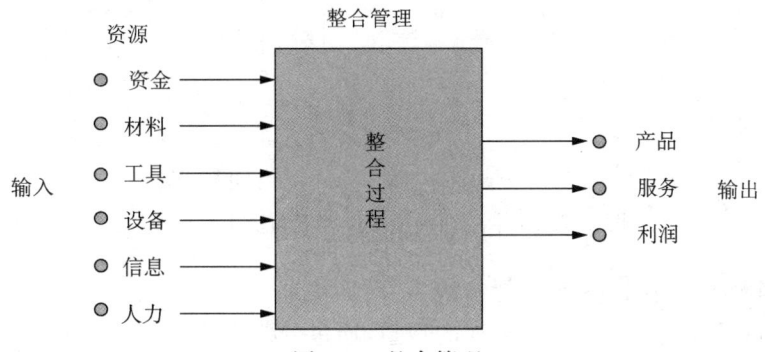

图 4-4　整合管理

3) 项目计划者和执行监督者

项目经理负责计划工作、安排日程和制订预算,是项目计划的主要制订者和执行监督者。项目计划人员编制的项目计划最终需要由项目经理和业主进行审批。同时,在项目计划编制和执行过程中,项目经理必须全面分析项目计划的可行性和项目计划实施的绩效情况,然后根据分析制订各种具体应对措施。

4) 项目控制者和预测评价者

项目经理负责在项目全过程中全面、及时地控制项目的各项工作和各项资源,监督项目活动,以便项目进展与项目目标、公司总体政策相一致。既要根据项目目标和项目业主或顾客的要求与期望制订出项目各项工作的控制标准,并依据标准度量项目的实际绩效确定偏差,采取有效措施及时纠正偏差。同时,项目经理需要不断客观预测和评价项目进度、质量和成本,从而准确评价和分析项目变更以优化项目。

5) 项目协调者和沟通者

项目经理处于项目利益相关者信息沟通的中心位置,因而还扮演着项目利益协调人和利益最大化促进者的角色。项目经理不但要协调项目团队与项目业主或顾客之间的关系,还要协调项目团队、项目业主或顾客与项目其他利益相关者之间的各种利益关系。同时,项目经理需要建立与业主或顾客及有关组织的有效沟通,保持与之的必要交流。

4.3.3 项目团队领导的特征

项目管理实践表明,并非任何人都可以做合格的项目经理。项目经理角色定位及项目管理特点,要求项目经理必须具备相应的素质和能力,例如良好的道德品质、健康的体魄、全面的理论知识、系统的思维能力、娴熟的管理能力、积极的创新能力、卓越的领导能力以及丰富的项目管理经验。图 4-5 对技术经理及项目经理的能力要求进行了对比。J. Rodney Turner 根据实验论证,提出有效项目经理应具备的六个特征。

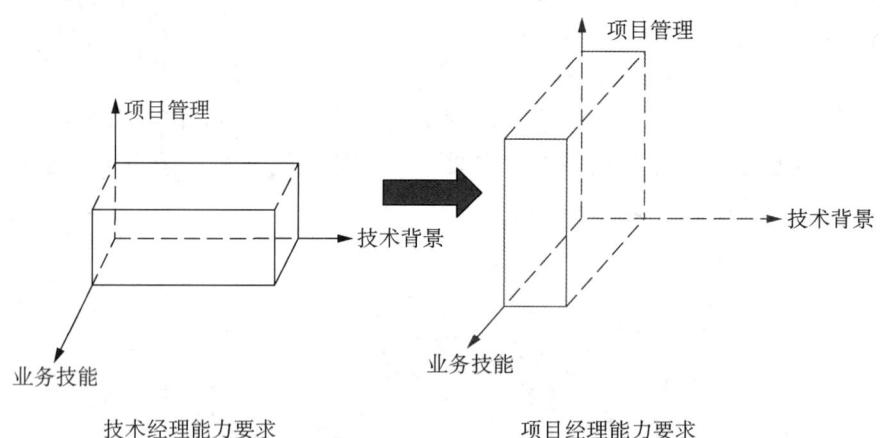

图 4-5 技术经理及项目经理能力要求对比图

1) 解决问题的能力和以目标导向的工作作风

有效的项目经理通常具有高出常人的智慧,通过分析当前的情况迅速解决复杂问题,即项目经理具备良好的逻辑思维能力、形象思维能力及将两种思维能力辩证统一于项目管理活动中的系统思维能力。解决问题的目的在于实现项目的预期目标,因此解决问题的能力必须与以目标为导向结合起来。

2) 精力及主动性

项目经理必须具有连续工作和高压下管理项目的能力,这就需要项目经理精力旺盛并且拥有健康的身体素质,健康的身体素质不仅指生理素质,还指心理素质。精力必须和主动性相结合,在处理属于自己职责范畴内的工作时必须积极主动。

3) 自信

项目经理必须自信其行为是正确的。由于项目管理是在一定的约束下达到项目的目标,它要求项目经理必须果断采取措施并对自己的观点和判断饱含信心,以保证在信息不完备的情况下及时采取措施并随着新信息的发现而纠正措施,而非在寻找完美方案时无休止的犹豫。自信的项目经理对项目团队充分授权,从而激励团队协作。

4) 洞察力

项目经理应当高瞻远瞩,从整体上洞察项目团队如何适应组织。项目经理同时洞察项目的多个目标,并使之保持平衡,并且了解项目的具体工作以及工作如何实现项目目标。

5) 沟通能力

项目经理应当具备在项目组织的各个层次上与别人交流的人际交往能力。在项目环境中,尽管项目组织有专业分工,但项目经理不可能脱离传统的组织结构而存在。因而项目经理必须利用沟通跨越两个组织间的樊篱。通常用术语"界面管理"来描述项目经理的这种作用,该作用可被描述为管理以下几种关系。

(1) 在项目团队内部管理人际关系;
(2) 在项目团队和职能组织之间管理人际关系;
(3) 在项目团队和高级管理人员之间管理人际关系;
(4) 在项目团队和客户组织(包括内组织和外组织)之间管理人际关系。

6) 谈判能力

通过前文对项目经理和职能经理角色的对比可知,由于项目经理对资源没有直接的控制权,因此必须依赖于自己的谈判能力,通过谈判和说服能力来赢得并保持他人的信任与合作。

4.3.4 项目团队领导的风格

项目团队领导风格是项目成功的一个因素,不同的项目领导风格适宜不同的项目,依据项目经理的能力将项目团队领导风格划分为四类。项目生命周期各阶段有各自相宜的管理风格和团队结构,项目经理需要采取一种与项目阶段相适应的管理风格,团队自身也从项目经理处寻求不同的管理方法。如表 4-4 所示。

表 4-4　　　　　　　　不同的项目阶段相适宜的管理风格和团队结构

阶段	风格	团队
可行性研究	自由放任式	民主的
设计	民主式	矩阵式
实施	专制式	责任层次结构
收尾	官僚式	特别工作组

(1) 自由放任式。自由放任式的经理允许项目成员自我管理,他们和其他项目成员一样,在必要时接受项目经理的建议和指导,这种风格适合于项目前期或可行性研究阶段,此

外,一些研发项目也适用于采用此方式。

（2）民主式。民主式的项目经理经常询问项目团队成员的意见,然后决定最佳做法。值得注意的是,这种风格与上述自由放任式的风格不一样,自由放任式的风格几乎是无政府主义的,并非民主的。民主风格适合在项目的可行性研究和计划阶段采用,在此期间,项目经理希望鼓励大家提出自己的想法。

（3）专制式。专制式的项目经理经常以命令的方式告诉团队成员做什么以及如何做,这种风格在项目的执行和收尾阶段比较适合,此时项目成果的规范和设计业已确定,项目的主要投资正被消耗,尽早完成项目而得到项目收益是唯一的目标。

（4）官僚式。官僚式的项目经理依照规则和程序来管理项目,这一规则适合于少变更的低风险项目,因为此类型的项目经理不会及时应变,意味着这种模式在项目的收尾阶段适合采用。

因此,项目经理领导能力的发挥不仅取决于其拥有权力的大小,同时也受项目任务的性质以及项目团队成员特征等因素的影响。大多数管理学者都认为,并不存在适合于所有情况的最好的项目团队领导风格。有效的领导风格要取决于领导者个人特征、团队成员特征、领导者和团队成员的相互关系、任务性质和所处环境之间的相互作用。

4.3.5 项目团队领导的选拔

1）项目团队领导的选拔程序

项目经理的选拔是企业高层最困难的决策之一,挑选合格的项目经理是管理好项目的重要保证。挑选项目经理要遵循科学的程序,全面考察项目经理的各项素质。

项目经理的选拔要遵循以下的程序和方法,如图4-6所示。

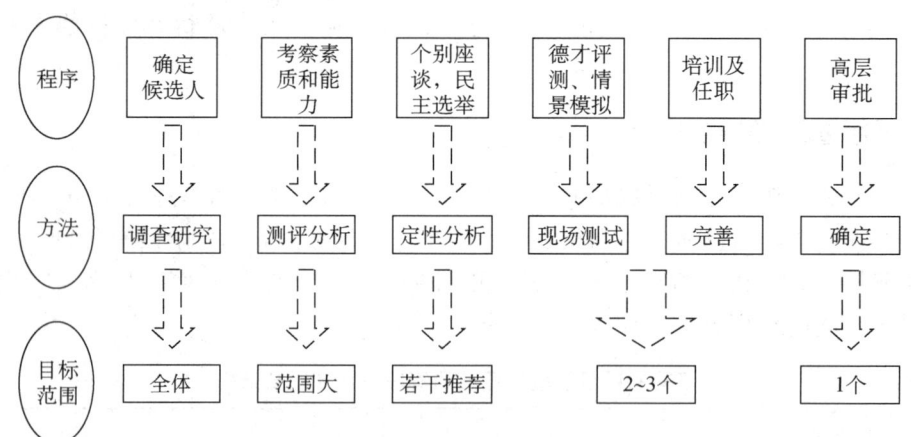

图 4-6　项目经理的选拔程序和方法

（1）确定候选人。评审专家小组根据项目的具体要求,从全体范围内选定候选人。

（2）考察素质和能力。通过对候选人的履历分析、书面考试等方法,考察候选人的心理、品德、文化、技能和身体等基本素质。

（3）个别座谈,民主投票。评审小组根据上一轮的筛选结果与个别候选人座谈,并进行民主投票,选定若干候选人,进一步缩小范围。

（4）德才评测，情景模拟。通过情景模拟的手段，观察候选人在测试中的表现，从而预测候选人在实际工作岗位上的能力或水平，最终确定2～3名候选人。

（5）培训及任职。对上述候选人进行培训，提升和完善候选人的相关能力。在此过程中可以分配给候选人一定的职务，让其充分施展才能，观察其在实际岗位上的表现。

（6）高层审批。根据前期一系列测试，最终选定一名人员，并上报企业高层审批。

2）项目团队领导的选拔误区

高层管理者在选拔项目团队领导的过程中，可能会陷入以下误区：

（1）成熟。有些高层管理者会认为，项目经理从业时间越久则越成熟。但是，在项目管理领域，真正的成熟来自在各种项目管理办公室职位上管理过几个不同项目。有些项目经理可能管理同一类项目10年或是更久，只知道一种管理模式，这样的项目经理并不是一个成熟的项目经理。高层领导如果把他安排到一个全新类型的项目中，该项目可能会失败。

（2）用人战术。高层管理者可能会更欣赏严格的项目经理，然而，对下属过分严苛会导致士气低落，项目经理应该给予下属职员足够的自由，而不是无休止的监督和提示。项目经理的用人战术应该与团队成员相适应。

（3）技术专长。高层管理者有时候会不考虑后果而将技术专家提拔为项目经理，但有时技术人员过于关注技术，而不懂对项目全面的管理，导致项目的失败。

（4）迎合客户。高层管理常常为了满足客户需要而安排项目经理，但一味迎合客户并不能保证项目的成功。

（5）新尝试。如果一个人仅仅为了接触项目管理而被任命为项目经理，那么项目有失败的风险。例如，高层领导为了锻炼下属的职能经理，将其任命为临时性（12～18个月）的项目经理，这样做既不能保证项目的正常运行，又可能使职能经理失去原先的技术优势。

（6）公司要求。有些公司要求项目经理必须在不同组织不同职能部门工作过，但有时频繁地调换部门也许暗示着这个人没能干好任何一种工作。

4.4 项目团队成员

项目团队成员同项目团队领导一样，属于项目团队的重要组成部分，项目团队成员主要有以下职责：

（1）在项目约束下接受并完成指定交付物；

（2）尽早完成工作；

（3）定期汇报项目进展情况；

（4）提出问题，并寻求解决方案；

（5）与其他团队成员分享信息。

项目团队领导负责项目团队的建设，而项目团队成员则是项目团队实施项目管理的主力军。选择适合项目特征的项目团队成员并对其进行绩效管理，是项目人力资源管理的重要内容。

4.4.1 项目团队成员选择

1) 项目团队成员的选择原则

项目团队成员的选择应遵循以下三个原则。

(1) 少而精。研究表明,在完成任务方面,小群体要比大群体的速度会更快;在利用信息处理问题方面,小群体要比大群体更好。一般说来,7人左右的群体在采取行动方面具有高效率。所以,一个项目团队的成员不应太多,而应少而精。如果项目要求多于7人,应试着将项目团队分成多个小组。

(2) 工作匹配——使任务与人员技能和动机相匹配。

对于一个好的项目团队,项目团队成员三种类型的能力最为重要。

① 具有完成项目所需的某些特殊技能;

② 强烈地投身于工作的愿望;

③ 善于与团队成员有效合作。

(3) 强调互补性和协调性。

在一个项目团队中,各成员彼此之间应具有互补性和协调性。让一个软件开发项目团队的每名成员都是汇编语言专家没有任何意义;同样,如果每名成员都是语言专家而没有人懂应用程序,也没有任何意义。因此,项目团队的成员要在技术、业务、管理和人际关系等方面具有互补性和协调性。

2) 项目团队人员选择方式

在进行项目团队的组建以满足项目的职位空缺时,需要考虑两个问题,一是使用核心人员还是使用应急人员去填补;二是如果是核心人员,是从内部还是从外部选择。

项目有采用核心人员和应急人员两个战略可以选择。核心人员是用"传统"方法雇佣的员工,他们出现在组织的工资表上,被视为"长期员工";应急人员虽然为组织工作,但基本上属于一种临时"租借"的人员。在项目中经常会遇到一些特别的技术要求,因此临时性人员的使用会比较多见,而且有迅速扩大的趋势,它可以带来三方面的好处:

(1) 这种方法促成了以柔性管理去控制固定的雇员成本。不像核心人员,应急员工的数目能够根据业务条件的变化而较容易地增减。

(2) 此种人员的使用减轻了项目人力资源管理的负担,可以请代理人(如劳动力出租人和独立承包商)行使与工资单、保险管理、津贴相关的行政工作,代理人也要去筛选和雇佣工人。

(3) 节约成本,应急人员的成本低于核心人员的成本,这是因为代理人支付了某些一般管理费用,如工资和保险。

如果项目决定雇佣核心人员,项目招聘又有内部来源和外部来源两个战略可选择。一般认为内部招聘的优点有:

(1) 雇主已经很熟悉内部候选人的资格;

(2) 内部招聘花费较少;

(3) 内部招聘能更快地填补工作空缺;

(4) 内部候选人更熟悉组织的政策和实践,因此需要较少的培训。

然而内部招聘也会产生一些问题。当一个职位空缺时,许多雇员都会被考虑补充那个职位,当然大部分人会被否决,一些被否决的候选人可能会产生怨恨。

虽然内部招聘是人员选择的主要来源，但在以下情形时会采用外部招聘：

（1）需要外部人员给组织带来新的理念和创新；

（2）没有合格的内部候选人申请；

（3）组织需要增加它在某个特殊的未被充分使用群体中的雇员百分比。

3）项目团队成员选择程序

项目团队成员的选择程序如下：

（1）预选项目成员。在明确项目任务分工，了解企业内部现有人力资源情况的基础上，预选项目成员。

（2）人员匹配分析。项目成员间的人际关系对项目的成功至关重要。在预选项目成员后，要考察这些人员在人际关系方面是否合得来，在性格上是否匹配，如果出现不匹配的情况，需要重新选择成员。在完成前两步后，可以初步确定项目团队成员。

（3）与客户的匹配分析。客户是项目重要的利益相关方，如果没有客户的支持，项目很难获得成功。如果项目成员能够和客户融洽相处，则确定为正式的团队成员；如果不能融洽相处，且这种不足无法靠团队成员的经验或技能弥补，则要重新选择。

（4）最终确定。经过上述一系列程序后，最终确定项目团队成员。

4）项目团队人员搭配经典案例

古代有一个最成功的项目团队，那就是西游记的取经团队。

为了完成西天取经任务，组成取经团队，成员有唐僧、孙悟空、猪八戒、沙和尚和白龙马。其中唐僧是项目经理，孙悟空是技术核心，猪八戒、沙和尚和白龙马是普通成员。这个团队的高层领导是观音。

（1）取经团队成员具体搭配如下：

① 项目经理：唐僧。

唐僧有很坚韧的品性和极高的原则性，不达目的不罢休，又很得上司的支持和赏识（直接得到唐太宗的任命，既给袈裟，又给金碗；又得到以观音为首的各路神仙的广泛支持和帮助）。他虽手无缚鸡之力，却能调动项目团队成员的积极性，又能够规范项目团队成员的行为，使他们的能力向着项目成功需要的地方发挥。

② 技术核心：孙悟空。

在项目组成员中，孙悟空无疑是技术人员的核心。他爱好自己的专业——降妖除魔，并且专业水准高超。但也正因为如此，他有着技术人员的"通病"：做事往往从专业角度出发，忽视甚至无视项目目标；他做事追求个性、不合社会规范；他爱耍小性子，稍不满意即要辞职（而由于其他技术能力，他不愁找不到新的工作）。

③ 项目成员：猪八戒、沙和尚和白龙马。

猪八戒这个成员，看起来好吃懒做，贪财好色，又不肯干活，最多牵下马，好像留在团队里没有什么用处，其实他的存在还是有很大用处的。因为他性格开朗，能够接受任何批评而毫无负担压力，他的存在使悟空有情绪发泄的地方，而当悟空闹"辞职"时他还是最佳的思想工作者，在项目组中承担了润滑油的作用。

沙和尚是一个最好的项目秘书，他勤恳、做事认真、任劳任怨，承担了项目中挑担这种粗笨无聊的工作。

白龙马是一个项目辅助人员，他帮助调拨项目所需要的设备。

(2) 取经团队的特点如下：

① 组织目标十分明确：取经。

② 人才搭配使用合理：唐僧没什么武艺，但能把握大局，而且执着；孙悟空忠心耿耿，能征善战，适合打头阵；八戒看似一无是处，但能讨领导欢心，能调节气氛，这种人有时也不可少，何况他能在日常生活中照顾领导，关键时候也能搭把手；沙僧老实巴交，最适合搞基础工作；白龙马稍欠一点，其实潜力还是蛮大的，可惜除了驮唐僧外只发挥了一次作用。

③ 制度虽不完善、不尽合理，却很严格：孙悟空是人才，但好出格，紧箍把他管束住了；沙僧老实，自我管理就行；八戒难成大事，只要让孙悟空管束住他就行了。这种制度体系严重压制创新意识，但是对于取经这样一个特定的任务而言反而是一种比较好的选择。

④ 善于利用外部资源、人际网络：除了自己的艰辛劳动外，只要有问题搞不定，马上向领导汇报（主要是直接领导观音），或者通过各种关系，找来各路神仙帮忙，以解决各种难题。

4.4.2 项目团队成员绩效管理

项目团队组建完成并开展工作，如何对项目团队成员的工作表现进行评定是项目团队建设的一项重要工作，这就需要针对项目的具体情况开展绩效管理。绩效管理是项目管理的核心内容，是实现项目目标的基础和前提。

绩效管理依据项目团队成员和项目负责人之间达成的协议，用以实施一个双向式互动的沟通过程。该协议明确规定如何衡量项目团队成员的工作职能和工作绩效，并对项目成员和负责人之间应如何共同努力以维持和提高成员的工作绩效等做出要求。项目绩效管理是一个持续、循环的系统工程，其核心是通过提高团队成员的绩效，达到提高项目乃至整个组织绩效的目的。

1) 项目团队成员绩效管理的作用

项目团队绩效管理的作用具体有如下三个方面：

(1) 是项目团队编制和修订项目工作计划与员工培训计划的主要依据；

(2) 是合理确定项目工作报酬与奖励的基础；

(3) 是判断员工是否称职以及给予升职、惩罚、调配或辞退的重要依据。

2) 项目团队成员绩效管理的原则

(1) 公开原则。即项目团队要公开绩效管理的目标、标准、方法、程序和结果，并接受来自各方面人员的参与和监督。

(2) 客观与公正原则。即在制订绩效管理标准时应该客观和公正，以减少矛盾和维护项目团队的团结。

(3) 多渠道、多层次和全方位管理的原则。因为员工在不同时间和场合往往有不同的表现，因此在进行绩效管理时应多收集信息、建立多渠道、多层次、全方位管理体系。

3) 项目团队成员绩效管理的主要内容

绩效指行为和结果，行为由从事工作的人表现出来，将工作任务付诸实践，行为不仅是结果的工具，行为本身也是结果。绩效管理要有事前计划、事中管理、事后考核。当对个体绩效进行管理时，既要考虑投入（行为），也要考虑产出（结果）。绩效应该包括做什么和如何做两个方面，项目绩效管理的内容包括绩效计划、绩效沟通、收集数据并分析问题、绩效考核与评价、薪酬管理及人事决策与调整等。如图4-7所示。

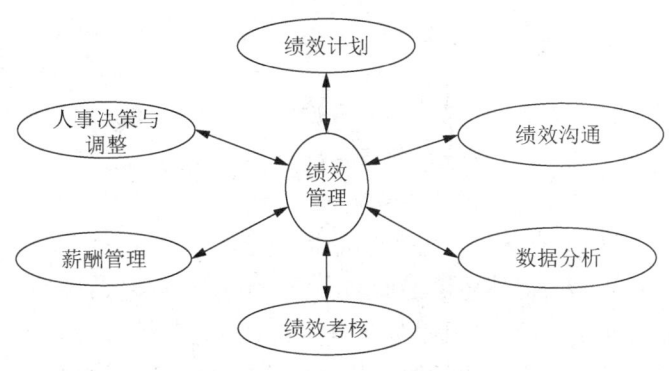

图 4-7　绩效管理的内容

4) 项目团队成员绩效管理的流程

项目团队成员绩效管理是一个动态的持续交流过程,该过程是由项目团队以及与利益相关者之间达成的心理契约来保证完成的。如果没有合理的绩效计划、充分的绩效沟通,绩效评价就会导致经理难办、员工不满的状况。因此,设计合理使用的绩效管理流程至为关键。绩效管理流程如图 4-8 所示。

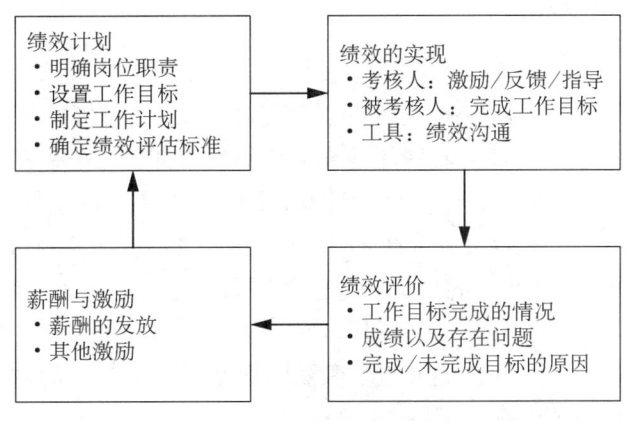

图 4-8　绩效管理的流程

综上所述,开展项目团队建设工作对于项目成员凝聚力的提高、项目目标的实现起着至关重要的作用。项目团队建设必须加以引导并尽早地开展,应贯穿于项目过程的始末,使其更好地服务于项目目标的实现。

4.5　项目团队冲突管理

冲突是项目与生俱来的,项目生命周期内的各个阶段都会发生各种各样的冲突,项目团队必须对冲突进行有效及时的处理。冲突是项目结构中的一种存在形式,它可能在组织的任何一个层次上产生,通常为相互矛盾的事物产生的一种结果。项目团队冲突管理是从管理的角度运用相关管理理论面对项目中的冲突事件,避免其负面影响,发挥正面作用,以保证项目目标的实现。

4.5.1 项目团队冲突概述

项目团队冲突是项目内部或外部某些关系难以协调而导致的矛盾激化和行为对抗。项目团队中的个人、群体、项目本身以及与项目发生交往活动的一切行为主体都可成为项目冲突的主体，项目冲突表现为直接对抗、不平衡压力关系等。

项目团队冲突有好处也有坏处。好处在于冲突能表达各种想法，有助于寻找创造性的解决方案，避免项目团队陷入群体思考的僵局。坏处在于冲突是前进的绊脚石，是高效能的障碍，当冲突变得具有斗争性时，项目团队在面临未解决的分歧时就会功能失常。

应付冲突，就需要了解它们产生的原因。这里可以提出四个问题，对这些问题的回答将有助于处理或者避免冲突。

（1）项目的目标是什么，是否会与其他项目冲突？
（2）为什么会产生冲突？
（3）我们该如何处理冲突？
（4）能否预先做某种类型的分析，以识别可能产生的冲突？

4.5.2 项目团队冲突来源

萨姆汉（Thamhaim）和威尔蒙（Wilemon）在1974年通过对100个项目经理的抽样调查，总结出导致冲突的七种潜在根源，分别是进度计划冲突、优先权冲突、人力资源冲突、技术意见冲突、管理程序冲突、个性冲突和费用冲突。该研究表明，上述冲突出现在项目生命周期的不同阶段，其影响强度也不尽相同，并认为冲突是因为人与人之间意见不同所产生的。

然而，弗雷德里克·哈里森（Frederick Harrison）和丹尼森·洛克（Dennis Lock）在2004年指出意见分歧并非是导致冲突的根源，而是冲突的表现形式。在一个人际关系健康的团队中，人们能够轻易弥合意见分歧，保持团队合作，但在冲突的组织中，是无法实现的。冲突不同于意见分歧的方面在于，冲突能够产生激烈的情绪并保持较长时间、冲突能够蔓延到所有的问题上、冲突存在多个潜在的根源。

冲突的产生并非仅由意见分歧而导致，而是由于个人之间、团体之间或个人与团体之间关系的破裂而产生。将引起冲突或深化冲突的因素分为组织结构、人的自私特征及个人问题三类，如表4-5所示。

表4-5　　　　　　　　　　　　　　　冲突的来源

(1) 与组织结构相关的问题			
• 大型组织	• 等级过多的组织	• 太过集权的组织	• 不确定的变化组织
• 大型职能部门	• 文化的冲突	• 管理人员之间的对抗	• 领域防卫
• 组织中的大型单元	• 官僚机构	• 高度复杂的组织	• 临时性组织
• 整合产生的问题	• 职能定位冲突	• 双重下属	
(2) 人的自私特征			
• 个人动机问题	• 同事的竞争	• 对手的竞争	• 不相容的任务目标
• 稀缺资源的竞争	• 生存竞争		

续表

(3)"正常人"的个人问题			
• 个性分歧	• 动机差异	• 缺乏交际能力	• 能力差异
• 依赖问题	• 冲突的历史		
(4)"问题员工"的个人问题			
• 压力和缺乏安全感	• 管理风格的抵触	• 极度缺乏人际交往技能	• "问题员工"的管理

4.5.3 项目团队冲突类型

在项目的环境中，冲突无处不在并且无法避免。依项目发生的层次和特征的不同，可将项目团队冲突分为个人冲突、部门冲突、个人与部门之间的冲突及项目与外部环境之间的冲突。

(1) 个人冲突。个人冲突是指项目团队内人与人之间的冲突，表现为项目团队内的两个或两个以上成员由于意见、情感不一致或工作上的分歧而相互作用所导致的冲突。个人冲突一般包含两个层面，即同一层级的个人之间的横向关系冲突和不同层级的个人之间的纵向关系冲突。

(2) 部门冲突。部门冲突是指项目中具有不同背景和职能的各个部门之间的冲突，发生于具有协作关系、业务往来或其他交往的部门之间，表现为部门之间为争夺职权、管辖权和资源等发生的各种摩擦。

(3) 个人与部门之间的冲突。个人与部门之间的冲突是指个人与部门存在目标差异、文化背离、利益不同而导致的冲突。不仅包括个人与正式组织部门的制度规定和目标取向不一致，也包括个人与非正式组织团队之间的利害冲突。

(4) 项目与外部环境的冲突。项目与外部环境的冲突是指项目与社会公众、政府部门、消费者等外部环境的冲突，表现为项目与社会公众的期望不一、与政府部门的法规抵触、与消费者的行为纠纷。

按团队冲突的性质划分，冲突可以分为任务冲突、过程冲突和关系冲突。

(1) 任务冲突。成员在工作任务上，产生意见不合。

(2) 过程冲突。成员在工作过程中，针对完成任务所使用的方式、责任的归属、资源的分配意见不合。

(3) 关系冲突。以人际关系为导向的冲突，通常与工作无关，包括成员间情绪上的对立、敌意等。

4.5.4 冲突对项目团队的影响

一般而言，关系冲突对团队会有消极影响，而任务冲突和过程冲突对团队可能有积极影响。

在关系冲突中，团队成员忙于应付与任务不相干的人际关系中，对自身任务则没有精力顾及。并且，关系冲突会影响团队成员间的感情，导致决策的低质量。

对于非常规性的任务，一定的任务冲突和过程冲突对团队绩效会有积极影响，而对于常规性的任务，这些冲突则是有害的；当主动进行冲突管理时，这些冲突是有利的，当被动地应付冲突时,这些冲突则是有害的。

也有研究表明,信任在团队冲突中扮演着重要的角色,如果团队成员间高度信任,则能更好地发挥任务冲突和过程冲突的正面影响,抑制关系冲突的负面影响。

4.5.5 项目团队冲突解决

许多管理人员认为解决冲突最好的办法就是确立事务优先级。只要优先级不是经常变来变去,这种方法就能奏效。最高一级的管理人员对优先级的设定负有最终的责任。对于项目优先级的设定,通常最重要的影响因素包括:开发中的技术风险;公司在财务和竞争方面将会遇到的风险;交付日期的临近以及重要程度;延期交付的违约金;预期的存款、利润增长和投资回报;客户的影响,可能会与项目规模有关;对其他项目的影响;对分支机构的影响。

然而,实际情况中即便设定了优先级,由于项目参与人员专业多样、项目经理威信下降、成员对项目目标理解欠缺及成员职责模糊等因素,冲突仍会产生。

导致冲突产生的因素多种多样,且同一因素在不同项目环境及同一项目的不同阶段可能会呈现出不同的性质。在项目管理过程中,每一个团队成员都会陷入一种不确定的境地,以至于不得不选取一种解决冲突的方法。依据具体情况、冲突的种类以及与谁冲突,以下这些方法被证明可以有效地解决冲突。

1) 正视(或协作)

这种解决问题的方法是,冲突各方面对面会晤,尽力合作以解决争端。此方法侧重于解决问题,而不是争斗。这一方法强调协作与协同,以使项目参与各方获得成功。正视的方法应当用于:

(1) 当你和冲突方至少都能得到所需要的,甚至能得到更多时;
(2) 为了降低成本;
(3) 为了建立共同的权力基础;
(4) 为了攻击共同的敌人;
(5) 当技术较为复杂时;
(6) 当时间足够时;
(7) 团队之间有信任感;
(8) 当你相信他人的能力时;
(9) 最终目标还有待于认识。

2) 妥协

妥协是为了寻求一种解决方案,使得各方在离开的时候能够得到一定程度的满足,妥协常常是正视的最终结果。有些人认为妥协是一种"平等交换"的方式,能够导致"双赢"结果的产生。另一些人认为妥协是"双败",因为任何一方都没有得到自己希望的全部结果。妥协的方法应当用于:

(1) 当冲突各方都希望成为赢家的时候;
(2) 当你无法取胜的时候;
(3) 当其他人的力量与你相当的时候;
(4) 当你没有时间取胜的时候;

（5）为了保持与竞争对手的联系；
（6）当你对自己是否正确没有把握的时候；
（7）如果你不这么做就什么也得不到的时候；
（8）当利害关系一般的时候；
（9）为了避免给人一种"好斗"的印象。

3）缓和（或和解）

这种方法是指努力排除冲突中的不良情绪，它的实现要通过强调意见一致的方面，淡化意见不同的方面。例如，告诉他人："我们已经在五点意见之中的三点都取得了共识，为什么不能在剩下的两点达成一致呢。"缓和并不足以解决冲突，却能够说服双方继续留在谈判桌旁，因为还存在解决问题的可能。在缓和的过程中，一方可能会牺牲自己的利益以满足另一方的需求。缓和的方法应当用于：

（1）为了达到一个全局目标；
（2）为以后的长期交易先做出让步；
（3）当利害关系不明显的时候；
（4）当责任有限的时候；
（5）为了保持融洽；
（6）当任何方案都合适的时候；
（7）为了表示友好（显得宽宏大量）；
（8）无论如何你都会失败的时候；
（9）为了赢得时间。

4）强制（或对抗、不合作、固执己见）

这种方法是指一方竭力将自己的方案强加于另一方。当一项决议在最低可能的水平上达成时，强制的方法最能奏效。冲突得越厉害，就越容易采取强制的方式，其结果就是一种"赢—输"的局面，一方的获胜以另一方的失败为代价。强制的方法应当用于：

（1）当你是正确的时候；
（2）正处于一种生死存亡的局面；
（3）当利害关系很明显的时候；
（4）当基本原则受到威胁的时候；
（5）当你占上风的时候（绝不要在不能够获胜的情况下挑起争端）；
（6）为了获得某个位置或某项权力；
（7）短期的一次性交易；
（8）当关系并不重要时；
（9）当明白这是在进行比赛的时候；
（10）当需要尽快做出一项决策的时候。

5）退出（或规避）

退出常常被视为一种临时解决问题的方法，是冲突发生后项目负责人采取的一种无视冲突的消极处理方式，希望冲突各方通过减少人际或部门之间的接触次数来消除分歧。退出作为项目团队冲突解决方式并非适用于所有冲突的解决，其适用前提是该冲突尚未严重到损害组织的效能。退出的方法应当用于：

(1) 当你无法获胜的时候；
(2) 当利害关系不明显的时候；
(3) 当利害关系很明显,但你尚未做好准备的时候；
(4) 为了赢得时间；
(5) 为了消磨对手的意志；
(6) 为了保持中立或者保持名声；
(7) 当你认为问题会自行解决的时候；
(8) 当你通过拖延能够获胜的时候。

4.6　项目界面管理

界面(Interface)一词最早出现于工程领域,用来形容各种仪器、设备、部件及组件之间的接口。这一概念较好地反映了两种物体之间的结合状态,因此被逐渐引入了管理学中,用来描述职能部门之间、人与物之间、人与人之间、工序之间及流程之间等的连接关系。由于项目团队成员来自不同职能部门,各职能部门间的信息流动相对滞后,项目在运作过程中会出现各种界面问题,这使得项目界面管理变得尤为重要。

4.6.1　界面管理的内涵

界面管理是对"交互作用的管理",界面管理的实质就是对界面双方实行联结,将重要的界面关系纳入管理状态,以实现控制、协调和沟通,提高管理活动的绩效。界面管理对项目的运行有如下影响：

(1) 界面管理是项目运行的润滑剂。许多项目管理问题,往往焦点在界面管理上,项目经理能否处理好界面管理的问题,决定了项目能否顺利实施。

(2) 界面管理是项目组织结构设计和项目人员选择的重要影响因素。项目的组织结构设计既要保证专业化水平,又要尽量减少界面关系,对于人员的选择、信息的交流都提出了更高的要求。

(3) 界面管理可以明确项目责任关系。项目实施过程中,由于众多的人员和职能部门的参与,使得责任难以区分,造成"扯皮"现象。良好的界面管理可以划分各方的责任范围,有效避免这一现象的出现。

4.6.2　项目界面系统的构成

项目是一个开放的系统,该系统每一个组成部分之间的交互作用构成了项目的界面。研究项目界面系统的构成是实现项目界面管理的基础。通常,每一个项目中都包含着三个子系统：项目生命周期子系统、项目管理层次子系统、项目利益相关者子系统,这三个子系统相互交织,形成了复杂的项目界面。

1) 基于项目生命周期的界面

项目的生命周期大致可分为四个阶段：启动阶段、组织与准备阶段、执行阶段和收尾阶段。这四个阶段之间联系紧密,形成了多个界面,这些在项目发展过程中产生的界面称为项目生命周期界面。项目生命周期界面的边界主要位于各阶段之间的间断点,以及各阶段内部的间断点。

项目生命周期的界面问题,主要包括项目不能按时到达里程碑节点、项目进度安排不合理等。如果项目生命周期的界面管理不当,则会造成项目延期以及成本超支。

2)基于项目管理层次的界面

项目的管理层次分为:技术/战术层次(层次Ⅲ)、中间管理层(层次Ⅱ)、战略管理层(层次Ⅰ),这三个层次形成了不同的子系统,子系统之间的相互作用就形成了项目管理层次的界面。这些界面包括人员界面和组织界面。

(1)人员界面。项目团队成员之间的合作产生了相互作用,而这种相互作用就形成了人员界面。

(2)组织界面。组织界面是所有界面中最复杂的一种。包括组织内部的界面以及组织间的界面。

当人员界面与组织界面交织在一起时,就形成了复杂的管理界面,下面以矩阵型组织结构为例,具体说明其中的项目界面,如图4-9所示。

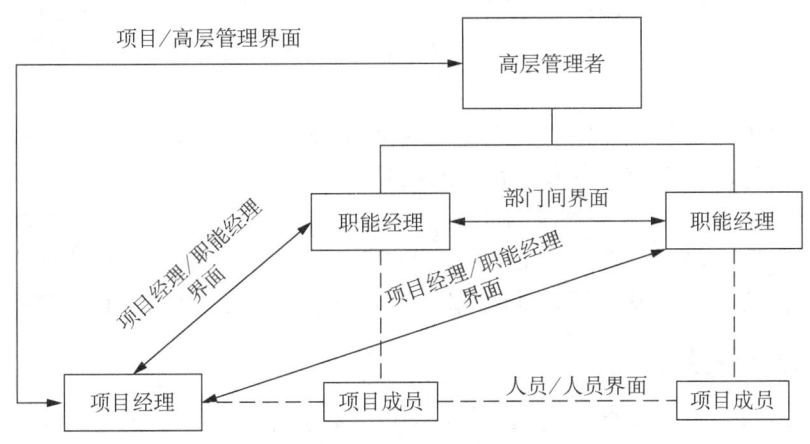

图4-9 矩阵型组织结构中的项目界面

最重要的界面是项目经理-职能经理界面,这两方处于相同的层次地位,在资源、人员的占有和使用上会相互制衡,有时会形成对立关系。项目经理要想获得足够的资源,必须得到高层经理强有力的支持,因此项目经理-经理界面同样十分重要。

项目成员往往来自不同职能部门,职能部门间的界面问题同样会影响到项目的实施。而项目经理往往很难注意到这一问题,也没有权力进行协调管理,因而,一旦问题出现,会对项目带来较大影响。项目成员是项目的具体实施者,一旦出现人员间的界面问题,项目的推进将会受到一定程度的阻碍。

3)基于项目利益相关者的界面

项目的利益相关者可分为外部利益相关者和内部利益相关者,外部利益相关者包括业主、竞争者、供应商和政府部门等,内部利益相关者包括项目经理、团队成员、职能经理和高层管理者等。随着市场竞争的加剧,项目外部利益相关者对项目的影响越来越大,如果不能使利益相关者满意,项目就会失败。因此,项目利益相关者的界面同样非常重要,例如供应商-项目团队界面,客户-项目团队界面等。

项目利益相关者界面问题主要表现为：客户参与程度不够、项目目标和要求不断变化、材料供应延后及缺乏资源等。

4.6.3 项目界面管理的方法

项目界面管理通常可以采用以下几种方法：

（1）建立界面协调机制。界面问题主要的解决途径就是沟通协调，因此可以创建一个协调机制，例如构建项目协调中心，对项目界面问题进行整合管理。协调中心专门设立一名界面工程师，负责协调中心的管理工作；于此同时，各职能部门可委派一名界面协调专员协助界面工程师的工作。

界面工程师主要负责确认项目中的界面状态，列出详细的界面清单，明确界面相关方的职责。在项目实施过程中，协调中心要对界面管理情况进行有效的监督和动态控制，根据界面的动态变化协调界面任务的分配，建立项目各方的有效沟通机制。

（2）跨职能整合。组织各职能部门之间专业分工、内部文化、部门目标都不相同，如果部门间界面管理不当，会造成信息渠道过长或传送通道受阻，难以实现信息共享，产生工作冲突。为了减小这种信息损耗，同时避免冲突，可以采取跨职能整合的方式进行界面控制。将不同职能部门的目标进行整合，形成具有共同利益追求的集合体，最大程度地实现信息在项目团队中的共享。

（3）界面管理信息化。界面管理信息化是指借助于现代的信息化网络技术，把传统的界面管理原理和方法与 IT 技术相结合，实现组织界面基于互联网技术的信息网络化管理。在界面管理中应用 IT 技术是一种必然的趋势，借助信息化手段，可以提高信息的传递质量，进而提高项目绩效。界面管理信息化可以利用 Web 等技术手段，为项目团队创建一个信息沟通和协调合作的共享环境，实现项目信息的及时发布和工作流程的动态监控。

4.6.4 项目界面管理实例

项目经理-职能经理界面是一个重要的项目界面，在这个界面上：

（1）项目经理要考虑这些问题：

——要做什么？

——何时做？

——为什么要做？

——现有多少资金？

（2）职能经理要考虑这些问题：

——如何完成任务？

——在哪儿完成任务？

——谁来完成任务？

项目经理和职能经理有各自的职责，在项目经理-职能经理界面上，如果项目经理出现了越界的情况，则会产生界面问题，如图 4-10 所示。

在图 4-10 中，生产经理建了一堵墙来阻止项目经理见他的职员，因为项目经理在告诉生产人员如何做他们的工作，事实上，生产经理才有资格指导专业的技术人员，项目经理这种不专业的技术指导会给生产经理的工作带来困难。这堵墙就反映了一种典型的项目经

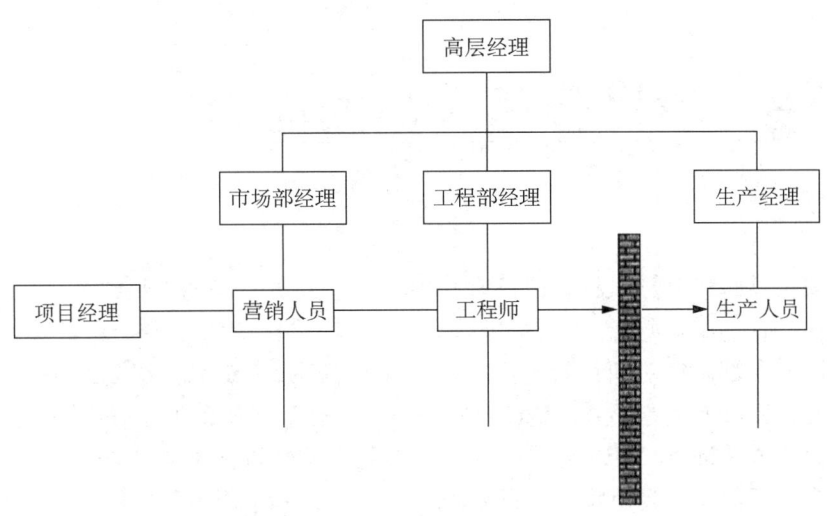

图 4-10　项目经理-职能经理界面问题

理-职能经理界面问题。

　　这种界面问题需要通过沟通协调的方式加以解决,首先明确各方职责,项目经理要承认生产经理的专业性,在管理上不越界,由生产经理对其下属职员进行专业的技术指导。同时,生产经理也应该适当听取项目经理的反馈,不能一味抵制项目经理有益的建议。虽然项目经理与生产经理职责不同,但二者要明白,两人同处于一家企业中,要有共同的目标和追求,不能为了自身团队的利益而损害整个企业的利益。

复习思考题

1. 项目团队的定义和特征是什么?
2. 项目团队发展一般要经历哪几个阶段,各阶段的特征是什么?
3. 假设作为一个项目经理希望组建一个高效的项目团队,你将如何开展工作?
4. 项目团队成员绩效管理的内容有哪些?
5. 冲突的解决方式有哪些? 各自使用的范围是什么?
6. 什么是界面管理? 界面管理通常采用哪些方法?

第 5 章　项目管理人员的能力

在完成项目、项目集或项目组合过程中,项目管理人员的表现与最终的项目成功显著相关。因此在项目管理中,项目管理者的能力,尤其是项目经理的能力十分重要。目前,国际上多家专业性学会都有针对项目管理人员的资格认证,如第 1 章中提到的美国项目管理协会(PMI)提供的项目管理专业人员资格认证(PMP);国际项目管理协会(IPMA)提供的国际项目管理专业资质认证(IPMP);建筑行业则有英国皇家特许测量师协会提供的英国皇家特许测量师资格认证等。为规范项目管理专业人员能力,使其向标准化体系化发展,同时也便于项目管理人员资格认证,PMI、IPMA 等机构分别发布了协会内部组织编写的项目经理能力标准。本节将详细介绍 PMI 发布的人才三角模型和 IPMA 发布的《国际项目管理专业资质基准》等目前国际最为流行的、适用行业最广的项目经理能力标准;同时,英国皇家特许测量师协会发布的项目管理专业人士能力标准是建筑行业结合自身特点提出的项目管理人员能力标准,反映了不同行业对项目管理人员能力的特定要求;最后,鉴于项目管理前沿对复杂项目管理的关注,本章简要介绍了复杂项目管理人员能力的发展和标准。

5.1　PMI 项目经理胜任力标准

美国项目管理协会(PMI)认为,组织项目管理的成功取决于两大因素,其中之一是项目经理的胜任力。因此美国项目管理协会(PMI)制定了《项目经理能力发展框架》(*Project Manager Competency Development Framework*,简称 PMCD 框架),该框架是用来评价和培养项目工作者专业胜任力的全球性标准。PMCD 框架阐明了适用于所有项目经理的知识和能力要求,并通过列举相关知识、技术、工具、具体情况下的交付物和行为特征等来描述这些要求。PMCD 框架中将项目经理能力定义为:项目经理在项目环境中执行项目活动时所展现的能力,通过应用这些能力可以保证项目能够交付期望的结果。第二版 PMCD 框架从知识能力、个人能力和执行能力这三个维度对项目经理的胜任力进行分类和阐述。随着时代的发展和项目复杂性的增加,对于未来项目经理需要提出更高的要求。因此,PMI 经过研究,提出了面向未来的 PMI 人才三角模型,如图 5-1 所示,该模型指出了项目经理依据 PMCD 框架所需要具备的技能,重点关注以下三个关键技能组合:

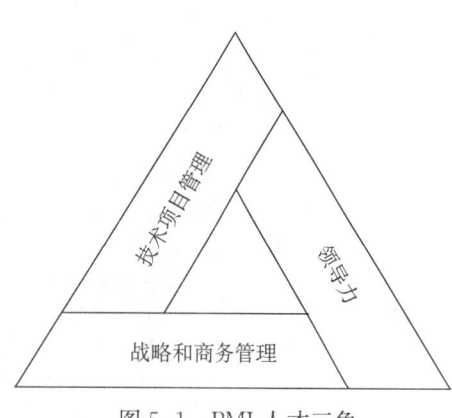

图 5-1　PMI 人才三角

(1) 技术项目管理——与项目、项目集和项目组合管理特定领域相关的知识、技能和行为。

（2）领导力——指导、激励和带领团队所需的知识、技能和行为，可帮助组织达成业务目标。

（3）战略和商务管理——关于行业和组织的知识和专业技能，有助于提高绩效并取得更好的业务成果。

上述三个维度中，技术项目管理技能是项目集和项目管理的核心，但 PMI 也指出，当今全球市场愈发复杂，单纯的技术项目管理技能难以应对激烈的竞争，各个组织都在寻求领导力和商业智慧技能。来自不同组织的成员都指出，这些能力有助于支持更长远的战略目标，以实现盈利。

为了有效地开展工作，项目经理需要平衡这三种技能，因此本节将从技术项目管理、战略和商务管理、领导力这三个维度介绍 PMI 人才三角定义的项目经理所要具备的能力单元和具体要素。

5.1.1 技术项目管理

技术项目管理指有效运用项目管理知识实现项目集或项目的预期成果的能力。技术项目管理技能种类众多，项目经理常依赖专家判断来开展工作。为了使项目获得成功，项目经理必须学会将个人技能与其他专业人员的技能相结合。

PMI 研究表明，顶尖的项目经理通常会具备以下几种关键技能。

（1）时刻关注各个项目关键技术管理要素的能力。这些要素包括：项目成功的关键因素、进度计划、财务报告及问题日志等。

（2）针对不同类型的项目选择具有针对性的传统和敏捷项目管理工具、技术和方法。

（3）制订完整的项目计划并谨慎排定优先顺序。

（4）管理项目要素，包括进度、成本、资源和风险等。

5.1.2 战略和商务管理技能

战略和商务管理技能包括纵览组织概况并有效协商和执行有利于战略调整和创新的决策和行动能力。这项能力可能涉及其他职能部门的工作知识，例如财务部、市场部和运营部。战略和商务管理技能可能还需要积累和运用相关的产品和行业专业知识，这类知识也被称为领域知识。项目经理应当掌握足够的领域知识，以便于向他人解释项目商业信息、制订合适的项目交付策略并实现项目商业价值的最大化。

战略和商务管理技能有助于项目经理确定需考虑的商业因素。为了保障项目的运行，项目经理应当考虑以下因素：

（1）风险和问题；

（2）财务影响；

（3）成本效益分析（例如净现值、投资回报率），包括各种可选方案；

（4）效益预期实现情况和战略；

（5）范围、预算、进度和质量。

通过运用这些商务知识，项目经理能够为项目提出合适的决策和建议。随着项目条件的变化，项目经理应与项目发起人持续合作，保持业务策略和项目策略的一致。

5.1.3 领导力技能

领导力技能包括指导、激励和带领团队的能力，这些技能可能包括协商、抗压、沟通、解决问题、批判性思考和人际关系技能等基本能力。随着越来越多的公司通过项目执行公司战略，项目变得越来越复杂，项目管理不仅仅涉及数字、模板、图表、图形和计算机系统等方面的工作。人际交往通常会成为项目经理重要的工作内容，项目经理应研究人的行为和动机，成为一个好的领导者。项目经理需要运用领导力技能和品质与项目相关方合作。

研究显示，领导者的品质和技能包括：

(1) 有远见；
(2) 积极乐观；
(3) 乐于合作；
(4) 管理关系和冲突的能力；
(5) 有效沟通的能力；
(6) 尊重他人，谦恭有礼，遵守职业道德；
(7) 果断、勇敢，善于解决问题；
(8) 适时称赞他人；
(9) 终身学习，以结果和行动为导向；
(10) 合理掌握工作优先级和项目关键因素并关注真正重要的事情；
(11) 以整体和系统的角度看待项目，同等对待内外部因素；
(12) 运用批判性思维，推动变革；
(13) 创建高效的团队，并具备幽默的品质，与团队成员分享快乐。

领导和管理的最终目的是项目成功，以上的技能和品质有助于项目经理实现项目目的和目标。

5.1.4 项目集经理的技能要求

以上几节内容主要讲述了PMI对项目经理胜任力标准的描述，这份能力标准主要针对在管理单个项目时项目经理应具有的能力。但是，现今项目更多以项目集的形式出现，根据这一情况，美国管理学家科慈纳在PMBOK的基础上，总结出为实现项目集管理的有效执行，项目经理需具备的十种特殊技能：

(1) 团队组建；
(2) 领导；
(3) 冲突解决；
(4) 专业技术知识；
(5) 规划；
(6) 组织；
(7) 企业家才干；
(8) 行政管理；
(9) 管理支持；
(10) 资源配置。

这十种特殊技能分别包含不同的特征与对项目经理的行为要求：

1）团队组建技能

组建项目集团队是项目经理的一项基本任务，包括一系列的管理技能、要求、识别、调派和协调各种不同的任务组，使他们从传递职能组转变成一个独立的项目集管理系统。为了有效工作，项目集经理必须营造有助于团队工作的氛围。必须培育有以下特征的氛围：

(1) 致力于项目集的团队成员；
(2) 良好的人际关系和团队精神；
(3) 必备的专业知识和资源；
(4) 明确的目的和项目集目标；
(5) 积极支持的管理层；
(6) 良好的项目集领导；
(7) 团队成员和支持组织之间的公开沟通；
(8) 较少的人与人和组与组之间的不理智冲突。

以上内容可以总结为：有效的沟通；成员间不断加强的信任感；项目的承诺。

2）领导技能

项目集成功的一个极其重要的前提条件是：项目集经理具备在相对松散的环境中依然能领导团队的能力。它包含在缺少或几乎没有正式权力的情况下与项目经理有效的交往；搜集和选取与决策密切相关的重要数据的能力；整合个人需求、要求和限制，作出有利团队整体决策的能力；处理群体间冲突的能力。

一个有效的管理模式具有以下特征：

(1) 清楚的项目领导和指示；
(2) 帮助解决问题；
(3) 有利于新成员融入团队；
(4) 处理人际关系冲突的能力；
(5) 促进群体决策；
(6) 计划和制订方案的能力；
(7) 良好的沟通能力；
(8) 团队在更高管理层面前的表现；
(9) 平衡技术、经济与人员因素问题的能力。

与上述技能相应的个人特征有：

(1) 项目管理经验；
(2) 应变能力；
(3) 创新思维；
(4) 有创造力、热情；
(5) 受人爱戴、有说服力；
(6) 有组织、有纪律。

3）冲突解决能力

冲突在项目管理中是普遍存在的，尤其是在组织结构复杂的项目集管理中。但冲突不总是负面的，其具有两面性。有时冲突会对组织协调造成伤害，导致项目集决策质量下降，问题悬而不决,团队工作遭受损失。但是,冲突也有其有利的一面,它能促进参与,带来新的信息,增强竞争意识。因此项目集经理应做到:

(1)了解组织元素与行为元素之间的项目作用,为团队建设创造一个和谐有利的氛围,促进成员之间积极参与,减少不必要的冲突。

(2)充分认识和了解冲突的原因及在项目生命周期中存在的时间,通过项目计划、应急计划、承诺等措施干预在冲突发生前,避免对团队和项目集进展不利的冲突。

在应对冲突时,项目集经理应利用其丰富的经验来判断冲突的性质,发生的时机。总而言之,项目集经理是对项目集及冲突对项目集影响的唯一责任人。

4)技术能力

项目集经理不可能掌握指导项目集所需的全部技术和专业知识,但是项目集经理必须了解技术、市场和业务环境,达到可以预见项目集的整合结果、潜在增长及与其他商机的联系,还要进一步在与项目团队沟通时所需的专业技术、项目评价技术和思想、风险评估及进度控制等技能。这也是为什么现今在复杂问题的求解环境中,众多项目经理都具有专业背景。

技术专家应掌握和理解的技能有:

(1)项目涉及的技术;

(2)工程工具和有关的技术;

(3)特定的市场、客户和要求;

(4)产品应用;

(5)技术的趋势和发展;

(6)支持性技术间的关系;

(7)技术团体的组成成员。

5)规划能力

每一个项目都需要规划能力,尤其在大型复杂项目的成功管理上,更是如此。项目规划是项目从开始到取得成功的路线图,项目集规划在组织的各层面都是持续的过程。有效的项目规划所需技能不仅仅是一份进度计划和预算文件,还包含获得项目集必要的资源和行政支持,以及与相关组织的核心人员谈判所必须的资源和获得其承诺的能力。

有效的规划需要具备以下技能:

(1)信息处理;

(2)沟通;

(3)资源谈判;

(4)获得承诺;

(5)新增的和标准的计划编排;

(6)确定可测量的里程碑;

(7)有利于管理层参与。

项目集经理还应保证计划的可行性,避免规划变成过时、无意义的计划。项目集经理还要确保计划保持一定灵活性,避免计划失去控制。

6)组织技能

项目集经理除了具备具体工作的专业技能,还需具备将不同组织整合为一支有效工作团队的能力。一个良好的团队至少满足以下几点要求:确定汇报关系、职责、直线控制和信息需求。除此之外,清楚的项目集目标,良好的沟通渠道、卓越的领导和管理层支持对组织工作也有很大帮助。

7)企业家才干

项目集经理不仅要将目光放到项目集内部,也要放到外部更高层面。因为组织目标不只有利润,还包括客户满意度、未来的发展和相关市场活动的培育,一个优秀的项目集经理会充分考虑这些问题。企业家才干可以通过实践经验来培养,也可以通过正式的 MBA 培训,特定的研讨会及跨职能的培训计划来实现。

8)行政管理能力

行政管理技能包括计划编制、人员配备、预算、进度计划编制和其他控制技术。在大型的项目集中,项目经理很少能掌握所要求的全部行政技能,尽管项目集经理了解这些技术和工具十分必要,但他应该从琐碎的行政事务中脱离出来,将一部分行政事务分派给相关小组或项目行政人员。常用的行政管理工具包括:会议;报告;评审;预算和进度控制。项目经理不仅要熟悉行政管理工具,还要知道如何有效地使用它们。

9)获得管理层支持的能力

项目集经理身处许多支持他或管理他的组织中,因此他对各个层面的了解对项目集能否成功至关重要。如果项目集经理与高层关系密切,得到管理支持,将会对有效处理各个层面的关系起到重要作用。因为每个项目组织都是一个由众多代表着不同利益和办事方式的人员组成的分权体系,权力都有发展不均衡的趋势,而高层的管理支持可以阻止这种不均衡的发展。

项目经理与管理高层建立良好关系能力的因素总结为下列四点:

(1)长期可靠性;

(2)项目预见能力;

(3)其项目相对组织其他项目的优先级;

(4)项目经理自身的亲和力。

10)资源配置能力

项目中常常用到的是矩阵制组织形式,因此造成一个项目集组织往往有许多上司,职能制与项目办公室对人员的管理往往有冲突,任务一旦被批准,人员分配、优先级及间接人力资源成本控制常常很困难。

面对这种情况,详细有效的项目计划编排有利于项目集成员承担责任,加强项目集经理的控制力。计划的各个部分等同于"工作说明",是资源分配的基础。理论上这些进度计划和预算方案的制订应在项目早期阶段形成,在这一时期项目的目标仍有很大弹性,执行方案、进度计划和预算也能够反复修改和权衡。

5.2 IPMA 项目经理能力标准

国际项目管理资质标准(International Competence Baseline,简称 ICB)是国际项目经理协会(IPMA)建立的知识体系,IPMA 委员会在 1987 年首次确认了 IPMA 项目管理人员专业资质认证全球通用体系(ICB)的概念。ICB 说明了对项目经理、大型项目计划经理、项目群经理及项目管理人员的知识与经验的要求,包括在一个成功的项目管理理论与实践中所运用得到的基础术语、任务、实践、技能、功能、管理过程、方法及技术与工具等,以及在具体环境中应用专业知识与经验进行恰当的、创造性的、先进的实践活动。IPMA 于 2015 年发布了 ICB 的最新版本 ICB4.0,作为一个全球范围内所有成员国认证机构的通用基础,该版本允许各成员国有一定的空间,通过结合本国特色,制订本国认证国际项目管理专业能力的国家标准。

为评价项目管理人员在实践中应用项目管理的总体专业能力,ICB3.0 将项目管理专业能力基准要素分为技术能力、行为能力和环境能力。其中,技术能力要素 20 个,涉及专业人员从事项目管理所进行的工作内容;行为能力要素 15 个,涉及管理项目、大型项目和项目组合中个人及团队之间的人际关系;环境能力要素 11 个,涉及项目管理与项目环境,尤其是长期性组织间的交互作用。ICB4.0 则将项目管理的能力要素压缩至 29 个,分为洞察力(Perspective)、人(People)、实践(Practice)三个维度,此三个维度也被 ICB 称为能力之眼。能力之眼代表适合项目管理、项目集管理和项目组合管理的通用标准。本节将按照这三个维度,分别对项目经理能力的 29 个要素进行简要介绍。

5.2.1 洞察力(Perspective)

每一个项目、项目集、项目组合都是由外部驱动因素发起的,并受他们的驱动、支持和管理。人类、组织和社会对许多特别的产品或服务产生需求。实现人们的需求十分困难,因此人们通过创造项目和项目集来实现这些愿望。任何一个项目或项目集都会在一定的组织、社会和政治环境下进行,这些因素都成为驱动因素。每一个项目或项目集的驱动因素被大致分为两种,一种是正式和明确的目标,一种是不正式且不明确的动因和利益,这就需要项目或项目集经理具有洞察能力对这些因素进行了解和管理。洞察力这一单元提出了一定的方法、工具和技术帮助管理人员应对项目环境,并为决策提供理论支持。洞察力能力包括以下 5 个元素,如图 5-2 所示。

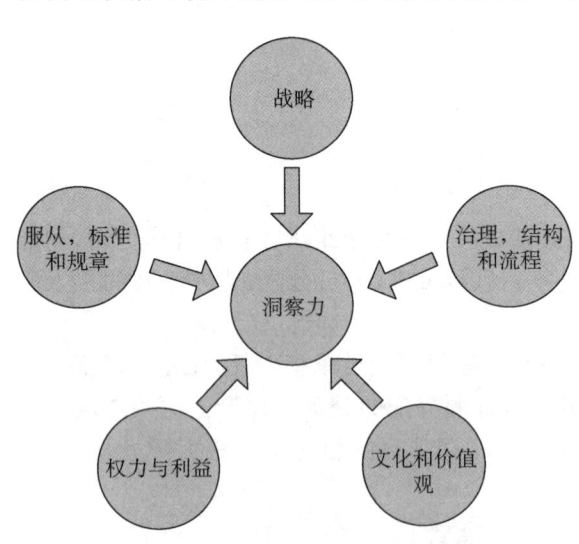

图 5-2 洞察力能力元素

(1)战略:战略能力指知晓如何理解策略并将其转化应用于项目。具备该能力可以理解战略及战略过程,确定管理领域(项目、项目集或项目组合),管理相应的项目。

(2)治理,结构和流程:该能力明确了组织的结构、体系和流程的定义并使其保持一致性。可以使项目管理人员有效参与和管理因结构和流程的变化而产生的影响。

(3)服从,标准和规章:该能力指个人知晓如何在给定的环境中理解和平衡来自内部和外部的限制。该能力可以让项目经理确保项目标准与法规一致。

（4）权力与利益：该能力指认识并了解非正式的个人与团体利益以及诉求，以及正确使用权力。该能力使项目经理运用权力和利益技巧满足利益相关方需求，能够在进度和预算限制内完成项目。

（5）文化和价值观：该能力指能影响组织文化和价值观的方法。它可以使项目经理认识并整合来自内部外部的文化来影响项目方法、目标、过程等方面。

5.2.2 人（People）

ICB4.0中项目（项目集或项目组合）经理需要具备个人能力和社会能力来领导项目、项目集和项目组合。这些能力被总结为以下10个元素，如图5-3所示。

（1）自制与自我管理：自制指个人能够认识到自己的情绪、行为、表现和价值观，并对其进行思考和理解，明白这些因素会产生的效果。自我管理指设立个人目标，并检查这些目标，适时地对其发展进行调整，在此过程中用系统的方法解决相关事务。自制与自我管理能力能帮助个体控制和指导自己的行为，实现高效利用自身资源，积极参与工作，平衡好内外部事务。

（2）个体正直与可靠：正直意味着个人行为与其道德、价值观、原则相一致；可靠

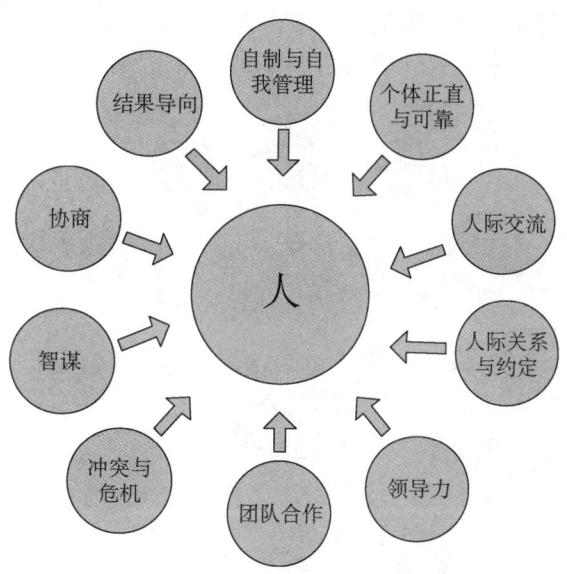

图5-3　人因能力

指行动的可依靠性。在项目完成过程中会涉及众多个人承诺的实现，个人需要保证自己正直和可靠的品行，否则会导致项目的失败。

（3）人际交流：人际交流包括信息的交换，准确并一致的将信息传递给所有相关方。人际交流能力可以保证个人在不同环境中保持高效并有效的沟通。

（4）人际关系与约定：人际关系表示人与人之间，或人与组织之间的关系，它是合作、约定和承诺的基础。形成牢固的关系主要依靠理解、信任、自信和沟通能力。

（5）领导力：它是指能够为个人和团队提供指导和引导的能力。具有领导力可以加强个人和团队的绩效。

（6）团队合作：团队合作指将人们凝聚在一起来完成一个共同目标。团队合作能力指管理者能选择正确的团队成员，提供项目前进方向，高效地管理团队。

（7）冲突与危机：冲突和危机包括突发事件、不利的环境、性格冲突、压力等级和其他潜在的危险。管理者应有能力通过观察环境来采取措施缓和或解决冲突和危机，并对分歧提供解决方案。

（8）智谋：智谋指个人能使用多种技巧和思维方式去对挑战和问题进行定义、分析、排序，寻找替代方案或解决这些问题。该能力可以让管理人员有效地处理项目中的不确定性、困难、变化、项目限制和压力等问题。

（9）协商：协商指平衡多方利益，使不同的需求和期望最终达成一个共同协议和承诺，

同时保持密切合作关系的过程。具备协商能力可帮助达成令多方满意的协议。

（10）结果导向：指项目成果要被放在项目进行过程中的首要位置。结果导向能力可以让管理人员推动项目成果的达成，并驱动团队实现项目成功。

5.2.3 实践(Practice)

实践能力部分主要阐述了有助于项目、项目集或项目组合成功的方法、工具和技术。该部分一共包含 14 个元素。需要注意的是，对于项目经理来说，实践能力只有 12 个标准，不包括"改变和转变"能力和"选择与平衡"能力，如图 5-4 所示。项目集和项目组合经理则需要具备全部 14 个元素，如图 5-5 所示。

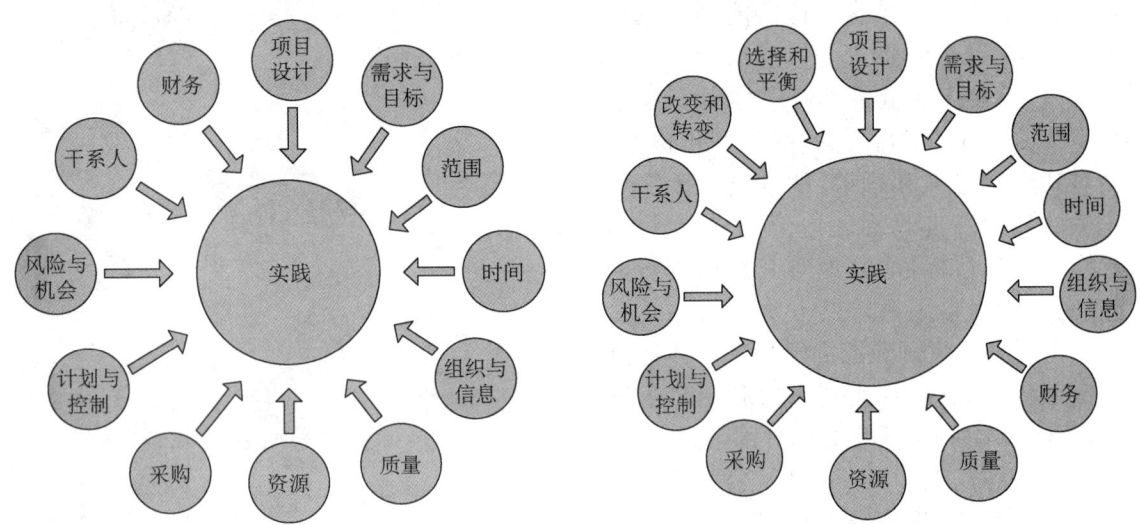

图 5-4 项目经理实践能力　　　　图 5-5 项目集、项目组合经理实践能力

（1）项目设计：设计描述了如何理解和权衡组织的需求、希望和影响力，也描述了如何将这些元素转化成高级别的项目设计以最大程度保证项目成功的可能性。项目设计能力可以帮助整合环境和社会层面的元素，并利用最优方法实现项目成功。

（2）需求与目标：项目的需求与目标指完成何种目的，实现多少利益，到达到何种目标，满足干系人的哪些需求。需求与目标能力使项目经理在干系人想要的成果与项目最终成果之间建立联系。

（3）范围：项目的范围描述了项目具体内容和重点，包括项目的输出、成果、收益以及工作。范围能力使项目经理能洞察项目范围的边界，管理这个范围并了解范围如何影响项目的决策。

（4）时间：时间的内容包括确认和编排项目的全部构成元素。时间能力指定义、缩短、优化、监督和控制生产项目构成要素所需时间的能力。

（5）组织与信息：其内涵包括定义、执行和管理项目临时性组织。具备这种能力可以创造高效的临时性组织，在这种组织中组织结构和沟通过程不会变得松散。

（6）质量：质量包括过程质量和成果质量。具备质量能力可以建立并管理已交付的服务/产品质量，也可以管理交付过程的质量。

（7）财务：财物包括估算、计划、取得、花费和控制财务资源全过程，因此包括成本管理和融资管理。财务能力可以保证项目拥有充足的财务资源,并在需要的时候将资源提供给项目,同时监控财务状态、进行财务资源管理。

(8) 资源:资源包括人力资源、技能资源、设备资源、设施资源和物料资源等。资源能力包括定义、获取、控制和发展项目所需的资源,资源能力可以确保项目所需的资源按需求分配和利用。

(9) 采购:采购是从外部购买或获得物品或服务的过程,包含从采购计划到实施采购、合同管理等所有过程。采购能力可以实现从供应商处获得最大利益,并将这些价值传递给购买者和项目组织。

(10) 计划与控制:项目设计中的全部元素组合起来构成计划,这些元素的执行受到计划的控制。计划与控制能力可以保持项目管理处于平衡和集成状态。

(11) 风险与机会:该能力包括对项目风险和机会的识别、评估、反馈、实施和控制。风险与机会能力可以了解风险和机会,并对其进行有效的处理。

(12) 干系人:该能力包括对项目相关干系人态度和期望的识别、分析、雇佣和管理。干系人能力可以管理干系人的利益、支配力和期望,雇佣干系人并有效的管理其期望。

(13) 改变和转变:改变指项目条件的改善,转变指项目环境向着目标远景的方向发展。具备改变和转变能力可以帮助团体,组织和个人进行改变和转变来实现项目目标。

(14) 选择和平衡:选择和平衡指对项目集范围内的组成部分的评估,选择和绩效监控,以及保持项目集的平衡。维持项目的均衡一致对实现项目输出至关重要。

5.3 APC 专业胜任能力评核

PMI 与 IPMA 发布的项目经理能力标准的适用范围不区分行业和领域。接下来本书将以建筑业为例,详细介绍特定行业下的项目经理能力标准。

英国皇家特许测量师协会(RICS)是受到全球认可的专业性学会,其提供建筑领域的资格认证,包含土地、物业、建造、项目管理及环境等 17 个不同的行业。为促进建设管理专业化发展,同时方便对申请入会的专业人士进行能力审核,英国皇家特许测量师协会(RICS)发布了《专业胜任力评核要求与能力》(*Assesment of Professional Competence Requirements and Competencies*,简称 APC 要求与能力)。这是一份专业胜任力评价的标准,旨在确保申请加入 RICS 的会员达到 RICS 要求的专业能力水平,在实践中能够胜任相应的工作。专业胜任力审核(APC)通常包括一段时期的训练和最后的审核。训练和审核的内容相一致,均包含技术能力、专业路径实践能力以及人际、商业和管理技能。

在 APC 中,专业方向被称为"专业路径"。RICS 一共划分了 20 个不同的专业路径,项目管理是其中的一个专业路径。针对每一个专业路径,RICS 都制订了相应的胜任力标准。

5.3.1 APC 胜任力

APC 对胜任力做了明确定义,指为了具备 RICS 会员的执业资格,申请者必须具备执行某些任务或职能的技能或能力。APC 阐述的胜任力要求不仅包含对工作任务和职责的要求,也包括对态度和行为表现的要求。

RICS 对于技术能力的规定具有通用性，该规定适用于在不同的执业领域和地区的申请者。申请者不仅需要了解这些技术能力，还要考虑自己的执业领域、专业路径方向以及所处的地区环境。

RICS 将所有胜任力划分为三类，分别是：

（1）强制能力——所有专业路径申请人都必须掌握的个人管理、人际关系、专业路径实践和商务方面的技能。

（2）核心能力——专业人士所选择的 APC 专业路径所需的首要技能。

（3）可选技能——与专业人士所选择的 APC 专业路径相关的其他技能要求，在多数情况下有一定的选择性。

同时每项胜任力被分为三个等级来显示完成该项能力的程度高低，这三个层次从低到高分别如下：

（1）层次一：了解和领悟；

（2）层次二：了解领悟及应用；

（3）层次三：提出合理化建议并具有精深的技术知识。

根据以上内容，专业人士需要结合相应专业路径胜任力要求和自己的日常工作，在一定范围内选择并组合胜任力，逐渐并连续达到要求的层次。

5.3.2　APC 中项目管理专业路径的要求

针对项目管理专业路径，APC 从强制能力、核心能力和可选能力三方面阐述所需胜任力。每一项胜任力都规定了实现层次。表 5-1 对此进行了详细汇总。

表 5-1　　　　　　　　　　　　项目管理专业路径能力要求

强制能力		
名称	定义	所需层次
行为准则、职业道德和专业路径实践	层次一 证明知晓和理解 RICS 及其功能的作用和意义。同时，根据执业所在国家的情况，理解个人职业角色和社会对专业路径实践以及 RICS 行为准则和行为规范的期望，包括执业所在国的法律及法律体制的一般原则 层次二 证明能实际应用于执业领域，在任何时候均能采取适当的行动，并证明承诺遵守了 RICS 的行为守则和道德标准 层次三 证明在为客户提出建议时已在自己的执业领域做了上述应用	3
客户关怀	层次一 证明知晓和理解客户关怀的原则和实务，包括： • 识别所有客户/同事/第三方，确定谁是客户，并确定能够建立良好客户关系的适当行为 • 管理客户关怀流程所需的适用系统和程序，包括投诉处理 • 数据收集、分析和界定客户需求方面的要求 层次二 提供执业领域内有关客户关怀的原则和实务的实际应用情况	2
沟通与谈判	层次一 证明知晓和理解有效的口头、书面、图表及陈述技能，包括适合于特定情景下的方法和技巧 层次二 提供适用于不同情景（尤其是谈判情景下）的口头、书面、图表及陈述技能的实际应用情况	2

续表

名称	定义	所需层次
健康与安全	层次一 证明知晓和理解执业领域内法律、实践规范和其他规章规定的原则和责任 层次二 证明能够在执业领域内应用规定要求,实际解决健康与安全问题	2
会计原则与程序	层次一 证明知晓和理解会计概念以及管理及公司账目的格式和编制,包括损益表、现金流量表和资产负债表	1
商务计划	层次一 证明知晓并理解商务计划活动如何帮助企业实现目标	1
利益冲突规避、管理程序和争议解决程序	层次一 证明知晓和理解适用于所选 APC 专业路径的冲突规避、冲突管理和争议解决程序方面的技巧,包括裁决和仲裁等	1
数据管理	层次一 证明知晓和理解自己执业领域的信息和数据的来源及相关系统,包括收集、存储和核对数据方面最适合的方法和技巧	1
可持续性	层次一 证明知晓和理解在土地、物业和建设环境方面追求可持续性的原因和手段,在全球、国家和地方各级部门寻求经济、环保和社会目标的平衡	1
团队合作	层次一 证明知晓和理解团队合作的原则、行为和动力来源	1
核心能力		
名称	定义	需要层次
合同实务	层次一 证明知晓和理解建筑业和/或所在业务领域内所使用的各种形式的合同 层次二 能够在项目不同阶段运用各种标准形式的合同,包括对合同各方的意义以及合同各方的义务	2
人员管理	层次一 证明知晓和理解人员管理的原则和实务 层次二 证明能够应用所需的技能来管理人员	2
采购与竞标	层次一 证明知晓和理解不同类型的采购;证明知晓和理解采购所涉及的竞标和谈判过程 层次二 能应用相关知识,实施项目所选择的采购方案,进行与此相关的竞标及谈判程序	2
计划与规划	层次一 描述项目的财务原则及监控计划,包括规划技术(如甘特图表等);证明知晓和理解在项目中所普遍使用的各种类型的计划及时间表 层次二 评估、解释和报告项目的程序控制	2
建造技术及环境服务	层次一 证明知晓和理解与所在执业领域相关的设计和建设原则 层次二 将这些知识应用于设计及建设过程	2

续表

名称	定义	所需层次
领导能力	层次一 证明知晓和理解领导人的特点和行为模式 层次二 证明能够在执业领域作为领导人开展工作	2
项目管理	层次一 证明知晓和理解项目管理所使用的合同性、法律性和法规性术语/要求 层次二 能够在顺利实施项目方面,执行必要的行政管理程序	2
项目流程和程序	层次一 能够描述项目开发过程的所有阶段 层次二 应用项目发展过程的原则,并把这些原则与客户组织的目标及结构联系起来	2
风险管理	层次一 证明知晓和理解风险的性质,尤其是与所在企业/执业领域相关的风险性质 层次二 能考虑到所有相关因素并运用知识进行风险评估;了解风险测量的各种方法和技术的使用	2

可选能力(在以下能力中任选两个)		
名称	定义	所需层次
有关施工的商业管理	层次一 证明知晓和理解建筑项目管理的原则	1
开发评估	层次一 证明知晓和理解有效开发评估相关的原则和实务	1
开发/项目简介	层次一 证明知晓和理解有关编制开发简介或项目简介所需的信息	1
项目审计	层次一 描述项目审计/项目完工报告的基本要求	1
项目评估	层次一 描述可行性研究过程,包括与开发评估相关的财务及城区规划事项	1

5.4 复杂项目管理人员能力标准

自 20 世纪 50 年代首次提出项目管理概念以来,项目管理领域已经经历了 60 年的研究和发展。如今,经典的项目管理理念和方法已经深入人心。经典的项目管理的核心思想扎根于还原论,假设复杂系统可以被拆分成若干相互独立的部分,因此项目工作可以被分解为不同的工作块,通过制订一个计划,然后执行并严格控制计划来完成每一个工作块,就可实现最终项目的成功。这一方法在传统的、稳定的和可预见的项目中广泛适用。然而,21 世纪的许多项目存在以下一些特点:

(1)通常是某个系统里的子系统;
(2)在项目范围内具有高度不确定性;

(3) 项目很分散；
(4) 项目内部和外部不停的动荡；
(5) 通过波浪式计划进行执行；
(6) 无法将项目分解为若干带有明显界限的不同元素。

带有这些特点的项目被称之为复杂项目。很明显，项目经理无法使用将项目分解成独立元素，再控制它们即可完成项目管理的传统手段来管理这类不确定性高且无法被分解的复杂项目。建立并实施适合管理复杂项目的方法论，成为项目管理领域的新课题。

2006 年，澳大利亚国防部率先发布了复杂项目经理能力标准，这是一份全球性的能力标准，对项目经理管理复杂项目提供了指导和帮助。本节将介绍这一标准的产生和发展，并详细阐述此标准的内容。

5.4.1 复杂项目经理能力标准的产生

David H. Dombkins 博士在 2005 年完成了复杂项目经理能力标准（Competency Standard for Complex Project Management，CSCPM）初稿的编写，该标准在由澳大利亚国防部国防资料局、英国国防部和一些跨国的国防基础设施承包商组成的高级别会议上进行评审，并最终于 2006 年 6 月被澳大利亚国防工业项目管理委员会批准通过。目前，这份标准归澳大利亚国防部国防物资局所有，国际复杂项目管理中心负责对它进行周期性的审查和更新。

5.4.2 理解复杂项目经理能力标准

传统上，对能力标准的理解是依据还原法的方法，即通过将事物分解为简单、确定、可分离、可还原和可量化的组成部分来研究其整体与规律，将项目经理角色分解为单元、元素、基础知识和行动来作为评估其能力的基准。但传统的方法和观念无法完整地描述复杂项目，因此复杂项目经理标准使用了系统哲学的观念和方法论。该观念假设人们无法通过分析每个局部，进而达到理解总体的目的。相反，人们从多个角度的观点看待事物，得到不同的理解，进而通过整合这些理解达到对整体的理解；对整体的全面理解也只能通过这种多种角度分析的方法才能实现；人们的行为是一系列由对动态环境的认知和情绪反应引起的复杂反应构成的，其来源既不简单也无法控制，胜任力是依靠这些复杂的行为而非某一特定行为得以实现。因此，适合项目环境的行为灵活性和差异性是项目成功的重要因素。

可以看出，复杂项目经理标准既包括实证主义方法论又包括反实证主义方法论，同时非常重视行为学习以及工具（包括图片、比喻、测试、个人特征描述和研计会）的使用。

以上内容表明，定义复杂项目经理胜任力是极其复杂的，且不能使用传统的还原论方法。于是，学者们从 9 个角度对复杂项目经理能力标准进行描述：

(1) 系统的思考，系统体系，整合；
(2) 策略和项目群管理；
(3) 商业规划，全生命期管理，报告和业绩衡量；
(4) 改变和行程；
(5) 创新，创造，更聪明地工作；

(6) 组织架构；

(7) 领导力和沟通；

(8) 文化和人性；

(9) 正直和治理。

以上每种角度都反映了项目管理实施者应具有的独特能力。虽然不同角度之间的内容会存在冲突，但整合 9 种角度能让人们全面地理解复杂项目经理所操控的项目系统。

每种角度中都列有它的关键基础知识领域；在每个基础知识领域中，也列出了具体的知识和理论，同时规定了知识所要求的深度。

9 种角度的内容在其各自内部是一致的。每一种角度都被分解为众多能力元素，这些元素被用来详细描述相应角度中可被观测和评价的行为（工作中的行为）。对于所有这些行为，不同级别的管理者需要达到不同的能力层次，复杂项目经理能力标准对这些分层都做了详细定义。

1) 能力层次

复杂项目经理能力标准基于能力将项目经理分为下列三种：

(1) 传统项目管理（包括项目经理和担任高级项目经理职能的人）；

(2) 高级项目管理（包括项目集经理和担任项目集经理职能的人）；

(3) 复杂项目管理（与复杂项目经理 1 级和 2 级同等等级的人）。

针对每个项目中的行为，复杂项目经理标准划分了不同的层次，以区分不同等级的项目经理对同一行为的要求。所有行为用以下 4 个层次进行评估：

(1) 发展(D)——在直接管理的情况下应用能力。

(2) 执行者(P)——在不需要直接参与管理，但是处在符合要求进程、程序和系统的范围内应用能力。

(3) 主管(C)——在不需要直接参与管理的情况下的应用能力，可以监管他人的能力，并指导其他人能力的发展。

(4) 领导(L)——提供专业领导的能力。在进程、程序和系统的设计中，他们是公认的领导者，同时能灵活性和创造性地使用能力。

2) 基础知识的层次

基础知识让项目经理能够恰当、灵活地应对环境变化。复杂项目经理拥有扎实的基础知识，能避免使用能力时受到限制。针对每一种角度，复杂项目经理标准设定了不同的基础知识层次，以匹配不同等级的项目经理的需求。基础知识通过以下四个层次评估：

(1) 了解；

(2) 理解概念；

(3) 理解理论基础；

(4) 精通。

复杂项目集经理和复杂项目组合经理都负责复杂项目的主管工作，因此对于这两个等级的项目经理，他们需要达到相同的基础知识层次。两者之间的区别，在于经验的深度和宽度的不同。

3) 特定属性

复杂项目经理能力标准中设定了五种特定属性：

（1）明智；
（2）行动和结果导向；
（3）创造和领导创造性的团队；
（4）集中和勇敢；
（5）影响力。

每种特定属性包含多种独立的属性。复杂项目经理能力标准给每种独立属性规定了所需达到的水平，也定义了每一层级项目经理角色展示每种特定属性的程度。该程度被设为四个层次：

（1）经验学习（EL）——项目经理有意识地使用特殊属性；
（2）规范（N）——项目经理有在日常行动中习惯性地使用这些特殊属性；
（3）导师（M）——项目经理指导他人使用特定属性；
（4）象征（S）——项目经理的行为被视作特定属性的标志，并带领其项目团队发展特定属性。

5.4.3 复杂项目经理能力标准

1）角度1：系统思维与集成

系统思维是一个概念上的思维框架，包含了一系列的方法论和工具，有助于高效地应对不断增加的复杂性和变化速度。系统思维要求项目经理把项目放到具体环境中，从整体角度进行管理，避免出现管理项目脱离相应环境的情况。

目前大多数项目自身是系统，并且在一个更大的系统中运行。环境的不确定性和项目频繁的变更驱使着项目经理使用系统思维的方式去应对项目管理问题。

因为系统思维与集成能力对复杂项目管理至关重要，所以该角度描述了使用系统思维管理项目时需要的能力要素及相关基础知识，如表5-2所示。

表5-2　　　　　　　　　　　　角度1 能力要素与基础知识

能力要素	基础知识
1.1 按照类型对系统进行分类	1A 系统思维的类型和工具集
1.2 使用应急方法来应用系统思维	1B 多种角度和下一代项目管理
1.3 结合适当的系统思维理念来设计项目的组织结构	1C 科学的哲学
1.4 设计适应混沌与不确定性的组织结构	1D 复杂性理论
1.5 运用系统思维	1E 混沌理论
1.6 规划混沌和高度不确定性	1F 系统中的系统
1.7 规划具有复杂性和混沌特征的项目群	1G 系统结构
1.8 为系统中的系统设计结构和过程管理战略	1H 系统工程

2）角度2：战略和项目群管理

项目的战略包含众多关键内容，通常涉及项目所处环境，项目与组织设置的一致性，项目的复杂和不确定性等级，客户与承包商应付款，市场和遵守的规章等。因此需要复杂项目经理具备了解复杂项目环境，建立并实施项目战略的能力。如表5-3所示。

表 5-3　　　　　　　　　　　　角度 2 能力要素与基础知识

能力要素	基础知识
2.1 建立愿景和描述任务,定义成果	2A 策略规划和不确定性
2.2 建立环境扫描系统	2B 项目群和组合项目管理
2.3 选择策略	2C 外包
2.4 建立策略化的项目设置	2D 联盟
2.5 项目/项目群实施	2E 项目交付方法
	2F 业主经营的国际环境
	2G 业主经营的商务和业务环境

3) 角度 3:商务计划,全生命周期管理,报告和业绩衡量

商务计划在复杂项目中具有重要地位,它从整个项目进度和项目预算的角度对项目集进行概括性定义。商业计划也确立并定义了执行目标和项目目的,建立汇报框架、绩效管理方法等内容。因此,角度 3 描述了建立并实施项目商业计划,汇报体系、业绩衡量体系的能力。该部分的能力要素与基础知识如表 5-4 所示。

表 5-4　　　　　　　　　　　　角度 3 能力要素与基础知识

能力要素	基础知识
3.1 设计并建立商务计划书,全生命周期管理,报告和业绩衡量	3A 商务计划
3.2 发展中的领导力和对商务计划、门户的审查,全生命周期管理,报告和业绩衡量的管理	3B 性能测试
3.3 对策略性商务计划和用以实现策略性成果的预算的不断发展中的管理	3C 报告
3.4 建立项目群出口的标准	3D 持续改进和全面质量管理
3.5 采购	3E 治理和财务立法
	3F 项目群的全面财务管理

4) 角度 4:变化和过程管理

复杂项目群是一个动态的、不断处于变化中的系统,项目管理的日常工作就是处理项目中持续的变化。大多数复杂项目都会建立一条能够通向最开始设置的远景的道路,复杂项目经理的责任就是制订计划并沿着建好的道路不断修改计划、执行计划。因此,复杂项目经理需要具备建立持续改进体系和过程管理体系的能力,并执行这两个体系。角度 4 具体阐述了该能力所包含的元素和基础知识,如表 5-5 所示。

表 5-5　　　　　　　　　　　　角度 4 能力要素与基础知识

能力要素	基础知识
4.1 定义项目环境的文化,包括关键的关键值和他们的继承性	4A 变革管理
4.2 依据规模、风险和复杂性对项目和项目群进行分类	4B 种群生态学
4.3 对业主、承包商和关键的利益相关者的成熟度和个性化的轮廓与领导力类型进行分类	4C 资源依赖
4.4 决定在项目环境中需要的变革的规模和变革的频率	4D 利益相关者的管理
4.5 对影响、不确定性、风险领域和变革的抵抗力的分类	4E 意义管理
4.6 发展一套适应项目文化和领导类型的变革和过程管理的策略	4F 多元化和政策管理

续表

能力要素	基础知识
4.7 建立一套变革和过程管理的系统 4.8 建立利益相关人管理策略和计划 4.9 建立沟通的策略和计划 4.10 试点项目:象征意义和管理意义 4.11 双环学习	4G 项目与组织生命周期 4H 配置管理

5)角度5:创新,创造力与聪明的工作

在复杂项目中组建一个可以交付创新,并能持续进行改进的组织对项目成功有极大促进作用。角度5描述了设计、建立、领导和管理这种组织所需要的能力,该能力包含表5-6所展示的能力元素和基础知识。

表5-6　　　　　　　　　角度5能力要素与基础知识

能力要素	基础知识
5.1 驱动性创新 5.2 识别关键的创新机遇 5.3 评估创新机遇 5.4 驱动性的持续的改进 5.5 标杆管理/最好的品种 5.6 设计管理	5A 认知能力 5B 创新和创造力 5C 组织学习 5D 计划设计

6)角度6:组织结构

角度6描述了在复杂项目中项目经理设计、建造和管理组织结构所需要的能力,该能力包含的元素及基础内容如表5-7所示。

表5-7　　　　　　　　　角度6能力要素与基础知识

能力要素	基础知识
6.1 设计项目群组织 6.2 建立和管理项目群组织 6.3 发展项目群成熟度 6.4 策略化人力资源管理	6A 组织化设计 6B 7S框架和辩证法 6C 网络图(松散耦合系统) 6D 团队 6E 组织成熟度 6F 综合项目和流程团队 6G 奖励制度设计 6H 适合,分裂和一致性

7)角度7:领导与沟通

领导能力是组织结构中的一个关键变量,它能够对项目群的文化、理念建立紧急战略的能力,甚至成功交付项目产生巨大影响。因此领导能力是项目群主管、复杂项目群主管以及复杂组合项目主管最重要的能力。角度7详述领导复杂项目群所需要的能力,能力要素与基础知识如表5-8所示。

表 5-8　　　　　　　　　　　角度 7 能力要素与基础知识

能力要素	基础知识
7.1 理解	7A 领导方式和情境管理
7.2 塑造	7B 取长补短
7.3 调配	7C 授权
7.4 激励	7D 价值观与信任
7.5 情境领导	7E 团队精神,感知沟通的可靠性
	7F 对问题的解决
	7G 言语方式

8）角度 8：文化和人类性

人类性指人的生理现实以及心理现实对我们的思考、决策、记忆价值观的影响,还包括个性和成熟等问题。了解人类性有助于理解文化、认知能力、个性和人类生命周期,使用它们可以设计并运营项目组织和体系。角度 8 详述了文化和人类性能力的组成要素和基础知识,如表 5-9 所示。

表 5-9　　　　　　　　　　　角度 8 能力要素与基础知识

能力要素	基础知识
8.1 理解和融合各国之间的文化差异	8A 认知
8.2 文化价值观(国家的、组织的和亚文化)被用来理解人,而且是设计项目组织结构和变更、流程中的关键投入或驱动力	8B 文化是如何建立的
8.3 理解在系统以及过程设计中对项目群中的人员和股东的利用	8C 文化是如何演变或变化的
8.4 为理解人和设计项目组织结构、变更、流程,而进行人格描绘	8D 人口生态学
8.5 理解人的生命周期各阶段以理解他人	8E 人格描绘
	8F 生命周期的阶段
	8G 有限理性
	8H 神经语言说服和身体语言

9）角度 9：正直和治理

角度 9 详述了复杂项目群中传达正直品质并治理好项目的能力。能力要素及基础知识如表 5-10 所示。

表 5-10　　　　　　　　　　　角度 9 能力要素与基础知识

能力要素	基础知识
9.1 建立对正直和治理法令的和组织上的要求	9A 代理理论
9.2 定义项目特定的正直和治理要求	9B 立法正直和管理要求
9.3 设计正直和治理系统	9C 国际化的管理——与国家宪法相联系
9.4 管理正在进行的正直和治理	9D 合同法
9.5 设计和履行合同文书	9E 合同管理

10）角度 10：特殊属性

本节阐述了用以区分项目群主管、复杂项目群和项目组合主管的个人能力要素,即特殊属性。特殊属性是指：

（1）明智；
（2）行动和结果导向；
（3）创建和领导具有创新精神的团队；
（4）集中注意力的和勇敢的；
（5）影响力。

5.4.4 举例

表 5-11 是角度 4 变化和过程管理（Change and Journey）中的要素 4.8 建立利益相关者管理策略和计划（Establish the Stakeholder Management Strategy and Plan）的实例。

表 5-11　　　　要素 4.8 建立利益相关人管理的策略和计划

建立利益相关人管理的策略和计划	TRADITIONAL		COMPLI-CATED	COMPLEX	
	项目经理（Project Manager）	高级项目经理（Senior Project Manager）	项目群主管（Program Director）	复杂项目群主管（Complex Program Director）	复杂项目组合主管（Complex Portfolio Director）
4.8.1 识别项目群的内部和外部利益相关者 (Identifies the program's internal and external stakeholders)	D	D	P	C	L
4.8.2 定义利益相关者的位置、价值、目标、影响、文化、资源、能力、决策过程和政治态度 (Defines stakeholder positions, values, objectives, influencers, cultures, resources, competences, making process and political approach)	D	D	P	C	L
4.8.3 利用丰富的图片和因果关系图来分析利益相关者 (Analyses stakeholders using rich pictures and cause and effect diagrams)	D	D	P	C	L
4.8.4 采用集成技术（把利益相关者的观点集合起来）来理解利益相关者 (Uses integration techniques (bringing together stakeholders views) to understand stakeholders)	D	D	P	C	L
4.8.5 在国际职业培训师行业协会中发展利益相关者管理战略和利益相关者参与管理 (Develops stakeholder management strategy, including on-going review)	D	D	P	C	L
4.8.6 把双环学习法作为利益相关者战略的驱动器 (Uses double loop learning as a foundation in driver of the stakeholder strategy)	D	D	P	C	L

对传统项目经理来说新的要求

被复杂项目群研究员认定

每一个能力要求的要素都被用行动来定义

工作场合的行为被分为4个等级：
发展中 Development (D)
操作者 Practitioner (P)
胜任者 Competent (C)
领导者 Leader (L)

5.5 复杂项目的核心领导团队

澳大利亚国防部发布的《复杂项目经理能力标准》全面、详尽地阐明了项目经理在管理复杂项目时应具备的能力,但这并不意味着在复杂项目中管理者要像在传统项目管理中一样,对项目进行全方位的管理和负责。在传统项目管理中,项目经理关注于计划、预算编制、组织、人员配置及监督与控制;所有的项目团队成员向项目经理报告分配给他们的工作(图5-6描绘了一个传统的项目团队配置。)。现在人们愈来愈清楚地看到,复杂项目依赖于协作、团队和领导力,而不是命令和控制。在21世纪,管理项目正在从项目管理转变为团队领导。

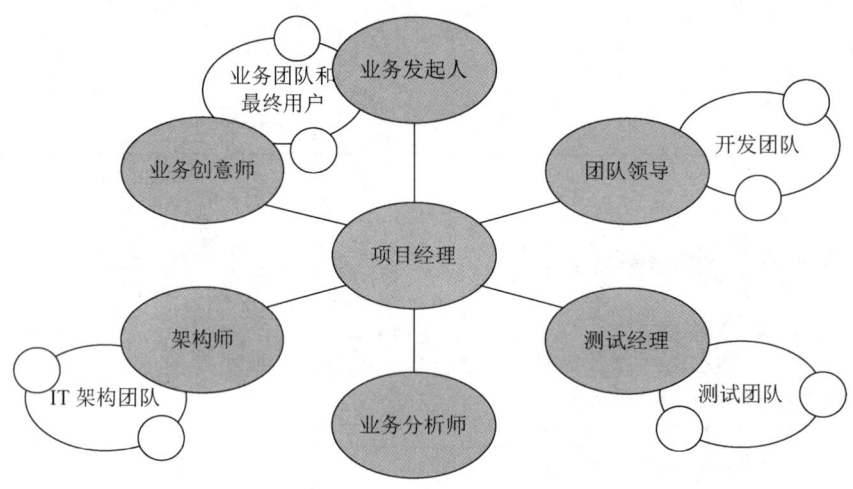

图 5-6　传统的项目团队配置

以图 5-7 中呈现的项目核心领导团队的概念来看,领导团队成员人数少(4 至 6 人)、多专业、高技术、全职工作并互相协作。核心团队的专家组成子团队,并在需要的时候引入主题专家。核心领导团队成员共同负责指导项目,并且每位成员在需要用到其专长时来牵头领导。

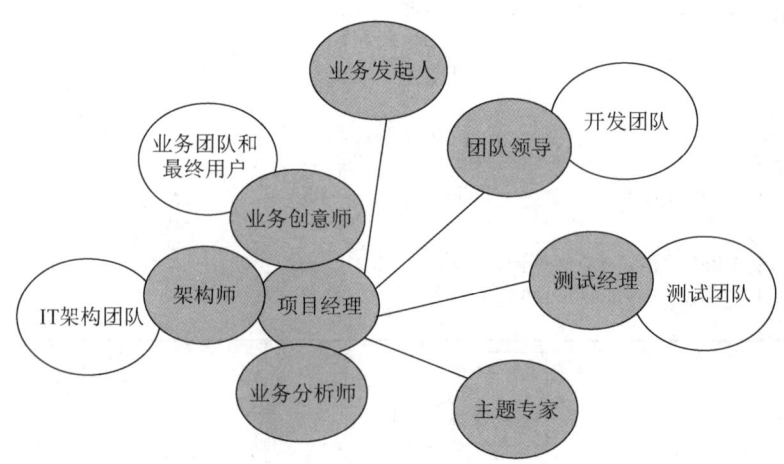

图 5-7　核心项目团队配置

虽然核心项目团队进行分享领导（有时称为分布式领导），但不意味没有人承担责任。项目经理仍然负责确保业务解决方案按时、在预算内以及承诺的全部范围进行交付。业务分析师负责确保项目团队充分理解业务需求和新方案的预期利益，验证解决方案足以满足要求并实现预期的商业利益。架构师负责确保解决方案是根据规范设计和开发的最佳方案。业务创意师负责保持整个团队关注于大局（新的方案会提升战略目标），在需要的时候引进适当的业务专家，一旦开展业务方案时协助组织按照新的方式运行。

过去的项目团队视项目经理为领袖，围绕在他的周围，但项目团队领导力的本质正发生变化。例如，在需求获取过程中，由业务分析师领头，其他的核心团队成员充当支持角色；当项目进入方案设计与开发阶段，技术架构师或开发员通常承担领导角色。所有的核心领导团队成员互相支持，并在他们的专长不是最关键因素时退居次位。

复习思考题

1. 复杂项目经理能力标准（CSCPM）与其他项目经理能力模型有何区别？
2. 简述 PMI 人才三角相关内容。

第三篇
管 理 篇

第 6 章 项目整合管理

项目整合管理是一种为识别、定义、组合、统一和协调各项目管理过程而开展的活动。在项目管理中，"整合"兼具统一、合并、沟通和集成的性质，对受控项目从执行到完成、成功管理干系人期望和满足项目要求，都至关重要。项目整合管理包括选择资源分配方案、平衡相互竞争的目标和方案，以及管理项目知识领域之间的依赖关系。虽然各项目管理过程通常以界限分明、相互独立的形式出现，但在实践中它们会相互交叠、相互作用。

项目整合管理包含六个过程，分别是：①制订项目章程——编写一份正式批准项目并授权项目经理在项目活动中使用组织资源的文件；②制订项目管理计划——定义、准备和协调所有子计划，并把它们整合为一份综合项目管理计划，项目管理计划包括经过整合的项目基准和子计划；③指导与管理项目工作——为实现项目目标而领导和执行项目管理计划中所确定的工作，并实施已批准变更；④监控项目工作——跟踪、审查和报告项目进展，以实现项目管理计划中确定的绩效目标；⑤实施整体变更控制——审查所有变更请求，批准变更，管理对可交付成果、组织过程资产、项目文件和项目管理计划的变更，并对变更处理结果进行沟通；⑥结束项目或阶段——完结所有项目管理过程组的所有活动，以正式结束项目或阶段。这些过程不仅彼此相互作用，而且还与其他知识领域中的过程相互作用。在项目的整个期间，还需要通过知识管理创造或改进项目成果。

当过程之间发生相互作用时，项目整合管理就显得非常必要。例如，为应急计划制订成本估算时，就需要整合项目成本、时间和风险管理知识领域中的相关要点。项目的可交付成果可能也需要与执行组织、需求组织的持续运营活动相整合，并与项目的长期战略计划相整合。项目整合管理还包括开展各种活动来管理项目文件，以确保项目文件与项目管理计划及可交付成果（产品、服务或能力）的一致性。本书将重点介绍整合管理中的知识管理、项目监控和实施整体变更控制三个过程的内容。

6.1 项目整合管理的依据

6.1.1 项目章程

项目章程可以明确定义项目的开始和边界，确立项目的正式地位，并使高层管理者直述他们对项目的支持。项目章程在项目执行组织与需求组织之间建立起伙伴关系。在执行外部项目时，通常需要一份正式的合同来确立这种协作关系。在这种情况下，项目团队成了卖方，负责对来自外部实体采购邀约中的条件做出响应。这时候，在组织内部仍需要一份项目章程来建立内部协议，以保证合同内容的正确交付。项目章程的批准意味着项目的正式启动。项目章程应该由发起项目的实体批准，项目章程授权项目经理规划和执行项目。项目经理应该参与项目章程的制订，以便对项目需求有基本的了解，从而在随后的项目活动中更有效地分配资源。

项目由项目以外的实体来启动，如发起人、项目集或项目管理办公室职员，或项目组合治理委员会主席及其代表。项目启动者或发起人应该具有一定的职权，能为项目获取资金并提供资源。项目可能因内部经营需要或外部影响而启动，故通常需要编制需求分析、可行性研究、商业论证或有待处理的项目情况描述。通过编制项目章程，来确认项目符合组织战略和日常运营的需要。项目章程并非合同，因为其中未承诺项目的报酬或对价。

项目章程中记录了业务需要、假设条件、制约因素、对客户需要和高层级需求的理解，以及需要交付的新产品、服务或成果，例如项目目的或批准项目的原因；可测量的项目目标和相关的成功标准；高层级需求；假设条件和制约因素；高层级项目描述和边界定义；高层级风险；总体里程碑进度计划；总体预算；干系人清单；项目审批要求（如用什么标准评价项目成功，由谁对项目成功下结论，由谁来签署项目结束的合同）；委派的项目经理及其权责；发起人或其他批准项目章程的人员的姓名和职权。

项目章程是项目经理和公司之间的"合法"协议，一些公司还要在章程上补充作为项目和直线组织之间协议的"合同"。在最近几年内，一些公司已将章程转换成了非常详细的文件，包括：

（1）范围基准或范围说明：
① 项目范围和目标；
② 规定；
③ 工作分解结构（Work Breakdown Structure，简称 WBS）；
④ 确定时间；
⑤ 支出计划（S 曲线）。

（2）管理计划：
① 资源要求和人员负担（如果已知）；
② 关键人员的履历；
③ 组织关系和结构；
④ 责任分配矩阵；
⑤ 来自其他组织的支持；
⑥ 项目方针和步骤；
⑦ 改变管理计划；
⑧ 上级通过的管理方法。

当项目章程包括范围基准和管理计划时，项目章程可以起项目计划的作用。这并不是对项目章程真正的有效应用，但针对内部客户的某些项目是可以接受的。

6.1.2 项目管理计划

制订项目管理计划是定义、准备和协调所有子计划，并把它们整合为一份综合项目管理计划的过程。项目管理计划是所有项目工作的依据。

项目管理计划确定项目的执行、监控和收尾方式，其内容会因项目的复杂程度和所在应用领域而异。编制项目管理计划，需要整合一系列相关过程，而且要持续到项目收尾。该计划需要通过不断更新来逐渐细化。这些更新需要通过实施整体变更控制过程加以控制和批准。存在于项目集中的项目也应该制订项目管理计划，而且这份计划需要与项目集管理计划保持一致。例如，若项目集管理计划中要求超过特定成本的任何变更都需要由变更控制委员会(Change Control Board，简称 CCB)来审查，则在项目管理计划中也应该作出相应规定。

项目管理计划是说明项目将如何执行、监督和控制的一份文件。它合并与整合了其他各规划过程所输出的所有项目基准和子管理计划。项目基准包括(但不限于)：范围基准；进度基准；成本基准。子管理计划包括(但不限于)：范围管理计划；需求管理计划；进度管理计划；成本管理计划；质量管理计划；过程改进计划；人力资源管理计划；沟通管理计划；风险管理计划；采购管理计划；干系人管理计划。

另外，项目管理计划还可能包括以下内容。

(1) 项目所选用的生命周期及各阶段将采用的过程。

(2) 项目管理团队做出的裁剪决定，包括：

① 项目管理团队所选择的项目管理过程；

② 每个所选过程的执行程度；

③ 对这些过程所需的工具与技术的描述；

④ 对如何利用所选过程来管理具体项目的描述，包括这些过程间的依赖关系和相互影响，以及这些过程的主要输入和输出。

(3) 关于如何执行工作以实现项目目标的描述。

(4) 变更管理计划，用来明确如何对变更进行监控。

(5) 配置管理计划，用来明确如何开展配置管理。

(6) 对如何维护绩效测量基准的完整性的说明。

(7) 干系人的沟通需求和适用的沟通技术。

(8) 为处理未决问题和制订决策所开展的关键管理审查，包括内容、程度和时间安排等。

项目管理计划可以是概括或详细的，可以包括一个或多个子管理计划，每个子计划的详细程度取决于具体项目的要求。项目管理计划一旦被确定为基准，就只有在提出变更请求并经实施整体变更控制过程批准后，才能变更。

一个良好的项目管理计划在项目的实际进行当中能够起到意想不到的作用，它可以使项目团队成员少走弯路，使整个项目都始终处于可控状态。其具体作用表现在以下几个方面：

(1) 项目管理计划可以确定项目团队成员工作的责任范围及相应的职权，以便按照既定要求去指导和控制项目的工作，从而减少风险。

(2) 项目管理计划可以促进项目团队成员及项目委托人和管理部门之间的交流和沟通，增加客户的满意度，并使得项目各工作协调一致，然后在协调关系中了解到哪些是关键的因素。

(3) 项目管理计划可以使项目团队成员明确自己的努力目标、实现目标的方法、途径及期限，并且确保以时间、成本及其他资源需求的最小化实现项目的目标。

(4) 项目管理计划可以作为进行分析、协调及记录项目范围变化的基础，也是预定时间、人员和经费的基础。这样项目管理计划就为项目的进一步跟踪和控制过程提供了一条最基准的线，可以拿它来衡量进度、计算各种偏差及决定预防或修正措施，便于进行计划的动态管理。

(5) 项目管理计划可以减少文字式的报告，用图表的方式来报告计划和实际间的差距。这样做会使得项目管理计划的实际效果比较好，使人能够一目了然。这使实际工作的人与上级主管部门能够更好地了解到当前的实际工作情况。

项目管理计划的制订受到一些因素的影响，常见的有以下几点：

(1) 政府或行业标准。比如工程造价的定额标准，在全国各地都不尽相同，在制订项目管理计划时需要加以考虑。另外，造价行业受国家政策的变化影响，政府出台相关的政策或办法，则计价方式和规则也有可能会发生变化，进而影响到项目管理计划的制订。当政府对建筑有可持续发展的要求时，建造时还需考虑对社会环境的影响，而不仅仅考虑成本问题。这些都关系到项目管理计划的制订。

(2) 纵向市场（如建筑）或专门领域（如环境、安全、风险或敏捷软件开发）的项目管理知识体系。以敏捷软件开发为例，在敏捷项目中，项目管理计划被称为"开发项目计划并遵循敏捷框架"。传统项目中，一般是编写正式文档描述与利益相关人的沟通方法，在敏捷方法中则是遵循敏捷原则，让所有项目信息在任何时候都对感兴趣的团体可见，并做出相应的安排。传统方法中，需要定义关键的管理评审的时间界限，在敏捷方法中则是管理者和其他关键的利益相关方应该在任何可能的时间对可见程度高的信息载体进行评审，此外，还要在每次迭代结束时执行常规的评审。

(3) 组织结构。组织结构是指企业内部各层级机构设置、职责权限、人员编制、工作程序和相关要求的制度安排。显然，组织结构的不同，项目管理计划的制订人员和审核人员也有所不同。此外，组织结构的不同还会影响项目管理计划变更的程序与项目管理计划制订的深度。复杂的组织结构对项目管理计划要求较高，程度较深，精简的组织结构则要求相应低些。

另外，人事管理制度（如人员招聘和解雇指南、员工绩效评价、员工发展与培训记录），标准化的指南、工作指示、建议书评价准则和绩效测量准则以及项目管理计划模板等因素也会影响项目管理计划的制订。

项目管理计划是用于管理项目的主要文件之一，同时，还会使用其他项目文件。这些其他文件不属于项目管理计划。表 6-1 列出了项目管理计划的主要组成部分和主要的项目文件。

表 6-1　　项目管理计划与项目文件的区别

项目管理计划	项目文件	
变更管理计划	活动属性	项目人员分派
沟通管理计划	活动成本	估算项目工作说明书
配置管理计划	活动持续时间估算	质量核对单
成本基准	活动清单	质量控制测量结果
成本管理计划	活动资源需求	质量测量指标
人力资源管理计划	协议	需求文件
过程改进计划	估算依据	需求跟踪矩阵
采购管理计划	变更日志	资源分解结构

续表

项目管理计划	项目文件	
范围基准 —项目范围说明书 —WBS —WBS 词典	变更请求	资源日历
质量管理计划	预测 —成本预测 —进度预测	风险登记册
需求管理计划	问题日志	进度数据
风险管理计划	里程碑清单	卖方建议书
进度基准	采购文件	供方选择标准
进度管理计划	采购工作说明书	干系人登记册
范围管理计划	项目日历	团队绩效评价
干系人管理计划	项目章程 项目资金需求 项目进度计划 项目进度网络图	工作绩效数据 工作绩效信息 工作绩效报告

项目章程以及项目管理计划不仅是项目整合管理过程的输出成果，更是后续项目监控和整体实施变更控制的依据。它们为整个项目搭建了管理的整体框架，推动着项目管理的前进。

6.2 项目监控

6.2.1 项目监控内容和关注点

项目监控是整合管理中的第四个步骤。它是跟踪、审查和报告项目进展，以实现项目管理计划中确定的绩效目标的过程，在项目整合管理中至关重要。它的主要作用是让干系人了解项目的当前状态、已采取的步骤，以及对预算、进度和范围的预测，确保项目整合管理的顺利实施。

项目负责人应定期做项目进展报告，将各项监控的结果记录在项目进展报告里，使项目主管部门及项目组成员及时了解项目的真实进展状况。项目监控包括以下 3 个主要内容：

（1）任务进度监控：主要工作是记录下任务的实际开始时间与实际结束时间，实际的工作量及工作成果等信息，以判断该任务是否正常执行。

对于进度延误的任务，项目负责人应和任务责任人沟通，找出延误的原因，适当修改原有的计划或者要求责任人加紧完成进度。

（2）项目开支监控：主要目的是将项目的实际开支控制在预算范围之内。记录下所有的项目开支，与计划中的开支项进行对比，看是否超出原预算；若有较大的赤字，则要找出具体的费用超出项，分析原因，并采取相应的措施。

（3）人员表现监控：项目负责人应在平时记录下项目组每个成员的表现，对表现突出的成员进行表扬和肯定；对表现不好的成员应提出批评，并要求其立即改正态度。项目负责人应该主动去找他们了解具体的情况，询问他们是否遇到什么困难，或是有什么想法，及时地帮助他们排除疑难，使所有成员能把全部的精力放到项目上来，使得项目能按预定轨道前进。

项目监控过程有以下几个关注点：

(1) 把项目的实际绩效与项目管理计划进行比较；

(2) 评估项目绩效，决定是否需要采取纠正或预防措施，并推荐必要的措施；

(3) 识别新风险，分析、跟踪和监测已有风险，确保全面识别风险，报告风险状态，并执行适当的风险应对计划；

(4) 在整个项目期间，维护一个准确且及时更新的信息库，以反映项目产品及相关文件的情况；

(5) 为状态报告、进展测量和预测提供信息；

(6) 做出预测，以更新当前的成本与进度信息；

(7) 监督已批准变更的实施情况；

(8) 如果项目是项目集的一部分，还应向项目集管理层报告项目进展和状态。

6.2.2　项目监控工具

项目监控的关键在于预见性，除了监控已经设立的流程和体系，还需要做好应对变化的准备。虽然不能完全避免变化的发生，但可以将其控制在合理范围内，项目范围变化不仅能让项目团队陷入混乱，还可能导致项目整合管理的失败。

而这并不仅仅是提出变更的人的问题，一方面可能是由于项目成立之初就没有明确项目范围，另一方面可能是由于项目经理在没有考虑后续工作之前就同意进行更改。由于缺少基本参照物，项目经理不能将所有的工作思考清楚，使之变成了一个对所有人开放的项目，随时可能更改。

项目经理的管理方法有两个极端：放手不管和细致入微。有些项目经理对项目完全放手，让团队成员自行解决所有问题。这些项目经理有意对项目放任不管，认为只有完全放手才能充分锻炼团队成员的能力。这种方法起不到任何作用，项目经理需要对关键节点和整体进度给予一定的关注。一旦设定了清晰的预期，需要随时观察进度以确保项目的成功。另一种极端是管理过于细致，破坏了团队成员的主动性。还有一些人两者兼顾，放手一段时间，当项目出现问题时又重新把控。高效的项目经理会定期监控项目进展，防止其陷入混乱。

监管和控制贯穿项目整合管理的每一个阶段。首先，在发起阶段，需要了解主要利益相关方，保持信息畅通，并以此判断项目进展；在规划阶段，我们监控风险，并根据项目日程表、时间表来监控项目范围；在执行阶段，我们使用团队责任汇报会议来监控团队的表现和投入情况来控制时间表和工作质量。如果顺利地发起、规划和执行项目，监管和控制就更容易开展，项目整合管理也能进展得更加顺利。下面将介绍在项目监控中两种常用的工具：项目变更需求和项目进展报告。

1) 项目变更需求

项目范围的扩大会让我们不断地原地兜圈，最后变得一发不可收拾，要预防这种现象就要进行范围变化控制。范围变化控制，是为了确保所有的变化都是经过一致认可的。

项目经理的成功取决于是否能够按时、按预算、按质量地完成项目，因此项目经理会阻止其他人，特别是项目成员把每个新想法加入项目中。当然，项目经理不可能也不应该阻止所有的变化,市场条件、客户需求、领导者和他们的优先项、技术——这些都可能在一夜之间发生变化。

如今,特别是在 IT 界做项目,需要能够适应一切突然的变化。作为一名高效的项目经理,需要一个应对变化的方法,而且要身手敏捷。事实上,"敏捷"这个词就是指应需求而生的项目管理流程。

项目经理应如何理智地应对变化呢?除了保持冷静和清醒,还需要保持中立直到收集所有的信息,而对话计划表的规则也可以应用于此:

(1) 变化的目的是什么?
(2) 影响是什么?
(3) 如何实现改变?

只有回答了这些问题,项目经理才能对任何变化做出理性的评论。

作为前瞻性思考工具,项目变更需求可以帮助你评估潜在变更对项目的影响,帮助你理解变更带来的影响。

项目经理要首先向提出变更者表明项目的预期结果。可以通过利益相关方访谈的形式了解变更的每个细节,完成变更需求文件,填入变更原因,带着这些信息与团队一起开会,共同思考每个局限项:需要多长时间?需要多少预算、多少人员和资源?现在进行变更会带来什么风险?时间节点怎么办?从而找到实现变更的最优方法。勇敢地与提议的人进行对话,甚至如果有必要可以和主要利益相关方对话。当他们意识到这是在为他们和公司的利益着想时,自然会愿意听取汇报。

完成项目变更需求文件后,要告知利益相关方,让他们了解最新的进展,如果他们同意上述变更,则需要在变更表上签字,如果不同意,则记录相应的理由并将它存档,以备今后有类似的问题出现。如表 6-2 所示。

表 6-2　　　　　　　　　　　　　项目变更需求模板

项目变更需求		
项目名称:	需求提出者:	日期:
项目变更建议		
项目变更建议原因		
变更将对项目局限项产生什么影响 时间: 范围: 质量: 资源: 预算: 风险:		
主要利益相关方审批 签名:　　　　　　　　　　　　　　　　　　　日期: 签名:　　　　　　　　　　　　　　　　　　　日期: 签名:　　　　　　　　　　　　　　　　　　　日期:		

扩大范围与发现范围完全是两个不同的概念。随着项目的开展,你也许会发现最初的项目范围描述并不能够满足实际的需求,聪明的项目经理不会固守原来的范围说明,而是会想尽办法努力实现项目预期的结果。

那么如何分辨面对的是扩大范围还是发现范围呢?表6-3就提供了一种可参考的分辨方法。

表6-3　　　　　　　　　　　　扩大范围与发现范围分辨方法

如果改变会带来	那么它就是
增加费用和时间,却不能给客户带来巨大的价值; 使项目变得不清晰、困惑、重点不清楚; 所带来的价值可以通过另一个独立项目来完成; 只是满足领导的要求,而不是为了实际的需要	扩大范围
能够更好地实现结果和利益相关方的迫切需求; 更加明确项目的目的; 把项目范围缩小到一个更加可控的解决方案	发现范围

在做出是否变更的决定前,你不需要完全拒绝可能的变化。当对方的级别比你高时,你要通过项目限制模型来逐项过滤,形成一份言之有理的文件,作为你与变化提议者谈话的基础。同时,你也可以应用四个基本行为准则。

(1)展现尊重。无视别人的变更建议或者在背后说建议者的坏话并不能起到任何作用,所以要做一个有涵养的人。

(2)先聆听。必须了解变更的内容和原因,必要时可以向主要利益相关方提问以便澄清。

(3)明确期望。使用项目变更需求来确定该变更给费用、时间、质量等带来的影响。

(4)承担责任。你需要对原有的项目规划的执行负责,明确说明你必须做出调整,并将其加入规划中,确保利益相关方十分明确局限性变更带来的影响;如果有影响,让他们批准或否定项目变更需求。

2)项目进展报告

进行项目状况汇报,是为了确定项目管理规划中的重大变化并确保实施相应的规划,让项目回到正常的轨道。换句话说,如果想让主要利益相关方满意,就需要定期汇报情况,让他们知道项目是否有进展,以及他们能够提供什么帮助。

项目进展报告不仅是一个模板,更能够给项目经理提供帮助,所以它对项目经理来说至关重要。项目进展报告阐述了当前的项目在时间规划和预算矩阵中的位置、团队完成了哪些事、当前的项目状态和进展情况。作为项目经理,首先要有沟通计划,确认哪些利益相关方需要进展汇报,以及可以为他们提供什么帮助。

表6-4是一个项目进展报告的模板。

此报告能够让所有的主要利益相关方同时了解全部的情况,并不需要过于复杂,只需要让人一目了然。这样,主要利益相关方和其他人能够立刻了解项目是成功还是失败。

而项目整体健康情况检查框则可以充当交通灯,你需要决定哪个目标是绿灯,哪些是黄灯或红灯。如果项目或某个目标按期完成,就是绿灯——全速前进。如果有风险,则是黄灯,需要减慢速度仔细关注。如果处于危险,就要点亮红灯,停下来仔细考虑下一步。

表 6-4　　　　　　　　　　　项目进展报告模板

项目进展报告					
项目名称：				日期：	
准备人：				呈送人：	
项目整体健康情况 □按目标　　□有风险　　□有危险					
目标		按目标	有风险	有危险	备注
解决困难		行动		负责人	日期

　　红灯或黄灯可以作为向利益相关方的求助信号，说明你在资源、时间表或预算上遇到了困难，你为主要利益相关方提供几个选项让他们来清除路障。有时利益相关方大笔一挥就能解决项目经理不能独自解决的问题，还能给出一些解决问题的建议来加速项目进程。

　　为了确保在报告中清楚地说明问题，书面的报告应该参考报纸标题的形式，项目团队的成果、待解决的或者潜在的问题，以及规划都需要涵盖其中。同时，也要体现自己的建议。

　　项目进展报告不仅是为了应对危机准备的，这份报告还有利于建立定期责任汇报机制，定期为主要利益相关方更新进展，让他们了解情况不仅能让他们认清形势，还可以建立他们与项目的联系。

6.3 ｜ 项目整体变更控制

6.3.1　整体变更控制依据与影响因素

　　在项目整合管理中，实施整体变更控制是审查所有变更请求，批准变更，管理对可交付成果、组织过程资产、项目文件和项目管理计划的变更，并对变更处理结果进行沟通的过程，在项目整合管理中处于核心地位。该过程审查所有针对项目文件、可交付成果、基准或项目管理计划的变更请求，并批准或否决这些变更。本过程的主要作用是，从整合的角度考虑记录在案的项目变更，从而降低因未考虑变更的影响而产生的项目风险。整体变更控制过程贯穿项目始终，项目经理对此负最终责任。需要通过谨慎、持续地管理变更，来维护项目管理计划、项目范围说明书和其他可交付成果。应该通过否决或批准变更，来确保只有经批准的变更才能纳入修改后的基准中。

　　项目的任何干系人都可以提出变更请求。尽管也可以口头提出，但所有变更请求都必须以书面形式记录，并纳入变更管理和/或配置管理系统中。变更请求应该由变更控制系统和配置控制系统中规定的过程进行处理。应该评估变更对时间和成本的影响，并向这些过程提供评估结果。

　　实施整体变更控制的依据主要有以下几点。

（1）项目管理计划。项目管理计划中可用于本过程的内容包括（但不限于）：范围管理计划，包含范围变更程序；范围基准，提供产品定义；变更管理计划，为管理变更控制过程提供指导，记录变更控制委员会的情况。记录变更并更新项目管理计划，这是变更和配置管理过程的一项工作。

（2）工作绩效报告。对实施整体变更控制过程特别有用的工作绩效报告包括资源可用情况、进度和成本数据、挣值管理报告、燃烧图或燃尽图。

（3）变更请求。所有监控过程及很多执行过程都会输出"变更请求"。变更请求可能包括纠正措施、预防措施和缺陷补救，但是，纠正和预防措施通常不会影响项目基准，而只影响相对于基准的项目绩效。

影响实施整体变更控制的因素有以下几点：

（1）项目管理信息系统可能包括进度计划软件工具、配置管理系统、信息收集与发布系统，或进入其他在线自动化系统的网络界面；

（2）变更控制程序，包括修改组织标准、政策、计划和其他项目文件所须遵循的步骤，以及如何批准、确认和实施变更；

（3）批准与签发变更的程序；

（4）过程测量数据库，用来收集与提供过程和产品的测量数据；

（5）项目档案（如范围、成本和进度基准，项目日历，项目进度网络图，风险登记册，风险应对计划和风险影响评价）；

（6）配置管理知识库，包括组织标准、政策、程序和项目文件的各种版本及基准。

6.3.2 整体变更控制方法

整体变更控制的工具和方法有很多，比如配置管理、项目管理信息系统、变更控制系统、附加计划、绩效测量和工作授权系统等，他们是实现项目整合管理的重要技术支撑。其中，配置管理和变更控制系统是整个项目管理系统的子系统，也可归属于项目管理信息系统的子系统。在本书中将重点介绍配置管理、项目管理信息系统、变更控制系统这三种常用的方法。

1）配置管理

配置管理（Configuration Management，简称 CM）又称为构型管理，是项目变更控制的一个重要工具，它涉及所有的技术和组织措施，包括配置项的确认、控制、记录和审计。配置管理，是一种确定不同时点的系统配置的方法，它处理工作项或系统的物理特性和功能特征，并对这些特征的所有变更实施控制，审查这些工作项和系统以证实其与需求相一致，确保项目产品描述的正确和完整。

配置管理的目标是系统地控制配置发生的变更，并在系统的整个生命周期中保证此配置的完整性和可追溯性。配置管理必须在项目实施的最早阶段就确定，最理想的时间是项目开始之时。确定之后，在系统的整个生命周期内都要始终存在，以便在系统拆散之前，它仍可用于系统的维护。

大部分项目都是从上至下一级一级地构筑的，即先形成项目的高层设计，然后分为低层次的、还可再分的设计部分。这种设计和构筑方法适用于大部分有形的物体和系统。在每一个层次的每一个部分中，各部分应该区分开来，使它们的概念和实施方法可以由个别项目团队成员掌握。项目的设计结构，就是选择配置项的现成基础。

评估变更的影响时，主要的焦点很自然地放在直接依赖于变更的部分所受的影响上，但这样极易导致变更的蔓延。从变更控制角度来看，最令人满意的设计应该将各部分之间的关联减至最少。

对配置控制来说，将各部分细分既有好处又有坏处。将配置项细分为更小的可区别的部分，其好处是任何变更都能更准确地集中于相关领域。然而，超过了一定的详细程度后，进一步细分就会导致相反的效果，精准分辨各部分的好处会被过低层次的细分项容量及解释细节变更的困难所抵消。

配置管理主要由四大因素构成：配置鉴别、配置控制、配置情况记录和配置审计。为了确定一套变更的有效办法，在配置中必须采用清晰的鉴别系统。因此，一旦选定配置的结构和控制单位，就必须区分每一项，使系统的每一部分都独一无二，并登记其代号，登记代号的行为即称为配置鉴别。不难看出，配置鉴别的目的是单独地分辨所有配置项。

配置中，要求每一项都身份唯一，并一直保持一致，几个人会不同程度地参与某一项工作，一旦其身份改变，就会引起混乱。选择哪一种鉴别系统并不重要，只要做到唯一性和一致性。通常是将每一项的身份分解为"名字"和"参考版本号"。在选择各部分的名称时，最好选择那些既适当又简短的名称，但这些名称必须是唯一并且有意义的。在大型项目中，命名方法必须提前做好计划，以防未来出现名字发生冲突的问题。

此外，每一配置项都需要以某种方式标出来，以代表其身份，标签即表示了这一实体部分是配置登记册中记录的哪一部分。文件的标签通常为文件名，由写在某显眼处的版本号构成，实体部分的标签则可能是一种身份标记或在制造过程中刻上去的某种标志。要用标签来毫无歧义地代表此客体，将其与配置登记册中的身份对应起来。

但是多个配置的情况是存在的，硬件或软件的一个以上配置并存往往是必要的。例如，当你设计电冰箱时，你可能需要在欧洲使用的一种配置和在美国使用的另一种配置。这些并存的配置通常被称为变异形式，各种配置之间并不互相替代，而是并存。出现不同形式的配置的另一种情况，是产品有所改善或者随时间发生了变化时。此时，新配置会代替旧配置。但是，若老产品仍然存在，就必须保留其旧配置。

配置控制是保护配置的过程，它确保项目各部分只有经过变化影响分析的程序后才能改变。保护配置，意味着一旦某部分被作为配置项，它就需要被保护，保护它不会在未经授权的情况下被改变和保护它免于受到意外毁坏。提供这种保护的通常方式是建立档案处或配置储存处，即建立保存配置项的有形场所。

使用配置管理进行变更控制的基本运作步骤如下：要求使用者发现变更的必要性，并向配置管理员提出变更要求和理由；管理员记下要求，并送交相应的配置控制者；配置控制者任命某人去分析变更的可行性及其影响；分析员向受到潜在影响的设计员和用户咨询，并把分析结果交给控制者做决策；配置控制者做出批准或不批准变更的决定；管理员记录决策，并向所有相关人员报告；项目经理或小组领导任命某人执行变更；执行者向管理员报告变更的完成情况；配置控制者认可新的配置；管理员记录和公开新的配置情况。

关于这个机制，似乎有很多人参与：要求者、配置管理员、配置控制者、分析员和执行者，这些不一定是不同的人，而仅仅是要履行的职能名称。在决策之前，必须分析变更的影响，所有重大事件都要记录并公布。

当变更的建议提出时,应该首先分析该变更可能产生的影响。由谁来分析变更的影响在很大程度上取决于变更的范围,变更的范围通常由变更部分在配置等级中的位置来反映。

为了决定是否应该实施某变更,下列工作是必要的:评估变更的效用和不进行变更的后果。预测和分析变更是否会影响整个系统,以及每一种影响可能是什么样的。评估原来的变更会要求设计的哪些其他部分也有所改变,以及变更在设计层级的每一层的衍生结果可能是什么。评估变更对完成项目的总成本和总时间的影响。

配置情况的记录目的是为了保持对开发中的系统所进行的一切记录,以便和开发计划做比较并保持可追溯性。数据库中保存的记录包括:新配置项的产生以及负责其变更控制的人或机构;事故报告(即可能造成变更要求的错误报告);变更要求;批准或拒绝变更的决定;变更通知(配置项改变后公布);更新系统本身储存的配置项;基线配置。

配置审计的目的是要审查各部分产品是否按当前的规定生产,所有应到位的质量保证程序是否已确实充分地实施,尽管要求和设计可能会发生变更。要使审计可行,就必须区分产出的每一部分产品,并记录为制造此产品而进行的所有活动。审计工作应该能确保正确实施和记录变更。使用手工的变更控制程序,常常会出现产成品与其规定之间的差别,这是审计工作应该发现的。

2) 项目管理信息系统

项目管理信息系统是整体变更控制的一个控制框架,它从宏观角度对项目整体进行把控,并能够提供技术支持,提升工作效率。项目的信息管理是指有效、有序、有组织地对项目全过程的信息资源进行管理,这些信息资源包括项目整个生命周期内不断产生的文件、报告、合同、照片、图纸及录像等。一个大型建设项目的信息管理涉及项目业主、规划设计、勘察设计、计经设计、政府相关管理部门(环保、土地、质监、金融、工商等)、施工单位、设备制造与供应、材料供应、调试单位及监理单位等众多项目参与方(信息源),每个项目参与方既是项目信息的供方(源头),也是项目信息的需方(用户),每个项目参与方由于其在项目生命周期中所处的阶段与工作不同,相应的项目管理信息系统的结构和功能会有所不同。

项目管理信息系统是针对项目信息管理构建的一系列的信息管理构架。从内部功能上,一般包括项目进度信息、管理系统、项目造价信息管理系统、项目质量信息管理系统、项目安全信息管理系统、项目合同信息管理系统、项目财务信息管理系统、项目物资信息管理系统、项目图(文)档信息管理系统及项目办公与决策信息管理系统等九大管理系统。

对于周期短、规模小的项目,项目信息管理没有必要在项目运作的业务流程中单独构成一个独立的管理环节。对于大型项目,一般需要成立单独的项目管理机构。大型项目的组织机构主要由以下几个部门组成:人力控制部门、计划进度控制部门、材料控制部门、成本控制部门、质量控制部门和资料管理部门。

项目管理信息系统是一种基于计算机技术而进行的项目管理系统,它能够帮助进行费用估算,并收集相关信息来计算挣得值和绘制复杂曲线,能够进行复杂的时间和资源调度,还能够帮助进行风险分析和形成适宜的不可预见费用计划等。例如,项目计划图表(甘特图)的绘制、项目关键路径的计算、项目成本的核算、项目计划的调整、资源平衡计划的制订与调整以及动态控制等,都可以借助于项目管理信息系统。因此,项目管理信息系统能为项目整合管理提供技术支持。

一个项目管理信息系统可以看成是由两部分组成,即计划系统和控制系统。计划系统将项目的时间、费用和其他性能数据转化为结构化的、适时的、准确的信息；控制系统使用这些信息来辅助项目的管理决策，以及制订项目团队组织和背景有关的一些重大方针等。计划系统用来管理与五个系统目标（界定、组织、质量、费用和时间）相关的计划和进行数据控制。控制系统能够为项目经理提供一些控制手段，以领导和协调项目团队组织的各种要素，包括人力资源、工程设计、原材料和财务等部门。

管理信息系统的功能和作用主要表现在以下四个方面：

（1）统一收集、加工处理信息，并以标准化的方式做好信息处理工作。例如提供统一格式的各类信息，简化各种统计分析工作，从而有效地降低信息成本。

（2）将企业的信息资源统一管理，并能实现快速查询，以加强对企业生产经营活动的计划与控制，节约各级主管人员的时间，提高主管人员的管理效率。

（3）利用数理统计的方法和运筹学的方法来处理信息、预测未来，从而为主管人员的决策提供有力的支持。

（4）改善企业的经营，提高企业的适应能力和竞争力。由于企业的主管人员可以随时了解到企业生产经营状况，因而有利于主管人员随时根据组织内外环境的变化来调整其生产经营活动，从而强化企业计划和控制工作的灵活性。

为了建立项目管理信息系统，首先，应建立科学的项目管理组织体系。要有完善的规章制度，采用科学有效的方法；要有完善的经济核算基础，提供准确完整的原始数据，使管理工作程序化，报表文件统一化。完整的、经编号的数据资料，可以方便地输入计算机，从而建立有效的管理信息系统，并为有效地利用信息创造条件。其次，要有创新精神和信心。最后，要有使用电子计算机的条件，既要配备机器，也要配备硬件、软件及人员，以使项目管理信息系统能在电子计算机上运行。只有具备了这三种条件，才能充分发挥出项目管理信息系统在整体变更控制中的作用，提升项目整合管理效率。

3）项目整体变更控制系统

项目整体变更控制系统是改变项目活动并修改项目文件应遵循的程序，它的职能就是为变更请求提供指导，对变更请求做出评价，并确定变更审批权限，管理经批准的变更的实施过程。

项目整体变更控制是贯穿项目整个寿命周期的活动，所以必须要有一套完整的程序来进行项目整体变更控制。项目范围变更属于项目整体变更的范畴，应该纳入整体变更管理中。

为了对项目变更进行控制，应由项目业主、项目实施组织的管理团队两者共同建立变更控制系统。变更控制系统可细分为范围、质量、进度、费用和合同变更控制系统。变更控制系统应当同项目管理信息系统相配合，形成一个整体。

变更控制系统通常包括一个变更控制委员会、变更审批制度、人员和权限、必要的表格和其他书面文件。

变更控制委员会是在制订项目的启动计划时就建立的部门。它是一个负责项目变更审批的团体，负责评估那些提交上来的变更请求，针对这些变更的目的、要求和影响来进行决策，如委员会同意实施一项变更请求，应在会议上安排相关的变更实施责任人以及相关联的协作组织；如果拒绝某一项变更请求，要对项目经理给出拒绝的理由。项目控制委员会首先要对项目经理提出的所有变更申请进行审查；然后分析这些变更可能引起的项目质量、进度和成本变化，分析这些变化并比较项目变更的得失；还要对项目的替代方案进行评审，选择出最好的项目替代计划，再决定是否接受项目的变更申请。一旦接受了项目变更申请，就要对项目变化所涉及的相关人员进行交流与沟通，确保项目替代计划能够合理、顺畅地进行。最后是对项目变更进行总结报告。一般小型项目只设一个变更控制委员会或变更审批小组；而大型、复杂的项目可能要设多个变更控制委员会，担负不同的审批责任。

变更审批制度是项目管理不可缺少的组成部分。简言之，在项目实施过程中，无论哪方提出变更要求，都是先申请、后批准、再行动，决不允许"先斩后奏"。只是由于各个项目的具体情况不同，如投资规模、范围大小、复杂程度、涉及的领域、重要程度和历史责任等，项目变更的审批程序有多有少，以建设工程为例，施工过程中的变更至少也要通过项目业主、设计方和施工方的一致同意，在变更文件上三方签字认可，变更才可以实施。

变更过程管理人员的审批权限是对大小变更事项由谁来决定、谁承担责任的制度安排。实践中，并非所有变更事项都是由变更控制委员会决策。小的变更，对项目实施不产生大的负面影响，可以由基层管理人员决定。但是，必须事先做出规定，基层管理者的决策权限是什么，子项目负责人的决策权限是什么，项目经理的决策权限又是什么，避免出现无人决策或越权决策的后果。

项目变更的必要文件有变更申请书、替代方案说明、变更批准文件、变更被拒绝的批复文件、批准的变更行动方案（计划）和项目变更总结报告，这些文件是执行项目变更程序的证明，也是项目变更控制的具体措施。它们无疑是项目变更控制系统的组成部分。

项目整体变更控制系统运行过程将包括实施、信息收集和反馈三大要素，以确保对项目的有效控制。

项目整体变更控制系统的运作是由实施开始，项目在实施过程中将产生实施效果的信息，这些信息经过记录和处理，形成反馈信息呈送给项目高层管理者，便完成了项目变更控制系统的第一步。如果项目在实施过程中，反馈的信息与项目整体计划没有偏差，项目经理就可以领导项目团队继续执行原定的项目整体计划；但如果项目实施反馈意见与项目计划发生了较大偏差，项目经理就要对项目的实施过程进行调查，提出变更申请，由变更控制委员会进行审查和决定。

变更控制委员会决策是否需要变更，故具有充分的权力。因此，变更控制系统应当明确规定变更控制委员会的责任和权力，并由主要的项目利益相关者认可。对于每个项目来说，通常都会成立一个专门的变更控制机构，变更控制委员会是一个项目内部的管理机构，变更控制委员会应该由下面几部分组成：项目法人代表、项目经理、项目技术负责人、配置管理负责人、质量保证负责人、测试负责人和成本管理负责人，有时还有设计方的代表。

变更控制委员会一旦批准项目变更，就要及时传递批准通知书及相关文件，同时与项目参与各方积极沟通。项目经理则开始按新计划布置工作，主动与相关单位联系和沟通。

可见，沟通是项目变更控制的一个重要方法，项目经理要运用书面的或口头的执行报告进行项目变更的确认和管理工作。项目经理可以进行一些非正式的会议，与项目团队进行及时有效的沟通，发现项目中潜在的问题，分析已出现的问题并及时解决。

项目变更控制系统还应当有处理自动变更的机制。自动变更，又称现场变更，是不经事先审查即可批准的变更。多数自动变更是由意外的紧急情况造成的，项目经理在这种情况下可以发挥自己的管理能力,有效地完善对项目紧急情况的变更处理,通过与项目利益相关者的沟通来解决,将项目变更的影响调控到最小范围。

最后,引起变更的原因,各相关责任人必须记录在案,这样做的目的不是为了指责和归罪,而是为了日后更好地控制和借鉴。

6.4 项目知识管理

6.4.1 项目知识管理的内涵

项目知识管理是使用现有知识并形成新知识,以实现项目目标,并帮助组织持续学习的过程。该过程的主要作用是利用已有的组织知识来创造或改进项目成果,以支持组织的运用和项目的未来发展。

从组织的角度来看,知识管理旨在确保项目团队和其他相关方的技能、经验和专业知识在项目开始之前、开展期间和结束之后得到运用。因为知识存在于人们的思想中,且无法强迫人们分享自己的知识和关注他人的知识,所以知识管理最重要的环节就是营造一种相互信任的氛围,激励人们分享知识或关注他人的知识。

一般而言,知识管理会获得以下成果:

(1) 经验教训登记册。经验教训登记册可以记录遇到的挑战、问题、意识到的风险和机会等。

(2) 更新的项目管理计划。项目管理计划的任何变更都以变更请求的方式提出,任一组成部分都可以通过知识管理更新。

(3) 新的知识。通过该过程,某些新知识被编撰,纳入交付成果或用于改进项目过程。

6.4.1 项目知识管理的方法

管理项目知识的方法主要有专家判断、知识管理、信息管理等,本节主要介绍知识管理、信息管理这两部分内容。

1) 知识管理

知识管理工具和技术将员工联系起来,促进知识的分享与创造,并集成不同团队成员拥有的知识。知识管理的工具包括:

(1) 人际交往,包括非正式的社交和在线社交;

(2) 实践社区和兴趣小组;

(3) 会议;

(4) 工作跟随和跟随指导;

(5) 讨论论坛;

(6) 知识分享会;

(7) 研讨会;

(8) 知识展会与茶座;

(9) 交互式培训。

通常，面对面的互动更有利于建立信任关系，建立起信任关系后则可通过虚拟互动加以维护。

2) 信息管理

信息管理工具可用于分享简单、明确的显性知识（易使用文字、图片和数字进行编撰的知识）。通过增加互动，如"与我联系"功能，用户能够与经验教训发帖者联系，并向其寻求建议，这样可以强化信息管理工具和技术的使用。

信息管理工具应与项目过程和过程责任人相对应，例如，实践社区和专家可以提供见解，帮助改善控制过程；而设置内部发起人可以确保改善措施得到执行。

复习思考题

1. 项目章程包括哪些内容？
2. 制订项目管理计划有什么作用？制订时受哪些因素影响？
3. 项目监控有哪些工具？请举例阐述。
4. 实施整体变更控制有哪些方法？并简要叙述其步骤。

第 7 章 项目范围管理

7.1 项目范围管理概述

项目范围管理是描述项目工作边界的方法,它包括项目最终产品或服务以及实现该产品或服务所需要开展的各项具体工作。根据PMBOK,项目范围具有两层含义:

(1) 产品范围——项目所要生产的产品或服务的特征和功能。项目的产品范围既可以描述单一的产品,也可描述多种项目产品。

(2) 工作范围——为交付具有规定特性与功能的产品、服务或成果而必须完成的工作。

可以看出,产品范围与工作范围互相补充,项目范围有时也包括产品范围。产品范围是对产品要求的度量,它描绘了客户的最终需求,是项目目标的详细阐释。工作范围则确定了实现最终需求所必需的工作内容,是构成项目计划的基础。因此,只有明确定义产品范围,合理划分工作范围,才能正确制订未来项目目标和计划,最终实现项目的成功交付。这就需要对项目范围进行管理和控制。

项目范围管理是指确保项目做且只做需要的工作,以成功完成项目各个过程的管理工作。项目范围管理活动涵盖项目启动到项目结尾的全过程,贯穿项目全生命周期。在项目启动和计划阶段,范围管理活动对范围管理进行规划,形成管理计划,并收集需求信息以便准确定义项目范围,形成工作分解结构,严格控制项目实施;在实施阶段随时关注范围变化,严格控制项目范围变更。项目范围管理工作最大的贡献在于,它让各方对项目范围达成一致和共识,确定了项目工作的基准,便于接下来对项目进度、成本、人力等资源的管理,为项目管理工作打下坚实基础。

鉴于项目范围对项目有至关重要的意义,美国项目管理协会将项目范围管理列为PMBOK十大知识体系之一。PMBOK将范围管理活动分为六个部分,分别是范围管理规划、需求识别、范围定义、WBS创建、范围核实和范围控制。其中,对项目范围的界定和描述、工作分解以及范围变更控制是核心部分。因为项目范围界定和描述工作密不可分,所以本书将项目范围的界定和描述活动进行了合并,统一称为项目范围识别,作为本章的重点进行介绍,范围管理的另一项重要内容工作结构分解(Work Breakdown Structure,简称WBS),本章只介绍其概念,详见第15章工作分解结构。

7.2 项目范围识别

项目范围识别是指界定并描述最终项目产出物的范围,将项目的主要可交付成果划分为较小的、更易管理的多个组成部分的管理过程。项目范围识别作为范围管理过程的核心，是范围规划的目标，工作结构分解的依据，范围控制的基础。范围识别的成果也指导着项目成本、进度和资源管理等工作。因此，正确合理地识别项目范围对于项目成功至关重要。

7.2.1 项目范围识别依据

范围识别需要一系列资料和文件为依据，这些文件资料的质量水平直接着影响范围识别的准确与否。因此，获取高质量的依据资料是范围识别首要也是重要的一步。在范围识别中，最重要的依据就是客户需求、范围管理计划以及项目章程。

1）客户需求

需求是项目产生的最主要原因和驱动因素。项目的所有行动及文件均是围绕着需求展开，范围识别过程也不例外。只有明确客户需求，并对这些需求达成共识，才能识别并界定出合理的项目范围，因此项目团队需要对需求进行有效的管理。

（1）需求收集。需求管理首要工作是对需求进行收集。需求的状态说明要求完整、简洁、清晰、正确和一致，然而需求描述时常是不充分、不一致、不完整以及模糊不清的，这就要求在需求收集阶段利用多种技术和方法对需求进行开发和细化。

需求收集过程一般可划分为需求获取、需求分析、需求分类、需求排序、需求核实和需求归档这六方面内容。

全面又准确地获取客户、利益相关者需求的关键在于对特定的群体使用适合的方法进行需求诱导，常用的一些诱导技术方法包括：头脑风暴法、访谈、焦点小组、德尔菲法、需求研讨会、观察、文件分析、问卷调查、市场调研及接口分析等。需求获取后的信息是杂乱无章的，这时需要对需求进行分类整理，涵盖以下六类需求。

① 业务需求：组织的高层级管理者的需要。可以理解为解决业务问题或抓住业务机会，以及实施项目的原因。

② 利益相关者需求：利益相关者或利益相关者群体的需要。

③ 解决方案需求：为满足客户需求和利益相关者需求，产品、服务或成果必须具备的特性、功能和特征，解决方案需求又进一步分为功能需求和非功能需求。

◆ 功能需求是关于产品能开展的行为，如流程、数据，以及与产品的互动。

◆ 非功能需求是对功能需求的补充，是产品正常运行所需的环境条件或质量，如可靠性、安防性、安全性、服务水平及可支持性等。

④ 过渡需求：从"当前状态"过渡到"将来状态"所需的临时能力，如数据转换和培训需求。

⑤ 项目需求：项目需要满足的行动、过程或其他条件。

⑥ 质量需求：项目成功完成或项目需求实现应达到的条件与标准。

（2）需求排序。项目资源是有限的，不可能同时满足所有工作要求。需求优先排序就是决定首先满足哪些需求，其目的就是确保项目资源都用于最重要或最相关的需求上。需求排序过程一般取决于优先权、价值、期望、风险、紧迫性和取舍等标准。需求排序完成后，每一项需求都应获得一定的优先级。

（3）需求文件形成。需求分类和排序工作完成之后，就需要用一个明确的规范或系统要求的模型记录以上工作活动产出的信息，来作为未来工作的基准，这一成果被称作需求文档。需求文档是一系列资料、文件的汇总，其形式多样，内容包括被识别的需求的属性、内容、影响因素等信息,反映了各方对需要解决的问题的一致性理解。需求文件中一个重要的内容就是需求跟踪矩阵,该矩阵是一个能将产品需求从其来源连接到能满足需求的、可交付成果的表格。使用需求跟踪矩阵把每个需求与业务目标或项目目标联系起来,便于确保每个需求都具有商业价值。需求跟踪矩阵有助于管理人员对需求进行全生命周期跟踪,确保需求文件中被批准的各项需求在项目结束时都能交付。需求跟踪矩阵还为管理产品范围变更提供了框架。需求跟踪矩阵如表 7-1 所示。

表 7-1 需求跟踪矩阵

编号	关联编号	需求描述	业务需要、机会、目的、目标	项目目标	WBS 可交付成果	产品设计	产品开发	测试用例
001	1.0							
	1.1							
	1.2							
	1.2.1							
002	2.0							
	2.1							
	2.1.1							
003	3.0							
	3.1							
	3.2							
004	4.0							
005	5.0							

(4)需求控制。获取需求以后还要对其进行控制。项目团队和高层管理者需要建立规则,对需求文件所陈述的需求信息进行核实,保证需求正确、完整、一致。并利用需求文件中的追踪矩阵,在项目实施过程中对需求的完成、变更和更新进行监控。

2)范围管理计划书

项目范围管理计划书是说明项目范围的管理方式以及项目范围变更的管理方式的文件。在项目范围管理计划中确定了应该采用什么样的方法和标准来识别项目范围,描述项目团队如何定义项目范围,如何制订项目范围说明书,如何制订工作分解结构,如何核实项目范围以及如何控制项目范围。项目范围管理计划书是所有项目计划中最早也是最重要的一份项目计划管理文件。一个标准的项目范围管理计划书应该包括以下内容:

(1)采用什么样的方法、格式来制订项目范围说明书。

(2)如何定义项目的可交付成果;这些可交付成果成功交付的标准是什么。

(3)采用什么方法和标准来制订工作分解结构(WBS)以及描述工作分解结构在项目范围控制过程中的作用。

项目的范围管理计划书应该在项目早期发布给进行范围识别的相关人员,有助于更好地定义项目范围,促使利益相关者对项目范围的理解达成一致,避免在项目的计划和执行过程中发生"黑屋"(Black House)现象,即在项目的工作过程中工作人员不明白项目目标,项目利益相关者不知道项目团队在做什么等类似现象。

3) 项目章程

范围识别的另一项重要依据是项目章程。项目章程中包括项目概况、目标、可交付成果、需求、资源、成本估算和可行性研究等方面的内容,这些内容是范围识别工作的重要基础。关于项目章程的详细介绍见本书第六章。

虽然项目章程和项目范围说明书在一些内容上有重复,但是其用途和详细程度不同。项目章程是说明项目团队已经取得授权并以此来开展项目工作的正式文件,而项目范围说明书是说明项目团队开展项目管理工作的基础和依据。在实际的项目管理过程中,项目团队依据项目章程来制订项目范围说明书,再根据项目范围说明书进行工作范围定义和分解,最后依照工作分解结构来开展项目各项工作。

7.2.2 范围识别活动的影响因素

范围识别活动的成功需要收集翔实的信息资料,还需要关注影响范围识别活动的因素,并进行有效控制。

1) 环境因素

环境因素是指可能影响项目成败的内外部客观要素。在范围识别过程中,环境因素会提高或限制项目识别活动的效率,并可能对项目交付产生积极或消极影响。范围识别过程涉及的环境因素通常包括:组织文化,例如运营环境、制度文化、精神文化;政府或行业标准,如监管机构条例、行为准则、产品标准、质量标准和工艺标准;项目的基础设施,例如现有的设施和固定资产;项目现有人力资源状况,比如员工在范围识别方面的技能、素养与知识;还包括人事管理制度;市场条件;项目利益相关者风险承受力;公司及社会的政治氛围;组织的沟通渠道。

在对项目范围识别之前,项目团队应该在分析项目环境因素的基础上,明确到达什么样的标准就意味着成功完成项目范围识别,并分析可能影响项目范围识别成功的因素,制订相应的管理策略以保证范围识别工作的成功完成。

2) 人工因素

除了客观环境影响因素外,范围识别工作还受到人工因素的影响。人工因素指可以受人为影响而改变的要素。在范围识别中,最重要的人工因素是质量、时间和成本。

目前,项目管理领域许多专家认为项目的四个基本要素是时间、成本、质量和范围。在整个项目管理的过程中,这四个要素都是相互影响、相互制约的。在项目的设计阶段,它们相互作用对项目范围的影响尤其显著,如图7-1 所示。

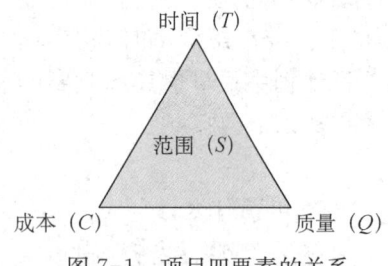

图 7-1 项目四要素的关系

从图 7-1 中可以看出,在设计阶段,项目的三个约束条件及其相互作用对项目范围的影响:如果项目的时间充裕、质量要求高、成本预算充足,那么项目范围就可以扩大,反之项目范围就缩小。在项目设计阶段如果确定的项目范围小,那么它需要完成的时间以及耗费的成本必然也小,反之成本则大。如果项目范围(三角形的面积)能变更,那么变更三个制约条件中的任何一项就不一定以牺牲另外两个条件为前提。在很多项目管理的课题研究中提出,项目管理的四个关键要素(范围、成本、质量和时间)彼此之间互相约束和互相影响,并可以得出一个计算公式:

$$成本 = F(质量, 时间, 范围)$$

从这个计算公式中可以看出,一般情况下,我们认为项目范围在项目开始初期就已经确定。也就是,假设公式中的范围(S)是"固定"的,因此在后面的项目成本控制过程中主要关注的就是质量(Q)和时间(T)之间的权衡和约束关系。很多项目管理书籍中谈到的项目三角制约模型,这是一个比较理想的模型。在实际的项目实施中,往往出现项目范围的变动,项目范围边界有可能出现模糊、扩大的现象。在这种情况下,上述控制模型中对成本的控制就失去了基本线的限制,成本、质量、时间和范围之间就存在着难以计算的复杂关系,对项目的管理和控制难度就会扩大,甚至失控。因此,我们在对项目范围进行管理的时候,一是要保证项目初期的范围是准确可靠的,尽量减少范围边界的模糊性;二是要保证在项目实施过程中范围的稳定,尽量避免项目范围的变更,即使有变更也应受到合理的控制。

7.2.3 项目范围识别成果

项目范围说明书是范围识别最重要的成果,也是项目文档中最重要的文件之一。它正式明确了项目可交付成果的特征,并在此基础上进一步明确和规定项目利益相关者之间达成共识的项目范围,为后续的项目决策提供一个管理基线(Baseline)。在实际项目实施中,不管是主项目还是子项目,项目管理人员都要编写其各自的项目范围说明书。项目在进入执行阶段后,管理团队应该根据项目环境和内容的变化而更新项目范围说明书,以确保项目范围围绕项目目标来开展。在项目交付阶段,项目团队应该根据项目范围说明书的内容来确定可交付成果,评估项目是否取得成功。一份标准的项目范围说明书通常包含以下内容:

(1) 项目目标。项目目标是项目期望达到的产品或服务。确定了项目目标,也就确定了项目成功所必须满足的基本标准。项目目标至少应该包括费用、时间进度和质量标准。在项目范围说明书中目标应该列在文件第一个部分的位置,以提示项目工作人员对所有工作的计划和执行都应该围绕项目目标而展开。

(2) 产品的特征和客户的接受标准。在项目范围说明书中对产品特征做出详细的描述,对产品特征的描述又可以分为:

① 功能特征描述。功能特征是指项目客户希望从产品中得到的使用价值,例如,该项目产品在哪几个方面能够帮助客户解决实际问题。

② 结构特征描述。产品的功能特征可以用不同的方式和手段去实现,结构特征包括尺寸、形状、形式、颜色、材料、味道和触觉等,项目范围说明书详细描述项目产品的结构特征。要注意产品的功能特征、结构特征是彼此紧密相关的,每一项产品结构特征的选择,其范围是很大的,组合方式很多,所以在项目范围说明书中还明确记录客户对这些特征的验收过程和接受标准。

(3) 项目可交付成果清单。项目可交付成果清单是项目范围计划的前提依据。项目的可交付成果是指项目的客户在项目结束或者项目某个阶段结束时要求项目团队交出的具体的、可以测量和核实的工作成果,这些工作成果可以是某种产品、服务或结果。项目范围说明书中应列出项目主要可交付成果,而且对于这些要求交付的成果有明确的要求和说明。如果这些被列入项目可交付成果清单的事项圆满完成,并交付给项目的使用者,就标志着项目阶段或项目的完成。例如,某软件开发项目的可交付成果包括电脑程序、用户手册、帮助用户掌握该电脑软件的教学程序和一个为期三天的培训课程,对于以上四个可交付成果在计划的时间和成本内完成并被客户接受,就标志着项目的圆满完成。

(4) 项目限制条件。项目的限制条件是指在项目中客观存在的因素,这些因素的存在会对项目绩效造成影响。一般来说,项目预算、完工时间和客户对项目的需求以及其他合同条款都可以构成项目的限制条件。项目团队必须在范围定义阶段认真分析项目的限制因素,从而在制订工作范围的时候才知道哪些是项目团队能够开展的工作,哪些工作的开展是必须要做的,哪些工作是不能做的。例如,对于一个卫星发射的项目来说,气候因素就构成了该项目的限制条件。如果项目团队预测到 7 月将会有不利的天气,项目团队在这种限制条件下,只能回避气候的影响,提前或推后卫星的发射日期。

(5) 项目假设条件。项目的假设条件是为了进行项目计划,而被假定为真实存在的一些因素。对这些因素进行的假定会影响项目计划的各个方面,而且项目的假设条件会随着项目的进展而逐渐得到证实。对项目假设条件的分析,是在制订项目范围时一项很重要的工作,但其往往也是项目团队最容易忽略的工作。很多项目团队在制订项目的范围计划时,由于没有对项目的假设条件进行充分分析,直接导致了项目失败。因此,项目团队应重视项目假设条件的分析,需要注意的是,项目假设是项目团队在主观上的一种认识。在项目管理中,对于假设条件的识别、分析和管理往往是构成项目计划和实施的基础。例如,在国外某项目中,某城市对造成城市交通压力的原因进行了研究,发现造成该城市交通压力的一个主要原因是居民开私家车上街购物,因此该城市设立了一个项目以此来缓解交通压力。该项目计划在各商业中心和较富裕的小区之间开设专用的公交车,供小区的居民乘坐去购物,这样大大减少居民开私家车上街购物的次数,从而缓解城市的交通压力。在这个案例中,项目的假设条件就是那些拥有私家车的居民在上街购物时愿意乘坐公交车,对于居民愿意乘车这个条件的假设,是该项目成功的必要条件。所以项目团队应该在项目计划的阶段就开展调研活动来证实该项目中存在的假设条件的有效性。任何一个项目都存在一定的假设条件。在一个工程设计、施工项目中,一个最重要的假设条件就是项目团队得到的图纸和数据是正确的;在一个国际合作项目中,一个最重要的假设条件就是外方的项目理念、项目方法和衡量成功的标准与中方是一致的。在实际的项目管理过程中,项目团队往往把项目的限制条件、假设条件和项目的风险因素混为一谈。在项目的范围计划阶段,区分这三个因素对于整个项目范围的定义是很重要的。限制条件一般来说比较容易识别和分析,它有可能构成项目的风险,也有可能不构成项目的风险。项目假设对于项目风险来说是最主要的风险源之一,在识别和定义出项目的假设条件后,必须把对项目假设条件的管理纳入风险管理的范围之中。例如,上文提到的缓解交通压力的项目,项目团队首先要做的就是确认居民愿意放弃开私家车购物这一假设条件。这一假设条件所产生的风险就是项目团队在采访居民的过程中有可能出现的错误,项目团队应该在整个项目的计划过程中对这一项风险予以关注。在上文提到的工程设计、施工的项目中,项目团队也应该充分认识到由于设计图纸和数据的错误给项目带来的风险。

（6）项目需求识别。项目的需求识别主要是识别和描述本项目的开展应该满足哪些需求。例如，可交付成果应该是哪些，每项可交付成果应该具备的特征，项目利益相关者的需求有哪些。

（7）项目除外责任。在项目范围说明的时候要尽量明确项目的工作边界，识别哪些工作或成果是被排除在项目之外的。明确说明哪些内容不属于项目范围，有助于管理利益相关者的期望，避免项目到计划或执行阶段项目范围蔓延的现象。

（8）识别出的项目风险。这个部分主要介绍到目前为止已识别的项目风险是哪些，应该如何计划和控制这些风险。

（9）项目里程碑计划。项目的里程碑一般是项目中完成阶段性工作的标志，其应该由相关的项目利益相关者、项目团队和有经验的专家共同确定。

（10）项目成本计划。对项目总成本中的主要要素进行描述，在项目范围说明书中只需要概括性地描述项目的成本构成，详细的项目成本描述包含在项目成本计划中。

以上是制订一个标准的项目范围说明书最基本的十大要素，范围说明书因项目类型的不同而不同。规模大、内容复杂的项目，其范围说明书可能会很长。总之，范围说明书应根据项目的实际情况做适当的调整以满足不同的、具体的项目需要。随着项目的不断实施进展，需要对项目的范围说明进行修改和细化，以反映项目本身和外部环境的变化。

7.3 项目范围变更与控制

因为与项目有关的客观环境与人的观念时刻处于动态变化中，造成项目范围变更事项时有发生。项目范围变更往往对成本、工期、质量等项目目标产生一系列影响，甚至决定项目的成败，并且变更的产生贯穿项目始终，对项目产生持续影响，因此对项目范围的监督与控制是项目范围识别后一项重要且不可或缺的工作，也是项目范围管理的一个关键环节。

7.3.1 范围变更的产生

为应对项目执行过程中的变化就产生了范围变更，项目范围变更是指为使项目朝着有益方向发展而调整某些因素、引起项目范围发生变化的过程。不论是在项目的计划、执行或者结尾阶段，都有可能发生项目范围的变更，项目范围发生变更并不意味着项目出现了问题，需要项目团队具备充足的能力对范围变更进行管理。范围变更的原因是多方面的，如项目运行的客观环境发生变化导致设计方案修改而增加项目的工作内容，客户对产品需求的增加，由于外部环境的问题项目预算的增加或减少等。研究表明，目前导致项目在范围管理上变更的原因主要来自两个方面：一方面是人为因素，由客户造成的需求表达不明确，或者项目团队没有足够的时间分析项目的性质和特征；另一方面是外界客观环境造成的被动变更。具体地可以归纳为以下几个主要原因。

（1）客户或市场对项目产品的需求不可预见的变更导致项目规模扩大或缩小。需求变更是项目范围变更的一个主要原因，而需求变更常常是不可避免的。因为在任何一个外界的或者内部开展的项目中，项目团队主要在定义分析阶段收集客户需求信息。在大部分情况下，客户在开始并不能确切地说明他们想要什么；而随着项目的进展，产品逐渐成形，客户对于项目产品的需求也渐渐清晰。客户对于项目产品性能的不断认识和需求更新，会导致范围变更的出现。"客户喜好不定"往往也是导致范围变更产生的一个主要原因。

（2）项目团队和客户在识别项目范围和制订范围说明书时出现了错误和遗漏，例如在设计企业信息系统时未考虑到移动互联网的广泛应用。

（3）项目团队本身发生变化，如人事变动、组织结构调整等。

（4）项目的技术环境发生变化而导致项目范围的变更。例如，在项目进展的过程中出现了新的生产技术、手段或方案，使产品生产效率发生不可预见的突飞猛进，可以大幅度降低项目成本，必然会导致项目范围的变更。

（5）项目的竞争环境发生变化而导致项目设计方案的变化。例如，政府颁布新的法规法令，国家通货膨胀，竞争对手生产出新的产品，一个强大的竞争者突然进入市场等。

7.3.2 范围变更的控制

1）范围变更控制内涵

项目范围变更控制是指项目范围发生变化时，对其采取的检查和纠偏的活动过程，即用事先确定的项目整体变更控制的组织构架和规范化程序来控制范围变更。

范围变更控制工作通常分为两个活动。第一是发现变更，即项目经理在管理过程中必须通过监督绩效报告、当前进展情况以及一些技术，例如偏差分析，来分析和预测可能发生的变更。第二是对已发生的变更进行控制。

一些国外专家提出，在发生变更时，没有必要马上在项目中实施这些变更。在实践中得到的经验告诉我们，不经过认真评估就立刻实施范围变更，项目就会形成一种混乱且不稳定的氛围，进而严重破坏项目的控制和管理，并且增加不必要的管理成本。

因此项目范围变更管理活动的核心任务就是建立一个评估流程，来分析和评估提出的项目范围变更请求，只有对项目成功有影响的变更请求才能予以批准。范围变更控制中就包含一套严格、高效、实用的变更程序，其过程主要包括提出：

（1）范围变更申请。业主、承包商与咨询工程师都可以就合同工作范围提出变更请求。业主提出变更，通常是为了提高项目质量和使用功能。如一个教学大楼的项目，业主要求在每个教室增加监控系统。承包商要求变更主要是为了便于生产，或是现有技术与设计要求相冲突，或者发现设计缺陷。承包商提出变更请求不仅要说明变更原因，还需要说明变更对项目影响。咨询工程师提出变更，通常是发现原有设计的缺陷，可要求设计方或承包商修改。

（2）审核及批准范围变更申请。对项目工作范围的任何变更，变更提出方都要通知业主，在取得业主同意后，由设计、承包、业主三方签字后发布正式的工程变更通知。一般来说，批准工作范围变更的原则包括：变更不能降低产品的使用功能和质量标准；变更工作在技术上可行；业主同意支付变更所造成的费用增加；变更不能对项目的工期产生严重的不利影响。

（3）范围变更后的工作。变更文件一般由变更通知和变更通知附件组成。变更通知一般包括：变更通知的编号和签发日期；项目名称和合同号；变更原因和变更具体内容说明；变更产生的费用变化；设计工程师签字；承包商签字；业主最后审核签字。变更通知附件通常包括变更工作的工作量表、设计资料、设计图纸以及与变更相关的其他文件。

一般处理范围变更的流程可以总结如图 7-2 所示。

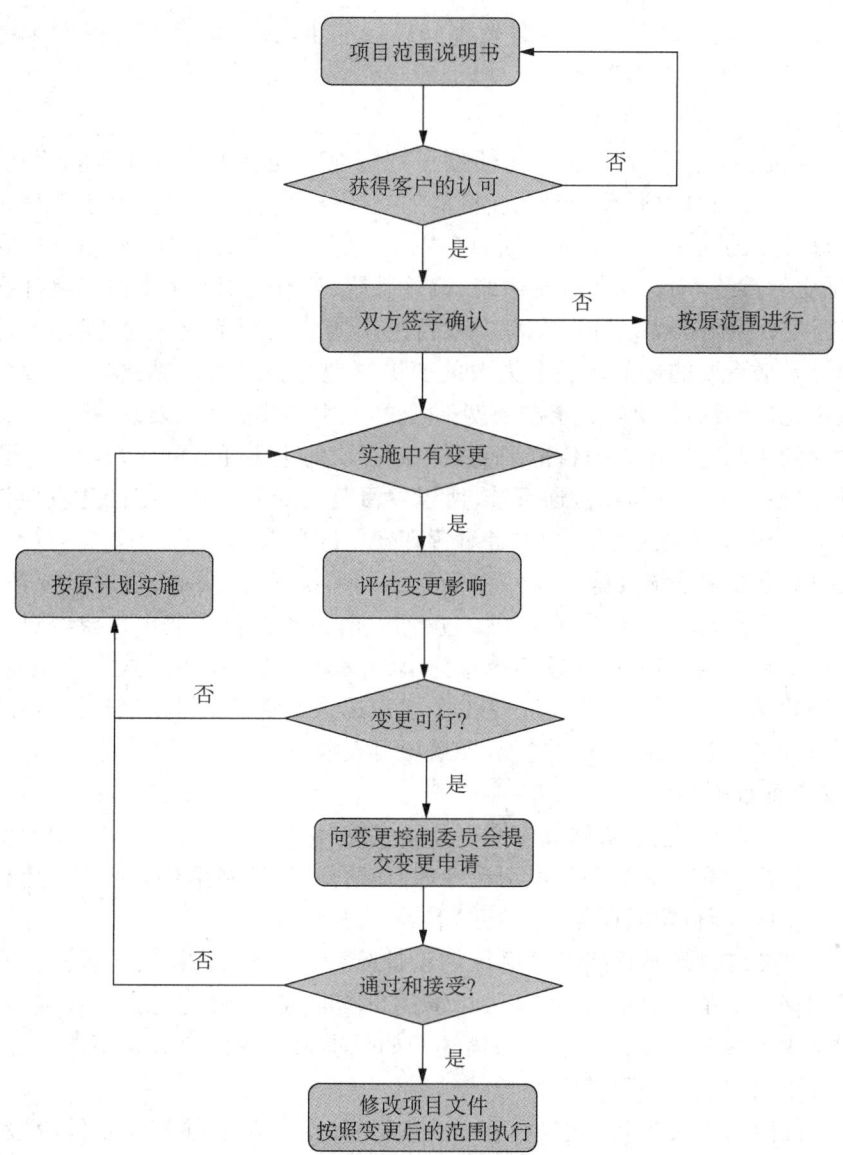

图 7-2　项目范围变更控制流程

实际项目范围管理中也可能会遇到集中式大规模的变更请求,为应对这样的情况,使得项目既根据变更及时地修订计划,又不会因为过多的变更请求打扰项目的工作和节奏,则需要建立缓冲区域来控制对项目范围变更的请求。这个缓冲区域用于囤积变更请求,等到确实需要进行范围变更时,才在项目中通过对变更请求的许可。引入这种范围变更,保证了范围变更与项目工作有序进行。对于创新性较强的项目,因为其不确定性相比普通项目更大,尤其应该定期地暂停项目来消化吸收最新范围变更的评估结果,以此来修改和进一步制订项目的各项计划。

项目范围变更及控制不是独立的,因此在进行范围控制时,必须同时全面考虑其他因素或方面的控制,尤其是对时间、费用和质量的控制。同时还要注意,在项目生命周期中随时可能发生范围的变更,因此项目范围变更管理工作应在项目全生命周期中进行。通过在项目中随时随地监控项目范围,可以及时发现问题和变更,以避免项目范围发生完全性的变化,有助于将项目变更的影响降至最小。

2) 项目范围变更控制系统

(1) 范围变更控制系统的含义。为使项目范围变更控制工作各环节能相互连接,确保工作进展更顺利,在项目中通常会建立项目范围变更控制系统,它是一套事先确定的修改项目范围时应该遵循的程序。它规定了项目范围变更的基本控制程序、控制方法和控制责任等,包括范围文件系统、项目执行跟踪系统、偏差系统、项目范围变更申请和审批系统等。

(2) 范围变更控制系统设计。在整个项目范围变更控制系统中,前期进行范围变更控制系统的设计是最重要的环节。很多失败的变更管理经验表明,如果在项目设计和项目范围定义时就出现了错误,那么项目各方在处理变更请求的时候就会发现,再良好的变更控制系统也无法起到控制的作用。项目范围变更控制系统的主要任务除了对项目范围的变更实施管理外,同时也是项目的信息沟通系统,所以项目范围变更控制系统的建立应该遵循不断提高的原则,并充分体现项目利益相关者对管理变更的需求。

(3) 范围变更控制系统实施。在使用变更控制系统进行范围管理时需要注意的是,任何变更申请都应列入范围变更控制系统中进行管理,再小的范围变更也要经过正规的变更管理流程。在实践中,项目团队往往不愿意为小的范围变更去执行正式的变更管理过程,认为降低了管理效率,浪费了时间。但正是由于这种观念才使得项目范围逐渐变得不可控制,从而影响项目的进度和协调等其他过程,导致项目失败。

3) 范围变更控制辅助工作

在范围控制活动中,除了依靠范围变更控制系统对变更活动进行及时规范化操作,还应对范围变更的依据和来源进行有效识别和管理以配合变更控制系统的使用。为保证项目变更控制的有效实施,项目团队还需要开展以下活动。

(1) 让客户参与制订项目范围变更计划设计阶段,遇到问题及时与客户沟通。在沟通的过程中可以使用头脑风暴法,列出各种可能的可交付成果,然后与客户反复商讨,就项目最终可交付成果形成一个较为形象化的描述。如果项目范围的扩大是不能避免的,则需要在客户的参与下再次确定项目范围。

(2) 在项目初期定义项目要求时,定义"必要部分"。在项目的各交付阶段,识别每项"必要部分"的工作风险并追踪它们在发展过程中的动态,这个过程将帮助项目团队检验可交付成果,提早发现变更的可能。

(3) 在项目范围说明书中明确项目可交付成果的相关要求和具体特征,并且尽量列出那些可能会被误解为应该包括在项目范围内的成果。例如,应该列明项目的可交付成果不包括对客户的培训,对项目产品功能的分析报告等。

(4) 对于项目的正式变更应该界定正式的变更流程。

(5) 为客户解释在变更发生后,执行变更后的范围将会怎样影响项目的预算、时间和资源选择。

4) 范围变更控制的成果

项目范围控制的结果是生成或更新一系列项目文件,用以记录变更对项目的影响。这些文件对后续项目的实施具有重大意义,因此需要对它们保持重视。这些文件包括:

(1) 项目范围变更文件。因为范围变更会涉及成本、进度、质量等项目目标的调整,项目范围变更一旦确定就要对相关的项目文件进行更新，并及时向利益相关方通报范围变更信息和相关文件。

（2）项目管理计划，包括范围基准更新和其他基准更新。如果批准的变更请求会对项目范围产生影响，那么范围说明书、WBS 及 WBS 词典都需要重新修订和发布，以反映这些通过实施整体变更控制过程批准的变更。如果批准的变更请求会对项目范围以外的方面产生影响，那么相应的成本基准和进度基准也需要重新修订和发布来反映变更。

（3）组织过程资产。组织过程资产指组织指导工作的过程和程序以及存储和检索信息的组织公用知识库，组织过程资产的更新包括纠正措施文档和经验教训文档。为了完成预定的项目目标，项目团队要对执行过程中的偏差采取有效的纠正措施，并形成文档。纠正措施有两种情况：一是根据项目的执行情况，采取措施消除偏差的影响，使项目的进展情况与计划一致；二是根据经过审批后的项目范围要求采取一些纠正措施。经验教训文档内容包括项目团队对变更选择纠正措施的理由以及从变更控制中取得的经验教训，用书面形式记录下来作为历史资料的一部分，为项目今后活动提供参考。

7.4 项目范围管理中的研讨会方法

项目范围管理中的研讨会，又称引导式研讨会，是项目范围管理活动中一项重要方法，一般用于需求收集和项目范围识别过程。引导式研讨会是一个能确保团队成员在一名公正的主持人（推动者）的引导下，于一段集中时间内就事先准备的议题达成一致的结构化方法。引导指的是使团队成员就一个共同利益目标合作来创造有形产物的活动。引导式研讨会可分为三个阶段，分别是准备阶段、实施阶段和会议后阶段。

7.4.1 准备阶段

准备阶段在引导式研讨会所有阶段中占有非常重要的地位，只有事先准备的过程中明确各利益相关方的重要性，确定会议流程，界定会议讨论范围才能使讨论会更高效，结果更可靠。因此，该阶段不可以被低估。准备阶段至少需要提前两周进行，表 7-2 简要阐述了研讨会准备阶段的内容。

表 7-2　　　　　　　　　　　　　研讨会准备

步骤	活动	注意事项
1	确认会议业主	研讨会一项重要内容就是确定研讨会的业主。这个角色需要由主要客户或客户代表、发布任务的个人或代表来担任，这一角色可以帮助确保研讨会保持足够的掌控力。适宜的业主需要具备以下能力： • 能够出席关键的会议。最重要的研讨会，也包括必要时的简会、后续会议。积极地参与有助于获得来自其他参与者的承诺 • 有足够的权力和知识为确定任务范围和相关倡议如何影响研讨会提供指导
2	确认会议目标	步骤二应考虑以下要求： • 谁拥有研讨会？研讨会业主是研讨会过程的关键。 • 利益相关方和项目团队目标是否不同？ • 有多少参与者？参与者的数量是研讨会成败的关键因素。太多参与者会导致过程不可控，太少则无法实现协同效应

续表

步骤	活动	注意事项
3	确认关键参与者	引导者要求应参加会议的人员均参与了研讨会。研讨会的目标就是确保所有与项目相关的领域和解决重要问题相关的技术都被包含在会议中。 研讨会参与者应满足下列标准： • 能够在相应工作领域提供所需水平的相关知识。 • 有权力和能力代表其工作的领域制订决策。
4	准备会议日程	• 确定研讨会目标。该目标有助于对在研讨会中确定的交付物进行定义。 • 引导者决定使用何种技术来创造交付物和制订决策。 • 确定研讨会的期限，明确为实现交付物所需要召开的会议，为所有会议制订日程。研讨会的期限取决于受到多少因素的影响，比如细节水平、使用的技术、地点等。研讨会的性质意味着很难制订一个能够严格执行的日程，因为研讨会是现场的、动态的事件，因此有弹性的日程更便于管理
5	介绍参与者	下列主题需要与每一名参与者进行沟通。 研讨会设计的主题范围： • 研讨会的背景。 • 研讨会的目标和目的。 • 所需要的可交付物。 • 在整个项目中研讨会的地位和重要性。 • 研讨会三个阶段中各自的角色和责任。 • 希望提供的技能和知识。 • 希望能够提供的准备工作。 • 研讨会的组织工作，比如日期、位置、日程等

7.4.2 实施阶段

在研讨会召开过程中时，应由主持人根据事先准备好的会议日程主持研讨会的各项会议。主持人需确保研讨会过程中产生的所有资料对参与者都是公开的，包括在之后研讨会中进行处理的问题清单。在研讨会最开始，支持人应展示会议的基本原则，并对其进行解释。例如：

（1）默许原则。会议上没有及时发声，之后不可申诉。

（2）五分钟原则。如果讨论没有达成一致，则会延长五分钟，超过五分钟必须停止该议题，禁止讨论。

（3）公平原则。无论与会人员实际职位高低，在讨论中都是同等地位。

在研讨会中使用一些恰当的工具和技术也是会议成功的关键。这些工具和技术必须容易掌握，表7-3列举出一些简单的工具用于实现特定的目的。

表7-3 研讨会工具

活动	头脑风暴	帕累托图	鱼骨图	力场分析	故事板	思维导图	六项思维帽	承诺图	投票
环境评价	√	√		√	√	√	√	√	
问题陈述	√			√	√	√		√	
确定根源	√		√			√			
制订替代方案	√	√			√	√	√	√	
选项评估		√							√
决策		√							√

7.4.3 会议后阶段

会议最后，主持人必须确定所有重点问题和行动都被明确阐释，并分配给了相应人员，有足够时间完成任务并向业主汇报。

研讨会后各方需要按照相应职责对会议内容整理和执行，各参与方具体要求列于表 7-4。

表 7-4　　　　　　　　　　　　　　　研讨会责任矩阵

角色	研讨会前	研讨会中	研讨会后
业主	• 确保对研讨有效性 • 批准目标、交付物和日程 • 识别出席会议的关键人员	• 出席会议全部场合 • 为解决议题提供高层的指导 • 为未解决问题分配负责人 • 批准后续工作	• 确保后续工作被执行 • 确保未解决议题按要求进行
主持人	• 确保与会人员具有适宜的经验和权力 • 制订清晰的目标、可交付物和日程，并与业主达成共识 • 决定会议进程 • 组织大纲流程 • 确保后勤安排得当	• 按需要管理和控制会议 • 保证实现目标和成效 • 必要时向业主寻求指导 • 确保所有必要的信息 • 以记录和展示 • 确保下一步被准许 • 执行对会议过程的评估	• 制订和交付会议过程报告 • 与业主共同评估会议
参与者	• 阅读简介 • 出席简会 • 调查背景信息	• 出席全部会议 • 按要求提供信息和观点 • 按要求准备制订决策	• 更新任务 • 按照需求参与后续会议
记录员	• 必要时参与介绍流程	• 必要时分析并解释记录的内容 • 按要求记录信息 • 必要时寻求澄清	• 必要时出席后续会议
观察者	• 无行动	• 保持安静，除非被主持人要求讲话	• 无行动

根据上面的内容可以总结引导式研讨会有以下一些优点：

（1）快速。高质量的决策制订。因为所有必要的利益相关者会在同一时间出席会议，因此会议的成果值得信赖。在会议上团队集中与需要解决的目标、信息的获取和评审会以极快的速度进行，同时也会消除项目之间的误解和分歧。

（2）更多的投入。研讨会高效地开展，使与会者对项目和制订的决策产生强烈的参与感，能够建立并维持参与者的热情。

（3）建立团队精神。引导式研讨会也是一种建立团队融洽关系，传达有价值信息的一种方式。它可以促进部门与组织以及利益相关者之间的理解和协作，这一点尤其对交叉项目或需要众多参与人的项目至关重要。

（4）涉及利益相关者团队。如果在研讨会上对方案进行评估，参与者能更深入地理解他们工作的依据和意义，实现更高效的工作，更多的态度投入和工作承诺，项目也会提高成功实现的机会。

（5）阐明不清晰的需求。通过定义利益相关者所需的具体目标和实施过程来领导利益相关者。在研讨会的环境下，通过结合结构化的讨论与出席者具有的知识，参与者可以探讨想法，并将其建成模型。

复习思考题

1. 项目范围管理包括哪些重要步骤？
2. 项目范围识别的重要依据有哪些？
3. 什么是 WBS？WBS 的四个基本步骤是什么？
4. 什么是项目范围变更？项目范围变更来源有哪些？
5. 项目范围变更控制的概念？项目范围变更控制的基本流程？

第 8 章　项目进度管理

进度是项目管理的三大目标之一,它会影响项目的成本和质量。因此进度管理是项目成功的关键因素,也是开展项目其他方面管理的前提。本章的主要内容包括进度管理的基本概念、进度管理的重要方法——网络计划技术、项目进度控制、进度管理辅助软件。

8.1　项目进度管理概述

8.1.1　项目进度管理的概念

项目进度管理是指在项目实施过程中,对各阶段的进展程度和项目最终完成期限所进行的管理,其目的是保证项目在满足进度要求的前提下实现总体目标。项目进度管理主要包括以下六个过程。

(1) 活动定义:确定为完成项目所必需进行的活动;

(2) 排列活动顺序:确定活动之间的先后依赖关系;

(3) 活动资源估算:估算执行各项活动所需资源的种类和数量;

(4) 活动持续时间估算:估算完成各项活动所需工作时长;

(5) 进度计划制订:通过分析活动顺序、活动持续时间、资源要求和进度制约因素,编制项目进度计划;

(6) 进度控制:控制项目进度计划变更。

8.1.2　项目进度管理的内容

1) 进度计划

项目进度计划是依据活动定义、活动排序、活动持续时间及所需资源的估算,对项目工作做出一系列时间计划的过程。进度计划是跟踪项目绩效的基准,也是编制费用预算、风险应对计划等其他计划的基准。进度计划可以展示活动之间的相互关系,以及计划日期、持续时间、里程碑和所需资源等。制订进度计划有以下 3 个目的:

(1) 满足项目时间约束;

(2) 保证按时获利以补偿发生的费用支出;

(3) 协调资源,预测在不同阶段所需的资金和资源,以便赋予项目不同的优先级。

进度计划的制订通常采用三种方法:甘特图、里程碑图、网络计划。

(1) 甘特图。甘特图也称横道图,是展示进度信息的一种图表方式,最早由 Henry L. Gantt 在 1917 年提出。在甘特图中,进度活动列于纵轴,日期排于横轴,活动时间表示为按开始和结束时间定位的水平横道线。甘特图具有简洁直观、易于编制的特点,通常运用于小型项目中,也用于向管理层汇报项目情况。甘特图的具体表现形式如图 8-1 所示。

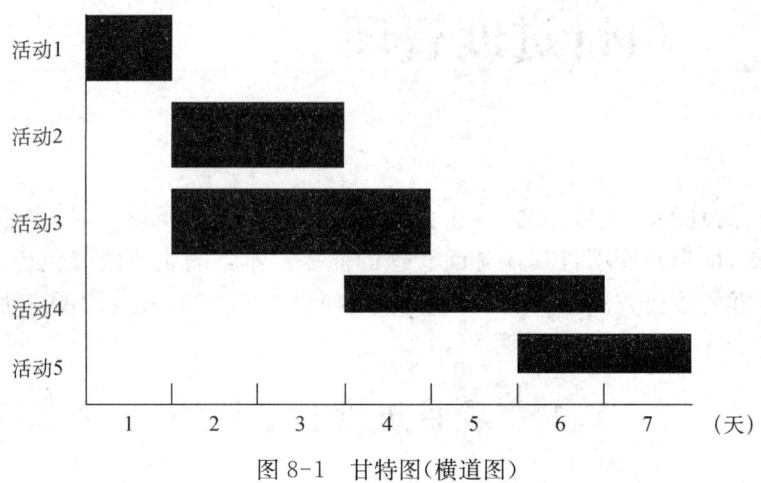

图 8-1　甘特图(横道图)

（2）里程碑图。里程碑计划主要列出了项目的关键节点以及这些节点的开始或完成时间。这种方法展现了项目的整体框架,以中间产品或可交付成果为依据,在管理层中应用较多。图 8-2 是里程碑图的一个示例,其中列代表里程碑事件,行代表时间。

时间 事件	1月	2月	3月	4月	5月	6月	7月
开始制造新产品	▲						
完成组件			▲				
完成组件					▲		
组件1,2整合						▲	
完成新产品							▲

图 8-2　里程碑图

（3）网络计划。网络计划技术是进度管理中最常用的方法,这部分内容将在 8.2 节详细介绍。

2）进度控制

项目实施的过程中,当实际进度与计划进度间出现偏差时,需要项目经理对进度进行检查、分析、调整,这就是项目的进度控制。进度控制是项目进度计划工作的延伸,其作用是提供发现计划偏离的方法,从而及时采取预防和纠正措施,降低项目的风险。按不同的管理层次,进度计划可分为三类:

（1）项目总进度控制,是指项目经理等高层领导对项目中各里程碑事件的进度控制。

（2）项目主进度控制，是指项目部门中对项目每一个主要事件的进度控制。通过控制项目主进度，可以保证总进度如期完成。

（3）项目详细进度控制，是指组织成员对具体作业进度计划的控制，这是进度控制的基础。只有详细进度得到较强的控制，才能保证主进度按计划进行，从而保证项目总进度的实现。

项目进度控制的原理、方法、措施等内容，将会在 8.3 节详细介绍。

8.2 网络计划技术概述

8.2.1 网络计划技术的起源与发展

网络计划技术是一种科学的计划管理方法，它是随着现代科学技术和工业生产的发展而产生的。20 世纪 50 年代，为了适应科学研究和新的生产组织管理的需要，国外陆续出现了一些计划管理的新方法，如关键线路法（Critical Path Method，简称 CPM）、计划评审技术（Program Evaluation and Review Technique，简称 PERT）等。20 世纪 60 年代初期，网络计划技术在美国得到了推广。目前，它已广泛应用于世界各国的工业、国防、建筑、运输和科研等领域，已成为许多国家盛行的一种现代生产管理的科学方法。

我国对网络计划技术的研究与应用起步较早，1965 年，著名数学家华罗庚首先在我国的生产管理中推广和应用这些新的计划管理方法，并根据网络计划统筹兼顾、全面规划的特点，将其称为统筹法。

网络计划技术是用网络计划对任务的工作进度进行安排和控制，以实现预定目标的科学计划管理技术。它既是一种科学的计划管理方法，又是一种有效的科学管理方法。这种方法不仅能完整地揭示一个项目所包含的全部工作以及他们之间的关系，而且还能根据数学原理，应用最优技术，揭示整个项目的关键工作，并合理地安排计划中的各项工作。对于项目进展中可能出现的工期延误等问题能防患于未然，并进行合理地处置。

8.2.2 网络计划技术的分类

网络计划由两部分组成，分别是网络图和网络参数。网络图由箭线和节点组成，用来表示工作流程的有向、有序的网状图形；网络参数是根据项目中各项工作的延续时间和网络图所计算的工作、节点、线路等要素的各种时间参数。因此，所谓网络计划，就是用网络图表达任务构成、工作顺序，并加注时间参数的进度计划。

网络计划技术可以从不同的角度进行分类。

1）按工作之间逻辑关系和持续时间的确定程度分类

网络计划技术分为肯定型网络计划和非肯定型网络计划，如图 8-3 所示。肯定型网络计划，即工作、工作之间的逻辑关系以及工作持续时间都肯定的网络计划，如关键线路法（CPM）。非肯定型网络计划，即工作、工作之间的逻辑关系和工作持续时间三者中任一项或多项不肯定的网络计划，如计划评审技术（PERT）、图示评审技术（Graphical Evaluation and

Review Technique,简称 GERT)决策网络计划法(Decision Network planning technique,简称 DN)及风险评审技术(Venture Evaluation Review Technique,简称 VERT)等。本章只讨论肯定型网络计划。

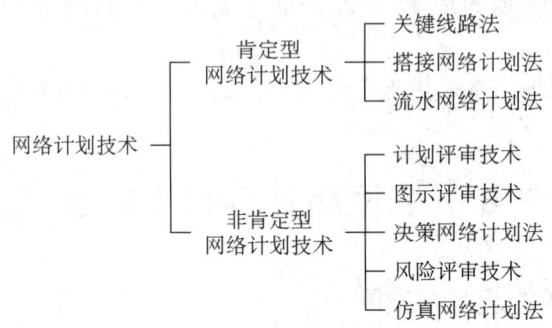

图 8-3　网络计划技术的分类

2) 按网络计划的基本元素——节点和箭线所表示的含义分类

按网络计划的基本元素——节点和箭线所表示的含义不同,网络计划的基本形式有三种,如表 8-1 所示。在中国和许多发达国家中,网络计划技术有关的标准均定义了这三种网络计划形式。

表 8-1　网络元素表示形式

符号	工　作	事　件
箭线	双代号网络(也可称之为工作箭线网络) ○──→○ 工作表示为箭线。节点表示为工作的开始事件和完成事件,但这些事件不定义为联系,如关键线路法(CPM)	
节点	单代号网络、单代号搭接网络(也可称之为工作节点网络) ──▭──→ 工作表示为节点。箭线表示工作之间的逻辑关系,即为工作的确定时间点之间的顺序关系,如搭接网络计划法	事件节点网络(属单代号网络) ○──→○ 事件(状态)表示为节点。箭线表示为事件之间的顺序关系(不对应定义的工作),如计划评审技术(PERT)

(1) 双代号网络计划(工作箭线网络计划)。双代号网络计划的示例如图 8-4 所示。箭线及其两端节点的编号表示工作,在箭线上标注工作持续时间。为了正确地反映逻辑关系,在网络图中添加了虚工作。

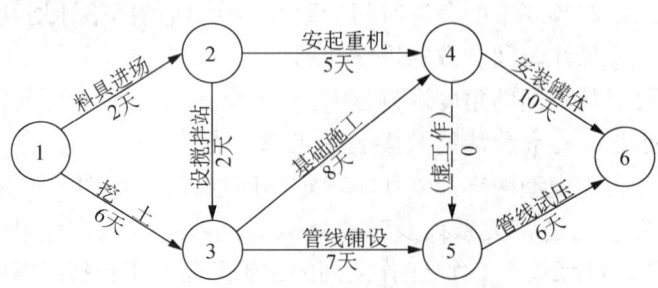

图 8-4　双代号网络计划示例

（2）单代号搭接网络计划、单代号网络计划（工作节点网络计划）。单代号搭接网络计划中，节点表示工作，在节点内标注工作持续时间，箭线及其上面的时距符号表示相邻工作间的逻辑关系，工作间的逻辑关系用前项工作的开始或完成时间与其紧后工作的开始或完成时间之间的间距来表示。

单代号搭接网络计划的示例如图 8-5 所示。节点的左边代表工作的开始，节点的右边代表工作的完成。

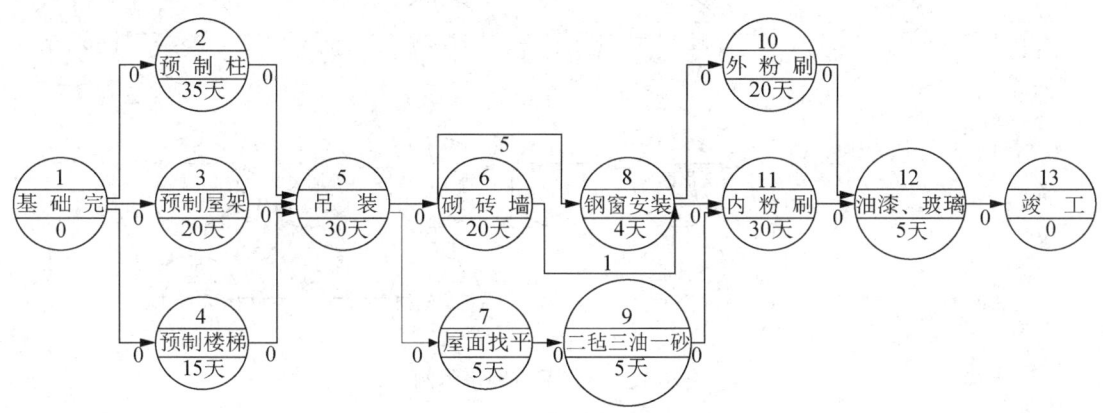

图 8-5　单代号搭接网络计划示例

关于单代号网络计划，国家标准和行业标准的含义有些不同。在国家标准《网络计划技术　第 1 部分：常用术语》（GB/T 13400.1—2012）中，确认了双代号网络和单代号网络。在行业标准《工程网络计划技术规程》（JGJ/T 121—2015）中，确认了双代号网络计划、单代号网络计划和单代号搭接网络计划。应该说，单代号网络是单代号搭接网络的一个特例，它的前后工作之间的逻辑关系是完成到开始关系等于零。

在实际应用中，由于单代号网络和单代号搭接网络中工作之间的逻辑关系表示方法的简易性和没有虚工作，其应用越来越普遍，许多网络计划软件也广泛采用了这种形式的网络计划。

（3）事件节点网络计划。事件节点网络是一种仅表示项目里程碑事件的网络计划方法。

事件节点网络计划的节点表示事件，事件反映时刻，箭线表示事件之间的顺序关系，在箭线上标注箭头事件和箭尾事件的时距，示例如图 8-6 所示。事件节点网络计划属单代号网络计划。

3）按目标分类

可以分为单目标网络计划和多目标网络计划。只有一个终点节点的网络计划是单目标网络计划，终点节点不止一个的网络计划是多目标网络计划。

4）按层次分类

根据不同管理层次的需要而编制的范围大小不同、详略程度不同的网络计划，称为分级网络计划。以整个计划任务为对象编制的网络计划，称为总网络计划。以计划任务的某一部分为对象编制的网络计划，称为局部网络计划。

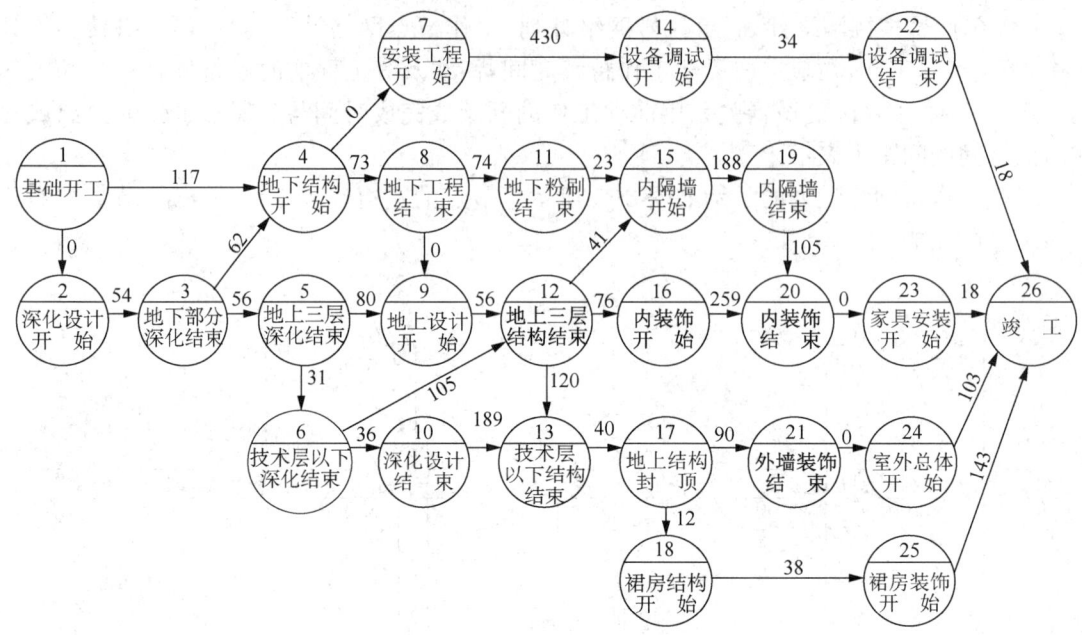

图 8-6 事件节点网络示例

5）按表达方式分类

以时间坐标为尺度绘制的网络计划，称时标网络计划。不按时间坐标绘制的网络计划，称为非时标网络计划。

8.2.3 网络计划技术的特点

网络计划技术作为现代管理的方法与传统的计划管理方法相比较，具有明显优点，主要表现为以下四个方面。

（1）利用网络图模型，明确表达各项工作的逻辑关系。按照网络计划方法，在制订计划时，首先必须理清楚该项目内的全部工作和它们之间的相互关系，然后才能绘制网络图模型。它可以帮助计划编制者理顺那些杂乱无章的、无逻辑关系的想法，形成完整合理的项目总体思路。

（2）通过网络图时间参数计算，确定关键工作和关键线路。经过网络图时间参数计算，可以知道各项工作的起止时间，知道整个计划的完成时间，还可以确定关键工作和关键线路，便于抓住主要矛盾，集中资源，确保进度。

（3）掌握机动时间，进行资源合理分配。资源在任何项目中都是重要因素。网络计划可以反映各项工作的机动时间，制订出最经济的资源使用方案，避免资源冲突，均衡利用资源，达到降低成本的目的。

（4）运用计算机辅助手段，方便网络计划的调整与控制。在项目计划实施过程中，由于各种影响因素的干扰，目标的计划值与实际值之间往往会产生一定偏差，运用网络图模型和计算机辅助手段，能够比较方便、灵活、迅速地进行跟踪检查和调整项目计划，控制目标偏差。

8.3 项目进度控制

8.3.1 项目进度控制的内涵

1）项目进度控制的概念

项目进度控制是监督项目活动状态，更新项目进展，管理进度基准变更，以实现计划的过程。在项目实施过程中，必须经常检查项目的实际进展情况。如果发现实际进度出现了偏差，则应分析偏差产生的原因和对项目总体进度的影响，并找出解决问题的方法，确保项目进度总目标的实现。

2）项目进度控制的原理

项目进度控制原理包括动态控制原理、系统原理、封闭循环原理、信息原理和弹性原理。

（1）动态控制原理。项目进度控制是一个动态过程，也是一个循环进行的过程。当产生进度偏差时，就应采取措施，调整计划，使实际与计划在新的起点上重合。但在新的因素干扰下，又可能产生新的偏差，又需按上述方法进行控制。这就是进度控制的动态控制原理。

（2）系统原理。进行项目的进度控制，首先要编制项目的各种计划，包括进度计划、资源计划等，这些范围大小、详略程度不同的计划，共同构成了项目的计划系统；项目的执行涉及不同的主体、人员，这就形成了项目的实施组织系统；为了保证项目的总进度，不同职能部门的人员负责不同的进度控制责任，部门间分工协作，形成了一个纵横相连的项目进度控制系统。所以，项目的进度控制实际上就是用系统的理论和方法解决系统问题。

（3）封闭循环原理。项目进度控制的全过程是一个循环性的工作，其工作包括计划的编制、实施、检查、分析和调整，形成了一个封闭的循环系统。进度控制过程就是这种封闭循环不断运行的过程。

（4）信息原理。信息是项目进度控制的依据。项目进度的计划信息从上到下传递给项目成员；而项目的实际进度信息则自下而上反馈给管理人员。这就需要建立信息系统，不断进行信息的传递和反馈，因此，项目进度控制的过程也是一个信息传递和反馈的过程。

（5）弹性原理。项目一般工期较长且影响因素较多，这就要求在计划编制过程中充分考虑可能影响项目按时完工的各种因素，使进度计划留有余地，即具有一定弹性。在控制进度时，可以利用这些弹性缩短某些工作的持续时间，或改变工作之间的搭接关系，使项目最终能实现预定的工期目标。

8.3.2 项目进度控制的方法

项目进度控制的方法主要包括横道图比较法、S形曲线比较法、香蕉形曲线比较法、前锋线比较法和列表比较法。

1）横道图比较法

横道图比较法是指将项目实施过程中检查实际进度收集到的信息，经整理后直接用横道线并列于原计划的横道线处，以供进行直观比较的方法。这种方法明确反映了实际进度与计划进度的关系，例如将某基础工程的施工实际进度与计划进度进行比较，如图8-7所示。图中细实线表示计划进度，粗实线表示工程施工实际进度。从图中看出：在第 7 周末进行施工进度检查时，挖土 1 及混凝土 1 已完成，而挖土 2 只完成了按计划安排到第 6 周末所应该完成的进度，说明到检查日按持续时间比来进行衡量，计划要求此项工作完成 83%，而实际只完成了 67%，因而这项工作的实际进度已经比计划进度落后了 16%。

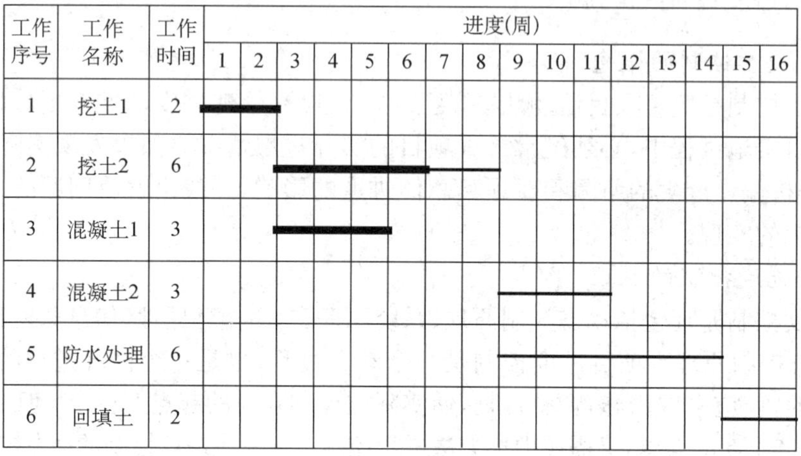

工作序号
工作名称
工作时间
进度(周)
1 2 3 4 5 6 7 8 9 10 11 12 13 14 15 16
1 挖土1 2
2 挖土2 6
3 混凝土1 3
4 混凝土2 3
5 防水处理 6
6 回填土 2

图 8-7　某基础工程实际进度与计划进度比较的横道图

除上例中的常用比较形式外，横道图比较法还可以包括双比例单侧横道图比较法和双比例双侧横道图比较法两种形式(图 8-8、图 8-9)。两种方法的相同之处是在工作计划横道线上下两侧做两条时间坐标线，并在两坐标线内侧逐日(或每隔一个单位时间)分别记载相应工作的计划与实际累计完成比例，即形成所谓的“双比例”；其不同之处是前一方法用单侧附着于计划横道线的涂黑粗线表示相应工作的实际起止时间与持续天数，后一方法则是以计划横道线总长表示计划工作量的 100%，再将每日(或每单位时间)实际完成的工作量占计划工作总量的百分比逐一用相应比例长度的涂黑粗线交替画在计划横道线的上下两侧，从而借以直观反映计划执行过程中每日(或每一单位时间内)实际完成工作量的数量比例。

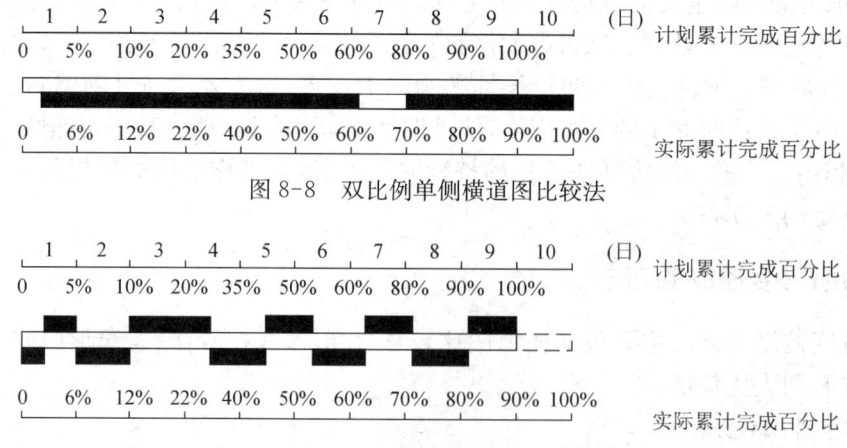

1 2 3 4 5 6 7 8 9 10 (日)
计划累计完成百分比
0 5% 10% 20% 35% 50% 60% 80% 90% 100%
0 6% 12% 22% 40% 50% 60% 70% 80% 90% 100%
实际累计完成百分比

图 8-8　双比例单侧横道图比较法

1 2 3 4 5 6 7 8 9 10 (日)
计划累计完成百分比
0 5% 10% 20% 35% 50% 60% 80% 90% 100%
0 6% 12% 22% 40% 50% 60% 70% 80% 90% 100%
实际累计完成百分比

图 8-9　双比例双侧横道图比较图

通过图 8-8 可看出，原计划用 9 天完成的一项工作其实际完成时间为 10 天，因而实际进度与计划进度相比拖延一天，这项工作的实际开始时间比计划时间推迟半天，且在第 7 天停工一日；而图 8-9 则表示计划用 9 天完成的一项工作其实际完成时间为 10 天，因而实际进度与计划进度相比拖延一天（计划横道线的虚线延长部分表示实际完成这项工作尚需的作业天数），同时通过该图计划横道线两侧涂黑粗线长度的相互比较还可一目了然地观察每天实际完成工作量数量的多少。最后，通过以上两例中两条时间坐标线上计划与实际累计完成百分比数的比较，还可直观反映计划执行过程中的每一天实际进度较计划进度的超前或滞后幅度。

2）S 形曲线比较法

由于从整个项目进展的全过程看，单位时间内完成的工作任务量一般都随着时间的递进而呈现出两头少、中间多的分布规律，即工程的开工和收尾阶段完成的工作任务量少而中间阶段完成的工作任务量多（图 8-8 和图 8-9 中两条时间坐标线上的计划与累计完成工作量的百分比数实际上已揭示出此种分布规律）。以横坐标表示进度时间，以纵坐标表示累计完成工作任务量而绘制出来的曲线是一条 S 形曲线，S 形曲线比较法就是将进度计划确定的计划累计完成工作任务量和实际累计完成工作任务量分别绘制成 S 形曲线，并通过两者的比较来判断实际进度与计划进度相比是超前还是滞后，以及得出其他各种有关进度计划执行情况的检查方法。

如图 8-10 所示，应用 S 形曲线比较法比较实际进度和计划进度两条 S 形曲线可以得出以下结论。

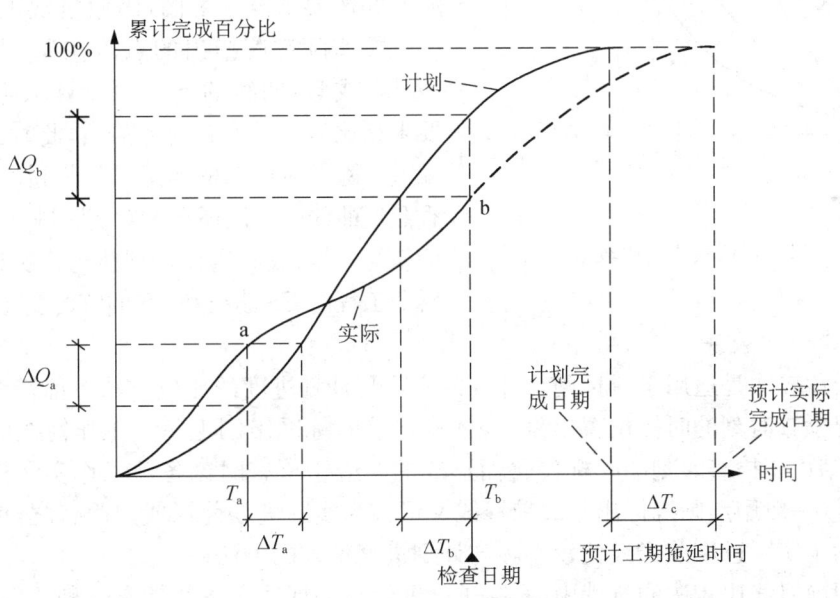

图 8-10　S 形曲线比较法

（1）实际进度与计划进度比较情况。对应于任意检查日期，与相应的实际 S 形曲线上的一点，若位于计划 S 形曲线左侧表示此时实际进度比计划进度超前，位于右侧则表示实际进度比计划进度滞后。

（2）项目实际进度比计划进度超前或滞后的时间。如图 8-10 所示，ΔT_a 表示 T_a 时刻实际进度超前的时间，ΔT_b 表示 T_b 时刻实际进度滞后的时间。

（3）项目实际比计划超出或拖欠的工作任务量。如图 8-10 所示，ΔQ_a 表示 T_a 时刻超额完成的工作任务量，ΔQ_b 表示在 T_b 时刻拖欠的工作任务量。

（4）预测工作进度。如图 8-10 所示，若按原计划速度进行，则此项工作的总计拖延时间的预测值为 ΔT_c。

3）香蕉形曲线比较法

根据网络计划的原理，网络计划中的任何一项工作均可具有最早可以开始和最迟必须开始这两种不同的开始时间。而通过 S 形曲线比较法可知，一项计划工作任务随着时间的推移，其逐日累计完成的工作任务量可以用 S 形曲线表示。于是，内含于网络计划中的任何一项工作，其累计完成的工作任务量就必然都可以借助于两条 S 形曲线概括表示：其一是按工作的最早可以开始时间安排计划进度而绘制的 S 形曲线，称 ES 曲线；其二是按工作的最迟必须开始时间安排计划进度而绘制的 S 形曲线，称 LS 曲线。由于两条曲线除在开始点和结束点相互重合以外，ES 曲线上的其余各点均落在 LS 曲线的左侧，从而使得两条曲线围合成一个形如香蕉的闭合曲线圈，故将其称为香蕉形曲线，如图 8-11 所示。

通常，在项目实施的过程中，进度管理的理想状况是在任一时刻按实际进度描出的点均落在香蕉形曲线区域内，因为这说明实际进度被控制于工作的最早可以开始时间和最迟必须开始时间的要求范围之内，因而呈现正常状态；而一旦按实际进度描出的点落在 ES 曲线的上方（左侧）或 LS 曲线的下方（右侧），则说明与计划要求相比实际进度超前或滞后，此时已产生进度偏差。除了对项目的实际与计划进度进行比较，香蕉形曲线的作用还在于对实际进度进行合理的调整与安排，或确定在计划执行情况检查状态下后期工程的 ES 曲线和 LS 曲线的变化趋势。

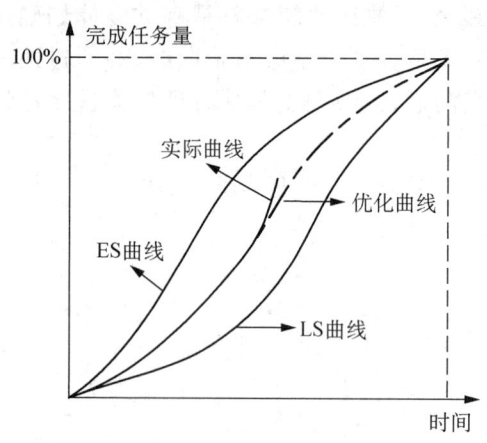

图 8-11　香蕉线曲线比较法

4）前锋线比较法

前锋线比较法是适用于时标网络计划的实际与计划进度的比较方法。前锋线是指从计划执行情况检查时刻的时标位置出发，经依次连接时标网络图上每一工作箭线的实际进度点，再最终结束于检查时刻的时标位置而形成的对应于检查时刻各项工作实际进度前锋点位置的折线（一般用点画线标出），故前锋线又可称为实际进度前锋线。简言之，前锋线比较法就是借助于实际进度前锋线比较实际与计划进度偏差的方法。

在应用前锋线比较法的过程中，实际进度前锋点的标注方法通常有两种：其一是按已完工作量实物量标定，其二是按工作尚需的作业天数来进行标定，通常后一方法更为常用。在图 8-12 中，位于右边的一条实际进度前锋线表示在计划进行到第 4 天末第 2 次检查实际进度时，工作 C、E、B、D 的尚需作业天数各为 2 天、1 天、3 天、1 天。前锋线比较法的主要用法可概括为以下三个方面。

（1）比较实际进度与计划进度。对应于任意检查日期，工作实际进度点位置与检查日时间坐标相同，则被检查工作实际与计划进度一致；而其位于检查日时间坐标右侧或左侧，则表明被检查工作实际进度超前或滞后，其超前或滞后天数则为实际进度点所在位置与检

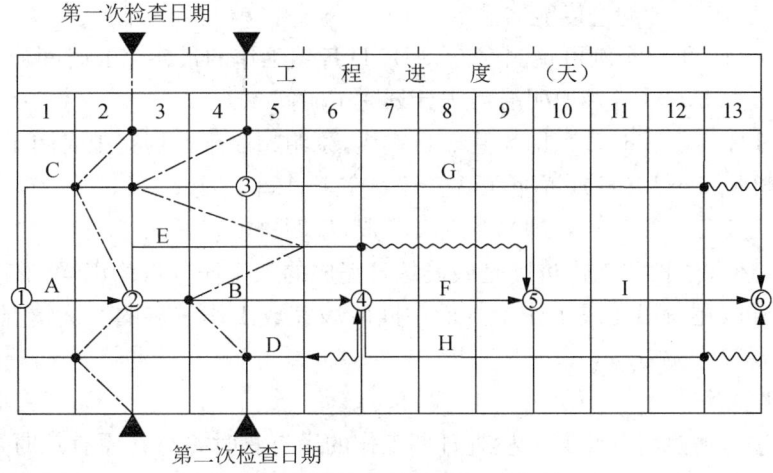

图 8-12 某网络计划前锋线比较图

查日二者之间的时间间隔。结合图 8-12 所示实例,经观察可知在第 2 次检查实际进度时,工作 E 超前于计划进度 1 天,工作 D 正常,工作 C、B 则分别滞后于计划进度 2 天、1 天。

(2) 分析工作的实际进度能力。工作进度能力是指按当前实际进度状况完成计划工作的能力,工作的实际进度能力可由工作进度能力系数表示。

$$\beta_{ij} = \frac{\Delta t}{\Delta T} \tag{8-1}$$

式中 β_{ij} ——工作 i,j 的进度能力系数;

Δt ——相邻两实际进度前锋点的时间间隔;

ΔT ——相邻两次检查日期的时间间隔。

如结合图 8-12 所示实例可分别求得 C、E、B、D 当前的工作能力系数分别为:

$$\beta_C = (2-1)/(4-2) = 0.5$$
$$\beta_E = (5-2)/(4-2) = 1.5$$
$$\beta_B = (3-2)/(4-2) = 0.5$$
$$\beta_D = (4-1)/(4-2) = 1.5$$

工作进度能力系数取值大于、小于或等于 1,分别表示按当前实际进度能充分满足、不能满足或恰好满足相应的工作按计划进度如期完成的需要。因此,工作的实际进度能力分析对项目进度管理具有重要意义。

(3) 预测工作进度。假定维持到检查日期测算得出的当前实际进度能力,则进度计划所安排的各项工作其最终的完成时间可依据下述公式进行预测:

$$R_{ij} = T + \frac{d_{ij}}{\beta_{ij}} \tag{8-2}$$

式中 R_{ij} ——工作 i,j 的预测日期;

T ——当前检查日期;

d_{ij} ——工作 i,j 的尚需作业天数;

β_{ij} ——工作 i, j 的进度能力系数。

如结合图 8-12 所示实例可预测 C、E、B、D 各项工作的最终完成时间分别为：

$R_C = 4 + 2/0.5 = 8$（日）（说明滞后于计划完工时间 4 天）；

$R_E = 4 + 1/1.5 = 4.6$（日）（即当月 5 日完成，说明超前于计划完工时间 1 天）；

$R_B = 4 + 3/0.5 = 10$（日）（说明滞后于计划完工时间 4 天）；

$R_D = 4 + 1/1.5 = 4.6$（日）（即当月 5 日完成，说明进度正常）。

当然，用上述方法预测工作进度是假设每日完成的工作任务量均以均匀速度进展，这就可能因与前期和收尾阶段完成工作量少而中间阶段完成工作量多的实际情况不符，从而导致预测结果出现较大偏差。

5）列表比较法

列表比较法是通过将截止某一检查日期工作的尚有总时差与其原有总时差的计算结果列于表格之中进行比较，以判断工程实际进度与计划进度相比超前或滞后情况的方法。由网络计划原理可知，工作总时差是在不影响整个工作任务按原计划工期完成的前提下，该项工作在开工时间上所具有的最大选择余地。因而到某一检查日期各项工作尚有总时差的取值，实际上标志着工作进度偏差及能否如期完成整个工程进度计划的不同情况。

工作尚有总时差可定义为，检查日到此项工作的最迟必须完成时间的尚余天数与自检查日算起该工作尚需的作业天数之差。将工作尚有总时差与原有总时差进行比较，形成的进度计划执行情况检查的具体结论可归纳如下：

（1）若工作尚有总时差大于原有总时差，则说明该工作的实际进度比计划进度超前，且为两者之差；

（2）若工作尚有总时差等于原有总时差，则说明该工作的实际进度与计划进度一致；

（3）若工作尚有总时差小于原有总时差但仍为正值，则说明该工作的实际进度比计划进度滞后，但计划工期不受影响，此时工作实际进度的滞后天数为二者之差；

（4）若工作尚有总时差小于原有总时差且已为负值，则说明该工作的实际进度比计划进度滞后，且计划工期已受影响，此时工作实际进度的滞后天数为二者之差，而计划工期的延迟天数则与工序尚有总时差天数相等。

列表比较法可同时适用于网络计划执行情况的检查，结合图 8-12 所示实例，可对第二次检查进度时网络计划的实际执行情况列表进行比较和判断，如表 8-2 所示。

表 8-2 工程进度检查比较表

工作名称或代号	检查日	自检查日起工作尚需作业天数	工作的最迟完成时间	检查日到最迟完成时间尚余天数	工作原有总时差	工作尚有时差	判断结论		
							工作进度（天）		工期
							超前	滞后	
(1)	(2)	(3)	(4)	(5)=(4)-(1)	(6)	(7)=(5)-(3)	(8)=(7)-(6)	(9)=(7)-(6)	(10)
C	4	2	5	1	1	−1		2	延迟 2 天
E	4	1	9	5	3	4	1		
B	4	3	6	2	0	−1		1	延迟 1 天
D	4	1	6	2	1	1	0	0	

8.3.3 项目进度控制的措施

进度控制的目的就是通过控制以实现项目的进度目标，也即项目实际实施周期不超过计划的周期。影响进度的因素相当多，进度控制中的协调量也相当大。在项目实施过程中经常出现进度偏差，即实际进度偏离计划进度，需要采取相关措施进行控制。

进度控制措施主要包括组织措施、管理措施（包括合同措施）、经济措施等。

1) 组织措施

组织是目标能否实现的决定性因素，因此进度纠偏措施应重视相应的组织措施，进度纠偏的组织措施主要包括以下内容。

健全项目管理的组织体系，如需要，可根据项目实施的实际情况调整组织结构，避免项目组织中的矛盾，多沟通。

在项目组织结构中应有专门的工作部门和符合进度控制岗位资格的专人负责进度控制工作，根据需要还可以加强进度控制部门的力量。

对于相关技术人员和管理人员，应尽可能加强教育和培训；工作中采用激励机制。

进度控制的主要工作环节包括进度目标的分析和论证、编制进度计划、定期跟踪进度计划的执行情况、采取纠偏措施，以及调整进度计划，检查这些工作任务和相应的管理职能是否在项目管理组织设计的任务分工表和管理职能分工表中标示并落实。

编制项目进度控制的工作流程，如：确定项目进度计划系统的组成；各类进度计划的编制程序、审批程序和计划调整程序等，并检查这些工作流程是否受到严格落实，是否根据需要进行调整。

进度控制工作包含了大量的组织和协调工作，而会议是组织和协调的重要手段，因此可进行有关进度控制会议的组织设计，明确会议的类型，各类会议的主持人、参加单位和人员，各类会议的召开时间，各类会议文件的整理、分发和确认等。

2) 管理措施

项目进度控制纠偏的管理措施涉及管理思想、管理方法、管理手段、合同管理和风险管理等。在理顺组织的前提下，科学和严谨的管理显得十分重要。在项目进度控制中，项目参与单位在管理观念方面可能会存在以下可能会导致进度拖延的问题：

缺乏进度计划系统的观念，分别编制各种独立而互不联系的计划，形成不了计划系统；

缺乏动态控制的观念，只重视计划的编制，而不重视及时地进行计划的动态调整；

缺乏进度计划多方案比较和选优的观念，合理的进度计划应体现资源的合理使用、工作面的合理安排。

进度控制的管理措施主要包括以下几个方面：

采用网络计划方法进行进度计划的编制和实施控制。例如：当进度出现滞后，通过改变网络计划中活动的逻辑关系是有效方法之一。如将前后顺序工作改为平行工作，或采用流水施工的方法；将一些工作包合并，特别是关键线路上按先后顺序实施的工作包合并，通过局部地调整实施过程和人力、物力的分配，达到缩短工期的目的。

分析影响项目进度的风险，并在分析的基础上采取风险管理措施，以减少引起进度失控的风险量。常见影响工程进度的风险有组织风险、管理风险、合同风险、资源（人力、物力和财力）风险和技术风险等。

利用信息技术(包括相应的软件、局域网、互联网以及数据处理设备)辅助进度控制。虽然信息技术对进度控制而言只是一种管理手段,但它的应用有利于提高进度信息处理的效率、有利于提高进度信息的透明度、有利于促进进度信息的交流和项目各参与方的协同工作。尤其是对一些大型项目,或者空间位置比较分散的项目,采用专业进度控制软件有助于进度控制的实施。

3) 经济措施

项目进度控制的经济措施主要涉及资金需求计划、资金供应的条件和经济激励措施等。经济措施主要包括以下几项主要内容:

编制与进度计划相适应的资源需求计划(资源进度计划),包括资金需求计划和其他资源(人力和物力资源)需求计划,以反映项目实施的各时段所需要的资源。通过资源需求的分析,可发现所编制的进度计划实现的可能性,若资源条件不具备,则应调整进度计划。资金供应条件包括可能的资金总供应量、资金来源(自有资金和外来资金)以及资金供应的时间。

在项目预算中考虑加快项目进度所需要的资金,其中包括为实现进度目标将要采取的经济激励措施等所需要的费用。

8.4 计算机辅助项目进度管理

项目管理技术与计算机技术的发展是密不可分的,20 世纪 80 年代,随着微型计算机技术的发展,大量软件被应用于实际的项目管理中。以 Primavera 6.0、Project 等为代表的进度管理软件,为项目的进度管理提供了极大的便利。

8.4.1 计算机辅助进度管理软件的核心功能

计算机辅助进度管理软件的核心功能主要体现在以下五个方面。

1) 项目范围规划和责任分配

项目范围管理是指对项目包括什么与不包括什么的定义与控制过程,这个过程用于确保项目管理团队和项目利益相关方对作为项目结果的项目产品以及生产这些产品所用到的过程有一个共同的理解。

范围定义是指将项目可交付成果细分为较小的、更易管理的组分。这个过程中,项目组要建立一个企业项目分解体系(Enterprise Project Structure,简称 EPS)、项目群分解结构(Program Breakdown Structure,简称 PBS)和项目的工作分解结构(Work Breakdown Structure,简称 WBS)。EPS、PBS 和 WBS 的建立对项目管理来说意义非常重大,它使得原来看起来非常笼统、非常模糊的项目目标变得清晰,使得项目管理有依据。通过 EPS、PBS、WBS 与组织分解结构(Organization Breakdown Structure,简称 OBS)建立对应分配关系,项目管理团队成员的工作目标和职责也变得清楚明晰。图 8-13 所示为 EPS、PBS 和 WBS 结构与 OBS 对应关系。

除 EPS、PBS、WBS 和 OBS 外,费用分解结构(Cost Breakdown Structure,简称 CBS)和资源分解结构(Resource Breakdown Structure,简称 RBS)也是进度管理专业软件所必备

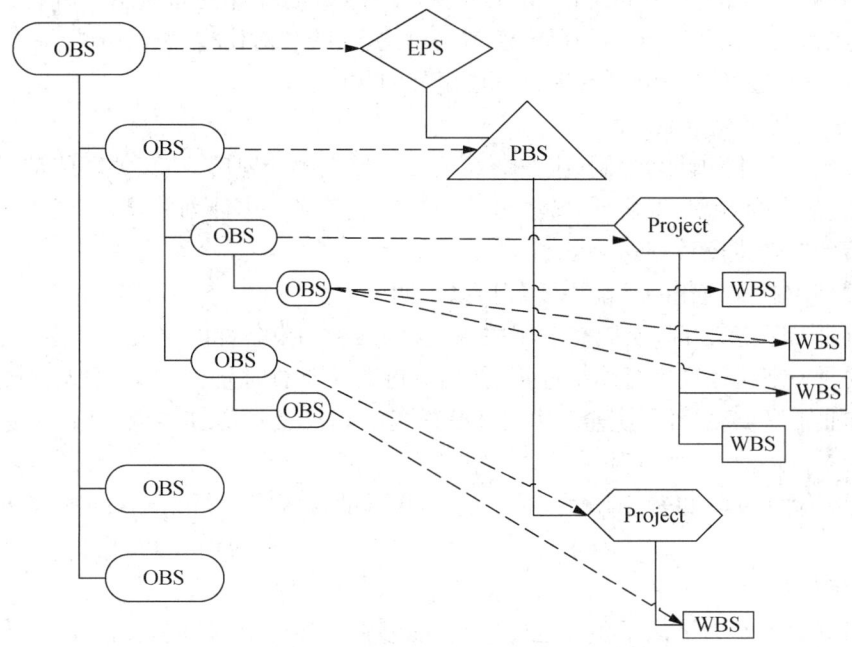

图 8-13　EPS、PBS 和 WBS 结构与 OBS 对应关系

的要素。

作为进度管理专业软件，在项目范围规划和责任分配方面应具有的基本功能包括以下方面：

（1）具备建立企业项目结构和项目群分解结构体系功能（EPS 和 PBS 树功能）。

（2）在项目分解结构体系的任何一级上，可以进行选中内容（子项目）的计划进度显示、实际进度显示、计划工程量（工作量）和实际工程量（工作量）的统计汇总显示。所有显示可进行目标对比分析，对比的方式至少包括横道图法对比、曲线法对比。

（3）具备建立工作分解结构体系功能（WBS 树功能）。

（4）在 WBS 树的任何一级上可以进行选中内容（WBS 子节点）的计划进度显示、实际进度显示、计划工程量（工作量）和实际工程量（工作量）的统计汇总显示。所有显示可进行目标对比分析，对比的方式至少包括横道图法对比、曲线法对比。

（5）具备建立组织分解结构体系功能（OBS 树功能）。

（6）在 OBS 树的任何一级上可以进行选中内容（OBS 子节点）的计划进度显示、实际进度显示、计划工程量（工作量）和实际工程量（工作量）的统计汇总显示。所有显示可进行目标对比分析，对比的方式至少包括横道图法对比、曲线法对比。

（7）具备建立投资分解结构体系功能（CBS 树功能）。

（8）在 CBS 树的任何一级上可以进行选中内容（CBS 子节点）的计划进度显示、实际进度显示、计划工程量（工作量）和实际工程量（工作量）的统计汇总显示。所有显示可进行目标对比分析，对比的方式至少包括横道图法对比、曲线法对比。

（9）具备建立资源分解结构体系功能（RBS 树功能）。

（10）在 RBS 树的任何一级上可以进行选中内容（RBS 子节点）的计划进度显示、实际进度显示、计划工程量(工作量)和实际工程量(工作量)的统计汇总显示。所有显示可进行目标对比分析，对比的方式至少包括横道图法对比、曲线法对比。

(11) 具备通过 WBS 和 OBS 构成责任矩阵的功能。

2) 综合计划编制和优化

项目实施过程中的计划编制，应在形成项目实施主导计划后，让相关职能部门编制各自的业务计划，如资金计划、采购计划、质量计划和安全环境工作计划等，形成涵盖项目管理绝大部分内容的综合进度计划。

进度计划编制和优化的功能主要包括以下四个方面。

(1) 作业工序定义，时间估算，逻辑关系定义，各种约束条件的定义。

(2) 按照关键路径法进行网络计算，得出关键路径及总时差、自由时差等参数。

(3) 作业工序加载资源、资金等数据，设置资源驱控及日历等参数，并作为进度计算的依据。

(4) 能够统计资源和费用用量，对于超出可用量的区间进行指示，并能够进行优化和分析。

3) 目标管理

计划设立目标是为了便于项目进度控制，能够将实际绩效与目标进行比较，发现可能发生的重大偏差，及时采取必要的纠偏行动。进度计划专业管理软件一般具有以下目标管理功能：

(1) 具有目标的建立、维护功能，将现行计划保留成为目标的功能；

(2) 具备主要目标(进度、资源、费用)与项目计划结合功能；

(3) 一个项目可以有多个目标对比的功能；

(4) 具有可视化项目组合分析对比功能；

(5) 具有目标监控值设置、定期监控功能；

(6) 具有警示提醒功能，便于实施计划例外管理；

(7) 关键目标信息可逐层汇总功能；

(8) 在 EPS、PBS、WBS 等不同的层面可关联目标。

4) 计划反馈、进度分析和更新

分析是控制决策与优化管理的基础，目标与实际反馈是分析的依据。进度分析的内容与深度对不同的管理层有不同的要求。进度分析包括以下三个方面：

(1) 责任事项综述，近期进度安排编制。

(2) 工作任务完成情况汇总。汇总数据包括本期完成、累计完成、计划要求完成、与目标计划的差值以及进度趋势等。

(3) 资源分析。分析包括本期数、累计值、计划值、差值、劳动生产率、资源使用情况以及费用情况等。

由于目标的多样性，作业反馈确认时限的不一样，对于不同类型目标，可采用不同的分析周期控制措施。图 8-14 反映了进度分析与控制的基本流程。

进度控制专业软件一般具有以下计划反馈、进度分析和更新的功能：

(1) 支持多目标对比分析功能。

(2) 支持赢得值技术的评价方式。

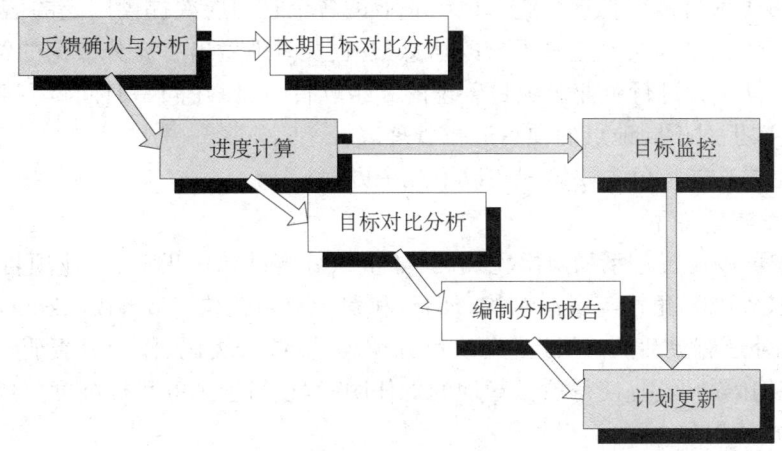

图 8-14　项目进度分析与控制的基本流程

（3）可以对工序、工序步骤、里程碑和 WBS 节点进行进度跟踪，即可以基于这些对象反馈实际进度。

（4）可以给出进度偏差 SV 和费用偏差 CV。

（5）可以给出进度绩效指数 SPI 和费用绩效指数 CPI。

（6）可以简约地显示出实际与计划的差别，横道图和 S 曲线的对比是必须的，最好能够以表格的形式显示具体的数据（计划值、实际值和预测值）。

（7）可以简约地显示出进度时间线。

（8）应提供多样化的进度采集方法，如通过局域网、电子邮件和 Web 工具实现进度采集。

（9）可以自动派发计划的工作给相关的责任人/部门/单位进行进度情况的反馈。

5）报表与信息发布功能主要体现的四个方面

（1）应具有反映计划安排的标准报表。

（2）应具有反映实际进度的标准报表。

（3）应有反映计划安排与实际进度对比的标准报表。

（4）应提供 Web 发布，将标准报表/图形发布成网页的功能。

8.4.2　Primavera 6.0 软件介绍

Primavera 6.0 软件简称 P6，是美国 Primavera 公司产品。软件采用最新的 IT 技术，在大型关系数据库 Oracle 和 MS SQL Server 上构架起企业级的、包涵现代项目管理知识体系的、具有高度灵活性和开放性的、以计划—协同—跟踪—控制—积累为主线的工程项目管理软件，是项目管理理论演变为实用技术的经典之作。

P6 软件支持多用户在同一时间内集中存取所有项目的信息，它是一个集成的解决方案，包括有基于 WEB、基于 C/S 结构等不同的组件以满足不同角色的项目管理人员的使用。

P6 软件使得进度的集成简单化，增强了协同工作功能（沟通协作平台），并且既能支持团队管理单一项目，也支持管理复杂的大型项目（包含多个项目）。使用 P6 软件，可以使企业在优化有限的、共享的资源的前提下对多项目进行预算、确定项目的优先级、编制项目的计划，并且对多个项目进行管理。它可以给企业的各个管理层次提供广泛的信息，各个管理层次都可以分析、记录和交流这些可靠的信息，并且及时地做出有充分依据的符合公司目标的决定。P6 软件包含进行企业级项目管理的一组软件，可以在同一时间跨专业、跨部门，在企业的不同层次上对不同地点的项目进行管理。

P6 软件主要功能特色主要体现在以下几个方面。

1）精深的编码体系

P6 软件中可以设置一系列层次化编码，如组织分解结构（OBS）、企业项目结构（EPS）、工作分解结构（WBS）、角色与资源结构（RBS）和费用科目结构（Cost Breakdown Structure，简称 CBS）；此外还有灵活的日历选择、项目分类码、资源分类码、作业分类码以及用户自定义字段。这些编码的运用，使得项目管理的责任明确，项目管理的目标高度集成。

2）简便的计划编制

P6 具有最为专业的计划编制功能，如图 8-15 所示，标准的计划编制流程、在 WBS 上可设置里程碑和赢得值、方便地增加作业、可视的逻辑关系连接、全面的 CPM 进度计算方式、项目工作产品及文档体系与作业的关联、作业可加载作业分类码、作业可分配记事本、作业可以再分步骤、步骤可以设权重及实现了计划编制的便捷性等。

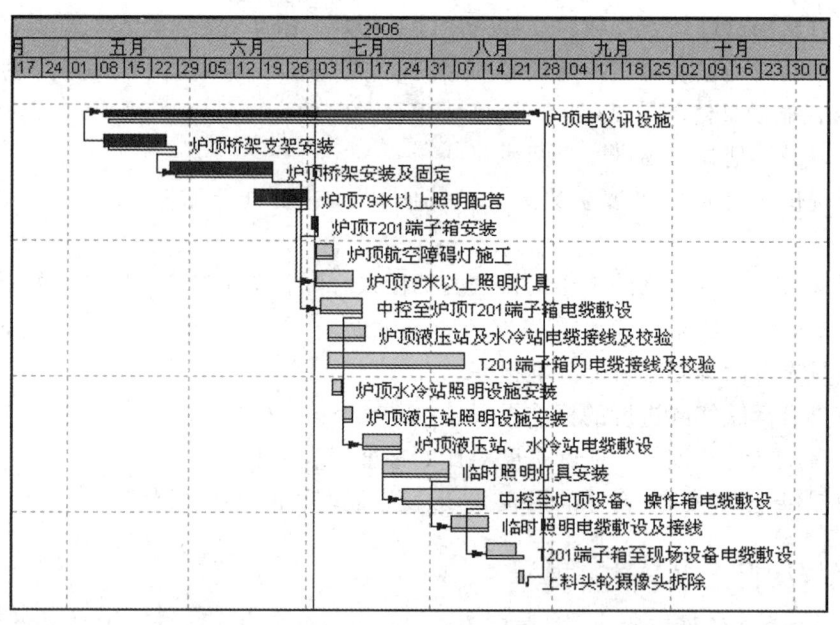

图 8-15　在 P6 软件中编制计划

3）深度的资源与费用管理

资源与费用管理一直以来是 Primavera 软件的强项。在以前版本的基础上，P6 软件还增加了角色、资源分类码功能；此外，增加对其他费用的管理功能，使得费用管理视角更加开阔；增加投资与收益的管理功能，使得投资回报率始终在掌控之中，如图 8-16 所示。

4）理想的协同工作与计划更新

P6 软件引导标准的项目控制与更新流程。在项目的目标建立后，可以进行临界值的定义，以便实现及时的监控。为了实现协同工作，P6 软件可以采用任务服务的方式自动按时

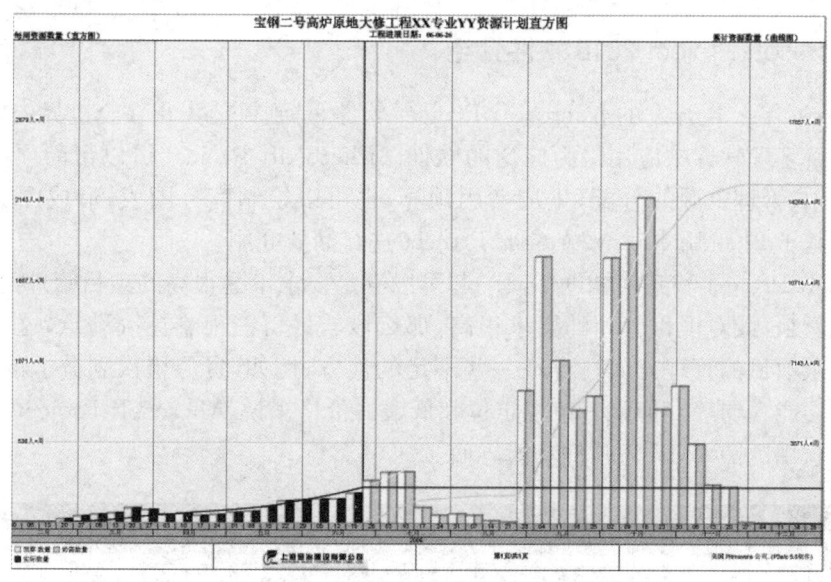

图 8-16　在 P6 软件中进行资源和费用管理

定期将计划下达给执行单位或人员，让他们知道"什么时候该做什么"。项目进度的反馈更是不拘一格，使用 P6 软件可在本地局域网上反馈进度；使用 PR(Progress Reporter)则可通过 IE(Internet Explorer)反馈进度；还可以使用 Primavision 通过 Web 来反馈进度。但是，不管采用什么方式反馈进度，P6 软件中都有批准的机制把关。

　　5) 全面的项目更新数据分析

　　进度跟踪反馈之后，P6 软件提供了专业的数据分析，包括现行计划与目标的对比分析、资源使用情况分析、工作量(费用)完成情况分析和赢得值分析。特别设置的"问题监控"功能，可以将焦点一下子聚集到最为关心的事情上。

　　6) 专业的项目管理辅助工具

　　到目前为止，几乎所有能够想到的辅助管理工具在 P6 软件中都考虑到了：客户化的视图制作；多种预设好的报表；方便的总体更新；计划任务自动下达(Job Service)；项目信息网上发布；P3 项目的导入/导出；满足移动办公的 Check In /Check Out；获取 EXP 相关数据等。

　　7) 体系的多级计划处理

　　管理好复杂的大型项目或项目群，一项非常重要的工作是要建立起完备的计划进度控制管理体系。P6 软件继承以前版本的成功经验，能非常方便地建立计划级别及编制流程、实现多级计划的数据传递与交换、实现多级计划的跟踪与分析。

　　8) 缜密的用户及权限管理

　　P6 软件具有良好的安全配置，为用户设置了企业级项目管理软件所要考虑的一切必要安全管理功能。

　　9) 实用的工时单管理

　　为了计划的落实，让执行人员或单位及时获得计划任务并反馈进度是至关重要的。P6 软件自动定期派发作业任务和工时单；对软件反馈上报的工时单，P6 软件还考虑了工时单批准功能，只有批准的工时单才能更新 P6 软件数据库的内容。

8.4.3　Microsoft Project 2016 软件介绍

由 Microsoft 公司开发的 Microsoft Project 软件,是到目前为止在全世界内以进度计划为核心的项目管理软件中应用最为广泛的软件。Microsoft Project 可以帮助项目管理人员编制进度计划,管理资源的分配,生成费用预算,也可以绘制商务图表,形成图文并茂的报告。本节将基于 2016 版本对 Microsoft Project 进行简要介绍。

Microsoft Project 和其他辅助工具一起可以满足要求不是很高的项目管理的需求;但如果项目比较复杂,或对项目管理的要求很高,那么该软件可能很难让人满意,这主要是该软件在处理复杂项目的管理方面还存在一些不足的地方,例如,资源层次划分上的不足,费用管理方面的功能太弱等。但就其市场定位和低廉的价格来说,Microsoft Project 是一款不错的项目管理软件。图 8-17 为软件功能界面。

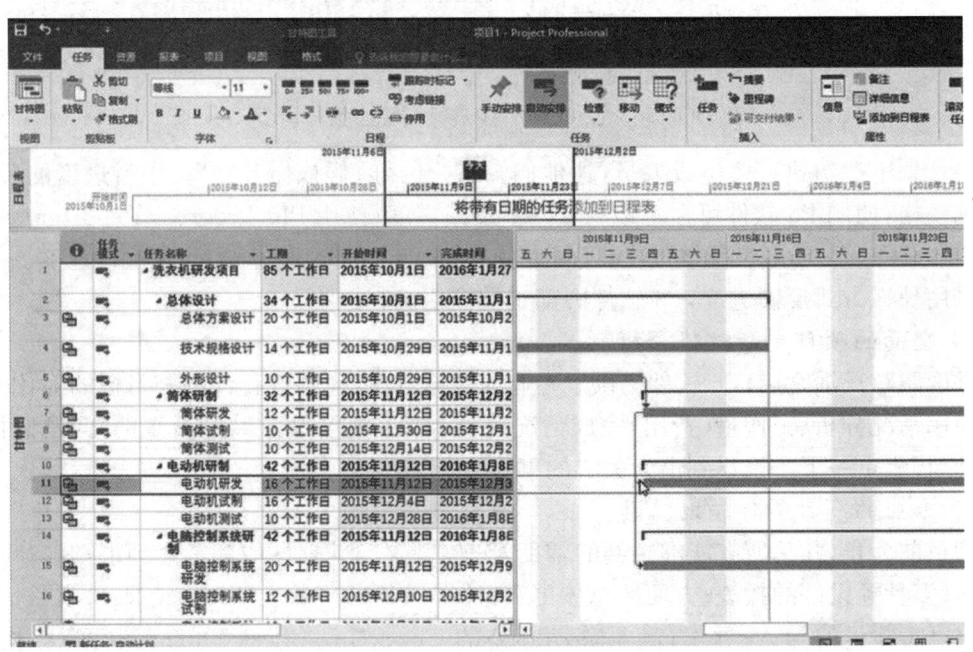

图 8-17　Microsoft Project 2016 功能界面

Microsoft Project 广泛应用于各类 IT 集成及开发项目、新产品研发、工程建设项目、投资项目等各类项目,它将先进的项目管理思想与信息技术结合,帮助企业规范项目管理的流程和增强执行效果。系统学习和使用 Project 软件,可以帮助企业提高项目经理和管理人员的实战能力,有效地监控和管理各类运营项目,更有效地进行团队的协作管理和项目目标的完成,优化工作流程,提升企业竞争力。

Microsoft Project 2016 根据使用者和项目计划方案,将版本划分为项目经理、小组成员、PMO 和高管人员三种类型 6 个版本,具体如下:

(1) Microsoft Project 2016 标准版。提供了最新最便捷的功能,用户能够快速入门,可以使用 Office.com 中的最新 Project 模版。Project 2016 提供了丰富的功能,协助用户进行项目进度管理。

(2) Microsoft Project 2016 精简版。面向团队成员的配套产品,主要用于管理任务、开展协作和提交时间表。

（3）Microsoft Project 2016 专业版。内置了有效管理项目的创新方法，既能通过 Office 365 或 SharePoint 从任意位置中展开当前的项目，而且还能通过 Skype for Business 功能，呼叫团队成员或向其发送即时消息，从而实现即时沟通。此外，该版本还增添了"预测项目变化"和"改进日常协作"等功能。

（4）Microsoft Project Server 版。适用于组合管理和日常工作，该版本需要与 SharePoint 2013 协作进行。在该版本中，用户可以选择多种设备和浏览器来查看、编辑、提交和协作处理项目与工作日程，或者借助 PWA(Project Web App)规划和管理任务。

（5）Microsoft Project Online 版。具有联机解决方案的功能。

（6）Microsoft Project Pro for Office 365 版。该版本除了可以使用 Project 专业版中所有的功能外，还允许用户在多达五台运行 Windows 系统的电脑设备上安装 Project，并保证在订阅期间自动安装更新。

Microsoft Project 2016 提供了一系列可靠的项目管理工具，这些工具将可用性、功能和灵活性完美地融合在一起，使项目管理者可以更加有效地管理项目。通过与熟悉的 Microsoft Office System 程序、强大的报表选件以及指导性的计划、向导和模板进行集成，用户可以对所有信息了如指掌，控制项目的工作、日程和财务状况，与项目组保持密切合作并提高工作效率。Microsoft Project 2016 的主要功能体现在以下八个方面。

（1）有效地管理和了解项目日程。设置对项目组和客户的现实期望，以制订日程、分配资源和管理财务。通过各种功能了解日程，这些功能包括用于追溯问题根源的"任务驱动因素"、用于测试方案的"多级撤销"以及用于自动为受更改影响的任务添加底纹的"更改突出显示"。

（2）快速提高工作效率。项目向导是一种逐步交互式计划辅助工具，可以帮助用户快速掌握项目管理流程。该工具可以根据不同的用途进行自定义，能够引导用户完成创建项目、分配任务和资源、跟踪和分析数据以及报告结果等操作。直观的工具栏、菜单和其他功能，使用户可以快速掌握项目管理的基本知识。

（3）利用现有数据。可以与其他 Microsoft Office System 程序平滑集成。通过将 Microsoft Office Excel 和 Microsoft Office Outlook 中的现有任务列表转换到项目计划中，只需几次键击操作即可创建项目。可以将资源从 Active Directory 目录服务或 Microsoft Exchange Server 通讯簿添加到项目中。

（4）构建专业的图表和图示。"可视报表"功能可以基于项目数据生成 Microsoft Office Visio Professional 图示和 Office Excel 图表的模板，用户可以使用该功能通过专业的报表和图表来分析和报告项目数据。用户可以与其他用户共享所创建的模板，也可以从可自定义的现成报表模板列表中进行选择。

（5）有效地交流信息。根据负责人的需要，轻松地以各种格式显示信息。您可以设置一页日程或其他报表的格式并进行打印；可以顺畅地将数据导出到 Microsoft Office Word 中以用于正式文档，导出到 Office Excel 中以用于自定义图表或电子表格，导出到 Microsoft Office PowerPoint 中以用于清晰演示文稿，或导出到 Office Visio 中以用于图示。

（6）进一步控制资源和财务。可以轻松地为任务分配资源，还可以调整资源的分配情况以解决分配冲突。通过"预算跟踪"，可以为项目和计划分配预算，从而控制财务状况。通过"成本资源"和新的财务字段,可以改进成本估算,这些字段可以轻松映射到项目的会计和财务系统中。

(7) 快速访问所需信息。用户可以按任何预定义字段或自定义字段对 Project 数据进行分组。通过合并数据,可以快速查找和分析特定信息,从而节约时间。可以轻松标识项目不同版本之间的更改,可以有效地跟踪日程和范围的更改。

(8) 根据需要跟踪项目。可以使用一组丰富的预定义或自定义衡量标准来帮助用户跟踪所需的数据(完成百分比、预算与实际成本、盈余分析等)。用户可以通过在基准(最多11个)中保存项目快照,来跟踪项目进行期间的项目性能情况。

除了上述基本功能,作为 Project 软件的最新版本,Microsoft Project 2016 还有以下新增功能。

(1) 更灵活的日程表功能。Project 2016 更改了日程表功能,用户不仅可以利用多个日程表来展示工作的不同阶段或类别,而且还可以单独为每个日程表设置开始时间和结束时间,以便可以清晰地描绘所涉及的工作的总体情况。

(2) 改进的资源调度控制功能。在 Project 2016 专业版和 Project Online 中,用户可以设置"资源预定"的协议,确保资源的合理调度。资源经理在软件中可以将一些资源设置为在其分配过程中需要审批;项目经理在使用这些资源时,需要提交包含资源的日期范围、小时数、资源特定百分比等预订请求;资源经理审阅项目经理提出的请求,并接受、建议更改或拒绝该请求;项目经理可以在"资源计划"视图中刷新预定状态,实时查看资源经理的答复。

(3) 快速搜索功能。Project 2016 增加了全新的 Office 助手 Tell Me,该助手可以帮助用户快速查找或搜索一些帮助。

复习思考题

1. 网络计划的制订有哪些方法?
2. Project 2016 有哪些新增功能?除了本章介绍的进度管理软件外,请列举国内外至少三个进度管理专业软件,并对其功能进行对比分析。

第9章 项目成本管理

项目以营利为目标,项目营利的有效途径是节约项目成本,即使是非营利项目也要进行成本管理,以避免浪费资源。基于项目实施资源的约束性以及项目相关利益者的根本目标,项目成本管理无疑是关系到项目成败的关键因素之一。

9.1 项目成本管理概述

9.1.1 成本管理理论的发展

自19世纪产业革命以来,企业对成本的管理主要经历了三个阶段:第一阶段是经验管理阶段(19世纪工业革命至19世纪末期),该阶段出现了分批成本计算、分步成本计算和成本会计的雏形。第二阶段是科学管理阶段(20世纪初期至第二次世界大战末期),该阶段产生了以泰罗为代表的科学管理、标准成本会计制度,形成了以标准成本为中心的科学成本管理制度。第三阶段是现代管理阶段(第二次世界大战后至今),该阶段的成本管理应用了本量利分析、预算控制、责任会计、行为科学及目标管理等现代管理方法,使企业成本进入了现代管理阶段。

企业成本管理的实施是基于多种理论的,以下为几种常见的成本管理基础理论:系统理论、信息理论、控制理论、组织理论、行为理论、决策理论和效益理论。系统理论在成本管理中的具体应用是成本管理系统,它要求建立成本指标体系、成本责任体系、成本执行体系、成本协调体系、成本检查体系及成本信息体系等来形成企业的成本管理体系。信息理论在成本管理中的具体应用是成本信息管理系统,企业主要通过搜集原始信息、加工信息、传输信息及建立和健全信息反馈系统等环节来建立成本信息管理系统。控制理论在企业成本管理的应用体现在成本控制系统的构建、进行成本的优化控制、采用分级、分层和分段式综合成本控制等方面。组织理论在成本管理的应用体现在企业的组织设计上,它要求明确统一性原则、有效性原则、责权一致原则、管理幅度适当原则、专职管理和群众管理相结合原则及集权和分权相结合原则。将行为理论应用于成本管理,通过探索人的行为规律以更高效、有序地实现成本控制目标。行为理论包含群体行为理论、个体行为理论、组织行为理论和领导行为理论。成本管理的过程也是一个决策的过程,运用决策理论使得企业合理科学地进行成本管理中的目标确定、信息搜集与预测、方案拟定与择优选择和方案实施与信息反馈等步骤。经济效益是评价企业是否处于最佳状态的重要标志,在成本管理中,充分提高成本管理的效益有利于成本控制目标的实现。在成本管理的过程中,科学运用这7种理论是企业生存的根本保障。

9.1.2 项目成本及分类

1) 项目成本及构成

项目成本是指为达到项目目标所需资源的货币体现。在项目的发起阶段，就需要识别与项目有关的所有可能的成本要素。项目成本由以下要素构成：

（1）人工成本。人工成本是为项目工作的各类人员所支付的报酬。人是项目管理中的首要因素，比项目中不可或缺的设备和工具更为重要。

（2）材料成本。材料成本是指项目团队为了实施项目所购买的各种原料、材料的成本。对于建筑项目，材料成本相当高，包括钢筋、混凝土、木材及各种装修、装饰材料等。对于许多服务行业的项目而言，其材料成本可能很低甚至没有。

（3）设备成本。设备成本包括仪器、工具或设备的折旧、修理费、运行费及租赁费。项目团队需要购买或租用某些专用仪器、工具或设备，以满足项目实施要求。

（4）分包成本。分包成本是指当项目团队缺少某项专门的技术或没有完成某项任务的资源时，而把部分项目工作内容委托给分包商，分包商为项目提供专业服务而产生的费用。

（5）其他成本。其他成本包括很多内容，如差旅费（汽车租赁费、机票费、住宿费、餐费及出差补贴等）、临时设施费、贷款利息等。

例如，一个软件开发项目的成本包括：人员费用（如编程/测试人员、分析人员/设计人员、项目经理的报酬）；硬件和软件费用；通信和差旅费；咨询、外包、组件购置费；培训及资料费；管理与服务费；办公场所及耗材；其他费用（如货款利息等）。

2) 项目成本分类

为了项目成本管理的方便，一般将成本进行如下分类：

（1）按照成本控制的不同标准划分。

① 目标成本：目标成本是指在生产经营活动中某一时期内要求实现的成本目标。确定目标成本，可以控制活动消耗和物资消耗，降低成本，实现组织的目标利润，因此目标成本应该在目标利润的基础上进行预算，以确保实现目标利润。

② 计划成本：计划成本是指根据计划期内的各项平均消耗定额确定的成本，反映计划期内应该达到的成本水平，是计划期内在成本方面努力的目标。

③ 标准成本：标准成本是指在正常的生产经营条件下，以标准消耗量和标准价格计算的单位成本。标准成本制订以后，在实施过程中一般不做调整和改动，实际费用与标准成本之间的偏差，可通过差异计算来反映。

④ 定额成本：定额成本是指根据一定时期的执行定额计算成本，将实际成本和定额成本对比，可以发现差异并分析产生差异的原因，以便采取措施，改进经营管理。

（2）按照计入产品成本的方法划分。

① 直接成本：直接成本是指直接分配到项目各个方面中而产生的成本，例如人工和材料成本。但是，并非所有的人工成本都被视为项目的直接成本，例如，成本会计或其他项目管理资源等，这些支持人员的成本可能没有直接分配在项目中，尤其当他们同时监督多个同步进行的项目时。

② 间接成本：间接成本主要包括两个方面——日常开支和销售管理费用。日常开支是一种最普遍的间接成本，估算比较复杂。日常开支成本来源于间接材料、设备、税款、保险、

道具、修理、设备折旧以及员工的医疗和退休补助等。销售管理费用则包括广告费、运输费、销售人员的工资、销售和秘书支持、销售佣金以及类似的费用。

（3）按照成本和产量的管理划分。

① 变动成本：变动成本是随使用量的变化而增加的成本，即与使用程度成正比。例如，假设在一个开采项目中使用一架昂贵的钻孔机，钻孔机由于使用而受到磨损，尤其是在地理条件艰苦的地方，磨损程度更加严重。在这种情况下，它的变动成本与使用量成正比。

② 固定成本：固定成本就是不随使用量而变化的成本。例如，当租借大型设备或其他项目硬件时，租赁价格可能不会随着使用量的大小而上升或下降。如一台机器，无论使用 5 小时还是 50 小时，租金是都是相同的。

9.1.3 项目成本管理基本内容

1）项目成本管理的含义

项目成本管理是指在整个项目的实施过程中，为确保项目能在批准的预算范围内达成项目目标而对各过程进行管理和控制。对项目成本管理的理解存在两种情况：一是由项目部（项目团队）进行的成本管理；二是围绕项目进行的成本管理。国外的有关文献基本是采纳第一种理解并进行阐述，考虑的项目成本管理的内容和方法限于项目部（项目团队）。第二种理解认为项目成本管理的内容和方法不只限于项目部（项目团队）进行的成本管理，而是围绕项目进行的全面成本管理，除了项目部，其他各职能部门也会参与项目的成本管理中，如企业的财务部门对项目成本进行会计核算。

2）项目成本管理的内容

目前国际上通行的是按照 PMBOK 将项目成本管理过程定义为规划成本管理、项目成本估算、项目成本预算和项目成本控制过程，如图 9-1 所示。在进行项目成本管理的过程中，首先，应当对如何进行成本管理制订政策、流程，再对项目成本进行科学合理的估算和预算；在此基础上，加强对项目实际发生成本的控制，将项目实际成本控制在预算范围内。在项目的实施过程中，可能会发生成本超支的现象，这时就要分析其原因所在，如果是原来估算过低，可以考虑动用管理储备金（管理储备金是项目预算中预留的一部分资金，通常由项

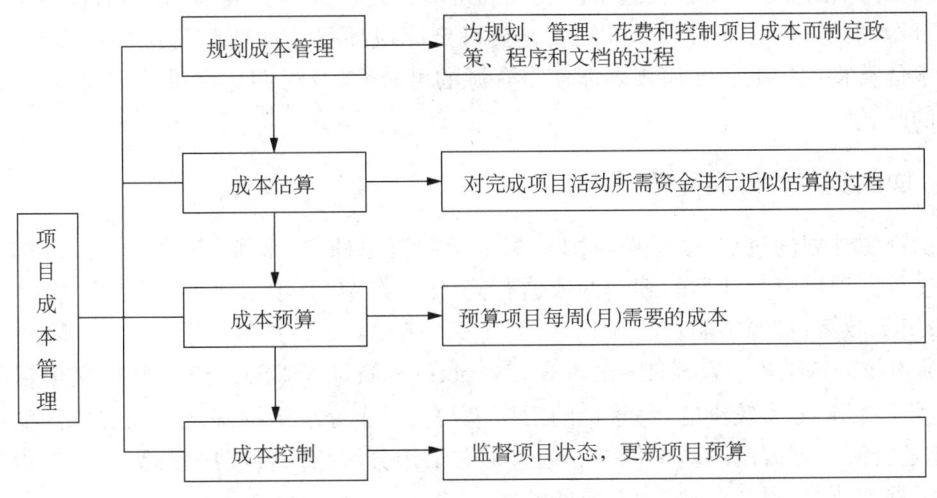

图 9-1 项目成本管理过程

目经理控制,用来处理事先难以明确,但很可能要发生的未知问题)。实际上,尽管项目在实施过程中会遇到很多的不确定性,如果能在项目成本管理工作中树立正确的观念,采用科学的方法,遵循管理的程序,认真仔细地做好成本管理规划、估算、预算和成本控制工作,是能够将项目实际成本控制在预算成本范围以内的。

3) 项目成本管理的特点

根据项目成本的特点,结合项目成本管理的概念,可以发现项目成本管理具有如下特点:

(1) 项目成本管理是一种事先能动的管理。这是由项目的一次性决定的,项目成本管理只能在这种不再重复的过程中进行管理,必须是事先的、能动的、自为的。在项目起点就对成本进行预测,制订计划,明确目标,然后以目标为出发点,进行全面的成本管理。

(2) 项目成本管理是一个动态控制过程。每一个项目从立项到实施都要经过很长的周期过程,项目实施过程中会有很多的因素对成本产生影响,最终的成本在项目运作过程中是不确定的,只有在项目收尾阶段,形成成本决算后,才能最终确定项目成本。

(3) 项目成本管理影响项目质量与项目进度。一个完整、成功的项目既要看项目质量,又要看项目进程,而项目成本管理的效率直接关系到项目的成败。高效的项目成本管理不但可以保证项目的质量与进度,还能节约资源,避免过多浪费。

9.2　项目资源计划

规划成本管理的作用是在整个项目中为如何管理项目成本提供指南和方向。在进行成本估算、预算及控制之前,项目团队应进行规划,形成一份有效的成本管理计划。在规划成本管理中,最重要的环节是项目资源使用计划的编制。

9.2.1　项目资源计划概念

项目资源是指完成项目所需的各种投入,包括项目中完成任务的人员、设备、物资、资金和使用的技术、信息等。项目实施所需资源的价值正是形成项目成本的本源,任何项目实施都具有资源的约束性。项目资源计划就是要确定完成项目作业所需资源的种类与数量,从而为成本估算提供依据。如何规划能使得资源的可获性、及时性达到最佳,是项目管理人员应思考的问题。

9.2.2　项目资源计划编制依据

编制资源计划的过程,就是项目团队决定所需资源种类、来源、获取方式以及如何使用资源的过程。项目资源计划的编制的依据有:工作分解结构;项目进度计划;资源库描述;历史信息;组织政策;资源定额。

(1) 工作分解结构(Work Breakdown Structure,简称 WBS)。组织并定义项目的工作范围,它将项目划分为较小的、易管理的工作单元。工作分解结构确定了需要资源的项目组成,因此是资源计划编制的基本依据。通过汇总工作分解结构各层次资源需求,可得到项目总体资源需求情况,再分析、整理形成资源库。

(2) 项目进度计划。控制项目进程的纲领性文件,也是其他各项计划(质量计划、资金使用计划等)的基础。项目资源计划必须依赖于项目进度计划来制订,使项目团队能够及时地、有计划地安排资源。

(3) 资源库描述。是一个关于本项目资源的数据库,是资源计划编制的重要依据。通过对资源库的分析可确定资源的供给方式。在进行资源计划编制时必须了解可供将来使用的资源种类。成本估算必须考虑所有在本项目上支出的资源,并应当随着项目的进展进行调整和修正。资源库某些基础性的硬件部分可参考 WBS 得到,其他部分可根据阶段产品需求予以展开并补充。同时资源库必须与 WBS 保持一致,也必须是动态调整和可预测的。

(4) 历史信息。记录了以前类似项目的资源需求和使用情况。尽可能地掌握必要历史信息,对资源规划有指导和借鉴作用。

(5) 组织政策。是项目管理团队在实施项目管理过程中的方针政策。编制资源计划必须考虑项目组织政策,在保证资源计划科学合理的基础上,尽量满足组织策略需求。

(6) 资源定额。是编制资源计划的依据,根据定额可以计算人力、物资、资金等资源的需求量。值得注意的是随着时间的推移,定额需要定时修订。

9.2.3 项目资源计划编制的步骤与方法

项目资源计划的制订过程中,项目经理须确定项目需要哪些资源、从哪里得到资源、什么时候需要资源以及如何使用资源等问题。资源计划编制过程的结果是一份资源需求说明书,列出本项目需要使用的资源类型、数量,以及工作分解结构中各部分需求资源的种类和所需数量。资源计划的编制步骤包括资源需求分析、资源供给分析、资源成本比较与资源组合、资源分配与计划编制。

(1) 资源需求分析:确定工作分解结构中每一项任务所得的资源数量、质量及其种类。确定资源需求的种类后,根据有关项目领域中的消耗定额或经验数据,确定资源需求量。

(2) 资源供给分析:分析资源的可获得性、获得的难易程度以及获得渠道和方式,可分别从内部、外部资源进行分析。

(3) 资源成本比较与资源组合:确定资源种类和获取渠道后,就要比较这些资源的使用成本和组合模式,要根据实际情况,考虑成本、进度等目标要求,具体确定合适的资源组合方式。

(4) 资源分配与计划编制:既要保证各个任务得到合适的资源,又要实现资源总量最少、使用平衡。在保证所有项目任务部分配到所需资源和所有资源得到充分利用的基础上,编制项目资源计划。通过编制资源计划将各种资源的数量、取得方式、使用时间等汇总起来,就得到了资源计划。

编制项目资源计划的方法有很多,常用的有专家评判法、资源统计法和资源平衡法。

(1) 专家评判法是编制资源计划的最常用方法。专家评判法是指由具有专业知识或经过特殊培训的成本管理专家根据经验进行判断,最终确定和编制项目资源计划。但资源计划的准确、合理性,会受到专家的理解程度的影响。

(2) 资料统计法是借鉴参考过往类似项目的统计数据和资料,以确定项目资源计划的方法。利用这种方法可得出比较准确、合理和可行的项目资源计划,但不适用于创新性项目。

（3）资源平衡法是通过确定项目所需资源的确切投入时间，尽可能均衡使用资源以满足项目进度的方法。该方法的首要工作是资源约束分析，包括作业间的技术限制分析和资源限制分析。第二步工作是绘制资源需求甘特图，以揭示资源在项目生命周期每个时间段的需求或占用情况。资源的平衡有两种，一是时间受限型的项目资源平衡，二是资源受限的项目资源平衡。前者关注资源的合理使用，减少资源的波动，达到减少资源在整个周期使用的峰值。后者通过寻求项目时间延迟最小化来解决资源约束问题。实际工程中，由于项目的规模和复杂性，资源约束季度计划十分复杂，可借助相关软件来完成。

9.3 项目成本估算

项目成本估算是项目成本管理的首要和核心工作，其实质是通过分析、估计确定项目的成本。这项工作的成果是开展项目成本预算和项目成本控制的基础和依据。对小项目的成本估算和成本预算可以结合在一起进行，甚至可以将这两个步骤看成是一个项目成本管理的步骤。

项目成本估算是指为完成项目各项任务，根据项目的资源需求，以及市场上的资源信息，对项目所需成本进行估计。由于项目实施会发生变更，而且在项目的整个生命周期内的宏观环境（如利率、通货膨胀等）、资源价格（如人力资源的成本、原材料和设备等价格）、项目利益相关者行为会发生变化，导致项目成本估算的不确定性很高，使之成为一个复杂的工作。

9.3.1 项目成本估算依据

项目成本估算是根据项目的相关信息做出项目成本的预测和估计，该阶段最重要的是各种估计和预测的依据。一般项目成本估算的依据主要包括以下几个方面。

（1）项目范围说明书：范围说明书是项目管理过程中确定项目主要可交付成果的一份重要书面文件，项目范围说明书一般应包括项目合理性说明、项目目标、项目可交付成果和技术规范四个方面的内容。要准确估算成本，必须正确理解项目范围说明书。随着项目的进展，项目范围说明书可能需要修改与细化，以反映项目在以上几个方面情况的变化。

（2）工作分解结构：工作分解结构是项目成本估算的主要依据，它反映了项目任务的性质与难度，同时工作分解结构中完备的任务清单可以保证所有已识别的工作得到估算。

（3）项目资源计划：进行资源计划编制所得到的结果就是项目资源计划（包括资源名称、种类、数量以及单价等内容），项目资源计划是成本估算的基础，据此可以进行项目成本的估算。

（4）资源单价：资源单价是为计算项目成本使用的，如每小时的人工费，每立方米大宗材料的成本。如果资源单价未知，则需首先估算资源单价。

（5）项目历时估算：项目历时估算是对完成某项作业可能需要的工作时段数量的定量估算，项目的成本估算与项目的持续时间直接相关。

（6）历史资料：同类项目成本估计资料始终是项目执行过程中可以参考的最有价值的资料，包括项目文件、商业数据库、知识库等。

（7）项目账目表：项目账目表说明了各种成本信息项的代码结构，它通过反映许多信息而成为历史信息和成本估算的来源,这有利于项目成本的估计与正确的会计科目相对应。

(8)风险:项目小组在进行成本估算时应考虑风险和风险影响的程度,因为风险(含威胁或机会)对成本会产生可观的影响。

9.3.2 项目成本估算方法

项目成本估算实际上是一种预测工作,从理论上讲,所有的预测原理与预测理论均适用于项目成本估算。但由于项目具有一次性、独特性和不确定性的特点,项目成本估算与一般的产品成本估算又有不同之处。常用的项目成本估算方法包括:类比估算、参数估算法、自上而下估算法、自下而上估算法、自上而下与自下而上相结合估算法及准备金分析法。

1) 类比估算法

类比估算是指利用过去类似项目的成本作为当前项目成本估算的基础,当对项目详细情况了解较少(如项目初始阶段),常采用该方法。类比估算出的成本通常低于其他方法,其精确度也较差,适用于项目与过往类似项目实质相似的情况。

2) 参数估计

参数估算法是把项目的一些特征作为参数,通过建立一个数学模型来估算项目成本的方法。例如,麦道航空公司工程师在大量历史数据的基础上建立了一个参数模型估算飞机成本,该模型包括飞机类型(战斗机、货机、客机)、飞机航速、发动机推动力与承重比率、飞机不同部件的估算重量、飞机的产量和生产这些飞机允许的时间等参数。与这个复杂的模型相比,有些参数模型非常简单,比如住宅建设项目可以使用每平方米单价作参数,从而估算出项目的最初成本。该方法估算取决于模型的复杂性和其所涉及的资源数量和费用数据。

3) 自上而下估算法

首先,项目的中高层管理人员在掌握项目成本相关历史数据的基础上,对项目的总成本进行估算,然后按照工作分解结构的层次把项目总成本的估算结果自上而下传递给下一层的管理人员。在此基础上,下层管理人员对自己负责的子项目或子任务的成本进行估算,继续向下逐层传递,一直传递到工作分解结构的最底层。下面是用自上而下估算法对一个项目做的成本估算,成本分解过程如图9-2所示。

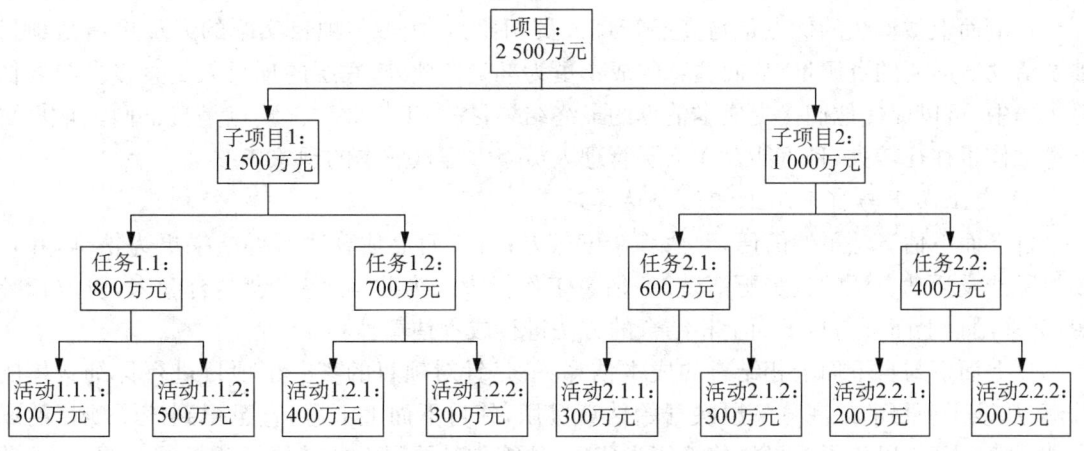

图9-2 自上而下成本估算示例

该方法的优点在于简单易行、花费少,在总成本估算上具有较强的准确性,但是要求中高层对各活动的重要程度有清楚的认识,进行合理的成本分配。同时总成本按照工作分解结构逐级向下分配时,可能出现下层管理人员认为成本不足,难以完成相应任务的情况,所以需要建立上下管理层通畅的沟通渠道。

4) 自下而上估算法

自下而上估算法是从工作分解结构的底层开始进行的自下而上的估算形式,底层工作人员先估算各个活动的独立成本,然后层层累加汇总到工作分解结构更上层,最后加上管理费、管理储备金等,得到完成整个项目的总成本。采用这种方法的前提是确定了详细的工作分解结构,项目内容明确到能识别出为实现项目目标必须要做的每一项具体工作任务,对这一些较小的工作单元能做出较准确的估算。图 9-3 为一个生日晚会成本估算示例。

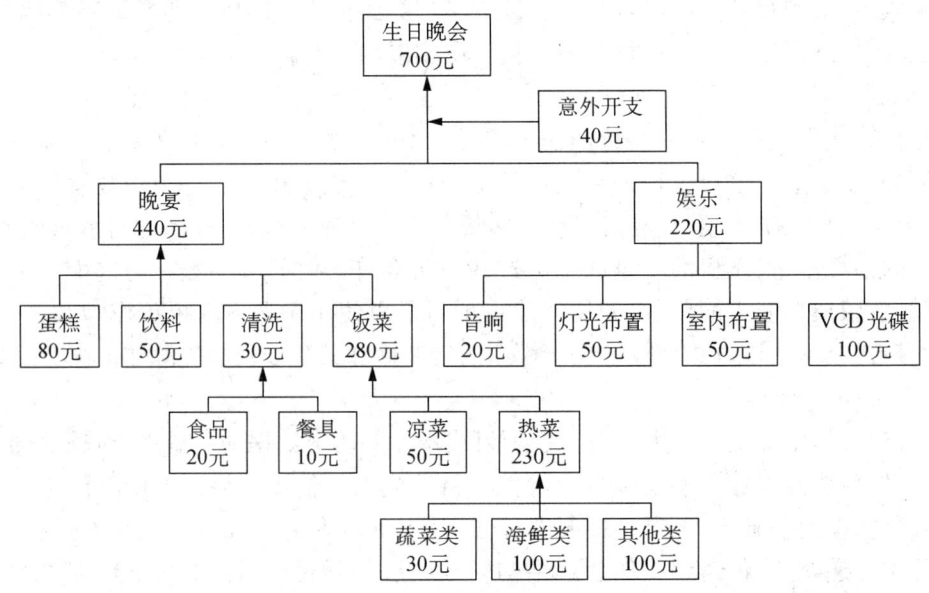

图 9-3 自下而上成本估算示例

自下而上估算法的优点是与高层管理人员相比,直接参与项目实施的人员更清楚项目涉及活动所需要的资源量,从而估算的成本更为准确。此外,底层的项目人员直接参与到估算工作中,可以促使他们接受成本估算的最终结果,提高工作效率。缺点是自下而上估算法计算工作量往往较大,且可能存在下层管理人员夸大虚报成本的现象。

5) 自上而下与自下而上相结合估算法

自上而下估算法虽然简便,但估算精度较差;自下而上估算法所得结果更为精确,并且项目所涉及活动资源的数量更清楚,但估算工作量大。为此,可将二者结合起来,以取长补短,即采用自上而下与自下而上相结合的方法进行成本估算。

自上而下与自下而上相结合的成本估算,就是针对项目的某一子项目进行详细具体的分解,从该子项目的最底分解层次开始估算费用,并自下而上汇总,直至得到该子项目的成本估算值;之后,以该子项目的估算值为依据,估算与其同层次的其他子项目的费用;各子项目的费用向上汇总,可得到项目总成本估算,向下沿着工作分解结构分解,可得到下层各任务、活动的估算成本。这种估算方法将重点放在项目的主要组成部分,投入相当的人力进行详细估算,而其他次要部分则按经验估算。

自上而下与自下而上相结合估算示例如图 9-4 所示,因为 C 子项目在整个项目中所占成本比重较大,所以对 C 子项目进行了分解,并从最底层估算,依次汇总得到 C 子项目的成本。根据 A、B、D、E、F……子项目与 C 子项目成本间的关系,估算其他各子项目的成本,这些子项目的成本向上汇总得到项目总成本,向下沿工作分解结构分解,可得到 A、B、D、E、F……下面的各任务、活动的估算成本。

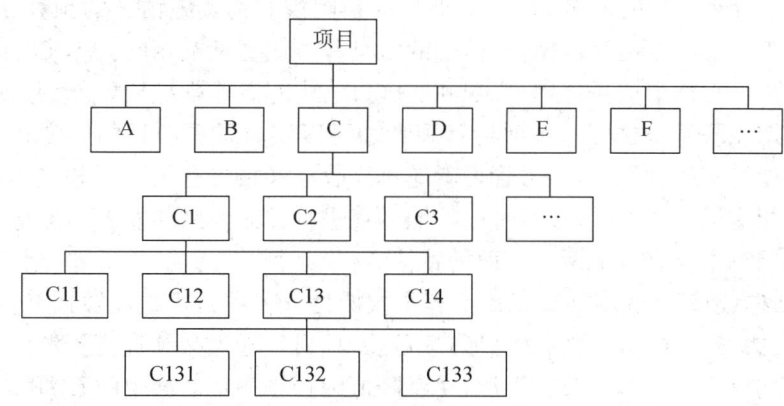

图 9-4　自上而下与自下而上相结合成本估算示例

6) 项目管理估算软件

项目管理估算软件(例如,成本估算应用软件、电子表格软件、模拟和统计软件等)对成本估算的作用越来越被认可,它能够简化某些成本估算技术的适用,使人们能快速地考虑出多种成本估算方案。

9.3.3　项目成本估算结果

1) 项目成本估算

成本估算是项目各活动所需资源成本的定量估算,可以用价值量表示,也可以用劳动量指标或实物量指标表示。这些估算以简单或详细形式描述了实施项目所必需的全部资源(包括人力、财力、物力等),以及这些资源的数量、质量标准、成本,同时还应描述不可预见费等方面的内容。

项目成本估算是个不断优化的过程,随着项目的进展和相关资料的不断完善,应对原有的成本估算做出修改,在项目实施工程中应明确提出在何时修正估算,成本估算应达到什么样的精确度。

2) 相关支持细节文件

这是对项目成本估算所依据的文件和所考虑细节的说明文件,一般作为项目成本估算的附件使用。这一文件的主要内容包括:项目范围的描述;成本估算的基础和依据文件;为进行成本估算所作的假设,如项目所需资源价格水平的估计;项目成本估算可能出现的变动范围说明,包括在各种项目成本估算假设条件和基础依据发生变化后,项目成本可能会发生何种以及多大变化的说明。

9.4　项目成本预算

项目成本估算完成以后,还需要在估算的基础上进行项目成本预算。项目成本预算是在项目成本估算的基础上,更精确地估算项目总成本,并将其分摊到项目的各项具体活动和各个具体项目阶段上,为项目成本控制制订基准计划的项目成本管理活动。项目成本预算提供的成本基准计划是按时间分布的、用于测量和监控成本实施情况的预算。成本估算与成本预算都以工作分解结构为依据,所运用的工具和方法也基本相同。

项目成本预算在整个项目计划、规划和实施过程中起着非常重要的作用,预算与项目进展中资源的使用相联系,根据预算,项目管理者才可以实时掌握项目的进度和成本,对项目进行控制。在项目实施过程中,项目管理者应不断收集和报告有关进度和成本的数据,以及对未来问题和相应成本的估计,从而可以按照预算进行控制,必要时亦可对预算进行修正。

项目成本预算主要有以下两个方面的特征。

(1) 项目成本预算与成本估算相比具有了权威性。各项目小组能够拥有多少资源得到了项目领导者的肯定,并以正式的文件形式下达。项目经理也必须提高资源的使用效率,即尽可能地在完成目标的前提下节省资源,尽量降低因预算不足而产生的不利影响。

(2) 项目成本预算具有约束性和控制性。它是一种控制机制,预算可以作为一种度量资源实际和计划用量之间差异的基线标准而使用。当出现实际成本偏离预算基准时,可对偏离的原因和程度进行分析,判断是否会突破预算的约束及需要采取相应的对策,避免出现措手不及的情况,造成项目失败或者效益低下的后果。

9.4.1　项目成本预算原则

为了使成本预算能够发挥其积极作用,在编制成本预算时应掌握以下原则:

(1) 项目成本预算应以项目目标为中心。项目成本预算要与项目目标相联系,全面考虑与实现该项目目标有关的成本,项目的目标不同成本也会有差异。

(2) 项目成本预算应围绕项目进度进行。资源在投资与再投资过程中产生的时间价值,与项目的进度相关。一般情况下,项目的进度越快,项目成本越高,项目成本预算的时间价值的重要性相对越弱;项目进度越慢.则时间价值的重要性越强,对项目成本预算的影响越大。

(3) 项目成本预算应考虑宏观经济政治环境。任何经济活动都不能脱离所运行的环境,项目管理也不例外。比如,项目是国家限制的,那么可能公关的成本费用要多得多;如果项目可能造成严重的环境污染,那么未来在进行项目成本预算时,需要考虑或有成本费用。

(4) 项目成本预算要切实可行。编制项目成本预算,要根据有关的财经法律、方针政策,从项目的实际情况出发,充分挖掘项目组织的内部潜力,使成本指标既积极可靠,又切实可行。

(5) 项目成本预算应当有一定的弹性。编制成本预算,要留有充分的余地,使预算具有适应条件变化的能力。通常可以在整个项目预算中留出 $10\%\sim25\%$ 的不可预见费,以应付项目进行过程中可能出现的意外情况。

(6) 项目成本预算取决于项目组成员对项目计划的理解和把握。项目组成员对能够真正理解和把握项目计划，将对项目预算产生积极影响。

9.4.2 项目成本预算流程

项目成本预算实际上就是使用项目成本估算、项目工作分解结构、项目活动清单及项目进度等输入信息，经过加工处理之后而给出的一种输出结果。项目成本预算中的加工处理过程包括项目总体成本预算的确定、项目各具体工作或活动成本预算的确定和项目各项预算发生时间的确定。项目成本预算的基本流程如图 9-5 所示。

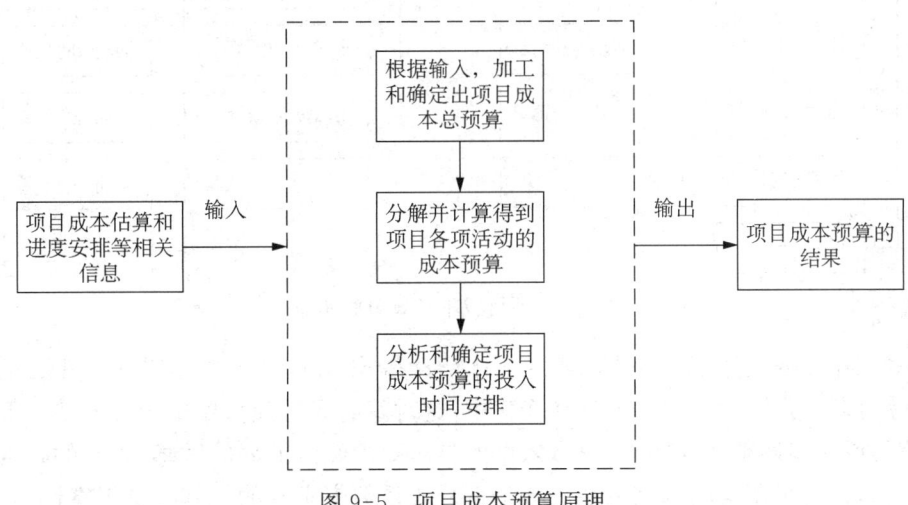

图 9-5　项目成本预算原理

1）相关信息的输入

进行项目成本预算，需要首先收集项目成本估算、项目范围基准、进度安排等相关资料，作为项目成本预算的输入信息。

2）项目成本预算总额的确定

项目成本预算总额的确定是根据项目成本估算等文件，结合项目的目标、范围、质量和进度等要求所确定的项目成本预算的总数。项目成本预算应充分考虑项目团队与项目的各种风险情况以及项目各种资源的约束条件和假设前提条件等。其中，所谓的项目风险是指项目可能出现的成本变化的不确定性；而项目的假设前提条件是指由于项目很多因素是不确定的，人们只知道其发生的概率，所以在做项目预算时必须假定一个条件（如在建设项目中假设有多少天是雨天）。项目成本预算与项目成本估算的最大差异，应是针对这些项目风险所给出的项目不可预见费或者项目管理储备金。

3）项目成本预算的分解

项目成本预算分解应首先根据项目成本预算总额和项目工作分解结构，将项目成本预算总额分配到项目工作分解结构的各个工作包上，然后将项目工作包的成本预算进一步向下分解，最终确定各个工作包中各个具体活动的成本预算。图 9-6 为项目成本预算分解示意图。

在完成项目成本分解之后，还需要对这些项目成本预算的基本数据进行必要的调整。这种调整主要有三类：其一是初步调整，即借助项目工作分解结构或项目活动清单作局部调

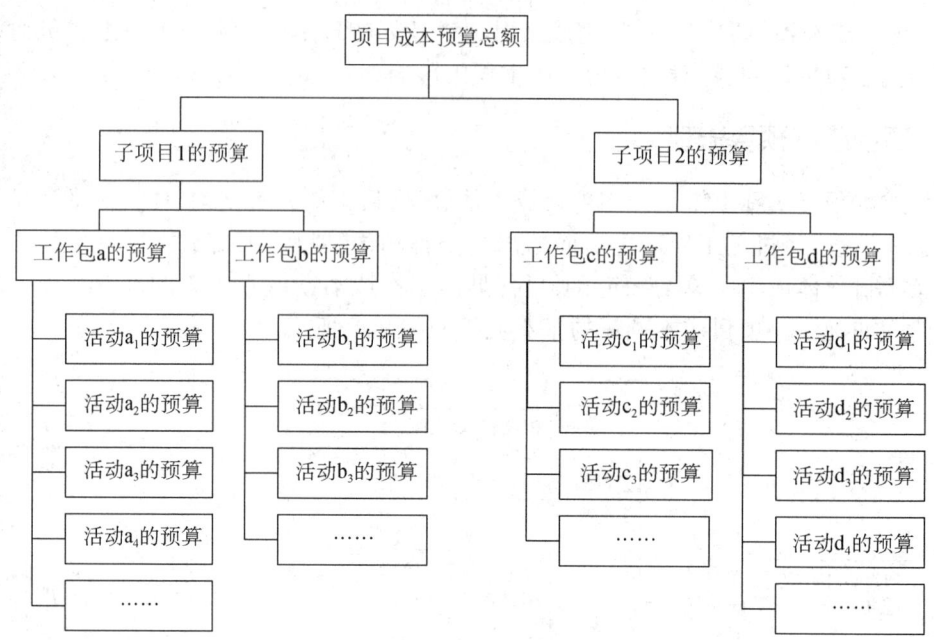

图 9-6　项目成本预算分解示意

整,对某些工作任务的遗漏和不足、某些工作活动等出现的偏差进行调整。其二是综合调整,进行综合调整是因为项目总是处在变化中,这时就需要对预算做出相应调整。但是这种综合调整不像初步调整那样明确,更多依据的是对政治经济形势的敏感,凭借的是管理者的直觉和经验,在初步调整的基础上乘以一个百分比系数来实现的。其三是提案调整,是当财务、技术人员编制的项目预算已接近尾声时,认为合理可行的,就可把它写进项目预算,提交审议。这是一个非常关键的阶段,需要说服项目经理、项目团队和主管单位,最后还要获得客户的认可,使多数人认为该预算是周密的。

4) 项目成本预算的进度分配

根据项目成本预算总额、项目工作包成本预算、项目各项具体活动预算及项目工作的进度安排,就可以确定出项目各具体活动的成本预算的投入时间了。通常需要找出两个项目成本预算投入的时间参数:一是各个时点上的项目成本预算投入,即项目各工作包和具体活动成本预算的具体投入时间和投入数额;二是项目预算投入的累计额,即从项目起点开始到某时点前累计得到的成本预算。

5) 项目成本预算的输出结果

项目成本预算工作的主要结果一般包括如下几个方面:

(1) 项目基准计划。项目成本预算工作的结果是生成一份项目预算的正式文件,其中最重要的部分是项目成本基线,用于测量、监督和控制项目的总体成本绩效。一般用成本负荷直方图和时间-成本累计 S 形曲线表示,如图 9-7 与图 9-8 所示。

(2) 相关的支持细节。这是关于项目预算主文件的各种支持细节的说明文件,包括各种预算编制过程中使用的项目集成计划、范围计划、工期计划和项目资源计划等方面的支持细节,项目预算标准等方面的支持细节,项目预算分配的原则等细节文件。

(3) 项目筹资计划。项目筹资计划是根据项目预算结果给出的各个时段筹资要求和计

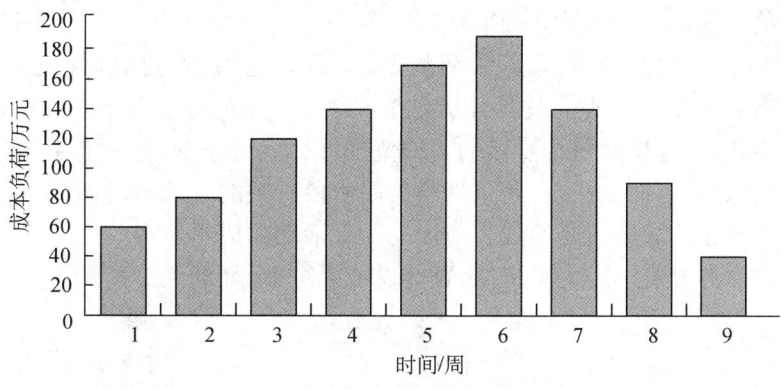

图 9-7 成本负荷直方图

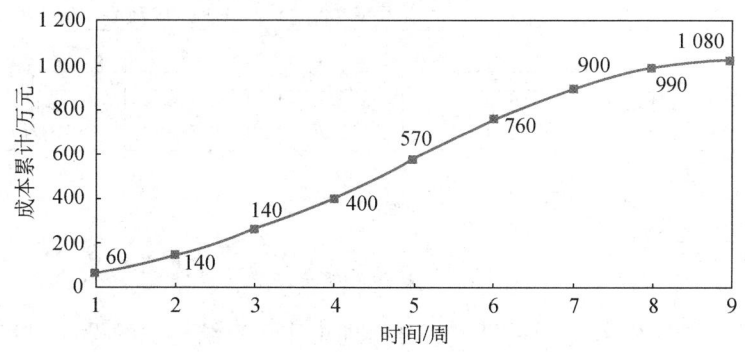

图 9-8 时间-成本累计曲线

划安排。通常每个阶段的筹资都应该给出一定的额外量以备出现各种预付款、提前结算和超支的情况,项目总筹资的数额应该是项目总成本加上项目管理储备金。项目筹资工作一般是间断性和不断增加的,一定比例的项目管理储备金可以按照逐步增加的方式包括在每一笔筹资中。

(4)项目预算管理计划。项目成本预算的另一个主要的输出结果是一份项目预算管理的规定文件,即项目预算管理计划文件。在这一文件中,应该明确规定有关项目预算管理的各种规定和要求。

(5)项目文件的更新。在项目成本预算过程中会发现以前的项目成本估算和进度、范围以及风险登记册等存在一些问题而需要更新或修订,这样就会产生更新后的项目成本估算书、项目成本管理计划或风险登记册以及其他项目文件。

9.4.3 项目成本预算编制案例

××公司生产安装一台大型机床,项目成本估算的结果是 120 万元,要求:编制该项目的成本预算。

分析:项目成本预算的编制首先要对成本估算进一步精确、细化并按项目分解结构分配到项目各组织部分直至各工作包,以最终确定项目成本预算;其次还要将预算成本按项目进度计划分解到项目的各个阶段,建立每一时段的项目预算成本,以便在项目实施阶段利用其进行成本控制。故此项目成本预算的编制包括以下两个步骤:一是确定并分摊预算总成本;

二是制订累计预算成本。具体操作如下：

(1) 分摊预算总成本。分摊预算总成本就是将预算总成本分摊到各成本要素中去，并为每一个阶段建立预算总成本。其具体方法有两种，一种是自上而下法，即在总项目成本（即人工、原材料等）之内按照每个阶段的工作范围，以总项目成本的一定比例分摊到各个阶段中；另一种方法是自下而上法，它是依据与每一阶段有关的具体活动而进行成本估计的方法。每一阶段的总预算成本就是组成各阶段的所有活动的成本总和。

××公司生产并安装一台大型机床，预算总成本分解，如图9-9所示。

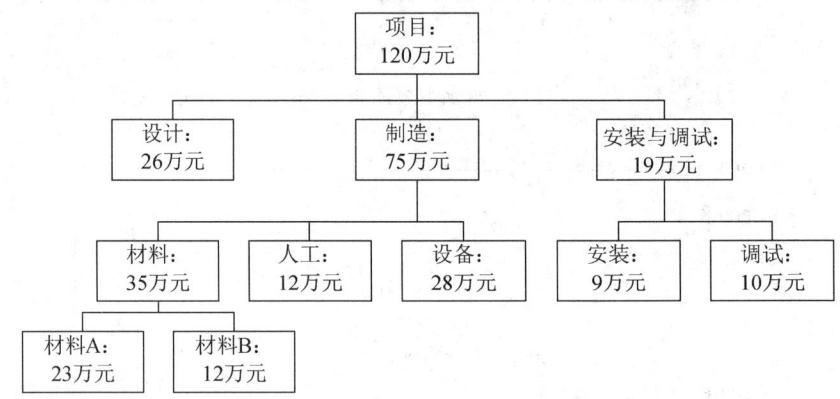

图 9-9　预算总成本分解

图 9-9 表明了把 120 万元的项目成本分摊到工作分解结构中的设计、制造、安装与调试各个阶段的情况。

那么，分摊到各阶段的数字表示为完成所有与各阶段有关的活动的总预算成本。无论是自上而下法还是自下而上法，都被用来建立每一阶段的总预算成本，所以所有阶段的预算总和不得超过项目总预算成本。

(2) 制订累计预算成本。为每一阶段建立了总预算成本，就要把总预算成本分配到各阶段的整个工期中去，每期的成本估计是根据组成该阶段的各个活动进度确定的。当每一阶段的总预算成本分摊到工期的各个区间，就能确定在这一时间内用了多少预算。这个数字用截止到某期的每期预算成本总和表示。这一合计数，称作累计预算成本，将作为分析项目成本绩效的基准。

制订累计预算成本时，要编制大型机床项目每期预算成本表，如表9-1所示。

表 9-1　　　　　　　　　　　　机床项目每期预算成本

阶段	合计	周											
		1	2	3	4	5	6	7	8	9	10	11	12
设计	26	5	5	8	8								
建造	75					9	9	15	15	14	13		
安装与调试	19											10	9
合计	120	5	5	8	8	9	9	15	15	14	13	10	9
累计		5	10	18	26	35	44	59	74	88	101	111	120

对于这个大型机床项目，表 9-1 表示了如何分摊每一阶段预算总成本到各工期，也表示出整个项目的每期预算成本及其截止某期的累计预算成本。

根据表 9-1 的数据，可以给出时间-成本累计曲线，如图 9-10 所示。

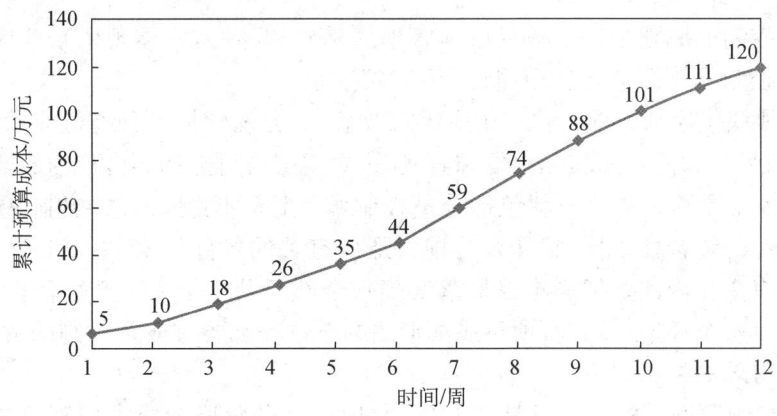

图 9-10　时间-成本累计曲线

整个项目的累计预算成本或每一阶段的累计预算成本，在项目的任何时期都能与实际成本和工作绩效做对比。对项目各阶段来说，仅仅将消耗的实际成本与总预算进行比较容易引起误解，因为只要实际成本低于总预算成本，成本绩效看起来总是好的。在这个大型机床的例子中，人们会认为要实际总成本低于 120 万元，项目成本就得到了控制。但当某一天实际总成本超过了总预算成本 120 万元，而项目还没有完成，那么怎么办呢？到了项目预算已经超出而仍有剩余工作要做的时候，要完成项目就必须增加费用，此时再打算进行成本控制就太晚了。为了避免这样的事情发生，就要利用累计预算成本而不是总预算成本作为标准来与实际成本做比较。如果实际成本超过累计预算成本，就可以在不算太晚的情况下及时采取改正措施。

9.5　项目成本控制

项目成本控制是在项目实施过程中，通过开展项目成本管理，努力将项目的实际成本控制在项目预算范围内的一项管理工作。同时该过程还包括在项目的实际进程中，不断地控制项目的实际成本或修正项目的成本估算，预测项目的最终完工成本等工作。

项目成本控制的具体工作包括：监视项目成本的变动，发现项目成本的实际偏差，找出偏差产生的原因，采取各种措施防止项目成本超过预算，确保实际发生的项目成本和项目变更有据可查，防止不正当或未授权的项目变更所发生的费用被列入项目成本预算，以及采取相应的成本变动管理措施。

项目成本控制的范围涉及对那些可能引起项目成本变化的各种影响因素的控制（事前控制）、项目实施过程中的成本控制（事中控制）和项目实际成本发生以后的控制（事后控制）三个方面的工作。有效成本控制的关键是经常性地收集项目的实际成本，进行计划值和实际值的动态比较分析，并对完工成本进行预测，尽早地发现偏差和问题，以便在情况变坏之前及时地采取经济、技术、合同和组织管理等综合纠偏措施,及早发现并处理项目成本问题,减小对项目范围和进度的影响,以使项目成本目标尽可能地实现。

9.5.1 项目成本控制原则

项目成本控制的原则是进行项目成本管理的基础和核心,它体现了企业成本控制的特点。项目成本控制具体而言,应该遵循以下各项原则:

(1) 成本最低化原则。项目管理中应讲求效益,一方面挖掘各种降低成本的能力,使可能性变为现实;另一方面要从实际出发,制订通过主观努力可能达到合理的最低成本水平。

(2) 全面控制原则。全面控制包括全员控制和全过程控制。全员控制:项目成本是考核项目经济效益的综合性指标,它涉及与项目形成有关的各部门、各单位和班组,也与职工个人切身利益有关。因此要把成本目标落实到每个部门乃至个人。全过程控制:项目成本的发生涉及项目整个周期。因此,项目成本形成的全过程都要有成本控制的意识,项目成本自始至终置于有效的控制之下。

(3) 动态控制原则。施工项目是一次性的,项目准备阶段的成本控制只是根据项目计划设计的具体内容确定成本目标,编制成本计划,制订成本控制的方案,为今后的成本控制做好准备。而竣工阶段的成本控制,由于成本盈亏基本成定局,即使发生了偏差也已来不及纠正。所以,成本控制应强调项目的中间控制,即动态控制。

(4) 目标管理原则。目标管理是进行任何一项管理工作的基本方法和手段,成本控制也应遵循这一原则。目标管理的内容包括:目标设定、分解;目标的责任到位和执行;检查目标的执行结果;评价和修正目标,从而形成目标管理的计划、实施、检查和处理循环。

(5) 责、权、利相结合原则。成本控制必须明确责任,做到事事有人管;必须赋予权力,做到管理有效;必须考虑利益,做到奖惩分明,调动各责任者在成本控制中的积极性和主动性。

(6) 例外管理原则。例外管理原则是指项目管理人员对于控制标准以内的问题,不必事无巨细、样样控制,而应将注意力集中在成本实际值脱离成本目标值的例外事项上。

9.5.2 项目成本控制依据

项目成本控制工作的主要依据有如下几个方面。

1) 成本基准计划

成本基准计划,是按时间分段的成本预算计划,它是以时间为自变量的预算,用于度量和监督项目成本的实际发生的情况。成本基线提供了成本预算和使用的一个基本范围,是实施成本控制最基本的依据。

2) 执行情况报告

执行情况报告指项目成本管理与控制的实际绩效评价报告,它反映了项目预算的实际执行情况,一般应提供范围、进度、成本及质量等信息。执行情况报告按照沟通管理计划的规定,提供项目人员所需要的符合详细等级的信息。执行情况报告还应提醒项目团队注意将来可能会引起问题的事项。

3) 变更请求

有关变更请求可以有多种形式——口头或书面的、直接或间接的、组织内部提出的或组织外部要求的、强制规定的或可选择的,具体指项目相关利益者提出有关更改项目内容和成本的请求。任何项目的变更都可能会造成项目成本的变动,所以在项目实施过程中提出的任何变更都必须经过审批同意。项目实施者要根据变动后的项目工作范围或成本预算来对项目进行成本实施控制。

4) 项目成本管理计划

项目成本管理计划对项目实施过程中可能会引起的项目成本变化的各种潜在因素进行识别和分析,提出解决和控制方案,为确保在预算范围内完成项目提供一个指导性文件。一个成本管理计划可以是高度详细或粗框架的,可以是正规的也可以是非正规的,这些取决于项目相关人员的需要。

9.5.3 项目成本控制方法

1) 项目成本分析表法

项目成本分析表法是利用项目中的各种表格进行成本分析和成本控制的一种方法。应用成本分析表法可以很清楚地进行成本比较研究,常见的成本分析表有月成本分析表、成本日报表和周报表、月成本计算及最终预测报告表等几种形式。

每月编制月成本计算及最终成本预测报告表,是项目成本控制的重要内容之一。该报告表主要事项包括项目名称、已支出金额、竣工尚需的预计金额和盈亏预计等。月成本计算及最终成本预测报告表要在月末会计账簿截止的同时完成,并随时间推移使精确性不断增加。表 9-2 为月成本计算及最终成本预测报告表。

表 9-2　　　　　　　　　　月成本计算及最终成本预测报告表

项目名称：　　　　　　　　　　　　　　　　　　　主　管：
项目编号：　　　　　　　　　　　　　　　　　　　校　核：

序号	科目编号	名称	支出金额	调整		备注	实际成本			序号	完工尚需金额			最终预算成本			合同预算金额			预算比较	
				金额增	金额减		金额	单价	数量		金额	单价	数量	金额	单价	数量	金额	单价	数量	盈	亏

2) 成本累计曲线法

成本累计曲线又称为时间累计成本曲线,它是反映整个项目或项目中某个相对独立的部分开支状况的图示。通常可以采用下面的三个步骤做出项目的成本累计曲线。

第一步:建立直角坐标系,横轴表示项目的工期,纵轴表示项目成本。

第二步:按照一定的时间间隔或时间单元累加各工序在该时间段内的支出。

第三步:将各时间段的支出金额逐渐累加,确定出各时间段所对应的累计资金支出点,然后,用一条平滑的曲线依次连接各点即可得到成本累计曲线。确定各时间段的对应点时,横坐标为该时间段的中点。

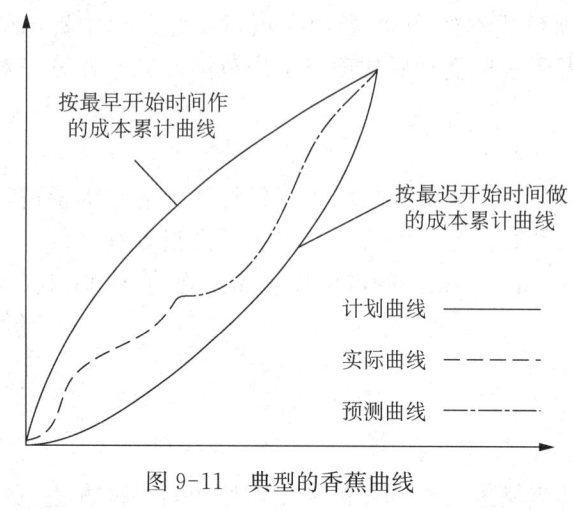

图 9-11 典型的香蕉曲线

在成本累计曲线图上,根据实际支出情况的趋势可以对未来的支出进行预测,将预测曲线与理想曲线相比较,可获得有价值的成本控制信息。

正如在网络分析中所介绍的,大量非关键工序开始和结束时间是可以调整的。利用各工序的最早开始时间和最迟开始时间制作的成本累计曲线称为香蕉曲线,如图 9-11 所示。香蕉曲线表明了项目成本变化的安全区间,实际发生的成本变化如不超出两条曲线限定的范围,就属于正常变化,可以通过调整开始和结束时间使成本控制在计划范围内。

如果实际成本超出这一范围,就要引起重视,查清情况,分析出现的原因。如果有必要,应迅速采取纠正措施。顺便指出,香蕉曲线不仅可用于成本控制,还是进度控制的有效工具。

3) 挣值管理

挣值管理是近年来较受推崇的一种综合的绩效测量方法,将在第 16 章进行介绍。

9.5.4 项目成本控制结果

项目成本控制的结果是实施成本控制后,项目所发生的变化,包括项目成本估算更新、预算更新、纠正措施、成本预测及经验与教训等,成本控制的结果往往反映了项目实施的成功与否。

1) 项目成本估算更新

这是对项目原有成本估算的修订和更新的结果文件。由于成本控制反馈了有关促进成本重新估算的有效信息,那么就需要项目管理人员在不改变项目计划的前提下重新对成本估算进行完善。更新后的成本估算可能要求(也可能不要求)对整体项目计划的其他方面进行调整。

2) 预算更新

预算更新是对已批准的成本预算进行的修改。它是一个更为激进的项目控制反馈活动,其前提是发现了项目前期工作的重大失误,如成本偏差很大,从而要对既定的成本基线进行更改。项目团队要在不影响项目进展的情况下,按照正规的报告、审批和执行程序进行预算更新,并且要给出严密的书面报告,并及时按程序通知有关部门。

3) 纠正措施

纠正措施是指在项目成本管理的过程中所开展的一系列的纠偏行动,目的是让项目未来工作所花费的实际成本控制在项目计划成本内。在项目实施过程中,不可避免地会遇到各种问题,如产品市场的变化、设备及原材料价格的变化等,都会影响到项目成本控制计划的正常实施。对于这些问题,管理者要采取大量的措施予以纠正,并在必要的时候重新制订成本计划。

4) 项目成本的预测文件

这是指在项目实施过程中不断根据项目实际情况和未来的发展趋势对项目成本做出必

要的预测和计划安排，包括对项目到完工时的成本总额和新的项目成本基线的预计。

5）经验和教训

偏差的原因、所选择的纠偏措施、纠偏措施的效果及从成本控制中吸取的其他类型的教训，应整理为项目文档，以作为本项目以及执行组织的其他项目可利用的历史数据库的组成部分。

规范的管理制度和高素质的管理人员对有效的成本控制起到了很大的作用，因此对每个项目而言，及时总结项目经验、在相关项目中推广好的经验并吸取教训是非常必要的，这样既可以使项目管理更加规范，也可以提高管理者的管理水平，从而降低成本控制的风险，保证项目的顺利实施。

9.5.5 项目审计与分析

项目费用审计指派遣人员确定项目花费与既定标准的符合程度，并向项目利益相关者提交相应的审计报告的过程。项目费用审计是项目成本管理的一种辅助手段，贯穿于项目的全过程中，按照项目的生命周期可划分为项目计划期费用审计、项目实施期费用审计、项目结束期费用审计。

1）项目计划期费用审计

项目计划期是完成项目实施期的准备工作，这个时期将依据项目的理想说明、可行性报告、WBS 资源计划等对成本进行科学合理地估计和规划预算。该时期的费用审计主要针对资金来源、成本估算、成本预算等。审计内容主要包括：资金筹措是否正当并落实；资金筹措方法是否正确；成本估算和预算方法是否合理，可信度有多少；成本规划是否科学等方面。

2）项目实施期费用审计

项目实施期是项目成本的主要使用过程和管理的主要控制过程，也是项目费用审计的关键时期，审查依据包括成本报告、质量报告、进度报告等。该时期的费用审计包括成本报告和实施成本的审计。成本报告的审计内容包括：内容是否全面；报告是否规范并具有真实性；审查报告与实际发生成本的吻合度等。实施成本的审计内容包括：审查成本超支和节支情况；查明实际成本与成本预算的偏差幅度及原因；实际成本的使用是否合理；成本控制的方法、流程是否有效；有误管理不善的行为等方面。

3）项目结束期费用审计

项目结束阶段，业主将对项目进行全面审计并进行验收。结束期的费用审计主要对照项目预算成本审计实际成本的发生情况，查明是超支还是节支，有无擅自扩大项目范围、乱摊成本或是擅自缩小项目范围、降低项目标准的情况发生。

复习思考题

1. 项目成本管理的内容包括？
2. 项目资源计划如何编制？
3. 项目成本估算的方法有哪些？各方法的适用范围和局限性有哪些？
4. 项目成本估算与预算有哪些联系和区别？
5. 成本预算的程序分哪几个步骤？
6. 项目成本控制的主要方法有哪些？输出结果包括哪几个部分？

第 10 章 项目质量管理

传统观点认为,人们衡量项目是否成功有三个维度,即项目是否能够完成甚至超越合同规定的进度、成本与质量要求。作为衡量项目是否成功的三个维度之一,项目质量的地位可见一斑。项目质量管理即为保证项目的可交付成果能够满足客户需求,需要围绕项目质量进行计划、协调、控制等的活动。

10.1 项目质量管理概述

10.1.1 质量与项目质量的内涵

《质量管理体系 基础和术语》(ISO9000)中关于质量的定义是:所谓质量,是指一组固有特性满足要求的程度。从这几方面理解:①固有特性是指在某事或某物中本来就有的,是产品、过程或体系的一部分,尤其是那种永久的特性。②要求是指明示的、通常隐含的或必须履行的要求或期望。③质量不仅是指产品质量,也可以是某项活动或过程的工作质量,还可以是质量管理体系运行的质量。④质量所反映的是"满足要求的程度",而不是反映为"特性总和"。⑤质量具有动态性。⑥质量具有相对性。

项目的交付物是一种产品,所以从这个意义上来说,项目质量与一般质量的概念并无本质的区别。项目质量就是项目的可交付成果能够满足项目相关方要求的程度,满足要求就是应该满足明确指出来的、隐含的或必须履行的需求和期望。对项目质量的要求来源于项目的各相关方,满足各方要求的程度反映了项目质量的好坏。

项目作为一种特殊产品,除具有一般产品所共有的质量特性,还具有其特定的内涵。项目质量在很大程度上既不同于产品质量,也不同于服务质量,而是兼有两者特性。这主要是因为多数项目既有产品性成果,也有许多服务性成果。例如,大型 IT 项目最终形成的软件成果质量属于产品质量的范畴,而软件交付后的技术支持服务的质量好坏则都属于服务质量的范畴。在不同的项目中,产品和服务的比重会有所不同,例如咨询项目中的服务比重较大,而建设工程项目中的产品部分较大。其次,项目质量还具有过程特性,这主要是由于项目的一次性,项目质量不能像产品质量和服务质量一样,可以周而复始进行持续改进;它只能在本次项目实施过程中不断地修订,直至项目结束前形成明确要求与最终结果。

10.1.2 质量管理的发展

项目的质量管理离不开一般质量管理的范畴,为了对项目质量管理的概念有一个完整的理解,首先应了解一般质量管理的概念及其发展历程。许多专家对质量管理的发展做出过贡献,其中最具影响的有戴明、朱兰、克劳士比三人,本书简要介绍这几位质量管理专家的经典质量哲学。

戴明定义质量管理是个"持续改进的过程",尽管许多缺陷是不能完全消除的,但是可以通过学习逐步降低缺陷,最终达到零缺陷。戴明强调,不可预测的变异是影响产品质量的主要因素,应通过减少生产和设计过程中的变异性来改进产品和服务是的质量,85%的质量问题需要管理层从开始就解决并改变流程,并针对管理层提出十四个建议。另一方面,在他看来,质量的改进的是一种持续过程,可以提高生产效率,降低生产成本,进而以较低的价格和较高的质量获得客户满意,从而保持市场份额,提供更多的工作岗位。戴明也最早提出PDCA 循环的概念,PDCA 是一个基本的质量管理工具。

朱兰是质量管理的另一位巨人,由他主编的《质量控制手册》被称为当今世界控制科学的"圣经"。朱兰发明了质量改进的十个步骤和"朱兰三部曲":质量计划、质量控制、质量改进。质量计划是实现目标的准备程序,质量控制是对过程进行控制保证质量目标的实现,质量改进有助于发现更好的管理工作方式。朱兰强调,制造商认为质量是一些规格和规范,而用户认为质量是一种"适用性",同时也强调质量成本和有关质量的法律问题。

第三位对质量管理作出重大贡献的是克劳士比,他提出了质量改进的十四个步骤和质量的四个原则,分别是高质量意味着与需求一致;高质量源于事先预防;高质量意味着性能标准是"零缺陷";质量可用不一致的成本来度量。这些原则将帮助管理层以质量改进为核心,意识到质量和成本并不互相影响,克劳士比理论认为,当质量上升时,成本是降低的,因此质量是没有经济成本的。

尽管三位专家都强调质量需求和质量管理的重要性,但他们的观点还是有很多不同,表10-1 作出了对照。

表 10-1　　　　　　　　　　　质量管理专家的主要观点

	戴明	朱兰	克劳士比
质量定义	持续改进	适用性	与需求一致性
运用范围	制造驱动企业	管理者	人员驱动企业
实施者	工人	管理者	工人
侧重点	工具/体系改进	方法改进	动机/行动改进
运用工具	过程控制	分析决策和质量成本	运用最小
使用目标	没有目标	用于项目突破	为工人设立目标

10.1.3　项目质量管理内涵及体系

1) 质量管理的内涵

按照《质量管理体系标准》(GB/T 19000—ISO 9000)的定义:"质量管理是指确立质量方针及实施质量方针的全部职能及工作内容,并对其工作效果进行评价和改进的一系列工作。"

按照质量管理的概念,组织必须在质量方针的指导下,通过建立质量管理体系,实施质量管理。质量管理体系是组织实施质量管理所需的组织结构、程序、过程和资源。质量方针是组织最高管理者的质量宗旨、经营理念和价值观的反映。在质量方针的指导下,通过组织质量手册、程序性管理文件、质量记录的制订,并通过组织制度的落实、管理人员与资源的配置、质量活动的责任分工与权限界定等,可以逐步形成组织质量管理体系的运行机制。

2) 项目质量管理的内涵

项目质量管理是指通过制订质量方针建立质量目标和标准,并在项目生命期内持续使用质量计划、质量控制、质量保证和质量改进等措施来落实质量方针的执行,确保质量目标的实现。同质量管理相比,项目质量管理的概念既有相同之处,也有不同之处,这些不同之处是由项目的一次性和独特性等特性所决定的,具体表现为项目质量管理的复杂性、动态性、难以矫正性。项目质量管理的特点决定实施项目质量管理时需要将质量管理的原理赋予项目的内涵和特点,以便有效地指导项目质量管理过程。

从过程上来讲,项目质量管理过程由以下四个部分组成:质量计划,实施质量保证,实施质量控制,持续质量改进。这四个过程不仅彼此交互作用,而且还与其他知识领域的过程交互作用,本书接下来将就这四个过程来介绍项目质量管理的内容体系。

10.2 项目质量规划

10.2.1 项目质量规划概述

项目质量规划是识别项目及其可交付成果的质量要求和标准,并书面描述项目将如何达到这些标准的过程。项目质量规划是项目质量管理的一个重要组成部分,该工作的首要任务是设定质量目标,指导项目团队前进方向,再根据设定的质量目标优化规定作业过程和相关资源。项目质量规划的主要输出是质量管理计划,质量计划由项目经理和项目组成员共同制订,说明项目管理团队如何执行质量政策,是项目质量保证、质量控制和质量改进的前提和依据。同时,项目质量规划也是一个动态完善的过程。质量规划的基本工作方法是:首先制订质量方针,根据质量方针设定质量目标,根据质量目标确定工作内容、职责和权限,然后确定程序和要求,最后付诸实施。

10.2.2 项目质量规划内容与过程

1) 项目质量规划内容

不论项目涉及的范围大小、内容多少,项目质量管理活动都需要进行项目质量规划。项目质量规划是针对项目关键环节而展开的,一般包括项目质量目标的规划、项目质量管理体系的规划、项目实施过程的规划和项目质量改进的规划。

项目质量目标的规划。质量目标体现了组织的质量追求,是组织在内部的行为准则,对项目质量管理具有导向作用,对员工具有激励作用,因此在项目组织的各个相关职能和层次上都应当建立质量目标。

项目质量管理体系的规划。项目质量管理体系的规划是一种宏观的质量规划,由项目组织最高管理层负责,根据质量方针确定项目的基本方向,设定质量目标,确定质量管理体系要素,分配质量职责等。

项目实施过程的规划。项目质量规划不仅要设定质量目标,还需要规定项目实现的必要过程和相关资源。这种规划包括对项目全生命周期的策划，也包括对某一具体过程的策划。

项目质量改进的规划。质量改进通常包括两种方式：一种中长期质量改进的规划；另一种是年度质量改进的规划。

2）项目质量规划过程

对于项目管理团队而言，项目被正式授权意味着项目质量规划工作的正式开始。质量规划所遵循的步骤基本是相同的，主要包括项目质量规划内容所对应的四个部分。本节主要介绍项目质量目标规划和项目实施过程中的质量规划，项目质量管理体系和项目改进的规划在后续章节介绍。

（1）项目质量目标的规划过程。项目质量目标的规划主要包括以下步骤：识别客户需求并确定客户满意度标准；明确项目开发特征；确定项目质量特征指标。①识别客户需求及确定客户满意度标准：客户需求是形成项目质量目标的重要依据，朱兰将客户的需求分为表述需求、真正需求、感觉需求、文化需求和可追踪到的非预期用途的需求。识别并列出客户需求后，需要项目经理与相关团队进行充分沟通，确定客户需求的优先等级。②明确项目开发特征：输入客户的满意度标准，通过项目开发过程优化，在满足客户需求的同时也降低开发成本，缩短时间，最终得到一些相关特征与指标。③确定项目质量特征指标。将质量特征转化为质量特征指标，需要充分结合组织自身战略目标，根据同类产品现状和自身技术能力来制订。

（2）项目实施过程的质量规划。对项目实施过程的质量规划包括以下步骤：明确质量形成过程；配备相应资源；设定质量控制的具体过程；确定质量控制采用的技术。①明确质量形成过程：任何质量目的实现都需要很多过程，可能是链式的，可能是并行的，也可以是二者结合的方式。②配备相应资源，确定人员职责。实现质量管理目标必须规定形成项目质量各个过程的流程作业、各类人员在项目质量形成过程中的职责，保证每一个过程都能按照计划、执行、检查和处理的模型进行控制。③设定质量控制的具体过程：事先对可能发生的质量问题进行估计并制订应对措施，需要进行项目质量标准的界定、项目实际情况的度量、实际项目质量与项目质量标准的比较等活动的规划。④确定质量控制采用的技术：质量控制的技术根据项目类型的不同而有所区别，要根据项目实际情况来确定。

10.2.3 项目质量规划方法

运用科学的方法与技术，有助于完成项目质量规划。项目质量规划会用到很多方法，常用的方法包括：成本收益分析法、质量标杆法、质量成本分析法和实验设计法等。

（1）成本收益分析法：质量规划过程必须考虑成本与效益两者间的权衡。符合质量要求所带来的主要效益是减少返工，它意味着劳动生产率提高，成本降低，利益相关者更加满意。为达到质量要所付出的主要成本是开展项目质量管理活动的开支。成本收益法的实质是通过运用质量成本与收益的比较，编制出能够保障项目质量收益超过项目质量成本的项目质量管理计划。

（2）质量标杆法：该方法又称水平对比法，是指通过将项目的实际做法或计划做法与其他项目的进行对照，以改进方法，或者提供一套度量绩效标准。其他项目既可在实施组织内部，也可在外部，既可在同一应用领域，也可在其他领域。质量标杆法的实施步骤包括选择用来进行水平比较的项目；确定对比的对象并收集数据；分析数据资料；寻找差距，实施对策。

（3）质量成本分析法：质量成本是指将产品质量保持在规定的质量水平上所需要的费

用,以及当没有获得满意质量时所遭受的损失。质量成本一般分为预防成本、鉴别成本、内部损失成本、外部损失成本和外部质量保证成本。一般来说,项目的预防、鉴定、外部质量保证等费用越高,项目的质量水平越高;项目的内部损失成本、外部损失成本则随项目质量水平的降低而增加。

(4) 实验设计法:实验设计是帮助确定产品开发和生产中,哪些因素会影响产品或过程特定变量的一种统计方法,而且在产品和过程优化中也起到一定作用。通过对实验数据的分析,可以得出产品或过程的最佳状态,着重指明结果的影响因素并揭示各因素之间的交互作用和协同作用关系。

(5) 其他质量规划工具:其他质量规划工具包括头脑风暴法、流程图、质量功能展开技术和优先排序矩阵等。

10.2.4 项目质量规划结果

质量规划工作的最终成果是生成一系列项目质量计划文件。项目质量计划是指为了使项目的可交付成果符合客户要求,对项目质量管理工作所做的计划和安排。编制项目质量计划的依据主要有以下几个方面。

(1) 企业环境因素。这里指与项目质量相关的各种组织环境因素与制度,最主要的是企业环境因素和企业采用的各种质量标准和规定。

(2) 组织流程资产。指对项目质量管理产生影响的各种正式和非正式的组织政策、方针、规程和原则。

(3) 项目范围说明。包括项目目标、项目产出物和项目工作范围的说明。

(4) 项目集成计划。由于项目质量受项目范围、成本和工期等要素的影响和制约,因此在编制项目质量管理计划时必须服从项目集成计划的安排和要求。项目集成计划是开展项目质量管理工作的基础性和指导性文件。

(5) 其他项目管理方面的信息。如项目的工作分解结构、项目的进度计划等。

项目质量规划的成果通常包括项目质量管理计划、质量检查表、质量基准等输出。

(1) 项目质量管理计划。项目质量管理计划是项目质量管理工作的核心指导文件,是项目质量规划工作的重要成果之一。在项目开始时,应从总体考虑,编制一个较粗的、规划性的质量计划,如质量管理计划;随着项目的进展,编制相应各阶段较详细的质量计划,如项目操作规范。通常质量计划包括以下内容:

① 合同评审。指明项目的规定要求何时、如何以及由谁来进行评审。

② 设计控制。引进合适的标准、法规、规范要求,指明何时、如何以及由谁来进行评审。

③ 采购。指明物资从哪里采购,以及相关质量要求;用于评选和控制供应商的方法;对采购物品如何检验。

④ 过程控制。指明如何控制项目各过程以满足规定的要求。

⑤ 不合格品控制。指明如何标志结合控制不合格品。

⑥ 纠正和预防措施。为避免不合格品的重复出现,计划应指明针对项目的预防和纠正措施以及跟踪活动。

⑦ 质量记录的控制。指明记录采用的方式;如何满足记录的清晰度、存储、处置;规定相关记录保存时间以及由谁来保存。

⑧ 质量审核。指明质量审核的性质和范围,以及如何使用审核结果来纠正和预防影响项目的不良因素重复出现。

(2) 质量检查表。项目质量管理必须对工作、工作方法、工作条件加以规定,使之标准化,根据这些工作标准指定的表格就是质量检查表。检查表用于核实一系列要求的步骤是否已经实施,通常由详细条目组成。

(3) 质量基准。质量基准记录了项目的主要目标,是绩效衡量基准的组成部分,可用于据此衡量和汇报质量绩效。

10.3 项目质量保证

10.3.1 项目质量保证概述

质量保证是项目质量管理的一部分,通过提供证据表明项目能满足质量要求,使客户建立信心,相信完成项目能得到所规定的质量要求。所谓项目质量保证是不同于"项目质量控制工作"和一般的"项目质量管理体系"的概念,它是一种具有事前性和预防性的项目质量管理工作,是为了使该项目干系人确信将能够到相关的质量标准,而在质量管理体系中开展的有计划、有组织的活动。

根据质量保证活动的目的和提供"证据"对象的不同,可将其分为内部质量保证和外部质量保证。对项目执行组织领导提供"信任"的活动,称为内部质量保证,企业领导需要组织一部分独立的人员对直接影响项目质量的活动实施监督、检验和质量审核活动,以便及时发现质量控制中的问题,提出改进,促使质量控制能更有效进行。对客户提供"信任"的活动,称为外部质量保证,这种信任是在合同签订前建立起来的,外部质量保证的基础是建立质量管理体系。

10.3.2 项目质量保证基本内容

质量保证是在质量系统内实施的有计划的系统性活动,是质量管理的一个更高层次,是对质量规划、质量控制过程的控制。因此质量保证工作是一项系统活动,其主要活动以及开展质量保证工作所需要的依据都应该有明确的规定。

项目质量保证的基本内容包括:提出清晰的项目质量要求;制订切实可行的质量标准;制订质量控制流程;建立完善的质量保证体系;配备合格和必要的资源;持续开展有计划的质量改进活动;全面控制项目变更。

(1) 提出清晰明确的项目质量要求。提出清晰明确的项目质量要求是项目质量保证的首要任务,包括对项目产出物以及项目过程与工作的质量要求。通常对项目产出物的质量要求越详尽,项目的质量保证就越周密。

(2) 制订切实可行的质量标准。项目质量保证工作有赖于科学可行的项目质量标准,制订科学可行的项目质量标准是项目质量保证工作的主要任务。制订质量标准可以直接采用现行的国家标准、行业标准,也可制订各种定性的、定量的指标、规则、方案等质量标准。

(3) 制订质量控制流程。对不同行业和不同种类的项目,或同一项目的不同组成部分或不同实施阶段,其质量保证和控制流程不同。但要点是要结合项目和干系人特点展开,一般与组织的质量管理体系相关,体现相关参与人员的职责,有侧重地开展质量保证工作。

(4) 建立完善的质量保证体系。建立完善有效的质量保证体系,全面地开展项目质量管理活动是项目质量保证最重要的内容。建立质量保证体系首先应该向项目全体职工贯彻质量方针,建立、健全对形成质量全过程有影响的所有管理者、执行者、操作者的质量责任,建立质量手册、质量程序文件等书面文件,建立质量保证体系的评估制度,确保质量保证活动在各部门有效进行。

(5) 配备合格和必要的资源。质量保证工作的另一项工作内容,就是为项目质量管理工作和项目质量体系配备合格的和必要的资源。

(6) 持续开展有计划的质量改进活动。持续的项目质量改进包括对项目工作和项目产出物的持续改进,也包括对项目作业方法和项目管理方法的持续改进和完善,这项活动是保证项目最终达到质量要求的必要途径。

(7) 全面控制项目变更。全面控制项目变更也是开展项目质量保证的一项工作,要求项目团队对项目的变更进行仔细分析并明确其目的,仔细分析其可能产生的项目质量影响并设计相应的质量保证对策。

项目质量保证活动贯穿于项目的全生命周期:立项阶段、开发阶段、实施阶段和收尾阶段。这四个阶段的任务、目标有所不同,故各阶段质量管理的重点也不同。对于项目而言,要真正提高项目质量,必须要将项目质量管理落实到全生命周期,并突出重点形成体系。

10.3.3 项目质量保证方法

项目质量保证所采用的主要方法包括质量审计、过程分析和质量控制工具和技术。

(1) 质量审计指进行系统的独立审查,确定项目活动是否符合组织和项目政策、过程和程序依据。质量审计的目标在于识别项目的低效政策、过程和程序;分享优秀做法。质量审计可事先安排也可随机进行,可由内部或外部审计师进行。质量审计还可确认已批准变更的实施情况。

(2) 过程分析是指按照过程改进计划中概括的步骤来识别所需的改进,它也要检查在过程运行期间遇到的问题、制约因素以及发现的非增值活动。过程分析包括根本原因分析,用于识别问题、探究根本原因,并制订预防措施。

(3) 质量控制工具和技术。项目质量保证可以采取必要的质量控制工具和技术,如6Sigma方法等,以确保质量保证的有效性。

10.4 项目质量控制

10.4.1 项目质量控制概述

项目质量控制是对项目的实施情况进行监督、检查和测量,并将项目实施结果与事先制订的质量标准进行比较,判断其是否符合质量标准,找出偏差,分析偏差形成的原因,消除质量不合格因素的一系列活动,是贯穿于项目实施的全过程项目质量管理活动。

项目质量控制与项目质量保证既有联系又有区别。联系在于，二者的目标都是使项目质量达到规定的要求，故在项目质量管理过程中它们有所交叉、重叠。项目质量控制与项目质量保证的最大区别在于，项目质量保证是一种预防性的、保障性的过程。而项目质量控制直接对项目质量进行监控并纠正存在的问题，是纠偏性的过程。

10.4.2 项目质量控制内容与步骤

1) 项目质量控制的工作内容

项目质量控制的工作内容包括作业技术和活动，即包括专业技术和管理技术两个方面围绕着质量环节的每一阶段工作，对影响项目质量的人、机器设备、原料、方法和环境因素进行控制。从确保质量出发，在人的技术水平、心理行为、错误行为等方面控制人的使用，提高人的质量意识。根据项目的不同特点合理选择、正确使用、管理和保养设备。材料质量主要通过严格检查验收、重视材料运输管理，杜绝使用不合格材料等环节来控制。方法控制要求工艺流程、技术方案、检测手段、操作方法均符合标准、规范。影响项目质量的环境因素较多，根据项目特点和具体条件，应采取有效措施对影响质量的环境因素进行控制。

同时要求质量活动的成果进行分阶段验证，以便及时发现问题，查明原因，采取相应的纠正措施，防止质量问题再次发生。为保证每项质量活动有效进行，质量控制必须对干什么、为何干、怎样干、谁来干、何时干、何地干等予以规定，并对实际质量活动进行监控。

2) 项目质量控制原理

控制论的研究对象主要是指具有复杂性和或然性的系统，而项目作为一个系统，可以采用控制论的思想和方法进行质量控制。

由控制的原理可知，输入、变换、反馈、分析与纠正措施等，是系统控制的基本步骤。因而，质量控制首先要有合格的控制主体和明确的控制目标。控制主体是指承担控制责任的人员或组织，一般可划分为直接控制层和间接控制层。直接控制层是指项目经理部或项目团队，间接控制层指业主的质量控制人员或组织、质量监督人员、承包商决策层等。控制目标是指控制主体针对控制对象实施控制所要达到的目的。根据控制对象、控制范围的不同，项目可分为若干控制子系统，每一个子系统都有其相应的控制目标。

此外，项目还必须有理想的控制机制，通常可采用同态调节机制，即将质量特征值保持在规定限度内的机制。项目质量控制中的调节方法主要有消除偏差；避免异常因素的干扰；发现并消除异常因素等。

综上所述，为了实施项目质量控制，必须确定控制目标，建立控制机制，同时也要加强信息的传递和反馈。

3) 项目质量控制的步骤与目标

项目质量控制应贯穿于项目质量管理的全过程，主要按照以下几个步骤展开：

(1) 选择控制对象。项目质量控制的对象，可以是项目生命周期中的某个环节、某项工作或工序，以及项目的某个里程碑或某项阶段成果等一切与质量有关的要素。

(2) 度量控制对象的质量和实际情况。

(3) 将对象质量的实际情况与相应的质量标准进行比较。

(4) 识别项目存在的质量问题和偏差。

(5) 分析项目质量问题产生的原因。

（6）采取纠偏措施消除项目存在的质量问题。

以工程项目为例，一般来说工程项目质量控制的目标有如下几个：

（1）工程设计必须符合设计承包合同规定的规范标准的质量要求，投资额、建设规模控制在批准的设计任务书范围内。

（2）设计文件、图纸清晰完善，各图纸间无矛盾。

（3）工程项目的设备选型、系统布置要经济合理、安全可靠、紧凑且节约能源。

（4）环境保护措施、"三废"处理、能源利用等符合国家地方规定。

（5）施工过程与技术要求一致、与计划规范相一致、与设计质量要求相一致，符合合同要求和验收标准。

10.4.3　质量控制的结果

质量控制的主要结果有：质量改进、验收决定、返工和过程的调整。

质量持续改进，应用 PDCA 循环原理，抓好控制点的设置，不断寻求改进机会，研究改进措施，不断提高质量控制能力和控制水平。验收决定，作为项目一部分而生产的产品或服务是否被接受的决策，如果项目利益相关者拒绝产品或服务，则一定要返工。返工，指采取行动使拒收项目满足产品需求或规范。返工代价大，项目经理必须努力做好质量计划编制和质量保证工作，避免返工。过程的调整是在质量控制的基础上，纠正或防止进一步质量问题而做的调整。

10.5　项目质量改进

10.5.1　项目质量改进的概述

质量管理专家朱兰指出，必须在质量控制的基础上进行质量改进，质量才能有实质性的提高。质量改进是指对现有的质量水平在控制和维持的基础上加以突破和提高，将质量提高到一个新的水平的过程。ISO9000 中对质量改进的定义是："质量改进是质量管理的一部分，致力于增强满足质量要求的能力。"就项目而言，用户对特定项目质量要求是多方面的，并且希望项目组织满足质量要求的能力越高越好。所以项目组织应随时理解与把握用户的要求，围绕着不断增强满足质量要求的能力展开质量管理工作。

项目质量改进的主要对象包括三个方面：对象本身的改进、对象实施过程的改进和管理过程的改进。对项目本身的改进是一种技术改进，可以促使项目质量提升，也可能使得项目成本下降或促进项目的创新。对项目实施过程的改进是对项目实施方案、实施环节及实施过程中各生产要素的改进，这种改进可能提高实施过程的有效性。对管理过程的改进，是项目质量改进的最主要方面，它包括对质量方针、质量目标、组织机构和管理制度方法等各方面的改进，会使得质量保证能力增强，提升质量管理的效率。

项目质量改进的主体涉及业主、项目承包方、供应单位等各方组织，这些组织的领导和管理人员也是项目质量管理的最直接、最主要主体，因为任何一项改进活动都是由领导决策的。当然员工在项目质量改进中的地位和作用也是不容忽视的，特别是涉及需要员工执行、实施的改进。因此,项目质量改进需要发挥各方组织、各类人员的作用,他们各自的作用不可忽视。

10.5.2 项目质量改进的过程

质量改进的主要过程如图 10-1 所示。

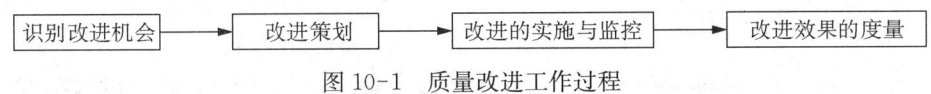

图 10-1　质量改进工作过程

1) 识别改进机会

要持续改进项目质量就要不断确定并获取持续改进的机会。ISO9000 系列标准要求的持续改进是有计划的、系统的、不断改进的,因此会存在一个识别改进机会的过程。识别改进机会的途径主要包括三个方面:从监测和测量中识别改进机会;从广泛的信息来源中识别改进机会;从质量改进的过程或结果中识别改进机会。

2) 改进策划

改进策划主要关注解决如何改进的问题,涉及改进的目标、方案、措施和组织等问题。其中目标的改进策划最为重要,因为合理的目标是改进有效性的前提。目标改进根据范围不同,可划分为项目总体改进目标和具体改进目标。①总体目标的改进包括:项目质量要求的质量水平、项目验收合格率、优良品率等;项目损失应降低到的水平;项目质量管理应达到水平。可以看出项目总体目标改进是战略层面的,故其策划时应考虑:客户的需求与期望;市场竞争情况;技术发展以及组织自身技术能力的情况;项目资源、人员现状等方面。②项目具体目标改进包括:客户需求引起的质量改进目标;项目特征引起的质量改进目标;项目的过程特征引起的质量改进目标;过程控制特征引起的质量改进目标。质量改进目标是动态变化的,要注意提供评价这些变化产生影响的手段和相应修改目标的方法。

3) 改进的实施与监控

项目质量改进重在实施,必须采用科学合理的方法在实施工程中加强监督控制。实际上,质量改进的实施过程可归纳为 PDCA 循环过程。

(1) 策划阶段——P 阶段(PLAN)。P 阶段的主要工作是改进机会识别,制订改进目标,确定达到改进目标的措施与方法。该阶段包括机会识别、因素分析、明确主要改进对象和制订改进计划等步骤。

(2) 实施阶段——D 阶段(DO)。实施改进计划需要技术、方法、管理、资金和人员等方面的支持,故要从这些方面出发创造改进措施,同时要根据条件的变化和改进过程中发现的新问题及时调整改进措施。

(3) 检查阶段——C 阶段(CHECK)。根据所制订的改进计划,检查改进的效果和进度,判断改进是否达到预期目的,根据检查结果进一步为改进提供机会。

(4) 处理阶段——A 阶段(ACTION)。质量改进的处理阶段主要有两项工作:一是经验总结,巩固改进成果,即将经验教训纳入有关标准、规定;二是遗留问题转入下一个循环,作为下一个循环制订改进计划的资料和依据。

4) 改进效果的度量

组织的测量系统不仅要满足日常测量的需要,还要满足持续改进效果的度量。一个良好的测量系统应能满足持续改进过程中机会识别和效果度量的需要,包括对客户和利益相关方的满意度;项目质量状态;过程能力;过程效率等方面的测度。对待改进效果度量的主要方法是,通过测量前后的情况,以确定持续改进的效果,故至少测量两次,且应当在相同条件下,以相同的方法进行。再根据测量的结果,对持续改进的效果进行分析评价。

10.5.3 6Sigma 改进方法

6σ(六西格玛)是一种能够严格、集中和高效地改善企业流程管理质量的实施原则和技术。它包含了众多管理前沿成果,以"零缺陷"的完美商业追求,带动质量成本的大幅度降低,最终实现财务成效的显著提升与企业竞争力的重大突破。

6σ 中的 σ 是一个统计术语,其含义为"标准差",是用来表示任意一组数据或流程中离散或差异程度的指标。在质量上,企业可以用 σ 的级别来衡量质量管理方面的表现。传统的公司一般质量要求已提升至 3σ,这就是说产品的合格率已达至 99.73% 的水平,只有 0.27% 为次货,又或者解释为每一千件产品只有 2.7 件次品,很多人认为产品达至此水平已非常满意。可是,根据专家研究结果证明,如果产品达到 99.73% 合格率的话,以下事件便会继续在现实中发生:每年有 20 000 次配错药事件;每年不超过 15 000 婴儿出生时会被抛落地上;每年平均有 9 小时没有水、电、暖气供应;每星期有 500 宗做错手术事件;每小时有 2 000 封信邮寄错误。由此可以看出,随着人们对产品质量要求的不断提高和现代生产管理流程的日益复杂化,3σ 的质量管理标准越来越难以满足企业的需要。事实上,日本已把 6σ 标准作为他们品质要求的指标。6σ 管理方法重点是将所有工作作为一种流程,采用量化的方法分析流程中影响质量的因素,找出最关键的因素加以改进从而达到更高的客户满意度。6σ 表示每百万个产品的不良品率不大于 3.4,意味着每一百万个产品中最多只有 3.4 个不合格品,即合格率是 99.999 66%。同传统的质量成本理论所推崇的 3σ 相比,6σ 管理不仅使产品的合格率由 99.73% 提高到 99.999 66%,而且使组织的质量费用由占销售额的 20%~30% 降低到了占销售额的不到 10%。

美国通用电气公司首席执行官韦尔奇先生在 2000 年年报中指出:6σ 所创造的高品质,已经奇迹般地降低了通用电气公司在过去复杂管理流程中的浪费,简化了管理流程和降低了材料成本。6σ 的实施,已经成为介绍和承诺高品质创新产品的必要战略和标志之一。6σ 质量管理理论的主要特点为:

(1) 以顾客为关注焦点。6σ 管理是以顾客为中心,关注顾客的需求。它的出发点就是研究客户最需要的是什么,最关心的是什么,是根据顾客的需求来确定管理项目,将重点放在顾客最关心、对组织影响最大的方面。若企业不是真正地关注顾客,就无法推行 6σ 管理。

(2) 通过提高顾客满意度和降低资源成本促使组织的业绩提升。6σ 项目瞄准的目标有两个,一是提高顾客满意度,通过提高顾客满意度来占领市场、开拓市场,从而提高组织的效益。二是降低资源成本,通过降低资源成本,尤其是不良质量成本损失 COPQ(Cost of Poor Quality),从而增加组织的收入。因此,实施 6σ 方法能给一个组织带来显著的业绩提升,这也是它受到众多组织青睐的主要原因。

(3) 注重数据和事实,使管理成为一种真正意义上基于数字的科学。6σ 管理方法是一种高度重视数据,依据数字、数据进行决策的管理方法,强调"用数据说话""依据数据进行决策""改进一个过程所需要的所有信息,都包含在数据中"。另外,它通过定义"机会"与"缺陷",通过计算 DPO(Defects Per Opportunity,每个机会中的缺陷数)、DPMO(Defects Per Million Opportunity,每百万机会中的缺陷数),不但可以测量和评价产品质量,还可以把一些难以测量和评价的工作质量和过程质量,变得像产品质量一样可测量和用数据加以评价,从而有助于获得改进机会,达到消除或减少工作差错及产品缺陷的目的。因此,6σ管理广泛采用各种统计技术工具,使管理成为一种可测量、数字化的科学。

(4) 6σ 是一种以项目为驱动力的管理方法。6σ 管理方法的实施是以项目为基本单元,通过一个个项目的实施来实现。通常项目是以项目经理为负责人,牵头组织项目团队通过项目成功完成来实现产品或流程的突破性改进。

(5) 实现对产品和流程的突破性质量改进。6σ 项目的一个显著特点是项目的改进都是突破性的。通过这种改进能使产品质量得到显著提高,或者使流程得到改造,从而使组织获得显著的经济利益。实现突破性改进是 6σ 的一大特点,也是组织业绩提升的源泉。

(6) 有预见的积极管理。"积极"是指主动地在事情发生之前进行管理,而不是被动地处理那些令人忙乱的危机,有预见地积极管理意味着我们应当关注易被忽略的业务运作,并养成习惯:确定远大的目标并且经常加以检视;确定工作优先次序;注重预防问题而不是疲于处理已发生的危机;经常质疑我们做事的目的,而不是不加分析地维持现状。6σ 包括一系列工具和实践经验,它用动态的、即时反应的、有预见的和积极的管理方式取代那些被动的习惯,促使企业在当今追求几乎完美的质量水平而不容出错的竞争环境下能够快速向前发展。

(7) 无边界合作。"无边界"是通用电气成功的秘笈之一。杰克韦尔奇致力于消除部门及上下级间的障碍,促进组织内部横向和纵向的合作。这改善了过去仅仅是由于彼此间的隔阂和企业内部部门间的竞争而损失大量金钱的状况,这种做法改进了企业内部的合作,使企业获得了许多受益机会,而 6σ 扩展了这样的合作机会。在 6σ 管理中,无边界合作需要确切地理解最终用户和流程中工作流向的真正需求,更重要的是,它需要用各种有关顾客和流程的知识使各方受益。由于 6σ 管理是建立在广泛沟通基础上的,因此 6σ 管理法能够营造出一种真正支持团队合作的管理结构和环境。项目经理是项目改进团队的负责人,而改进项目往往是跨部门的,要想获得成功就必须由项目经理率领他的团队打破部门之间的障碍,通过无边界合作完成 6σ 项目。

(8) 追求完美,容忍失误。作为一个以追求卓越作为目标的管理方法,6σ 为企业提供了一个近乎完美的努力方向。没有不执行新方法贯彻新理念就能实施 6σ 管理的企业,而这样做总会带来风险。在推行 6σ 的过程中,可能会遇到挫折和失败,企业应以积极应对挑战的心态,面对挑战和失败。

(9) 遵循 DMAIC 的改进方法。6σ 有一套全面而系统的发现、分析、解决问题的方法和步骤,这就是 DMAIC 改进方法,DMAIC 的具体意义如下:

D(Define):项目定义阶段

M(Measure):数据收集阶段

A(Analysis):数据分析阶段

I(Improve):项目改进阶段

C(Control):项目控制阶段

(10) 强调骨干队伍的建设。6σ 管理方法比较强调骨干队伍的建设,其中,项目经理及项目主管是整个 6σ 队伍的骨干。对不同层次的骨干进行严格的资格认证制度,如项目经理必须在规定的时间内完成规定的培训,并主持完成一项增产节约幅度较大的改进项目。

可见,6σ 管理是通过对组织过程的持续改进、不断提高顾客满意度、降低成本来提升组织盈利能力和竞争力水平的。6σ 管理的核心理念,就是以"最高的质量、最快的速度、最低的价格"向顾客或市场提供产品和服务。在 6σ 管理中不断寻求提高过程能力的机会,通过过程改进使其不断优化,逐步提高过程输出结果与顾客要求和期望的接近程度,同时减少因缺陷引起的浪费,使组织与顾客实现双赢。

10.6 质量管理体系

10.6.1 建立质量管理体系的标准和原则

建立质量管理体系需要依据一定的标准,这些标准分为国际标准和国家标准。

(1) 国际标准。国际标准化组织(ISO)于 2015 年 9 月正式发布了 ISO9000:2015《质量管理体系 基础和术语》、ISO9000:2015《质量管理体系要求》这一系列标准,用于指导组织建立质量管理体系并使之有效运行,同时它也是进行质量管理体系认证的依据。

(2) 国家标准。我国于 1992 年等同采用了 ISO 国际标准,并发布了 GB/T 19000 系列标准,用于指导我国的质量体系认证工作。根据 ISO9000:2015 系列标准,于 2016 年 12 月 30 日发布了《质量管理体系基础和术语》(GB/T 19000—2016)《质量管理体系要求》(GB/T 19001—2016)。这一系列标准于 2017 年 7 月 1 日实施,是我国今后一段时间内指导组织建立质量管理体系,进行质量体系认证的主要依据。

质量管理体系七项原则是 2015 版 ISO9000 族标准的编制基础,在总结质量管理实践经验的基础上用高度概括的语言所表达的最基本、最通用的一般规律。它的贯彻执行能促进组织管理水平的提高,并能提高顾客对其产品或服务的满意程度,帮助组织达到持续成功的目的。这七项原则具体如下。

(1) 以顾客为关注焦点。组织的生存依赖于顾客。在项目管理过程中,应该不断识别外部顾客,如用户、承包商、项目的其他受益者,以及内部顾客,如项目实施过程中接受前一过程输出的部门、岗位或个人;明确其动态要求;有计划地衡量顾客满意程度并针对结果采取必要的改进措施。

(2) 领导作用。在项目管理过程中,领导者应该全面考虑所有相关方的需求;为项目编制可行的质量计划;设定有挑战性的质量目标;营造一个适合于项目特点的质量文化环境;为员工提供所需的资源和培训,并赋予其职责范围内的自主权。

(3) 全员参与。员工是项目的具体实施者,项目质量管理中所有员工无论是直接的还是间接的,都需要对项目质量高度重视,都需要通过完成自己的本职工作为实现项目的质量目标做出贡献。全员参与的原则是全面质量管理思想的体现。

(4) 过程方法。项目决策、规划、实施和验收整个生命期正是由大大小小诸多不同的过程所构成。一个项目过程的输出往往是下一个过程的输入,项目的过程与过程之间往往会形成复杂的过程网络,通过这些网络与内部和外部顾客相联系。因此,在项目质量管理中应用过程方法时,应对每一个过程特别是关键过程的要素加以识别和管理。这些要素包括输入、输出、活动、资源、管理和支持性过程。

(5) 持续改进。影响项目质量的因素在不断变化,顾客的需求和期望也在不断变化,这就要求项目的相关方应不断地改进其工作质量,提高质量管理体系及过程的效果和效率,以满足顾客和其他相关方日益增长的和不断变化的需求和期望。

(6) 以事实为决策基础。决策存在于项目质量管理的过程中,决策的有效性将决定质量管理的有效性。应该建立质量管理信息系统,在数据和信息分析的基础上进行决策,避免盲目决策。

(7) 关系管理。供应商提供给项目的资源将对项目质量产生重要影响,处理好与供应商的关系,是承包商向顾客提供满意项目成果的保障之一。与供应商保持互利合作,对承包商和供应商来讲是一种双赢战略。

10.6.2 ISO9001:2015 标准质量管理体系模式

ISO9001:2015 标准是目前通用的质量管理体系国际标准,它提出了基于过程的质量管理体系模式,是目前指导建立通用质量管理体系最流行的标准。该模式原理如图 10-2 所示。

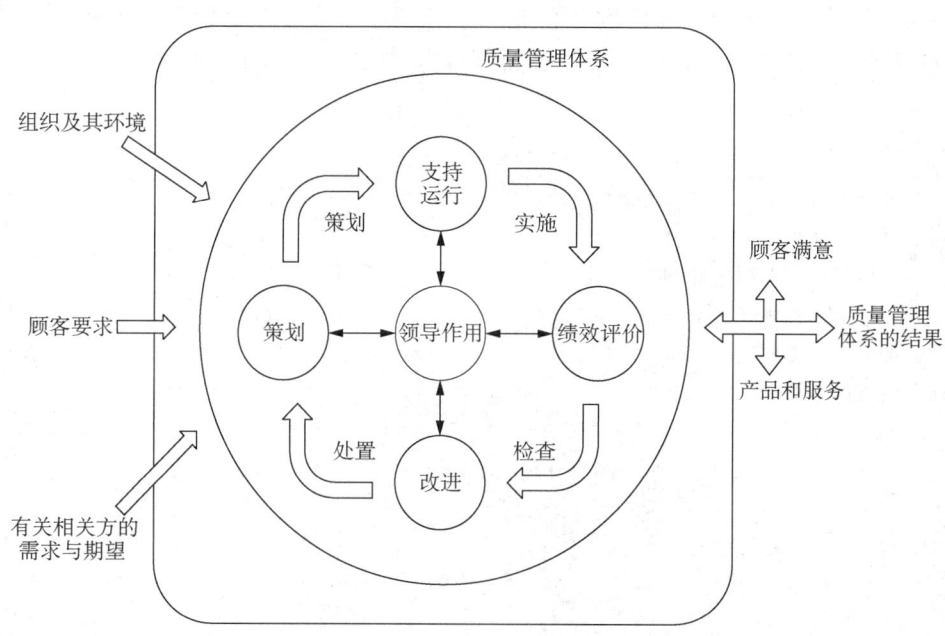

图 10-2 以过程为基础的质量管理模式

10.6.3 质量体系文件构成

ISO9001:2000 质量管理体系文件由四部分构成:形成文件的质量方针和质量目标;质量手册;质量管理标准所要求的各种生产、工作和管理的程序性文件;质量管理标准所要求的质量记录。ISO9001:2015 要求组织的质量管理体系文件包括:①标准所要求的文件信息;②为确保质量管理体系有效运行的文件信息。对于不同组织,质量管理体系成文信息的多少和详略程度可以不同,取决于组织的规模,以及活动、过程、产品和服务的类型;过程及相互作用的复杂程度;人员的能力。

10.6.4 质量管理体系认证

质量认证制度是由公正的第三方认证机构对组织的产品及质量管理体系做出正确可靠的评价,从而使社会对企业的产品建立信心。具体的质量管理体系认证程序如下:

(1) 申请和受理。具有法人资格,并已按 GB/T 19000—ISO9000 族标准或其他公认的质量管理体系规范。

建立了文件化的质量管理体系,并在生产经营全过程贯彻执行的组织可提出申请。申请单位须按要求填写申请书,认证机构经审查符合后接受申请,如不符合则不接受申请,均予发出书面通知书。

(2) 审核。认证机构派出审核组对申请方质量管理体系进行检查和评定,包括文件审查、现场审核,并提出审核报告。

(3) 审批与注册发证。认证机构对审核组提出的审核报告进行全面检查,符合标准者批准并予以注册,发给认证证书。

企业获准认证的有效期为三年。企业获准认证后,应通过经常性的内部审核,维持质量管理体系的有效性,并接受认证机构对企业质量管理体系实施监督管理。维持与监督内容包括:企业通报;监督检查;认证注销;认证暂停;认证撤销;复评;重新换证。

复习思考题

1. 项目质量管理内容体系包含哪些方面?
2. 质量规划的输出成果有哪些内容?
3. 质量保证与质量控制有哪些异同?
4. PDCA 循环包括了哪些步骤?
5. 质量改进的流程有哪些?
6. 简述质量管理体系模式。

第 11 章　项目采购与合同管理

项目采购管理是项目组织从外部获取货物或服务的过程中如何处理相关事务或问题的一个知识领域。与通常的采购不同,项目采购往往涉及相当大的金额且不具有重复性(由项目的临时性决定的)。项目采购并不是项目管理过程中某一个特定时期的具体步骤,而是与整个项目的实施进度相适应并贯穿于整个项目管理的全过程。项目采购管理是围绕包括合同在内的协议进行的,与现代社会其他商业行为一样,合同是项目采购的法律性文件,规定了合同双方各自的权利和义务,从而使采购过程有章可循和有法可依。在项目管理过程中,合同管理与项目采购在时间上是同步的,在内容上是关联的。

本章将从项目采购与合同管理的基本概念、采购准备阶段、招标投标与供应商确定、采购实施与合同管理及采购完成与合同收尾来进行介绍。

11.1　基 本 概 念

11.1.1　项目采购与项目采购管理

采购(Procurement)是指某组织的采购人员或采购部门基于某种目的和要求,从该组织外部获取所需有形物品或无形服务的市场行为。采购是一个普遍而又重要的广义概念,有别于日常"买东西"的狭义概念,它要通过一些特定程序从多个潜在的相互竞争的候选者中选择满足要求的供应商,并从该供应商那里获得满足需求的各种资源。

与一般意义上企业的商品购买有所不同,项目采购(Project Procurement)是指在项目整个实施过程中,从外部采购或获得项目所需的各种资源。这一定义包括以下几层含义:

(1)项目采购涉及买方和卖方两个利益相关者。本章中,假定买方为项目团队,卖方则来自项目团队的外部。在不同的领域,买方又称顾主、客户、采购组织或采购方,卖方又称承包商、服务提供者、供货商或供应商。由于项目团队本身不可能具有完成项目的全部资源,其必须与项目团队的外部环境进行物质、信息和能量的交流以达到项目目标。

(2)项目采购的目的是获取资源。项目所需的资源既可以是有形的货物也可以是无形的服务,还可以是可交付的工作成果。前者如项目所需的预制件和项目监理服务,后者如工作包、项目或项目群。为了简便起见,通常将这些资源统称为"产品"。

(3)项目采购处于项目整个实施过程中。与普通商业活动中的现货物资购买不同,项目采购是一个长时间的过程,它贯穿于项目的整个生命周期,整个项目开发过程可以被理解为一个项目采购的过程。

(4)获取项目所需资源的方式是采购和获得。企业既可以从外部环境通过购买的方式获得资源,也可以通过等价交换、接受捐赠等方式。由于购买是资源获得最常见也是最主要的方式,因此本章主要介绍以购买为核心的采购管理。

项目采购管理(Project Procurement Management)是指在项目实施过程中,项目组织为了达到项目目标,从组织外部获取物料、工程和服务所需的管理过程。项目采购管理包括项目招标投标管理或其他采购方式管理、合同管理、合同变更控制和管理,确保项目采购符合项目管理团队事先确定的目标。项目采购管理也包括项目合同执行过程中来自项目团队外的监督管理。

在项目采购和项目采购管理中,主要涉及四个方面的利益主体,他们分别作为不同的买主和卖主,即:

(1) 项目业主/客户。项目业主/客户是项目的发起人和最终买主,是项目最终成果的所有者和使用者,也是项目实施过程中各种资源的真正购买者,不管是他们自己实施还是委托他人代理采购都是如此。

(2) 项目实施组织。项目实施组织是指承包商或项目团队,他们是项目业主/客户的代理人和劳务提供者;他们既可以受托为项目业主/客户采购商品和劳务,也可以作为卖主直接出售劳务。

(3) 供应商。供应商是为项目组织提供项目所需商品以及部分劳务的卖主,他们可以直接将商品卖给业主/客户,也可以将商品或劳务(部分)直接卖给承包商或项目团队。

(4) 项目分包商和专家。项目分包商或各种中介咨询专家是专门从事某方面专业服务的企业或独立工作者,他们可以直接为项目实施组织提供服务,也可以直接为项目业主/客户提供服务。

上述角色在项目采购管理中存在互动的关系,如图 11-1 所示。

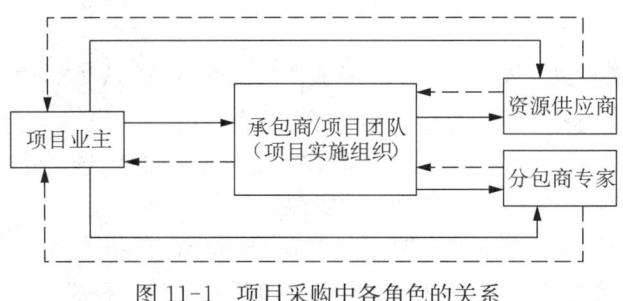

图 11-1 项目采购中各角色的关系

图 11-1 中的实线表示"委托—代理"关系的方向和项目资金的流向,而虚线则表示项目采购中的责任关系。例如,项目业主/客户与项目实施组织、项目实施组织与分包商和供应商、项目业主/客户与分包商和供应商之间,都可以是委托和代理的关系;项目实施组织与供应商之间则可以是直接买卖的关系。项目采购管理主要是管理这种资源采购的关系和行为,对这种资源采购中所发生的问题进行管理。在项目采购管理中,计划、组织、管理和实施工作主要是由项目组织实施开展的,一般项目业主/客户直接进行项目采购的情况较少,因为项目组织是项目资源的直接使用者和提供者,最清楚项目各阶段的资源需求。

从广义采购的角度看,项目实施的全部过程都可视为执行采购,其他管理过程,如风险管理、成本管理等,都是为完成采购管理过程采取的管理手段。项目采购管理的主要目的是:

(1) 降低项目成本。能否经济而有效地进行采购,不仅影响着项目成本,也关系着项目预期的经济效益。采购计划周密,工作做得好,不但采购时可以降低成本,购买到合适的货物或签订合适的服务合同,而且在货物制造、交货以及服务提供的过程中,可以尽可能地避免各种纠纷。

（2）避免合同纠纷。健全的项目采购管理工作，要求在充分调查分析市场情况、准确掌握市场变化趋势的前提下编制项目采购计划，从而保证预算既符合市场行情，又留有一定余地。签订合同后，双方对如何支付货款或服务费用方面应权责分明。即使可能发生价格调整或不可预见费用，也都已在合同中做了明确的规定，以避免合同纠纷。

（3）保证按期交付。在采购合同中应对所采购的货物或服务的技术规格、交付日期等方面做出具体规定，明确双方的权利与责任，不应模糊推诿。此外，合同中还应该对履约保证和违约赔偿进行规定，以保证按期交货和提供服务，使项目按计划实施。

（4）防止贪污浪费。项目采购工作涉及资金较大，同时也涉及复杂的横向关系，如果没有一套周密的程序和良好有效的制度，可能会出现贪污、浪费的现象。例如，在承包商的选择上，应尽量采用比较规范的、公开竞争的招标程序和严谨的支付方法，从制度上最大限度地防止贪污等腐败现象的发生。

11.1.2 项目合同与合同管理

项目合同是指项目业主或其代理人与项目承包人或供应人为完成某一确定的项目所指向的目标或规定的内容，明确项目的权利义务关系而达成的协议。项目合同具有以下特点：

（1）合同是当事人协商一致的协议，是双方或多方的民事法律行为。

（2）合同的主体是自然人、法人和其他组织等民事主体。

（3）合同的内容是有关设立、变更和终止民事义务关系的约定，通过合同条款具体体现出来。

（4）合同须依法设立，只有依法成立的合同对当事人才具有法律约束力。

项目采购管理过程是围绕着合同进行的。合同是买卖双方的法律文件，它强制卖方为买方提供指定的产品、服务或成果，强制买方向卖方支付货币或其他对等价值。或者从法学角度说，合同必须有合同双方相互交换的对价，如图11-2所示。合同管理始终贯穿于整个项目的采购管理过程。

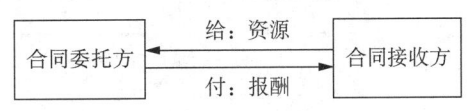

图11-2 通过合同进行的交换

合同管理是管理买卖双方的关系，保证承包商的实际工作满足合同要求和卖方按合同要求支付的过程。合同关系的法律性质要求项目管理班子必须十分清醒地意识到管理时所采取各种行动的法律后果。合同管理包括在处理合同关系时使用适当的项目管理过程，并把这些过程的结果综合到项目总体管理中。

合同管理的重要性主要体现在以下两方面：在项目投资控制中的重要作用，如图11-3所示；在整个项目生命周期中的重要作用，如图11-4所示。

11.1.3 项目采购流程

根据PMBOK将项目采购管理分为四个部分：

（1）规划采购——记录项目采购决策、明确采购方法、识别潜在卖方的过程。

（2）实施采购——获取卖方应答、选择卖方并授予合同的过程。

（3）控制采购——管理采购关系、监督合同执行情况，并根据需要实施变更和采取纠正措施的过程。

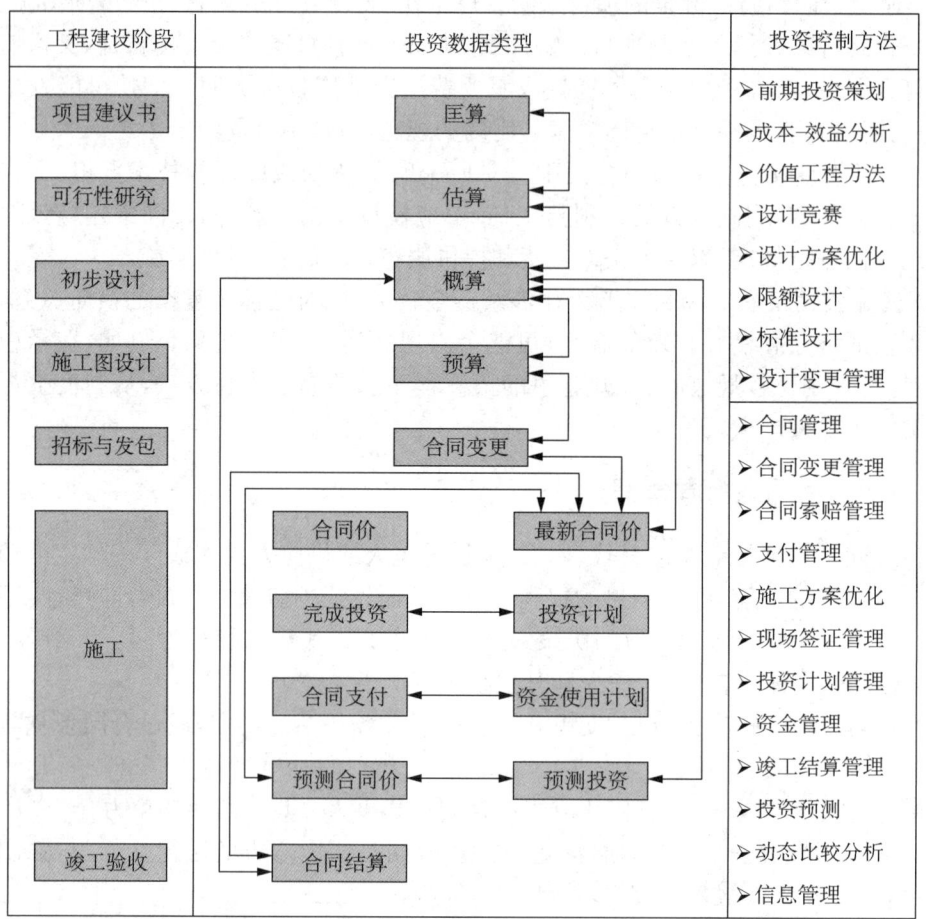

图 11-3 投资控制过程中的合同管理

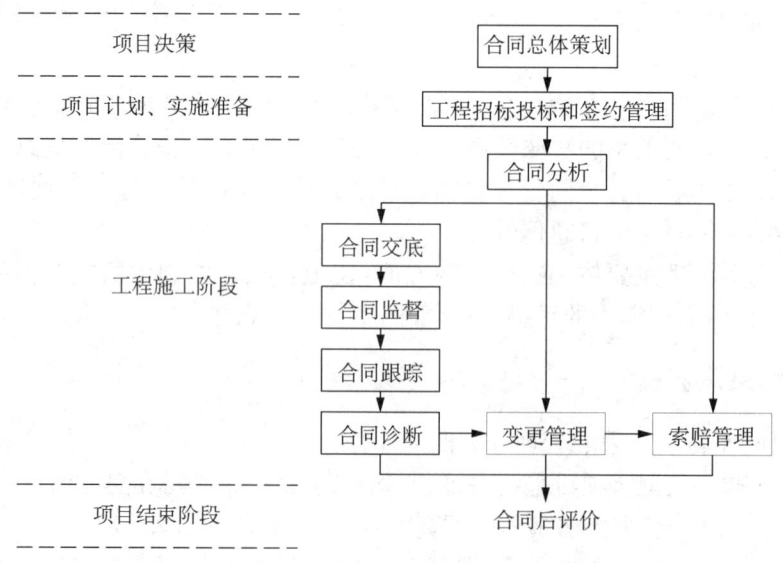

图 11-4 项目生命周期中的合同管理

(4)结束采购——完成单次项目采购的过程。

中国优选法统筹法与经济数学研究会项目管理研究委员会(PMRC)提出的中国项目管理知识体系C-PMBOK,项目采购管理分为计划、执行和收尾三部分,如图11-5所示。

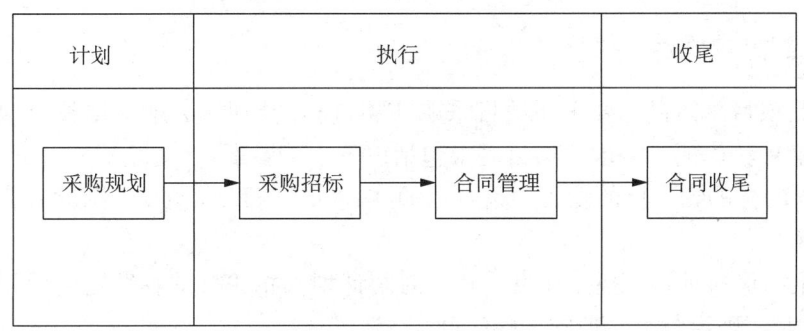

图11-5　中国项目管理知识体系对项目采购过程的划分

(1)采购规划——决定何时采购何物,形成产品需求文档,并确定可能的供方。

(2)采购招标——对外发布信息、按一定程序与方式选择供应商或承包商,正式签订合同。

(3)合同管理——合同管理以及买卖双方的关系,具体指合同执行过程管理以及往来文件管理。

(4)合同收尾——完成结算合同,包括解决任何未解决问题。

本书中,为了体现合同管理与采购管理的动态关系,将采购流程分为四个过程,如图11-6所示。每一过程中的采购管理与合同管理都相互交叉重叠,合同管理往往是项目采购管理的文字表现,项目采购管理往往是合同管理的事实基础。

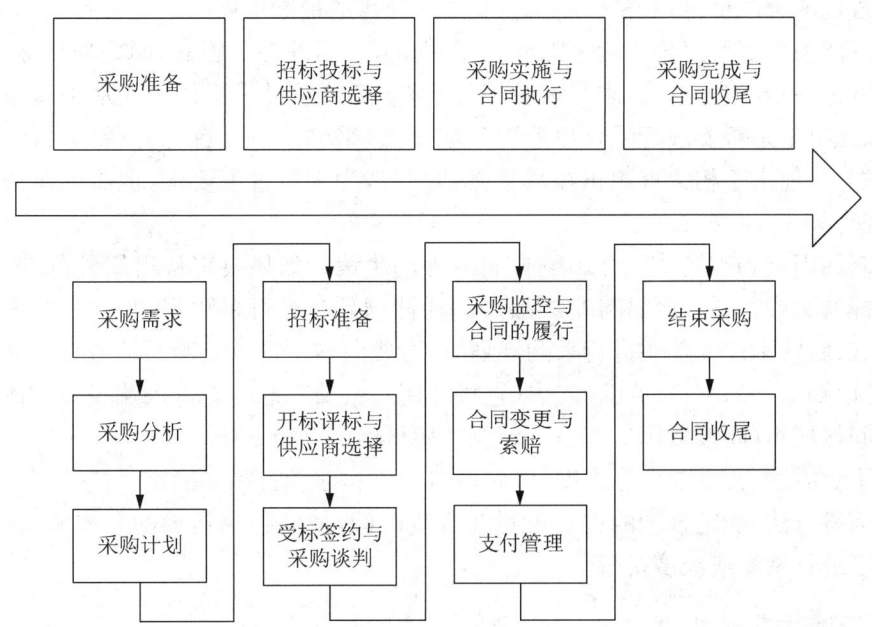

图11-6　本书对项目采购过程的划分

11.2 采购准备

11.2.1 采购需求确定

为了满足项目总体目标要求和项目采购实施过程的需要,必须根据整个项目集成计划和资源需求确定整体项目需求。项目需求包括以下六个要素:

(1) 需求的标的物。标的物必须是合法的、明确的和可获得的,否则就有合同无法履行或落空的风险。

(2) 发生需求的时间。根据项目的整体时间计划和相关标的物特定的使用时间和采购周期等时间因素,确定留有余地的采购时间。

(3) 获取方式。根据市场的具体情况、标的物的具体特点和采购政策等因素,对不同的标的物或对不同的供应商采用不同的获取方式。

(4) 需求数量。需求数量包含两个概念,一个是项目所需的某种标的物的总量,另一个是当需要分批采购或分批交付时各批物品或各阶段服务成果的批量。某种标的物的总量由项目总体规划确定,某种标的物的各个批量由项目进度计划确定。

(5) 供应商。当项目组织决定采取外部采购的方式获取资源时,供应商应按照项目采购政策通过项目规定的程序进行确定。不同项目的采购程序可能是不同的,同一项目采购的不同标的物的采购程序也可以是不同的,单独符合相关的强制性约束条件。

(6) 标的物价格。标的物价格包含三个概念:一是业主根据以往经验和当前市场价格确定的内定价格,在采用招投标方式进行采购时,就是相关标的物的标底价格;二是相关采购合同中规定的合同价格;三是合同执行完成后结算的最终价格。

项目资源的来源可以分成两个部分,一是内部,二是外部。因此,明确项目需求后,采购需求管理要进一步考察这些需求是否可以、应该或必须通过采购的方式从项目组织外部获得满足,以此决定是否要进行采购以及要采购什么、采购多少。有时,虽然项目组织内部具备相应的能力,但由于相关资源正在从事其他项目,为满足进度要求,也需要设法从组织外部获取资源。

预算制约因素和市场状况会影响自制或外购决策。如果决定从组织外部获取资源,则应继续选择购买或租赁。原材料初级品等消耗性物品在进行采购规划时,主要面临外购还是自制的选择;资本性设备在进行采购规划时,主要面临租赁还是购买的选择。在分析过程中,既要考虑购买产品本身的实际支出(直接费用),也要考虑为支持采购过程和维护该产品所发生的间接成本(间接费用),力争达到总费用最优。

确定采购需求后,需要根据进度计划、用料清单和存量管制卡确定采购数量和时间。通过合理的运筹方法,确定合理的进货批量和进货时间,使储存和运输的总成本最低,这个批量被称为经济订货量或经济批量。

11.2.2 采购内容分析

采购需求解决是否要采购和采购多少的问题,采购分析则进一步对如何采购进行思考,是采购计划的前期准备。

1）专家判断

由于项目采购计划的编制涉及大量的技术、经济和社会等不确定因素,往往很难使用纯定量的方法进行分析和决策。而这些不确定性因素的分析往往需要考虑决策者的心理、知识、经验和承担风险能力等因素,因此,需要采购专家的技术支持。采购专家就是具有专门知识或经过专业培训的个人或团体,比如执行组织内部的其他单位、咨询公司、专业和技术协会及行业团体等。专家判断包括技术判断、采购判断和法律判断,具体作用如表 11-1 所示。

表 11-1　　　　　　　　　　　专家判断的类型及作用

专家判断类型	作用
技术判断	用于评估采购需求和采购计划
采购判断	用于制订或修改卖方建议书评价标准
法律判断	用于评估一些比较特殊的采购事项、条款和条件

2）市场调研

市场调研的主要目的是考察行业情况和潜在供应商的能力。采购团队通过从研讨会、在线评论等渠道得到的信息了解市场情况,从而权衡采购风险,优化具体的采购目标,以便利用成熟的技术。

3）合同类型的选择

一般来说,不同类型的采购需要不同类型的合同。所选择的合同类型以及具体的合同条款,将界定买卖双方各自承担的风险水平。采购中通常根据采购对象的具体特征,采用以下三类合同中的一种,如图 11-7 所示。

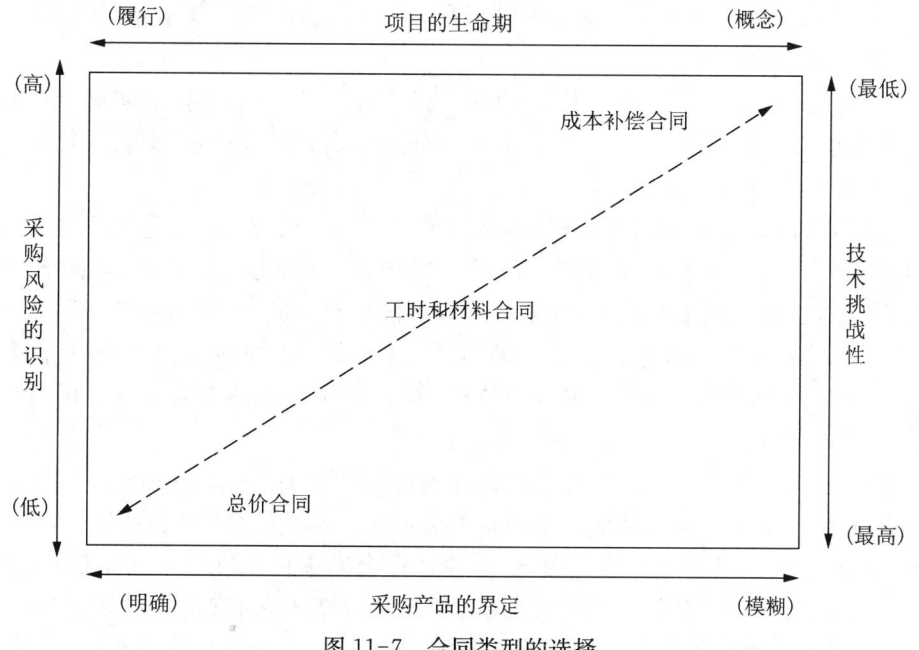

图 11-7　合同类型的选择

(1) 总价合同。合同价格固定，一般用于购买可以明确定义的产品。固定总价合同也可以为达到或超过项目目标设立奖惩机制。卖方必须依法履行总价合同，买方则应履行合同规定的购买义务，否则都会按照合同约定或法律法规受到惩罚。虽然总价合同可能会允许范围的变更，但范围变更通常会导致合同价格变化。总价合同包括：

① 固定总价合同(Firm Fixed Price，FFP)：这是最常用的合同类型，大多数买方都喜欢这种合同，因为其采购价格在一开始就被确定，并且不允许改变（除非工作范围变更），有利于买方财务进行成本控制；同时，由于合同履行不理想而导致的任何成本增加都由卖方负责，实际上也将部分风险通过合同转移到了卖方身上，因此，为了保证利润，卖方必须仔细估算目标成本。另外，由于采购范围的变更通常会导致买方成本的增加，买方应准确定义要采购的产品和服务。固定总价合同最大程度地保障了买方利益，但是具有准备周期及评标时间长的缺点。

② 可调总价合同：这类合同分为两类。一类是总价加激励费用合同（Fixed Price Incentive Fee，FPIF），它会根据项目目标（如成本、进度或技术绩效）的达成情况对卖方进行相应的财务奖惩。同时，这类合同也会设置一个价格上限，卖方必须完成工作并且要承担高于上限的全部成本。另一类是总价加经济价格调整合同（Fixed Price with Economic Price Adjustment，FP-EPA），当履约期较长时，一般会选用这种合同。它会根据通货膨胀、汇率变化或特殊商品（如钢材、石油等）的价格波动，以事先确定的方式对合同总价进行相应调整。这类合同必须在条款中规定用于准确调整最终价格的、可靠的财务指数。

(2) 成本补偿合同。采用这类合同时，买方需要支付给卖方为完成工作而实际发生的合法成本（可报销成本）和一定的利润。成本补偿合同也经常为卖方更好地实现项目目标设立一些激励措施。成本补偿合同包括：

① 成本加百分比酬金（Cost Plus Percentage Fee，CPPF）：买方为卖方报销实施合同时发生的允许成本，同时卖方获得一定的酬金，该酬金通常按照商定的百分比以成本为基数计算，酬金因实际成本的不同而异。这种合同不利于鼓励卖方降低工作成本，因为增加的成本往往会使卖方多得报酬。

② 成本加固定酬金（Cost Plus Fixed Fee，CPFF）：买方为卖方报销实施合同发生的允许成本，同时卖方获得固定酬金。这种合同也不能鼓励卖方降低成本，但会促使承包商尽量缩短工程，以便尽早获得酬金。

③ 成本加激励酬金（Cost Plus Incentive Fee，CPIF）：买方为卖方包销实施合同时发生的允许成本，同时，如果实现合同中规定的特定绩效目标，卖方将获得预定酬金，即鼓励酬金。在有些成本加激励酬金合同中，如果最终成本低于预期成本，则买卖双方可基于预定的分摊比例，共同享有节约的成本。反之，如果最终成本高于预期成本，卖方获得的奖金按规定递减。成本加激励酬金合同的主要缺点在于：买方和卖方在确定采购产品的预期成本时很难达成一致，可能成为日后合同纠纷的根源。

(3) 单价合同。单价合同也称为工时和材料合同（Time and Material，T&M），兼有成本补偿合同和固定价格合同的特征。工时材料合同与成本补偿合同相类似的地方在于它们都是开口合同，合同因成本的增加而变化，但往往在合同中也会规定最高价格和时间限制，以防成本无限制增加；而与固定价格合同相类似的地方在于它们都在合同中规定了一些参数，买卖双方可预先确定各种资源的单位价格（例如单位人力或材料的费率）。

11.2.3 采购计划编制

采购分析结束以后,需要根据其分析结果确定出项目什么时候需要采购什么产品和怎么样采购这些产品,并编制出详细可行的项目采购计划,这些采购计划通常包括自制/外购决策、采购管理计划、采购工作说明书和采购文件。

1)自制/外购决策

自制/外购决策确定了哪些产品、服务或成果需要从项目组织外部采购,也可能包括为应对识别风险而决定购买保险或履约保函的决定。决策的制订通常要综合考虑进度要求、预算制约因素、可用的合同类型等。如果决定自制,那么要在采购计划中规定组织内部的流程和协议。如果决定外购,那么要在采购计划中规定与产品或服务供应商签订协议的流程。

2)采购管理计划

采购管理计划主要说明具体的整个采购过程将如何进行管理,它是整体项目计划中的一部分。具体而言,在项目采购管理计划中应该包括以下内容:

(1)采用合同类型;

(2)如果需要使用独立估算作为供方选择的评价标准,那么由谁、何时去编制独立预算;

(3)如果执行组织自己设有采购或发包部门,那么项目管理团队可以采取哪些措施;

(4)标准的采购文件;

(5)供应商管理;

(6)协调项目采购和项目其他工作(如进度制订和绩效报告);

(7)能够对规划的采购造成影响的制约因素和假设条件;

(8)处理从卖方购买产品所需的提前订货期,并就其与项目进度计划制订过程进行协调;

(9)确定履约保函或保险合同,以降低一些项目风险;

(10)制订提供给卖方的有关如何制订和维持合同工作分解结构的指导说明;

(11)确定合同工作说明书应使用的格式和形式;

(12)确定经过资格预审的优选卖方;

(13)管理合同和评估卖方使用的采购衡量指标。

3)采购工作说明书

采购工作说明书是根据项目范围说明书、工作分解结构和工作分解结构词汇表制订的每次采购的工作说明书。采购工作说明书应该对采购项目进行充分详细地说明,以便让潜在的卖方据此确定其能否提供该项目。这里所说的"充分详细",是指必须根据项目采购的性质、买方的需求、预期合同格式等各种采购工作细节给出具体的说明。例如,如果项目需要采购一种计算机软件,就应该具体对该软件的功能、特性、运行条件和质量等做出说明。

采购过程中,采购工作说明书可能被进一步修改和细化,例如,潜在的卖方可能推荐一种效率更高的方法,或是一种成本更低廉的产品。这种修改和细化将持续进行,直到其在合同签订时成为合同的一部分。

采购工作说明书应尽可能清楚、完整、简练,其内容应当包括对所需附属服务的说明,例如采购项目的绩效报告以及采购的设备在项目完成后的售后技术支持等。在某些应用领域,对工作说明书的内容和格式已有具体规定。每项采购项目都要求有采购工作说明书,但也可将多个产品或服务归集为一个采购项目,并入一个采购工作说明书中。

4) 采购文件

采购文件是用来征求潜在卖方的建议书。如果主要根据价格选择供应商,通常使用标书、投标或报价等术语。如果主要根据技术能力等其他方面选择卖方,通常使用建议书等术语。不同类型的采购文件有不同的名称,如信息邀请书、投标邀请书、建议邀请书和报价邀请书等。采购文件应便于卖方做出准确而完整的应答,同时又要便于对应答做出评价。采购文件中应该包括应答格式要求、相关的采购工作说明书以及所需的合同条款。采购文件既要保证卖方能做出一致且适当的应答,又要有一定的灵活性,允许卖方提出更好的建议。

11.3 招标与供应商确定

当编制出项目采购计划后,项目采购管理者的下一步任务就是根据项目采购计划选择最符合项目要求的外部供应商或承包商,以从项目组织外部获取资源。这一选择过程通常采用的方式有招标采购和非招标采购两大类。非招标采购主要包括询价采购、直接采购等方式,一般较少使用。招标采购具有平等性、竞争性、开放性等特点,大多数项目都会选用这种采购方式,因此本节主要介绍招标采购的相关内容。

招投标是由招投标双方经过要约、承诺、择优选定,最终形成协议和合同关系,是平等主体之间的一种交易方式,是法人之间达成有偿且具有约束力的约定法律行为。按照标准的招标程序,公开招标一般分为三个阶段:招标准备阶段、开标评标阶段和授标签约阶段。

11.3.1 招标准备阶段

这一阶段的主要工作包括如下。

(1) 组建招标工作班子。工作班子成员主要包括:项目组织的代表或其委托的代理人;与项目采购规模相适应的技术、预算、财务和项目管理人员;具有对投标企业进行资格评审能力的人员。不具备上述条件的项目单位,可由其上级主管部门、招标单位、设计单位、银行或投资金融单位及有关专家组成招标领导小组。开展国际竞争性招标,应尽量委托具有资格的招标公司或具有招标能力的外贸公司代理招标。

(2) 编制招标文件和标底。招标文件是投标人编制投标书的主要依据。一般招标文件应该至少包括六大组成部分,如图 11-8 所示。

招标文件应该详细说明:投标注意事项;合同的通用条款和专用条款;项目采购的对象、数量、规格和性能要求;投标方资格审查资料;投标书的格式内容及补充说明资料;招投标双方签订合同或协议的格式、履约保证金格式、预付款保函以及招投标双方的权利义务关系。招标文件既是投标方进行投标的依据,也是招标方进行评标的依

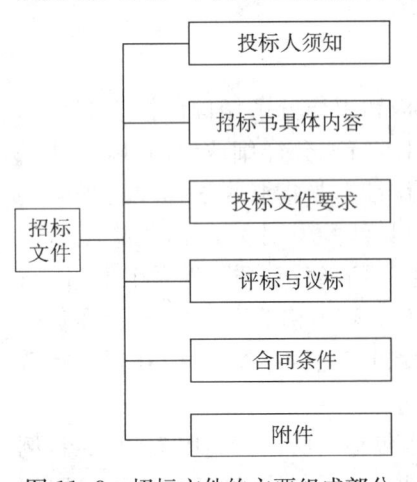

图 11-8 招标文件的主要组成部分

据,同时还是招投标双方最终签订合同或协议的主要条款和内容。

标底又称底价,是招标人对招标项目所需费用的自我测算的期望值,主要用来评定投标价的合理性、可行性。标底的构成包括三部分:项目采购成本、投标者合理利润、风险系数。标底直接关系到招标人的经济利益和投标者的中标率,应在合同订定前严加保密。实际招标时,可以有标底招标,也可以无标底招标,由招标方视项目性质决定。

(3) 拟写并发布招标公告。招标公告和投标邀请通知的主要内容包括:项目名称、项目地点、项目内容概述、投资来源、招标内容和数量、工期要求、发放招标文件的时期和时间、投标的截止日期(需要具体到年、月、日、时)和地点、开标时间(应该与投标截止时间相一致,如有特殊原因,也只能相差 1~2 个小时)及招标单位的联系方式等。

招标文件编制好后,买主通常应该按照所在组织的相关政策,邀请潜在卖方提交建议书或投标书。可通过公开发行的报纸、商业期刊、公共登记机关或网络来发布邀请。

(4) 投标者资格预审。资格预审是对申请投标的单位进行事先的资质审查,资格预审的主要内容有:投标者的法人地位、资产财务状况、人员素质、各类技术力量及技术装备状况、企业信誉和业绩等。对于大宗经常性采购,也可以根据项目组织已有的供应商评级管理系统,根据初步建议书列出一份合格卖方的短名单,随后再对他们所提交的更具体和全面的文件进行更详细的评价。

(5) 投标人会议。在投标书或建议书提交之前,在买方和所有潜在卖方之间应召开投标人会议(又称承包商会议、供货商会议或投标前会议)。会议的目的是保证所有潜在卖方对本项采购(包括技术要求和合同要求)都有清楚且一致的理解,保证没有任何投标人会得到特别优待。为公平起见,买方必须尽力确保每个潜在卖方都能听到任何其他卖方提出的问题,以及买方所做出的每一个回答。这些问题和相应的解答应记录在案,并纳入采购文件中。

案例 11-1　某政府大型活动项目安检设备的投标邀请函
投标邀请函

××招标有限公司受委托,现就××项目安检防爆器材购置和租赁采购项目进行公开招标,欢迎合格的投标人提交密封投标。

1. 项目名称:××项目安检防爆器材购置和租赁采购
2. 招标编号:××××—××××××××××××
3. 招标内容及数量:

序号	器材名称	单位	数量	控制金额(万元)	总控制金额(万元)
01	通道式 X 光机(购置)	台	8	128	288.7
02	车底视频探测器(镜)	台	4	4	
03	探雷器	台	3	2.1	
04	水陆多功能检查仪	套	1	6.5	
05	多功能电子检查镜	套	4	20	
06	手持视频软管窥镜	套	1	18	
07	专用运输车	辆	1	25	
08	遥控定向聚能水压爆炸物销毁器	套	1	0.8	

续表

序号	器材名称	单位	数量	控制金额（万元）	总控制金额（万元）
09	多功能射线检测仪	套	7	6.3	
10	多功能自动排爆罐	套	1	15	288.7
11	辅助器材	批	1	33	
12	通道式X光机（租赁）	台	6	30	

投标人应具备《政府采购法》第二十二条规定的条件；本项目不接受联合体投标。投标人应对所有的采购内容进行投标，投标人必须具备独立完成本项目材料采购与现场安装的能力，中标后不允许分包、转包。

4．招标资格标准：（略）

5．招标文件公示：

公示时间：北京时间2016年7月8日—2016年7月14日

依据《××省实施〈政府采购法〉办法》第三十五条规定，现将本项目招标文件在××省政府采购网（www.××××.gov.cn）进行公示，由投标人自行下载。

6．购买招标文件时间/地点：（略）

7．招标文件售价：（略）

8．接收投标文件时间/地点：（略）

9．投标截止时间：（略）

10．开标时间/地点：（略）

××市国际招标有限公司

××××年×月

11.3.2 开标评标阶段与供应商选择

这一阶段的主要工作包括如下方面。

（1）开标。开标应在招标公告中事先确定的时间、地点公开举行，并邀请评标委员会全体成员、所有投标方代表和有关人士参加。开标时，应在公证人员监督下，将密封的投标文件当众启封，公开宣读投标单位名称、报价、有无撤标情况等，并一一记录在案，由招标方法定代表签字认可。

（2）评标。评标是一件复杂而又重要的工作，评标委员会应该坚持公正态度，按预先确定的评标原则，一视同仁地对每份投标文件写出书面分析资料和评价意见，拟写评价对比表和分析报告，选出2~3家预中标者的建议，供决标参考。其过程如图11-9所示。

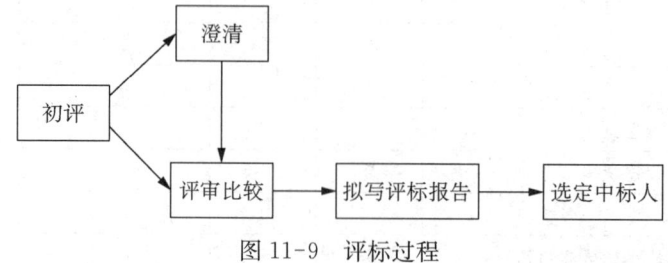

图11-9 评标过程

评标是整个投标招标过程中最重要的一步,因为它直接决定了最终供应商的选择。对于比较复杂的产品、服务或工作成果,应全面考虑对供应商的评价标准,比如:

① 对需求的理解。卖方的建议书对采购工作说明书的响应情况如何?

② 总成本或生命周期成本。如果选择某个卖方,是否能导致总成本(采购成本加运营成本)最低?

③ 技术能力。卖方是否拥有或能合理获得所需的技能与知识?

④ 风险。工作说明书中包含多少风险?卖方将将承担多少风险?卖方如何减轻风险?

⑤ 管理方法。卖方是否拥有或能合理获得相关的管理流程和程序,确保项目成功?

⑥ 技术方案。卖方建议的技术方法、技术、解决方案和服务是否满足采购文件的要求?或者,他们的技术方案将导致比预期更好或更差的结果?

⑦ 担保。卖方承诺在多长时间内为最终产品提供何种担保?

⑧ 财务实力。卖方是否拥有或能合理获得所需的财务资源?

⑨ 生产能力和兴趣。卖方是否有能力和兴趣来满足潜在的未来需求?

⑩ 企业规模和类型。如果买方或政府机构规定了合同必须授予特定类型的企业,如小型企业、妇女开办的企业或弱势小企业,那么卖方企业是否属于相应的类型?

⑪ 卖方以往的业绩。卖方过去的经验如何?

⑫ 证明文件。卖方是否出具来自先前客户的证明文件,以证明卖方的工作经验和履行合同情况?

⑬ 知识产权。对其将使用的工作流程或服务,或者对其将生产的产品,卖方是否已声明已拥有知识产权?

⑭ 所有权。对其将使用的工作流程或服务,或者对其将生产的产品,卖方是否已声明拥有所有权?

11.3.3 授标签约阶段与采购谈判

1)决标

在前期评标工作的基础上,招标团队最终评选出一个标价合理、技术合格、进度和质量都有保证的中标人,这一过程称之为决标。在决定中标人后,通常还会选定第二位、第三位候补中标人,以防第一中标人发生变故。

若出现投标者少于三家或所有投标均不符合招标文件要求等情况,可以进行重新招标。

2)授标

选定供应商后,招标方向中标方发出书面"中标通知书",称作授标。授标的工作内容包括:

(1)签订合同。招标单位应在确定的时间内发出中标通知书,并与中标单位签订合同。中标人如逾期或拒签合同,或签约后不交履约保证金,则招标人有权没收其投标保证金,以补偿自己的损失。图 11-10 为一中标通知书范例。

(2)对未中标的单位,由招标单位通知,并退还其投标保证金。

(3)如因招标单位的责任未能如期签约的,招标单位应双倍返还保证金,并保留中标单位的中标权。

```
                         中标通知书
        _____（建设单位名称）的 _____（建设地点）_____ 工程，结构类型为_____，建设规模
为_____，经___年___月___日公开开标后，经评标小组评定并报招标管理机构核准，确定_____为中标
单位，中标标价人民币元，中标工期自___年___月___日开工，___年___月___日竣工，工期___天（日历
日），工程质量达到国家施工验收规范（优良、合格）标准。
        中标单位收到中标通知书后，在___年___月___日___时前到_____（地点）与建设单位签订合同。
        建设单位：（盖章）
        法定代表人：（签字、盖章）
                                                        日期：___年___月___日
        招标单位：（盖章）
        法定代表人：（签字、盖章）
                                                        日期：___年___月___日
        招标管理机构：（盖章）
        审核人：（签字、盖章）
                                                        审核日期：___年___月___日
```

图 11-10　中标通知书

3）采购谈判

在正式合同签订前，招标方与中标方需进行采购谈判，对合同的结构、要求以及其他条款加以澄清，以取得一致意见。谈判的内容应包括责任、变更权限、适用的条款和法律、技术和商务管理方法、所有权、合同融资、技术解决方案、总体进度计划、付款以及价格等。

由于项目的合同谈判通常时间紧迫，因此谈判者应及时大致了解保留下来的供应商，即在"人数已缩减的候选人名单"上，双方在多大程度上在哪些领域已达成共识，在哪些方面可以尽可能达成妥协，在哪些方面仍然存在分歧。合同谈判时，应遵循以下三条原则：

① 避免重议曾经讨论通过的议项；
② 避免自相矛盾的行为；
③ 避免违背公平原则。

采购谈判一般可以分为初步洽谈、实质性谈判、签约三个阶段。初步洽谈主要是做好市场调查、签约资格审查、使用审查等一些前期准备工作，并进行初步接洽，双方当事人就最感兴趣的事项相互提问并澄清问题。实质性谈判阶段主要是双方就项目合同的主要条款（如标准、数量和质量、价款或酬金、履行、验收、违约责任等条款）进行具体商谈。谈判过程最终以形成买卖双方均可执行的合同文件而结束，其措词应反映双方达成的全部一致意见。

在招标谈判之后，招标人一般应做好工作总结。首先是关于整个工作的全面总结；其次是向那些未中标者公平解释其失败的原因；有些投标失败者甚至会提出关于投标的抗议书，因此，招标者需要准备一份书面报告来回答他们的问题。

11.4　采购实施与合同执行

11.4.1　采购监控与合同的履行

1）采购监控

合同签订后，合同双方即应履行各自的义务。这期间，双方都需要对此采购进行监控，

确保履行双方义务,即按照合同的要求,卖方在规定的时间、地点提供规定的数量的规定货物,而买方则付给卖方规定数量的货币或其他等价物。这本身实际上也是一个监督合同履行的过程。采购监控的依据包括但不限于以下各项材料:

(1) 合同。合同明确规定了合同双方各自的责任和权利,以及供应商提供的物料、工程和服务的要求等内容,是合同管理的蓝本。

(2) 合同实施结果信息。合同实施结果信息是供应商或承包商提供货物或劳动和履约的实际情况信息,是关于供应商或承包商已经交付了哪些货物或劳务、哪些还未交付,以及这些货物或劳务的质量达到了什么程度和究竟发生了多少采购成本等的信息。这些信息为项目组织进行采购成果监控提供了依据,如表 11-3 所示。

表 11-3　　　　　　　　　　合同实施结果信息统计

基本信息					合同订货							
序号	合同编号	货物名称及规格型号	供货厂商	合同签订日期	单位	订货数量	合同金额	采购方式	是否在一、二级供应商名录内	是否在公司供应商名录内	经办人	备注

(3) 供应商或承包商的发货单。供应商或承包商在发出货物或提供劳务后,必须及时向项目业主提交发货单或完工单,以便业主确认供货或劳务后付款。项目业主和承包商或供应商,都应该将发货单或完工单及其他的支持性文件作为项目合同管理的重要信息和依据之一进行管理。

(4) 支付记录。项目业主的支付记录也是项目采购合同管理的直接依据之一。在项目完结后,还要对项目支付情况和记录做必要的审计。

采购成果监控的具体内容包括:

(1) 对供应商或承包商的监督管理。项目组织应根据合同规定,在适当的时间、以适当的方式对供应商或承包商的工作进行必要的监督和跟踪控制,以确保他们的工作能够有效地达到合同目标,保证项目产品和服务的及时供应。比如,派技术专家到供应商和承包商的工作现场,按照项目的技术要求直接指导和监督工作。在项目的实施过程中,在某种产品投入之前的一段时间内,组织要与产品供应商保持联系,督促他们按时交货,以免延误项目的进度。此外,在成本补偿合同中,项目组织要及时了解产品供应商或承包商的成本情况,当实际成本大幅超过计划成本时,双方就必须及时对产品供应情况进行调整,以确保项目成本目标的实现。

(2) 采购质量管理。为了确保项目组织采购的物料、工程和服务的质量符合项目的要求,项目组织要按照合同的规定对供应商提供的物料、工程和服务的质量进行检查、验收和交付等工作。在项目采购合同的管理中,基本的质量验收方式有:根据货物的样品进行验收、根据达到现场的实物进行验收、根据权威部门的鉴定结果进行验收。为进一步监控供应商或承包商交付的货物或劳务的质量,还可派专门负责质量的人员进行质量监控。例如在建设工程项目中,项目业主就会派遣专门的工程师(如监理工程师)进驻供应商或承包商的生产现场进行质量监控。

(3) 报告供应的实施情况。项目组织要针对供应商的工作进行必要的跟踪评价，这项工作产生的资源供应报告书能够为项目管理者提供有关供应商如何有效地完成合同目标的信息。这些信息，是项目组织监控供应商提供资源的成本、进度以及质量和技术标准的依据。资源供应绩效应该被综合到全面项目管理报告之中。

2）项目合同的履行

项目合同的履行，是双方当事人根据项目合同的规定在适当的时间、地点，以适当的方法全面完成自己所承担的义务。严格履行合同是双方当事人的义务，因此，合同当事人必须按计划履行合同，实现合同的预定目标。项目合同的履行有实际履行和适当履行两种形式。

(1) 项目合同的实际履行。项目合同的实际履行要求按照合同规定的标的来履行。实际履行，已经成为我国合同法规的一个基本原则，采用该原则对项目合同的履行具有重要意义。由于项目合同的标的物大都为指定物，因此一般而言，不得以支付违约金或赔偿损失来免除一方当事人继续履行合同规定的义务。如果允许合同当事人的一方可用货币代偿合同中规定的义务，那么合同当事人的另一方可能在经济上蒙受更大的损失或无法计算的间接损失。此外，即使当事人的另一方在经济上的损失得到一部分补偿，但还是会妨碍预定的项目目标或任务，甚至国家计划的完成，某些涉及国计民生、社会公益项目不能得到实现，会有更大的损失。所以，实际履行的正确含义只能是按照项目合同规定的标的来履行。

当然，在贯彻以上原则时，还应从实际出发。在某些情况下，过于强调实际履行，不仅在客观上不可能，而且还会给对方和社会利益造成更大的损失。这时，应该允许用支付违约金和赔偿损失的办法代替合同的履行。

(2) 项目合同的全面履行。项目合同的全面履行原则，要求合同双方当事人必须严格按照合同中约定的标的、数量、质量、价款、时间、地点、包装、运输及结算等各项条款全面正确地履行义务。义务人不得以次充好，以假乱真，否则权利人有权拒绝接受。所以在签订合同时，必须对标的物的规格、数量、质量做具体规定以便按规定履行义务，权利人按规定验收。

11.4.2 合同变更管理

1）合同变更的内涵

合同的变更通常是指改变合同的内容和标的的法律行为，适时的合同变更管理可以弥补原合同条款的不足。合同变更是对双方权利和义务的调整，在符合合同签订的原则和程序的条件下，当事人双方协商一致，就可以变更合同。

在项目采购合同的实施过程中，由于双方的因素或外部存在的种种不确定性因素，可能会因需要根据合同变更协议条款对合同中的某些条款进行变更修改。项目采购合同管理，要根据合同变更申请所提供的双方已协商认可的最新信息来进行。变更请求得到批准后，可能需要编制新的成本估算、活动排序、进度日期、资源需求和风险应对方案分析，这些变更可能要求调整项目管理计划和其他项目文件。变更控制的实施程度，取决于项目所在应用领域、项复杂程度、合同要求，以及项目所处的背景与环境。

2）合同变更的程序

根据《合同法》相关内容，项目合同的变更需要遵循以下程序：

(1) 合同双方当事人中的任何一方都可以提出合同变更或解除的书面建议，建议中应

包括变更或解除合同的充足理由和改变后的合同条款;

(2) 对方在接到变更建议书后,如无异议即发生变更效力;

(3) 若有异议双方可以谈判协商,或者请求法院、仲裁机关决定;

(4) 合同变更协议未达成之前,原合同条款继续生效;对变更达成一致意见后,双方需签订书面的合同变更协议,这些协议和合同一样具有法律效力;

(5) 合同当事人一方提出变更建议,另一方在接到通知后应该在规定或约定的时间予以答复,逾期不答视为默许。

债权人可以将合同的权利全部或部分地转让给第三个人,但如下情况除外:

(1) 根据合同的性质不得转让;

(2) 按照当事人的约定不得转让;

(3) 按照法律规定不得转让。

3) 合同变更的原则

(1) 合同双方必须遵循变更程序,不得单方面擅自更改条款。

(2) 每项记录在案的变更请求必须由一名负责人批准或否决,这个负责人通常是项目经理。必要时,可以设立变更控制委员会开展项目整体变更控制,负责审查、评价、批准、推迟或否决项目变更。

(3) 合同变更的次数要尽量减少,变更的时间应尽量提前,以避免或减少对项目的不利影响。

(4) 合同变更造成的损失,除依法可以免除的责任外,应由相关责任方赔偿。

例 11-2　意大利阿吉普石油产品公司的项目变更指令管理程序

(1) 业主提出的变更。承包商收到业主书面指令并认为该指令构成工作范围变更时,应使用附件 1 中的格式提出变更申请。

收到上述变更申请后,如果业主认为自己发出的书面指令构成变更,则业主应使用附件 2 中变更建议书请求函的格式请求承包商提交变更建议书。

在收到上述变更建议书请求函后,承包商应按照附件 3 的文件形式编制和提交变更建议书。变更建议书应包含下列信息:包括支持性文件在内的变更说明;对时间计划的影响;变更费用和相关的费用分摊;参考的具体合同规定;对担保的影响(如果有的话);对合同其他规定的影响等。

如果业主接受承包商的变更建议,业主应按照附件 4 的格式向承包商发布变更指令;如果业主不接受承包商的变更建议或者双方没有达成与变更建议中某些内容有关的协议,则业主应书面指示承包商继续执行业主的相关指令(但不能认为是变更指令);承包商在收到这种指令后,应在不损害与争议问题有关的双方立场条件下,立即着手进行相关工作,而争议问题应随后进行解决;如果业主决定不执行相应变更,也应向承包商发出书面通知。

(2) 承包商提出的变更。如果承包商认为相关的工作变更是对项目的改进或将导致费用节省,则在不减少合同标的物性能和/或项目要求的条件下,应按照上述关于变更建议书内容的规定向业主提交有关的变更建议书并附有支持性文件。

如果业主决定不实施承包商的变更建议,则应书面通知给承包商;如果业主接受变更建议,则应发布变更指令。

如果变更建议书的作用是在不减少合同标的物性能或质量的条件下节省了实施费用,

则在业主发出变更指令和承包商实施该变更指令后,业主和承包商之间等额分享费用节省额。

(3) 变更建议书/变更指令的登记。承包商应根据情况不断更新变更申请、变更请求、变更建议书和变更指令登记簿,其中包括授权的、待决的和拒绝的变更。登记簿应至少每周更新 1 次并附在周报上。附件 5 表明相关的文件格式。

(附件 1～附件 5 略)

11.4.3 合同索赔管理

1) 索赔管理的概念

如果买卖双方不能就合同变更补偿达成一致意见,甚至对变更是否已经发生都存在分歧,那么,被请求的变更就成为有争议的变更或潜在的推定变更。有争议的变更也称为索赔、争议或诉求。索赔管理是对合同索赔进行处理、裁决和沟通的过程,这是采购管理中的重要一环。在整个合同生命周期中,应该按照合同规定对索赔进行记录、处理、监督和管理。

2) 索赔的原因

索赔在项目采购中经常发生,其产生的原因主要有以下几种:

(1) 业主违约,即业主没有正确履行合同义务。例如:未及时提供项目图纸、下达了错误指令等;

(2) 合同错误,如合同条文不全、前后有矛盾等;

(3) 合同变更;

(4) 环境变化,例如法律、物价、汇率的变化等;

(5) 不可抗力,例如恶劣的气候条件、战争等。

3) 索赔的处理

处理索赔的方式一般分为如下四种。

(1) 友好协商。指双方当事人愿意就发生的纠纷进行友好磋商。愿意做出一些有利于纠纷实际解决的有原则的让步,并在彼此都认为可以接受、继续合作的基础上达成和解协议,以使合同能够得到正常履行。

(2) 调节。当纠纷发生时由第三方从中调节,促使双方当事人和解。调节的过程是查清事实、分清是非的过程,也是协调双方关系、更好地履行合同的过程。调节可以在交付仲裁和诉讼前进行,也可以在仲裁和诉讼的过程中进行。调解成功后,即可不再求助于仲裁或诉讼。

(3) 仲裁。对于通过友好协商与调节不能有效解决的纠纷,可求助于仲裁或诉讼来解决。所谓仲裁是指双方当事人根据合同中的仲裁条款或者事后双方达成的书面仲裁协议,自愿把争议提交给第三方(各类仲裁机构)依照一定的程序进行裁决。仲裁机构做出裁决后,由仲裁机构制作仲裁裁决书。当事人应当履行仲裁机构的仲裁裁决,如果当事人一方在规定的期限内未履行仲裁机构的仲裁裁决,另一方可以申请法院强制执行。

(4) 诉讼。指司法机关和当事人在其他诉讼参与人的配合下,为解决合同争议或纠纷依法定诉讼程序所进行的全部活动。项目合同中的诉讼,一般是民事诉讼和经济诉讼。由各级法院的经济审判庭受理提起的诉讼并判决,有时根据某些合同的特殊情况,还必须由专业法院进行审理。

解决合同争端,首先应私下讨论、协商,尽可能坦诚地交换意见,依靠技术人员的协调友好解决;如果无效,则通过争端解决委员会或争端裁决委员会解决,而尽量避免矛盾激化走向仲裁或诉讼。国际项目界有一句话:"不理想的友好解决也胜过理想的诉诸法律"(A poor settlement is better than a good lawsuit.),这并不是否定仲裁或诉讼这些法律途径,而是提倡按照伙伴和团队精神的思想去管理项目,去解决矛盾和争端。

11.4.4 支付管理

买方确定卖方提供的产品或服务符合合同要求且没有争议后,即可进入支付管理程序。在有众多项目采购合同的大型项目的管理中,开发建立项目支付控制系统是非常必要的。支付管理包括由业主做出的对供应商履约情况的评价和认可以及相应的支付控制工作。

发货单是卖方从买方获得支付的根据。卖方在发出货物或提供服务后,必须及时向项目业主提交发货单或完工单,以便业主确认供货或服务后付款。卖方和买方都应该将发货单或完工单及其他的支持性文件,作为项目合同管理的重要信息和依据之一进行管理。

当项目团队中具有相应权利的成员证明卖方已经令人满意地完成了相关工作后,可通过买方的应付账款系统(通常如此)向卖方支付。通常,法律上认可的采购合同支付方式有两种:现金支付方式和转账支付方式。一般限定数额内的小额价款结算可以采用现金支付方式;大额价款的结算必须通过开户银行,将资金做账面上的划拨。项目组织应该依据合同条款中确定的支付方法,根据供应商或承包商提交的发货单或完工单对供应商或承包商进行付款,并要严格管理这些支付活动过程,并加以记录。

例 11-3 某大型国际项目合同中对支付款的规定

5.1 概述

5.1.1 按照合同第 2 节第 2.17 款——"付款"之规定,业主同意支付且承包商同意接受本文件中规定的付款条件作为全部满意地实施工程和本合同项下承包商所有其他义务的全部补偿。本合同规定的所有货币量对于当地公司是以哈萨克斯坦"坚戈"为单位。本节规定的与实施工程有关的承包商报价表包括并构成本节(第 5 节)——"补偿和付款条件"的主要部分:

(i) 附表 A——总价和详细分解;
(ii) 附表 B——工程的专用项目;
(iii) 附表 C——付款时间表。

5.1.2 对于令人满意的工程实施结果,业主将按照本合同规定在第 6 节(工程项目进度表)第 6.3 项向承包商支付合同价款。按照工程各个里程碑应付承包商的总金额应构成应付承包商的与全部实施和完成工程有关的全部付款,包括所有设施及其附属物的安装,无论在所附的附表中这样的附件/附属物是否明确说明和/或详细说明。

5.1.3 与停工待命时间有关的停工待命费率的基础是承包商在本合同 B 表中报价的正常小时费率的 50%并符合合同条件第 2.27 条规定的条件。

5.1.4 给予承包商的任何付款,既不能解释为构成了对任何工程的接受,也不能解释为免除了承包商对与付款相应的所有设备、材料和工程所应承担的单独责任,其中包括对受损工程或缺陷工程进行整改,也不能解释为是业主放弃了要求承包商全部履行本合同条款的权利。

5.2 开具发票(略)

5.3 预支付

在收到预付款保函和签署合同后的 20 天内,业主应向承包商支付合同价的 30%作为预付款。

业主将从每次提交的扣除滞留金后的无争议发票中扣除 49%的应付款,直到全部预付款完全扣除为止。

在合同签署后 10 天内,承包商应自费从业主接受的银行或其他金融机构开具不可撤消的无条件银行担保形式的等额预付款保函并提交给业主。银行担保的金额应根据预付款的未结余额成比例地进行减少。

5.4 款项扣缴(略)

5.5 最终付款

一旦业主按照本合同第 2 节第 2.32.4 款——"工程最终验收"中的规定颁发了工程最终验收证书,承包商应立即向业主提交最终进度款发票、业主扣留的累积滞留款的单独发票以及按照本合同应付或应补偿给承包商但还没有支付给承包商的其他金额的单独发票。业主应在收到最终发票的 45 天内向承包商支付这些金额,但是,除非且只有承包商按照本合同第 3 节——"标准格式"中包括的格式向业主提交了由承包商授权代表签字的留置权释放书和索赔弃权书以后并且已经按照本合同第 2 节第 2.33 条——"担保"之规定向业主提交了担保保函以后,才能收取到这样的付款。此外,业主还可进一步要求承包商提供可以证明承包商已经完全向分包商、供货商和劳力供应商付清款项的证明资料。

11.5 采购完成与合同收尾

11.5.1 结束采购

结束采购的主要作用是把合同和相关文件归档以备将来参考。要结束采购,就需要确认全部工作和可交付成果均可验收。因此,结束采购过程可以支持结束项目或阶段过程。

结束采购还包括一些行政工作,例如处理未决索赔和更新记录以反映最后的结果,以及进行信息存档供未来使用等。需要针对项目或项目阶段中的每个合同,开展结束采购过程。在多阶段项目中,合同条款可能仅适用于项目的某个特定阶段。这种情况下,结束采购过程就只能结束该项目阶段的采购。采购结束后,未决争议可能需要进入诉讼程序。

合同提前终止是结束采购的一个特例。合同可由双方协商一致而提前终止,或因一方违约而提前终止,或者为买方的便利而提前终止(如果合同中有这种规定的话)。合同终止条款规定了双方对提前终止合同的权利和责任。根据这些条款,买方可能有权因各种原因或仅为自己的便利而随时终止整个合同或合同的某个部分。但是,根据这些条款,买方应该就卖方为该合同或该部分所做的准备工作给予补偿,并就该合同或该部分中已经完成和验收的工作支付报酬。

结束采购过程中的主要工作包括:

(1) 检查采购结果是否符合项目管理计划。通过对照项目管理计划进行检查,确定采

购过程是否符合项目管理计划,如果有偏差,则应该确定该偏差是否影响项目管理计划的全面落实,或者决定如何纠正这些偏差;

(2) 文件归档。为结束合同,需要收集全部采购文档,并建立索引和加以归档。合同的进度、范围、质量和成本等信息,以及全部合同变更文档、支付纪录和检查结果,都要编入目录。这些信息可以用于总结经验教训,并为以后的合同承包商评价工作提供基础。

(3) 进行采购审计。采购审计是指对从规划采购过程到管理采购过程的所有采购过程进行结构化审查,其目的是找出可供本项目其他采购合同或本采购组织内其他项目借鉴的经验教训。

(4) 采购谈判。结束采购时遗留的全部未决事项、索赔和争议,可以通过采购谈判解决。如果直接谈判无法解决,可以尝试替代争议解决方法(Alternative Dispute Resolution,ADR),如调节或仲裁。如果上述方法都无效,也可以选择向法院起诉。

(5) 进行正式验收和收尾工作。验收是项目采购过程的最后一道手续,收尾是处理采购过程的一些未完的或零碎的问题。对于物品采购项目,验收分成工厂验收检验和现场验收检验等;对于服务采购项目,如土木工程,其验收过程更复杂一些。

例 11-4 某大型国际石化项目的验收

第一阶段:机械完工(Mechanical Completion)

干线完工且完全具备试运条件后,承包商应向业主申请机械完工证书。

第二阶段:临时验收(Provisional Acceptance)

当承包商认为该工程或其中一部分已经完成并达到规定标准时,应向业主发出一份与工程或其中一部分的临时验收有关的书面通知,临时验收合格后,承包商应向业主申请临时验收证书。

临时验收证书

按照_____(以下称为业主)和_____(以下称为承包商)签署的日期为____年____月____日、合同号为_____的合同中第 4 部分第 2 节第 2.32.3 条之规定,业主特此于____年____月____日____时临时验收了构成本合同项下工程的_____(主要设施清单),条件是所附未完项目清单上规定的承包商有责任的缺陷或不足得到纠正,从而使其符合上述合同要求并达到业主满意的程度。

本证书同时要求承包商履行其合同项下的所有义务,包括严格按照合同要求完成全部工程。

本证中的一切不应被解释为免除_____(承包商名称)按照合同保证和担保整个工程的责任。

(签署部分略)

附件:未完项目清单

序号	业主/监理提出的整改意见 (包括要求的完成日期)	整改项目完成状态 (包括完成日期和责任人)	业主/监理检查 结果和签字确认
	(内容略)		

第三阶段:最终验收(Final Acceptance)

当承包商认为它已经完成了各个方面的工程和完全满足本合同要求并且工程符合合同

规定的验收标准时,承包商应发出与最终完工有关的书面通知,最终完工验收合格后,承包商应向业主申请最终完工验收证书。

11.5.2 合同收尾

从管理角度而言,合同收尾是一个处理合同结束的程序(过程),包括解决所有遗留问题,它标志着采购的真正结束。合同收尾既是产品验收,也是行政收尾。合同条款和条件可以规定合同收尾的具体手续。

合同收尾一般有两种情况,一种是项目已经按照合同要求完成,合同收尾就是了结合同并结清账目,包括解决所有尚未了结的事项;另外一种情形就是合同没有全部履行而提前终止,是一种特殊的合同收尾,也必须进行总结分析。

在合同收尾过程中,应该对从项目采购计划到合同管理过程的所有合同文件(Contract Documentation)进行采购审计,生成包括完整索引在内的合同文档(Contract File)作为整个项目记录(Project Records)的一部分。同时,按照在合同中规定的与验收和收尾有关的要求,向供应商提供合同完成的正式书面通知。项目采购合同收尾过程如图 11-11 所示。

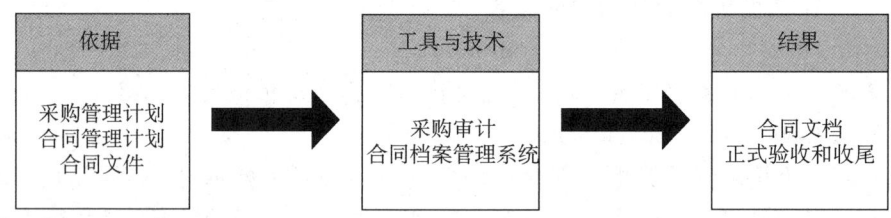

图 11-11　项目采购合同收尾过程

1) 合同收尾的依据

(1) 采购管理计划。采购管理计划主要说明如何管理从制订采购文件到合同收尾的采购过程,即全面描述了未来所需开展的采购工作的计划和安排,包括从项目采购的具体工作计划到招投标活动的计划安排以及有关供方的选择、采购合同的签订、实施及合同收尾等各项工作的计划安排。

(2) 合同管理计划。对于重大采购项目而言,将依据合同买方规定的具体内容(例如,买卖双方必须遵守的文件、交付和性能要求)编制合同管理计划,该计划涵盖了合同整个生命期内的合同管理活动。合同管理计划是项目管理计划的子计划。

(3) 合同文件。合同文件包括但不限于合同以及所有支持性进度计划、未批准的合同变更请求和批准的变更请求。合同文件也包括卖方制订的技术文件和其他工作绩效信息,例如,可交付成果、卖方绩效报告、保修、财务票证,包括发票和付款记录,以及合同检验结果。

2) 合同收尾的工具和技术

(1) 采购审计。采购审计指的是复审相关的过程,以确定这些过程是否符合正确的需要,并且是能够按照标准得到了正确的实施。采购审计,也就是能对从采购计划编制到合同管理的整个采购过程的系统审查。

采购审计的目的是总结出在采购过程中获得的经验教训,包括成功和失败的经验,以便本项目其他采购过程或组织内其他采购项目借鉴。

(2) 合同档案管理系统。该系统作为项目管理信息系统的组成部分,是被统一整合为一体的一套具体过程、相关的控制职能和自动化工具。项目经理使用合同档案管理系统对合同文件和记录进行管理。该系统用于维持合同文件和通信往来的索引记录,并协助相关的检索和归档。

3) 合同收尾的结果

(1) 进行正式验收和收尾。负责合同管理的人员或组织应给卖方发出合同已经完成的正式书面通知。合同中通常会定义正式验收和收尾要求。

在结束采购的过程中,需要针对项目或项目阶段中的每个合同开展结束采购的工作。在多阶段项目中,合同条款可能仅适用于项目的某个特定阶段。在这种情况下,结束采购过程就只能结束该项目阶段的采购。

(2) 向供应商发出结束合同关系的正式书面通知。在业主认为完全满意的时候,业主应该向供应商发出结束合同关系的正式书面通知。关于正式采购结束应满足的要求,通常都已在合同条款和条件中进行了明确规定并包括在采购管理计划中。

例 11-4 某项目索赔问题的最终解决的书面意见交换

承包商提交业主的索赔信

主题:索赔项目及金额汇总清单

尊敬的××先生:

根据额外工程产生情况,我方在项目实施过程中曾致信你方申明我方关于各个额外工程及费用的观点。因为信函较多,为便于你方最后进行全面审核,我方将有关额外工程及费用的索赔信函进行了详细统计并汇总成索赔项目及金额汇总清单。具体内容请见附表。

附表:索赔项目及金额汇总清单

序号	项目类型	索赔项目简要说明	索赔金额(USD)	索赔信函编号	索赔信函日期	支持性合同条款编号	支持性各种资料编号
1	设备演示	2008 年 7 月 8 日的设备演示会	3 809 487	SP1	2009-5-21	合同第 4 部分——工程范围	RF12:2008 年 2 月 17 日双方协调会纪要
2	完工庆典	2009 年 7 月 10 日的完工庆典	718 805	SP5	2009-8-1	合同第 4 部分——工程范围	RF24:仪式方案
3	开业仪式	2009 年 8 月 1 日的开业仪式	3 326 177	SP6	2009-9-5	合同第 4 部分——工程范围	RF26:仪式现场布置照片
		(以下内容略)					

业主对上述承包商索赔信的回复

主题:关于索赔项目

尊敬的××先生:

我方注意到了目前正在与贵方进行的索赔问题协商过程。按照合同第 2.22 条规定,与你方所做附加工程有关的所有索赔应该在特定的期限内,按照合同第 11 章——合同管理第 11.12 条中明确规定的变更单请求格式进行提交,同时附有支持性证明资料。但是,在事实上,你方没有完全遵守这些合同规定,而是在相关事件发生后比合同规定期限晚得多的日期提交了各种附加工程索赔,这违反了合同要求。

由于你方没有遵守合同规定和没有在适当的期限内提交与附加工程有关的索赔要求,已经使我方目前无法确定这些附加工程是否存在或者已经不能核实相关的具体细节。我方的观点是:你方这种未能按照合同行事的做法已经导致承包商丧失了要求相应经济补偿和/或相应工期延长的索赔权。

尽管如此,在不损害合同规定的我方权利的条件下,我方仍准备对你方提出的与附加工程有关的逾期索赔项目进行最终审查和核实。为此,我方要求你方提供与每一项索赔有关的支持性文件资料,包括但不限于以下内容:

——与索赔有关的所有附加工程的说明和范围;
——在索赔的合同或法律依据方面,应提出相关的合同条款或相关的 H 国法律条文;
——各个相关附加工程持续时间的详细说明;
——各个相关附加工程的实际费用;
——确定各个索赔额的依据和经过证明的记录,其中包括所有的以合同规定的单位费率或人员费率或设备费率为基础进行的计算,或者用经过证实的第 3 方物资和服务成本;
——在索赔中使用的与索赔相关的所有文件的复印件,即:信件、会议纪要、报告、电子邮件、表格、图纸、草图、照片等;
——对合同进度时间表的影响(如果有的话)。

复习思考题

1. 何谓项目采购?它与我们日常生活中的购物有何区别?
2. 合同的类型有哪些?它们各自的适用范围是什么?
3. 简述招投标的基本程序。
4. 何谓合同变更?何谓索赔?二者有何区别和联系?处理方法有何不同?
5. 采购完成都有哪些工作?这些工作与合同收尾有何联系?
6. 纵观整个项目采购过程,为什么说"合同管理与项目采购在时间上是同步的,在内容上是相关的"?

第 12 章 项目沟通管理

项目沟通管理包括为确保项目信息及时且恰当地规划、收集、生成、发布、存储、检索、管理、控制、监督和最终处置所需的各个过程。项目经理的绝大多数时间都用于与团队成员和其他干系人的沟通,无论这些成员或干系人是来自组织内部(位于组织的各个层级上)还是组织外部。有效的沟通在项目干系人之间架起一座桥梁,把具有不同文化和组织背景、不同技能水平、不同观点和利益的各类干系人联系起来。这些干系人能影响项目的执行或结果。

项目利益相关者之间沟通的有效性会影响项目的成败。日常工作中出现的沟通失误可能会导致成员间的冲突,继而破坏团队协作。当沟通出现障碍时,灾难将会降临,图 12-1 为秋千安装的经典案例,可以看出由于沟通出现问题使得最初业主想要的与实际得到的出现巨大差异。虽然这组图夸张了项目沟通问题的影响,却形象地说明了项目沟通对项目管理的重要性。

图 12-1 安装秋千案例

项目沟通管理有 3 个过程,包括:①规划沟通管理,是指根据干系人的信息需求及组织的可用资产情况,制订合适的项目沟通方式和计划的过程。②管理沟通,是指根据沟通管理计划,生成、收集、分发、储存、检索及最终处置项目信息的过程。③控制沟通,是指在整个项目生命周期中对沟通进行监督和控制的过程,以确保满足项目干系人对信息的需求。

12.1 项目沟通管理的依据

12.1.1 沟通需求分析

沟通需求分析是确定项目干系人的信息需求，包括确定所需信息的类型和格式，以及信息对干系人的价值的过程。项目资源只能用来沟通有利于项目成功的信息，或者那些因缺乏沟通会造成失败的信息。

项目经理还应该使用潜在沟通渠道或路径的数量来反映项目沟通的复杂程度。潜在沟通渠道的总量为 $n(n-1)/2$，其中，n 代表干系人的数量。例如，有 10 个干系人的项目，就有 $10\times(10-1)/2=45$ 条潜在沟通渠道。因此，在规划项目沟通时，需要做的一件重要工作就是，确定和限制谁应该与谁沟通，以及谁将接收何种信息。

常用于识别和确定项目沟通需求的信息包括（但不限于）：组织结构图；项目组织与干系人之间的责任关系；项目所涉及的学科、部门和专业；有多少人在什么地点参与项目；内部信息需要（例如何时在组织内部沟通）；外部信息需要（例如何时与媒体、公众或承包商沟通）；来自干系人登记册的干系人信息和沟通需求。

按照框架式思维模式，我们可以把项目沟通的需求内容提炼为 5W：WHO，WHAT，WHEN，WHERE，WAY。这 5W 问题有了答案，干系人及其需求就基本明确了。

（1）WHO。与谁沟通，要确定需要沟通的干系人。若以项目经理为中心来看，他需要对项目发起人和投资人负责；授权并鼓励团队成员和技术骨干努力工作；满足客户和政府相关部门的需求和法规；从供应商或分包商那获取资源和劳务支持；与同业竞争者、新闻媒体、项目支持者和项目反对者进行周旋。

（2）WHAT。沟通什么内容，这个内容包括两个方面：一是需要向 WHO 发布哪些信息，例如，向高层领导汇报项目进展情况，向下面的员工下达分工任务指令；二是需要从 WHO 获得哪些信息，例如，从前面客户处获取他们的质量需求，从后面的供应商处获得其报价。

（3）WHEN。信息需求时效性和沟通的时间跨度（周期）。

（4）WHERE。在何处沟通，在会议室，还是在餐馆，或是高尔夫球场。

（5）WAY。选择干系人喜欢并熟悉的方式进行沟通，例如，与老板沟通，要看对方喜欢口头汇报还是文字报告，喜欢看电子文件还是打印文件，这些都需要事先调查清楚，作为后续计划的依据。

12.1.2 沟通管理计划

沟通管理计划是项目管理计划的组成部分，描述将如何对项目沟通进行规划，结构化和监控。制订项目沟通管理计划的依据有以下几点：

（1）确定沟通的干系人。沟通对象是客户还是老板，是供应商还是团队成员。与谁沟通是沟通计划的首要问题，沟通对象确定了，后面一系列的问题由此而定。

（2）信息需求的时效性。一方面是沟通对象什么时候需要信息，另一方面是需要何时从沟通对象那里获得信息。例如，项目投资人需要了解项目财务状况的截止日期，或者要求供应商递交标书的最后期限。

（3）项目本身的特点。这将决定信息沟通的特点。例如，IT行业项目中的信息交流可能更多依赖电子文件的传输；而服务业的项目，可能会更多地依赖微笑服务之类的非语言方式与客户沟通。

（4）参与人员的素质。这将决定你采取什么方法，并在什么层面上进行沟通。如果参与沟通的人员均为懂得电脑的技术人员，那么最好的办法是使用网络，并且可以运用曲线图表之类的技术工具阐述问题。如果你的客户多是文化水平较低的家庭妇女，那么在介绍商务理念时就需要使用比较通俗并带有人情味的语言。

（5）沟通工具的功效。如果你学会了发视频或语音，自然就知道在什么情况下使用它能方便沟通。要是你掌握了甘特图和箭线图的功能区别，就该知道在表达时间计划时是使用甘特图或者箭线图。

（6）项目管理计划。各项管理计划决定了什么时候需要与哪些干系人沟通，多长时间沟通，沟通内容是什么。例如，成本管理计划需要定期与投资者沟通，质量管理计划需要定期与客户沟通。

项目沟通管理计划包括如下信息：干系人的沟通需求；需要沟通的信息，包括语言、格式、内容和详细程度；发布信息的原因；发布信息及告知收悉或做出回应（如适用）的时限和频率；负责沟通相关信息的人员；负责授权保密信息发布的人员；将要接收信息的个人或小组；传递信息的技术或方法，如备忘录、电子邮件和/或新闻稿等；为沟通活动分配的资源，包括时间和预算；问题升级程序，用于规定下层员工无法解决问题时的上报时限和上报路径；随项目进展，对沟通管理计划进行更新与优化的方法；通用术语表；项目信息流向图、工作流程（兼有授权顺序）、报告清单和会议计划等；沟通制约因素，通常来自特定的法律法规、技术要求和组织政策等。

沟通管理计划中还可包括关于项目状态会议、项目团队会议、网络会议和电子邮件信息等的指南和模板，沟通管理计划中也应包含对项目所用网站和项目管理软件的使用说明。

表12-1是一个关于项目沟通管理计划的初始模板，该模型每一行都包括了与特定项目文件有关的信息。

（1）文件包含了以下内容：项目章程，合同和附加条款，项目沟通计划，要求，项目范围，质量方法，工作分解结构，责任分配模型，网络图，时间进度表，预算，风险管理计划，项目程序，工程变更通知，设计文件，图纸，说明书，材料清单，安装手册，培训手册，考核计划，考核结果，正式验收，议事日程，会议记录，可提供时间和已完成报告，出差申请和费用报告，进程报告，分包合同和变更方案，采购订单和发货单。

（2）发送方应是负责创建或准备文件的人的姓名或职务。

（3）日期频度可以是文件必须完成并发放到接收人手中的具体时间。例如，像初步说明这样的要验收的项目文件，客户都会要求完工日期，并且这些文件同项目的按进度付款相联系。其他的像进度报告这样的文件，通常要定期完成并发布，可以是一周一次或一月一次。还有一些文件，如合同修订、采购订单、修改图纸或说明书等，可能就没有限定日期或要求定期发布，但是基本上随时都可能会用到它们。

（4）接收方包括接收文件的人的姓名和职务。这一项可视为一个文件的通信组列表。

(5) 行动要求说明了在接收者接到文件后各自应该采取的行动。例如,把一个文件发给利益相关者可能只是为了收集信息,也可能提供给接收者来检查和给出一个文件,这个文件可以是一个设计或报告。

(6) 备注这一项可能包含特殊的注解或针对特殊情形的文件,如在一周内要交的申请,要翻译成西班牙语的文件,涉及专利权或机密的文件等。

表 12-1　　　　　　　　　　　项目沟通管理计划

文件	发送方	日期频度	接收方	行动要求	备注

12.2　团队沟通模型

12.2.1　团队沟通过程

任何沟通活动都必须有沟通主体和渠道,其中沟通主体包括信息发送者(或称之为信息源)和信息接收者(或称之为信息终点)。沟通主体双方的沟通需要由一定的沟通渠道,并按照一定的沟通步骤实现信息交换和思想交流。图 12-2 列出了整个沟通过程的完整模式,沟通的主要步骤包括:信息发送者(即信息源)首先要确定自己所要沟通的信息和思想;使用能理解的语言和编码方式将信息或想法进行编码处理;确定合适的沟通渠道作为信息传递的媒介,如面谈、信息网络、信函等;信息接收者接受信息,并将信息进行内容转化与翻译;在汇总、整理、理解信息的基础上对信息发送者做出反馈行为。

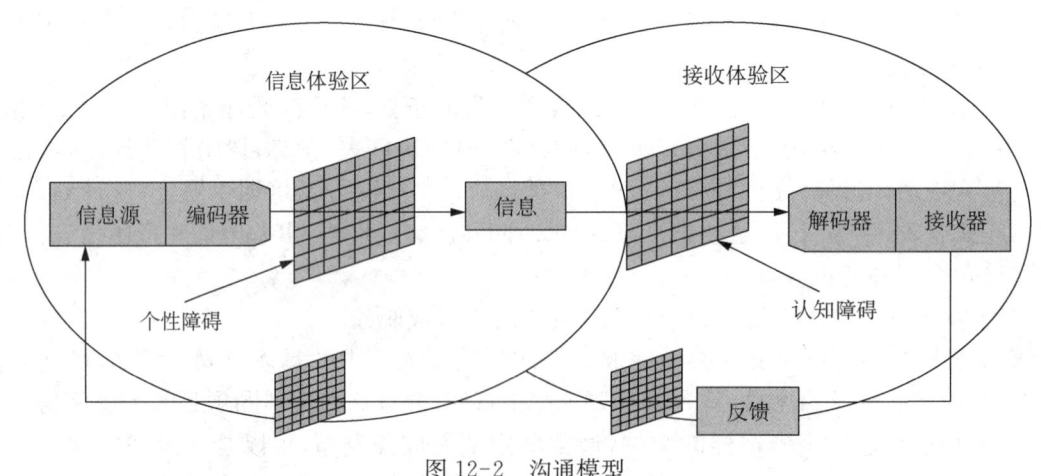

图 12-2　沟通模型

把信息看作一项产品,它的传输过程也涉及质量的问题。体现信息传输质量的标准有三条:准确性、完整性、及时性。

（1）准确性需要发布者具有较好的表达能力，能够准确表述自己的思想，也需要接受者具备较强的理解能力，能够准确地领悟对方表达的概念。另外，传输过程中其他环节的工作质量也会影响到信息传输的准确性。准确性要求在信息传输流程中把误差率控制在最小的范围内，是这三条指标中最难达到的。

（2）完整性要求发布者有意愿也有能力提供完整的信息，同时接受者有意愿完整接受和理解。信息传输中最经常出现信息本身不完备；沟通过程不充分；信息传输过程中的过滤造成信息衰减等问题。

（3）及时性要求信息及时送达相关干系人，信息接受者及时反馈接受质量。项目管理中与决策相关的信息大多都有时效性，信息沟通滞后往往造成决策失误或延误，构成项目风险。项目干系人和团队成员重视不够，组织架构沟通层次过多而导致低效率信息传递，这些都是信息沟通不及时的原因。

12.2.2 团队沟通障碍

在项目沟通的过程中，信息发送者和信息接收者以及沟通环境等各方面的问题和障碍会导致项目沟通的风险。在实际的项目沟通过程中，有许多沟通障碍不但会影响项目沟通的有效性，而且会对项目的成败产生严重的后果。对于这些障碍，必须进行严格而全面的管理。项目沟通过程中最主要的障碍如下：

（1）沟通时机选择不当。沟通时机的选择是否得当，对于有效的项目沟通来说十分重要。在进行项目沟通之前，未能很好地计划安排好沟通的时间和机会，会使沟通无效或产生不利的后果。

（2）信息不完备和不正确。虽然过多的信息冗余也会影响沟通效果，但是信息不完备和不正确才是一些项目沟通的最大障碍，所以在项目沟通之前必须明确沟通内容和目的，努力提供全面、准确、完整的信息。

（3）各种噪声和人为干扰。噪声指的是沟通过程中的各种干扰因素，而人为干扰指的是在沟通中人们有意制造的噪声，包括难以辨认的字迹、环境噪声的干扰、接收者的注意力转移及第三者的有意捣乱等。

（4）文化差异和人为虚饰。文化差异是指由于文化背景的不同而给沟通造成的影响；虚饰是指由于故意操纵信息而给沟通造成的影响。这两方面都会给信息接收者带来出现失误的风险，如下级在报告中夸大或缩小事实，或者只报告项目经理想听的东西。组织中层次越多，虚饰的机会也越多，沟通的风险就会越大。

（5）语言与词汇问题。不同年龄、教育水平和文化背景的人对词汇和语言的理解不同。项目组织中的专业技术人员、管理人员和熟练工人在专业词汇的理解上会有很大不同，这些都会成为项目沟通的障碍并带来项目风险。

（6）语言信号不一致。项目沟通中的非语言信号多数是与口头沟通相伴，当二者协调不一致时，就会使信息接收者感到迷茫并造成误解。如果项目经理告诉你他真心想了解你的困难，而当你告诉他你的困难时，他却在浏览不相干的信件，这种相互冲突的信号就会形成沟通障碍并带来风险。

其他可能会阻碍项目沟通效果的因素如下：

（1）项目信息发送者。项目沟通的起点是信息发送者，如果信息的发送者在沟通能力和技巧方面存在问题，不能按项目沟通原则去传递信息，就会破坏沟通的效果和质量，所以信息发送者是影响项目沟通效果最重要的因素。

（2）项目信息接收者。信息接收者的接受能力、理解能力、价值观和目标指向等影响项目信息沟通。

（3）项目沟通环境。所有的沟通都是发生在具体的沟通环境之中，如果项目沟通的特定组织文化环境、成员环境和物理环境存在问题，就会直接影响沟通的效果，甚至使整个沟通完全失效。

（4）项目信息资源。如果传递和交流的信息资源本身存在缺陷，无论怎样沟通都无法实现预期的沟通效果和目的，因此在项目沟通中首先要求有准确和相对完备的信息资源。

（5）项目沟通方式。项目沟通应该明确采用何种沟通方式或渠道，以便能够最有效地把信息传递给项目团队的每一名信息接收者，包括口头沟通和书面沟通等。

（6）项目沟通效果反馈。项目反馈或回应都属于项目信息沟通的组成部分。信息沟通双方为了不无的放矢和相互误解，就需要建立一套相应的沟通反馈或回应机制。

研究沟通障碍的主要目的在于有预见性地找出影响项目沟通的主要障碍及其产生的原因，从而有效避免或解决项目中的沟通障碍，改善项目团队人际关系，提高项目沟通效率。

12.3 沟通管理方法

12.3.1 团队沟通方式

沟通一般是指人与人之间的信息交流过程。沟通方式的分类有以下几种：

1）口头沟通、书面沟通、非语言沟通和电子媒介沟通

语言沟通是利用语言、文字、图画和表格等形式进行沟通，包括口头信息沟通和书面信息沟通。口头信息沟通是所有沟通形式中最直接的方式，它的优点是快速传递和及时反馈，缺点在于信息从发送者开始的接力式传送过程中，存在着巨大的失真可能性。书面沟通是指用书面形式所进行的信息传递和交流，如通知、文件、报刊和备忘录等。书面记录具有有形展示、长期保存、法律依据等优点；缺点在于书面沟通耗费时间较长，不能及时提供信息反馈。在项目管理环境中，通过文件、报告等形式的书面沟通是实际工作中采用的主要沟通形式。

非语言沟通在项目管理中得到越来越多的使用。非语言沟通是指通过某些媒介而非讲话或文字来传递信息，包括身体语言沟通、语调、物体操纵和手势，甚至空间距离等多种形式。身体语言沟通是通过动态无声的目光、表情、手势语言等身体运动或者是静态无声的身体姿势、空间距离及衣着打扮等形式来实现的沟通方式。此外，人们也能通过物体的运用、环境布置等手段进行非言语的沟通。

电子媒介沟通是随着沟通网络化后兴起的一种新的沟通方式。电子媒介沟通是书面沟通的电子媒介形式，即具有一部分书面沟通的优点，还能极大地满足项目信息交流快捷、信息量大以及留存性的要求，可以促进项目的信息沟通。但是，目前在我国，电子媒介沟通的有效性还没有得到法律确认，不能在正式的外部沟通中独自使用，只能作为其他方式的附带

方式。在项目中的内部沟通上,为了加快信息发布和传递的速度,对可以采用电子媒介的沟通都附加采用,并以管理制度形式确立电子邮件的正式有效性。

2) 项目内部沟通和外部沟通

内部沟通就是指项目组织内部进行的沟通,它发生在组织的内部成员之间,发生的地点主要在组织的工作场所。例如,利用头脑风暴法激发灵感的会议,或者宣扬项目组织沟通氛围的行为。内部沟通作用是协调组织内部各成员的思想和行为,是项目组织行使管理职能的行为,在项目中它还可以激发灵感,激励成员,协调行为,使团队成员与组织的目标保持一致,以确保实现组织的整体目标。

外部沟通是项目组织与外部进行信息交流的过程。其作用是保证项目组织满足外部环境的要求,与外部环境相适应,组织可以通过和外部的沟通引入国际、国家标准,了解技术发展的方向,市场客户潜在的需求,以及获得政府支持,接受政府质量、安全等相关部门的监督和指导。

3) 正式沟通和非正式沟通

正式沟通附带着组织的权威性,即是以组织信用做担保的沟通方式,因此正式沟通具有严肃性和权威性的特点,可以作为事后的依据。公函、工作指令、红头文件等都是正式沟通的具体形式。正式沟通的传递路线是沿着组织的组织结构或者层次系统逐层进行的,因此传递速度往往较慢,而且在沟通链条较长时信息损失较大。非正式沟通是指沿着正式沟通之外的途径所进行的沟通,非正式组织中进行的沟通都是非正式沟通。非正式沟通总是带有较大的虚假性,并在一定程度上损害正式组织的利益;但其传播速度快,只要运用得当还是有利于项目管理。在实际项目中,项目经理为了提高信息传递速度,往往在正式沟通之外同时采用非正式沟通渠道。

4) 上行沟通、下行沟通和横向沟通

项目管理中的上行沟通是指下级对上级的沟通。项目管理中由于制度的建设有一个渐进的过程,各方面的制度不够完善,上级因此往往具有更大的权力,处于沟通中的强势地位,其可以利用权势地位来主导沟通的内容和效果,所以上行沟通对下级来讲是一种有压力的沟通。下级传来的信息虽然是第一手材料,但是往往也会具有片面性,不能代表事务的总体情况,因此上行沟通对也是一场需要信息过滤的沟通。

下行沟通和上行沟通的传递方向相反。很多人简单地认为下行沟通就是下命令、布置工作或者通知事务,不需要下属的理解,都是单向的。但是在现代实际的项目管理之中,随着员工知识能力的不断增强,项目工作内容的繁杂,技术运用能力的增强和不断提高的精细化标准都要求沟通要更加的详尽、细致、准确,并满足人性化管理要求,因此下行沟通应该是一场开放心态的沟通。

横向沟通是指处于组织架构同一层面上的部门成员之间的沟通。在实践中,这种沟通的障碍在于个别部门过多地考虑本部门的利益、价值或想更多地占有资源。主要解决办法就是平衡利益、分清权责,所以是一场充满睿智、挑战的沟通,并要具有大度心态的沟通。

由上面的分析可以得出,上行沟通、下行沟通和横向沟通不但在沟通对象、沟通范围上存在着不同,而且还在沟通障碍上存在巨大的区别。所以在项目实践中,项目经理应分清类别,根据沟通的具体内容和要求,针对这三种方式的沟通障碍选择有效的沟通方式。

12.3.2 沟通管理策略

沟通主体、沟通客体、沟通信息、沟通渠道和媒介是一个完整的沟通过程所要具有的基本元素。在沟通管理中，由于沟通主体和沟通客体的复杂性、不确定性、差异性，使得沟通管理的整个过程要比人—机沟通、机—人沟通复杂得多。由前面的人—人沟通特点分析可知，由于沟通双方在生理、心理上的不同，必须通过细致深入的分析，针对沟通主体和客体的特点，从战略角度思考沟通策略，选择合适的沟通信息、沟通渠道和媒介进行沟通。

管理者进行有效沟通，要从沟通管理的基本要素：听众、信息源、信息、目标、环境、媒介和反馈着手，全面进行沟通管理策略的选择，而信息源往往是沟通的主体。

1) 沟通客体策略

换位思考是成功沟通管理的本质，即在沟通中明确受众的需求，并进行必要的满足工作。进行成功的沟通客体分析，能大大提高沟通管理的成功率，沟通客体可以分为上级、平级和下级三类。在这三类沟通对象中，管理者普遍认为最难解决的是与上级以及与上级的上级的沟通。

2) 沟通主体策略

为了克服沟通障碍，沟通者就必须客观地认知自身的特征，界定自身的沟通地位，运用建设性沟通的策略，选择恰当的渠道，采取积极倾听策略和自我控制策略，取得有效的沟通效果。沟通主体策略分析即研究沟通者如何明确沟通目标，并结合自身条件，选择合适的沟通策略，完成沟通目标。在沟通主体分析过程中，关键要明确三个问题：第一，我是谁？第二，我在什么地方？第三，我能给受众什么？

3) 信息策略

成功的沟通者，在进行信息沟通之前，必然要思考沟通信息的组织结构问题。而制订信息策略，主要在怎样强调信息和如何组织信息两个方面。

关于怎样强调信息，一般而言，信息的开头和结尾部分是最能引起受众注意力的地方，所以在组织信息时，要注意以下几个方面：

① 千万不要将沟通的重要内容放置在信息的中间部分；

② 考虑运用能引起受众注意的因素吸引他们的注意力，使受众保持自始至终对沟通内容的兴趣；

③ 开场白和介绍部分至关重要；

④ 应将沟通的重点放在显著位置上，或开头，或结尾，或二者兼有；

⑤ 如果在开头就阐述重点，称为直接切入主题；在结尾说明重点，称为间接靠入主题。

关于如何组织信息，沟通者在每次沟通之前，会得到若干素材或信息，必须合理整合这些素材或信息，将清晰的概念传达给受众，这样才能实现有效的沟通。概念里要有确定目标、明确观点、安排主体内容和结构等三个方面。

4) 文化策略

每一个沟通策略在制订时，都要考虑国家、地区、行业、组织、性别、人种和工作团体之间不同的文化内涵等因素。前面讨论过的几个策略，无一例外地要受到文化因素的影响。

12.3.3 协作沟通工具

协作沟通工具有很多，如远程会议、群组软件、内容管理系统、外联网，以及基于 Web 的项目合作工具，它实现了包括承包商和客户在内的所有或一些团队成员间的相互沟通，对于在不同地区的团队成员来说十分重要。协作沟通工具涉及的范围很广，包括主要依赖于写作和阅读的电子邮件，以电话会议形式进行的音频工具和基于视频和音频的视频会议。因为项目交流并非面对面进行，电子邮件成为最常用的项目信息传递和发布的方法。通过归类通信组列表，信息在项目团队或不同的下属团体间的发布将更快和更有效率。

远程会议实现了项目团队成员之间信息的实时交换。它包括电话会议和电视会议等媒介，可以用一种比电子邮件更具交互式的方法帮助促进信息的共享。远程会议节省了差旅费并且允许团队成员在不需要出差参加会议的情况下提高生产力。在策划一个远程会议时，必须注意到所有成员所在的时区差异。

群组软件是另一种协作工具，它是一种帮助成员完成共同任务的软件。群组软件可以支持团队创意的产生，利用头脑风暴解决问题，以及决策制订。这种软件的一个例子就是团队决策支持系统，一种促进组织决策制订的软件。对于创意产生和头脑风暴尤其有用。与会者同时输入他们的想法，此时系统会根据实际情况选择是否允许匿名提交。这种软件也允许团队对不同的表格或条目进行分类、排序、注释。包括图表在内的测试结果报告可以自动生成。

文件管理系统可以为团队信息提供主要的资料库并且掌握团队成员的工作成果，并将它们置于一种内容管理的环境下。所谓内容管理系统，就是用来管理来自网络、文件或档案的内容。这种系统可以让成员们共享、创建、添加并编辑文件，如项目报告、技术规范或安装手册。它还可以提供文件管理的相关信息，例如，记录谁什么时候打开哪个文件的记录表，做了什么样的变动等。有一些系统也可以实现批准文件的自动回复，如电子邮件通知。

计算机的服务器可能专用于特定的项目，或者可能会保留一定的空间以供文件和档案的共享，如请求文件、建议书、说明书、合同、草图、表格、计划、行程表、预算、常规的项目日程、会议日程和活动事项、项目报告及演示材料等。外联网是一种"私人"的网络，它能够确保安全地通过因特网在项目团队、承包商和客户之间分享项目的资料库。它可以通过网络限定注册的用户，只有当他们登录后才能获得项目信息或文件的准入。网上项目工作空间允许对所有综合的项目信息进行访问，并提供众多的报告和协调工具。

手机和其他的一些手持电子交流设备，当它们与多样化的远程交流技术和协作工具一起使用时，如电子邮件、互联网和文件管理系统，在某种程度上通过其特有的应用程序为团队成员提供更灵活的方式，更大的准入权。

复习思考题

1. 沟通需求的 5W 指的是？
2. 沟通管理计划的制订依据是什么？它包含哪些内容？
3. 团队沟通的障碍包括哪些？请举出实际案例进行说明。
4. 协作沟通的工具有哪些？结合自身，举出工具实际应用的例子。

第 13 章　项目风险管理

一艘停在港湾的船是安全的，但停泊不是造船的目的。由于项目具有一次性的特点并受到外界环境多方面的影响，项目中必然会存在各种各样的风险，项目规模的代数级增长常常会带来风险几何级的膨胀。这给项目管理带来了巨大的挑战，同时也带来了巨大的机遇。正确地预知和控制风险，不但可以将项目的损失降到最低，有时还可能利用机会获得意外的收益。

本章的主要内容包括项目风险管理概述、风险管理规划、项目风险识别、项目风险分析、项目风险应对计划和项目风险监控。

13.1　项目风险管理概述

13.1.1　风险的概念

在项目管理界，关于风险的定义有很多种，但大体上可以分为两类：狭义风险和广义风险。著名项目管理专家克利福德·格雷和埃里克·拉森认为，在项目背景下，风险是不希望发生的事件的发生可能性以及它所有可能的后果，这是一种狭义的风险定义。从20世纪80年代开始，在考虑项目风险的时候，又增加了机会的概念。机会是一种可能发生的、可以给项目带来积极影响的事件，项目管理者应该去识别这些机会，用来抵消项目中可能出现的负面事件的影响，同时应该尽力去获取更多的收益。在2013年出版的《项目管理知识体系指南(第五版)》中将项目风险定义为"一种不确定的事件或条件，一旦发生，会对至少一个项目目标造成积极或消极的影响"，也就是说风险中还包括有利的不确定性(机会)，因此可视之为对风险的广义定义。本章中，"风险"一词采用PMBOK中广义风险的概念，即包含了机会含义的风险。

13.1.2　项目风险管理简介

项目风险管理是指在对项目风险进行识别、分析和评价框架的支持下，对项目风险应对策略做出科学的决策，同时在实施过程中进行有效监督和控制的系统过程。项目管理的目标是增加项目积极事件的发生概率和影响程度，降低项目消极事件的发生概率和影响程度，在风险成本低的条件下，使项目风险产生的总体影响达到项目利益相关者满意的水平。

风险可能有一种或多种起因，一旦发生可能有一项或多项影响。风险的起因包括可能引起消极或积极结果的需求、假设条件、制约因素或某种状况。例如项目需要申请环境许可证，或者分配给项目的设计人员有限，都是可能的风险起因。与之相对应的风险事件是，颁证机构可能延误许可证的颁发；或者，表现为机会的风险事件是，虽然所分配的项目设计人员不足，但仍可能按时完成任务，即利用更少的资源来完成工作。这两个不确定性条件中，无论发生哪一个，都可能对项目的成本、进度或绩效产生影响。风险条件则是可能引发项目风险的各种项目或组织环境因素，如不成熟的项目管理实践、缺乏综合管理系统、多项目并行实施，或依赖不可控的外部参与者。

13.1.3 项目风险管理的过程

对于项目风险管理过程的认识，不同的组织或个人是不一样的。美国系统工程研究所（System Engineering Institute，SEI）把风险管理的过程主要分成若干个环节，即风险识别、风险分析、风险计划、风险跟踪、风险控制和风险管理沟通，如图 13-1 所示。

PMBOK（第 5 版）中将风险管理的过程划分为：规划风险管理、识别风险、实施定性风险分析、实施定量风险分析、规划风险应对和监控风险六个部分。

中国项目管理知识体系（C-PMBOK）则根据我国项目风险管理的特点，将项目风险管理的核心过程划分为风险管理规划、风险识别、风险评估、风险应对计划和风险监控五个部分，如图 13-2 所示。

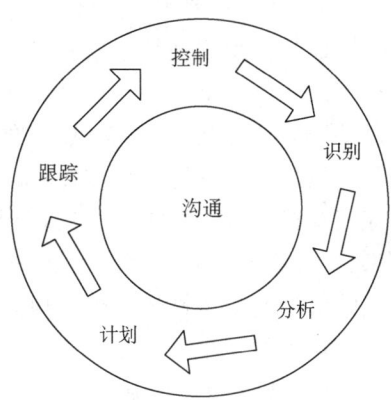

图 13-1　SEI 的风险管理过程框架

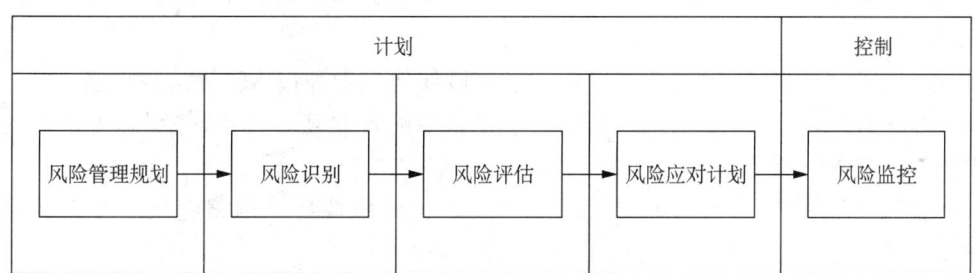

图 13-2　C-PMBOK 的项目风险管理过程划分

（1）风险管理规划：决定如何规划和实施项目风险管理活动，形成风险管理计划。

（2）风险识别：确定哪些风险可能会影响项目，并记录这些风险的特性。

（3）风险评估：对已识别的项目风险进行分析评估，对风险进行优先排序，确定风险对项目目标的整体影响。风险评估由风险定性分析、风险量化分析组成。风险定性分析是每个项目必须进行的，风险量化分析一般视项目的具体情况及对风险管理的投入水平选择进行。

（4）风险应对计划：制订可选方案和行动方案，以提高项目目标实现的机会，降低或排除对项目目标的威胁。

（5）风险监控：在整个项目生命周期中，跟踪已识别的风险，监视残余风险，识别新风险，实施风险应对计划，并对其有效性进行评估。

尽管上面对风险管理各个阶段的划分方法不同，但是其总体内容并没有太大区别。本章将按照中国项目管理知识体系的划分，对项目风险管理的五个阶段分别进行介绍。

13.2 风险管理规划

13.2.1 风险管理规划的含义和依据

1) 风险管理规划的含义

风险管理规划是规划和设计如何进行项目风险管理的过程。该过程应该包括定义项目组织及成员风险管理的行动方案及方式,选择合适的风险管理方法,为风险管理活动提供充足的资源和时间,并确立风险评估的基础等。

风险管理规划过程应在项目规划过程的早期完成,它对于能否成功进行项目风险管理,完成项目目标至关重要。认真、明确地进行规划,可以提高其他四个风险管理过程的成功概率,可以确保风险管理的程度、类型和可见度与风险以及项目对组织的重要性相匹配。规划风险管理的重要性还在于为风险管理活动安排足够的资源和时间,并为评估风险奠定一个共同认可的基础。

2) 风险管理规划的依据

(1) 项目范围说明书:项目范围说明书能让人们清楚地了解项目及其可交付成果,并建立一个框架,以便人们了解最终可能需要多大程度上的风险管理。

(2) 成本管理计划:项目成本管理计划定义了应该如何核定和报告风险预算、应急储备和管理储备。

(3) 进度管理计划:进度管理计划定义了应该如何核定和报告进度应急储备。

(4) 沟通管理计划:沟通管理计划定义了项目中的各种互动关系,并明确由谁在何时何地来共享关于各种风险及其应对措施的信息。

(5) 事业环境因素:可能影响规划风险管理过程的事业环境因素包括组织对风险的态度和承受力等,它们代表组织愿意和能够承受的风险的程度。

(6) 组织过程资产:可能影响规划风险管理过程的组织过程资产包括风险类别、概念和术语的通用定义;风险描述的格式、标准模板、角色和职责、决策所需的职权级别、经验教训及干系人登记册等。

13.2.2 风险管理规划的主要内容

风险管理规划决定如何规划和实施项目风险管理活动,主要内容应包括:

(1) 方法。确定风险管理使用的方法、工具和数据资源,这些内容可随项目阶段及风险评估情况做适当的调整。

(2) 角色与职责。明确风险管理中领导者、支持者及参与者的角色定位、任务分工及各自的责任。

(3) 预算。分配资源,并估算风险管理所需费用,将之纳入项目费用基准。

(4) 时间周期。界定项目生命周期中风险管理过程的各个阶段、过程评价、控制和变更的周期或频率。

(5) 类型级别及说明。定义并说明风险评估和风险量化的类型级别。

（6）基准。明确定义由谁以何种方式采取风险应对行动。合理的定义可作为基准衡量项目团队实施风险应对计划的有效性，并避免项目业主方与项目承担方对该内容的理解产生分歧。

（7）利益相关者承受度的修正。可在风险管理规划过程中对利益相关者的承受度进行修正，以适用于具体项目。

（8）汇报形式。规定风险管理过程中应汇报或沟通的内容、范围、渠道及方式，汇报与沟通应包括项目团队内部之间的、项目外部与投资方之间的以及其他项目利益相关者之间的汇报与沟通。

（9）跟踪。规定如何以文档的方式记录项目过程中的风险及风险管理过程，风险管理文档有助于当前项目的管理、检查、经验教训的总结及日后项目的指导。

13.2.3　风险管理规划的方法与工具

风险管理规划一般通过规划会议的形式制订，与会者可包括项目经理、项目团队成员、实施组织中负责管理风险规划和实施的人员，以及其他应参与的人员。会议将制订风险管理活动的基本计划；确定风险费用因素和需要安排的活动，并分别将其纳入项目预算和进度计划中；同时对风险职责进行分配，并对具体项目组织中通用的风险类别和词汇定义等模板文件（如风险水平、按照风险类别确定的概率和影响、概率和影响矩阵）进行调整。

13.3　项目风险识别

13.3.1　项目风险识别的含义

项目风险识别是项目风险管理的基础和重要组成部分，是一项贯穿于项目全过程的风险管理工作。项目风险识别是项目管理者识别风险来源、确定风险发生条件、描述风险特征并评价风险影响的过程。

项目风险识别的根本任务是识别项目究竟有些什么风险以及这些风险都有些什么特点。例如：一个项目究竟是否存在项目进度、成本和质量风险，项目风险是自然风险还是人为风险，项目风险会给项目范围、进度、成本及质量等方面带来什么影响等，这些都属于项目风险识别的范畴。

项目风险识别还包括风险原因的识别，即识别和确认项目风险是什么因素造成的。例如：是项目团队内部因素造成的还是外部因素造成的项目风险（项目团队内部因素造成的风险较好管理和控制），是项目所需资源的市场价格上涨还是项目组织的成员失职造成的风险。

只有识别各项目风险可能带来的后果及其严重程度，才能够全面地认识项目风险。项目风险识别的根本目的是找到项目风险以及消减项目风险不利后果的方法，所以识别项目风险可能引起的后果是项目风险识别的主要内容。

在项目风险识别的过程中，人们不但必须全面识别项目风险可能带来的各种损失，而且还要识别项目风险所带来的各种机遇。这种项目风险带来的机遇是一种正面影响,具有获得额外收益的可能性。在项目风险识别中找到项目风险带来的机遇并分析这种机遇,使人们在制订项目风险应对措施和开展项目风险监控中努力消除项目风险的威胁和损失,将项目风险带来的机遇转化成组织的实际收益。

13.3.2 项目风险识别的依据

识别项目风险的关键是找到足够的项目信息和依据,然后分析识别项目风险。项目风险识别的依据主要包括以下几个方面:

(1) 项目产出物的描述文件。这是项目风险识别的主要依据之一。因为项目风险识别中最重要的是识别项目能否按时、按质、按量和按预算生成项目的产出物和实现项目的目标,所以项目风险识别首先要根据项目产出物描述和要求识别出各种影响项目产出物质量、数量和交付期的风险。

(2) 项目的计划文件和信息。这包括项目的集成计划和各种专项计划以及它们之中所包含的全部信息。这些信息有两方面的作用:一是作为项目风险识别的依据,二是作为项目风险识别的对象。因为项目最主要的风险就是无法按计划完成带来的损失。例如:一个项目的成本计划(预算)信息可以是分析与识别项目质量风险的重要依据,因为如果项目预算缺口比较大就会出现由于资源不足而造成项目质量问题。同时,项目成本计划也是项目风险识别的对象,人们需要通过对项目成本计划实现的可能性进行分析识,别出是否存在项目超预算的风险。

(3) 历史项目的资料和信息。这是以前完成类似项目的实际发生情况(或风险)的历史资料,它们对于识别新项目风险是一种非常重要的信息和依据。这种"前车之鉴"在项目风险识别中是最重要的参考和依据之一。所以在项目风险识别中要全面收集各种有用的历史项目信息,特别是各种历史项目的经验与教训。这些历史项目的资料中既有项目风险因素分析和各种风险事件发生过程的记录,也有项目风险带来的损失等方面的信息,对项目风险的识别非常有用。

13.3.3 项目风险识别的过程

项目风险识别过程活动的基本任务,是将项目的不确定性转化为可理解的风险描述。作为一种系统过程,风险识别有其自身的过程活动。识别项目风险过程一般分为五步:

第一步,确定目标;
第二步,明确最重要的参与者;
第三步,收集资料;
第四步,估计项目风险形势;
第五步,根据直接或间接的症状将潜在的项目风险识别出来。

项目风险识别过程如图 13-3 所示。

下面对风险识别的主要过程活动分三个步骤进行粗略的阐述。

1) 确定目标和明确最重要的参与者

这是项目风险识别首先要进行的组织工作。只有确定了目标才可以有效地、合理地开展之后的工作。根据项目风险管理的目标(范围和重点),确定参与项目风险识别的人员。

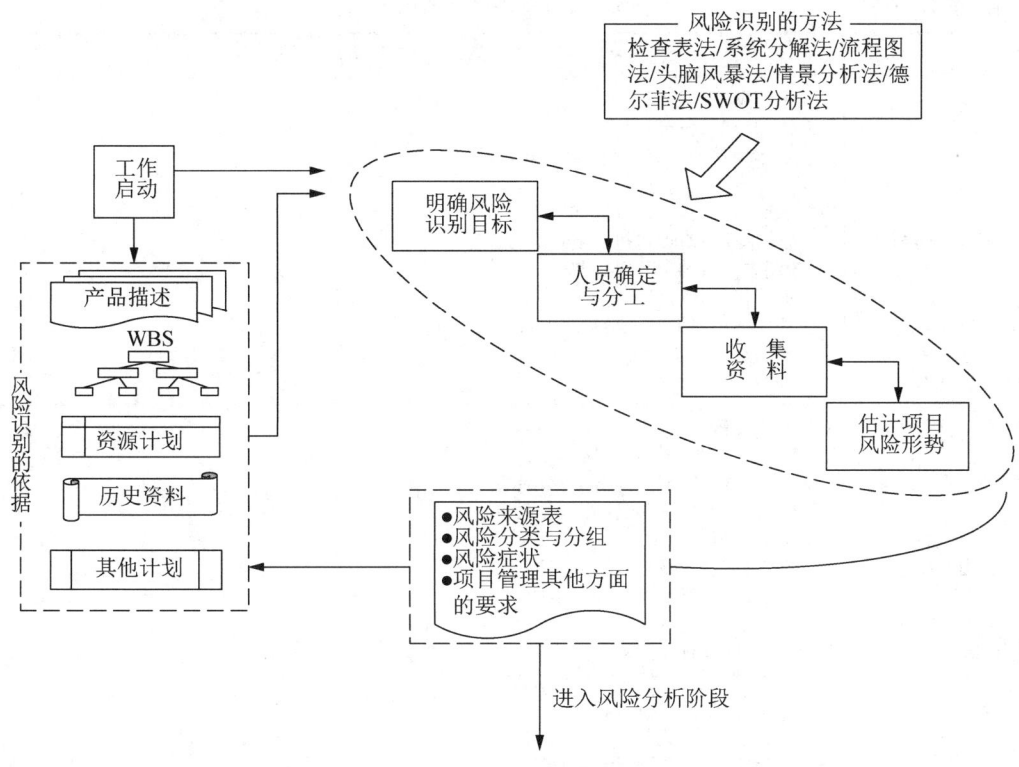

图 13-3　项目风险识别过程

比如：是需要多部门合作还是只要一个部门担当，相应地确定从哪个或哪几个部门安排人员。

项目经理不仅要了解项目的信息，更要了解项目上的人，包括项目的核心人员、高层管理人员、职员以及为项目风险识别提供信息的每个人。项目经理确定的人员应具有经营及技术方面的知识，了解项目的目标及面临的风险。项目成员应该具有沟通技巧和团队合作精神，要善于分享信息，这对项目风险识别是非常重要的。广义地说，项目风险识别需要项目集体共同参与。

2）搜集资料

项目风险识别应该搜集的资料和获取资料的渠道如下：

① 项目产品或服务说明书；

② 项目的前提、假设和制约因素；

③ 与本项目类似的案例；

④ 项目风险形势估计。

项目风险形势估计就是要明确项目的目标、战略、战术以及实现目标的手段和资源，以确定项目及其环境的变数。

通过项目风险形势估计，判断和确定项目目标是否明确、是否具有可测性、是否具有现实性和有多大不确定性；分析保证项目目标实现的战略方针、战略步骤和战略方法；根据项目资源状况分析实现战略目标的战术方案存在多大不确定性；彻底弄清项目有多少可以动用的资源。表 13-1 列出了项目风险形势估计的内容。

表 13-1　　　　　　　　　　　项目风险形势估计的内容

	依据：项目计划、项目预算、项目进度等
1. 项目及其分析	(1) 发起项目的原因？本项目的积极性来自何方？ (2) 本项目的目标说明 (3) 将本项目的目标同项目执行组织的目标进行比较 (4) 研究本项目的目标 • 明确项目目标，包括经济的、非经济的 • 说明本项目对项目执行组织的目标的贡献 • 说明本项目的主要组成部分 • 约束、机会和假设 (5) 说明本项目同其他项目或项目有关方面的关系 (6) 说明总的竞争形势 (7) 归纳项目分析要点
2. 对项目执行产生影响的因素（对于每一个因素都应该说明它对项目的进行产生怎样的影响）	(1) 总的形势 (2) 项目执行过程的特点 • 一般因素：政治的、经济的、组织的 • 不变因素：设施、人员、其他资源 (3) 研究项目的要求 • 比较已有资源量和对资源的需求 • 比较项目的质量要求和复杂性 • 比较组织的现有能力 • 比较时间和预算因素 (4) 对外部因素进行评价 • 查明缺乏哪些信息资料 • 列出优势和劣势 • 初步判定已有资源是否足够
3. 分析阻碍项目的行动方案	(1) 阻碍项目成功的因素 • 列出并衡量阻碍项目实现其目标的因素 • 衡量阻碍因素发生的相对概率 • 如果妨碍目标实现的因素发生作用的话，估计其严重程度 (2) 项目的行动方案 • 列出项目的初步行动方案 • 检查项目行动方案是否合适，是否可行，能否被人接受 • 列出保留的项目行动方案 (3) 分析阻碍项目的行动 以下步骤可反复进行，每次反复都经过这四步： • 可能会促进上述阻碍项目成功的因素出现的行动 • 当上述阻碍项目成功的因素出现时，为了实施上述行动路线，仍然必须采取的行动 • 因上述两种行动而发生的行动 • 针对上述行动的可能后果做出结论，以此为基础判断上述行动方案是否可行，能否被人接受，并将其优点与其他行动方案相比较
4. 项目行动方案的比较	(1) 列出并考虑各行动方案的优点和缺点 (2) 最后检查行动方案是否合适、可行，能否被人接受 (3) 衡量各行动方案相对优点并选定项目的行动方案 (4) 列出项目的最后目标、战略、战术和手段

3) 根据直接或间接的症状将潜在的项目风险识别出来

根据以上的资源和信息，结合自身的经验，运用一定的推理方法，进行风险识别。

13.3.4　项目风险识别的方法

项目风险识别的方法有很多，既有结构化的方法也有非结构化的方法，既有经验性的方法也有系统性的方法。下面介绍几种常见的项目风险识别方法。

1）检查表法

检查表（Checklist）是描述项目在传统领域中不确定性的问题清单，是管理中用来记录和整理数据的常用工具。用检查表进行风险识别时，将项目可能发生的许多潜在风险列于一个表中，供识别人员进行检查核对，用来判别某项目是否存在表中所列或类似的风险。好的检查表要适合项目的类型。比如美国软件工程协会就在它的《持续风险管理手册》中提供了专门用于评估软件项目的详细问题清单。表13-2是一个产品开发项目风险检查表的局部。

表13-2　　　　　　　　　　　　产品开发项目检查单局部

技术要求 这些要求是否稳定	质量 质量考虑是否被纳入设计中
设计 设计是否依赖于不显示或者乐观主义的假设	管理 人们是否知道何人负责何事
测试 需要的测试仪器是否可得	工作环境 在整个工作范围内人们是否合作
开发 开发过程是否能得到一系列有力的程序、方法和工具支持	人员 人员是否缺乏经验或数量不足
进度 此项目的进度是否依赖于其他项目	用户 用户是否理解完成项目的代价
预算 成本估算有多大的可靠性	合同 在合同的任务定义中是否存在任何模棱两可

2）系统分解法

确定具体风险的一个有效工具是工作分解结构（WBS）。WBS利用系统分解的原理将一个复杂项目分解成一系列简单和容易认识的子系统或系统元素，从而分析和识别项目各子系统、系统要素和整个项目中的各种风险的方法。例如：投资建造一个化肥厂项目，就需要根据该项目本身的特性将项目风险分解成市场风险、投资风险、经营风险、技术风险、资源及原材料供应风险、环境污染风险等子系统风险，然后可以对这些项目子系统风险做进一步的分解，从而全面识别这一投资项目的各种风险。

通过使用WBS可以防止风险事件被忽略。大型项目中，不同领域有不同的风险团队，他们都将自己的风险管理报告提交给项目经理。在一些项目中，项目实施者运用技术分解系统（TBS）来保证所有的技术问题都经过检验。TBS以WBS为框架，并为任务和可交付成果确定技术风险事件。

3）流程图法

项目流程图给出了一个项目的工作流程，以及各工作流程之间的相互关系。流程图包括项目系统流程图、项目实施流程图和项目作业流程图等各种不同详细程度的流程图。在项目风险识别中，使用这些流程图分析和识别项目风险就叫流程图法。这种方法的结构化程度高，并且对识别项目风险和风险要素非常有效。例如：一个建设项目会有一个由项目可行性分析、技术设计、施工图设计、计划及施工组织等一系列的环节构成的流程，这些流程构成的项目流程图就可以用来分析和识别该项目的各种风险。

4）头脑风暴法

头脑风暴法是一种非结构化的方法，它是运用创造性思维和发散性思维以及专家经验，通过会议等形式识别项目风险的一种方法。在使用这种方法时，要允许与会的专家和分析人员畅所欲言，共同分析和发现项目存在的各种风险。此时组织者要善于提问和引导，并能及时地整理项目风险识别的结果，促使与会者能够不断地发现和识别出项目的各种风险和项目风险影响因素。在使用这种方法时，需要专家们回答的问题有：如果实施这个项目会遇到哪些风险，这些项目风险的后果严重程度如何，这些项目风险的主要成因是什么，项目风险事件的征兆有哪些，项目风险有哪些基本的特性等。

5）情景分析法

这是通过对项目未来的某个状态或某种情况（情景）的详细描绘与分析，识别项目风险与项目风险因素的方法。在对具有较高独特性和创新性的项目风险识别中，需要使用这种方法。项目情景（项目未来某种状态或情况）的描述可以使用图表、文字或数学公式等形式，对涉及影响因素多、分析计算比较复杂的项目风险识别作业可借助于计算机情景模拟系统进行情景分析。使用情景分析法识别项目风险需要先给出项目情景描述，然后找到项目变动的影响因素，最后分析项目情景变化造成的风险与后果。

6）德尔菲法

德尔菲法是一种反馈匿名函询法，它采取的是一种背靠背式的信息收集形式，也就是被访者不知道其他人的意见，这样有利于克服在头脑风暴法中存在的从众思想。其做法是在对所要预测的问题征得专家意见之后，进行整理、归纳、统计，再匿名反馈给各专家，再次征求意见，再集中，再反馈……直至得到稳定的意见为止。

德尔菲法有很多优点：能充分发挥各位专家的作用，集思广益，准确性高；能把各位专家的意见分歧表达出来，取各家之长，避各家之短；有利于避免出现有些专家碍于情面，不愿意发表与其他人不同意见，或专家出于自尊心而不愿意修改自己原来不全面意见等情况。德尔菲法的主要缺点是过程比较复杂，花费时间较长。尽管如此，本方法因简便可靠，仍不失为一种项目风险识别的常用方法。

7）SWOT分析法

SWOT分析法是一种环境分析方法，所谓的SWOT是英文Strength（优势）、Weakness（劣势）、Opportunity（机遇）和Threat（挑战）的首字母简写。SWOT分析的基准点是对企业内部环境之优劣势的分析，在了解企业自身特点的基础之上，判明企业外部的机会和威胁，然后对环境做出准确的判断，继而制订企业发展的战略和策略。SWOT分析法借用到项目管理中进行项目战略决策和系统分析，进而识别项目风险。

13.4 项目风险分析

项目风险分析包含项目风险的定性分析和定量分析两个方面的工作。人们可以选择使用定性项目风险分析，也可以选择使用定量项目风险分析，或两者结合使用。

13.4.1 项目风险定性分析

1）项目风险定性分析的含义

项目风险定性分析指通过分析项目风险发生的概率，风险发生后对项目目标的影响程度，对已经识别风险的优先级进行评估的分析过程。

通过项目风险定性分析，可以确认项目风险的主要来源、确认项目风险的类型、估计项目风险的影响程度、为项目风险的定量分析提供条件及帮助各层次项目管理人员顺利实现交付目标，从而保证整体目标的成功实现。

项目风险定性分析的对象是项目的单个风险，而非项目的整体风险，重点是加深对某一具体风险的可能性及其影响的认识，进一步管理触发风险的不确定因素和条件。

2）项目风险定性分析的主要内容

项目风险定性分析的主要是针对以下几个方面展开的。

（1）风险概率。在项目风险分析时，常常用定性描述方法来界定风险的不确定程度。表13-3 给出了对风险概率的描述。

表 13-3　　　　　　　　　　　风险发生概率的指数

说明	简单描述	等级指数
经常	很可能频繁地出现，在所关注的期间多次出现	4
很可能	在所关注的期间出现几次	3
偶然	在所关注的期间偶尔出现	2
极小	不太可能但还有可能在所关注的期间出现	1
不可能	由于不太可能发生所以假设它不会出现或不可能出现	0

（2）风险影响。风险影响可以用影响程度和影响范围描述。前者是通用的，而后者所描述的内容需要针对具体对象以及项目参与各方的风险容忍水平来确定，具有相对变化的特点。表13-4 是一个风险影响描述的例子。

表 13-4　　　　　　　　　　　风险影响的等级划分

等级	简单描述	等级
灾难性的	人员伤亡、项目失败、犯罪行为、破产	4
关键的	人员严重受伤、项目目标无法完全达到、超过风险准备费用	3
严重的	时间损失、耗费的意外费用、需要保险索赔	2
次重要的	需要处理的损伤或疾病、能接受的工期拖延、需要部分意外费用或是保险费过多	1
可忽略的	损失很小，可认为没有损失	0

（3）项目风险分级评估。风险定性分析的最终目标是确定需要优先管理的风险，利用风险定性分析方法进行风险概率与影响分析，有助于识别需要积极进行管理的风险。表13-5 是一个具体的例子。

表 13-5　　　　　　　　　　　项目风险重要性评定

可能性	影响	灾难性的	关键的	严重的	次重要的	可忽略的
可能性	等级	4	3	2	1	0
经常	4	16	12	8	4	0

续表

可能性	影响	灾难性的	关键的	严重的	次重要的	可忽略的
很可能	3	12	9	6	3	0
偶然的	2	8	6	4	2	0
极小	1	4	3	2	1	0
不可能	0	0	0	0	0	0

表中的值越大，风险的级别就越高，就越需要采取及时、充分的措施；反之值越小，风险的级别就越低，就可以延后处理，甚至忽略。

13.4.2 项目风险定性分析的方法

项目风险定性分析主要活动包括3个步骤，如图13-4所示。

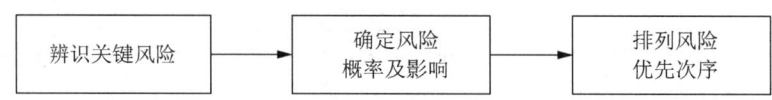

图 13-4　项目风险定性分析的步骤

关键风险即为在识别出的风险中确定需要采取应对措施的风险。因为对于有些影响较小的风险是可以不采取任何措施的，因此也不必进行风险分析。

完成项目风险定性分析主要依据项目范围说明书、风险管理计划、组织管理知识和风险记录手册等。要综合运用各种资料和经验知识，才有可能合理地进行风险的定性分析。

在进行风险定性分析的过程中一般会用到以下方法。

1）会议

在风险定性分析中可以利用会议确定已识别风险的概率和影响。组织的历史数据库中关于风险方面的信息可能寥寥无几，此时，需要有关人员对风险做出判断。可通过挑选对风险类别熟悉的人员，采用召开会议或进行访谈等方式对风险进行评估。其中，包括项目团队成员和项目外部的专业人士。由于参与者可能不具有风险评估方面的经验，因此需要由经验丰富的主持人引导讨论过程。

在访谈或会议期间，对每项风险的概率级别及其对每项目标的影响进行评估。其中，需要记载相关的说明信息，包括确定概率和影响级别所依赖的假设条件等。有时，风险概率和影响明显很低，在此种情况下，不应对其进行等级排序，而应作为待观察项目列入清单中，供将来进一步监测。

2）概率影响风险矩阵法

概率影响矩阵(P—I矩阵)是将概率与影响这两个量纲结合考虑的一种常用方法，可以将概率与影响的标度以矩阵的形式结合起来，以此为依据对风险或风险情况评定等级。

风险的概率取值范围是在0~1之间。风险概率评估可能是比较困难的，因为没有历史数据资料可以利用，时常采用专家判断的方法确定风险的概率，有时采用表示可能性极低到几乎确定无疑的相对概率值的序数标度。当然，也可以用普通标度，如0.1，0.3，0.5，0.7，0.9等，对具体概率赋值。

风险的影响取值范围也是在 0~1 之间。取值为 0,表示风险损失较小或机会较低,取值为 1 表示风险损失大或机会较大。

如图 13-5 所示,深灰色(数值最大的区域)代表高风险,中度灰色区域(数值最小)代表低风险,浅灰色区域(数值介于最大和最小之间)代表中等程度风险。

概率和影响矩阵										
概率	威胁					机会				
0.90	0.05	0.09	0.18	0.36	0.72	0.72	0.36	0.18	0.09	0.05
0.70	0.04	0.07	0.14	0.28	0.56	0.56	0.28	0.14	0.07	0.04
0.50	0.03	0.05	0.10	0.20	0.40	0.40	0.20	0.10	0.05	0.03
0.30	0.02	0.03	0.06	0.12	0.24	0.24	0.12	0.06	0.03	0.02
0.10	0.01	0.01	0.02	0.04	0.08	0.08	0.04	0.02	0.01	0.01
	0.05	0.10	0.20	0.40	0.80	0.80	0.40	0.20	0.10	0.05
对目标的影响(例如:成本、时间、或范围)(比率标度)										
每一风险按其发生概率及一旦发生所造成的影响评定级别。在矩阵中显示组织对低风险、中等风险与高风险所规定的临界值。根据这些临界值,把每个风险分别归入高风险、中等风险或低风险										

图 13-5 项目风险的概率和影响矩阵

3)项目假设测试法

项目假设测试法是对已经取得的有关项目风险信息的数据及项目假设进行的分析。已识别的风险必须按照两项标准进行测试,一项是假设的稳定性,另一项是假设不成立时对项目造成的后果。例如,如果一个项目不能确定关键人物的到场日期,那么,项目团体可以假设一个具体的开始时间。假设通常包含着一定程度的风险,但定性分析阶段的简单情境假设方法的粗略数字估计,也可以为项目管理者提供信息。在风险定性分析过程中,应确定其他有可能成立的假设,并测试其可能对项目目标产生的后果。在风险识别进程中,确定的假设要作为潜在风险进行评估。为了项目规划目标的准确性,考虑到的假设因素必须具有科学性、真实性和肯定性。

4)风险紧迫性评估法

风险紧迫性评估是指明风险的最重要特性,用以作为警告指示,确定需要近期采取应对措施的风险。实施风险应对措施所需要的时间、风险征兆、警告和风险等级等都可作为确定风险优先级或紧迫性的指标。与风险相关行动的时间紧迫性可能会夸大风险的严重性,因此利用目前已掌握信息对项目风险进行评估有助于缓解风险行为的压力,提高找到亟需解决的风险的效率。

5)风险分类法

可按照风险来源、受影响的项目区域或其他分类标准,如项目阶段风险等对项目风险进行分类,以确定不确定性影响最大的项目方面。其中风险来源可使用风险分解结构识别,受影响的项目区域可使用工作分解结构确认,根据共同的根本原因对风险进行分类有助于集中制订有效的风险应对措施。

6)风险定性综合估计法

风险定性综合估计是指依靠专家打分的方法或经验对项目风险给出综合的评估,评分可以针对整体风险也可以针对风险来源。这种方法和前面提到的德尔菲法有很多类似的地方。

13.4.3 项目风险定量分析

1) 项目风险定量分析的含义

项目风险定量分析是在风险定性分析之后，对排序在前的、具有潜在重大影响的项目风险进行量化分析，定量评价风险概率和影响大小，以综合评价项目风险的整体水平。

一般情况下，风险定量分析是在风险定性分析之后进行的。对于经验丰富的风险分析人员来说，也可以直接进入风险定量分析阶段，但前提是必须要先进行风险识别。风险定性分析和风险定量分析过程可分别进行，也可结合进行。采用何种方式主要取决于时间约束、有无风险概预算准备以及对风险及其后果进行定性和定量描述的必要性。在项目活动中，重复进行风险定量分析所得的趋势结果可为项目是否需要增加或减少风险管理行动的决策提供科学依据，它同时也是风险应对规划过程的重要依据之一。

风险定量分析的目的是对每项风险发生的概率及其对项目目标的影响，以及项目整体风险的程度进行数值分析，该过程可采用蒙特卡洛模拟与决策分析、不确定分析等定量分析技术。通过风险定量分析可以实现以下几个方面的目标：量化不确定性、制订风险的项目目标、确定关键风险和为项目管理提供决策基础。

2) 项目风险定量分析的主要内容

项目风险定量分析主要是针对以下几个方面展开的：

（1）确定风险评价基准。项目参与各方通过会议的形式针对每一种风险后果确定可接受的风险水平，给出风险水平分级标准。

（2）确定项目整体风险水平。通过计算分析项目各具体风险的耦合作用效果，确定项目的整体风险水平。所谓风险的耦合作用是指由多个风险因素共同综合作用后对项目目标的影响效果，如项目总体进度风险受自然因素（天气变化）和人为因素（管理水平）的共同影响，并在进度发展的各个阶段表现出不同的风险特征，而总体的进度风险则是这些因素在不同时间作用后的综合结果。

（3）评估项目风险是否在可接受的范围内。将风险水平与风险评价基准进行比较，评估项目风险是否为项目参与各方所接受，并分析确定出风险水平进一步变化后可接受的范围。

13.4.4 项目风险定量分析的方法

项目风险定量分析主要活动包括 4 个步骤，如图 13-6 所示。

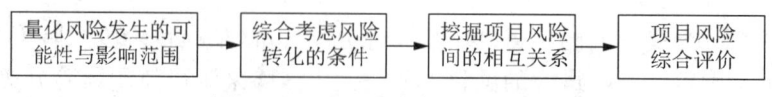

图 13-6　项目风险定量分析步骤

完成项目风险定量分析主要依据：风险管理计划、组织管理知识、风险记录手册和项目管理计划。

在进行风险定量分析的过程中一般会用到以下方法：

1）敏感性分析法

单个因素的敏感性分析是在所有其他不确定因素保持基准值的条件下，逐个考察项目每项要素的不确定性对目标产生多大程度的影响的过程。敏感性分析有助于确定哪些风险对项目具有最大的潜在影响。下面用一个案例来说明敏感性分析方法的应用过程。

例 13-1 某房屋建设项目敏感性分析

影响某一房屋建设项目财务效益的主要不确定性因素为开发成本和销售价格。其中开发成本中最有可能发生波动的是建安工程费。因此将建安工程费和销售价格作为不确定性因素，针对全部投资的评价指标财务内部收益率和投资利润率，分别计算当二者上下波动5%、10%、15%时对经济评价指标的影响，计算结果详见表13-6、表13-7所示。

表 13-6　　建安工程费变动敏感性分析表

经济指标	基准方案	建安工程费变动					
		−15%	−10%	−5%	5%	10%	15%
财务内部收益率	35.89%	42.35%	40.16%	38.01%	33.81%	31.76%	29.75%
财务内部收益率变化幅度		17.98%	11.89%	5.90%	−5.80%	−11.51%	−17.11%
投资利润率	11.82%	14.37%	13.49%	12.64%	11.03%	10.27%	9.53%
投资利润率变化幅度		21.57%	14.12%	6.93%	−6.69%	−13.15%	−19.38%

表 13-7　　售价变动敏感性分析表

经济指标	基准方案	售价变动					
		−15%	−10%	−5%	5%	10%	15%
财务内部收益率	35.89%	16.81%	23.01%	29.38%	42.54%	49.32%	56.21%
财务内部收益率变化幅度		−53.18%	−35.88%	−18.14%	18.52%	37.40%	56.60%
投资利润率	11.82%	5.60%	7.69%	9.77%	13.87%	15.90%	17.91%
投资利润率变化幅度		−52.60%	−34.94%	−17.41%	17.28%	34.45%	51.49%

当建安工程费向不利方向变动5%、10%和15%时，财务内部收益率降低5.80%、11.51%和17.11%。当销售价格向不利方向变动5%、10%和15%时，财务内部收益率降低18.14%、35.88%和53.18%。二者对投资利润率的影响情况亦然。可见销售价格对方案经济效益影响最大。

另外，当销售价格向不利方向变动15%时，方案内部收益率为16.81%，仍大于设定的最低收益率15%，该方案具有较强的抗风险能力。

2）决策树分析法

决策树分析法是对所考虑的决策以及采用这种或者那种其他现有方案可能产生的后果进行描述的一种图解方法，它综合了风险概率、事件逻辑路径的成本或者收益以及未来应采取的决策。决策树的分析结果表明，当所有的不确定后果、成本、收益与随后的决策全部量化之后，哪一项决策能为决策者带来最大的效益期望值。

例 13-2 决策树分析法的应用过程

决策定义	决策节点	机会节点	纯路径价值
制定决策	依据：每项选择的成本 成果：已定决策(对、错)	依据：情景概率，发生后的奖励 成果：EMV	计算： (盈利减去费用) 沿路径

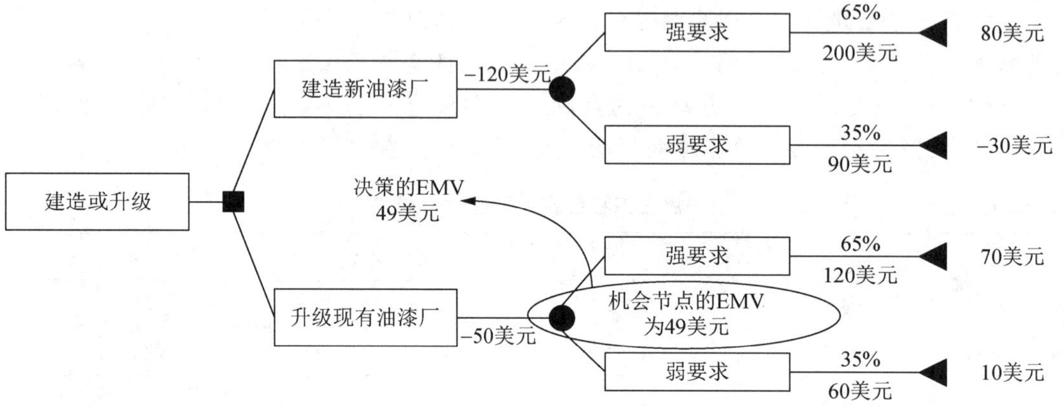

```
                                    强要求  ──  65%    ◀ 80美元
                                            200美元
              建造新油漆厂 ─120美元 ●
                                    弱要求  ──  35%    ◀ -30美元
                                            90美元
  建造或升级 ■           决策的EMV
                         49美元
                                    强要求  ──  65%    ◀ 70美元
                                            120美元
              升级现有油漆厂 ─50美元 ●  机会节点的EMV
                                       为49美元
                                    弱要求  ──  35%    ◀ 10美元
                                            60美元
```

此决策树反应了在环境(即产品需求状态)具有不确定性的情况下，如何在各种可选投资方案中进行选择。组织选择采用对现有工厂进行升级的方案，因为该方案的EMV为49美元，而新建工厂方案的EMV仅为41.5美元。

图 13-7 决策树分析示例

■——决策节点，决策节点表明从它引出的方案要进行分析和决策，在分枝上要注明方案名称。

●——机会节点，也称为状态节点。后边的分枝表示不同情况或状态出现的概率和相应的费用或收入。

◀——结果节点，在后面标出在对应的情况下取得的最终损益值。

EMV 是一个统计概念，用以计算在将来某种情况发生或不发生情况下的平均结果。机会的 EMV 一般表示为正数，而风险的 EMV 一般表示为负数。

3) 项目模拟法

项目模拟是用一个模型将详细规定的各项不确定性换算为它们对整个项目层次上的目标所产生的潜在影响。项目模拟是通过蒙特卡洛技术完成的。

蒙特卡洛模拟法，是用随机抽样的方法抽取一组满足输入变量的概率分布特征的数值，输入这组变量计算项目风险范围的可能性，通过多次抽样计算可获得项目目标的概率分布及累积概率分布、期望值、方差和标准差，计算项目整体风险的程度，从而估计项目所承担的风险。

4) 项目评审技术法

在处理进度问题时，项目评审技术(PERT)几乎和关键路径法(CPM)技术完全相同，前者只是假设每个活动的时间长度有一个范围，服从一种统计分布，考虑了时间的不确定性。PERT 对每个活动时间不确定性使用三种估计。本质上，这意味着每个活动时间长度可以在乐观时间到悲观时间范围内，用加权平均的方法进行计算。

5）层次分析法

层次分析法是一种定性与定量相结合的决策分析方法,简称 AHP 方法,是一种多准则决策分析方法。其基本思路:多个单准则分层结果的综合估计。分层一般包括:决策目标层、准则层、方案层。在风险分析中它有两种用途:一是将影响项目的风险因素逐层归类分解、识别,直到最基本的风险因素,称为风险因素正向分解;二是两两比较同一层次风险因素的重要程度,列出该层风险因素的判断矩阵(判断矩阵可由专家调查法得出),每层判断矩阵的特征根表明了该层次各个风险因素的权重,利用权重与同层次风险因素得分的组合,求得上一层风险的得分,直至求出总目标的得分,也称反向合成,根据总目标风险得分的大小综合判断项目的整体风险。

13.5 风险应对计划

13.5.1 风险应对计划的含义和依据

1）风险应对计划的含义

风险应对计划是针对风险评估的结果,为增加项目目标实现的机会、降低项目风险的负面效应制订方案,决定风险应对策略的过程。风险应对计划的制订应在实施定性风险分析过程和实施定量风险分析过程之后进行,包括确定和分配某个人(即"风险应对责任人")来实施已获同意和资金支持的风险应对措施。在制订风险应对的过程中,需要根据风险的优先级来制订应对措施,并把风险应对所需要的各种资源和活动加进项目的预算、进度计划和项目管理计划中。

拟定的风险应对措施必须与风险的重要性相匹配,能经济有效地应对挑战,在当前项目背景下现实可行,能获得全体相关方的同意,并由一名责任人具体负责。风险应对措施还必须及时。经常需要从几个备选方案中选择一项最佳的风险应对措施。

2）风险应对计划的依据

(1) 风险管理计划。风险管理计划的主要内容包括:角色和职责,风险分析定义,低风险、中等风险和高风险的风险界限值,进行项目风险管理所需的费用和时间。风险管理计划的某些要素是风险应对的依据,这些要素包括:低、中、高风险的风险限度,这些风险限度能够帮助我们很好地了解那些需要采取应对措施的风险,以及风险应对规划中的人员分配、进度安排和预算制订。

(2) 风险登记册。在制订风险应对策略时,可能需要重新参考和考虑已识别的风险、风险的根本原因、潜在应对措施清单、风险负责人及征兆和警示。

就风险应对过程而言,风险登记册主要包括:项目风险的相对等级或优先级清单,近期需要采取应对措施的风险清单,需要进一步分析和应对的风险清单,风险定性分析结果显示的趋势、根本原因,按照类别分类的风险,以及较低优先级风险的观察清单。

13.5.2 项目风险应对的过程及主要内容

1）项目风险应对的过程

(1) 根据项目风险政策及风险评估结果进一步确定项目的风险承受水平,即项目风险承受的最大值。

(2) 针对每一个主要风险项或机会提出可能的备选方案。

(3) 对提出的各备选方案进行综合分析,权衡各方案的成本及收益情况,在优化的基础上选择最佳方案。

(4) 进一步考虑针对各风险项制订的应对计划是否会产生新的机会或给该项目的其他活动或其他项目带来附加的工作威胁,识别并评价这些影响。

(5) 制订详细风险应对计划,确定风险行动方案责任方、资金及其他自愿分配,明确启动时机。

(6) 将风险计划内容更新到风险登记册中。

2) 风险应对计划的主要内容

(1) 制订风险应对计划。风险应对计划应详细到可操作的层次,应包括下面的部分或全部内容:风险识别、风险特征描述、风险来源及对项目目标的影响;风险主题和责任分配;风险评估及风险量化结果;单一风险的应对措施,包括规避、转移、缓和或接受;战略实施后,预期的风险自留(风险概率和风险影响程度);具体应对措施;应对措施的预算和时间;应急计划和反馈计划。

(2) 确定残余风险。残余风险是指在采取了规避、转移或缓和措施后允许保留的风险,也包括被接受的小风险。

(3) 确定次要风险。由于实施风险应对措施而直接导致的风险叫作次要风险,它们应同主要风险一样被识别并制订应对措施。

(4) 签署合同协议。为了避免或减轻威胁,可以针对具体风险或项目签订保险、服务或其他必要的合同协议,确定各方的责任。

(5) 为其他过程提供的依据,选定的或提出的各种替代策略、应急计划、预期的合同协议,需额外投入的时间、费用或资源,以及其他有关的结论都必须反馈到相关领域,成为其过程计划、变更和实施的依据。

13.5.3 项目风险应对的方法

应对项目风险有很多不同的策略和方法,不同的方法适用于不同的项目风险。下面分情况对项目风险应对的方法进行简要介绍。

1) 消极风险或威胁的应对方法

(1) 回避。回避风险指改变项目计划,以排除风险或条件,或者保护项目目标,使其不受影响,或对受到威胁的一些目标放松要求。例如,延长进度或缩小范围等。出现于项目早期的某些风险事件可以通过澄清要求、获取信息、强化沟通或累积技术专长而获得解决。比如,在修建公路时,对一些交通拥挤或事故易发地段,为了彻底消除交通事故风险,可采取扩建路面、改建人行天桥或禁止进入通行等措施。

(2) 转嫁。转嫁风险指设法将风险的后果连同应对的责任转移到第三方身上。转嫁风险实际只是把风险管理责任推给另一方,而并非将其消除。对于金融风险而言,风险转嫁策略最有效。风险转嫁方法几乎总需要向风险承担者支付风险费用。转嫁工具丰富多样,包括但不限于利用保险、履约报证书、担保书等。可以利用合同将具体风险的责任转嫁给另一方,在多数情况下,使用费用加成合同可将费用风险转嫁给买方,如果项目的设计是稳定的,可以用固定总价合同把风险转嫁给卖方。

（3）减轻。减轻是指设法把不利的风险事件的概率或后果降低到一个可以接受的临界值。提前采取行动减少风险发生的概率或者减少其对项目所造成的影响，比在风险发生后亡羊补牢要有效得多。例如，采用不太复杂的工艺，实施更多的测试，或者选用比较稳定可靠的卖方，都可以减轻风险。如果不可能降低风险的概率，则应设法减轻风险的影响，其着眼于决定影响的严重程度的连接点上。例如，设计时在子系统中设置冗余组件有可能减轻原有组件故障所造成的影响。

（4）接受。采取该方法的原因在于不可能消除项目的所有风险。当采取该方法时，项目团队已经决定不打算为处置某项风险而改变项目计划，或者他们无法找到其他对应良策。该方法可分为主动和被动两种方式。被动地接受风险，即不要求采取任何行动，将其留给项目团队，待风险发生时相机处理。主动接受方式，可以预留应急储备金，包括一定的时间、资金或资源，来处理已知或潜在的威胁或机会。

2）积极风险或机会的应对方法

（1）开拓。如果组织希望确保机会得以实现，可就具有积极影响的风险采取该策略。该项策略的目标在于通过确保机会的实现，消除特定积极风险的不确定性。直接开拓方法包括为项目分配更多的有能力的资源，以便缩短完成时间或实现超过最初预期的高质量。

（2）分享。分享积极风险指将风险的责任分配给最能为项目利益获取机会的第三方，包括建立风险分享合作关系，或专门为机会管理目的形成团队、特殊目的项目公司或合作合资企业。

（3）提高。该方法旨在通过提高积极风险的概率或其积极影响，识别并最大程度发挥这些积极风险的驱动因素，致力于改变机会的"大小"。通过促进或增强机会的成因，积极强化其触发条件，提高机会发生的概率，也可着重针对影响驱动因素以提高项目机会。

（4）接受。接受机会是指当机会发生时乐以利用，但不主动追求。

3）应急应对方法

有些应对措施仅在发生特定事件时才使用。对于有些风险，如果认为可提供充足的预警，则项目团队可指定一项应对计划，旨在特定预定的条件下才实施。应确定并跟踪风险触发因素。

下面是一个风险应对计划的例子。

例 13-3　信息系统开发的风险应对计划矩阵

在某一软件项目开发时，项目团队想通过一个小范围的原型实验来降低项目系统死机的概率，同时还为系统改进提供有用的数据资料。在实验项目实施之前，开发小组制订了实施过程中的应对规划矩阵。预计可能的风险事件包括界面问题、系统死机、用户意见和设备异常，如表 13-8 所示。通过对风险的应对策略分析，决定界面问题、系统死机、用户意见均采用增加更多项目资源支持减轻的风险应对策略，而对于设备异常风险则采用替代供应商来转嫁风险。为了防止其中可能出现的非正常变化，例如在 24 小时内，即便增加工作人员也不能解决界面问题，则需要等待更高一级的部门支持。如果系统死机后的 1 小时内尚不能得到修复，那么就应该重新安装系统。在风险应对计划后还设立了风险应急启动线，但并不是项目中所有的风险都需要设立风险应急启动线来应对应急风险预警。

表 13-8　　　　　　　　　　　风险应对计划矩阵

风险事件	应对策略	应急计划	启动线	负责人
界面问题	减轻	等待支援	24小时	A
系统死机	减轻	重新安装	1小时	B
用户反对	减轻	增加人员	触动高管	C
设备异常	转嫁	定新品牌	更换后	D

13.6 项目风险监控

13.6.1 项目风险监控的含义和依据

1）项目风险监控的含义

项目风险监控就是通过对风险识别、分析、应对全过程的监视和控制，从而保证风险管理能达到预期的目标，它是项目实施过程中的一项重要工作。监控风险实际上是监视项目的进展和项目环境，即项目情况的变化。其目的是：核对风险管理策略和措施的实际效果是否与预见的相同；寻找机会改善和细化风险规避计划，获取反馈信息，以便将来的决策更符合实际。

在风险监控过程中，及时发现那些新出现的以及预先制订的策略或措施不见效或性质随着时间的推延而发生变化的风险，然后及时反馈，并根据对项目的影响程度，重新进行风险识别、分析和应对，同时还应对每一风险事件制订成败标准和判据。

2）项目风险监控的依据

（1）风险管理计划。风险管理计划提供的关键依据有项目风险管理分配人员、风险负责人、时间和其他资源等。问题记录、应对清单、危险警告和风险升级通知等，对计划的检测记录提供了项目绩效与风险的有关资料，通常用于检测与控制风险。

（2）风险登记册。风险登记册提供的关键依据包括识别的风险和风险负责人，商定的风险应对策略，具体的实施行动，风险征兆和警示信号，残余风险和二次风险，低优先级风险的"观察清单"，以及时间和费用应急储备。

（3）批准的变更请求。批准的变更可包括工作方法、合同条款、范围和进度，成本计划的修订。项目变更后，可能会引起新的风险和已识别风险的变化，需要对这些变化进行分析，评估其对风险记录手册、风险应对计划、风险管理计划的影响。同时，应该书面记录所有的变更，口头讨论但未形成书面记录的变更不应实施。变更批准后，通过规划程序反馈的变化情况、技术信息和规划文件等要根据变更需要进行更新，并适当地通知相关领域的参与者。

（4）工作绩效信息。工作绩效信息包括项目可交付成果的状态、纠正性措施和绩效数据，它们是风险监控过程的重要依据。

（5）绩效报告。绩效报告系统地提供了项目工作绩效信息、实现机制、管理参数及其计算过程，以及对项目绩效和状态进行分析的文件和其他资料，即绩效报告包括的一些图表和表格，如横道图、成本曲线、进度曲线和参数表。

13.6.2 项目风险监控的过程及主要内容

1）项目风险监控的主要过程
（1）实施风险管理计划及应对计划。
（2）对实施效果进行评估。
（3）如必要，对风险计划进行改进。
（4）跟踪易识别风险，确定风险影响保持在项目容许范围之内。
（5）识别是否有新的风险产生。
（6）对新识别的风险和残余风险进行评估并制订相应的应对策略。
（7）对风险监控情况进行报告并记录。

2）项目风险监控的主要内容
（1）纠正措施。纠正措施就是实施已计划了的风险应对措施（包括实施应急计划和附加应对计划）。
（2）效果评价。它是指评价项目风险实际结果和风险应对策略的实际效果，并记录在项目风险登记册中。这些记录可为组织的风险规划和未来项目的风险规划提供依据。
（3）随机应变措施。随机应变措施就是消除风险事件时所采取的未事先计划到的应对措施。这些措施应有效地进行记录，并融入项目的风险应对计划中。
（4）修改风险应对计划及项目管理计划。当预期的风险发生或未发生时，风险控制的实施消减或未消减风险的影响或概率时，必须重新对风险进行评估，对风险事件的概率和价值以及风险管理计划的其他方面做出修改，以保证重要风险得到恰当控制。实施应急计划也需对项目管理计划进行相应的更新。

13.6.3 项目风险监控的方法

进行项目风险监控时常用的方法有：

（1）审核检查法。审核检查法是一种传统的控制方法，该方法可用于项目的全过程，从项目建议书开始，直至项目结束。

项目建议书、项目产品或服务的技术规格要求、项目的招标文件、设计文件、实施计划和必要的试验等都需要审核，审核时要查出错误、疏漏、不准确、前后矛盾和不一致之处，审核还会发现以前其他人未注意的或未考虑到的问题。审核在项目进展到一定阶段时，以会议形式进行。

检查是在项目实施过程中进行，而不是在项目告一段落后时进行。检查是为了把各方面的反馈意见及时通知有关人员，一般以完成的工作成果为研究对象，包括项目的设计文件、实施计划、实验计划、正在施工的工程及运到现场的材料和设备等。检查不像审核那样正规，一般在项目的设计和实施阶段进行。

（2）监视单法。监视单是项目实施过程中需要管理工作者给予特别关注的关键区域的清单。这是一种简单明了又很容易编制的文件，内容可深可浅。浅则可只列出已辨识出的风险；深则可列出诸如下述内容：风险顺序、风险在监视单中已停留的时间、风险处理活动、各项风险处理活动的计划完成日期和实际完成日期、对任何差别的解释等。表13-9是某型驱逐舰开发项目的风险监视单。

表 13-9　　　　　　　　　　　　项目风险监视单示例

潜在风险区	风险降低活动	活动代码	预计完成日期	完成日期	备注
准确预测舰载设备经受的冲击环境	使用多重有限元代码和简化数字模型进行早期评估；对简单隔离的结构、简单隔离的舱室以及建议的隔离结构进行冲击试验以提高预测的置信度	SEA 03P31	1997.8.31 1998.8.31		
评价与以往设计不同的舰船系统的声学影响	对未经大尺寸试验或全尺寸试航验证的技术集中力量建立声学模型和缩尺试验 将利用隔离模块舱得出的声音信号减弱系统纳入系统要求。持续进行模拟试验以确认对隔离舱的预测值	SEA 03TC	1997.8.31 1997.8.31		

(3) 项目风险报告法。项目风险报告用于向决策者和项目组织成员传达风险信息，通报风险状况和风险处理活动的效果。风险报告的形式有多种，时间仓促可作非正式口头报告，里程碑审查则需提出正式摘要报告，报告内容的详细程度按接受报告人的需要确定。

(4) 偏差趋势分析法。很多控制过程都会借助偏差分析来比较计划结果与实际结果。为了监控时间风险，利用将实际上已完成项目工作的绩效信息和项目执行的趋势与计划的项目进行比较，确定项目在费用支出和时间进度方面是否符合原定计划的要求。可借助挣值分析（见本书工具篇第 16 章）以及项目偏差与趋势分析的其他方法，对项目总体绩效进行监控。这些分析的结果可以揭示项目在完成时可能偏离成本和进度目标的程度。与基准计划的偏差，可能表明威胁或机会的潜在影响。

复习思考题

1. 什么是风险管理？
2. 风险管理的过程可以分为哪几个步骤？各步骤之间的关系是什么？
3. 风险管理的分析方法有哪些？定型分析与定量分析有无绝对界限？
4. 简述进行风险管理的重要性。

第14章 利益相关者管理

近些年项目管理领域的实践和研究表明,项目管理活动的对象不应局限于项目的进度、成本、质量,还应该包括项目中的利益相关者。项目利益相关者是指能影响项目决策、活动或结果的个人、群体或组织,以及会受或自认为会受项目决策、活动或结果影响旳个人、群体或组织。例如项目实施团队的成员通过各自的工作和相互间的合作对项目产生影响,项目也会对团队成员带来收入和学习机会的影响。通常,利益相关者对项目的影响是主动的、起决定性作用的,因为他们自身的利益与项目息息相关。如果项目成果没有满足他们的需求和期望,他们往往会拒绝继续支持项目,或拒绝对未来的项目进行投入,这通常会决定项目的成败。因此,对各利益相关者进行恰当的管理,获得他们对项目的支持就变得非常重要。为了突出利益相关者管理在项目管理中的重要性,美国项目管理协会 PMI 在发布的 PMBOK5.0 版本中,首次把对利益相关者的管理从沟通管理中剥离出来,将其列为十大知识体系之一。利益相关者管理活动一般包括识别利益相关者、管理利益相关者参与以及控制利益相关者参与,本章重点介绍其中最重要的利益相关者识别和参与管理,同时列举三项管理利益相关者时项目管理者需要具备的重要通用技能。

14.1 利益相关者识别

第 5 版 PMBOK 对利益相关者的定义为:能影响项目决策、活动或结果的个人、群体或组织,以及会受或自认为会受项目决策、活动或结果影响旳个人、群体或组织。该定义体现出利益相关者的一些重要特点:

(1) 利益相关者可能是任何个人、群体或组织。该特点体现了利益相关者形态的多样性。在一个项目中任何形式的个人和群体都可能是潜在的利益相关者,项目管理人员需要将他们全部识别出来,并且不同形态的利益相关者需要通过不同的方法和手段去管理。

(2) 能够对项目施加影响。很多利益相关者对项目的决策和实施往往有直接的控制权和影响力,能够主动对项目施加一定的影响。因此,能否管理好影响项目的利益相关者,可能会影响项目的成败。

(3) 可能会受项目影响。在利益相关者的定义中,还包含了受到项目影响的个人或团体。这些人包含了主动参与项目的人,例如项目实施者,他们会从项目中受到未来工资、学习机会等项目带来的影响;也包含一些未参与到项目实施中,被动受到项目影响的人,例如建设项目中施工现场周围的居民,他们也是利益相关者中不可忽视的重要部分。项目的成败往往不一定会使他们获得收益,但是他们却能够对项目的成败起到重要影响。

(4) 自认为会受项目影响。自认为会受到项目影响的人员在第 5 版 PMBOK 中也被列为利益相关者,这个概念中的"自认为"是有现实意义的。如果人们认为自己是项目的利益相关者,那么他们可能会以利益相关者特有的方式采取行动,比如参加项目会议,针对文档提出反馈意见,试图改变项目的范围。一旦发生了这样的情况,项目管理人员就需要把他们当作利益相关者进行管理,否则会影响项目的实施。

在一般项目中,利益相关者通常可分为三大群体:项目团队成员、项目高层管理者和其他利益相关者。

14.1.1 项目团队成员

项目团队成员是项目的直接参与者、实施者,是项目过程中最积极的个人,他们通常与项目经理通力合作达成项目成果。他们的大量时间都用于项目设计和执行,并且对项目有强烈的归属感。相比其他利益相关者,项目经理往往会在项目团队身上投入更多的时间。虽然项目成员对项目十分重要,但项目成员并不都会自始至终待在一个项目中。有些项目团队成员会在项目启动之后才加入团队,有些项目团队成员在完成自己的任务之后先于项目结尾离开项目。项目团队成员的构成多样化,他们可能包含:

① 全职、兼职或临时的。
② 项目专职人员或从日常岗位借调的人员。
③ 其他项目的项目经理。
④ 某些领域的专家或通才。
⑤ 项目客户或发起人。

从以上成员构成可以看出项目团队包含了项目经理、积极参与管理的项目人员和其他支持人员。不同的项目团队成员对项目的承诺往往是不一样的。

一个优秀的项目团队应该包括以下特点:

① 强大的项目团队领导。
② 高涨的项目团队士气。
③ 高效的项目团队效率。

项目团队成员管理的目标,就是要建成满足上述要求的团队。在一般项目环境下,项目经理没有一支隶属于自己的项目团队。因此项目管理者除了使用必要的监督方法以外,还需要利用激励手段使项目团队可以持续地投入项目中去。

14.1.2 项目高层管理者

一个项目的高层管理者一般为可以发起项目、投资项目、终止项目的人,并且可以确定项目的结束时间。除了高层管理者,项目中再没有任何其他利益相关者对项目范围和可交付成果具有这么大权力。因此,项目管理者必须掌握一定的技能,用于管理高层管理者。

高层利益相关者群体

项目高层管理者包括以下几个群体:

(1) 客户。客户是指确立项目需求的个人或群体,其在项目启动时起关键性作用。在项目生命周期的第一个阶段——启动阶段,客户必须尽可能清晰明了地定义项目的目的和目标。在项目生命周期的规划、执行和监控阶段,客户必须确保项目朝着满足自身需求的方向发展。在收尾阶段,由客户来确定项目是否实现了既定目标。项目经理必须与客户保持密切联系,确保项目紧随客户需求。

（2）执行发起人。执行发起人是指主要负责项目监督的高层管理者，他们也是项目的倡导者和最重要的推动者。一个强大的执行发起人对项目的成功十分重要，某些项目可能有多个执行发起人。

（3）执行委员会。执行委员会由向项目团队提供指导的高管组成。每个受项目影响的主要群体或部门，在执行委员会中都应该有一个代表。一般而言，执行委员会由8~16人组成。如果多于16人，可以把执行委员会分为核心小组和支持小组。核心小组人数较少，定期召开会议。支持小组开会的频率相对较小。很重要的一点是，为紧跟组织战略，应该让核心小组和支持小组的所有成员随时了解项目的目标。

（4）其他高层管理者。其他高层管理者要通过排除法来定义。除客户、执行发起人或执行委员会成员外的人员，都可能是其他高层管理者。在项目早期可以识别出一些其他高层管理者，他们可能负责管理一个与项目相关，但预期不会对项目造成重大影响的群体。更多的高层管理者会随着项目进展逐步显现。

如果项目进入高层管理者所领导的群体或所负责的领域，那么这些高层管理者就可能成为执行委员会的成员。若项目的范围很大，以至于影响到整个组织，则应该根据项目状态，定期更新其他高层管理者。可以由执行发起人、执行委员会成员或项目经理来完成其他高层管理者的更新。

需要注意的是，各利益相关者群体可能交叉，例如，执行发起人也可以是执行委员会中的一员，客户和执行发起人可以是同一人。而且，高层管理者的身份与在项目中的地位处于动态变化中，在某一阶段地位重要的高管，下一阶段可能被归属于其他高层利益相关者中。因此，项目经理需要时刻关注和更新高层管理者的信息。

14.1.3 其他利益相关者

1）外部利益相关者

以上我们介绍的项目团队成员和高层利益相关者有一个共同特点，就是均来自项目内部。现实中，除了内部的利益相关者，还有来自项目之外，受到项目影响、能影响项目或对项目有决策权的外部利益相关者。他们包括：

① 供应商。
② 顾问。
③ 政府监督机构。
④ 工会。
⑤ 协会。
⑥ 非营利组织。
⑦ 公民行动团体。
⑧ 知名人士。

2）受变化影响的利益相关者

项目的一大特点就是不确定性比较强，一般变更在所难免。而项目一旦改变，可能会影响到一些个人或群体，他们也是项目利益相关者中的一个最大组成部分。他们包括：

① 最终用户。
② 经历工作变动的人。

③ 受项目影响的社区成员。

这些利益相关者总会在某个方面受到项目的影响。项目经理应该了解他们如何受到影响,并及时采取措施帮助他们应对这些影响。许多项目在完成时,虽然获得技术上的成功,但最终结果是失败的,例如,受变更影响的利益相关者拒绝采用新产品、新服务或新流程。因此,需要加强对这类利益相关者的管理。

3) 潜在的利益相关者

最后需要介绍一类特殊的利益相关者是项目潜在的利益相关者,顾名思义就是还未被项目经理或项目团队正式列为利益相关者的人。大部分的项目都存在潜在的利益相关者,虽然未被识别出来,却对项目有影响。对这类利益相关者的管理最重要的部分,就是将他们识别出来,只有识别出来才可以对他们进行分析和管理。但是,识别这些利益相关者往往对项目经理构成巨大挑战,这里具体介绍一些常用技术。

利益相关者对项目最直观的影响就是引起项目发生变更。如果变更引起的原因超出项目经理的预期,或对其一无所知,则很可能意味着存在潜在的利益相关者。项目经理应该深入探究造成变更或变化的原因,确认是否存在潜在的利益相关者。如果存在,应将他们补充在利益相关者清单中。

在项目实施过程也会发生实际与预期有偏差的情况,当调查原因却得不到满意答案时,可能是因为存在潜在利益相关者。同样,项目经理应当对这些情况进行深入研究。在项目执行的过程中,项目经理和项目团队应该时常检查是否有遗漏。在一般项目中,通常会有遗漏的利益相关者对项目起着作用,经常地自我检查有助于识别出那些潜在的利益相关者。

14.1.4 项目利益相关者分析

如果项目管理者按照上面的类别去识别利益相关者,会发现利益相关者名单越来越冗长。现实情况确是如此,尤其在一个规模大、周期长的项目中,利益相关者数量繁多、关系复杂。要做到管理全部的利益相关者,并且服从时间、人力等管理资源的限制,必须要对他们分析排序,确保在合理的时间用合理的方式对他们进行管理。因此,确定他们的类别并进行排序是识别工作最核心的环节。

1) 利益相关者分类

一个项目中的利益相关者的形态与需求各异,影响项目或受项目影响的行为和程度也都千差万别,对这些利益相关者的管理采用一致的方法和手段显然不合理。对利益相关者进行分类,有助于项目管理人员在管理利益相关者之前确定管理的方法和手段。

提前对利益相关者进行分类,也可以帮助项目管理人员进行接下来的利益相关者排序,确定他们的重要等级,并依此分配管理的时间。

对利益相关者分类,还可以明确每个利益相关者的关注点。了解一类人群的需求,可以更有针对性地与该类群体进行沟通,并且与同一类群体沟通的效率远高于"一对一"的交流。

分类的另一大好处,就是确定利益相关者关注点的相对重要性。不同类别的利益相关者的关注点往往是不同的,管理人员需要对这些关注点、观点和需求进行比较,以确定哪些问题在项目某特定阶段更具重要性,这样采取的管理措施才会更有效。通常,项目中更有话语权的利益相关者会得到管理人员的关注。但是,有时他们的关注点并不是项目的核心,这时就需要通过对利益相关者分类来解决这一问题。

分类标准。为了使读者更容易理解分类原则和标准,我们使用 PMBOK 定义的语言作为一种通用语言来描述对利益相关者衡量的不同维度。

(1) 权力。在 PMBOK 中对权力定义为个人的职权级别,需要注意的是这里的职权级别是就整个项目而言的。可能利益相关者所在单位职位不高,但是在项目中赋予较大的权力,那么就将其定义为高权力的利益相关者。但是,权力大不一定代表着一定能够对项目产生巨大的影响,权力与作用是有区别的。

(2) 作用。在 PMBOK 中对作用的定义是利益相关者改变项目计划和项目执行的能力,具有高作用的利益相关者一定能够推动项目向着他们所期望的方向发展。但是,作用大不代表绝对权力高。往往一些权力低的人员,例如主题专家,其意见或者行动会对项目产生巨大影响。因此,在对利益相关者分类时注意区分权力与作用。

(3) 利益。利益关系是指项目与利益相关者之间的利害关系,主要体现为利益相关者对项目成果的关注程度。利害关系突出的利益相关者,往往对项目更为关注;利害关系一般的相关者,会有比特定项目成果更重要的事情。

(4) 影响。PMBOK 对影响的定义为利益相关者主动参与项目的程度。高影响的利益相关者,意味着其会更频繁的参与项目的讨论、会议等;低影响的利益相关者,意味着其相对较少参与这些会议与讨论。

项目管理中有专门衡量利益相关者参与度的表格,该表格被称为利益相关者参与评估矩阵,如表 14-1 所示。该矩阵可以帮助项目管理人员确定利益相关者当前的参与程度,也可以显示他们期望的参与程度,用于比较现实与期望间的差距来进行利益相关者管理。项目管理者需要着重关注现实与期望相差较大的利益相关者,同时也不能放松对相一致的利益相关者的监控,因为各方的参与程度会随着环境的变化而变化。为了应对变化,该参与评估矩阵应保持动态,随着时间的推移而更新。

表 14-1　　　　　　　　　利益相关者参与评估矩阵

利益相关者姓名	不知晓	抵制	中立	支持	领导
甲		A		B	
乙				A	B
丙				AB	

注:A—当前参与度;B—期望参与度。

2) 利益相关者排序

分类之后进行的工作是利用分类维度对利益相关者进行排序。排序则可以确定利益相关者的优先级,项目管理人员可以按其优先级分配有限的管理资源。

项目中常用的排序方法是方格模型法。该方法将利益相关者的两种不同的测量维度组合成一个矩阵,来立体地刻画利益相关者,再结合矩阵的特点,分析处于矩阵不同位置的利益相关者的重要程度,排出优先等级,并为其制订专门的管理策略。如,利用权力和利益组成的矩阵进行分析。如图 14-1 所示

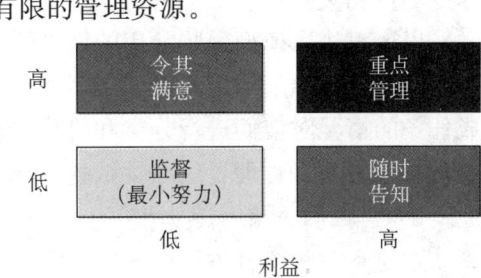

图 14-1　权力-利益矩阵

的结果。

该图是一个 2×2 矩阵，右上角的象限代表着具有高权力和高利益的利益相关者。这类利益相关者拥有高职权，对项目成果关注度高，项目管理人员应当对他们进行重点管理。

右下角象限的利益相关者有高利益，但是权职比较低。考虑到他们的情况，项目管理者应当及时告知此类人项目情况，但是不需要像对待高权职的利益相关者那样密切关注此类利益相关者，因为他们并没有太大的权力。

左上角的利益相关者情况比较特殊，他们具有高权力，但是不关心项目的成果。项目管理者需要谨慎地处理与这些人的关系，他们很容易就转变为右上角的这类利益相关者。因此，项目管理者只需使这些利益相关者保持满意的状态即可。

左下角的利益相关者既没有高权力也对项目成果不关心，项目经理就可以对这个象限的人员投入最少的时间。但是正如前面提到的，利益相关者管理是一个动态的、贯穿项目始终的活动，项目管理人员也不能完全忽视处于左下角象限的利益相关者，有时他们的权力和利益会因为身处环境的变化而发生改变。这就需要管理人员对他们进行必要的监控，随时保持沟通。

除了权力-利益方格，还有其他的方格用来作为排序的方法，如图 14-2 所示的权力-影响力矩阵和图 14-3 所示的权力-知识矩阵。

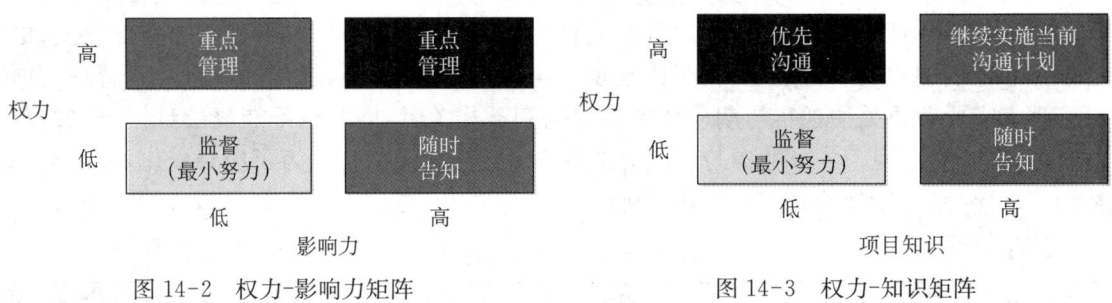

图 14-2　权力-影响力矩阵　　　　　图 14-3　权力-知识矩阵

需要注意的是，并不是在所有方格矩阵中处于最高水平的方格都值得管理人员倾注最大的心血。如在图 14-3 权力-知识方格中，右上角象限中的项目利益相关者，虽然权力高、知识丰富，但是项目管理者只需要告知他们管理计划即可得到他们的理解；反而是权力高、知识水平有限的利益相关者（左上角）需要项目管理者花费更多时间与他们沟通，得到他们对项目的支持，避免出现干扰项目顺利进行的问题。除此之外，管理者对任何利益相关者都不能置之不理，即使他们暂时的影响微不足道。以最小的努力去监督最小的利益相关者群体是利益相关者管理最基本的工作，也是项目成功的保障。

以上对排序模型一些常用的属性矩阵进行了介绍，特定的项目还可根据项目需要采用一些特别的属性来构建利益相关者属性矩阵。例如，项目团队可以按照利益相关者按时完成任务的情况对他们进行分类和排序，并关注那些承担关键任务且按时完成工作能力较差的利益相关者。管理者应当尝试各种分类和排序方法，以便找到最适合本项目的方法。

3）利益相关者信息归档

在对利益相关者进行排序之后需要将分类、排序等信息汇总成文件，用来指导未来的管理工作，该文件通常称为利益相关者登记册。它是用于追踪利益相关者的核心文件，其部分核心内容如表14-2所示。利益相关者参与评估矩阵可以作为该文件的输入。权力、利益、影响、作用和知识栏可用高、中、低来表明相应等级，排序时可以按照属性矩阵或者分类信息中的结果进行等级划分。

表 14-2　　　　　　　　　　　　　利益相关者登记册

序号	联系信息							分类						排序	项目角色			状态
	姓名	职位	所在地	通信地址	电话号码1	电话号码2	电子邮箱	权力	影响力	利益	作用	知识			群体	项目阶段	项目任务	支持/中立/抵制
1																		
2																		
3																		
4																		
5																		
6																		
7																		
8																		
9																		
10																		
11																		
12																		

14.2 利益相关者参与管理

利益相关者参与管理，即对利益相关者参与项目进行管理，是指整个项目生命周期中，与利益相关者进行沟通和协作，以满足其需要与期望，解决实际出现的问题，并促进他们合理参与项目活动的过程。该过程的主要作用是，帮助项目管理者获取利益相关者的支持，并降低或避免利益相关者的抵制作用，从而显著提高项目成功的机会。利益相关者参与管理是利益相关者管理活动的核心环节之一，要求项目管理者与利益相关者进行实际接触。项目管理者需要区别对待不同的利益相关者群体，在不同环境下需要使用不同的方法和手段。

14.2.1 现实环境中利益相关者参与管理

1）现实环境中项目团队管理

（1）团队启动阶段。项目管理者对团队的管理始于团队选择阶段。该阶段，项目经理应挑选或邀请在项目上能够投入充足时间的团队成员，这些成员为项目全力工作而不必为其他运营或项目工作分心。因为即便某些成员是最适合项目的，但没有时间用在项目上，那也就毫无意义了。

对于一些较大的项目，至少应有一些全职的资源。某些情况下，组织指派成员参与项目团队,却丝毫不减少这些人原有的日常工作,这会导致严重的资源约束。即便是最积极主动的人,在协调全职日常工作和项目工作时,也会遇到非常大的困难。

为了保证项目成员能够保持对项目的认同感,项目经理也要在挑选时告知其成员当前项目的目标、工作范围、其他成员情况,向其解释必要性,这些做法有利于提高团队成员的投入度,增加他们对项目的自信心和增进相互间的关系,便于未来的合作与沟通。

挑选好项目团队成员之后,项目团队正式启动,启动是确立项目团队成员关系的重要阶段。良好的团队成员关系是项目成功的一个重要方面,可以使成员间相互忠诚,努力工作避免让对方失望,并且加深相互间信任,这对提高团队士气和效率具有极大作用。项目管理者可以在团队形成之初开展有效的破冰活动,通过这些活动保证成员相互真诚,激发成员参与的积极性。

(2) 项目实施阶段。成功发起团队之后,项目经理需要保持团队成员积极参与项目的积极性。项目之初,成员往往热情最高涨,但随着项目进行,人们的兴奋和热情逐渐减退,这需要项目管理者在合适的时机为项目团队注入一剂强心剂。比如举办一次聚餐,开展一场有趣的活动,这些活动的重点在于激发团队成员对团队的认同感。

(3) 项目收尾阶段。在项目收尾阶段,项目管理者应准备庆祝活动,如颁奖、发放礼品等活动。这些活动可能对当前已完结项目没有作用,却是团队建设中重要的一个环节,有利于公司未来项目的成功。

以上所述内容适用于项目的核心团队,因项目团队还往往包含非核心团队。项目通常是跨职能的,要求来自不同组织和职能部门的成员协同工作,只要是执行相关工作的个人都是项目的团队成员。但是,项目团队中有些成员深入参与项目,时常见面并交流项目情况,这些人属于团队核心成员。还有一部分成员不会经常见面,只参与某一个项目或任务,可以被认为是外围团队,项目经理对待外围团队成员只要保证适当参与即可。将团队分为核心和外围,是为防止核心团队太过庞大而难以管理,也有助于项目经理关系团队成员。

2) 高层利益相关者管理

对高层管理者进行管理时,需要抓住几个重点。

(1) 高层管理者对项目的关注点通常与项目经理不同。项目经理会对项目的细节进行监督和管理,高层管理者只关心项目是否会按进度、预算完成。项目经理会关心项目的挣得值大小,工作分解结构是否合理;高层管理者更关心项目成果能否为组织带来利益,而且一般高层管理者没有项目管理的专业背景。当关注点是战略计划、组织目标、客户期限和预算的时候,项目经理就要学着将项目语言转化为高管语言。换言之,就是项目经理站在高层管理者的角度将项目各项工作翻译成通俗易懂的语言,让高层管理者清晰的明白一件工作或事件是如何对项目起作用的,现在存在的问题有哪些,以及需要高管什么样的支持。

(2) 项目经理在与高层管理者一起工作或汇报时尽量言简意赅,直截了当,在尽量短的时间内表明问题以及提出需要的帮助。高管们通常都喜欢言简意赅、直奔主题的沟通,因为大多数情况下,他们不需要了解项目的每个细节。

项目经理还需要主动识别问题,积极向高层管理者寻求帮助。高层管理者通常愿意了解项目的状况,但他们只有等到项目经理汇报时,才会切实了解项目的执行情况。因此,项目经理需要主动向高层管理者汇报工作。一份高层级的项目状况汇报有助于高层管理者了解项目进展,也帮助项目经理了解高层管理者对项目发展的满意度和建议,发现项目发展方向是否偏离要求。尽早预警可以保证有更多的应对时间,提高项目成功的可能性。但要防止所有问题都向高层管理者求助的行为,项目经理应该事先确定事情的轻重缓急,将最紧要的事情向高层汇报。

(3) 与高层管理者建立良好的关系也是管理这类利益相关者的一项重要手段。良好的关系可以帮助项目经理获得来自高层管理者的支持,便于问题的解决,并且吸引更多的高层管理者进入项目,可以带来更多知识、能力上的帮助。项目经理可以在项目中尝试建立一个由高层管理者组成的广泛联盟,以便在有需要的时候给项目提供必要的帮助。但是,在与高层管理者建立关系的同时,需要注意分清哪些人对项目的成功起重大作用,哪些人进入项目反而可能弊大于利。

对高层管理者最有效的管理手段是沟通。项目经理与高层管理者沟通的过程中,除了汇报项目情况,还需要了解高层管理者的需求与期望,包括高层管理者在项目中最看重的地方、汇报的频率、对项目团队的要求等内容。项目经理应将自己视为高层管理者管理活动的掌舵者,监控并协调高层管理者个人期望与高层管理者之间的关系,迅速应对各类对项目不利的情况。

3) 其他利益相关者管理

(1) 外部利益相关者。在管理外部利益相关者时,有许多方法同管理内部利益相关者相同,但是也存在差别。外部利益相关者通常通过合同与项目连接,一份详细的合同内容可以包括利益相关者参与项目的时长,因参与项目而得到的补偿以及具体负责的可交付成果。合同是项目经理与外部利益相关者必须遵循的书面协议,是促使双方达成共识的有效工具,因此项目经理应正确地利用合同对外部利益相关者进行管理。

当合同不足以管理好外部利益相关者时,还需要项目经理与这些利益相关者建立良好的关系。任何项目都可能出现合同没涵盖的事件,这时良好的关系可以帮助项目经理与外部利益相关者共渡难关。此外,良好的工作关系也是相互支持、解决分歧以及管理其他各类人际问题的必要条件。

在外部利益相关者进入项目之初,项目经理需要尽早告知他们相应的工作目标,明确他们的职责和角色定位,避免出现角色与职责定位不清的情况,以及后期出现难以协调和管理的冲突和矛盾。项目经理还应该把内部利益相关者与外部利益相关者的需求区分开,如果双方要求发生冲突,外部利益相关者会面临较大的压力,或许会表现欠缺。项目经理应尽早分析内部与外部利益相关者的目标和利益是否存在冲突,并采取措施进行干预和协调。

(2) 受变更影响的利益相关者。管理受变更影响的利益相关者通常在变更发生时,经理应该及时向利益相关者事先告知项目的重要性以及变更带来的影响,使他们可以及时了解项目的情况,这一举动通常会获取他们对项目的理解和进一步的支持。项目管理者还需要建立常见问题解答文件,方便及时应对这类利益相关者的问题,提高解决问题的效率。此外,保持真诚与可靠也是管理这类利益相关者的有效方法,获取他们对项目的看法也有助于项目经理对这类利益相关者管理采取进一步的措施。

14.2.2 虚拟环境中利益相关者参与管理

如今组织趋于全球化,移动技术逐渐普及,越来越多的人选择远程办公,所有这些力量都在推动着虚拟项目团队的诞生。在虚拟团队中,项目的利益相关者可能处于不同的地区、国家和时区,这些新的变化在为项目经理管理利益相关者带来挑战的同时也带来了变革。

(1)管理虚拟团队的挑战及应对策略。虚拟团队会使沟通不稳定性增加。图14-4表示项目中沟通渠道的稳健性程度。

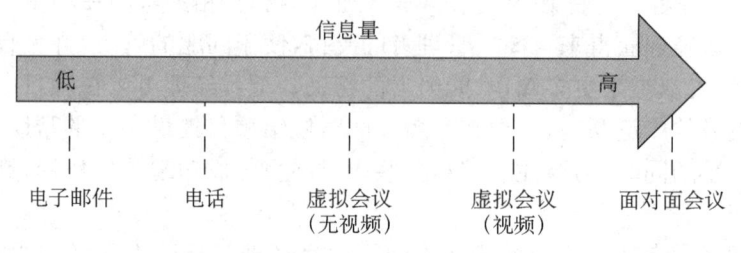

图14-4 沟通渠道信息量

从图14-4中可以看到,面对面会议是最稳健、效果最好的沟通渠道,项目经理应在项目中尽量采取这种方式与利益相关者进行沟通。但是,在虚拟团队中面对面沟通最难以实现,项目经理只能选择稳健性较差的会议方式,例如视频、语音、电话等。然而,这些虚拟的会议技术存在很多问题,首先电话和语音技术无法使项目团队成员之间获取非口头的语言信息,诸如表情、肢体语言等;邮件则只能让团队里的利益相关者获得文字和视觉上的信息,这会损失很多重要信息,沟通的效果和效率非常差。

这就需要项目经理抓住一切利益相关者可以见面的机会,例如在非正式场合下举办一些简短会议。如果没有见面的机会,则尽量多地使用视频等稳健的沟通手段。

虚拟沟通还会遇到一些技术风险,例如,出现某些利益相关者所在地无法建立互联网,或互联网连接中断等问题。项目经理为应对这些问题必须事先分析可能遇到的状况,并为此准备一些替换方案。

虚拟团队如果分散在全世界,还存在时区问题。项目经理通常会很难找到适合所有利益相关者的时间。项目经理应该选择人数最多的时区作为开会时间确定的依据,还可以采取轮换会议时间,每次会议时间都会分别照顾不同地区的利益相关者。

虚拟团队还可能存在文化差异的问题。文化差异会使利益相关者之间沟通存在误解或不理解,有时会在关键方面阻碍团队的合作。项目经理应该认真了解这部分差异,可以通过建立一种规范的语言来消除差异对沟通的影响。

(2)虚拟团队管理的变革。尽管在虚拟团队中存在着一些难以预测的挑战,但是虚拟环境中的合作也为项目带来了许多新的变革。

首先,虚拟团队可以让之前无法在一起合作的利益相关者一起工作,这就为项目分析提供了多种视角。随着利益相关者中文化层次等方面的增加,项目的知识和经验的广度和多样性也在增加,项目经理应该把这些不同的经验整合成优势。

其次,在挑战中提到的时区问题。换个角度思考,我们发现多时区可以实现项目24小时不间断进行。一个时区的项目成员可以将工作传递给下一个时区的成员,这样有助于迅速完成项目。

再次,利用虚拟工具也可以实现在面对面会议中无法实现的事情。例如在会议中,与会者可以就正在讨论的问题通过发送电子讯息的方式与其他利益相关者进行沟通交流,而不用担心打扰正在演讲或讨论的其他利益相关者。这种即时性的沟通,消除了以往会议拖沓时一人讲而无关人员仍要听的枯燥局面,充分利用与会者参与会议的时间,提高开会效率和效果。需要注意的是，项目经理需要对这种私下沟通进行一定管理，以免出现开小差或交流与会议无关内容的情况。

最后，虚拟工具还有一个好处就是可以对会议进行录制，帮助未出席的利益相关者了解会议内容。与会的利益相关者也可以回放会议内容，寻找自己遗漏的信息。在当今繁忙的工作环境中，这是一个非常有用的工具。

14.2.3 利益相关者参与管理中的沟通

无论对现实环境中的利益相关者还是虚拟环境中的利益相关者进行参与管理都离不开沟通，沟通是利益相关者管理中最重要且最有效的管理手段。本书第12章对沟通方式的分类进行了介绍，本节重点介绍在利益相关者参与管理中如何恰当地使用一些沟通方式，达到管理利益相关者的目的。

表14-3介绍了四种利益相关者参与管理中常见的沟通方式。

表14-3 四种常见沟通方式

方式	优点	缺点	使用建议
口头沟通	信息传递速度快； 允许两个或两个以上的当事人实时交换信息，且任何一方都可以提出想法和意见，另一方可据此做出回应； 适合项目经理和利益相关者讨论敏感或难以理解的项目情况； 用词句构建画面，讲述故事可以吸引利益相关者	沟通双方必须在同一时间进行面对面交流，有时在项目中这很难实现； 口头语言通常实时进行，没有给项目经理留出思考一些复杂问题的准备时间； 口头沟通也会产生一定的误解，比如项目经理使用了一个利益相关者不理解的抽象的词语或者专业术语。 有时也会因为文化差异，使双方对口头沟通的内容产生误解	用词句构建画面，讲述故事是口头沟通中一种十分有效的方式，可以起到吸引利益相关者的作用。 项目经理可以在口头沟通时，借助数据来创建更为生动的意象。 在沟通的时候应选择简单、易于理解的语言，避免使用一些专业术语、缩略词等语言
书面沟通	形式可见； 可以长期保存； 必要时充当法律依据； 可以延迟交流，不受时间空间的限制； 一些图表更有助于沟通者对信息的理解，相比抽象的语言更加直观	要求书写者具备较强的写作能力； 阅读者也需要一定的知识水平的要求； 有时因为文书的编写和解释增加沟通的成本	项目经理可以在完成书面资料后请利益相关方过目，获取他们对此的反馈信息，持续改进
非语言沟通	丰富语言沟通的效果，为其附加上情感； 避免口头语言或书面语言受到误解	文化差异会对此类沟通造成阻碍	这就需要项目经理在与利益相关者沟通时谨慎使用
动觉沟通	通过引导沟通者在实践中自我学习，加深对事件的了解	有些情况或事件难以采用模拟的方式进行演示	通过模型演示，让利益相关方参与到问题解决中，了解问题的进展与关键点，以此获取他们的理解和支持

需要注意一点，信息沟通不畅一直是很多项目失败的原因，保证信息通畅的方式之一就是增加沟通的渠道和方式。因为不同的沟通方法之间可以相互补充，例如在查阅文件时，进行适当的口头讲解可以促进阅读者的理解。因此，项目经理在与利益相关者进行沟通时，应

全面地使用各种沟通方式。即使现实可能要求项目经理不得不主要采取某种沟通方式,但项目经理也要努力寻求更多种的渠道进行沟通。

除此之外,项目经理在沟通时还要注意重复沟通重要的信息。沟通的目标就是使思想和观点进行清晰、完整地被他人理解,重复有助于加深利益相关方对事情的理解。

沟通也是一个双向的渠道,项目经理在加强与利益相关者沟通的同时也要引导利益相关者与自己的沟通。无论遇到任何疑问,项目经理都可以要求利益相关者对事件进行澄清,确保各方对事情有相同的理解。

14.3 利益相关者管理技能

利益相关者管理活动本质上是项目经理与利益相关者交际的活动。项目经理管理利益相关者的最终目的是获得重要利益相关者的支持,或者消除他们对项目的抵抗。因此,为实现管理目标,项目经理除了需要掌握一些管理方法外,还需要具备较强的人际能力。项目经理在管理利益相关者通常需要具备三项重要的人际能力,分别是领导力、认同和谈判。

14.3.1 领导力

领导力是激励下属愿意跟随其上级完成某种目标的能力。领导力不同于权力,领导力的影响是自愿的跟随,而权力的影响是服从。根据项目情况,项目经理要凭借自身领导力对项目利益相关者、范围、预算及进度等进行管理与控制,并为组织中的其他成员提供指导。

但是,项目经理对团队成员的领导非常困难。研究表明,大多数项目经理都不是其直接下属的利益相关者,项目团队成员更可能与项目团队以外的经理或主管有正式的报告关系,这些外部经理或主管控制着项目团队成员的正式绩效考评、工作安排及薪酬调整等。项目经理仅对团队成员与项目相关的活动进行指导,可能对团队成员的正式绩效考核提供意见,但没有最终的决定权。这也是项目经理难以使团队服从,需要具备领导力的原因。

项目经理进行领导的另一个难点在于领导力的动态性,项目经理的角色会随着项目环境变化而变化。有时项目经理会成为某个关键决定或行动的领导,需要展现足够的领导力推动项目。但过了某些阶段会退而居其次,跟随他人的领导。领导艺术的一部分,就是知道何时该领导、何时该跟随。

根据以上对领导力的描述可以看出,具有领导力的项目经理意味着能够在不同情境下管理各类项目利益相关者。领导力的发挥一般包括以下三个步骤。

1)了解

由于没有哪一种方法适用于领导所有利益相关者,因此项目经理需要具备敏锐的意识来根据项目环境调整自己的方法。这些意识包括:自我意识、他人意识和情景意识。

自我意识是指认识自我独特的个人风格,它可以帮助项目经理更好地了解自己的个性、习惯和态度。正是这些方面决定了项目经理的个人风格和领导行为,最好的领导者都对自己的本质有清醒的认识。对自我的认识是一个动态的过程,因为外界和内在的条件变化会引起一些个人属性的变化。因此,项目经理应在职业生涯中不断提升和修正自我意识。

他人意识指了解他人，项目经理必须对项目利益相关者有足够的了解。利益相关者之间各有差异，具有不同的背景、经验和知识，项目经理的领导风格也要依据个体差异有所不同。比如，同一信息在不同文化背景中可能有不同含义，因此详尽的讨论和认真的调查有助于准确而全面地了解利益相关者的态度。

情景意识是指自我意识与他人意识以外的所有意识，任何可以影响项目的事件都是情景的一部分。项目经理必须经常审视会对项目成果造成影响的新的环境因素，并且依据对环境因素评价，制订紧急计划，这样才可以做到临危不乱。

2）调整

在充分了解了自我、利益相关者和项目环境之后，就需要按照现实条件调整领导的方式。研究显示，如果项目经理不进行适应性调整，项目的成功性会降低，领导力也会降低。决定领导方式的主要影响因素，是时间和能力。

领导模式要考虑的第一个因素就是时间。在这里，时间是指必须采取行动之前剩余的时间。如图14-5所示，时间越紧急，越没有时间用于讨论，所以领导者的形式风格越偏向指令。如果时间充裕，则可以尽可能地邀请相关的利益相关者对事件或问题进行充分的讨论。

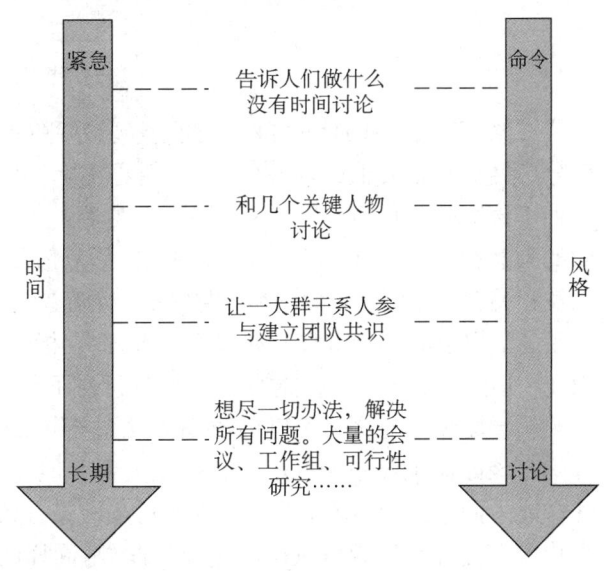

图14-5　时间与领导力风格

要考虑的第二个因素是利益相关者或群体的能力或经验。对于经验欠缺的利益相关者，他们需要以任务为导向的领导风格，也就是具体告诉他们要做什么工作以及怎样做。对于经验丰富的利益相关者，他们喜欢不受约束地工作，这时项目经理应该给予他们充分的自由度，只需要告诉他们工作目标即可。能力与领导力风格的关系如图14-6所示。

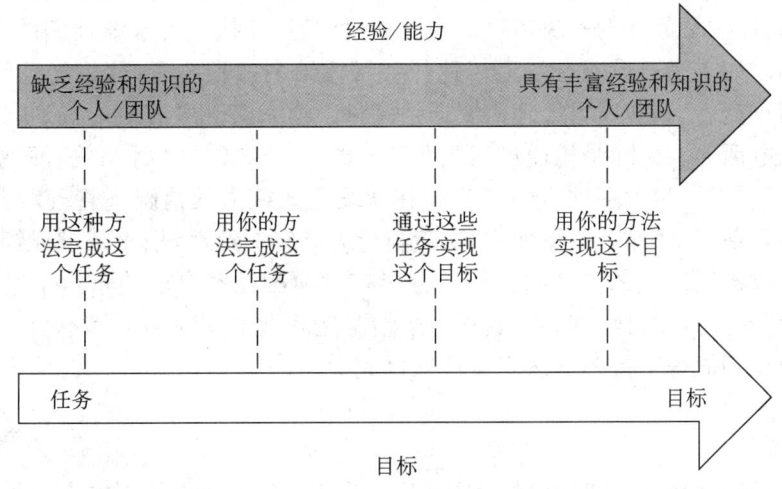

图14-6　能力与领导力风格

在现实中往往两个维度都要兼顾,这时项目经理可以使用领导力矩阵帮助他们确定自己的领导风格。领导力矩阵见图 14-7。

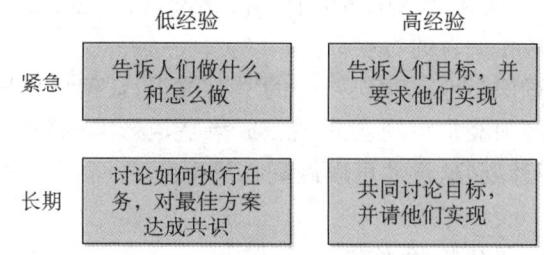

图 14-7 领导力矩阵

在该矩阵中,横轴是时间,纵轴是经验水平(能力)。尽管横轴和纵轴都被简单地分为两部分(紧急、长期和低经验、高经验),但是实际环境中这两个坐标轴是连续的,利益相关者可能处于该矩阵的任意位置。以图 14-6 为例进行分析。在左上单元格中,项目经理与没有经验的利益相关者一起工作,如上文所述,紧急情况需要使用指令式领导风格。对经验不足的利益相关者应使用任务导向型领导风格,将两者结合就得到任务指令。同理,右上单元格代表在紧急情况下的经验丰富的利益相关者,适合指令式领导风格与目标导向型领导风格相结合,因此在矩阵中显示为目标指令。依次分析左下单元格为任务探讨,右下单元格为目标探讨。

领导力模型对项目经理的决策方法进行了简化,项目经理可以通过快速浏览领导力矩阵确定该如何领导一个特定的利益相关者。但该模型不是一成不变的,在该模型中,除了时间和能力两个主要因素,还有其他与利益相关者相关的因素,例如身体状况、心理状态等,会影响项目经理对领导力风格的选择。此外,同样的利益相关者可能在不同的环境下,相对经验会发生变化,因此对每一个事件,项目经理都需要利用领导力矩阵重新进行评估。

3) 行动

在项目经理对所有要素都了解,并通过合理分析确定领导风格之后,下一步就需要采取行动实现领导。良好的行动需要项目经理满足四个要求,全身心的决策、清晰的沟通、交际与坚持。

全身心决策要求项目经理整合来自全身器官的信息,包括思考、观察、直觉等,制订出决策,这样的决策往往是最好的。决策过后需要通过沟通,使执行者了解他们的工作和目标来实现项目成功。如果沟通没能有效地传达任务目标给利益相关者,项目经理的决策和先前的努力都付诸东流。因此,项目经理需要通过多种渠道来实现最有效的沟通,例如面对面会议、虚拟会议、电话等。交际是指通过积极和包容的方式来领导利益相关者的能力。交际对项目经理非常重要,因为大多项目经理必须在缺乏正式权力的情况下管理利益相关者。交际型领导一般具备三个特点:尊重他人,决策与行为具有一致性,乐于征求反馈意见。最后,领导者需要孜孜不倦地追求自己的目标。可能有时项目经理追求的东西是错误的,因此在决定是否继续坚持时,项目经理必须要先了解情况然后做出调整。项目不会一帆风顺,所有项目经理都应找到值得坚持的方法来实现项目成功。

14.3.2 认同

大多数项目经理缺乏正式的职权,因此无法通过命令或控制的方式来获得认同。但是,项目经理要时常为其想法和决策寻求支持,这就需要项目经理采取一定的方法来实现该目的。获得支持不是一次性的工作,而是一个动态的持续不断的过程。见图14-8。

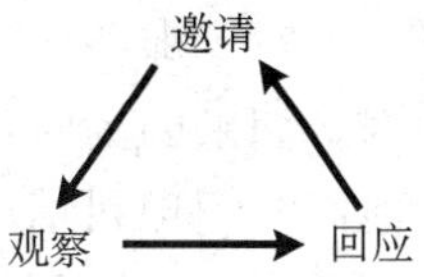

图 14-8 认同过程

1）邀请利益相关者加入

在寻求利益相关者支持与认同过程中,最早使用也是最有效的方法就是邀请他们加入项目,让人们参与项目可以增强他们主人翁的意识。人们往往倾向于喜欢自己的想法,让利益相关者参与项目,将他们的想法注入项目中会使他们更支持项目。除此之外,共同筹划也比单独筹划更能产生强大的思想。各利益相关者具有独特的视角、文化背景和经验等,这些差异可以拓展出更为强大的项目解决方案。但是,项目包含过多的利益相关者也会带来相应的风险,比如沟通渠道的增多和管理工作的复杂性。为避免过多的利益相关者对项目的困扰,项目经理应该合理安排每位利益相关者在特定阶段特定环境下参与项目。

邀请哪些利益相关者参与项目是一个关键问题。原则上,应尽量广泛而全面地邀请各种相关人员来充当项目利益相关者。包括：

（1）为项目制订目标和要求的决策者；

（2）在项目领域具有较高知识水平的专家；

（3）每个群体或组织中具有影响力的个人；

（4）非常了解项目的人。

确认需要邀请的利益相关者之后,就可以邀请他们参与项目中。参与项目的方式一般包含以下四种：

（1）在获得对利益相关者支持之前、期间和之后,对他们进行访谈,这是获取他们支持的一种良好的方式；

（2）回访利益相关者,让他们了解项目的最新动向,并寻求他们新的反馈意见；

（3）把项目中的一些工作授权给部分利益相关者来做,让他们承担起一部分责任；

（4）邀请利益相关者对关键事件进行事先讨论,并征求他们的意见。

2）观察利益相关者

将利益相关者包罗到项目中之后,就需要观察每位利益相关者对项目目标的支持程度。如本章第一节所讲,项目经理不可能将时间平等分配给每位利益相关者,应该将大多时间留给支持项目的重要利益相关者。关于对利益相关者重要程度的排序详见本章第二节。在这里本书简要介绍如何通过观察法判断利益相关者的态度。

观察法的对象通常是口头语言（对话）和非口头语言（面部表情、肢体语言等）。项目经理可以通过面对面观察利益相关者的语言和行为来对他们当前的态度和想法进行初步的判断,例如在对话时交叉双臂可能意味着抵制,神情不定、来回踱步是紧张的表现。可见观察法是最直接的判断方法。

3）回应利益相关者

基于对利益相关者的观察,项目经理需要对支持度不同的利益相关者采取相应的对策。对待支持项目目标的利益相关者,项目经理应努力将其保持在自己的支持圈内。该过程是动态的,因为人们会经常改变想法,项目经理需要持续关注自己的支持者,了解他们的意愿程度是否有变化,并不停吸纳更多的支持者,扩大自己的支持圈。

对于那些保持中立、既不支持项目也不反对的利益相关者，首先了解他们保持中立的原因。如果因为对项目不了解，项目经理可以通过改变沟通渠道，或与他们单独会面的方式向他们介绍项目情况，赢得他们对项目的支持；如果利益相关者了解项目但未做决定，项目经理需要首先识别他们做出迟疑行动的原因，如他们需要更深入的证据来证明可行性，或者担心未来自己的地位、收益，接下来项目经理就可以有针对性地满足需求或解决其问题，以获取他们的支持。

最后，对于抵制项目的利益相关者，项目经理首先要与他们进行沟通。在一些情况下，利益相关者之所以抵制是因为对项目的某些方面有合理的不同意见，可能他们的意见是正确的。因此，项目经理最初应积极对待这些利益相关者。项目经理可以亲自与他们见面，仔细倾听他们的说话内容，可能通过坦诚的交流之后，抵制者就会转变为支持者。

下面将列举四个用于克服抵制的技巧：

（1）项目经理可以通过询问利益相关者几个问题，找出抵制的原因，并对这些问题有针对性地进行解释或提出解决问题的方法。

（2）如果找出了抵制的原因，但仍然没有解决抵制状态，可以考虑评估利益相关者抵制的原因，并按照感性、理性和政治进行分类。处于感性的原因，往往需要项目经理在情感上采取措施来消除原来的抵触情绪；如果是理性造成的原因，两方可以通过一次开诚布公的探讨来解决问题；如果是政治造成的抵制，通常利益相关者对项目并无异议，也不带有感情色彩，但是问题主要产生于对地位和权力等的需求，项目经理这时应该借助高层管理者的力量来解决这类事情。

（3）如果以上技巧都不起作用，项目经理可以考虑暂时搁置问题，一般这类问题双方都需要时间来消化和分析。在大家都手足无措、信息不完善的情况下，盲目推进反而适得其反。

（4）谈判也是解决抵制的重要方法。谈判是一个双向通道，两方为达成一致，都需要做出一定的让步。下一节将会详细介绍在管理利益相关者时应该如何进行谈判。

14.3.3　谈判

项目经理经常需要就项目资源、项目范围、预算分配以及与项目相关的其他事项与利益相关者进行谈判。同时，项目总处于变化中，变化有时会引发争议，这些争议也需要项目经理通过谈判进行解决，因此谈判过程贯穿项目生命周期始终。与项目利益相关者进行谈判时，项目经理要掌握一定的技能，这样会使谈判结果朝着希望的方向发展。以下将列举八项重要的谈判技巧。

（1）将高压政策转变为谈判。在项目执行过程中，项目经理经常遇到有权势的利益相关者将自己的意愿强加给项目经理或整个项目，这就是所谓的高压政策。在高压政策中，项目经理处于弱势，不能仅依赖自己的权力来对抗高压政策。如果项目经理能够针对这些政策与权势利益相关者进行谈判，往往可以达到更好的结果。

将高压政策转变为谈判的主要手段，是帮助利益相关者了解政策后果。很多有权势的利益相关者往往对项目的具体情况不够了解，不清楚他们的想法或政策会给项目带来多大的影响。这时，项目经理可以借助开放式的问题引导利益相关者就有争议的观点做出更深层次的思考。项目经理也可以直接说明高压政策对项目带来的具体影响，让这些利益相关者综合考虑后再做决定。如果转变失败,项目经理可以选择直言拒绝高压政策,并提供相应的解释,同时提出可供选择的方案,将自己转变为问题解决者。

(2)谈判准备。谈判准备可分为三个阶段,分别是谈判前、谈判中、谈判后。

谈判前做功课是谈判成功的关键,项目经理应该思考谈判的对象是谁、哪些利益相关者最可能影响谈判结果、目的是什么、谈判时间有多少以及应该使用何种谈判风格等。谈判前做好准备,可以降低项目经理应对利益相关者提出要求时的匆忙与狼狈。

谈判中准备是指,在谈判过程中谈判对象会提出新要求,项目经理需要在谈判的间歇期研究谈判资料,以应对谈判中的突发情况。

谈判后的准备意味着当前谈判的结束,但却是双方合作的开始。未来还可能会有更多的谈判需要进行,因此项目经理要总结每次谈判的成果和经验,为接下来的谈判做准备。

(3)关注其他利益相关者的态度。在谈判的时候,最好留意利益相关者对本次谈判的态度,具备这种敏锐的意识有助于项目经理更好地了解当前的形势。通常实现留意的方法就是观察,观察其他利益相关者对待这件事情的口头语言与非口头语言(表情、肢体动作等)。

(4)区别关系与观点。人们往往认为与自己关系好的伙伴一定会支持自己,然而在项目中情况可能截然相反。如果项目经理将朋友与支持者混淆起来,会严重影响他们的判断力。谈判中每个人都有自己的立场,优秀的谈判者应该尊重谈判双方的立场,不应让个人看法影响立场判断。

(5)清晰地传达项目需求。谈判中有些项目经理会倾向隐瞒大部分细节,这一行为是错误的。开诚布公的沟通可以有助于双方对项目有深入准确的了解,基于此,双方才能够为项目真正的需求提供帮助。

(6)准备替代方案。谈判有时是不完美的,双方始终无法就协议达成一致的情况一旦发生,就需要项目经理立刻启动替代方案。有时通过对比原方案与替代方案,会帮助谈判双方寻找到一个谈判的平衡点。

(7)在多边谈判中协调利益。谈判可以根据参与对象的数量分为单边谈判和多边谈判。对项目经理来说,单边谈判只要求他们了解一方的观点和立场即可,谈判复杂性较低。多边谈判意味着不止两个利益相关者参与谈判,这时就需要对每个利益相关者的需求进行分析,协调他们间的利益。对项目经理来说,在多边谈判中应寻找与自己有共同利益的人,并与他们结成联盟。联盟的力量强大,往往可以迫使较弱小的利益相关者向其屈服。但是联盟的维系需要项目经理付出巨大的精力,联盟内部也会有一定的斗争,如果重要的利益相关者离开联盟或环境发生变化,联盟也会改变甚至瓦解。

(8)适时终止谈判。有时不与利益相关者谈判反而对项目经理更为有利。如果替代方案可能优于原方案时,就没有必要进行谈判。例如项目经理找到新的供货商拿到价格更低的供货合同,就可以终止与原供货商的谈判。需要注意的是,谈判不能违反法律与道德要求。一场谈判进行与否、终止与否,也需要依靠项目经理丰富的谈判经验和事先的准备来做决定。

复习思考题

1. 利益相关者管理的定义?项目通常包含哪些利益相关者以及他们的特征?你还能想到哪些利益相

关者?
2. 利益相关者有哪些分类为度？这些维度的定义？
3. 利用方格模型法，对权力—作用矩阵、作用—利益矩阵进行排序。
4. 现实环境中管理团队成员的过程有哪些？
5. 利益相关者管理中的沟通方式有哪些？他们各自的使用条件？
6. 使用领导力的具体步骤？认同的具体步骤？

第四篇
工 具 篇

第15章 工作分解结构

成功的项目管理有赖于充分的规划,而其中最根本的是要求项目管理团队按照项目产品(可交付的)和活动特性确定工作内容和范围。工作分解结构(Work Breakdown Structure,简称WBS)为定义工作提供基础,可以全面系统地分析工作内容,为保证工作的最后完成确立管理框架,是一种非常有效的项目管理基础性方法。

15.1 工作分解结构概述

15.1.1 工作分解结构的概念

WBS最早的应用雏形源于美国国防部、国家宇航局(National Aeronautics and Space Administration,简称NASA)、国防工程和航空工业项目管理的实践,是出于工程、技术和科研的需要。

从WBS概念创建之初到现在,人们对工作分解的认识是统一的,即把项目最终交付成果细分成更小、更容易管理的部分,直到可交付成果被足够详细地定义,以支持项目活动的展开。

PMBOK第五版中将WBS定义为项目团队为实现项目目标、创建可交付成果而需要实施的全部工作范围的层级分解。它组织并定义了项目的总范围,代表着经批准的当前范围说明书中所规定的工作。WBS最低层的组件被称为工作包,其中包括计划的工作。工作包对相关活动进行归类,以便于对工作安排进度、进行估算、开展监督与控制。WBS的深度取决于项目的规模与复杂程度,以及项目计划和管理所需的细节层次。

工作分解结构是对项目范围做100%描述的方法和工具。100%原则是WBS的核心特点,此原则说明WBS包括项目范围所定义的所有工作内容以及所有可交付成果,包括内部的、外部的和中间要完成的,还包括项目管理。此原则适用于WBS的所有层次,即"子"层次上的工作总和应100%地完全等于"母"层次上的工作。同时,WBS不应包括项目范围以外的任何工作,即不能超出100%的工作范围。在活动层次上,在每个工作包中,由活动表示的工作总和应100%等于完成此工作包所需要的所有工作。

工作分解结构(WBS)这一知识要素,是项目管理知识体系中最难以把握、最为活跃的因素。不仅需要集中各方智慧去建立和明确,而且要在项目的各个过程精心管理和控制,才能够使项目在既定范围内得到完成。

工作分解作为建立项目计划的基础工作,分为四个步骤:
(1)明确项目目标。
(2)识别提供给客户的特定产品、服务和可交付成果。

(3) 识别项目中的工作块或工作方面——它们是中间产品。

(4) 将上述步骤(2)和(3)的每一项产品逐级按逻辑细分,即子分类化,直到每个元素的复杂程度和工作在计划与控制上可管理。这些最底层子类(叫工作包)就是用于完成项目工作的元素,它们代表了工作或工作区域,而不是活动。

步骤(1)和(2)提供了项目的背景和范围说明书。工作块和工作方面两个概念所指是宽泛的,如子项目、任务大项、工作大类、在某一阶段的工作集合等。

15.1.2 工作分解结构的特点

每个工作分解结构都具备某些核心特征,这些特征是必须呈现在每个 WBS 应至少具备的属性,通过认识这些特征,建立 WBS 的过程就会更简单。

核心特点如下:

(1) 是以可交付成果导向的。

(2) 是以分层的方式构造的,即分解的每层包括母单元的所有工作,而且每个母单元至少包括 2 个子单元。

(3) 定义项目全范围并包括所有相关的工作单元(包括内部、外部和中间可交付成果)。

(4) 只包括那些范围即将交付的单元(范围之外不考虑)。

(5) 提供图形、文本或表格形式的范围分解结构。

(6) 用名词和形容词来描述可交付成果,不用动词。

(7) 描述项目层级性的编码方案清晰明了。

(8) 至少包括两个分解的层级。

(9) 从知识渊博的主题专家和其他相关干系人那里获取技术,由工作实施者建立。

(10) 在层级的第二层包括项目或者项目集管理。

(11) 包含描述和定义 WBS 要素界线的 WBS 词典。

(12) 包含工作包、能识别任务、活动和完成工作包所必需的里程碑。

(13) 将项目范围告知给所有干系人。

(14) 根据项目变更管理流程进行更新。

15.1.3 工作分解结构的重要性

1) 工作分解结构的作用

WBS 是项目管理最重要的工具之一,是开展项目管理其他工作的基础。WBS 的主要作用如下:

(1) 定义项目的工作内容,明确工作范围。

(2) 体现所有项目团队成员的参与,确保一致性。

(3) 为以后的变更控制提供基础。

(4) 是其他项目管理过程的主要依据,如资源计划、成本估算、进度计划制订和风险识别等。

(5) 为项目控制、绩效监控提供依据,为与干系人的交流提供基础。

(6) 确保项目工作与责任分配矩阵(RAM)和组织分解结构(OBS)相关联。

(7) 是必要的计划可交付成果,支持关键的项目管理功能。

WBS 随着项目规模的差异所起的作用不尽相同。小的项目只需要很简单的 WBS 结构,结构的划分基本上是一目了然的,结果容易得到认可。项目规模越大,WBS 也越重要,从另外一个角度来讲也越难做好。对大型项目而言,确定项目的 WBS 结构往往不可一蹴而就,需要经过多次反馈、修正,最后才能得到适用于项目各方的 WBS 结构。

2) 与项目管理过程的结合

WBS 的创建体现在 PMBOK(第 5 版)的"创建 WBS"过程中。同时,WBS 也在其他项目管理过程中扮演着不可缺少的角色。表 15-1 中列举了一些典型的例子。

表 15-1　　　　　　　　　　　　　　项目管理过程

过程组	WBS 在过程中的重要性
启动	• 制订初步的项目范围说明书 —过去的 WBS 元素有利于确定项目的范围和可行性
计划	• 范围计划 —范围计划过程中阐述了如何创立和定义 WBS • 范围定义 —WBS 进一步明确了整个项目范围 • 活动定义 —WBS 是该过程的输入信息依据,也是项目计划的主要组件 • 费用估算 —WBS 是该过程的输入信息依据 • 费用预算 —WBS 是该过程的输入信息依据 —WBS 确定了费用分配对应的项目可交付成果 • 人力资源计划 —WBS 是该过程的输入信息依据,也是项目计划的主要组件 • 风险识别 —WBS 确定了必须对其进行风险事件评估的项目可交付成果 • 风险应对计划 —可以更新 WBS,以便纳入风险管理所需的工作及可交付成果 • 采购和补给计划 —WBS 是该过程的输入信息依据
执行	• 信息发布 —WBS 为制订交流计划及项目信息发布的力度提供基础 —WBS 帮助确定向不同干系人交流项目的详细程度
监控	• 范围核实 —WBS 支撑对已完成可交付成果的正式验收过程 • 范围控制 —WBS 是该过程的输入信息依据,也是项目计划的主要组件 —如果范围变更了,必须及时调整 WBS,以便后续变更能够基于一个更新的且各方同意的项目基准 —WBS 有利于项目经理评估范围变更带来的影响 • 成本控制 —WBS 有利于确定在可交付成果层次中实施费用控制的最佳点

3) 与其他项目管理工具的关系

作为一个项目管理工具,WBS 的目的是组织、归纳项目的范围。项目集或项目组合中,也可以使用类似的 WBS 技术来组织范围。很多项目管理工具都把 WBS 或其组成部分作为输入信息依据。

(1) 项目章程。项目章程是 WBS 的起点。WBS 的最高层次元素,应该代表项目章程中所描述的项目的最终产品、服务或结果。

（2）项目范围说明书。制订项目范围说明书的目的是清晰、扼要地描述项目是什么，而不是如何去完成项目。WBS 的高层次元素名称，应该与项目范围说明书中对项目成果的描述用语完全一致。

（3）项目集或项目组合的 WBS。WBS 可以用来定义项目、项目集以及项目组合的范围。例如，为了管理一个或多个构成项目集的各个关联项目，一般会建立项目（组）管理办公室来共享工具、技术、方法及资源。

（4）资源分解结构（RBS）。资源分解结构描述了项目的资源组织分配情况，可以和 WBS 一起应用，以便明确对每个工作包的资源分配。

（5）组织分解结构（OBS）。组织分解结构展示了组织结构层次，使得项目的工作包可以与负责实施的组织部门联系起来。这个工具强调了一个原则，即每个工作包都应该对应一个唯一的责任人。

（6）WBS 词典。WBS 词典定义、描述，并且说明了 WBS 的各种元素，从而确保对 WBS 每个组成部分都有明确解释，便于使用 WBS 的人们了解。WBS 词典的编制过程中经常会暴露出 WBS 本身存在的含义模糊或其他差错，从而导致对 WBS 的不断修订。

（7）项目进度网络图。网络图把 WBS 中定义的工作内容按照一定的顺序进行安排，是揭示项目依赖关系和风险的有效工具。网络图把 WBS 工作包中的活动进行安排，反映它们之间的先后顺序。

（8）项目进度计划。WBS 的各类元素是对项目进度计划中的活动进行定义的起点，其内在的依赖关系被记录在 WBS 词典中。而 WBS 词典中描述的活动，又成为进度计划的组成部分。

15.2 创建工作分解结构

15.2.1 工作分解结构的编制

创建 WBS 是一个对项目目的和目标（包括商业的和技术的）、功能和性能设计标准、项目范围、技术性能要求，以及其他技术特性等反复思考的过程。在项目早期筹划阶段，一般会建立一个高层次的 WBS。在明确了项目定义和技术规范之后，再进一步地细化、完善 WBS。在编制 WBS 时，需要尽可能争取详细地掌握所有相关信息，并进行反复确认思考，才能帮助项目经理逐步明确什么是项目产品。

1) WBS 的编制方法

可以用于编制 WBS 的方法和工具有很多，其中包括：大纲法、组织机构图法、鱼骨图法、头脑风暴法、自上而下法以及自下而上法。可以参考或引用现成的 WBS 模板、公司的指导方针或标准等，以便尽快启动 WBS 编制工作。应该根据具体的项目目标、要求、设想及限制条件来选择合适的方法。表 15-2 分别列出了上述方法的优点和应用挑战。

（1）自上而下法。用自上而下法编制 WBS 的基本步骤如下：

第一步，明确项目的最终产品，即确定为获取项目成功需要完成交付的产品是什么。

表 15-2　　　　　　　　　　　　　　　WBS 的编制方法

WBS 编制方法	优点	挑战
自上而下法	• 有利于项目现状报告 • 有利于确保结构合乎逻辑 • 有利于头脑风暴，发现项目可交付成果 • 有利于添加新发现的可交付成果	• 要持续关注，保证没有遗漏工作包 • 要将 WBS 划分到充分细分层次，便于管理层监督控制
自下而上法	• 从所有可交付成果和工作内容开始倒推到项目 • 保证包含了所有的工作包	• 要在编制 WBS 之前确定所有的可交付成果 • 要确保工作包的汇总整合合乎逻辑 • 容易疏忽大的方面
WBS 标准	• 格式固定 • 增强了不同项目 WBS 的一致性	• 要求项目符合标准 • 可能会包括一些不必要的可交付成果，或者遗漏了具体项目的可交付成果 • 不是所有项目都适合使用高度格式化的 WBS 的标准
WBS 模板	• 为创建 WBS 提供了一个起点 • 有利于确定需要的细化程度 • 增强了不同项目 WBS 的一致性	• 要求项目符合标准 • 可能会包括一些不必要的可交付成果，或者遗漏了具体项目的可交付成果 • 不是所有项目都适合使用高度格式化的 WBS 的模板

第二步，定义项目的主要可交付成果，一般是完成项目所必需的中间可交付成果，但它们本身不能满足商业需求（例如一个设计规范说明书）。

第三步，分解主要可交付成果为更低层次的细分元素，以便于管理和综合控制。这些 WBS 元素通常直接与各个独立的可交付成果连接。根据 100％原则，每一个层次中的元素的总和应该代表上一层次元素 100％的工作。WBS 的每个工作包应该只包含一个可交付成果。

第四步，审核并完善 WBS，直至项目利害关系者认为能够顺利地完成项目计划，并且项目的实施和控制将能够成功地生产出所预期的可交付成果和结果。

（2）自下而上法。用自下而上法编制 WBS 的基本步骤如下：

第一步，明确项目所涵盖的所有可交付成果（或工作包）。当参与人员提出的是具体活动时，应列出该活动所关联的可交付成果，而不是活动（即应将所建议的活动转换成与其相关的可交付成果）。这个过程将融入所有参与人员的付出。每个工作包应该只包含一个可交付成果。

第二步，将相关联的工作包（或可交付成果）进行逻辑分组。

第三步，将可交付成果汇总整合到上一个层次，如母层次。根据 100％原则，每一个层次中的元素的总和应该代表上一个层次 100％的工作。

第四步，将一组相关联的任务汇总整合为一个母元素后，要对这个子集再次认真分析，确保已经包括了所有的工作内容。

第五步，重复以上步骤，直至所有子元素都被汇总并最终整合到一个代表项目的母元素。要确保编制完成的分解结构中包含了所有的项目范围。

第六步，审核并完善 WBS，直至项目利害关系者认为能够顺利地完成项目计划，并且项目的实施和控制将能够成功地生产出所预期的可交付成果和结果。

（3）WBS（组织的）标准。一个组织的 WBS 标准包括一系列创建 WBS 应遵循的原则，如格式、编码系统、命名方法，以及必要的元素等。WBS 标准在项目管理成熟度较高的组织中非常普遍，这些标准有利于保证组织内所有 WBS 的一致性和完整性。下面列举两个

WBS 标准的内容：

① 项目管理必须作为第二层次的 WBS 元素；

② 必须采用图形和文本形式的 WBS 结构。

（4）WBS 模板。WBS 模板是一个将不同级别的元素填入对应细分层次的 WBS 示例。可以说，它是一个根据项目的具体信息定制的 WBS"容器"。一个组织可以根据不同的项目类型和不同的项目生命期制订不同的模板。

通过重复使用 WBS 或 WBS 的组成部分，WBS 标准和 WBS 模板有利于增强一致性。在利用原有的 WBS 组成部分时，要对其改制以满足项目的具体需要和要求。任何该项目不需要的工作或可交付成果都应该被删掉，以确保 WBS 与项目范围一致。应用标准和模板来编制 WBS 有利于提高质量保证，因为这些标准和模板体现了 WBS 的优秀实践。

应用 WBS 标准和 WBS 模板不同于自上而下和自下而上的方法，自上而下和自下而上是创建新的 WBS 的两种方法，而标准和模板是重复利用原有的 WBS 资料。

2）WBS 编制方法的选择指南

在建立一个 WBS 时，项目管理团队首先需要决定采用哪种编制方法。选择自上而下还是自下而上的方法多少有些因人而异，一般取决于项目团队的习惯和思维方式，以及组织的通常做法。除此以外，下面列举一些有关如何选择更合适的方法的指导方针和原因说明。

第一，在以下情况下使用自上而下的方法：

项目经理和项目管理团队几乎没有编制工作分解结构的经验，自上而下的方法有利于逐步了解和编制 WBS。

不十分了解项目产品或服务的特性。当不十分清楚项目的范围和性质时，用自上而下的方法、与所有利害关系者一起编制 WBS 有利于了解项目并与各方达成一致。

不熟悉或不十分了解项目生命期的特性。自上而下的 WBS 编制方法更易于揭示项目生命期的问题和特性。

没有合适的 WBS 模板可用。当需要从零开始重新创建一个 WBS 时，从总的项目可交付成果，例如，生产一辆自行车，如此开始会更容易些，然后再反复斟酌、逐层确定子元素。

第二，在以下情况下使用自下而上的方法：

非常了解项目产品或服务的特性。例如，如果组织在以前的项目中曾经生产了非常相似的产品或服务，那么项目团队就有可能对新项目所需要的所有中间可交付成果非常了解。

非常了解项目生命期的特性。如果组织经常使用同样的生命期，那么项目团队就会非常了解生命期的中间可交付成果，并从这些中间可交付成果着手，自下而上编制 WBS。

有合适的 WBS 模板可用。如果组织有相似项目的 WBS，并且可以重复利用这些 WBS，自下而上的方法可以提高团队制订 WBS 模板的能力。

第三，WBS 标准和模板。一般说来，如果有现成的 WBS 标准或者 WBS 模板，就应该尽量利用。文献中有许多现成的 WBS 示例，但要从中选择一个作为模板必须非常小心。如果组织有类似项目的 WBS 模板，应尽量利用这些模板。然而，如果这个项目与组织的其他项目区别很大，没有合适的模板可用，就要用自下而上的方法从零开始重新创建 WBS。

第四，反复法。创建 WBS 是一个不断反复的过程，并且可能必须依赖不止一种方法才能最终编制出高质量的 WBS。例如，最初可以用 WBS 模板和自上而下法来确定 WBS 的总体结构。然而，为了验证是否涵盖了某一具体可交付成果的所有元素，自下而上的方法可能更合适。

无论选用什么编制方法,最终建立的 WBS 必须具有高质量 WBS 的所有核心特点。WBS 必须描述 100%的项目工作;必须以可交付成果,而非活动为导向;并且必须按层次编排。

15.2.2 需要考虑的基本因素

1) WBS 编制的原则

WBS 编制的实际过程,就是按照可控制的原则对整个项目工作进行不断的分解,直到可以充分控制项目的进度、成本和质量。WBS 编制的难度主要表现在,要充分掌握分解工作的"度",即不能将工作分解的过分细致;也不能将工作分解的过分粗,以至于难于控制。WBS 编制原则主要是:100%原则;8/80 原则。

100%原则在前面已经做了详细的介绍,这里不再介绍。8/80 原则有时又称 2 周原则,是指任何一个工作包都应当不少于 8 个工时,不多于 80 个工时。也就是说,任何一个工作包都应在 1~10 天内完成。

除此之外,在编制一个 WBS 时,还应考虑以下基本原则:

(1) 每个 WBS 元素都代表一个独立的、有形或无形的可交付成果。

(2) 可交付成果中,既包括最终的可交付成果,也包括为实现最终结果所需要的中间可交付成果。

(3) 可交付成果包括信息/交流、集成、行政管理、培训、过程管理和采购等无形事项。

(4) 所有可交付成果都被清楚地包括在 WBS 中。

(5) 明确定义项目可交付成果,可交付成果具有唯一性和独特性。

(6) 所有重要的报告机制,如,总结会议、月报告和试验报告等,都应在 WBS 中明确。

(7) 每个工作包都应可以分配给一名项目团队成员或一家分包商单独负责。如果做不到这一点,那么就要重新考虑是否这个工作包可以进一步分解。

(8) 每一个代表分包或外供的可交付成果的 WBS 元素,必须和分包商的 WBS 中的对应元素相一致。

(9) 可交付成果被合理地分解到不同层次,代表着将如何对它们进行生产及管理(如设计、采购、分包或制造等)。

(10) 所有 WBS 元素都应符合组织结构和财务结构。

在将 WBS 元素划分到 WBS 层次中时,应考虑以下基本的指导方针:

(1) 每个 WBS 元素应只从属于一个母层次的 WBS 元素。

(2) 根据 100%原则,由一个母元素分解成的所有子元素应包括母元素中所涵盖的所有工作内容。

(3) 在以文本形式来表示 WBS 时,应使用元素编码系统来清楚地表示层次结构。

(4) WBS 的分支不需要都分解到同样的深度,其中的某些分支会比其他分支需要展示更详细的内容。

(5) 不需要将所有的工作包划分在相同层次上。

(6) WBS 的编制过程应该具有反复性。

(7) 随着项目计划的不断进展,应对 WBS 的编制进行审核和修订。

(8) WBS 的编制过程应具有灵活性,特别是当项目范围有可能变更时。

然而,一个管理良好的项目应制订一个严格的变更控制程序来记录和管理范围的变更。

当工作范围变更实际发生时，必须对 WBS 进行相应的更新。而 WBS 的任何变更，又同时要求对与其相关联的项目管理工具进行相应的更新，如 WBS 词典、网络图和进度表等。

在编制 WBS 的过程中，应考虑项目集成管理、项目范围管理、项目时间管理、项目时间管理、项目成本管理、项目质量管理、项目人力资源管理、项目沟通管理、项目风险管理以及项目采购管理等知识领域相关的指导方针和问题。

15.2.3 需要做出的基本判断

能否有效运用 WBS 与应用有关的特点，取决于经验和判断。有些因素因项目或应用的不同而不同，因建立 WBS 的目的不同而不同，其中包括但不限于：确定可交付成果需要分解到的细分层次，选择要包括的 WBS 元素的类型，以及构筑分解的逻辑。

（1）确定合适的 WBS 细分层次。WBS 的细分层次对项目的规模而变，体现了在复杂性、风险和项目经理的控制需要之间的平衡。同时，细分层次也会随项目的进展而变化。通过对 WBS 自上而下和自下而上的分析，既可以明确 WBS 是否完整，也可以判断其细分层次是否合适。在思考 WBS 是否应该进一步分解时，应该从范围和工作包部分、资源和风险、费用和时间等方面进行思考评估。

（2）选择要包括的 WBS 元素的类型。WBS 组织和定义项目的整个工作范围。然而，不是每个 WBS 都需要包括所有类型的工作。确切地说，WBS 包括的工作类型应该取决于 WBS 所对应的项目的范围和性质。某些项目所需要的一定类型的 WBS 元素，没有必要同样为其他项目所需。此外，某些特定组织可能要求使用标准的 WBS 模板，而这个标准模板不包括诸如项目管理的 WBS 元素，因为对这些工作的需要已经在该组织制订的其他业务流程中进行了充分说明，这样就不需要这些元素了。还有，质量保证是所有项目都需要的，某些组织可能要求遵照执行特定的质量标准知识，那么 WBS 中必须要包括一些特定元素。

（3）构筑分解的逻辑。项目经理对项目工作进行分解时采纳的逻辑，取决于所在组织的具体需要和要求，以及将来对 WBS 的具体应用。无论是哪种情况，都必须保证 WBS 是可以可交付的成果，而不是以流程为导向的，并应清楚地包括所有中间可交付成果。

15.3 工作分解结构示例

由于 WBS 具有"与应用相关的特点"，并且这些特点随不同的项目而变化，从而使得 WBS 能够更好地满足不同项目、行业或环境的具体需要。为了在特定情况下达到特定的目的，可以使用不同方式表示同一个 WBS。对于一个给定的项目，在许多情况下也可以使用不止一种方式来表示同一个 WBS。本章将通过三个示例来列举目前普遍应用的 WBS 形式。

15.3.1 自行车工作分解结构示例

（1）表格形式。表格是一种普遍使用的 WBS 形式，它用表格中的列来表示层次结构关系。在难以使用图形来表示 WBS 时，如所使用的文档中只有有限的格式化功能，通常会使用此种表格形式，见表 15-3。

表 15-3　　　　　　　　　WBS 的表格形式

层次 1	层次 2	层次 3	层次 4
1 自行车 WBS	1.1 框架部分	1.1.1 车架 1.1.2 把手 1.1.3 前叉 1.1.4 座位	
	1.2 曲柄部分		
	1.3 车轮		
	1.4 刹车系统 1.5 传动系统 1.6 集成		
		1.6.1 概念 1.6.2 设计 1.6.3 组装 1.6.4 测试	
			1.6.4.1 零件测试 1.6.4.2 产品测试 1.6.4.3 客户端测试
	1.7 项目管理		

（2）树状结构形式。图形化的"树状结构"是最为常见的 WBS 表示方式之一，也叫作"组织结构图"。其中每一个"子"元素用一个方框表示，并通过一条直线与由其构成的"母"元素连接，这种表示形式可以非常清楚地描绘出一个项目及其子项组成部分是如何逐层次分解成更小的元素。最常见的树状结构是将项目置于最顶层，向下面依次为各个分解后的层次单元。如图 15-1 所示。

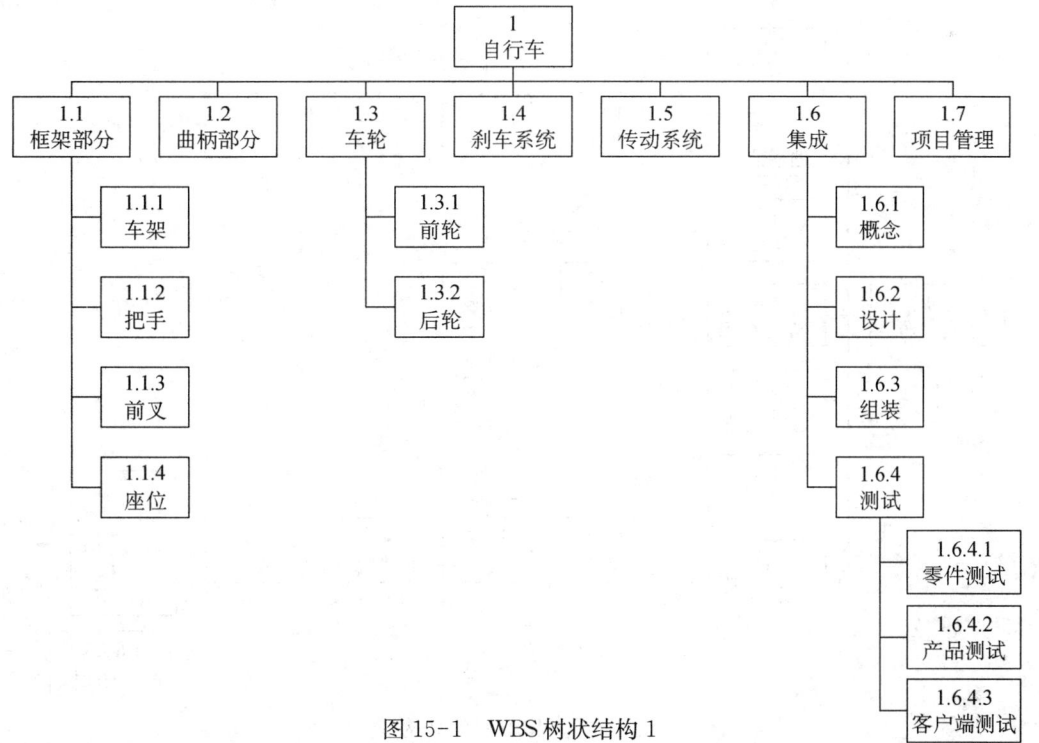

图 15-1　WBS 树状结构 1

另外，WBS 树状结构的方向可以改变。有时，项目可以置于结构的最左侧，向右展开依次为各个分解后的层次单元。这种横向放置的树状结构在某些情况下会很方便实用。图15-2、图 15-3 是两种相似的实例。有些情况下，水平竖向放置的树状结构可能会更适用。

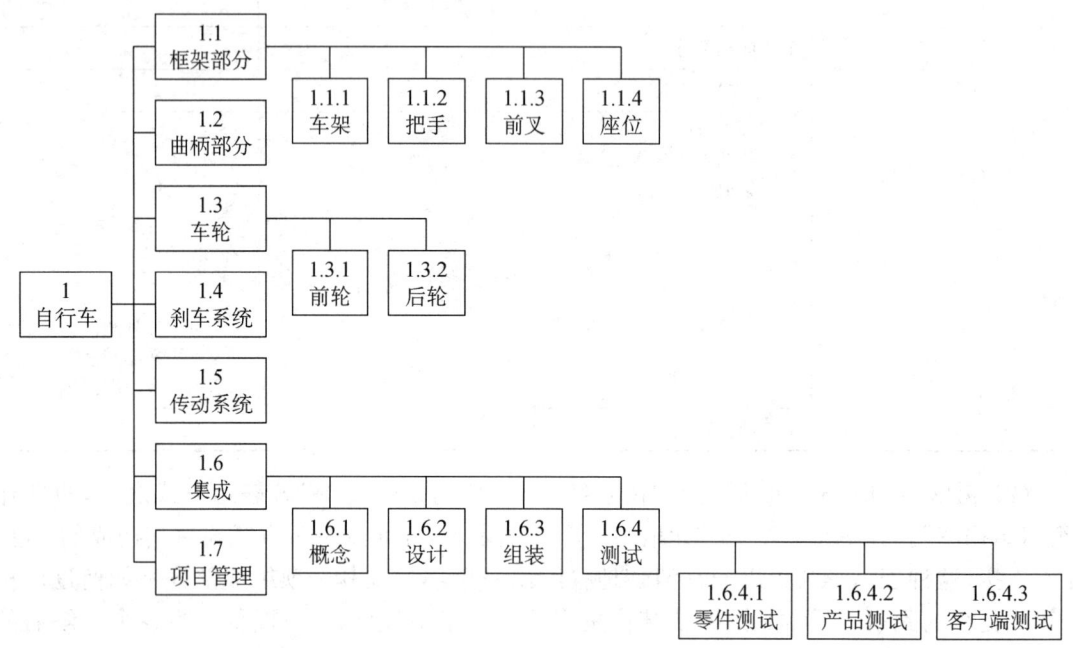

图 15-2　WBS 树状结构 2

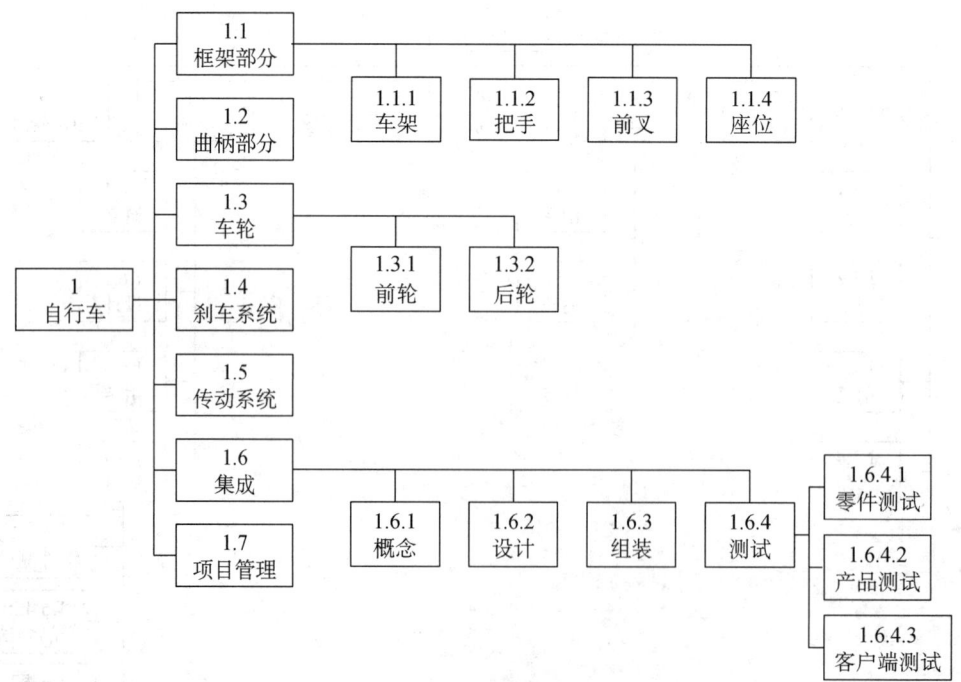

图 15-3　WBS 树状结构 3

另外一种趋于流行的形式是居中型树状结构。这种结构一般由软件生成,通过实时的组关系分析来建立 WBS。图 15-4、图 15-5 是居中型树状结构 WBS 的两个实例。

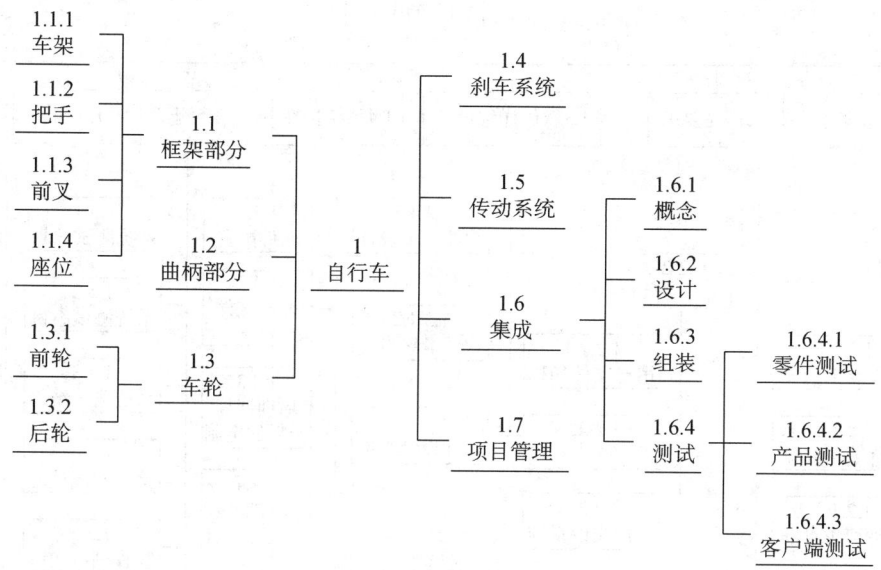

图 15-4　WBS 居中型树状结构 1

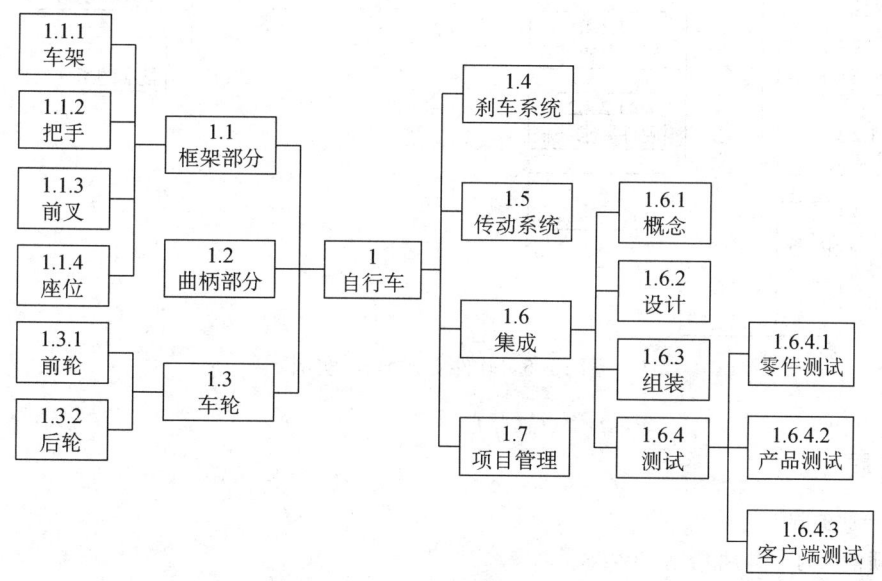

图 15-5　WBS 居中型树状结构 2

15.3.2　软件实施工作分解结构示例

该示例演示了一个具有一般性的 WBS。通过对其进行适当的定制,特别是对其低层次工作的适当定制,可以应用于各类不同的软件开发项目,因此它是一个 WBS 模板。其可交付成果包括:经常性的工作,如"行政管理";中间可交付成果,如"需求批准";有形的最终产品,如"配置软件";以及服务,如"培训"。不是所有的 WBS 元素都分解到相同详细的层次,如"激活"。这些元素可以根据具体的项目情况进行进一步分解。该示例如图 15-6 所示。

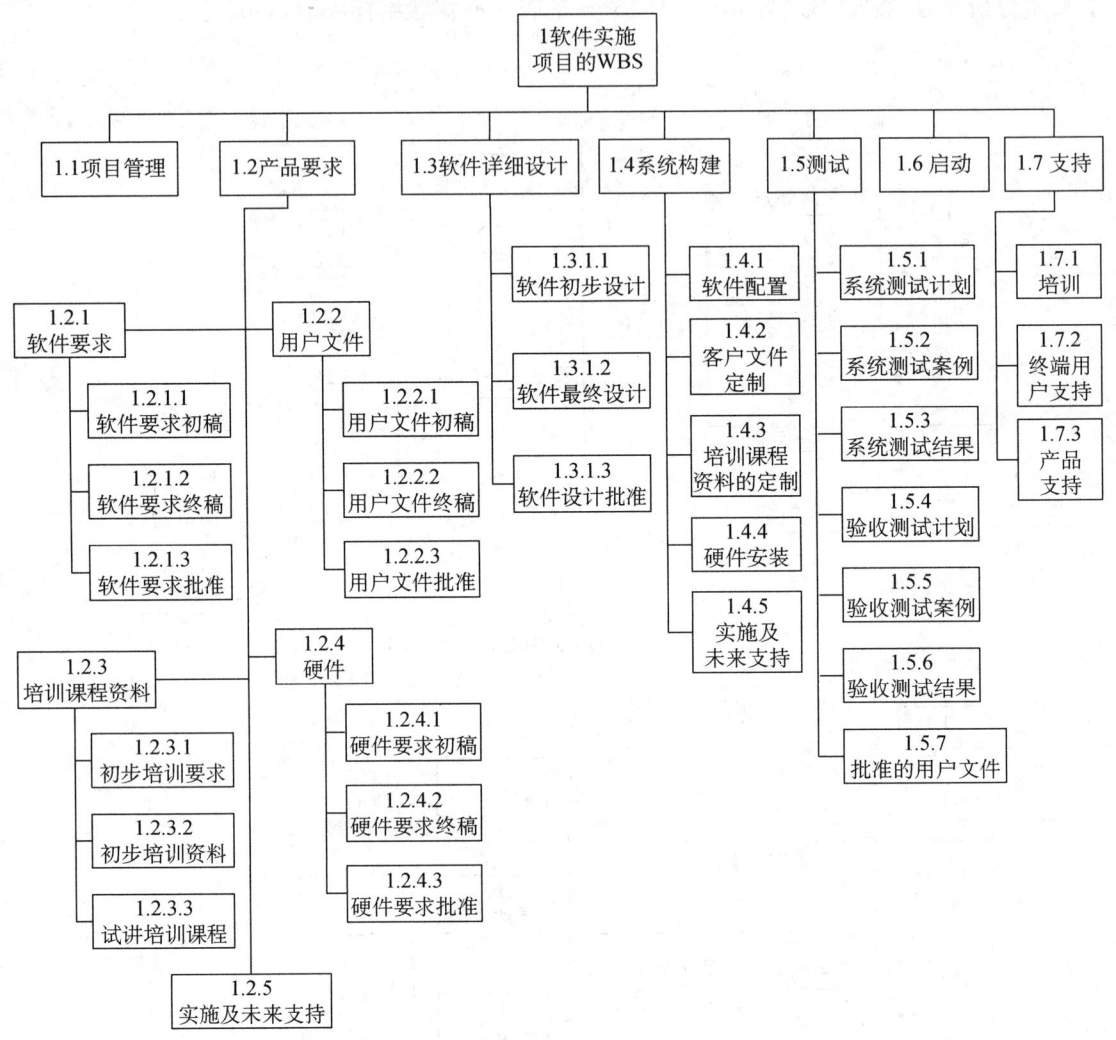

图 15-6　软件实施 WBS 实例

复习思考题

1. WBS 有哪些编制方法？
2. 简述一项常见的工作，并绘制其 WBS。

第 16 章　挣值管理

进度和成本是项目管理中非常重要的两个指标,在前面的章节中也分别介绍了进度管理和成本管理的方法。然而,在实际的项目中,进度和成本两个指标虽然代表了项目绩效的不同方面,却是相互关联的。费用超支看似是成本管理滞后,但也有可能是进度拖延造成的。将成本与进度分开管理的方法往往不能反映项目的实际情况,而挣值管理则实现了对项目成本与进度的联合监控与预测,在实践中被证实是一种行之有效的项目管理工具。本章将介绍挣值管理的概念、挣值管理的重要指标以及利用挣值管理进行偏差分析的方法。

16.1　挣值管理概述

16.1.1　挣值管理的概念

挣值管理(Earned Value Management,EVM)又称赢得值法,是一种综合考虑项目的成本、进度和资源,以评估项目绩效和进展的项目管理方法。它可用来评价项目的成本绩效,并更加精确地估算出完成整个项目所需的总成本。相比于传统的项目管理方法,挣值方法的最大意义在于能及早地向项目经理、高管人员和客户发出警告,从而让项目经理们有足够的时间采取必要的措施,帮助项目改善绩效表现。

挣值管理的作用主要体现在以下五点(查尔斯,《挣值项目管理实践指南》):
① 挣值管理能提供客观可靠的项目绩效数据。
② 挣值管理将工作、进度和成本全都整合到工作分解结构中。
③ 挣值管理有助于开展对比性的分析和研究。
④ 挣值管理可以为项目提供早期的预警信号。
⑤ 挣值管理能有效预测项目的完工成本。

16.1.2　挣值管理的起源

1958 年,美国海军开始在网络进度计划和风险管理中使用计划评审技术(Program Evaluation Review Technique,简称 PERT)。1962 年,PERT 被改进为 PERT/Cost。在 PERT/Cost 执行过程中,项目承包人需要提交 11 种报告,其中一个叫作工作成本报告,这个报告就包含有挣值管理的思想。至此,挣值作为一种项目管理工具首次被引入现代工业中。

1965 年,美国国防部正式发布了"成本/进度控制系统标准"(Cost/Schedule Control System Criteria,简称 C/CSSC),"成本/进度控制系统标准"巧妙地把挣值这个概念融入了 35 项标准中。为了使挣值方法更易于使用、更大众化,1995 年,美国国防工业协会(National

Defense Industrial Association，简称 NDIA)对"成本/进度控制系统标准"重新审核和编写，制定了一个只包含 32 项的被称作"挣值管理系统"(Earned Value Management System，简称 EVMS)的改进版本。1998 年美国国家标准学会和电子工业协会(American National Standard Institute/ Electronics Industry Association，简称 ANSI/EIA)颁布了有关挣值管理系统的标准，随即被许多政府机构采用。

除了在美国被广泛使用外，日本、澳大利亚、加拿大、英国和瑞典等国也相继把挣值管理系统引入政府和工业界的标准，挣值管理越来越受到重视。

16.1.3 挣值管理的适用范围

虽然挣值管理具有一定的优越性，但并不意味着挣值管理适用于所有的项目。如果一个项目没有清晰的目标，或者项目计划和目标是多变的，那么即使能收集到关于项目工期和成本的信息，也难以代表正确的项目绩效，在这类项目中开展挣值管理是不适宜的。另外，如果项目是短期项目，即使通过挣值管理所得到的项目绩效具有统计价值，控制作用也不明显。因为对于短期项目而言，直接控制的方法可能比挣值管理更有用。

挣值管理最主要的应用是在大型工程开发项目上，因为这类项目通常需要用创造性的方法来解决问题，且一般有较大的风险，容易超出工期和成本限制。用挣值管理的方法处理此类问题，能取得很好的效果。而对于没有创新的日常运营项目，由于工作的重复性较高、风险较小，挣值管理的作用不大。

总而言之，挣值管理作为一种有效的项目管理工具，也有着自己的适用范围。一般而言，具有以下特点的项目可以采用挣值管理的方法：

① 项目目标界定清晰。
② 达到项目目标的路径清晰。
③ 项目劳动含量高。
④ 项目中有很多创造性的工作。
⑤ 规范的项目管理结构。
⑥ 项目有成本和工期限制。

16.2 ｜ 挣值管理的基本指标

16.2.1 挣值管理中的三个关键指标

在认识挣值管理方法之前，首先介绍三个关键指标：

(1) 计划价值(Planed Value，简称 PV)。计划价值也称为计划工作预算成本(Budgeted Cost of Work Schedule，简称 BCWS)，是指按照已批准的进度计划，在一给定的期限内应该完成的工作量的预算成本。

(2) 挣值(Earned Value，简称 EV)。项目的挣值也称为已完工作预算成本(Budgeted Cost of Work Performed，简称 BCWP)，是指在一给定的期限内实际完成工作量的预算成本。

(3) 实际成本(Actual Cost,简称 AC)。实际成本也称为已完工作实际成本(Actual Cost of Work Performed,简称 ACWP),是指在一给定的期限内完成工作的实际支出。

16.2.2 偏差和绩效指标

在以上三个指标的基础上,就可以计算出项目的成本偏差与进度偏差,从而为控制成本和进度提供依据。项目挣值管理中的偏差可以用以下几个指标来度量。

(1) 成本偏差(Cost Variance,简称 CV)。成本偏差指某个时间点预算的亏空或盈余量,是挣值与实际成本之差。由于成本偏差指明了实际绩效与成本支出之间的关系,所以是一个非常重要的指标。一般而言,负的成本偏差是不可挽回的。它的计算公式如下:

$$成本偏差\ CV = 挣值\ EV - 实际成本\ AC \tag{16-1}$$

当 CV 为负值时,表示实际成本超过预算值,项目超支。
当 CV 为正值时,表示实际成本低于预算值,项目预算有结余。
当 CV 等于零时,表示实际成本等于预算值。

(2) 进度偏差(Schedule Variance,简称 SV)。进度偏差是测量进度绩效的一种指标,是挣值与计划价值之差。它用挣值减去计划价值,表示在某个时间点项目提前或落后的进度。当项目完工时,全部计划价值都将实现,所以进度偏差最终等于零。它的计算公式如下:

$$进度\ SV = 挣值\ EV - 计划价值\ PV \tag{16-2}$$

当 SV 为正值时,表示实际进度快于计划进度。
当 SV 为负值时,表示实际进度落后于计划进度。
当 SV 为零时,表示实际进度与计划进度一致。

(3) 成本绩效指数(Cost Performance Index,简称 CPI)。成本绩效指数是测量预算资源成本效率的一种指标,表示为挣值与实际成本之比。它是挣值管理最关键的指标之一,用来测量已完成工作的成本效率。该指标对于判断项目状态很有帮助,并可为项目最终成本和进度提供预测依据。它的计算公式如下:

$$CPI = EV/AC \tag{16-3}$$

当 $CPI < 1$ 时,表示实际成本高于预算成本。
当 $CPI > 1$ 时,表示实际成本低于预算成本。
当 $CPI = 1$ 时,表示实际成本与预算成本吻合。

(4) 进度绩效指数(Schedule Performance Index,简称 SPI)。进度绩效指数是测量进度效率的一种指标,表示为挣值与计划价值之比。它反映了项目团队利用时间的效率,有时与成本绩效指数一起使用,以预测最终的完工估算。它的计算公式如下:

$$SPI = EV/PV \tag{16-4}$$

当 $SPI > 1$ 时,表示实际进度快于计划进度。
当 $SPI < 1$ 时,表示实际进度落后于计划进度。
当 $SPI = 1$ 时,表示实际进度与计划进度一致。

一个项目的计划价值、挣值、实际成本三个值之间的关系及偏差、绩效指数可归纳为表

16-1 中的 6 种情况。

表 16-1　　　　　　　　　　项目挣值法参数分析

序号	图例	参数关系	序号	图例	参数关系
1		$AC>PV>EV$ $CV<0, SV<0$ $CPI<0, SPI<1$	4		$EV>PV>AC$ $CV>0, SV>0$ $CPI>1, SPI>1$
2		$PV>AC>EV$ $CV<0, SV<0$ $SPI<0, SPI<1$	5		$AC>EV>PV$ $CV<0, SV>0$ $CPI<1, SPI>1$
3		$EV>AC>PV$ $CV>0, SV>0$ $CPI>1, SPI>1$	6		$PV>EV>AC$ $CV>0, SV<0$ $CPI>1, SPI<1$

注：──── BCWS； ─·─·─ BCWP； ────── ACWP。

16.2.3　挣值法的其他指标

除了前面所介绍的指标外，下面几个指标也在挣值法中经常用到。

(1) 完工估算(Estimate at Completion，简称 EAC)。完工估算是指在项目进行过程中，根据已经发生变化的条件，最新一次对完工总预算的估计。

(2) 完工预算(Budgeted Cost at Completion，简称 BAC)。完工预算是指完成整个项目的预算成本。

(3) 完工绩效指标(To Complete Performance Index，简称 TCPI)。完工绩效指标是指为了保证项目最终按预算成本完成，剩余的预算中每花一单位成本(如 1 万元)所需要完成的工作价值，它的计算公式为：

$$TCPI = (BAC - EV)/(BAC - AC) \qquad (16\text{-}5)$$

(4) 完工尚需估算(Estimate to Complete，简称 ETC)。完工尚需估算是指要完成项目，还需要多少资金，它的计算公式如下：

$$ETC = EAC - AC \qquad (16\text{-}6)$$

16.2.4　用挣值法预测完工估算

运用挣值法不仅能够对项目的成本和进度进行持续的监控，帮助项目管理人员掌握项目绩效的实际趋势，而且运用这些绩效指标还能对项目最终成本进行连续的预测，即预测完工估算。

计算完工估算最常用的有以下三种方法,分别表示"最好的情况""最有可能的情况"和"最差的情况"的完工估算。

(1)"假定不再超支"的完工估算。这是假定项目未完工部分按计划效率进行的情况下,预测完工估算的方法,其预测的公式如下:

$$EAC = AC + BAC - EV \tag{16-7}$$

假设从此监控点开始,以后所有的工作都会按预算、按计划完成,不会再发生成本超支的情况,这是一种理想的状况。因此用公式(16-7)计算得出的完工估算就是"最好情况下"最小的完工估算,是所有可能的完工估算值的下限,也可以说是任何成本超支的起跳线。

(2)用累积成本绩效指数进行完工估算。使用累积成本绩效指数的完工估算法是最常见的一种完工估算的计算方法,其计算公式如下:

$$EAC = AC + (BAC - EV)/(CPI) \tag{16-8}$$

需要说明的是,因为实时数据常常不是规则的,具有很强的偶然性,所以这里的"累计成本绩效指数"应该采用长期累积的历时数据。通过累积成本绩效指数得到的完工估算,被认为是"最有可能的"。

(3)用累积的成本绩效指数与进度绩效指数的积进行完工估算。本方法将成本效率指数与进度效率指数相结合进行完工估算,其计算公式如下:

$$EAC = AC + (BAC - EV)/(CPI \times SPI) \tag{16-9}$$

这个方法之所以引入进度绩效指数,是因为项目不仅有成本目标,还有进度目标,为了赶工而额外付出的人力、物力和财力,都会对成本效率指数产生不可挽回的影响。所以,本方法得出的完工估算是"最差情况下"的完工估算,是估算出的项目成本需求的上限,特别是在那些有明确完工日期的项目中,本方法尤为有效。

16.3 偏差分析工具

为了清楚、形象地表达费用偏差与进度偏差,更好地进行偏差分析,可以借助相应的图表工具加以反映,常用的有横道图、S曲线、表格等形式。

16.3.1 横道图

利用横道图进行偏差分析时,不同的横道分别表示挣值、计划价值和实际成本,横道的长度与其金额成正比。

横道图法具有形象、直观、一目了然等优点,能够准确表达出费用的绝对偏差,而且能直观地感受到偏差的严重性。但是这种方法反映的信息量较少,一般在项目的高层管理者中使用较多。

挣值法中的偏差分析横道图如图16-1所示。

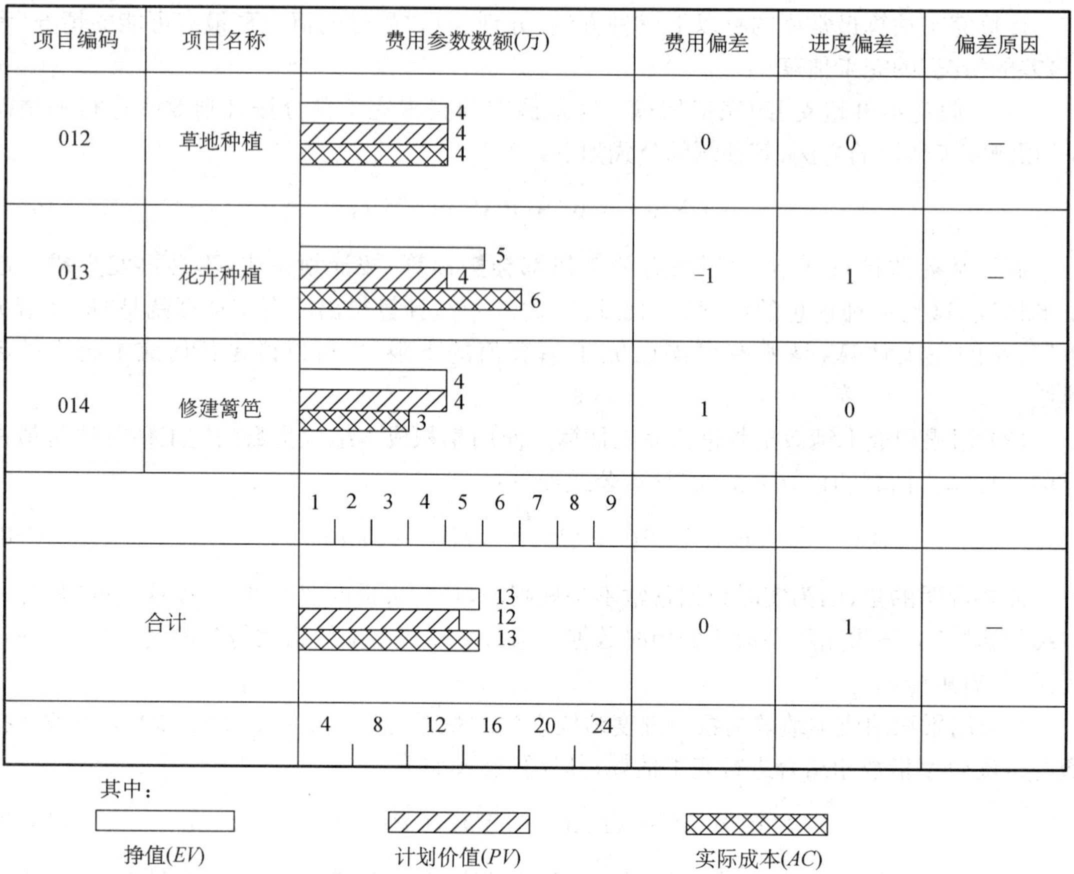

项目编码	项目名称	费用参数数额(万)	费用偏差	进度偏差	偏差原因
012	草地种植	4 / 4 / 4	0	0	—
013	花卉种植	5 / 4 / 6	-1	1	—
014	修建篱笆	4 / 4 / 3	1	0	—
合计		1 2 3 4 5 6 7 8 9 13 / 12 / 13 4 8 12 16 20 24	0	1	—

其中：□ 挣值(EV)　▨ 计划价值(PV)　▧ 实际成本(AC)

图 16-1　某项目偏差分析横道图

16.3.2 表格法

表格法是一种常用的偏差分析方法，它将项目编号、名称、费用参数以及费用偏差数综合归纳入一张表格中，并直接在表格中进行比较。利用表格法进行偏差分析有如下优点：

（1）灵活、适用性强。可根据项目的实际需要设计表格。

（2）信息量大。在表格中可以反映偏差分析所需的资料，从而有利费用控制人员及时采取针对性措施，加强控制。

（3）表格处理可借用计算机等信息化手段，节约所需人力，提高效率。

挣值法中的表格分析方法如表 16-2 所示。

表 16-2　　　　　　　　　　　某项目偏差分析表

项目编码	(1)	012	013	014
项目名称	(2)	草地种植	花卉种植	修建篱笆
计划价值(PV)	(3)	4	4	4
挣值(EV)	(4)	4	5	4
实际成本(AC)	(5)	4	6	3

续表

成本局部偏差	(6)=(4)-(5)	0	-1	1
成本绩效指数 CPI	(7)=(4)÷(5)	1	0.83	1.33
成本累计偏差	(8)=∑(6)			
进度局部偏差	(9)=(4)-(3)	0	1	0
进度绩效指数 SPI	(10)=(4)÷(3)	1	1.25	1
进度累计偏差	(11)=∑(9)			

16.3.3 S形曲线

在项目实施过程中，项目的计划价值（PV）、挣值（EV）、实际成本（AC）可以组成三条曲线，利用这三条曲线，也可进行偏差分析。

挣值法中的S形曲线如图16-2所示，图中：

$CV = EV - AC$，反映项目进展的成本偏差；

$SV = EV - PV$，反映项目进展的进度偏差。

除进行偏差分析外，S形曲线图还可对项目的趋势进行预测，预测项目结束时的进度、费用情况。其中 ACV（At Completion Variance）代表预测的项目完工时的费用偏差。

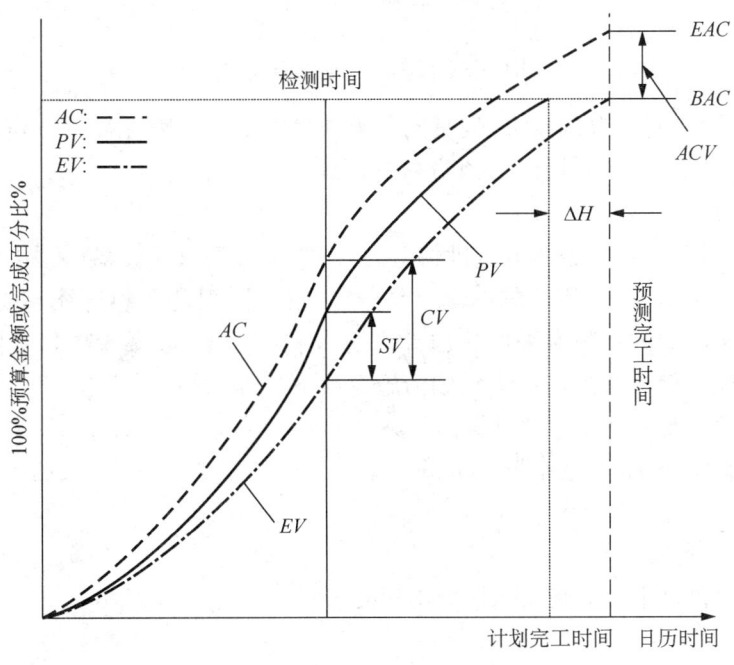

图 16-2　偏差分析曲线图

16.3.4 偏差原因分析与纠偏措施

1）偏差原因分析

在项目执行过程中，最理想的状态是项目的计划价值、挣值、实际成本三条曲线十分接近、平稳上升,这表明项目正在按预订计划目标推进。如果三条曲线差距过大,则表示可能发生了一些严重的问题。

偏差分析的一个重要内容是找出偏差原因,从而采取针对性的措施,避免偏差的再次发生。在进行偏差原因分析时,应当将已经导致和可能导致偏差的各种原因列举出来。例如,在工程建设领域,产生成本偏差的原因主要有图 16-3 中所示的几种。

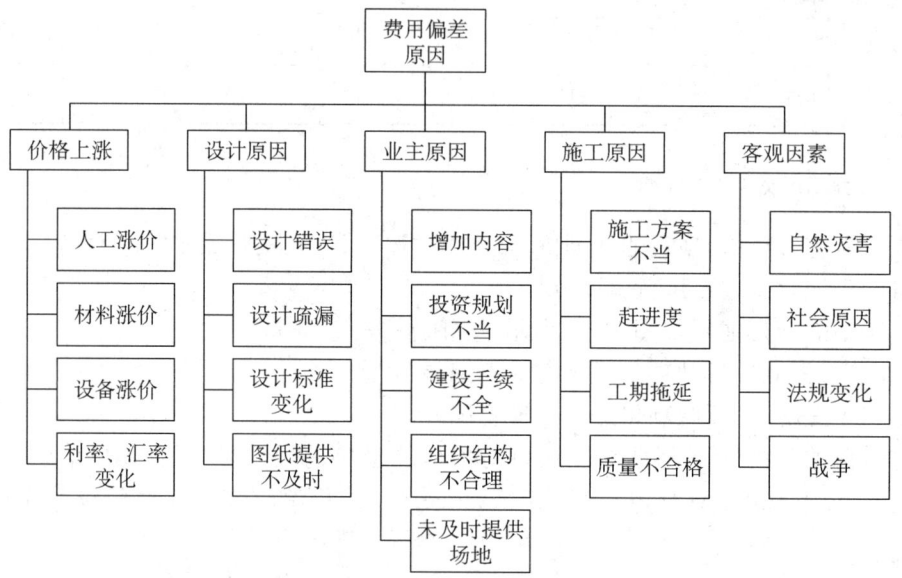

图 16-3　工程项目成本偏差原因

虽然每个项目都有各自的特点,但是同一类项目的偏差原因往往有一定的共性,通过对上述偏差原因的归类与总结,可以为预防和纠偏措施提供依据。

2) 纠偏措施

当项目运行过程中产生成本或进度偏差时,需要及时采取纠偏措施。以成本偏差为例,正如前文所说,通常情况下,负的成本偏差是难以挽回的,因此要想压缩超支费用且不损害其他目标,是非常困难的。只有采取比原计划更有利的方案,或减少项目范围、提高生产效率,成本才有可能降低。常见的成本纠偏措施有如下几种(进度纠偏措施与之类似):

(1) 寻找新的、效率更高的项目设计方案。
(2) 将部分自制产品改为外购产品。
(3) 优化项目的实施过程。
(4) 变更项目范围。
(5) 索赔,例如向业主索赔以弥补费用超支。

复习思考题

1. 适用挣值管理的项目有哪些特点?
2. 简述挣值管理的三个关键指标。
3. 简述挣值管理中常用的偏差分析工具。
4. 一般项目的费用纠偏措施有哪些?

5. 假设某项目由 A、B、C、D、E、F、G 这 7 个工作包组成,项目目前执行到了第 6 周末,各项工作在其工期内每周计划成本、实际成本及计划工作量完成百分比如表 16-6 所示。计算 AC、PV、CPI、SPI、BAC 及 EAC。

表 16-6　　　　　　　　　计划成本、实际成本及计划工作量的完成情况

工作（计划成本/每周万元）	实际成本及完成情况（%）	1	2	3	4	5	6	7	8	9	10
A（10）	20万元 100	■	■								
B（20）	25万元 100	■									
C（20）	60万元 100		■	■	■						
D（15）	50万元 75			■	■	■	■				
E（25）	50万元 40					■	■	■			
F（20）	10万元 10						■	■	■	■	
G（25）	0万元 0								■	■	■

第17章 价值工程

价值工程(Value Engineering,简称 VE)又称为价值分析(Value Analysis)、价值保证(Value Assurance)、价值改善(Value Improvement)、价值管理(Value Management)、价值研究(Value Research)和价值革新(Value Innovation)等,不同的企业有不同的用法,但这些术语在原理上是同义的。本书将这些术语总称为价值工程。

价值工程自创立至今的半个多世纪以来,无论是在理论研究上,还是在实际应用上都取得了长足的进步。价值工程从技术与经济相结合的角度,研究和提高产品、工程、服务等的价值,降低它们的成本,已经取得很好的技术经济效果。它摆脱了孤立地从技术方面或从经济方面去研究产品的开发设计、生产制造、经营管理和售后服务的做法,而采取两者紧密结合的方法,是符合客观规律的。

国内外实践表明,应用推广价值工程能获得极大的经济效益。价值工程已在工业生产、科学研究、企业经营管理、工程项目管理、农业生产及流通领域等各方面得到了广泛的应用,并取得了显著的经济效益,因此,它是一种提高价值、降低成本的科学方法。

17.1 价值工程基本理论

17.1.1 价值工程的产生背景

价值工程起源于美国,它是由美国通用电气(GE)的工程师劳伦斯·德洛斯·迈尔斯(Lawrence D 洛斯·迈尔斯,1904—1985)于 20 世纪 40 年代提出的。在第二次世界大战期间,美国军事工业迅速发展。但是由于战争原因,各种资源都匮乏。为保证军工产品的生产,急需解决短缺材料的供应问题,当时美国通用电气公司负责采购的副经理埃里查责成公司采购部的迈尔斯负责寻找廉价代用品,以降低成本。迈尔斯从功能分析出发,努力寻求与短缺材料具有同样功能的代用品,从而较好地保证了公司军工产品生产的材料供应。

美国通用电气公司当时需要大量的石棉板,而石棉板却供应紧张,价格昂贵。对此,迈尔斯提出了两个问题:"为什么要用石棉板?它的功能是什么?"经过调查得知,公司购买石棉板是为了在给产品喷刷涂料的时候,把它铺在地板上,避免弄脏地板,引起火灾。石棉板的功能一是保持清洁,二是防止火灾。弄清这两个问题后,迈尔斯又提出一个问题:"还有没有具有这种功能的其他材料?"经过细致的市场调查,迈尔斯找到了一种价格便宜、货源充足、不易燃烧的防火纸作为代用品,不仅实现了原来的功能,而且降低了成本费用。

此后,迈尔斯将这种思想运用到了产品设计中,力争以最低的成本实现产品功能。在实践的基础上,经过综合整理和归纳,迈尔斯在 1947 年《美国机械师》杂志上公开发表了《价值分析》一文。迈尔斯提出了价值工程的基本理论,标志着价值工程理论的正式诞生。迈尔斯从分析产品的功能,寻找代用材料开始,逐步从原材料采购发展到改进产品设计及制造过程。他在研究过程中发现,任何产品之所以有使用价值,是因为它具有能满足人们某种需要的功能。用户购买产品时,不仅要了解购买的产品是否具有自己所需要的性能(功能),而且还要衡量一下自己所付出的费用与产品所具备的功能是否相称,是否合算。鉴于这种分析,迈尔斯从中抽象出价值工程特有的"价值"概念,以及功能、成本和价值三者之间的关系,并把价值的计算公式化、定量化,给价值赋予明确的含义,即价值是功能与成本之比。

迈尔斯克服了各种保守思想的阻力,组成了专门研究小组,花了 5 年时间进行研究探索。通用电气公司投资 300 万美元支持这项工作,在头 17 年中就获得了不少于 2 亿美元的经济效益。20 世纪 50 年代初,价值工程这门管理技术基本成熟。

17.1.2 价值工程的定义

对于价值工程的定义,有各种不同的表述。价值工程的创始人迈尔斯为价值工程下的定义是:"价值工程是用整套专门技术、广泛知识和熟练技巧来实现的一种解决问题的系统,又是一种以有效识别不必要成本(即既不提供质量,也不提供用途、寿命、外观或顾客要求特性的成本)为目的的有组织的创造性方法。"

创立于 1959 年的"美国价值工程师协会(Society of American Value Engineer,简称 SAVE)"对价值工程的定义是:"价值工程是一种系统化的应用技术,通过对产品或服务的功能分析,建立功能的货币价值模型,以最低的总费用可靠地实现必要的功能。"

我国的国家标准《价值工程基本术语和一般工作程序》(GB8223—87)中对价值工程的定义是:"价值工程是通过各相关领域的协作,对所研究对象的功能与费用进行系统分析,不断创新,旨在提高所研究对象价值的思想方法和管理技术。"

以上对价值工程的定义,尽管表述不同,但其概念的精髓是一致的,其基本含义包括:

价值工程的核心是对研究对象进行功能分析,通过功能分析,找出并剔除不合理的功能和过剩的功能,从而降低成本,提高效益。定义中的"必要的功能",一方面是指"必不可少的功能,一定要实现",另一方面也意味着"过高的、超出了必要水平的功能是不需要的"。

对价值工程研究对象的成本分析要进行全寿命周期成本分析(Life-Cycle Cost,简称LCC),包括一次性的生产成本和经常性的使用成本,要注重降低全寿命周期成本,而不应仅仅考虑生产成本。

以下对定义中的几个重要名词加以说明。

1) 全寿命周期成本

企业生产一定种类和数量产品消耗费用的总和,即原料、动力、生产工人的工资及附加费用、废品损失、车间经费、企业管理费等项目的金额总和(原则上不包括销售费)称为生产成本,并以 C_1 表示;而用户为了占有和使用具有某种功能的产品、支付的费用(包括买到产品之后,在使用过程中所支付的运行、维修等费用)称为使用成本,并用 C_2 表示。那么,全寿命周期成本 C 就是生产成本与使用成本之和。可用下式表示:

$$C = C_1 + C_2 \tag{17-1}$$

那么,产品的成本与功能又是什么关系呢?通常情况下,要提高产品性能,生产成本就要提高;但提高了性能,使用成本则会降低,如图 17-1 所示。依据对象功能的水平高低,以

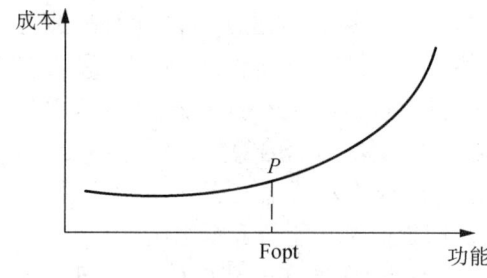

图 17-1 全寿命周期成本与功能的关系

P 为分界点把图形分为低功能区和高功能区。在低功能区，随着功能水平的提高，成本上升比较缓慢，曲线斜率较小；当功能水平提高到一定程度后，进入高功能区，继续提高功能，会引起成本的大幅度上升。由于功能和成本的相关性，在开展价值工程时，首先确定目标成本，再确定所需达到的功能水平，重点分析功能改进途径，以取得价值工程活动的成功。

2) 功能

美国国防部的价值工程手册把功能定义为具有某种意图的特定目的或用途。功能是通过设计或计划分配给某种对象的东西，这个对象如果指的是人，功能就是任务、职务、工作、操作；这个对象如果指的是物，功能就是功用、作用、用途。按迈尔斯的说法，人需要的不是物，而是功能。比如，顾客来到商店里说"买一个电灯泡"，但事实上他所要的并不是电灯泡这个物品，而是"发光"这个功能。"发光"就是电灯泡的目的或用途，就是回答"电灯泡是干什么用的"这个问题的。

对于价值工程定义中的"必要功能"，必须要有正确的理解，一般来说必要功能包括用户要求的功能和设计人员为实现用户要求而在设计上附加的功能这两个方面。

价值工程定义要求向用户提供必要的功能，这是因为在产品或其他价值工程对象中，通常存在着以下两方面问题：

① 存在不必要功能；

② 缺少必要的功能。

在通常情况下一定的功能总要支付一定的成本作为代价，不必要功能对用户来说属于多余功能。所以，用户事实上为不必要功能支付了多余成本。分清现有功能中哪些是必要功能，同时消除不必要功能，就可以避免支付多余成本。同时，如果发现研究对象缺少必要的功能，就可以设法弥补功能的不足，满足用户的功能要求。

3) 价值

我国价值工程国家标准 GB8223—87 对价值的定义是：对象所具有的功能与获得该功能的全部费用之比，即：

$$价值 = 功能 / 成本$$

或记为：
$$V = F/C \tag{17-2}$$

式中，V 为价值；F 为功能；C 为全寿命周期成本。

我们一般把功能的必要程度以金额来表示，说它值多少钱，这就是说金额是衡量功能的尺度。例如，对于"发光"的功能，根据它的必要程度，判断出它值 100 元。如果为了得到这种功能而要付出 200 元成本的话，就可以判断出它的价值是低的。

$$V = F/C = 功能 / 成本 = 100 元 / 200 元 = 0.5$$

这样用金额来衡量功能，在价值分析中称为功能评价。于是，价值 V 就成为能够衡量的了。

价值工程的根本目标在于提高项目的价值。项目价值的公式明确地反映出项目价值、功能和成本三者之间的关系，它说明项目的功能和成本是决定项目价值的两个根本因素，人们要提高项目价值就需要参照表 17-1 中给的五种途径去做。

表 17-1　　　　　　　　　　　　　项目价值提高的途径

途径	功能 F	成本 C	价值 V
1	↑	—	↑
2	—	↓	↑
3	↑	↓	↑↑
4	↑↑	↑	↑
5	↓	↓↓	↑

其中↑代表上升，—代表不变，↓代表下降，↑↑代表大大上升，↓↓代表大大下降。

对于上表给出的五种提升项目价值的途径，细化说明如下：

(1) 在产品成本不变的条件下，通过提高产品的功能，达到提高产品价值的目的；

(2) 保持产品功能不变的条件下，通过降低成本达到提高产品价值的目的；

(3) 在提高产品功能的同时，又降低产品成本，这是提高价值最为理想的途径；

(4) 产品功能有较大幅度提高，产品成本有较少提高；

(5) 在产品功能略有下降、产品成本大幅度降低的情况下，也可以达到提高产品价值的目的。

17.1.3　价值工程与项目管理

价值工程方法是与提升产品价值相关的知识体系，该产品可以是一台新设备、一个生产的项目或者一套管理程序。价值工程方法的应用产生于价值研究的过程。

有经验的项目经理会意识到，在价值研究的管理和项目的管理之间存在相似之处。实际上，价值研究就是项目，它符合一个项目所有的标准。任何组织中的项目经理都应该对价值工程有基本的了解，并且知道怎样用它来改进他们的项目成本、功能和价值。

应用价值工程进行项目管理是实现项目管理成本控制的有效手段之一，尤其对于那些资金有限、受资源约束强的项目。在当前激烈的市场竞争条件下，成本是构成竞争优势的一个主要方面，为了减少成本，赢得市场，将价值工程运用到项目管理中势在必行。

然而，在项目管理过程中应用价值工程一定要注意管理的技巧和方法。要注意整个项目管理过程中人员数量要适当，采用目标管理的原则，将目标层层分解具体到每个人，充分地调动人的积极性和创造性，并且还要注重对人的激励。同时，管理者不但自己要掌握价值工程的基本知识和原理，还要传递到项目管理的每个角落、每个员工身上，及时发现问题和解决问题。

价值工程是最早意识到将由不同技术背景的个人组成的团队的协同效能发挥作用的学科之一。因此，价值工程是一个团队进程，它要求价值管理团队的成员一起协调工作。管理者应该把价值管理团队当作项目团队的扩展，并想办法把客户或者用户、项目团队和项目利益相关者都作为整个团队努力的一部分。

17.2 项目实施不同阶段价值工程的应用

开展价值工程活动的重点是项目启动和规划阶段,在这个阶段,可以对产品的功能和成本进行综合考虑,这关系到价值工程活动最终是否能取得成功。而在项目实施阶段,只能对产品的功能和成本进行幅度较小的改善,此时再推进价值工程,得到的效果就不如前期那么明显,如图17-2所示。因此,越在项目的早期采取措施,项目节约的可能性也越大;随着时间的推移,实施变更所花费的成本将越来越大。

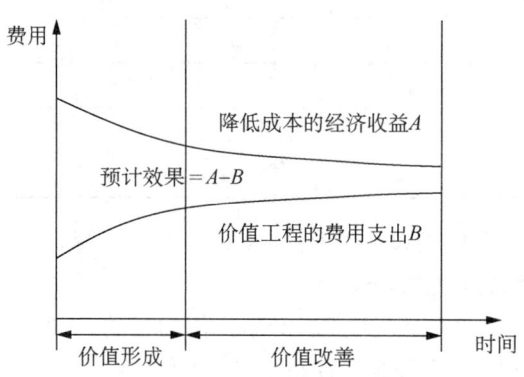

图 17-2 项目实施不同阶段价值工程的经济效益

(1) 项目的启动和规划阶段。首先,项目启动阶段的投资机会研究是价值工程的第一步。对象选择主要是为了确定项目的投资领域和方向;确定对象之后,就要进行详细的情报资料的搜集,即投资前期的项目可行性研究阶段。一般而言,情报资料搜集的全面与否是影响项目成本控制的重要因素,也是决定项目成败的一个关键问题。在搜集情报之后,还需要进行整理分析,全方位、多角度地进行科学合理的项目投资决策,避免将来的失误和损失。价值工程选择对象的原则是:优先选择改进潜力大、效益高、容易实施的对象。

(2) 项目的执行和控制阶段。其次,在项目的执行和控制阶段引入价值工程。项目的执行阶段是整个项目的核心,前期的所有工作都是为了使这个过程顺利进行。利用价值工程的功能系统分析和功能评价对这个过程进行成本监控,从而减少不必要的功能和资源的浪费。在项目的执行和控制阶段引入价值工程是相当重要的,价值工程从项目执行和控制阶段各个组成部分的功能入手,消除不必要的环节和功能,有效地利用资源,提高项目的经济效益。

(3) 项目的收尾阶段。最后,在项目的收尾阶段引入价值工程。收尾阶段是项目完成后投入使用以产生经济效益,实现其功能的过程。尤其是在项目投入使用后也要产生费用,即使用成本,而价值工程追求的就是生产成本和使用成本最低。在项目投入使用后,从功能分析入手,评价其功能和价值,找出缺陷,寻求改进的方法,从而使项目的功能更加完善。

17.3 价值工程的实施步骤

价值工程活动的过程,就是发现问题、分析问题、决策和解决问题的过程。具体地讲,就是对分析对象(产品、零部件、作业等)确定工作活动的步骤,寻找在功能和成本上存在的问题,从而提出切实可行的方案,求得问题的解决,以达到提高研究对象价值的目的。

经过长期的实践,价值工程已经形成了自己独特的、系统的、科学的工作程序。根据我国的国家标准《价值工程基本术语和一般工作程序》(GB8223—87),整个活动过程划分为准备阶段、分析阶段、创新阶段和实施阶段,包括对象选择、组成价值工程工作小组、制订工作计划、收集整理信息资料、功能系统分析、功能评价、方案创新、方案评价、提案编写、审批、实施与检查和成果鉴定十二个基本步骤。这些阶段、步骤大体有个先后顺序,但其内容有些可以相互交叉。根据价值工程对象的复杂程度和重要程度以及工作人员水平不同,具体步骤的划分可以精细一些,也可以粗略一些。但程序中的内容决不应随意省略,必要的步骤也不能轻易跳过。否则,就会影响价值工程的质量和效率,浪费人力、物力和时间。

现列举价值工程工作程序如表17-2所示。

表17-2　　　　　　　　　　　　价值工程工作程序

阶段	步骤	价值工程提问
准备阶段	对象选择	它是什么
	组成价值工程工作小组	围绕它需要做哪些准备工作
	制订工作计划	
分析阶段	收集整理信息资料	它的功能是什么,它的成本是多少,它的价值是多少
	功能系统分析	它的功能是什么
	功能评价	它的成本是多少,它的价值是多少
创新阶段	方案创新	有无替代方案实现这个功能
	方案评价	新方案的价值是多少
	提案编写	新方案能满足功能要求吗
实施阶段	审批	怎样保证新方案的实施
	实施与检查	
	成果鉴定	价值工程的效果有多大

各步骤的主要工作内容如下。

1) 准备阶段

(1) 对象选择。根据客观需要,选择价值工程的对象并明确目标、限制条件和分析范围。

(2) 组成价值工程工作小组。根据不同的价值工程对象,选择合适的人员,组成工作小组。

(3) 制订工作计划。工作小组应制订具体的工作计划,包括具体执行人、执行日期、工作目标等。

2) 分析阶段

(1) 收集整理信息资料。由工作小组负责收集整理与对象有关的一切信息资料,收集整理信息资料的工作贯穿于价值工程的全过程。

(2) 功能系统分析。通过分析信息资料,用动词和名词的组合简明正确地表述各对象的功能,明确功能特性要求,并绘制功能系统图。

(3) 功能评价。改进原有对象,需做如下工作:

① 用某种数量形式表述原有对象各功能的大小;

② 求出原有对象的各功能目前成本;

③ 依据对功能大小与功能目前成本之间关系的研究，确定应当在哪些功能区域改进原有对象，并确定功能目标成本。

创造新对象应确定功能的目标成本，作为创新、设计的评价依据。

3) 创新阶段

(1) 方案创新。针对应改进的具体目标，依据已建立的功能系统图、功能特性和功能目标成本，通过创造性的思维和活动，提出各种不同的功能实现方案。

(2) 方案评价。从技术、经济和社会等方面评价所提出的各种方案，看其是否能实现规定的目标，然后从中选择最佳方案。

(3) 提案编写。将选出的方案及有关的技术经济资料和预测的效益编写成正式的提案。

4) 实施阶段

(1) 审批。主管部门应对提案组织审查，并由负责人根据审查结果签署是否实施的意见。

(2) 实施与检查。根据具体条件及提案内容，制订实施计划和组织实施，并指定专人在实施过程中跟踪检查，记录全过程的有关数据资料。必要时，可再次召集价值工程工作小组提出新的方案。

(3) 成果鉴定。根据提案实施后的技术经济效果，进行成果鉴定。从选择对象到成果鉴定，就算开展了一次价值工程活动。由于实践和认识是一个不断深化的过程，一次价值工程活动成果不一定令人满意，因而可以反复开展价值工程活动，直至取得比较理想的成果为止，这是一个动态的过程，如图 17-3 所示。

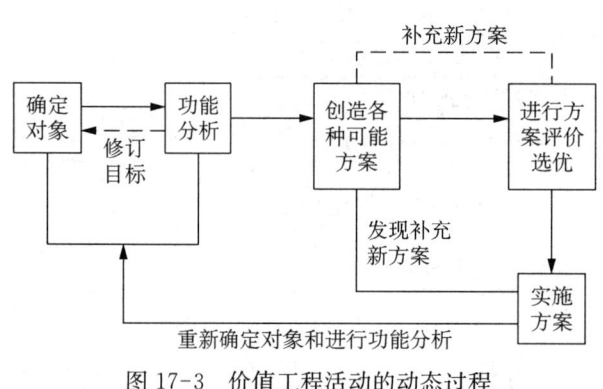

图 17-3　价值工程活动的动态过程

17.4　价值工程常用方法

对象选择、功能系统分析、功能评价、方案创新、方案评价和成果鉴定是价值工程实施的六个关键步骤，每一个步骤都要用到多种多样的方法，下面介绍其中比较常用的方法。

17.4.1　对象选择的方法

对象选择是价值工程的第一个基本步骤，也是进行价值工程研究中所面临的第一个挑战。特别是对于那些进行价值研究有着资金限制，或者仅仅因为有太多的潜在对象而不能做出选择的大机构来说，就非常有必要仔细考虑并选择那些可能获得最大的投资收益的对象。在选择对象的过程中，主要采取以下几种方法。

1) ABC 分析法

ABC 分析法也称成本比重分析法或帕累托（Parete）分配律法。帕累托是意大利经济学家,他在研究资本主义国民财富的分配状况时,发现这样一个分配规律:占人口比例不大的少数人占据社会财富的大部分。后来,人们把这种不均匀分配规律用于成本分析、库存管理分析等许多经营管理问题中。将帕累托分配律应用于产品成本分类上,通过成本分析可以发现:占零件总数 10%左右的零件,其成本往往占整个产品的 60%~70%,这类零件可划为 A 类;占零件总数 20%左右的零件,其成本也占总成本的 20%,这类零件可划为 B 类;占零件总数 70%左右的零件,其成本仅占总成本的 10%~20%,这类零件

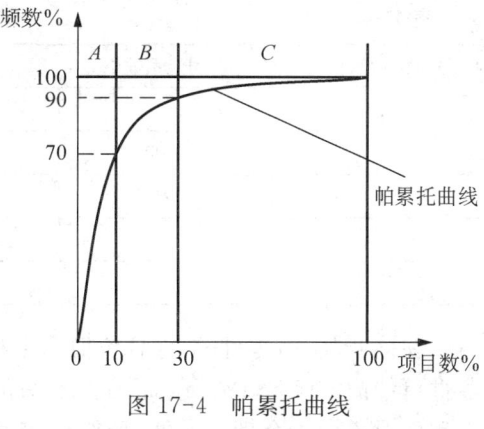

图 17-4　帕累托曲线

可划为 C 类,如图 17-4 所示。人们利用这种分类的办法,可以实现对零件的分类控制。这就是 ABC 分析法。

当产品不是可分的机械产品,而是矿产、冶金、化工和纺织等不可分的连续产品或工艺时,我们可以从成本构成的角度进行分类,如分为材料费、动力费、工时费及折旧费等,并计算出各类费用所占总费用的百分比重,把比重大的项目作为 A 类对象予以选择。ABC 法是最常用的一种方法,它的优点是能抓住重点,把数量少而成本大的零件或工序选为价值工程对象,利于集中精力,重点突破,取得较大成果。这一方法的缺点,在于有时现实成本虽属 C 类,但功能却十分重要,开展价值工程很有潜力,然而却未被选为对象。因此,在采用此法的同时,最好结合其他方法来综合分析,避免应入选的对象未被选中。

2) 百分比法(费用比重分析法)

这种方法是通过分析各个产品的两个或两个以上的技术经济指标所占的百分比来选定分析对象的。例如,某厂有六个产品,它们的成本和利润的百分比如表 17-3 所示。

表 17-3　　　　　　　　　某厂产品成本利润百分比表

产品名称	A	B	C	D	E	F	合计
成本(万元)	85	10	5	25	8	7	140
占比	60.7%	7.1%	3.6%	17.9%	5.7%	5%	100%
利润(万元)	28	4	2	3	5	4	46
占比	60.9%	8.7%	4.3%	6.5%	10.9%	8.7%	100%

由上表可知,D 产品的成本占总成本 17.9%,而利润只占总利润 6.5%。因此,应选择 D 产品作为价值工程重点对象。

3) 最合适区域法

最合适区域法最早由日本的田中教授提出,是对价值系数判别法的改进。即使两个零件价值系数相同,其成本系数和功能系数的绝对值往往也不相同,因而在选择价值工程的对象时,不能简单地把价值系数相同的对象同等看待,而要优先选择对产品实际影响大的对象。例如,某产品有 A、B、C、D 四个零部件,有关数据见表 17-4。

表 17-4　　某产品相关数据

零件名称	功能系数	现实成本/元	成本系数	价值系数
A	0.24	600	0.3	0.8
B	0.08	200	0.1	0.8
C	0.34	800	0.4	0.85
D	0.34	400	0.2	1.7
合计	1.00	2 000	1.00	

在该产品中,零件 A 与 B 价值系数相同。但是,若把二者的价值系数都提高到 1,则 A 零件可使成本降低 120 元,而 B 产品只能使成本降低 40 元,因此优先选取 A 零件作为价值工程的对象更为合理。另外,虽然 C 零件的价值系数高于 B 零件,按照价值系数判别法应该优先选 B 零件作为价值工程对象。但是,将 B 零件的价值系数提高到 1,总成本降低 40 元,而将 C 零件选为价值工程的对象,可使总成本降低 120 元,因此应优先选取 C 零件作为价值工程的对象。由此可见,不能仅依据价值系数选择价值工程的对象,还应该综合考虑功能系数与成本系数的绝对值,严格控制功能系数和成本系数过大的对象,保证不漏掉重点对象。

最合适区域法正是基于这一原理提出来的对象选择方法。所谓最合适区域,就是指成本系数和价值系数匹配的区域,落在这一区域内的对象,即使价值系数偏离 1 也可以不选为价值工程的对象。

最合适区域的画法如下:以成本系数为横坐标,功能评价系数为纵坐标,则与 X 轴或 Y 轴夹角为 45°的直线即为价值系数为 1 的标准线 $V=1$;再以 $Y_1=\sqrt{X^2+2S}$,$Y_2=\sqrt{X^2-2S}$ 作两条曲线,两条曲线所包络的阴影部分即为最合适区域。如图 17-5 所示。

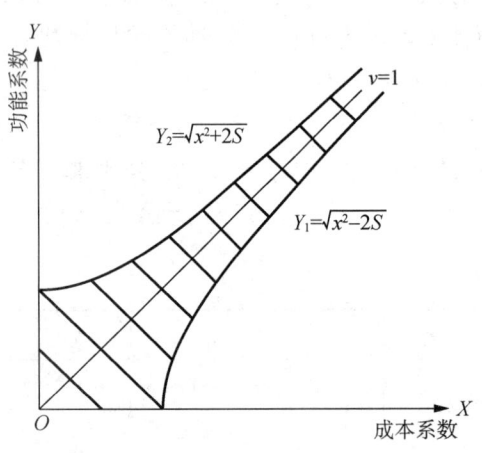

图 17-5　最合适区域法

只要确定了常数 S 的值,就可以在坐标图中画出最合适区域。S 的取值是否恰当,决定了最合适区域的可信度。在实践过程中,可以多次试验,代入不同的 S 值,直到获得满意的结果。

例如,某产品有 5 个零部件,各零部件的功能系数、成本系数、价值系数如表 17-5 所示。

表 17-5　　某产品功能系数、成本系数、价值系数表

零件编号	零件名称	功能系数	成本系数	价值系数
1	A	5.43%	9.72%	0.55
2	B	18.45%	11.32%	1.63
3	C	21.82%	21.44%	1.02
4	D	8.32%	24.28%	0.34
5	E	23.65%	18.21%	1.30
6	F	22.33%	15.03%	1.49

通过多次试验,最终取 $S=50$,在坐标上做出 $Y_1=\sqrt{X^2+100}$ 和 $Y_2=\sqrt{X^2-100}$ 两条曲线,得到最合适区域,如图 17-6 所示。

图中,A、C 都在最合适区域内,可以不作为价值工程的对象,B、D、E、F 都在最合适区域外,特别是 D 零件,远离最合适区域,可选为价值工程的对象。

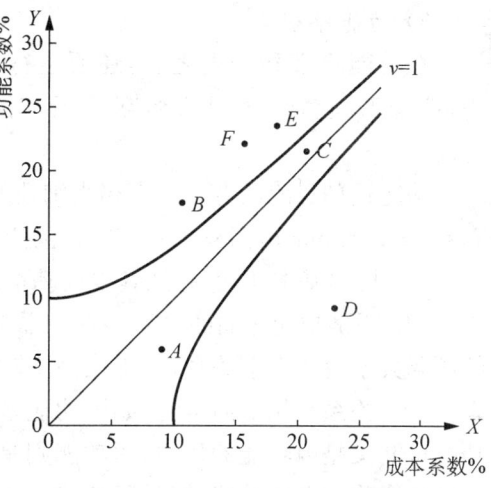

图 17-6　最适合区域与对象选择

17.4.2　功能系统分析的方法

价值工程的核心是对与生产成本相联系的产品功能进行深入、细致的分析,只有这样才能提出更好的方案来消除多余的和过高的性能,才能提高某些必要的功能。功能分析分为三个阶段。

1) 功能定义

即把价值工程对象及其组成部分的功用以及它与别的事物的区别明确地表达出来,这样才能明确用户所要求的功能,便于进行功能评价。

定义功能的第一个原则就是仅用两个词来说明———一个动词和一个名词。

动词用来回答"它能做什么"的问题,问题的关注点在于用途,而不是产品或设计本身,从而引出了功能方法的内涵,这和传统的降低成本方法完全不一样。传统的成本降低回答的是"它是什么",关注点是"如何使它更便宜",而很少考虑功能或者用户的需求。

回答完"它能做什么"之后,用一个动词来定义所要采取的行动(比如生产、控制、汲取、发行、保护及传输等),第二个问题是"做这个干什么",用一个名词来回答它。这个名词必须是可数的,或者至少是可以度量的。因为在评估阶段中涉及成本和性能与功能时,需要一个具体的度量。用一个可数名词加上一个主动动词来描述的也称为工作功能,比如:传送负载、支撑屋顶等。

在功能定义中,如果使用一个被动动词加一个不可数名词时,这种表达方式则属于销售功能,属于定性描述,如改进外观、降低影响、增强方便性能等。

2) 功能分类

价值工程对象及其组成部分的功能,其重要程度是不同的,作用也不同,对它们进行分类研究,就便于区别对待。功能可分为基本功能与辅助功能,基本功能就是为达到使用目的所不可缺少的重要功能;辅助功能也叫二次功能,是在设计中选择了某种构思而加上的功能,是可以改动的。在功能分析中,辨别这两种功能有重要的意义。例如,高架投影仪的基本功能是放映图像。同时,也会具有很多其他的附属功能,如能量转换、产生光源、影像聚焦、影像放大、传送电流、和承受压力等。其他的功能还包括,如产生热量和产生噪音等不利功能,以及与外观设计相关的加强装饰等。

3）功能整理

在功能定义和分类之后，还要进行功能的整理，其目的是为了检查功能定义是否准确，明确不同功能之间的相互关系，对部分功能进行删减和补充，做出产品的功能系统图。

功能整理目前已有了一套相当细致的方法，叫作功能分析系统技术（Function Analysis System Technique，简称 FAST），它包括以下三个步骤。

（1）挑出基本功能，并把其中最基本的挑出来，排列在左端，叫作最上位功能。

（2）明确功能之间的关系。在产品的各功能之间，存在着所属关系或并列关系。功能的所属关系也叫上下关系，是指在一个功能系统中某些功能之间存在着的目的和手段的关系。上下关系是相对而言的，如甲功能是乙功能的目的，乙功能是实现甲功能的手段；而乙功能可能又是丙功能的目的，丙功能则是实现乙功能的手段，以此类推。从排列关系上，把目的功能称为上位功能，把手段功能称为下位功能。当对一个功能追问"它的目的是什么"时，就可以找到它的上位功能；当追问"实现手段是什么"，就可以找到它的下位功能，如图 17-7 所示。

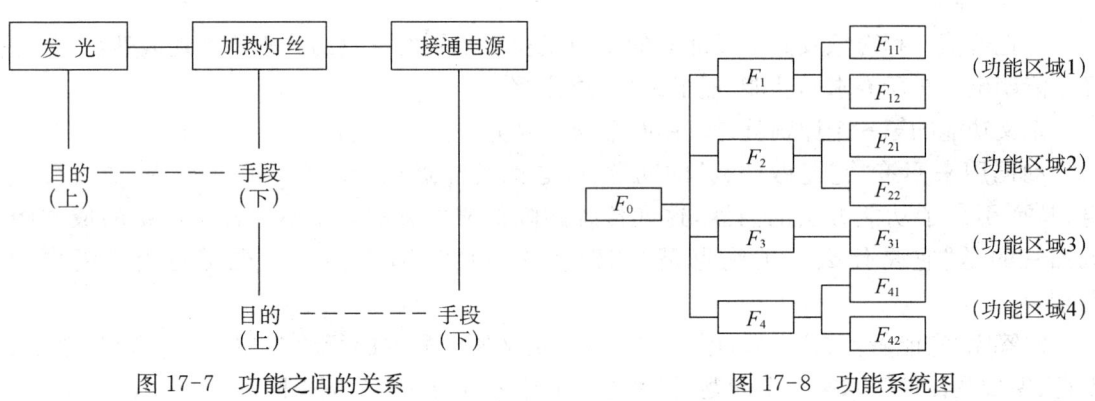

图 17-7　功能之间的关系　　　　图 17-8　功能系统图

功能的并列关系是指在较为复杂的功能系统中，在上位功能之后，往往有几个并列的功能存在，这些并列的功能又可能各自形成一个功能系统，构成一个功能区域，称之为"功能领域"或"功能范围""功能区域"。如果我们按照功能之间的这种上下与并列的逻辑关系，把产品的全部功能加以整理，就可以得出表示对象功能关系的功能系统图。

（3）画出功能系统图。对功能定义做必要的修改、补充或取消后，按照功能之间的上下与并列的逻辑关系，把产品的全部功能加以整理，就可以得出表示对象功能关系的功能系统图，如图 17-8 所示。

FAST 图的结构分为两个部分，从左至右方向关于"怎么办—为什么"的逻辑问题以及下方的"什么时候"的问题。为了加强功能关系之间的联系，必须增加几个额外的相关元素。FAST 图的基本元素如图 17-9 所示。

下面以一次性打火机为例，用 FAST 图来分析它的功能。尽管 FAST 图非常简洁，但是你仍会觉得一个简单打火机的功能竟然这么复杂，总共有 16 个附属功能来实现其基本功能，如图 17-10 所示。

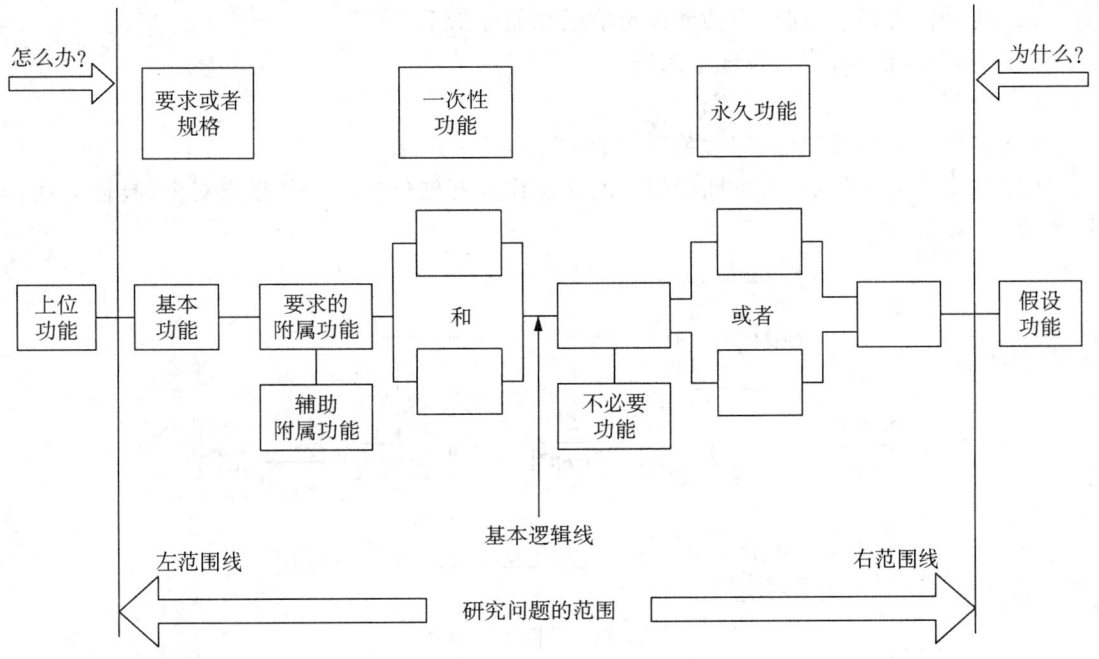

图 17-9　FAST 图的基本结构

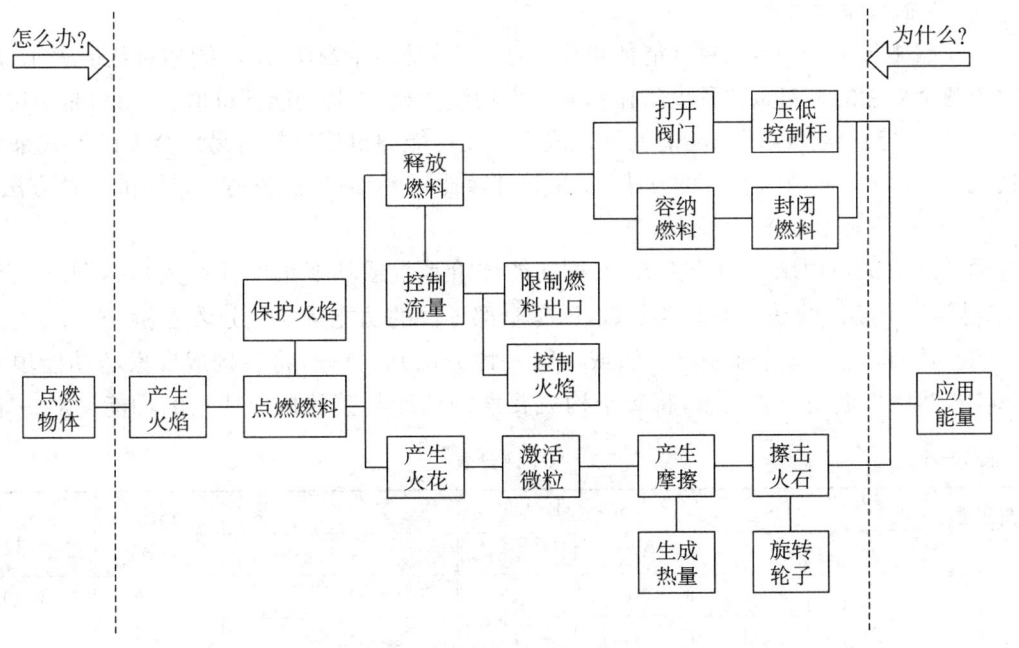

图 17-10　一次性打火机 FAST 图

17.4.3　功能评价的方法

对功能分析所确定的功能领域进行数量化，并定量地评价功能价值，选出功能价值低、改善期望值大的功能作为价值工程的重点对象等工作，称为功能评价。功能评价一般包括以下步骤，如图 17-11 所示。

(1) 将功能数量化,即求出功能评价值或功能评价系数;
(2) 确定功能现实成本及成本系数;
(3) 计算功能价值 $V = F/C$;
(4) 计算成本降低幅度,即改善期望值 ($C_a = C - F$);
(5) 选择功能价值低、改善期望值大的功能作为开展价值工程的重点对象(具体方法详见本章 17.4.1 节)。

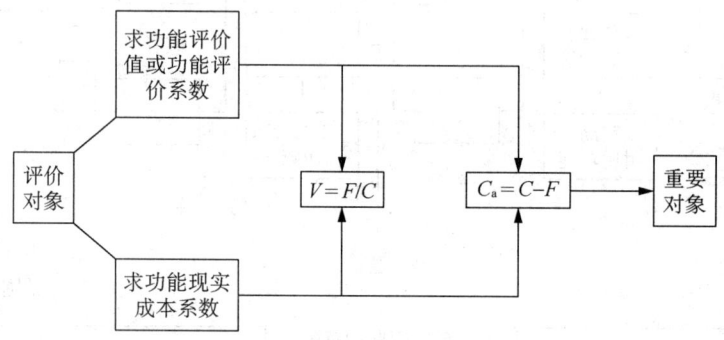

图 17-11　功能评价步骤

功能评价各步骤所应用的方法如下。

1) 功能数量化方法

在实践中最常见的有两种功能数量化方法:一是功能指数法,用功能相对数值表示,即通过比较各个功能的相对重要程度的比较来得出功能指数;二是功能评价值法,用功能绝对数值表示,即将功能转换为实现该功能的最低成本。在功能评价值比较容易以金额的形式来表达的情况下,比较适合采用后一种方法;而在其计算比较困难时,比较适合采用前一种方法。

第一种,功能指数法(相对值法)。

通过此方法可以求出功能指数(又称功能评价系数或功能重要性系数)f_i,即 F_i/F,其中 F_i 是第 i 个零件的功能重要性分数,F 是全部零件的功能重要性分数之和。

(1) 01 评分法(又称强制评分法或一对一评分法)。首先,将各构成要素的功能填入表 17-6 中,然后根据用户的要求,将每个构成要素的功能与其他构成要素的功能一对一地进

表 17-6　　　　　　　　　　01 评分表

要素功能名称	一对一比较结果						功能得分	功能评价系数
	A	B	C	D	E	F		
A	×	0	0	1	1	1	4	0.19
B	1	×	0	1	1	1	5	0.24
C	1	1	×	1	1	1	6	0.29
D	0	0	0	×	0	0	1	0.05
E	0	0	0	1	×	1	3	0.14
F	0	0	0	1	0	×	2	0.09
合计							21	1.00

(注:自己与自己比算得 1 分)

行对比,重要的一方打 1 分,次要的一方打 0 分(表第 2 栏),再把每个功能的得分相加起来求得每个功能重要程度得分数(表第 3 栏);最后,将功能重要程度得分数除以全部功能得分数之和,即求得该功能重要性系数(表第 4 栏)。

这种方法具有直观、简单、容易计算,不仅可以求得各功能的重要次序,而且可以计算出各功能大小等优点,因而被广泛应用。

(2) DARE 法。DARE 法(Decision Alternative Ratio Evaluation system,简称 DARE)即确定方案系数评价法,本来是一种方案评价的方法,也可用于功能评价。这种方法利用两种功能或功能区相互比较后定出来的系数,对功能进行评价,如表 17-7 所示。表中功能 F_1、F_2、F_3、F_4、F_5 为评价项目。暂定重要性系数一栏是功能两两相比后所得的比值。例如评价 F_1 的重要性为 F_2 的 2 倍,F_2 为 F_3 的 2 倍,F_3 为 F_4 的 3 倍,F_4 为 F_5 的 2.5 倍等。它们修正的方法是将最下面的功能 F_5 定为 1,再自下而上地逐个相乘,得修正后重要性系数。以合计数为分母,各功能修正后重要性系数为分子相除后即得各功能的功能重要性系数。

表 17-7　　　　　　　　　　DARE 法评分表

功能	暂定重要性系数	修正后重要性系数	功能重要性系数
F_1	2.0	30	0.54
F_2	2.0	15	0.27
F_3	3.0	7.5	0.13
F_4	2.5	2.5	0.04
F_5		1.0	0.02
合计		56.0	1.00

(3) 其他方法。其他方法包括流程比例法、分功能评价法、评分树法和逻辑判断评分法等,有兴趣的读者可以参阅相关资料。

第二种,功能评价值法(绝对值法)。

所谓功能评价值,是指实现功能的最低成本。功能评价值法,就是要测定实现这一功能的最低成本——功能评价值(金额),以便与实现这一功能的现实成本相比较。

(1) 理论价值计算法。根据工程计算公式和某些费用标准,如材料价格等加以适当变换,求出功能和成本的关系式。这种计算方法一般只适用于可以利用公式进行定量计算的"传递力矩""导电""支承负载"等功能。

(2) 经验估算法。这种方法是由一些有经验的人对实现某项功能提出初步设想的几个方案,并需估算出各个方案的成本。按每人所估算的值取平均数作为方案的成本。在各个方案中选取最低值就是功能的目标成本。此种方法有时不够准确,只适宜于在资料不足的情况下使用。

2) 功能现实成本计算方法

第一步,功能现实成本的计算。

功能现实成本的计算与一般的传统成本核算既有相同点,也有不同之处。两者相同点是指它们在成本费用的构成项目上是完全相同的,如建筑产品的成本费用都是由人工费、材料费、施工机械使用费、措施费、规费和企业管理费等构成；而两者的不同之处在于功能现实成本的计算是以对象的功能为单位，而传统的成本核算是以产品或零部件为单位。因此，在计算功能现实成本时，就需要根据传统的成本核算资料，将产品或零部件的现实成本换算成功能的现实成本。具体地讲，当一个零部件只具有一个功能时，该零部件的成本就是它本身的功能成本；当一项功能要由多个零部件共同实现时，该功能的成本就等于这些零部件的功能成本之和。当一个零部件具有多项功能或同时与多项功能有关时，就需要将零部件成本根据具体情况分摊给各项有关功能。表 17-8 所示即为一项功能由若干零部件组成或一个零部件具有几个功能的情形。

表 17-8　　　　　　　　　　功能实现成本计算表

零部件			功能区或功能领域					
序号	名称	成本(元)	F_1	F_2	F_3	F_4	F_5	F_6
1	甲	300	100		100			100
2	乙	500		50	150	200		100
3	丙	60				40		20
4	丁	140	50	40			50	
		C	C_1	C_2	C_3	C_4	C_5	C_6
合计		1 000	150	90	250	240	50	220

第二步，成本指数的计算。

成本指数是指功能的现实成本在全部成本中所占的比率。其计算式如下：

$$\text{第 } i \text{ 个评价对象的成本指数 } C_I = \frac{\text{第 } i \text{ 个评价对象的现实成本 } C_i}{\text{全部成本}} \quad (17-4)$$

17.4.4　方案创新的方法

方案创新是价值工程取得成功的关键一步，因为前面的对象选择、功能系统分析、功能评价等步骤都是为方案创新服务的，只有创造出高价值的创新方案，才能体现出前面工作的意义。方案创新的过程是思想高度活跃、进行创造性开发的过程。为了引导和启发创造性的思考，可以采取各种方法，比较常用的方法有头脑风暴法、德尔菲法、歌顿法和专家检查法等，下面着重介绍歌顿法和专家检查法：

（1）歌顿(Gorden)法。这是美国人歌顿在 1964 年提出的方法。这个方法也是在会议上提方案，但究竟研究什么问题，目的是什么，只有会议的主持人知道，以免其他人受约束。例如，想要研究试制一种新型剪板机，主持会议者请大家就如何把东西切断和分离提出方案。当会议进行到一定时候再宣布会议的具体要求，在此联想的基础上研究和提出各种新的具体方案。这种方法的指导思想是把要研究的问题适当抽象，以利于开拓思路。在研究到新方案时，会议主持人开始并不全部摊开要解决的问题，而是只对大家做抽象笼统的介绍，要求大家提出各种设想，以激发出有价值的创新方案。这种方法要求会议主持人机智灵活、提问得当。提问太具体，容易限制思路；提问太抽象，则方案可能离题太远。

（2）专家检查法。这个方法不是靠大家想办法，而是由主持设计的工程师做出设计，提出完成所需功能的办法和生产工艺,然后顺序请各方面的专家(如材料方面的、生产工艺的、工艺装备的、成本管理的、采购方面的)审查。这种方法先由熟悉的人进行审查,以提高效率。

17.4.5 方案评价的方法

在方案创新阶段提出的设想和方案是多种多样的,能否付诸实施,就必须对各个方案的优缺点和可行性进行分析、比较、论证和评价,并在评价过程中进一步完善有希望的方案。方案评价包括概略评价和详细评价两个阶段。其评价内容都包括技术评价、经济评价、社会评价以及综合评价,如图 17-12 所示。

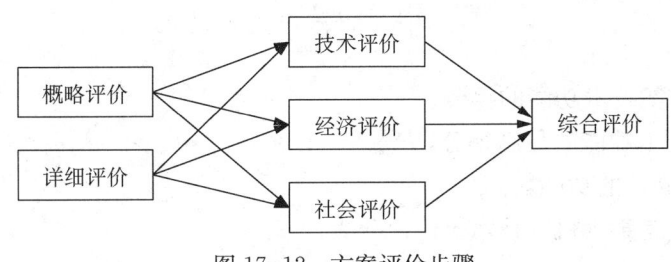

图 17-12　方案评价步骤

1) 概略评价

概略评价是对方案创新阶段提出的各个方案设想进行初步评价,目的是淘汰那些明显不可行的方案,筛选出少数几个价值较高的方案,以供详细评价做进一步的分析。概略评价的内容包括以下几个方面:

(1) 技术可行性方面,应分析和研究创新方案能否满足所要求的功能及其本身在技术下能否实现;

(2) 经济可行性方面,应分析和研究产品成本能否降低和降低的幅度,以及实现目标成本的可能性;

(3) 社会评价方面,应分析研究创新方案对社会利害影响的大小;

(4) 综合评价方面,应分析和研究创新方案能否使价值工程活动对象的功能和价值有所提高。

2) 详细评价

详细评价是在掌握大量数据资料的基础上,对通过概略评价的少数方案,从技术、经济、社会三个方面进行详尽的评价分析,为提案的编写和审批提供依据。详细评价的内容包括以下几个方面。

(1) 技术可行性方面,主要以用户需要的功能为依据,对创新方案的必要功能条件实现的程度做出分析评价。

(2) 经济可行性方面,主要考虑成本、利润、企业经营的要求;创新方案的适用期限与数量;实施方案所需费用、节约额与投资回收期以及实现方案所需的生产条件等。

(3) 社会评价方面,主要研究和分析创新方案给国家和社会带来的影响(如环境污染、生态平衡、国民经济效益等)。

(4) 综合评价方面,是在上述三种评价的基础上,对整个创新方案的诸因素做出全面系统的评价。

3) 方案综合评价方法

用于方案综合评价的方法有很多,常用的定性方法有德尔菲(Delphi)法、优缺点列举法等;常用的定量方法有直接评分法、加权评分法、比较价值评分法、DARE 法、强制评分法和几何平均值评分法等,下面主要介绍直接评分法与加权评分法。

(1) 直接评分法。直接评分法首先从技术价值对方案进行评价,首先邀请专家对方案的各项技术功能进行进行评分,分值可以设定为 0~4 分,分数越高说明该功能的表现越好。评分后即可求得技术价值系数 X。技术价值系数 X 的计算公式为:

$$X = \frac{\sum P}{n P_{max}} \tag{17-5}$$

式中　P ——各方案技术功能的得分;

　　　P_{max} ——技术功能的最高得分,$P_{max} = 4$;

　　　n ——需要满足的功能数。

例如,表 17-9 是某手机的技术价值评分表。

表 17-9　　　　　　各手机方案的技术价值评分表

技术功能目标	A	B	C	D
通话质量	4	3	2	2
网络速度	3	3	1	1
拍照效果	0	4	0	2
游戏性能	2	3	1	2
显示效果	3	2	1	1
外观样式	1	3	2	3
$\sum P$	13	18	7	11
技术价值系数 X	0.54	0.75	0.29	0.46

求得技术价值系数后,再从经济价值的角度对方案进行评价。经济价值系数 Y 的计算公式为:

$$Y = \frac{H_{理} - H}{H_{理}} \tag{17-6}$$

式中　$H_{理}$ ——理想成本;

　　　H ——新方案的预计成本。

求得技术价值系数与经济价值系数后,即可对方案进行综合评价,综合评价系数 K 的计算公式为:

$$K = \sqrt{XY} \tag{17-7}$$

表 17-10 是最终的手机方案综合评价表。

表 17-10　　　　　　　　　　　　　手机方案的综合评价表

方案名称	新方案的预计成本 H(元)	理想成本 $H_理$(元)	经济价值系数 Y	技术价值系数 X	综合评价系数 K
A	800	1 000	0.2	0.54	0.33
B	900	1 000	0.1	0.75	0.27
C	550	1 000	0.45	0.29	0.36
D	600	1 000	0.4	0.46	0.43

从表中可以看出，D 方案的综合评价系数最高，所以选择 D 方案为最佳方案。

（2）加权评分法。加权评分法又称矩阵评分法。这种方法是将功能、成本等各种因素，根据要求的不同进行加权计算，权数大小应根据它在产品中所处的地位而定，算出综合分数，最后与各方案寿命周期成本进行综合分析，选择最优方案。加权评分法主要包括以下四个步骤：

① 确定评价项目及其权重系数；
② 根据各方案对各评价项目的满足程度进行评分；
③ 计算各方案的评分权数和；
④ 计算各方案的价值系数，以较大的为优。

17.4.6　成果鉴定的方法

价值工程的实施阶段包括审批、实施与检查和成果鉴定三个步骤，其中对于前两个步骤，不同的项目可能采取不同的方法，这是视具体项目而量身定制的，这里不再赘述。第三个步骤的成果鉴定是在价值工程工作结束后，对价值工程的活动成果进行考核和评价，包括以下一些评价方法：

（1）技术性考核评价。对技术效果的考核，主要是看产品功能的改善程度如何，如各项性能指标、质量、寿命、外观、可靠性、安全性、操作性、维修性、系统的和谐与外部环境的协调等，都应逐一加以考察，这种考察总的来说可以用价值改进系数来表示。价值改进系数是通过开展价值工程活动前后对产品的价值进行比较的一个指标，它是改进后产品价值和改进前产品价值之差与改进前产品价值之比。设价值改进系数为 ΔV，改进前产品的价值为 V_1，改进后产品的价值为 V_2，则：

$$\Delta V = \frac{V_2 - V_1}{V_1} = \frac{V_2}{V_1} - 1 \tag{17-8}$$

显然，当 $\Delta V > 0$，即改进后产品的价值为 V_2 大于改进前产品的价值时，说明开展价值工程活动的技术性良好，且 ΔV 值越大，其效果就越大。

（2）经济性考核评价。经济效果的考核，主要是看劳动生产率、材料消耗、能源消耗、资金利用、设备利用、产量、品种、成本及利润等指标的改善状况如何，一般只计算以下 3 个指标。

① 全年净节约额。

全年净节约额 =（改进前单位成本 － 改进后单位成本）× 年产量 － 价值工程活动费用

(17-9)

由于价值工程活动经费是集中一次支付的,所以利用这个指标评价价值工程活动效果时,还应结合投资回收期来考虑。

② 成本降低率。

产品改进前后成本降低差额与改进前成本之比,即为成本降低率。设改进前成本为 C_1,改进后成本为 C_2,则成本下降率 S 为:

$$S = \frac{C_1 - C_2}{C_1} \times 100\% \tag{17-10}$$

利用这个指标进行价值工程活动评价时,要分析其原因。若出现负值,即改进后成本可能比改进前成本有所提高时,不能简单地否定价值工程活动的经济效果。因为如果大幅度提高产品功能而增加少许成本是完全必要和允许的,最终效果是应该肯定的。

③ 节约倍数。

$$节约倍数 = 总净节约额 / 价值工程活动经费 \tag{17-11}$$

显然,节约倍数越大,则价值工程活动效果越好。通常,节约倍数可达 10~20 倍以上。

(3) 社会效果考核评价。方案的社会效果考核评价主要包括是否填补了国内外技术发展的空白、是否满足国民经济或国防建设的需要、是否节约了能源资源消耗、是否减少了污染等。

复习思考题

1. 价值工程中为什么要考虑全寿命周期成本?
2. 如何理解价值工程中的功能概念和价值概念?
3. 价值工程活动包括哪些步骤? 每个步骤分别解决什么问题?
4. 已知某功率为 10 000 kW 的齿轮箱,其生产成本为:机座(1 件)13 500 元;轴承(2 件)2 000 元,轴(1 件)6 680 元;齿轮轴(1 件)10 000 元;人字齿轮(1 对)12 800 元;轴承(2 件)2 400 元;端盖(4 件)800 元;密封件(4 件)200 元;油管(1 组)300 元。试用 ABC 法选择价值工程对象。
5. 某产品由 A、B、C、D 四个部件组成,其成本分别为 600 元、1 200 元、180 元和 300 元;部件 A 可实现 F_1、F_3 和 F_6 三个功能,其功能的重要性相同;部件 B 具有 F_2、F_3 和 F_4 三种功能,但是 F_3 所起的作用是 F_4 的两倍,是 F_1 的 6 倍;部件 C 只实现一个功能 F_5;部件 D 实现 F_2、F_4 和 F_6 三种功能,其重要性比例为 3:1:3。试求 $F_1 \sim F_6$ 的功能成本 $C_1 \sim C_6$。
6. 功能分析的目的是什么? 功能系统图的要点是什么? 试绘制计算机软件的功能系统图。

第 18 章　项目质量管理工具

在日本,统计质量管理是从 20 世纪 50 年代开始在企业中得到应用的。在推行统计质量管理的过程中,逐步总结出了排列图、因果图、分层法、调查表、直方图、散布图和管理图等七种工具的统计方法。随着科技的发展和时代的进步,广大消费者对产品的质量、品种、可靠性等方面提出了更高的要求,产生了新质量管理工具,它们主要用于产品的设计、研究过程。本章将分别介绍 7 种基本质量管理工具和质量管理工具的最新发展。

18.1　基本质量工具

18.1.1　检查表

检查表是搜集数据的简单工具。几乎每种格式的表格都能用于搜集数据。数据表使用简单的柱形或条形表格来记录数据,它们提供了收集数据的一致、有效和经济的方法。简单易懂、直接的表格是成功数据聚类的关键,因此应该将其设计成为需要最小输入信息的样式。不过,要从原始数据中获得有用信息,通常还需要做进一步加工。

表 18-1 所示是一个确认发货单属性(有效/无效)的例子。从这个简单的检查单中可以很明显地看到几个数据点:总错误次数是 34,错误最多的来自供应商 A,最常出现错误的是实验记录。

表 18-1　　材料接受和检查的核对表

错误	供应商				
错误的发货单	A	B	C	D	总计
错误的库存	////	/		//	7
材料被损坏	/////	//	/	/	9
错误的实验记录	/	///	////	//	10
总计	13	6	7	8	34

18.1.2　因果图

因果分析所采用的因果图称为鱼骨图。它是用图形技术来确定原因和结果之间的关系,在发现问题后分析产生这种问题的原因的一种方法。进行因果分析需要 6 个步骤。

(1) 确定问题。在此过程中,会使用其他统计过程控制工具,比如帕累托分析、柱状图和控制图,还有头脑风暴法。分析结果可以对问题进行简洁、清晰的描述。

(2) 选择各学科间的头脑风暴团队。按照确定问题的原因所需要的技术和管理知识来选择不同学科的专家组成的头脑风暴团队。

（3）画问题箱和主箭头。主箭头可以作为主要类别的分类基础，问题箱内为各个类别用于因果评价的问题说明。

（4）具体化主要分类。确定问题箱中所说问题的主要类别。问题主要原因的 6 个基本类别是人事、方法、材料、机械、测度和环境。根据分析需要，也可以将问题类别具体化。

（5）识别问题原因。当识别出问题的主要原因后，可以分别就每一主要类别的相关原因进行分析确定。该步骤可以采用以下 3 种方法：随机方法、系统方法以及过程方法。随机方法是列举同时导致问题的 6 个主要原因，逐一列举每个类别项可能的原因；系统方法是按照重要性降序排列，一次着重分析一个主要类别；过程分析方法是指确认过程中的每个序列步骤，在每一个步骤上进行因果分析。

（6）确认矫正行动。将因果图反向，问题箱就成了矫正行动箱，矫正措施就在箱中，图 18-1 所示为基本的因果图。

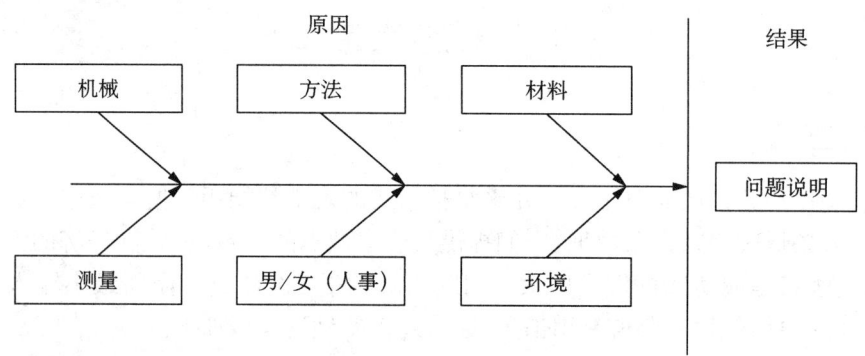

图 18-1　基本因果

举例来说，中北航空公司为了提高服务质量，对 1 000 多名经常搭乘中北公司班机的顾客进行了一项调查。调查显示，顾客认为航班延误的原因主要包括：天气状况不佳、飞机迟到、缺少登机口管理员、机器故障、行李未及时运上飞机、起飞通知错误、检票延迟、检查行李、空中交通延误、座位选择混乱、乘务人员迟到或缺勤、燃料供应不及时、照顾迟到的顾客、机组人员迟到或缺勤等。如表 18-2 所示。

表 18-2　航空公司调查结果表

原　因	反馈人数	原　因	反馈人数
天气状况不佳	260	空中交通延误	170
飞机迟到	72	座位选择混乱	73
缺少登机口管理员	210	乘务人员迟到或缺勤	26
机器故障	30	燃料供应不及时	40
行李未及时运上飞机	320	照顾迟到的顾客	62
起飞通知错误	15	机组人员迟到或缺勤	23
检票延迟	24	总计	1 347
检查行李	22		

根据以上信息,可以绘制出因果分析图,如图18-2所示。

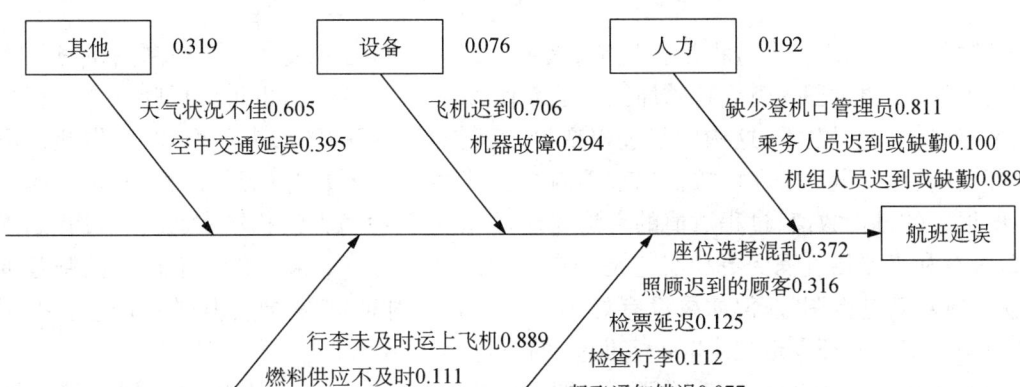

图18-2 航班延误的因果分析图

18.1.3 帕累托分析

帕累托图(也称排列图法)用于确定问题所在领域并对其进行优先次序的划分,这种分析方法采用画柱状图的方法,图形可以建立在以下几个角度基础上:图形数据、维护数据、修复数据、部件零星比率或其他来源。通过确认来自这些来源的数据的任何不一致类型,项目管理者应该将注意力转向发生频率最高的元素。

帕累托分析有三种类型:基本帕累托分析,比较帕累托分析,加权帕累托分析。基本帕累托分析能够确认导致任何系统大多数质量问题的几个主要原因;比较帕累托分析将采取矫正措施前后的组织质量问题进行对比,可以用来判断改进或行动的有效性;加权帕累托分析赋予各个影响因素以权数,这些权数反映了其相对重要程度,然后加权得出影响总值。如图18-3所示为基本帕累托分析(以汽车故障的帕累托分析为例)。

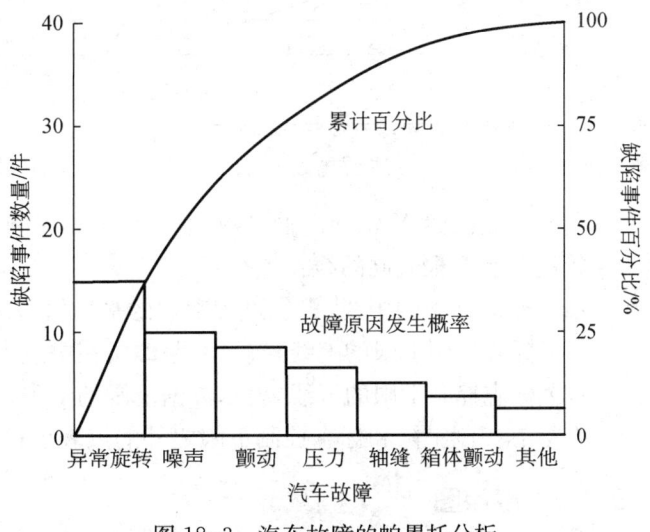

图18-3 汽车故障的帕累托分析

按频率排序的目的是指导如何采取纠正措施,项目团队应首先采取措施纠正造成最多数量缺陷的问题。相对来说数量较小的原因往往造成绝大多数的问题或者缺陷,此项法则往往称为二八原理,即80%的问题是20%的原因所造成的。将累计频率0～80%定为A类问题,即主要问题,进行重点管理;将累计频率在80%～90%区间的问题定为B类问题,即次要问题,作为次重点管理;将其余累计频率在90%～100%区间的问题定为C类问题,即一般问题,按照常规适当加强管理。

18.1.4 控制图

控制图旨在确定一个过程是否稳定,是否具有可预测的绩效结果。控制图也可作为数据收集工具,表明过程何时受特殊原因影响而使过程失控。同时,也可以反映一个过程随着时间推移而体现的规律。这构成了过程变量之间交互作用的图形表现形式,可借此得出问题的答案:过程变量是否在可接受的范围内?通过对控制图数据点规律的检查,可以揭示波动幅度很大的过程数值、过程数值的突然变动,或偏差日益增大的趋势。通过对过程结果的监控,可有利于评估过程变更的实施是否带来预期的改进。如果过程处于正常控制范围之内,就不应对其进行调整;但如果没有处于正常控制之内时,则需要对其进行调整。控制上限和控制下限一般都设定在±3 s(标准差)的位置。

控制图可用于项目生命期过程,也适用于产品生命期过程。在项目中使用控制图的例子是,确定成本偏差或进度偏差是否在可接受标准的范围之外(±10%)。在产品中使用控制图的例子是,评定测试期间发现的缺陷量按照组织的质量标准是否可以被接受或认可。控制图可用于监测任何类型的结果变量。虽然控制图经常用于追踪重复性活动,如批量加工件,但也可用于监测成本与进度偏差、范围变更的大小和频度、项目文档中的错误,以及其他管理结果,帮助确定项目管理过程是否处于正常控制范围之内。如图18-4所示。

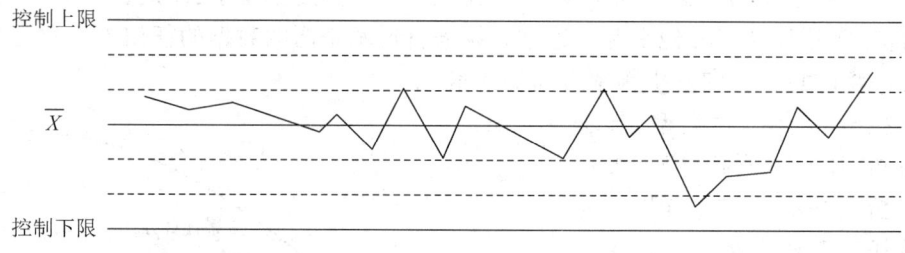

图 18-4 项目进度绩效控制图

所有控制图的 X 轴均由抽样数(通常为抽样时间)构成。

控制图有 3 根共同的线:
(1) 有 $\overline{x}$ 标志的中线,提供过程数据的平均值($\overline{x}$)。
(2) 标志控制上限的上线,按尺寸距离画在中线上方,表示数据范围的上限。
(3) 标志控制下限的下线,表示数据范围的下限。

在标志控制上限和标志控制下限之外的点表示过程失控或者不稳定。

18.1.5 散点图

散点图是指在坐标轴中分别用横坐标和纵坐标表示自变量和因变量之间关系的数据图形或者数据图表。它有如下几种类别:自变量和因变量不相关,有曲线关系,负的相关,正的相关,如图 18-5 所示。

在散点图 18-5(a)中,数据无相关关系——数据点分布分散,没有明显的关系形式。散点图 18-5(b)是用 U 形图表示的曲线关系。散点图 18-5(c)有负相关性,以一个向下倾斜的线表示。散点图 18-5(d)有正相关性,并且有上升趋势。

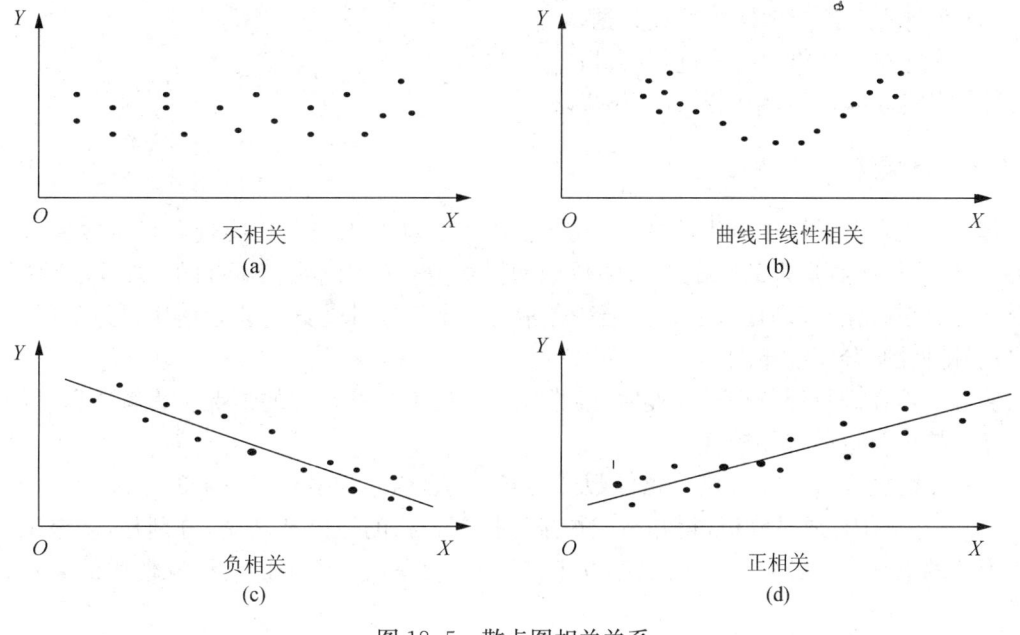

图 18-5　散点图相关关系

通过绘制质量特性和一些操作因素之间的散点图，就可以看出质量特性和操作因素之间的相互关系。

18.1.6　直方图

直方图又称质量分布图，是一种几何形图表，它是根据从生产过程中收集来的质量数据分布情况，画成以组距为底边、以频数为高度的一系列连接起来的直方型矩形图，如图 18-6 所示。

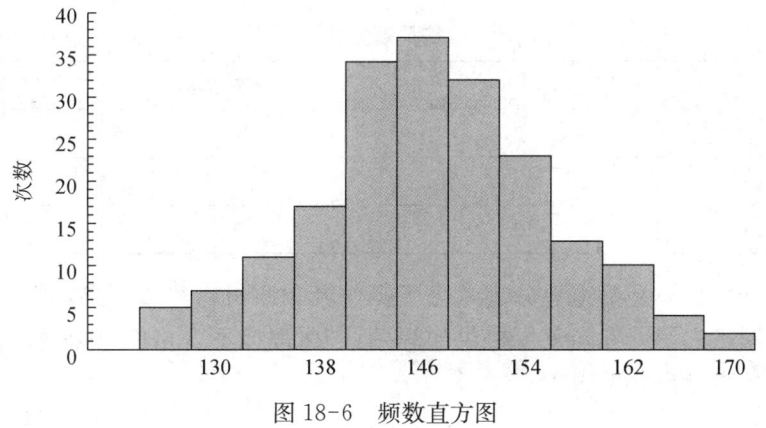

图 18-6　频数直方图

作直方图的目的就是通过观察图的形状，判断生产过程是否稳定，预测生产过程的质量。具体来说，作直方图的目的有：

（1）显示数据的波动状态，判断一批已加工完毕的产品；

（2）直观地传达有关过程情况的信息，例如验证工序的稳定性；

(3) 为计算工序能力搜集有关数据;
(4) 决定在何处集中力量进行改进;
(5) 观察数据真伪,用以制订规格界限。

18.1.7 分层法

分层法也称分类法或分组法,在寻找产生质量波动原因或分析出现质量事故原因的过程中,分层法可将收集来的杂乱无章的数据和错综复杂的因素按不同目的、性质、来源等加以分类使之系统化、条理化。通常分层法经常与质量管理其他方法联合使用,形成分层直方图、分层排列图、分层散布图等。

例如工地在进行焊条焊接作业时,经常发生出现不合格点数的情况。为解决这一问题,对焊条焊接工序进行现场统计。

(1) 收集数据:$n=50$,不合格点数 $f=19$,不合格率为 $p=f/n=38\%$。

(2) 分析原因:通过分析,得知造成焊条焊接不合格的原因有两个,分别是:①该工序中负责焊接的三个工人 A、B、C 的操作方法有差异;②焊条的两个供货厂家使用的原材料有差异。

(3) 将数据进行分类列表,得到表 18-2。

表 18-2(a)　　　　　　　　　　按工人分层

工人	合格点数	不合格点数	不合格率
A	6	13	32%
B	3	9	25%
C	10	9	53%
合计	19	31	38%

表 18-2(b)　　　　　　　　　　按厂家分层

厂家	合格点数	不合格点数	不合格率
甲	9	14	39%
乙	10	17	37%
合计	19	31	38%

但是这两种方法只是单纯地分别考虑了操作者和原材料造成焊接不合格的情况,没有进一步考虑不同工人使用不同工厂提供的焊条,产生焊接不合格的结果也不同,因此,需要更精细地综合分类分析。见表 18-3。

表 18-3　　　　　　　　　　综合分类分析

操作者	检查结果	甲厂	乙厂	合计
工人 A	不合格点数	6	0	6
	合格点数	2	11	13
	不合格率	75%	0%	32%

续表

操作者	检查结果	甲厂	乙厂	合计
工人 B	不合格点数	0	3	3
	合格点数	5	4	9
	不合格率	0%	43%	25%
工人 C	不合格点数	3	7	10
	合格点数	7	2	9
	不合格率	30%	78%	53%
合计	不合格点数	9	10	19
	合格点数	14	17	31
	不合格率	39%	37%	38%
	合计	23	27	50

可见,不同工人使用不同厂家提供的焊条的效果有差异,因此可采取针对性措施:①使用甲厂提供的焊条时,采用工人 B 的操作方法;②使用乙厂提供的焊条时,采用工人 A 的操作方法。

18.2 质量管理工具的发展

质量管理工具的发展体现为新的七种质量管理工具的出现,新的质量管理七种工具是 1979 年由日本"质量管理方法研究会"提出来的。从方法本身来看,新七种工具是从运筹学、系统工程、价值工程等现代化管理方法中移植过来,并不是新的发明创造。因此,新七种工具和过去广泛应用的基本的七种工具不是简单的新与老之分,而是两者在职能上有所区别;它们之间不是相互否定,而是相互补充,相辅相成。老七种工具主要用于生产过程中的质量控制,新七种工具主要用于产品的设计研究,注重于解决质量规划和质量保证等阶段的问题。

18.2.1 KJ 法

KJ 图法又称 A 型图解法、亲和图法(affinity diagram)。KJ 法是将未知的问题、未曾接触过领域的问题的相关事实、意见或设想之类的语言文字资料收集起来,并利用其内在的相互关系作成归类合并图,以便从复杂的现象中整理出思路,抓住实质,找出解决问题的途径的一种方法。KJ 法是通过不断积累和应用 A 型图来发现问题,并辅之以其他方法来解决问题,图 18-7 所示为亲和图模板。该工具往往在从顾客及员工处收集个各种各样的相关信息时使用。

KJ 法的应用步骤如下:①确定对象。把尚未掌握、尚未综合的事物与思想进行整理。②收集语言文字资料。可用头脑风暴等方法提出想法,整理观点,去掉重复项。③制作资料卡片。将收集到的语言及文字资料按内容分类,并用简洁文字制作。④整理卡片。将内容相近的卡片归为一类,并为每一类命名并创立标题。⑤将这些组转化为亲和图。将分类标记好的卡片根据相互位置排列起来并用适当记号表示相互关系。⑥口头及书面报告。归纳、整理出思路及解决问题的方法,如有必要,可继续调整,直到一致同意。

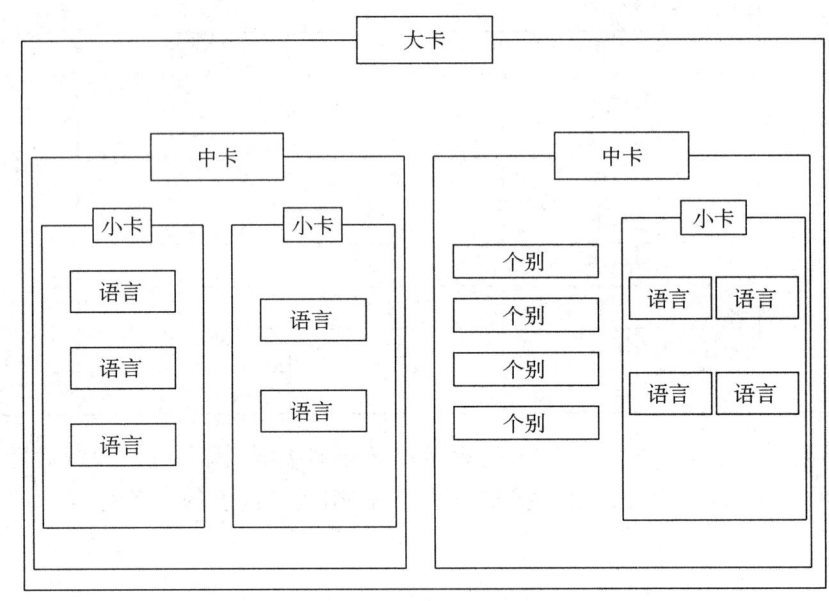

图 18-7　亲和图模板

18.2.2　过程决策程序图(PDPC 法)

PDPC(Process Decision Program Chart)法,又称作过程决策程序法。该方法是在计划阶段对计划执行过程中可能发生的各种情况与结果做出预测,并采取相应的预防纠正措施,提出适应各种情况和结果的可能实施方案,以实现最终状态的方法。PDPC 法用于理解一个目标与达成此目标的步骤之间的关系,有助于制订应急计划,因为它帮助团队预测那些可能破坏目标实现的中间环节。

PDPC 的应用步骤如下:假定从不良状态 S 转变为理性状态 G,如图 18-8 所示。

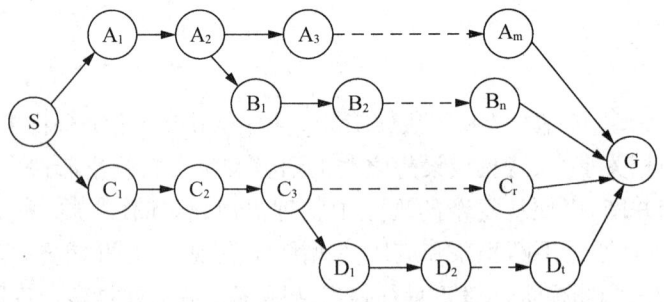

图 18-8　PDPC 示意图

① 召集所有相关人员讨论所要解决的问题,通过自由讨论提出达到理想状态的手段、措施,即方案 A_1,A_2,…,A_m。②对提出的手段和措施列举出可能的结果,当手段措施难以实施时要提出相应的备用方案和措施。如当 A_3 实施难度大时,可考虑设计新的可实施程序,即在 A_2 后继续实施 B_1,B_2,…,B_n 等来实现目标。③将措施按紧迫程度、所需工时、实

施难易程度予以分类，明确首先应该着手进行的措施。④进一步决定各项措施的先后顺序，研究一条线路对其他线路是否具有影响。⑤落实实施的责任人以及实施期限。⑥定期召开会议检查 PDPC 的实施情况，不断修订 PDPC 图。

18.2.3　关联图

质量因素之间存在着大量的因果关系，分析问题时需要把各种复杂因素之间相互影响制约关系分析清楚。关联图法又称关系图，是将关系复杂的问题及其因素用箭头联系起来的一种图示分析工具，通过分析因果关系找出解决措施。

关联图的分类大致有四种，分别是中央集中型、单项汇集型、关系表示型和应用型关联图。中央集中型关联图是将应解决的问题安排在中间位置，再依照关系密切程度安排因素，如图 18-9 所示。单项汇集型关联图将应解决的问题安排在一侧，再将各种因素沿主要因果关系方向排列，如图 18-10 所示。关系表示型关联图是以各项目间或各因素间的关系为主体的关联图，排列灵活，如图 18-11 所示。应用型关联图是在以上三种形式的基础上与系统图、矩阵图、KJ 法等联用的关联图，如图 18-12 所示。

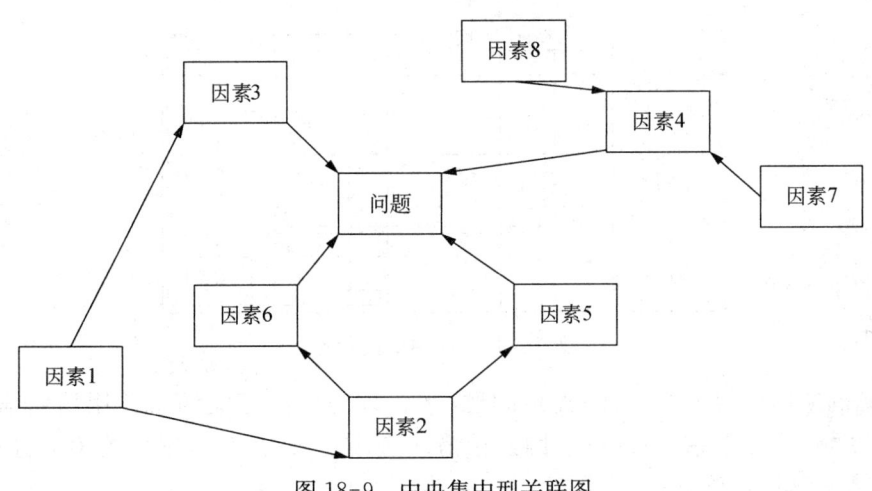

图 18-9　中央集中型关联图

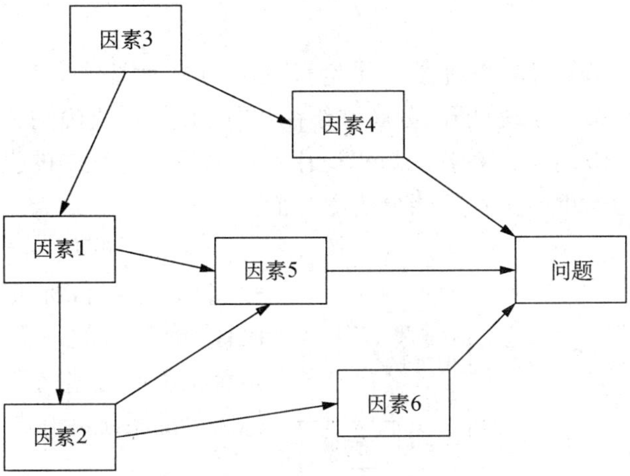

图 18-10　单项汇集型关联图

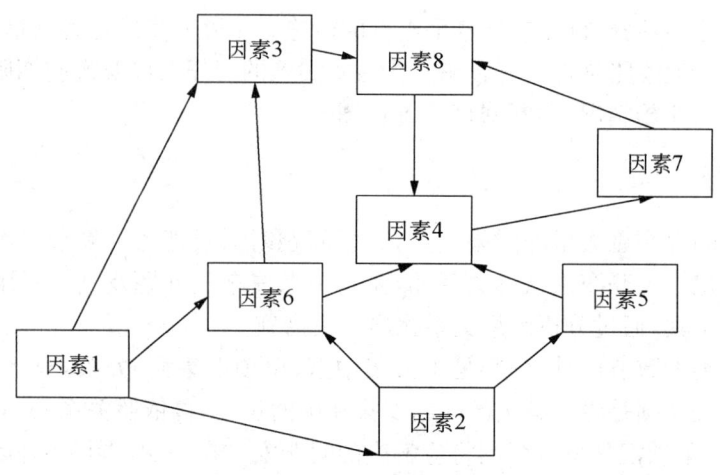

图 18-11 关系表示型关联图

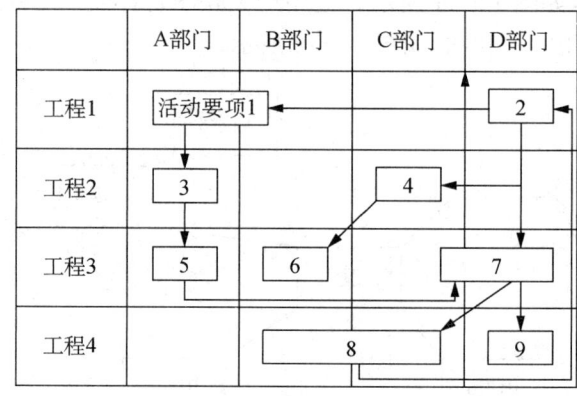

图 18-12 应用型关联图

关联图的应用步骤主要是：①提出问题；②整理问题的相关因素并用简明语言表示；③根据因素间的因果关系，将问题与因素用箭线连接起来；④对绘制出的图形进行讨论修订，提出重点和解决措施。

18.2.4 树形图

树形图（tree diagram）又称系统图。质量管理中的树形图是将要实现的目的与需要选择和考虑的措施手段，按照系统展开、分解并绘制出的图形，以明确问题的重点，寻求最佳解决措施手段，如图 18-13 所示。系统图可以应用在产品研发过程中的设计质量展开，也可以用于质量保证活动展开、价值工程功能分析等方面。

树形图的应用步骤包括：①确定目标；②围绕着目标商讨并确定措施或手段；③确认目的—手段的关系，检查逻辑是否正确或有遗漏现象；④整理并完成目标手段的系统展开图。

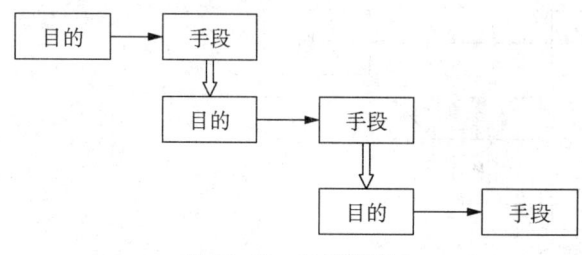

图 18-13 系统图概念

18.2.5 矩阵图法

矩阵图法是借助矩阵的形式去逐步明确问题的方法,该方法将与问题有对应关系的各因素用数学上的矩阵形式排成行和列,依据矩阵图的特点进行分析,从而确定关键点。矩阵图适用于对问题进行多因素对多因素的探讨,可应用于明确质量要求与相关管理保证机构的关系;明确质量要求与原料、工艺间的关系等方面。矩阵图的形式有 L 形矩阵图、T 形矩阵图、X 形矩阵图、Y 形矩阵图和 C 形矩阵图,其中最常见的是 L 形矩阵图,如图 18-14 所示。

矩阵图的应用步骤:①确定对应事项的元素;②根据因素群选择适当的矩阵图;③评价各因素间的关联关系,并在因素群交点处做出相应关联程度的标记,用不同符号表示不同关联程度;④确定控制的关键因素。

因素 Y \ 因素 X	因素 X_1	因素 X_2	因素 X_3	因素 X_4
因素 Y_1				
因素 Y_2				
因素 Y_3				
因素 Y_4				

图 18-14　L 形矩阵图

18.2.6 矩阵数据分析法

矩阵数据分析法是对矩阵图上各要素之间的关系予以定量表示,通过计来分析、整理数据的方法。矩阵数据分析法是新七种工具中唯一利用数据进行分析的方法,其结构仍以图来表示,主要是数量化方法与主成分分析法的具体应用。应用这种方法过程比较繁琐,往往需要借助电子计算机来分析求解。矩阵数据分析法主要用于新产品规划研制、工序分析等方面。

矩阵数据分析法的应用步骤:①收集资料;②求相关系数;③以计算机辅助计算,由相关行列求出固有值和固有值向量;④作出矩阵图并判断。

18.2.7 网络图法

网络图法又称箭线图法或矢线法,是一种可以明确各项目之间的联结关系和从属关系,找出关键线路后采取措施修订计划的方法。利用网络图进行项目质量管理有利于统筹安排各要素,抓住项目实施的关键路线。网络图可应用于质量管理中的产品开发计划与管理、产品改进计划的制订与管理、质量管理活动的统筹等方面。

具体的网络图应用步骤以及相关绘制规则,在进度管理中的网络计划技术中有详细阐述,此处不再赘述。

复习思考题

1. 有哪些基本质量管理工具?
2. 结合第 10 章所学内容,谈谈你对项目质量管理的理解。

第 19 章 常用网络计划技术

19.1 双代号网络技术

1) 基本概念

(1) 箭线(工作)。工作是泛指一项需要消耗人力、物力和时间的具体活动过程,也称工序、活动、作业。双代号网络图中,每一条箭线表示一项工作。箭线的箭尾节点 i 表示该工作的开始,箭线的箭头节点 j 表示该工作的完成。工作名称标注在箭线的上方,完成该项工作所需要的持续时间标注在箭线的下方,如图 19-1 所示。由于一项工作需用一条箭线和其箭尾和箭头处两个圆圈中的号码来表示,故称为双代号表示法。

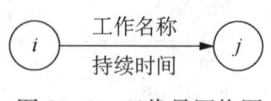

图 19-1 双代号网络图工作的表示方法

在双代号网络图中,任意一条实箭线都要占用时间、消耗资源。在建筑工程项目中,一条箭线可以是一道工序、一个分项工程、一个分部工程或一个单位工程,其粗细程度、大小范围的划分根据计划任务的需要来确定。

在双代号网络图中,为了正确地表达工作之间的逻辑关系,往往需要应用虚箭线。虚箭线表示实际工作中并不存在的一项虚设工作,通常称为"虚工作"。虚工作既不占用时间,也不消耗资源,一般起着工作之间的联系、区分和断路三个作用。联系作用是指应用虚箭线正确表达工作之间相互依存的关系。区分作用是指双代号网络图中每一项工作都必须用一条箭线和两个代号表示,若两项工作的代号相同时,应使用虚工作加以区分,如图 19-2 所示。断路作用是用虚箭线断掉多余联系,即在网络图中把没有联系的工作连接上时,应加上虚工作将其断开。

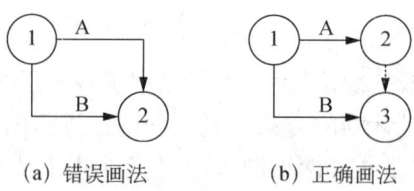

(a) 错误画法　　(b) 正确画法

图 19-2 虚箭线的区分作用

在双代号网络图中,被研究的工作用 $i-j$ 工作表示。紧排在本工作之前的工作称为紧前工作,紧排在本工作之后的工作称为紧后工作,与之平行进行的工作称为平行工作。

(2) 节点(又称结点、事件)。节点是网络图中箭线之间的连接点。在时间上,节点表示指向某节点的工作全部完成后该节点后面的工作才能开始的瞬间,它反映前后工作的交接点。网络图中有三个类型的节点。

① 起点节点：即网络图的第一个节点，只有外向箭线，一般表示一项任务或项目的开始。

② 终点节点：即网络图的最后一个节点，只有内向箭线，一般表示一项任务或项目的完成。

③ 中间节点：即网络图中既有内向箭线，又有外向箭线的节点。

双代号网络图中，节点应用圆圈表示，并在圆圈内编号。一项工作应当只有唯一的一条箭线和相应的一对节点，且要求箭尾节点的编号小于其箭头节点的编号，即 $i<j$。网络图节点的编号顺序应从小到大，且不允许重复。有时为了适应计划调整，考虑增添工作的需要，让编号留有余地，可以采用不连续的间断编号。

（3）线路。网络图中从起点节点开始，沿箭头方向顺序通过一系列箭线与节点，最后达到终点节点的通路称为线路。在一个网络图中可能有很多条线路，线路中各项工作持续时间之和就是该线路的长度，即线路所需要的时间。一般网络图有多条线路，可依次用该线路上的节点代号来表示。

在各条线路中，有一条或几条线路的总时间最长，称为关键线路，位于关键线路上的工作称为关键工作。关键线路一般用双线或粗线标注，其他线路长度均小于关键线路，称为非关键线路。

关键线路具有以下四个性质：

① 关键线路的时间，代表整个网络计划的总工期；

② 关键线路上的工作均无时间储备；

③ 在同一网络计划中，至少有一条关键线路；

④ 在某些情况下，关键线路和非关键线路可以相互转化，例如采用先进技术，缩短了某些关键工作的持续时间，可能导致关键线路变为非关键线路。

（4）逻辑关系。网络图中工作之间相互制约或相互依赖的关系称为逻辑关系，它包括工艺关系和组织关系，在网络中均应表现为工作之间的先后顺序。

① 工艺关系：生产性工作之间由工艺过程决定的、非生产性工作之间由工作程序决定的先后顺序称为工艺关系。工艺关系又称为硬逻辑。

② 组织关系：工作之间由于组织安排需要或资源（人力、材料、机械设备和资金等）调配需要而规定的先后顺序关系称为组织关系。组织关系又称为软逻辑。

网络图的绘制，必须正确地表达整个任务的工艺流程和各工作开展的先后顺序及它们之间相互依赖、相互制约的逻辑关系。因此，绘制网络图时必须遵循一定的基本规则和要求。

2）绘图规则

（1）双代号网络图必须正确表达已定的逻辑关系。网络图中常见的各种工作逻辑关系的表示方法，如表19-1所示。

表 19-1　　　　网络图中常见的各种工作逻辑关系的表示方法

序号	工作之间的逻辑关系	网络图中的表示方法
1	A完成后进行B和C	○—A→○⇉B→○ / C→○

续表

序号	工作之间的逻辑关系	网络图中的表示方法
2	A、B均完成后进行C	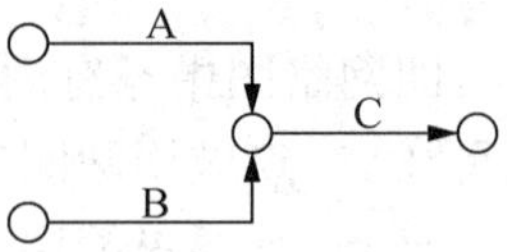
3	A、B均完成后同时进行C和D	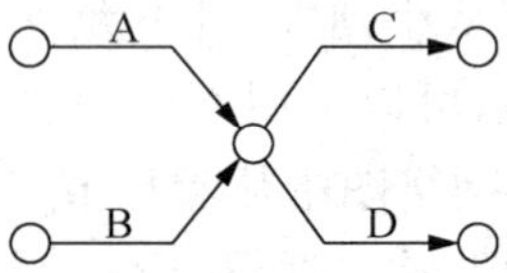
4	A完成后进行C A、B均完成后进行D	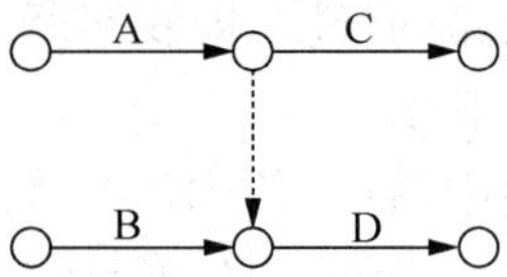
5	A、B均完成后进行D, A、B、C均完成后进行E, D、E均完成后进行F	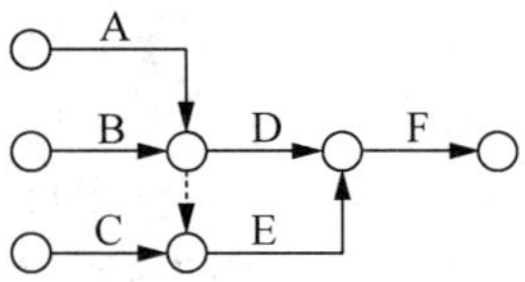
6	A、B均完成后进行C, B、D均完成后进行E	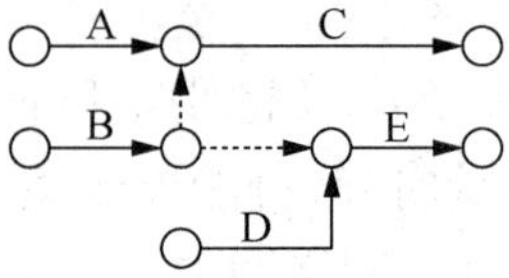
7	A、B、C均完成后进行D, B、C均完成后进行E	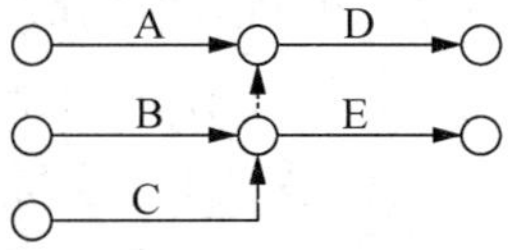
8	A完成后进行C, A、B均完成后进行D, B完成后进行E	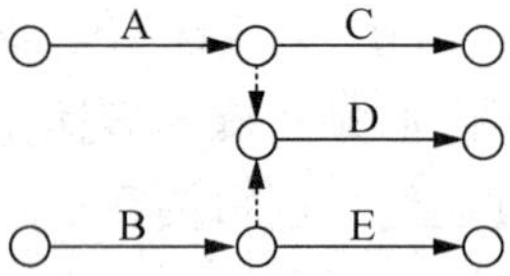
9	A、B两项工作分成三个施工段,分段流水施工: A_1完成后进行A_2、B_1, A_2完成后进行A_3、B_2, A_2、B_1完成后进行B_2, B_2、A_3完成后进行B_3	有两种表示方法 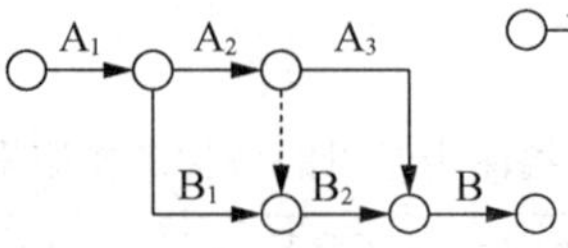 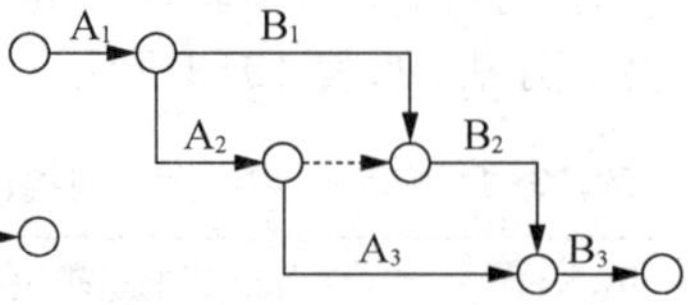

（2）双代号网络图中,严禁出现循环回路。所谓循环回路是指从网络图中的某一个节点出发,顺着箭线方向又回到了原来出发点的线路。

（3）双代号网络图中,在节点之间严禁出现带双向箭头或无箭头的连线。

(4) 双代号网络图中,严禁出现没有箭头节点或没有箭尾节点的箭线。

(5) 网络图中应尽量减少不必要的虚工作。

(6) 当双代号网络图的某些节点有多条外向箭线或多条内向箭线时,为使图形简洁,可使用母线法绘制(但应满足一项工作用一条箭线和相应的一对节点表示的要求),如图19-3所示。

(7) 绘制网络图时,箭线不宜交叉。当交叉不可避免时,可用过桥法或指向法,如图19-4所示。

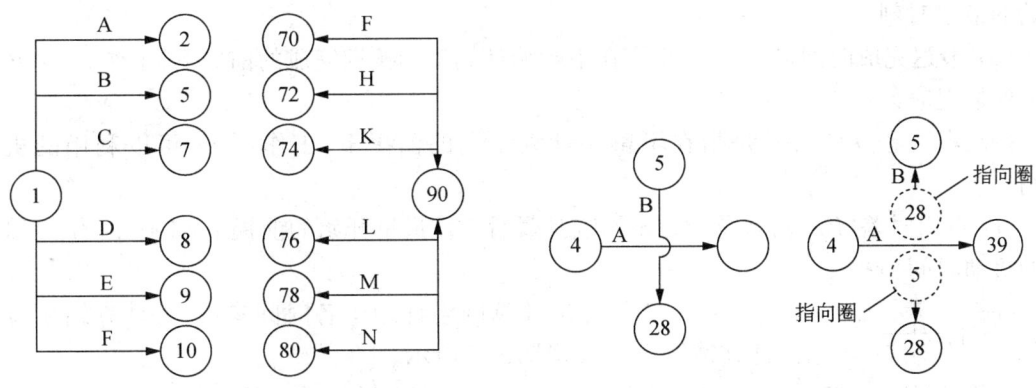

图 19-3　母线法绘图　　　　　图 19-4　箭线交叉的表示方法

(8) 双代号网络图中应只有一个起点节点和一个终点节点(多目标网络计划除外),而其他所有节点均应是中间节点。

(9) 双代号网络图应条理清楚,布局合理。例如,网络图中的工作箭线不宜画成任意方向或曲线形状,尽可能用水平线或斜线;关键线路、关键工作安排在图面中心位置,其他工作分散在两边;避免倒回箭头等。

3) 双代号网络计划时间参数的计算

双代号网络计划时间参数计算的目的在于通过计算各项工作的时间参数,确定网络计划的关键工作、关键线路和计算工期,为网络计划的优化、调整和执行提供明确的时间参数。双代号网络计划时间参数的计算方法很多,一般常用的有按工作计算法和按节点计算法进行计算。本节只介绍按工作计算法在图上进行计算的方法。

(1) 时间参数的概念及其符号。

① 工作持续时间(D_{i-j}):工作持续时间是一项工作从开始到完成的时间。

② 工期(T):工期泛指完成任务所需要的时间,一般有以下三种。

(a) 计算工期:根据网络计划时间参数计算出来的工期,用 T_c 表示;

(b) 要求工期:任务委托人所要求的工期,用 T_r 表示;

(c) 计划工期:根据要求工期和计算工期所确定的作为实施目标的工期,用 T_p 表示。

网络计划的计划工期 T_p 应按下列情况分别确定:

当已规定了要求工期 T_r 时,

$$T_p \leqslant T_r \tag{19-1}$$

当未规定要求工期时,可令计划工期等于计算工期,则

$$T_p = T_c \tag{19-2}$$

③ 网络计划中工作的六个时间参数：

(a) 最早开始时间(ES_{i-j})，是指在各紧前工作全部完成后，工作 $i-j$ 有可能开始的最早时刻；

(b) 最早完成时间(EF_{i-j})，是指在各紧前工作全部完成后，工作 $i-j$ 有可能完成的最早时刻；

(c) 最迟开始时间(LS_{i-j})，是指在不影响计划工期按期完成的前提下，工作 $i-j$ 必须开始的最迟时刻；

(d) 最迟完成时间(LF_{i-j})，是指在不影响计划工期按期完成的前提下，工作 $i-j$ 必须完成的最迟时刻；

(e) 总时差(TF_{i-j})，是指在不影响计划工期的前提下，工作 $i-j$ 可以利用的机动时间；

(f) 自由时差(FF_{i-j})，是指在不影响其紧后工作最早开始的前提下，工作 $i-j$ 可以利用的机动时间。

按工作计算法计算网络计划中各时间参数，其计算结果应标注在箭线之上，如图 19-5 所示。

图 19-5 按工作计算法的标注内容

(2) 双代号网络计划时间参数计算。按工作计算法在网络图上计算六个工作时间参数，必须在清楚计算顺序和计算步骤的基础上，列出必要的公式，以加深对时间参数计算的理解。时间参数的计算步骤如下。

① 最早开始时间和最早完成时间的计算。

工作最早时间参数受到紧前工作的约束，故其计算顺序应从起点节点开始，顺着箭线方向依次逐项计算。

以网络计划的起点节点为开始节点的工作最早开始时间设定为零（如未规定其最早开始时间），如网络计划起点节点的编号为 1，则：

$$ES_{i-j} = 0 \, 。 \quad (i = 1) \tag{19-3}$$

工作 $i-j$ 最早完成时间等于最早开始时间加上其持续时间为：

$$EF_{i-j} = ES_{i-j} + D_{i-j} \tag{19-4}$$

工作 $i-j$ 最早开始时间等于各紧前工作的最早完成时间 EF_{h-i} 的最大值。当工作 $i-j$ 有紧前工作 $h-i$ 时，其最早开始时间为：

$$ES_{i-j} = \max\{EF_{h-i}\} \tag{19-5}$$

或

$$ES_{i-j} = \max\{ES_{h-i} + D_{h-i}\} \tag{19-6}$$

② 确定计算工期 T_c。

计算工期等于以网络计划的终点节点为箭头节点的各个工作的最早完成时间的最大值。当网络计划终点节点的编号为 n 时，计算工期：

$$T_c = \max\{EF_{i-n}\} \tag{19-7}$$

当无要求工期的限制时,取计划工期等于计算工期,即取 $T_p = T_c$。

③ 最迟开始时间和最迟完成时间的计算。

工作最迟时间参数受到紧后工作的约束,故其计算顺序应从终点节点起,逆着箭线方向依次逐项计算。

以网络计划的终点节点($j=n$)为结束节点的工作的最迟完成时间等于计划工期,即:

$$LF_{i-n} = T_p \qquad (19\text{-}8)$$

工作 $i-j$ 最迟开始时间等于最迟完成时间减去其持续时间:

$$LS_{i-j} = LF_{i-j} - D_{i-j} \qquad (19\text{-}9)$$

工作 $i-j$ 最迟完成时间等于各紧后工作的最迟开始时间 LS_{j-k} 的最小值,当工作 $i-j$ 有紧后工作 $j-k$ 时,其最迟完成时间为:

$$LF_{i-j} = \min\{LS_{j-k}\} \qquad (19\text{-}10)$$

或

$$LF_{i-j} = \min\{LF_{j-k} - D_{j-k}\} \qquad (19\text{-}11)$$

④ 计算工作总时差。

工作 $i-j$ 总时差等于其最迟开始时间减去最早开始时间,或其最迟完成时间减去最早完成时间,即

$$TF_{i-j} = LS_{i-j} - ES_{i-j} \qquad (19\text{-}12)$$

$$TF_{i-j} = LF_{i-j} - EF_{i-j} \qquad (19\text{-}13)$$

⑤ 计算工作自由时差

当工作 $i-j$ 有紧后工作 $j-k$ 时,其自由时差应为:

$$FF_{i-j} = ES_{j-k} - EF_{i-j} \qquad (19\text{-}14)$$

或

$$FF_{i-j} = ES_{j-k} - ES_{i-j} - D_{i-j} \qquad (19\text{-}15)$$

以网络计划的终点节点($j=n$)为结束节点的工作,其自由时差 FF_{i-n} 应按网络计划的计划工期 T_p 确定。

$$FF_{i-n} = T_p - EF_{i-n} \qquad (19\text{-}16)$$

(3) 关键工作和关键线路的确定。

① 关键工作:网络计划中总时差最小的工作是关键工作。当计划工期等于计算工期时,总时差为零的工作是关键工作。

② 关键线路:自始至终全部由关键工作组成的线路为关键线路,或线路上总的工作持续时间最长的线路为关键线路。网络图上的关键线路可用双线或粗线标注。

【例 19-1】 已知某项目双代号网络计划如图 19-6 所示,计算各项工作的 6 个时间参数并确定关键线路。

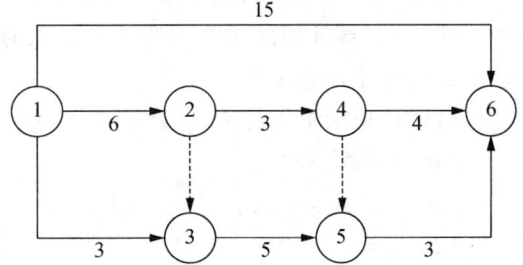

图 19-6 双代号网络计划图例

解答过程如下。

Ⅰ. 计算各项工作的最早开始时间和最早完成时间。

从起点节点(①节点)开始顺着箭线方向依次逐项计算到终点节点(⑥节点)。

(i) 以网络计划起点节点为开始节点的各项工作的最早开始时间设定为零(如未规定其最早开始时间)。

工作 1—2、1—3、1—6 的最早开始时间从网络计划的起点节点开始,因未规定其最早开始时间,设定为 0。

$ES_{1-2}=0$,
$ES_{1-3}=0$,
$ES_{1-6}=0$。

(ii) 计算各项工作的最早开始时间和最早完成时间。

工作的最早开始时间 ES_{i-j} 为其所有紧前工作最早完成时间的最大值或所有紧前工作最早开始时间与其工作持续时间之和的最大值。若其紧前工作是虚工作,则是该虚工作的紧前工作最早开始时间与其工作持续时间之和。

$ES_{2-4}=ES_{1-2}+D_{1-2}=0+6=6$,
$ES_{3-5}=\max\{ES_{1-3}+D_{1-3}, ES_{1-2}+D_{1-2}\}=\max\{0+3, 0+6\}=\max\{3, 6\}=6$,
$ES_{4-6}=ES_{2-4}+D_{2-4}=6+3=9$,
$ES_{5-6}=\max\{ES_{3-5}+D_{3-5}, ES_{2-4}+D_{2-4}\}=\max\{6+5, 6+3\}=\max\{11, 9\}=11$。

工作的最早完成时间就是本工作的最早开始时间 ES_{i-j} 与本工作的持续时 D_{i-j} 之和。

$EF_{1-2}=ES_{1-2}+D_{1-2}=0+6=6$,
$EF_{1-6}=ES_{1-6}+D_{1-6}=0+15=15$,
$EF_{1-3}=ES_{1-3}+D_{1-3}=0+3=3$,
$EF_{2-4}=ES_{2-4}+D_{2-4}=6+3=9$,
$EF_{3-5}=ES_{3-5}+D_{3-5}=6+5=11$,
$EF_{4-6}=ES_{4-6}+D_{4-6}=9+4=13$,
$EF_{5-6}=ES_{5-6}+D_{5-6}=11+3=14$。

Ⅱ. 确定计算工期 T_c。

网络计划的计算工期 T_c 取以终点节点 6 为结束节点的工作 1—6、4—6、5—6 的最早完成时间的最大值。

$T_c=\max\{EF_{1-6}, EF_{4-6}, EF_{5-6}\}=\max\{15, 13, 14\}=15$。

Ⅲ. 计算各项工作的最迟开始时间和最迟完成时间。

从终点节点(⑥节点)开始逆着箭线方向依次逐项计算到起点节点(①节点)。

(i) 以网络计划终点节点为结束节点的工作的最迟完成时间等于计划工期(本案例设定计划工期等于计算工期),即 $T_p=T_c$。

网络计划结束工作 $i-j$ 的最迟完成时间计算,如下所示。

$LF_{1-6}=T_p=15$,
$LF_{4-6}=T_p=15$,
$LF_{5-6}=T_p=15$。

(ii) 计算各项工作的最迟开始时间和最迟完成时间。

工作的最迟完成时间为其所有紧后工作最迟开始时间的最小值,或所有紧后工作最迟完成时间与其工作持续时间之差的最小值。若其紧后工作是虚工作,则是该虚工作的紧后工作最迟完成时间与其工作持续时间之差。

$LF_{3-5} = \min\{LF_{5-6} - D_{5-6}\} = 15 - 3 = 12$,
$LF_{2-4} = \min\{LF_{5-6} - D_{5-6}, LF_{4-6} - D_{4-6}\} = \min\{15-3, 15-4\} = 11$,
$LF_{1-3} = \min\{LF_{3-5} - D_{3-5}\} = 12 - 5 = 7$,
$LF_{1-2} = \min\{LF_{3-5} - D_{3-5}, LF_{2-4} - D_{2-4}\} = \min\{12-5, 11-3\} = 7$。

网络计划所有工作 $i-j$ 的最迟开始时间计算,如:

$LS_{1-2} = LF_{1-2} - D_{1-2} = 7 - 6 = 1$,
$LS_{1-3} = LF_{1-3} - D_{1-3} = 7 - 3 = 4$,
$LS_{1-6} = LF_{1-6} - D_{1-6} = 15 - 15 = 0$,
$LS_{2-4} = LF_{2-4} - D_{2-4} = 11 - 3 = 8$,
$LS_{3-5} = LF_{3-5} - D_{3-5} = 12 - 5 = 7$,
$LS_{4-6} = LF_{4-6} - D_{4-6} = 15 - 4 = 11$,
$LS_{8-6} = LF_{8-6} - D_{8-6} = 15 - 3 = 12$。

Ⅳ. 计算各项工作的总时差。

工作的总时差为该项工作的最迟开始时间减去最早开始时间或该项工作的最迟完成时间减去最早完成时间。

$TF_{1-2} = LS_{1-2} - ES_{1-2} = 1 - 0 = 1$,
$TF_{1-3} = LS_{1-3} - ES_{1-3} = 4 - 0 = 4$,
$TF_{1-6} = LS_{1-6} - ES_{1-6} = 0 - 0 = 0$,
$TF_{2-4} = LS_{2-4} - ES_{2-4} = 8 - 6 = 2$,
$TF_{3-5} = LS_{3-5} - ES_{3-5} = 7 - 6 = 1$,
$TF_{4-6} = LS_{4-6} - ES_{4-6} = 11 - 9 = 2$,
$TF_{5-6} = LS_{5-6} - ES_{5-6} = 12 - 11 = 1$。

Ⅴ. 计算各项工作的自由时差。

工作的自由时差等于所有紧后工作的最早开始时间的最小值减去该工作的最早完成时间。

$FF_{1-2} = \min\{ES_{2-4} - EF_{1-2}, ES_{3-5} - EF_{1-2}\} = \min\{6-6, 6-6\} = 0$,
$FF_{2-4} = \min\{ES_{4-6} - EF_{2-4}, ES_{5-6} - EF_{2-4}\} = \min\{9-9, 11-9\} = 0$,
$FF_{1-3} = ES_{3-5} - EF_{1-3} = 6 - 3 = 3$,
$FF_{3-5} = ES_{5-6} - EF_{3-5} = 11 - 11 = 0$。

网络计划中的结束工作 $i-j$ 的自由时差按公式(19-16)计算。

$FF_{1-6} = T_p - EF_{1-6} = 15 - 15 = 0$,
$FF_{4-6} = T_p - EF_{4-6} = 15 - 13 = 2$,
$FF_{5-6} = T_p - EF_{5-6} = 15 - 14 = 1$。

Ⅵ. 确定关键工作及关键线路。

当计划工期等于计算工期时,总时差为 0 的工作均为关键工作。本案例中的关键工作是:1—6。

在图中,自始至终全由关键工作组成的关键线路为 1—6。

最终结果如图 19-7 所示。

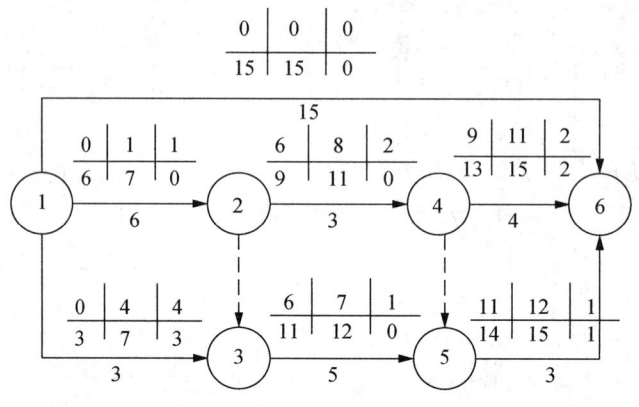

图 19-7　双代号网络图计算实例

19.2 | 单代号网络技术

1) 单代号网络图的特点

单代号网络图与双代号网络图相比,具有以下特点:

(1) 工作之间的逻辑关系容易表达,且不用虚箭线,故绘图较简单;

(2) 网络图便于检查和修改;

(3) 由于工作持续时间表示在节点之中,没有长度,故时间不够形象直观;

(4) 表示工作之间逻辑关系的箭线可能产生较多的纵横交叉现象。

2) 单代号网络图的基本符号

(1) 节点。单代号网络图中的每一个节点表示一项工作,节点宜用圆圈或矩形表示。节点所表示的工作名称、持续时间和工作代号等应标注在节点内,如图 19-8 所示。

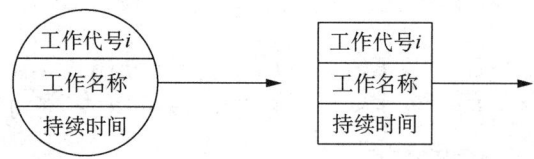

图 19-8　单代号网络图工作的表示方法

单代号网络图中的节点必须编号。编号标注在节点内,其号码可间断,但严禁重复。箭线的箭尾节点编号应小于箭头节点的编号。一项工作必须有唯一的一个节点及相应的一个编号。

(2) 箭线。单代号网络图中的箭线表示紧邻工作之间的逻辑关系,既不占用时间,也不消耗资源。箭线应画成水平直线、折线或斜线;箭线水平投影的方向应自左向右,表示工作的行进方向。工作之间的逻辑关系包括工艺关系和组织关系,在网络图中均表现为工作之间的先后顺序。

(3) 线路。单代号网络图中,各条线路应用该线路上的节点编号从小到大依次表述。

3) 单代号网络图的绘图规则

(1) 单代号网络图必须正确表达已定的逻辑关系。

(2) 单代号网络图中,严禁出现循环回路。

(3) 单代号网络图中,严禁出现双向箭头或无箭头的连线。

(4) 单代号网络图中,严禁出现没有箭尾节点的箭线和没有箭头节点的箭线。

(5) 绘制网络图时,箭线不宜交叉,当交叉不可避免时,可采用过桥法或指向法绘制。

(6) 单代号网络图中只应有一个起点节点和一个终点节点。当网络图中有多项起点节点或多项终点节点时,应在网络图的两端分别增加虚拟的起点节点(S_t)和终点节点(F_{in})。

单代号网络图的绘图规则大部分与双代号网络图的绘图规则相同,故不再进行解释。

4) 单代号网络计划时间参数的计算

单代号网络计划时间参数的计算应在确定各项工作的持续时间之后进行。时间参数的计算顺序和计算方法基本上与双代号网络计划时间参数的计算相同。单代号网络计划时间参数的标注形式如图 19-9 所示。

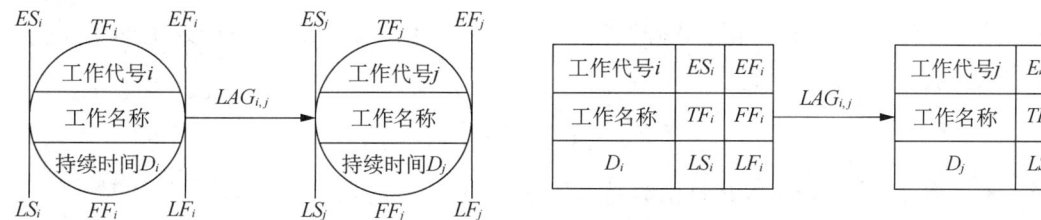

图 19-9 单代号网络计划时间参数的标注形式

单代号网络计划时间参数的计算步骤如下。

(1) 计算最早开始时间和最早完成时间。网络计划中各项工作的最早开始时间和最早完成时间的计算应从网络计划的起点节点开始,顺着箭线方向依次逐项计算。

网络计划的起点节点的最早开始时间设定为零(如未规定其最早开始时间)。如起点节点的编号为 1,则:

$$ES_i = 0 \quad (i=1) \tag{19-17}$$

工作最早完成时间等于该工作最早开始时间加上其持续时间,即:

$$EF_i = ES_i + D_i \tag{19-18}$$

工作最早开始时间等于该工作的各个紧前工作的最早完成时间的最大值,如工作 j 的紧前工作的代号为 i,则:

$$ES_j = \max\{EF_i\} \tag{19-19}$$

或

$$ES_j = \max\{ES_i + D_i\}$$

式中 ES_i——工作 j 的各项紧前工作的最早开始时间。

(2) 网络计划的计算工期 T_c。T_c 等于网络计划的终点节点 n 的最早完成时间

EF_n,即：

$$T_c = EF_n \quad (19\text{-}20)$$

(3) 计算相邻两项工作之间的时间间隔 LAG_{i-j}。相邻两项工作 i 和 j 之间的时间间隔 LAG_{i-j} 等于紧后工作 j 的最早开始时间 ES_j 和本工作的最早完成时间 EF_i 之差，即：

$$LAG_{i-j} = ES_j - EF_i \quad (19\text{-}21)$$

(4) 计算工作总时差 TF_i。工作 i 的总时差 TF_i 应从网络计划的终点节点开始，逆着箭线方向依次逐项计算。

网络计划终点节点的总时差 TF_n，如计划工期等于计算工期，其值为零，即：

$$TF_n = 0 \quad (19\text{-}22)$$

其他工作 i 的总时差 TF_i 等于该工作的各个紧后工作 j 的总时差 TF_j 加上该工作与其紧后工作之间的时间间隔 LAG_{i-j} 之和的最小值，即：

$$TF_i = \min\{TF_j + LAG_{i-j}\} \quad (19\text{-}23)$$

(5) 计算工作自由时差。工作 i 若无紧后工作，其自由时差 FF_i 等于计划工期 T_p 减去该工作的最早完成时间 EF_n，即：

$$FF_n = T_p - EF_n \quad (19\text{-}24)$$

当工作 i 有紧后工作 j 时，其自由时差 FF_i 等于该工作与其紧后工作 j 之间的时间间隔 LAG_{i-j} 的最小值，即：

$$FF_i = \min\{LAG_{i-j}\} \quad (19\text{-}25)$$

(6) 计算工作的最迟开始时间和最迟完成时间。工作 i 的最迟开始时间 LS_i 等于该工作的最早开始时间 ES_i 与其总时差 TF_i 之和，即：

$$LS_i = ES_i + TF_i \quad (19\text{-}26)$$

工作 i 的最迟完成时间 LF_i 等于该工作的最早完成时间 EF_i 与其总时差 TF_i 之和，即：

$$LF_i = EF_i + TF_i \quad (19\text{-}27)$$

(7) 关键工作和关键线路的确定。

① 关键工作的确定：总时差最小的工作是关键工作。当计划工期等于计算工期时，总时差为零的工作是关键工作。

② 关键线路的确定：从起点节点开始到终点节点均为关键工作，且所有工作的时间间隔为零的线路为关键线路。

【例 19-2】 已知某项目单代号网络计划如图 19-10 所示，计算各项工作的时间参数并确定关键线路。

解答过程如下。

Ⅰ. 计算各项工作的最早开始和最早完成时间。

从起点节点开始顺着箭线方向依次逐项计算到终点节点。

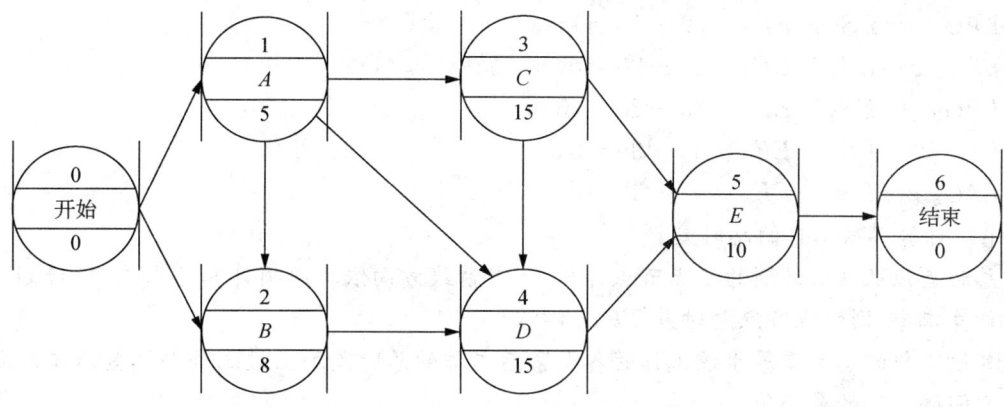

图 19-10 单代号网络图

起点节点 $ES_0 = 0$。

工作最早开始时间等于该工作的各个紧前工作的最早开始时间与其工作持续时间之和的最大值。

$ES_1 = ES_0 + D_0 = 0 + 0 = 0$,
$ES_2 = \max\{ES_0 + D_0, ES_1 + D_1\} = \max\{0 + 0, 0 + 5\} = 5$,
$ES_3 = ES_1 + D_1 = 0 + 5 = 5$,
$ES_4 = \max\{ES_1 + D_1, ES_2 + D_2, ES_3 + D_3\} = \max\{0 + 5, 5 + 8, 5 + 15\} = 20$,
$ES_5 = \max\{ES_3 + D_3, ES_4 + D_4\} = \max\{5 + 15, 20 + 15\} = 35$,
$ES_6 = ES_5 + D_5 = 35 + 10 = 45$。

工作最早完成时间等于该工作最早开始时间加上其持续时间。

$EF_0 = ES_0 + D_0 = 0 + 0 = 0$,
$EF_1 = ES_1 + D_1 = 0 + 5 = 5$,
$EF_2 = ES_2 + D_2 = 5 + 8 = 13$,
$EF_3 = ES_3 + D_3 = 5 + 15 = 20$,
$EF_4 = ES_4 + D_4 = 20 + 15 = 35$,
$EF_5 = ES_5 + D_5 = 35 + 10 = 45$,
$EF_6 = ES_6 + D_6 = 45 + 0 = 45$。

Ⅱ. 确定计算工期 T_c。

T_c 等于网络计划的终点节点 n 的最早完成时间 EF_n。

$T_c = EF_6 = 45$。

Ⅲ. 计算相邻两项工作之间的时间间隔 LAG_{i-j}。

相邻两项工作之间的时间间隔等于紧后工作的最早开始时间和本工作的最早完成时间之差。

$LAG_{0-1} = ES_1 - EF_0 = 0 - 0 = 0$,
$LAG_{0-2} = ES_2 - EF_0 = 5 - 0 = 5$,
$LAG_{1-2} = ES_2 - EF_1 = 5 - 5 = 0$,
$LAG_{1-3} = ES_3 - EF_1 = 5 - 5 = 0$,
$LAG_{1-4} = ES_4 - EF_1 = 20 - 5 = 15$,

$LAG_{2-4} = ES_4 - EF_2 = 20 - 13 = 7,$

$LAG_{3-4} = ES_4 - EF_3 = 20 - 20 = 0,$

$LAG_{3-5} = ES_5 - EF_3 = 35 - 20 = 15,$

$LAG_{4-5} = ES_5 - EF_4 = 35 - 35 = 0,$

$LAG_{5-6} = ES_6 - EF_5 = 45 - 45 = 0.$

Ⅳ. 计算各项工作的总时差。

总时差应从网络计划的终点节点开始,逆着箭线方向依次逐项计算。本例中,计划工期等于计算工期,则终点节点总时差 TF_6 为 0。

其他工作的总时差等于该工作的各个紧后工作的总时差加上该工作与其紧后工作之间的时间间隔之和的最小值。

$TF_5 = TF_6 + LAG_{5-6} = 0 + 0 = 0,$

$TF_4 = TF_5 + LAG_{4-5} = 0 + 0 = 0,$

$TF_3 = \min\{TF_4 + LAG_{3-4}, TF_5 + LAG_{3-5}\} = \min\{0+0, 0+15\} = 0,$

$TF_2 = TF_4 + LAG_{2-4} = 0 + 7 = 7,$

$TF_1 = \min\{TF_2 + LAG_{1-2}, TF_3 + LAG_{1-3}, TF_4 + LAG_{1-4}\} = \min\{7, 0, 15\} = 0,$

$TF_0 = \min\{TF_1 + LAG_{0-1}, TF_2 + LAG_{0-2}\} = \min\{0+0, 7+5\} = 0.$

Ⅴ. 计算各项工作的自由时差。

终点节点自由时差等于计划工期 T_p 减去 EF_6。

$FF_6 = T_p - EF_6 = 45 - 45 = 0.$

其余工作自由时差等于该工作与其紧后工作之间的时间间隔的最小值。

$FF_5 = LAG_{5-6} = 0,$

$FF_4 = LAG_{4-5} = 0,$

$FF_3 = \min\{LAG_{3-5}, LAG_{3-4}\} = \min\{15, 0\} = 0,$

$FF_2 = LAG_{2-4} = 7,$

$FF_1 = \min\{LAG_{1-2}, LAG_{1-3}, LAG_{1-4}\} = \min\{0, 0, 15\} = 0,$

$FF_0 = \min\{LAG_{0-1}, LAG_{0-2}\} = \min\{0, 5\} = 0.$

Ⅵ. 计算各项工作的最迟开始时间和最迟完成时间。

工作的最迟开始时间等于该工作的最早开始时间与其总时差之和。

$LS_0 = ES_0 + TF_0 = 0 + 0 = 0,$

$LS_1 = ES_1 + TF_1 = 0 + 0 = 0,$

$LS_2 = ES_2 + TF_2 = 5 + 7 = 12,$

$LS_3 = ES_3 + TF_3 = 5 + 0 = 5,$

$LS_4 = ES_4 + TF_4 = 20 + 0 = 20,$

$LS_5 = ES_5 + TF_5 = 35 + 0 = 35,$

$LS_6 = ES_6 + TF_6 = 45 + 0 = 45.$

工作的最迟完成时间等于该工作的最早完成时间与其总时差之和。

$LF_0 = EF_0 + TF_0 = 0 + 0 = 0,$

$LF_1 = EF_1 + TF_1 = 5 + 0 = 5,$

$LF_2 = EF_2 + TF_2 = 13 + 7 = 20,$

$LF_3 = EF_3 + TF_3 = 20 + 0 = 20,$
$LF_4 = EF_4 + TF_4 = 35 + 0 = 35,$
$LF_5 = EF_5 + TF_5 = 45 + 0 = 45,$
$LF_6 = EF_6 + TF_6 = 45 + 0 = 45。$

Ⅶ. 关键工作和关键线路

本例计划工期等于计算工期,故总时差为零的工作为关键工作,同时这些关键工作构成了关键线路。

本例题的关键工作为 A、C、D、E,关键线路为起点—A—C—D—E—终点。

将求出的各时间参数填入图中,如图 19-11 所示。

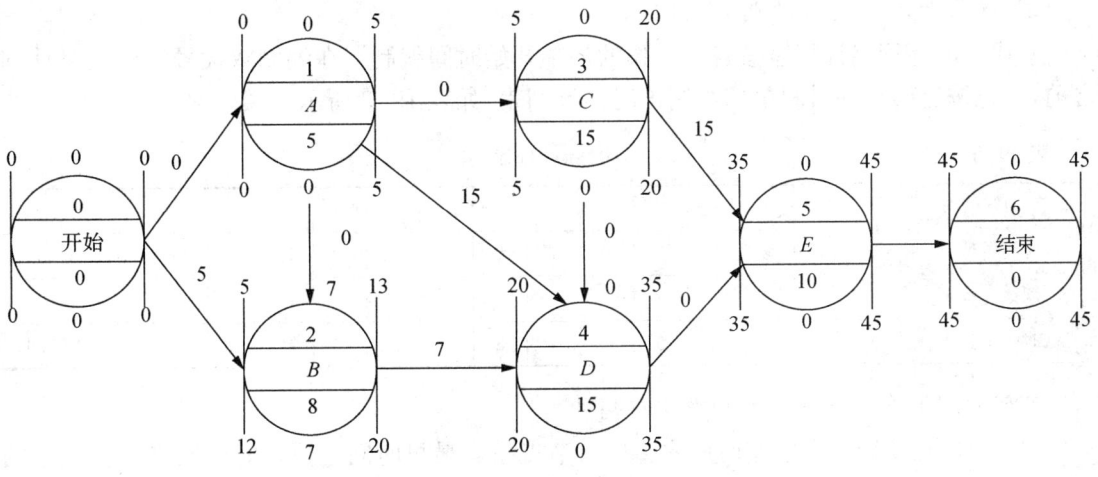

图 19-11　单代号网络计划

19.3 | 双代号网络时标计划

1)双代号时标网络计划的特点

双代号时标网络计划是以水平时间坐标为尺度编制的双代号网络计划,其主要特点有:

(1)双代号时标网络计划兼有网络计划与横道计划的优点,它能够清楚地表明计划的时间进程,使用方便。

(2)双代号时标网络计划能在图上直接显示出各项工作的最早开始时间与最早完成时间,工作的自由时差、关键线路及网络的计算工期。

(3)时标网络计划在绘制中受到时间坐标的限制,因此不易产生循环回路之类的逻辑错误。

(4)在双代号时标网络计划中可以统计每一个单位时间对资源的需要量,以便进行资源优化和调整。

(5)由于箭线受到时间坐标的限制,当情况发生变化时,对网络计划的修改在手工情况下比较麻烦,往往要重新绘图。但在使用计算机辅助进度软件以后,这一问题比较容易解决。

2）双代号时标网络计划的一般规定

(1) 双代号时标网络计划必须以水平时间坐标为尺度表示工作时间。时标的时间单位应根据需要在编制网络计划之前确定，可为时、天、周、月或季。

(2) 双代号时标网络计划应以实箭线表示工作，以虚箭线表示虚工作，以波形线表示工作的自由时差。

(3) 双代号时标网络计划中所有符号在时间坐标上的水平投影位置，都必须与其时间参数相对应。节点中心必须对准相应的时标位置。

(4) 双代号时标网络计划中虚工作必须以垂直方向的虚箭线表示，有自由时差时加波形线表示。

3）双代号时标网络计划的编制

双代号时标网络计划宜按各个工作的最早开始时间编制。在编制双代号时标网络计划之前，应先按已确定的时间单位绘出时标计划表，如表19-3所示。

表 19-3　　　　　　　　　　　时标计划表

日历 (时间单位)	1	2	3	4	5	6	7	8	9	10	11	12	13	14	15	16	17
网络计划 (时间单位)	1	2	3	4	5	6	7	8	9	10	11	12	13	14	15	16	17

双代号时标网络计划的编制方法有两种。

(1) 间接法绘制。在绘制时应先将所有节点按其最早时间定位在时标网络计划表中的相应位置，然后再用规定线型（实箭线和虚箭线）按比例绘出工作和虚工作。当某些工作箭线的长度不足以到达该工作的完成节点时，须用波形线补足，箭头应画在与该工作完成节点的连接处。

(2) 直接法绘制。根据网络计划中工作之间的逻辑关系及各工作的持续时间，直接在时标计划表上绘制双代号时标网络计划。绘制步骤如下：

① 将起点节点定位在时标表的起始刻度线上。

② 按工作持续时间在时标计划表上绘制起点节点的外向箭线。

③ 其他工作的开始节点必须在其所有紧前工作都绘出以后，定位在这些紧前工作最早完成时间最大值的时间刻度上，某些工作的箭线长度不足以到达该节点时，用波形线补足，箭头画在波形线与节点连接处。

④ 用上述方法从左至右依次确定其他节点位置，直至网络计划终点节点定位，绘图完成。

【例 19-3】　某项目各项工作逻辑关系及持续时间如表19-4所示，用直接法绘制双代号时标网络计划。

表 19-4　　　　　　　某项目各项工作逻辑关系及持续时间表

工作	紧前工作	紧后工作	持续时间
A_1	—	A_2、B_1	2
A_2	A_1	A_3、B_2	2

续表

工作	紧前工作	紧后工作	持续时间
A_3	A_2	B_3	2
B_1	A_1	B_2、C_1	3
B_2	A_2、B_1	B_3、C_2	3
B_3	A_3、B_2	D、C_3	3
C_1	B_1	C_2	2
C_2	B_2、C_1	C_3	4
C_3	B_3、C_2	E、F	2
D	B_3	G	2
E	C_3	G	1
F	C_3	I	2
G	D、E	H、I	4
H	G	—	3
I	F、G	—	3

解答过程如下。

Ⅰ. 将起始节点①定位在时标表的起始刻度线上,如图 19-12 所示。

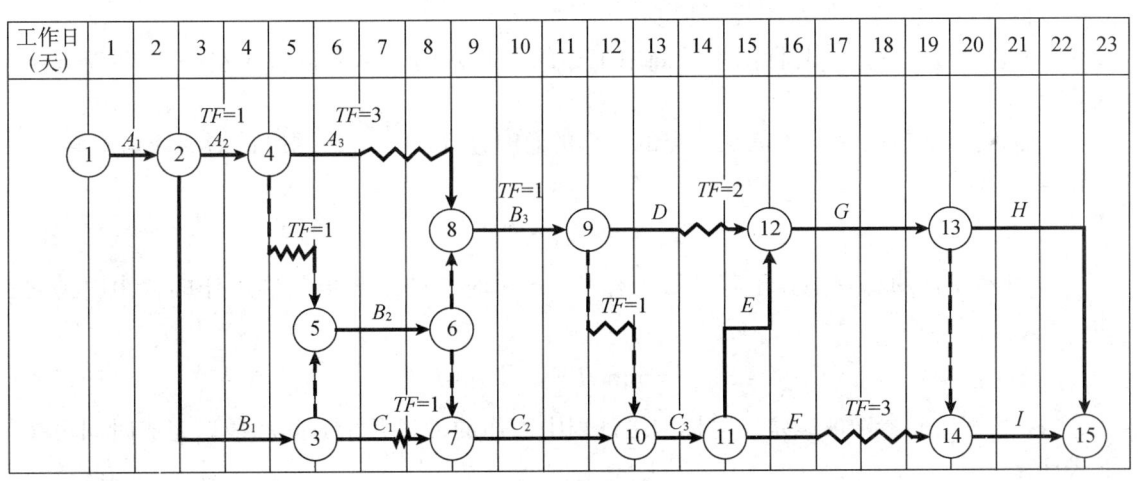

图 19-12 时标网络计划示例

Ⅱ. 按工作的持续时间绘制①节点的外向箭线①—②,即按 A_1 工作的持续时间,画出无紧前工作的 A_1 工作,确定节点②的位置。

Ⅲ. 自左至右依次确定其余各节点的位置。如②、③、④、⑥、⑨、⑪节点之前只有一条内向箭线,则在其内向箭线绘制完成后即可在其末端将上述节点绘出。⑤、⑦、⑧、⑩、⑫、⑬、⑭、⑮节点则必须待其前面的两条内向箭线都绘制完成后才能定位在这些内向箭线中最晚完成的时刻处。其中,⑤、⑦、⑧、⑩、⑫、⑭各节点均有长度不足以达到该节点的内向实箭线,故用波形线补足。

Ⅳ. 用上述方法自左至右依次确定其他节点位置，直至画出全部工作，确定终点节点 15 的位置，该时标网络计划即绘制完成。

4) 关键线路和计算工期的确定

(1) 时标网络计划关键线路的确定，应自终点节点逆箭线方向朝起点节点逐次进行判定，即从终点到起点不出现波形线的线路即为关键线路。如图 19-12 中，关键线路有两条，分别为①—②—③—⑤—⑥—⑦—⑩—⑪—⑫—⑬—⑭—⑮，①—②—③—⑤—⑥—⑦—⑩—⑪—⑫—⑬—⑮。

(2) 时标网络计划的计算工期，应是终点节点与起点节点所在位置之差。如图 19-12 中，计算工期 $T_c = 22 - 0 = 22$（天）。

5) 时标网络计划时间参数的确定

在时标网络计划中，6 个工作时间参数的确定步骤如下：

(1) 最早时间参数的确定。按最早开始时间绘制双时标网络计划，最早时间参数可以从图上直接确定。

① 最早开始时间 ES_{i-j}：每条实箭线左端箭尾节点（i 节点）中心所对应的时标值，即为该工作的最早开始时间。

② 最早完成时间 EF_{i-j}：如箭线右端无波形线，则该箭线右端节点（j 节点）中心所对应的时标值为该工作的最早完成时间。如箭线右端有波形线，则实箭线右端末所对应的时标值即为该工作的最早完成时间。

(2) 自由时差的确定。时标网络计划中各工作的自由时差值应为表示该工作的箭线中波形线部分在坐标轴上的水平投影长度。

(3) 总时差的确定。时标网络计划中工作的总时差的计算应自右向左进行，且符合下列规定：

① 以终点节点（$j=n$）为箭头节点的工作的总时差 TF_{i-n} 应按网络计划的计划工期 T_p 计算确定，即：

$$TF_{i-n} = T_p - EF_{i-n} \tag{19-28}$$

② 其他工作的总时差等于其紧后工作 $j-k$ 总时差的最小值与本工作的自由时差之和，即

$$TF_{i-j} = \min[TF_{j-k}] + FF_{i-j} \tag{19-29}$$

(4) 最迟时间参数的确定。时标网络计划中工作的最迟开始时间和最迟完成时间可按下式计算：

$$LS_{i-j} = ES_{i-j} + TF_{i-j} \tag{19-30}$$

$$LF_{i-j} = EF_{i-j} + TF_{i-j} \tag{19-31}$$

19.4 单代号搭接网络计划

1) 基本概念

在普通双代号和单代号网络计划中，各项工作按依次顺序进行，即任何一项工作都必须

在它的紧前工作全部完成后才能开始。

图 19-13(a)以横道图表示相邻的 A、B 两工作，A 工作进行 4 天后 B 工作即可开始，而不必要等 A 工作全部完成。这种情况若按依次顺序用网络图表示就必须把 A 工作分为两部分，即 A_1 和 A_2 工作，以双代号网络图表示如图 19-13(b)所示，以单代号网络图表示则如图 19-13(c)所示。

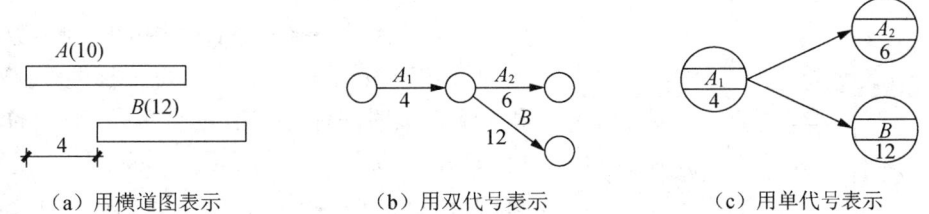

图 19-13　A、B 两工作搭接关系的表示方法

但在实际工作中，为了缩短工期，许多工作可采用平行搭接的方式进行。为了简单直接地表达这种搭接关系，使编制网络计划得以简化，于是出现了搭接网络计划方法。单代号搭接网络示例如图 19-14 所示，其中起点节点 S_t 和终点节点 F_{in} 为虚拟节点。

（1）单代号搭接网络图中每一个节点表示一项工作，宜用圆圈或矩形表示。节点所表示的工作名称、持续时间和工作代号等应标注在节点内。节点最基本的表示方法应符合图 19-15 的规定。

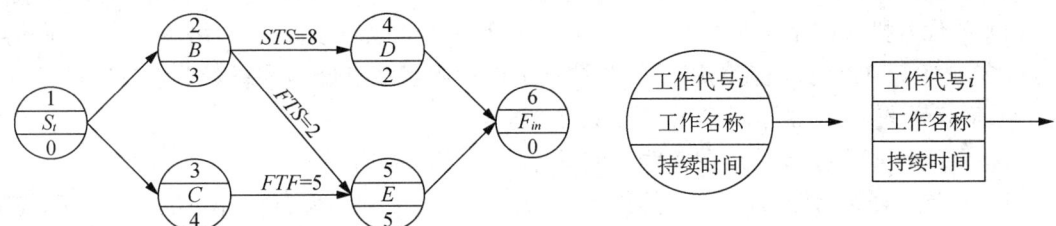

图 19-14　单代号搭接网络计划　　　　图 19-15　单代号搭接网络图工作的表示方法

（2）单代号搭接网络图中，箭线及其上面的时距符号表示相邻工作间的逻辑关系，如图 19-16 所示。箭线应画成水平直线、折线或斜线；箭线水平投影的方向应自左向右，表示工作的进行方向。

工作的搭接顺序关系是用前项工作的开始或完成时间与其紧后工作的开始或完成时间之间的间距来表示，具体有四类：

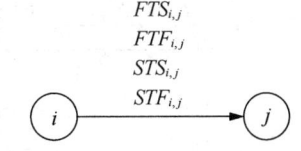

图 19-16　单代号搭接网络图箭线的表示方法

$FTS_{i,j}$——工作 i 完成时间与其紧后工作 j 开始时间的时间间距（简称时距）；

$FTF_{i,j}$——工作 i 完成时间与其紧后工作 j 完成时间的时间间距（简称时距）；

$STS_{i,j}$——工作 i 开始时间与其紧后工作 j 开始时间的时间间距（简称时距）；

$STF_{i,j}$——工作 i 开始时间与其紧后工作 j 完成时间的时间间距（简称时距）。

（3）单代号网络图中的节点必须编号。编号标注在节点内，其号码可间断，但严禁重复。箭线的箭尾节点编号应小于箭头节点编号。一项工作必须有唯一的一个节点及相应的一个编号。

（4）工作之间的逻辑关系包括工艺关系和组织关系，在网络图中均表现为工作之间的先后顺序。

（5）单代号搭接网络图中，各条线路应用该线路上的节点编号自小到大依次表述，也可用工作名称依次表述。如图 19-14 所示的单代号搭接网络图中的其中一条线路可表述为 1→2→5→6，也可表述为 $S_t→B→E→F_{in}$。

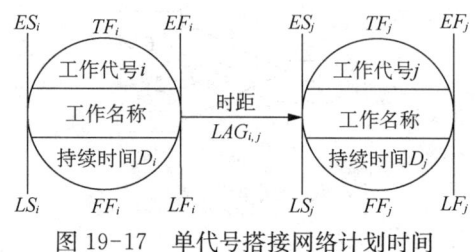

图 19-17　单代号搭接网络计划时间
参数标注形式

（6）单代号搭接网络计划中的时间参数基本内容和形式应按图 19-17 所示方式标注。工作名称和工作持续时间标注在节点圆圈内，工作的时间参数（如 ES_i，EF_i，LS_i，LF_i，TF_i，FF_i）标注在圆圈的上下。而工作之间的时距（如 $STS_{i,j}$，$ETF_{i,j}$，$STF_{i,j}$，$FTS_{i,j}$）和时间间隔 $LAG_{i,j}$ 标注在联系箭线的上下方。

2）绘图规则

（1）单代号搭接网络图必须正确表述已定的逻辑关系。

（2）单代号搭接网络图中，严禁出现循环回路。

（3）单代号搭接网络图中，严禁出现双向箭头或无箭头的连线。

（4）单代号搭接网络图中，严禁出现没有箭尾节点的箭线和没有箭头节点的箭线。

（5）绘制网络图时，箭线不宜交叉。当交叉不可避免时，可采用过桥法和指向法绘制。

（6）单代号搭接网络图只应有一个起点节点和一个终点节点。当网络图中有多项起点节点或多项终点节点时，应在网络图的两端分别设置起点节点（S_t）和终点节点（F_{in}）。

3）单代号搭接网络计划中的搭接关系

搭接网络计划中搭接关系在实践中的具体应用，简述如下。

（1）完成到开始时距（$FTS_{i,j}$）的连接方法。图 19-18 表示紧前工作 i 的完成时间与紧后工作 j 的开始时间之间的时距和连接方法。

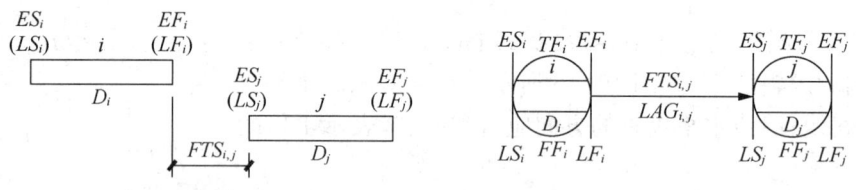

(a) 用横道图表示 $FTS_{i,j}$ 时距　　(b) 用单代号搭接网络计划表示 $FTS_{i,j}$ 时距

图 19-18　时距 $FTS_{i,j}$ 的表示方法

例如修一条堤坝的护坡时，一定要等土堤自然沉降后才能修护坡，这种等待的时间就是 FTS 时距。

当 $FTS=0$ 时，就是说紧前工作 i 的完成时间等于紧后工作 j 的开始时间，这时紧前工作与紧后工作紧密衔接。当计划所有相邻工作的 $FTS=0$ 时，整个搭接网络计划就成为单代号网络计划。因此，一般的依次顺序关系只是搭接关系的一种特殊表现形式。

（2）完成到完成时距（$FTF_{i,j}$）的连接方法。图 19-19 表示紧前工作 i 完成时间与紧后

工作 j 完成时间之间的时距和连接方法。

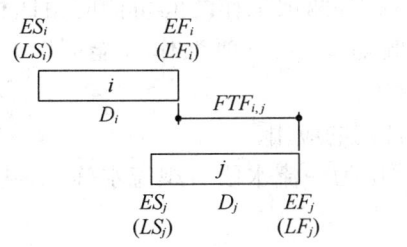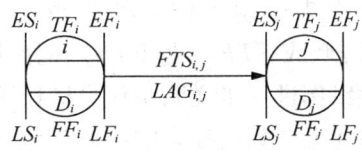

(a) 用横道图表示 $FTS_{i,j}$ 时距　　　　(b) 用单代号搭接网络计划表示 $FTS_{i,j}$ 时距

图 19-19　时距 $FTF_{i,j}$ 的表示方法

例如相邻两工作，当紧前工作的施工速度小于紧后工作时，则必须考虑为紧后工作留有充分的工作面，否则紧后工作就将因无工作面而无法进行。这种结束工作时间之间的间隔就是 FTF 时距。

(3) 开始到开始时距（$STS_{i,j}$）的连接方法。图 19-20 表示紧前工作 i 的开始时间与紧后工作 j 的开始时间之间的时距和连接方法。

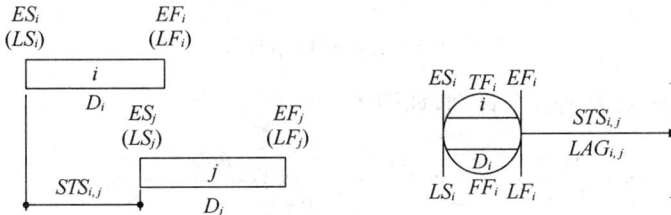

(a) 用横道图表示 $STS_{i,j}$ 时距　　　　(b) 用单代号搭接网络计划表示 $STS_{i,j}$ 时距

图 19-20　时距 $STS_{i,j}$ 的表示方法

例如道路工程中的铺设路基和浇筑路面，待路基开始工作一定时间为路面工程创造一定工作条件之后，路面工程即可开始进行，这种开始工作时间之间的间隔就是 STS 时距。

(4) 开始到完成时距（$STF_{i,j}$）的连接方法。图 19-21 表示紧前工作 i 的开始时间与紧后工作 j 的完成时间之间的时距和连接方法，这种时距以 $STF_{i,j}$ 表示。

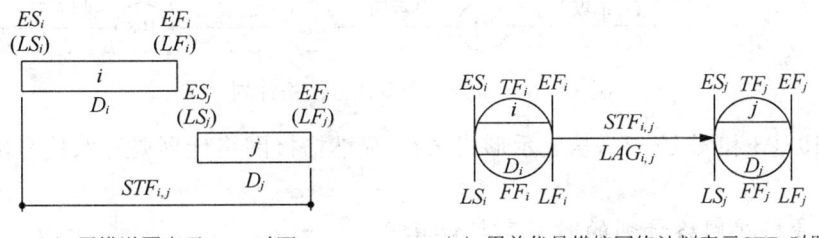

(a) 用横道图表示 $STF_{i,j}$ 时距　　　　(b) 用单代号搭接网络计划表示 $STF_{i,j}$ 时距

图 19-21　时距 $STF_{i,j}$ 的表示方法

例如要挖掘带有部分地下水的土壤，地下水位以上的土壤挖掘可以在降低地下水位工作完成之前开始，而在地下水位以下的土壤挖掘则必须要等降低地下水位之后才能开始。降低地下水位工作的完成与何时挖地下水位以下的土壤有关，至于降低地下水位何时开始，

则与挖土没有直接联系。这种开始到结束的限制时间就是 STF 时距。

（5）混合时距的连接方法。在搭接网络计划中，两项工作之间可同时由四种基本时距关系中两种以上来限制工作间的逻辑关系，例如 i、j 两项工作可能同时由 $STS_{i,j}$ 与 $FTF_{i,j}$ 时距限制，或 $STF_{i,j}$ 与 $FTS_{i,j}$ 时距限制等。

以下通过案例进一步说明单代号搭接网络计划的应用。

一幢三单元五层家属宿舍的装修工程，以一层为一流水段组织流水施工，共五项工作，其工艺流程图如图 19-22 所示。

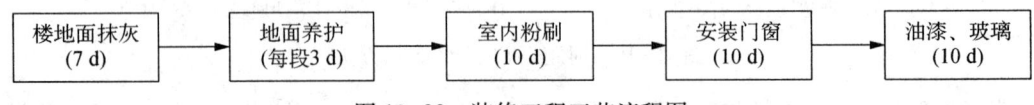

图 19-22　装修工程工艺流程图

如果用单代号搭接网络图绘制网络计划，如图 19-23 所示。

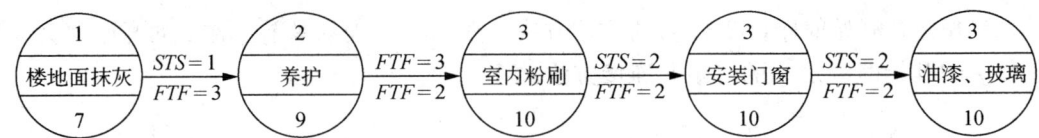

图 19-23　装修工程搭接网络计划

如果用双代号网络图来表示这个计划，如图 19-24 所示。

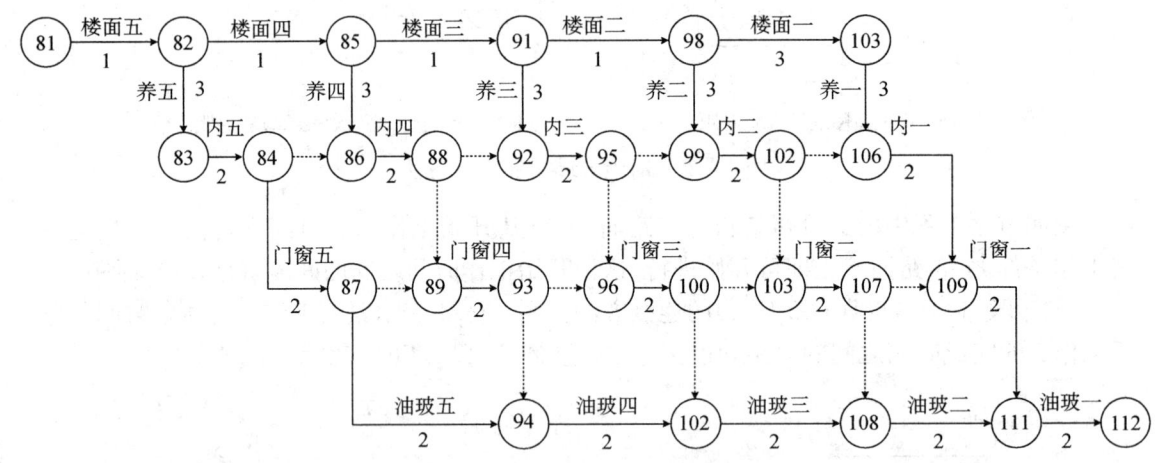

图 19-24　装修工程双代号网络计划

对照图 19-23 和图 19-24，从表示形式来看，显然搭接网络计划要比双代号网络计划简单得多。

4）单代号搭接网络计划的时间参数计算

（1）计算工作最早时间。

① 计算最早时间参数必须从起点节点开始依次进行，只有紧前工作计算完毕，才能计算本工作。

② 计算工作最早开始时间应按下列步骤进行。

起点节点的工作最早开始时间设定为零（如未规定其最早时间），即：

$$ES_i = 0 \quad (i = \text{起点节点编号}) \tag{19-32}$$

其他工作 j 的最早开始时间(ES_j)根据时距应按下列公式计算：

相邻时距为 $STS_{i,j}$ 时，

$$ES_j = ES_i + STS_{i,j} \tag{19-33}$$

相邻时距为 $FTF_{i,j}$ 时，

$$ES_j = ES_i + D_i + FTF_{i,j} - D_j \tag{19-34}$$

相邻时距为 $STF_{i,j}$ 时，

$$ES_j = ES_i + STF_{i,j} - D_j \tag{19-35}$$

相邻时距为 $FTS_{i,j}$ 时，

$$ES_j = ES_i + D_i + FTS_{i,j} \tag{19-36}$$

③ 计算工作最早时间，当出现最早开始时间为负值时，应将该工作 j 与起点节点用虚箭线相连接，并确定其时距为：

$$STS_{\text{起点节点},j} = 0 \tag{19-37}$$

④ 工作 j 的最早完成时间 EF_j 应按下式计算：

$$EF_j = ES_j + D_j \tag{19-38}$$

⑤ 当有两种以上的时距(有两项工作或两项以上紧前工作)限制工作间的逻辑关系时，应分别进行计算其最早时间，取其最大值。

⑥ 搭接网络计划中，全部工作的最早完成时间的最大值若在中间工作 k，则该中间工作 k 应与终点节点用虚箭线相连接，并确定其时距为：

$$FTF_{k,\text{终点节点}} = 0 \tag{19-39}$$

⑦ 搭接网络计划计算工期 T_c 由与终点相联系的工作的最早完成时间的最大值决定。

⑧ 网络计划的计划工期 T_p 的计算应按下列情况分别确定：

当已规定了要求工期 T_r 时，$T_p \leqslant T_r$；

当未规定要求工期时，$T_p = T_r$。

(2) 计算时间间隔 $LAG_{i,j}$。相邻两项工作 i 和 j 之间在满足时距之外，还有多余的时间间隔 $LAG_{i,j}$，应按下式计算：

$$LAG_{i,j} = \begin{bmatrix} ES_j - EF_i - FTS_{i,j} \\ ES_j - ES_i - STS_{i,j} \\ EF_j - EF_i - FTF_{i,j} \\ EF_j - ES_i - STF_{i,j} \end{bmatrix} \tag{19-40}$$

(3) 计算工作总时差。工作 i 的总时差 TF_i 应从网络计划的终点节点开始，逆着箭线方

向依次逐项计算。当部分工作分期完成时,有关工作的总时差必须从分期完成的节点开始逆向逐项计算。

终点节点所代表工作 n 的总时差 TF_n 值应为:

$$TF_n = T_p - EF_n \tag{19-41}$$

其他工作 i 的总时差 TF_i 应为:

$$TF_i = \min\{TF_j + LAG_{i,j}\} \tag{19-42}$$

(4) 计算工作自由时差。终点节点所代表工作 n 的自由时差 FF_n 应为:

$$FF_n = T_c - EF_n \tag{19-43}$$

其他工作 i 的自由时差 FF_i 应为:

$$FF_i = \min\{LAG_{i,j}\} \tag{19-44}$$

(5) 计算工作最迟完成时间。工作 i 的最迟完成时间 LF_i 应从网络计划的终点节点开始,逆着箭线方向依次逐项计算。当部分工作分期完成时,有关工作的最迟完成时间应从分期完成的节点开始逆向逐项计算。

终点节点所代表的工作 n 的最迟完成时间 LF_n,应按网络计划的计划工期 T_p 确定,即:

$$LF_n = T_p \tag{19-45}$$

其他工作 i 的最迟完成时间 LF_i 应为:

$$LF_i = EF_i + TF_i \tag{19-46}$$

或

$$LF_i = \min \begin{bmatrix} LS_j - LF_i - FTS_{i,j} \\ LS_j - LS_i - STS_{i,j} \\ LF_j - LF_i - FTF_{i,j} \\ LF_j - LS_i - STF_{i,j} \end{bmatrix} \tag{19-47}$$

(6) 计算工作最迟开始时间。工作 i 的最迟开始时间 LS_i 应按下式计算:

$$LS_i = LF_i - D_i \tag{19-48}$$

或

$$LS_i = ES_i + TF_i \tag{19-49}$$

5) 关键工作和关键线路的确定

(1) 确定关键工作。关键工作是总时差最小的工作。搭接网络计划中工作总时差最小的工作,也即是其具有的机动时间最小,如果延长其持续时间就会影响计算工期,因此为关键工作。当计划工期等于计算工期时,工作的总时差为零是最小的总时差。当有要求工期,且要求工期小于计算工期时,总时差最小的为负值;当要求工期大于计算工期时,总时差最小的为正值。

(2) 确定关键线路。关键线路是自始至终全部由关键工作组成的线路或线路上总的工作持续时间最长的线路,该线路在网络图上应用粗线、双线或彩色线标注。

在搭接网络计划中,从起点节点开始到终点节点均为关键工作,且所有工作的时间间隔均为零的线路应为关键线路。

【**例 19-4**】 已知单代号搭接网络计划如图 19-25 所示,若计划工期等于计算工期,试计算各项工作的 6 个时间参数并确定关键线路,标注在网络计划上。

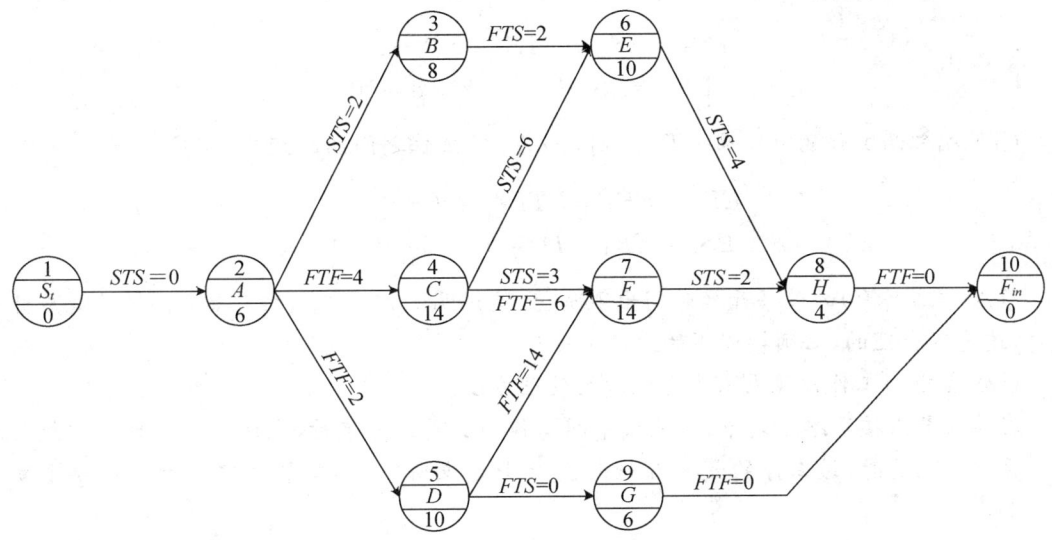

图 19-25 单代号搭接网络计划实例

解答过程如下。

单代号搭接网络时间参数计算总图如图 19-26 所示,其具体计算步骤说明如下。

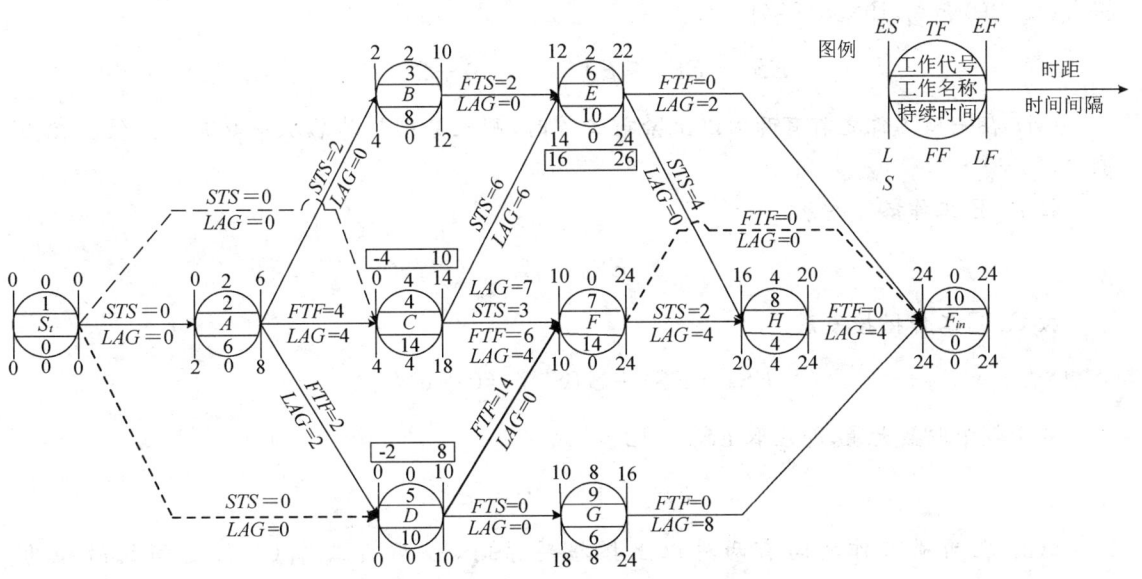

图 19-26 单代号搭接网络时间参数计算总图

Ⅰ. 计算最早开始时间和最早完成时间。

计算最早时间参数必须从起点开始沿箭线方向向终点进行。因为在单代号网络图中起点和终点都是虚设的,故其工作持续时间均为零。

(i) 因为未规定其最早开始时间,所以由公式(19-32)得到

$$ES_1 = 0$$

(ii) 相邻工作的时距为 $STS_{i,j}$ 时,如 A、B 时距为 $STS_{2,3} = 2$

$$ES_3 = ES_2 + STS_{2,3} = 0 + 2 = 2$$
$$EF_3 = ES_3 + D_3 = 2 + 8 = 10$$

(iii) 相邻两工作的时距为 $FTF_{i,j}$ 时,如 A、C 工作之间的时距为 $FTF_{2,4} = 4$

$$EF_4 = EF_2 + FTF_{2,4} = 6 + 4 = 10$$
$$ES_4 = EF_4 - D_4 = 10 - 14 = -4$$

节点 4(工作 C)的最早开始时间出现负值,这说明工作 C 在工程开始之前 4 d 就应开始工作,这是不合理的,必须按以下的方法来处理。

(iv) 当中间工作出现 ES_i 为负值时的处理方法。

在单代号搭接网络计划中,当某项中间工作的 ES_i 为负值时,应该将该工作用虚线与起点联系起来。这时,该工作的最早开始时间就由起点所决定,其最早完成时间也要重新计算。如:

$$ES_4 = ES_1 + STS_{1,4} = 0 + 0 = 0$$
$$EF_4 = ES_4 + D_4 = 0 + 14 = 14$$

(v) 相邻两项工作的时距为 $FTS_{i,j}$ 时,如 B、E 两工作之间的时距为 $FTS_{3,6} = 2$,则根据式(19-36)和式(19-38)得到

$$ES_6 = EF_3 + FTS_{3,6} = 10 + 2 = 12$$

(vi) 在一项工作之前有两项以上紧前工作时,则应分别计算后从中取其最大值。在实例中,

按 B、E 工作搭接关系,

$$ES_6 = 12$$

按 C、E 工作搭接关系,

$$ES_6 = ES_4 + STS_{4,6} = 0 + 6 = 6$$

从两数中取最大值,即应取 $ES_6 = 12$。

$$EF_6 = 12 + 10 = 22$$

(vii) 在两项工作之间有两种以上搭接关系时,如两项工作 C、F 之间的时距为 $STS_{4,7} = 3$ 和 $FTF_{4,7} = 6$,这时也应该分别计算后取其中的最大值。

由 $STS_{4,7} = 3$ 决定时,

$$ES_7 = ES_4 + STS_{4,7} = 0 + 3 = 3$$

由 $FTF_{4,7}=6$ 决定时，
$$EF_7 = EF_4 + FTF_{4,7} = 14 + 6 = 20$$
$$ES_7 = EF_7 - D_7 = 20 - 14 = 6$$

故按以上两种时距关系，应取 $ES_7 = 6$。

但是节点 7（工作 F）除与节点 4（工作 C）有联系外，同时还与紧前工作 D（节点 5）有联系，所以还应在这两种逻辑关系的计算值中取其最大值。

$$EF_7 = EF_5 + FTF_{5,7} = 10 + 14 = 24$$
$$ES_7 = 24 - 14 = 10$$

故应取
$$ES_7 = \max\{10, 6\} = 10$$
$$EF_7 = 10 + 14 = 24$$

网络计划中的所有其他工作的最早时间都可以依次按上述各种方法进行计算，直到终点为止。

(viii) 根据以上计算，则终点节点的时间应从工作 G、H 完成时间中取最大值，即：

$$ES_{Fin} = \max\{20, 16\} = 20$$

在很多情况下，这个值是网络计划中的最大值，决定了计划的工期。但是在本例中，决定工程工期的完成时间最大值的工作却不在最后，而是在中间的工作 F，这时必须按以下方法加以处理。

(ix) 终点一般是虚设的，只与没有外向箭线的工作相联系。但是当中间工作的完成时间大于最后工作的完成时间时，为了决定终点的时间（即工程的总工期）必须先把该工作与终点节点用虚箭线联系起来，如图 19-26，然后再依法计算终点时间。在本例中，

$$ES_{Fin} = \max\{24, 20, 16\} = 24$$

已知计划工期等于计算工期，故有 $T_p = T_c = EF_{10} = 24$。

Ⅱ. 计算相邻两项工作之间的时间间隔 LAG_{i-j}。

应按式(19-40)计算。

起点与工作 A 是 STS 连接，故

$$LAG_{1,2} = 0$$

起点与工作 C 和工作 D 之间的 LAG 均为零。

工作 A 与工作 B 是 STS 连接，

$$LAG_{2,3} = ES_3 - ES_2 - STS_{2,3} = 2 - 0 - 2 = 0$$

工作 A 与工作 C 是 FTF 连接，

$$LAG_{2,4} = EF_4 - EF_2 - FTF_{2,4} = 14 - 6 - 4 = 4$$

工作 A 与工作 D 是 FTF 连接，

$$LAG_{2,5} = EF_5 - EF_2 - FTF_{2,5} = 10 - 6 - 2 = 2$$

工作 B 与工作 E 是 FTS 连接,

$$LAG_{3,6} = ES_6 - EF_3 - FTS_{3,6} = 12 - 10 - 2 = 0$$

工作 C 与工作 F 是 STS 和 FTF 两种时距连接,故

$$\begin{aligned}LAG_{4,7} &= \min\{(ES_7 - ES_4 - STS_{4,7}), (EF_7 - EF_4 - FTF_{4,7})\} \\ &= \min\{(10-0-3), (24-14-6)\} = 4\end{aligned}$$

Ⅲ. 计算工作的总时差 TF_i。

已知计划工期等于计算工期 $T_p = T_c = 24$,故

终点节点的总时差按式(19-41), $TF_{Fin} = T_p - EF_n = 24 - 24 = 0$。

其他节点的总时差按式(19-42):

$$TF_8 = TF_{10} + LAG_{8,10} = 0 + 4 = 4$$
$$\begin{aligned}TF_6 &= \min\{(TF_{10} + LAG_{6,10}), (TF_8 + LAG_{6,8})\} \\ &= \min\{(0+2), (4+0)\} = 2\end{aligned}$$

Ⅳ. 计算工作的自由时差 FF_i。

各项工作的自由时差 FF_i,可按式(19-43)和式(19-44)进行计算。

$$FF_7 = 0$$
$$FF_2 = \min\{LAG_{2,3}, LAG_{2,4}, LAG_{2,5}\} = \min\{0, 4, 2\} = 0$$

Ⅴ. 计算工作的最迟开始时间 LS_i 和最迟完成时间 LF_i,如:

(i) 凡是与终点节点相联系的工作,其最迟完成时间即为终点的完成时间,如

$$LF_7 = LF_9 = 24$$
$$LS_7 = LF_7 - D_7 = 24 - 14 = 10$$
$$LS_9 = LF_9 - D_9 = 24 - 6 = 18$$

(ii) 相邻两工作的时距为 $STS_{i,j}$ 时,如两工作 E、H 之间的时距为 $STS_{6,8} = 4$。

$$LS_6 = LS_8 - STS_{6,8} = 20 - 4 = 16$$
$$LF_6 = LS_6 + D_6 = 16 + 10 = 26$$

节点 6(工作 E)的最迟完成时间为 26 天,大于总工期 24 天,这是不合理的,必须对节点 6(工作 E)的最迟完成时间按下述方法进行调整。

(iii) 在计算最迟时间参数中出现某工作的最迟完成时间大于总工期时,应把该工作用虚箭线与终点节点连起来。

这时工作 E 的最迟时间除受工作 H 的约束之外,还受到终点节点的决定性约束,故

$$LF_6 = 24$$
$$LS_6 = 24 - 10 = 14$$

(iv) 若明确中间相邻两工作的时距后,可按照式(19-46)和式(19-48)计算,如

$LF_5 = \min\{(LS_9 - FTS_{5,9}), (LF_8 - FTF_{5,7})\}$
$\quad\quad = \min\{(18-0), (24-14)\} = 10$
$LS_5 = LF_5 - D_5 = 10 - 10 = 0$
$LF_4 = \min\{(LS_7 - STS_{4,7} + D_4), (LF_7 - FTF_{4,7}), (LS_6 - STS_{4,6} + D_4)\}$
$\quad\quad = \min\{(10-3+14), (24-6), (14-6+14)\} = 18$
$LS_4 = LF_4 - D_4 = 18 - 14 = 4$

Ⅵ. 关键工作和关键线路的确定。

从图 19-26 来看，关键线路为起点→D→F→终点，D 和 F 两工作的总时差为最小（零）是关键工作。同一般网络计划一样，把总时差为零的工作连接起来所形成的线路就是关键线路。因此，用计算总时差的方法也可以确定关键线路。

还可以利用 LAG 来寻找关键线路，即从终点向起点方向寻找，把 LAG=0 的线路向前连通，直到起点，这条线路就是关键线路。但是，这并不意味着 LAG=0 的线路都是关键线路，只有 LAG=0 从起点至终点贯通的线路才是关键线路。

复习思考题

1. 某项目双代号网络计划如图 19-27 所示，计算各项工作的六个时间参数并确定关键线路。

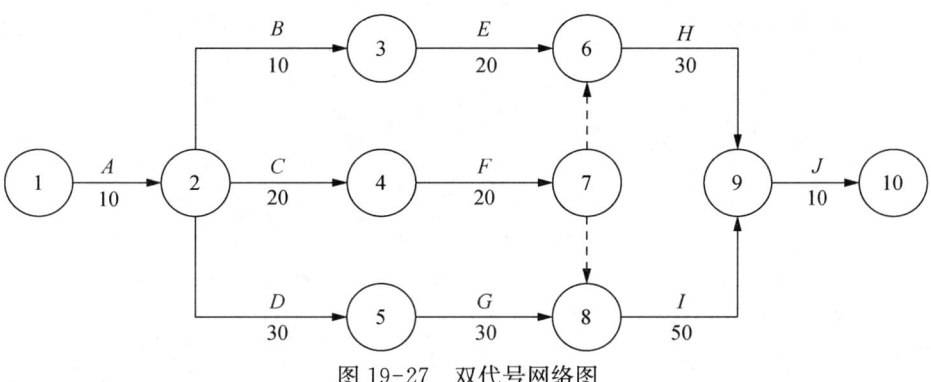

图 19-27　双代号网络图

2. 某项目双代号网络计划如图 19-28 所示，计算各项工作的六个时间参数并确定关键线路。

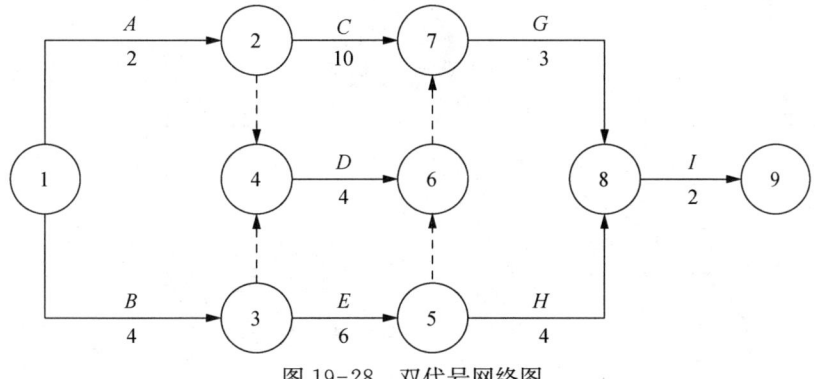

图 19-28　双代号网络图

3. 某项目单代号搭接网络如图 19-29 所示，计算各项工作的六个时间参数并确定关键线路。

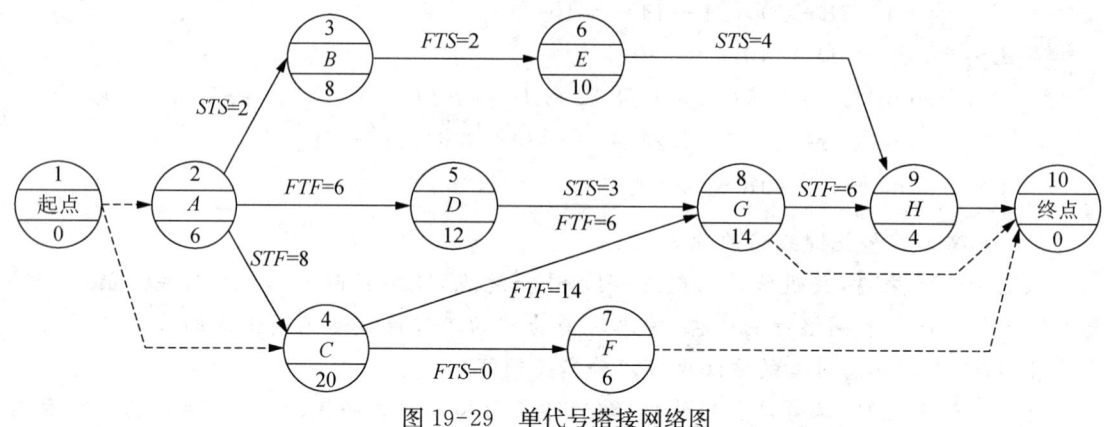

图 19-29　单代号搭接网络图

第五篇
前 沿 篇

第 20 章 复杂项目管理

进入 21 世纪以来,随着投资主体趋于多元化,金融服务体系日臻完善,各种复杂工艺技术日益成熟,世界范围内的项目大型化、群体化、复杂化的趋势愈加明显。管理对象、管理环境、管理目标、组织结构和组织行为等因素的复杂性对项目管理理论和方法提出了新的挑战,这在世界范围内掀起了一场探索复杂项目管理的研究热潮。

20.1 复杂项目管理概述

20.1.1 复杂项目的定义

对复杂项目的定义,目前还没有统一的界定。已有学者从复杂系统视角进行了定性描述,比如 Dombkins 在 2006 年提出:"复杂项目为具有无规则的和非线性反馈循环的开放系统,他们对初始条件微小差异和突发性变化很敏感,因此需要详细的长远规划。"Remington 在 2011 年提出:"复杂项目是一种具有不确定性、模糊性和低信任的项目,其具有投资回收和组织声誉的高风险。复杂项目由涉及复杂性来源的各部分构成。"除此之外,不同的机构和行业采用不同的标准来定义复杂项目。

是澳大利亚复杂项目经理学院国防物资组织(Defense Materiel Organization,简称 DMO)对复杂项目的定义得到了复杂项目管理国际中心(International Centre for Complex Project Management,简称 ICCPM)的认可。DMO 简要描述了复杂项目的特点,认为复杂项目是开放的、紧急的自适应系统,具有无规则的和非线性反馈循环的特点;他们对初始微小差异和突发性变化很敏感,需要详细的长远规划,其实施是一个动态过程;复杂项目在最初往往具有高度的不确定性,表现为持续的环境和内部动荡,能够通过波动规划进行实施,不能被分解成具有明确边界的因素。DMO 认为复杂项目在以下几方面有别于传统项目:

(1) 复杂项目的特征表现为一定程度的混乱、不稳定、不确定性、不规则性和随机性;
(2) 动态复杂性,系统的各部分以不同的方式相互影响/作用;
(3) 项目目标的高度不确定性,以及项目目标实现方法的高度不确定性;
(4) 涉及多个利益相关者的高度多元环境,存在多个不同的看法;
(5) 战略基于结果,紧急并需要不断地进行重新谈判;
(6) 复杂项目不仅仅是"复杂的自适应系统",而是双环学习的"复杂演化系统"——它们随着时间的推移改变发展的规则。它们不仅仅是简单的适应环境,而是随环境不断进化。

20.1.2 复杂项目管理研究现状及趋势

(1) 2003 年英国工程和自然科学研究委员会(Engineering and Physical Sciences

Research Council,简称 EPSRC)资助了一项研究"项目管理再思考"(Rethinking Project Management),伦敦大学等研究团队于 2006 年初步完成了报告。研究认为,项目管理有以下五大发展方向:

① (Theory about Practice):"项目和项目管理的生命周期模型"到"项目和项目管理的复杂性理论";

② (Theory for Practice):"项目作为工具性过程"到"项目作为社会性过程";"将产品创新作为主要关注点"到"将价值创新作为主要关注点";"狭义的项目概念"到"广义的项目概念";

③ (Theory in Practice):"实践者作为训练有素的技师"到"实践者作为自适应的实践者"(Practitioners as reflective practitioners)。

其中,复杂性项目管理是理论研究的一个重要趋势。

(2) 德国的 Manfred Saynisch 研究团队是包括著名思想家 Erin Laszlo、演化论科学家 Heinz V. Foerster(二阶控制论)在内的跨学科的研究团队,于 1992 年启动了"Beyond Frontiers of Traditional Project Management"的研究计划,充分借鉴了复杂性科学研究成果,对传统项目管理进行了根本性的再思考,研究成果"Project Management Second Order (PM-2)"荣获 IPMA2007 全球项目管理研究大奖。其核心思想见图 20-1。

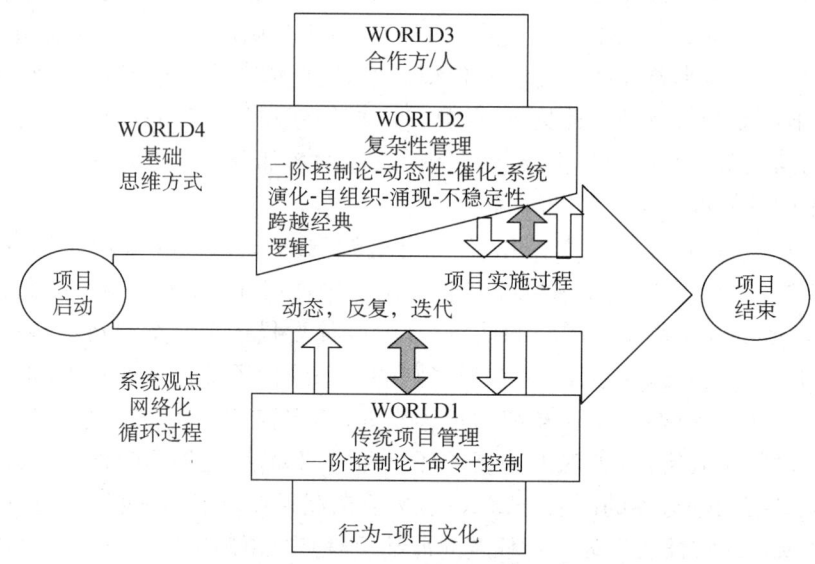

图 20-1　Project Management Second Order(PM-2)

(3) 2007 年 2 月,IPMA2007 年全球大会,澳大利亚昆士兰大学 S. Jonathan Whitty 等发表了《复杂项目管理即将出现》的论文,该论文是澳大利亚复杂项目经理学院(College of Complex Project Managers,简称 CCPM)的研究成果。论文对复杂项目管理经理能力标准(Competency Standard for Complex Project Managers,简称 CSCPM)进行了介绍。

(4) 2007 年 11 月,英国牛津大学和英国电信成立了世界上第一个大型复杂群体项目管理研究中心(Research Centre for Major Programme Management),并于 2008 年开始全面开展工程、计算机和法律等跨专业研究,形成大型复杂群体项目管理的方法论。该中心于 2009 年 4 月引进了著名大型复杂群体项目管理研究专家 Bent Flyvbjerg。

(5) 2008 年 11 月,复杂项目管理国际中心(ICCPM)于 IPMA2008 年全球大会期间在罗马成立,其前身为 2005 年提议于 2007 年成立的澳大利亚复杂项目经理学会,旨在同全球合作伙伴一道,研究和实践复杂项目管理的先进方法。根据 ICCPM 公告,目前尚没有全球认可的有关复杂性的定义,但是对复杂项目的定义包括:

- projects that are characterised by uncertainty, ambiguity, dynamic interfaces, and with significant political or external influences;
- projects that usually run over a period which exceeds the cycle time of the technologies involved; and projects that can be defined by effect, but not by solution.

同时指出,传统的、线性的项目管理工具和技术对管理当今复杂的项目已显不足。该组织于 2009 年 6 月在阿德莱德召开了国防和工业(Defence&Industry)高级项目管理知识和实践会议,其中 Dr Kaye Remington 作了"Tools for Complex Projects"报告。

(6) 2008 年 11 月,IPMA2008 年全球大会在意大利罗马召开,会议设置了复杂项目管理专题"*Complexity in project management*",该专题收录了德国、英国和澳大利亚等国共 13 篇论文。其中德国的 Manfred Saynisch 介绍了 PM-2 成果。同样来自德国的 Sonja Ellmann 采用复杂性理论和社会性理论进行的研究受到了广泛关注。而来自澳大利亚 CCPM 的成员则展示了他们的研究成果,包括 Complex Program Institue 的 David H.Dombkins 教授提出分析的项目管理历史与未来趋势,总结认为 2005 年以后是复杂项目管理研究的重要阶段,具体见图 20-2。阿德莱德大学的 Vernon Ireland 借鉴软件领域的 CATWOE,开发了 PACT

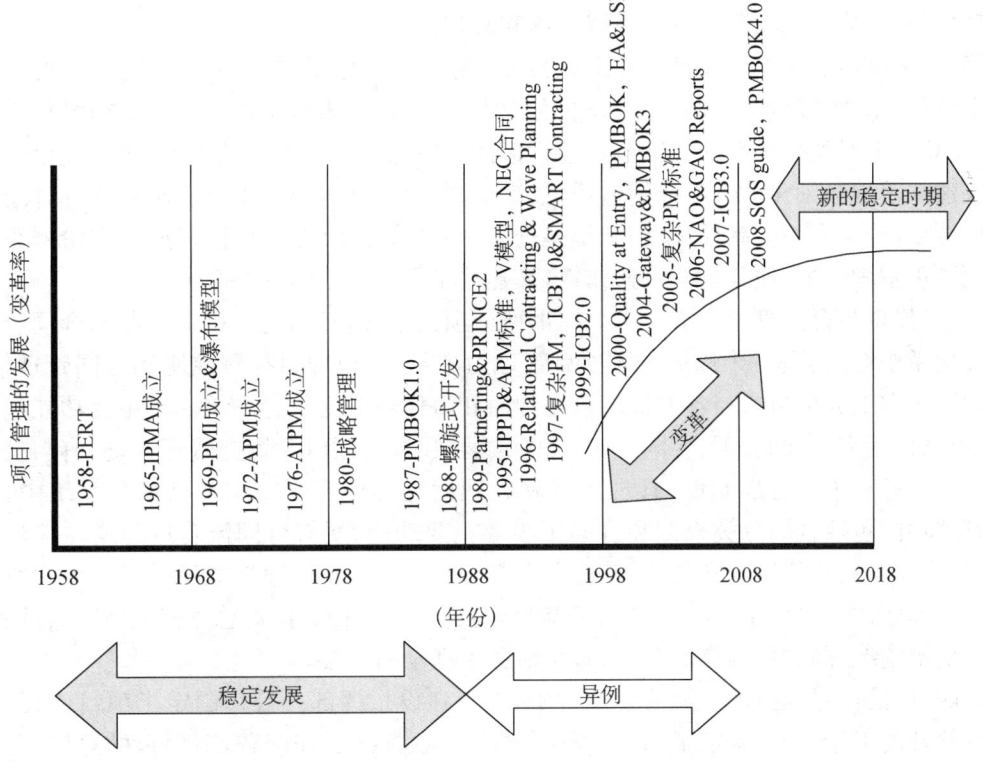

图 20-2　项目管理历史与未来趋势(David H. Dombkins)

V2，强调环境的重要性，并提出了开发复杂项目管理知识体系指南(COMPLEX PMBOK)的设想。

(7) 2009年6月，在IPMA2009年芬兰赫尔辛基全球大会上，专门设置了复杂项目管理的主题模块。讨论者分别从理论、承包商、供应商和客户等角度进行了交流。英国赫尔(Hull)大学商学院Mike C. Jackson教授作了"复杂项目管理的观点：从系统理论角度(*Perspectives on Managing Complex Project: A Systems Thinking Perspective*)"的报告。此外，BAE Systems的Erik Johannesen从承包商角度介绍了国防复杂项目管理，认为管理复杂性是业务成功的关键。ICCPM的Simon Henley从客户角度分析了政府复杂项目的管理。

(8) 2009年9月，同济大学经济与管理学院乐云教授、何清华教授主持完成了针对中国2010年上海世博会的专项课题"大型群体复杂项目系统性控制关键技术研究"，对上海世博会工程进度紧迫、质量控制困难、投资控制任务艰巨以及组织协调复杂等问题，归纳出项目构成、组织结构、进度控制、信息沟通的复杂性及项目管理的社会属性等大型群体工程的复杂性特征，提出了以四大技术为核心的大型复杂项目群系统性控制思想。

第一，项目对象分解技术。根据实际需求，世博会使用了项目分解结构(Project Breakdown Structure，简称PBS)和组织分解结构(Organization Breakdown Structure，简称OBS)。如果说工作分解结构(Work Breakdown Structure，简称WBS)解决了"要做哪些工作"，那么OBS就是为了解决"由谁做"的问题。PBS、WBS和OBS构成了复杂项目群管理的三大基础。在世博会项目的设计阶段，设计单位按照项目性质对所有项目进行了分解，形成了项目分解结构。该项目分解结构充分考虑了世博会工程建设指挥部办公室对项目的总体管理作用，又体现出项目的不同投资主体和管理组织。

第二，进度系统化控制技术。在世博会工程建设项目中采取了多阶网络进度计划方法，将计划分级，由总进度纲要和一系列子网络计划共同形成计划体系。总进度纲要是里程碑计划，从总体上对整个项目的关键节点进行把握。在总进度纲要的基础上，工程建设指挥部办公室建立了逐级细化的进度计划体系，依次编制了总进度规划(项目实施指导性计划)、分区进度计划(分区实施控制性计划)和单体进度计划(单体实施控制性计划)。多阶网络计划既细化了里程碑计划，使其具有可操作性，又建立了子项目之间的关联关系。

第三，投资与合同管理集成技术。在世博会项目中，研发的建设投资控制与合同管理信息集成化系统C3A，是一个以业主方项目管理为主导，集成项目投资控制和合同管理信息，在互联网平台上为项目参与各方提供信息沟通和协作功能的信息系统。其主要功能包括规章制度、文档管理、合同管理、合同流转、信息沟通、投资控制以及资金管理等，所有与投资控制和合同管理有关的管理制度、管理流程和管理用表等规章制度均在该信息系统中公布。合同管理功能包括合同分类查询和合同报表等主要功能，所有合同流转过程均在信息平台上进行，能及时反映待签合同的状态，有利于进行跟踪。信息沟通功能反映每一用户所接收到的信息和所发送的信息。C3A的报表能反映投资计划情况、投资总体完成情况、合同数据及合同变更情况，同时可制订资金计划，与财务管理全面对接。

第四，标准化管理技术。世博会项目中，工程建设指挥部办公室制定了项目建设大纲、一系列管理的工作手册，制定了42项管理制度、43项标准工作流程，对项目的总体目标、职能管理、管理制度和管理流程进行了规定。在项目建设大纲的基础上，围绕工程建设指挥部办公室各处室工作职责分别编制了各自的职能管理工作手册,对各自工作内容和权责范围进行了规定。这些制度和流程从制度上明确了各处室在职能工作中应遵守的管理制度,从程序上明确了各处室的工作开展顺序。工程建设指挥部办公室所使用的信息平台,促进了各项管理的标准化和正规化。

（9）此外,Ireland 与 Koerner & Klein 在 2009 年应用复杂性科学理论与方法进行复杂项目管理研究,取得了一定的成果;2011 年,Dulam 对比总结了不同的项目管理方法,选择了项目复杂性框架分析复杂性在项目管理中的作用,从而提出了复杂项目管理改进策略;在 2012 年,Shane 等人基于分析交通项目的复杂性,开发了复杂项目指南;2013 年,Metcalfe & Sastrowardoyo 提出了复杂项目概念化模型,以管理各利益相关者的矛盾;Ahern 等学者在 2013 年研究了不确定因素下的复杂项目管理,提出了分布式协作机制。

20.1.3 复杂项目的复杂性

复杂项目的复杂性是由多种因素构成的,可分为目标复杂性、组织复杂性、任务复杂性、技术复杂性、环境复杂性和信息复杂性,而这六个构成部分又包括多个子因素,具体内容如下。

（1）目标复杂性因素。目标复杂性通常是由各种项目参与者的需求、复杂的项目任务和有限的资源造成。目标复杂性是一种结构复杂性,因为几乎所有的项目具有多个相互冲突的目标。复杂建设项目涉及多个利益相关方的多重目标,必须考虑各目标的冲突与平衡,从而导致了项目复杂性的增加。目标复杂性因素主要包括目标的多样性、不明确性、不一致性、需求的频繁变动、成本和工期目标的紧迫性等子因素。

（2）组织复杂性因素。组织是项目管理的载体。组织复杂性是指构成组织的不同元素、不同层次之间的相互作用,使组织整体表现出多样性、动态性、变异性和不可预见性等复杂性特征。组织复杂性是项目复杂性的最核心部分,主要包括组织成员、组织结构和项目团队等方面,如组织的成员经验不足、组织结构层级和职能部门数量增多、跨组织的相互依赖性等都会增大组织复杂性。此外,文化被认为是组织思想的软因素,体现在团队信任、合作意识、组织文化差异等方面。复杂项目常常涉及不同的文化和视角的国家参与,文化的多样性增大项目复杂性,从而影响项目的成功交付。

（3）任务复杂性因素。复杂项目往往由成百上千家单位共同参与,由许多相互影响、相互制约的任务活动共同构成,这形成了任务的多样性和依赖性。同时,复杂项目也不断受到外界环境影响,任务活动始终处于动态变化中,增加了项目的复杂性。另外,项目管理方法、项目所需技术与资源、项目复杂的合同关系均增加了项目的复杂性。

（4）技术复杂性因素。诸如飞机制造、摩天大楼等复杂项目通常具有高度技术复杂性,技术复杂性主要包括项目中技术的多样性、技术间的相互磨合而导致的技术流程的依赖性、技术系统和外部环境之间的交互作用和高难技术的风险等。此外,复杂项目所运用的技术往往涉及多个学科的知识,很难被单一专家或团队全部掌握,较高的组织知识水平要求同样增加了技术复杂性。

（5）环境复杂性因素。项目管理者在决策时需要考虑环境复杂性。环境复杂性是指复杂项目运作环境的复杂程度,包括自然环境、市场经济环境、政策法规环境等的复杂性。除此之外,还必须考虑所有项目利益相关者的复杂性,尤其是项目外部利益相关者带来的复杂性。例如,大型建设工程所涉及的拆迁问题、扰民问题等。

(6)信息复杂性因素。信息复杂性来源于各种复杂合同关系下,整个复杂项目管理过程中涉及的多个利益相关方之间的沟通交流。由于复杂项目规模的不断增加,不同参与方之间、不同过程和流程之间的信息依赖度和相关度也逐渐增加,从而导致信息复杂性的增大。信息复杂性的影响因素包括信息系统、信息获取程度、信息处理水平和信息传递能力等。

构成复杂项目复杂性的因素之间相互作用,根据复杂项目的复杂性因素集及项目复杂性因素之间的相互关系,构建复杂项目的项目复杂性结构如图 20-3 所示。

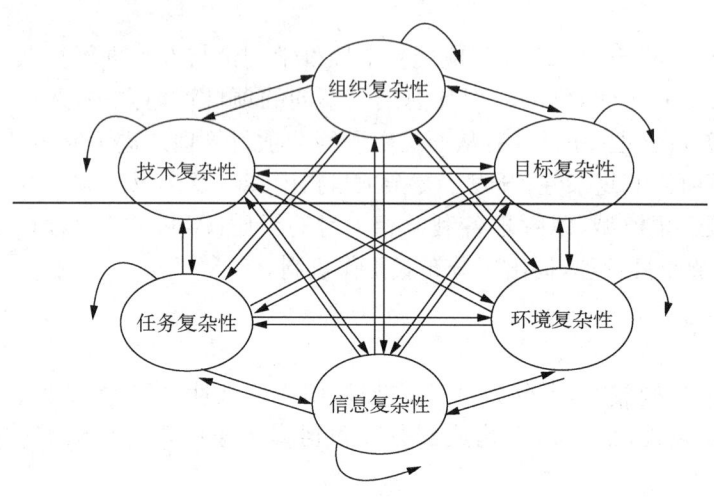

图 20-3 复杂项目复杂性的构成

20.2 复杂项目领导团队

20.2.1 复杂项目的核心领导团队

澳大利亚国防部发布的《复杂项目经理能力标准》,全面、详尽地阐明了项目经理在管理复杂项目时应具备的能力。在传统项目管理中,项目经理关注于计划、预算编制、组织、人员配置、监督与控制。所有的项目团队成员向项目经理报告分配给他们的工作。图 20-4 描绘了一个传统的项目团队配置。

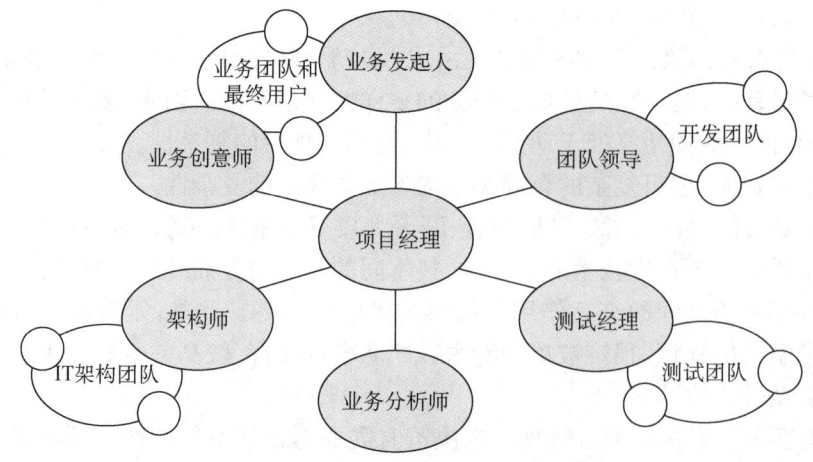

图 20-4 传统的项目团队配置

传统项目领导者的职业发展路径开始于处于支持岗位的初级员工，然后转变成领导关键、复杂项目的战略层项目领导者，见表 20-1。

表 20-1　　　　　　　　　　　　传统项目领导者的职业发展路径

层级	熟练程度	职责	能力
战略级	以最小的指导就能完成战略任务的能力	领导大型的、高度复杂的项目	• 业务和 IT 战略 • 项目组合和项目群管理 • 系统工程，业务流程再造，六西格玛 • 企业业务架构 • 业务案例开发
高级	以最小的教导就能完成复杂任务的能力	领导中等复杂的项目	• 业务和 IT 领域 • 高级项目管理和业务分析 • 系统工程，业务流程再造，六西格玛 • 需求工程
中级	以最小的辅助就可完成简单到中等复杂任务的能力	领导小的、独立的项目	• 商业或 IT 领域 • 基本项目管理和业务分析 • 质量管理 • 建导和会议管理 • 基本需求建模
初级	在辅助下完成简单任务的能力	支持高级和中级的项目经理/业务分析师	• 项目管理/业务分析的原则 • 业务流程再造，六西格玛原则 • 商务写作

现在人们愈来愈清楚地看到，复杂项目依赖于协作、团队和领导力，而不是命令和控制。在 21 世纪，管理项目正在从项目管理转变为团队领导。以图 20-5 中呈现的项目核心领导团队的概念来看，领导团队成员人数少（4 至 6 人）、多专业、高技术、全职工作并互相协作。核心团队的专家组成子团队，并在需要的时候引入主题专家。核心领导团队成员共同负责指导项目，并且每个成员在需要用到其专长时来牵头领导。

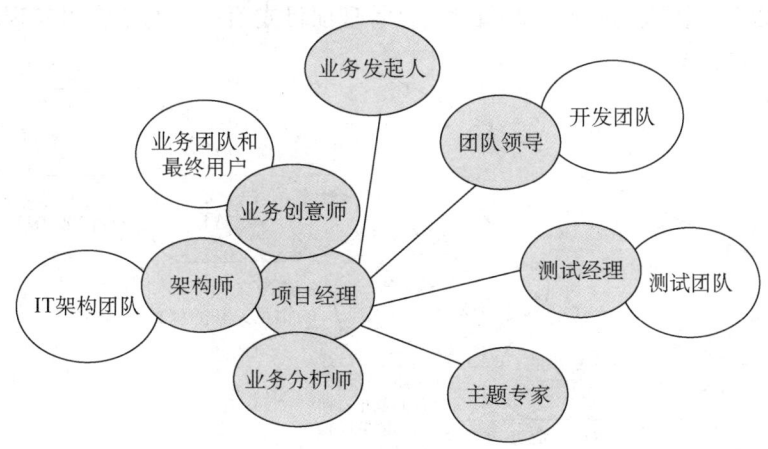

图 20-5　核心项目团队配置

虽然核心项目团队进行分享领导（也称为分布式领导），但不意味没有人承担责任。项目经理仍然负责确保业务解决方案按时、在预算内以及承诺的全部范围进行交付；业务分析师负责确保项目团队充分理解业务需求和新方案的预期利益，验证解决方案能否满足要求并实现预期的商业利益；架构师负责确保解决方案是根据规范设计和开发的最佳方案；业务创意师负责保持整个团队关注于大局,在需要的时候引进适当的业务专家,一旦开展业务方案时协助组织按照新的方式运行。

过去的项目团队视项目经理为领袖,以他为中心。当前,项目团队领导力的本质正发生着变化。例如,在需求获取过程中,由业务分析师领头,其他的核心团队成员充当支持角色;当项目进入方案设计与开发阶段,技术架构师或开发员通常承担领导角色。所有的核心领导团队成员互相支持,并在他们的专长不是最关键因素时退居次位。

以下是吉姆·柯林斯提出的用来描述复杂项目领导者职业发展的五级领导路径,见表20-2。复杂项目的领导者应该努力成为第五级领导者,能为公司产生最好的长期业绩做任何事情。

表 20-2 复杂项目领导者发展路径

领导层级	领导特质
层次 1	精干人才 通过个人的专长、才能、知识、技能和良好的工作习惯为项目的成功做出贡献
层次 2	有贡献的团队成员 为完成业务目标和帮助他人有效地工作贡献个人的力量
层次 3	有能力的项目领导者 组织人员和其他资源,追求有效和高效地完成业务目标
层次 4	卓越的项目领导者 承诺积极地追求一个清晰而令人信服的项目愿景,通过对项目成功的记录激励更高的绩效标准
层次 5	复杂项目领导者 在追求新的业务策略时,通过个人和专业的领导带来业务转型

为了委派最合适的人担任项目领导者,管理层必须考虑项目的复杂性。图20-6描绘了通用的职业层次。战略层级的领导者需要管理的不仅是高度复杂项目,而且还有项目群(协作管理一组项目以获得更大的收益)和项目组合(管理项目或项目群的集合以实现战略目标)。

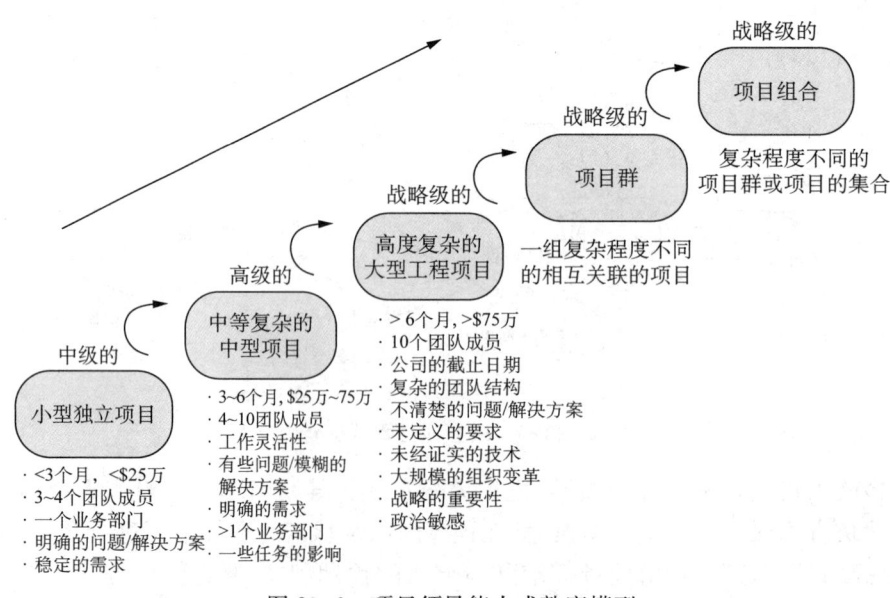

图 20-6 项目领导能力成熟度模型

为了提升项目团队管理效率,复杂项目领导团队的领导者应做到努力发掘团队潜力、正确领导团队并促进团队的协作、沟通和协调。

20.2.2 发掘团队潜力

在各种类型的组织中,团队都是提高绩效的重要资产。然而,如今的商业领袖往往忽视了开发团队潜力的机会,而采用团队合作、授权或参与管理的方式,从而造成了团队的混乱。不能简单地从业务转型、创新来应对21世纪的挑战,而是要去了解和利用团队的力量和智慧。

(1)利用团队的力量。对于复杂项目的领导者,了解团队的力量至关重要。成功的故事比比皆是:通过团队的竞争优势,苹果、三星等品牌后来居上,称霸手机市场;在过去五年中,3M公司(Minnesota Mining and Manufacturing)几乎一半的收益是利用团队的力量通过创新而获得。医护人员团队、消防团队、外科团队、交响乐团和职业运动队等,均是团队力量具有说服力的证明,这些高绩效团队体现了在日常生活中的成就、洞察力和热情。显然,如果想要应对复杂项目,就必须学会如何形成、发展并保持高绩效团队。

(2)利用团队的智慧。对于复杂问题,一个团队比一个人更有效率。沃伦·贝尼斯谈到成为伟大的团队时说"伟大团队成功在于将具有非凡个人成就的卓越人才聚集起来工作并取得成果",这种方式促进了团体的成员相互支持与进步。贝尼斯指出伟大团体所具备的特征:团体成员心中有一个共同的梦想;他们通过放弃个人自我,追求共同梦想来避免冲突;他们有一个真实的或虚构的敌人;团队成员都付出个人的代价;伟大团体造就了强有力的领导者;伟大团体就是一个精美的招聘广告;真正的艺术家之舟。

在了解如何构建高绩效团队过程中,琼·卡森巴克和道格拉斯·史密斯发现高绩效具备一些特征:绩效目标和共同使命的承诺相比于团队构建来说,对团队成功更为重要;团队的机遇存在于组织的所有部分;正式的层级划分对团队有益(反之亦然);成功的团队领导者不是一个理想的完人,也不一定是团队中最资深的成员;真正的团队具有在各个层级进行成功变革的共同特点;高层管理团队通常难以维持;尽管团队的人数有所增加,但是团队绩效的潜力很大程度上仍未被充分认识和利用;管理团队的"结束"与管理团队的开端同样重要;团队形成一种绩效和个人学习成果相结合的独特混合产物;团队是提升公司业绩的基石。

20.2.3 项目团队的领导

一个优秀的项目团队依赖于领导者的经验、项目团队的绩效、项目团队的组织结构、项目团队的纪律文化、团队成员的职权。

1)领导者的经验

复杂的项目并不适合初学者,它不需要保持组织的竞争力而是需要进行变革,甚至有时关系到组织的生存。企业的数量锐减充分说明了竞争环境非常激烈,因此需要坚持引进熟练的、经验丰富的专家,以及有影响力的项目经理来领导复杂项目。

因为复杂项目通常有一个庞大的、分散的、复杂的团队结构,所以项目经理需要更多地领导其他人来管理项目。领导团队是一门艺术,其中充满了磨难、错误和经验。在沟通、解决问题和处理冲突上的经验很重要,复杂项目的领导者建立权威和影响力并非主要依靠他们在组织层级上的地位,而是依靠他们建立人际关系的能力。这些领导者必须满足如下条件；受到高度重视；被人们认为是专家；知晓重要的和相关的信息；与强大的网络保持良好的联系；被认为是不可或缺的。

复杂项目的项目经理需要明白传统的项目管理和复杂的项目管理之间的区别，从而能够恰当地应用不同的管理技巧。他们成为权变的项目领导者，懂得命令、控制与协作之间的区别，以及何时采用某种方法以获得最好的结果。

复杂项目的管理团队必须了解团队的发展以及团队工作的动态性，成功的团队领导者有能力维持团队的高效运作。没有进行合适的团队领导力的培训和指导，传统的经理和技术专家不能成为有效的团队领导者。通过共同开发团队领导技能，使团队成员变成一个拥有共同价值观、信念和文化基础的有凝聚力的团队。优秀的团队彼此协作并且能够分享领导者角色，这些都取决于项目的具体需求。

2）项目团队的绩效

当我们努力构建一个高绩效的项目团队时，明智的做法是仔细观察商业领域以外的伟大团队特征，例如职业运动队、心脏移植团队、特别行动小组、医护小组和消防员。他们有什么共同之处呢？高绩效的团队往往规模很小，但是很强大。团队人员是多样化的、专业的、训练有素以及熟练的，他们大量投资于磨练自己的技能，拥有一个能够清除成功道路上障碍的教练（参与投资人）。此外，他们拥有一个共同的愿景、使命和目标，并且充满激情。他们协同工作，清楚地理解他们的角色和职责。如果需要的话，每个成员还可以兼顾到他人。

如同复杂自适应社会系统，一些团队会达到并保持高绩效，不断适应和发展，其他的团队可能会在这个阶段零星的出现。出色的团队可以显著地提高绩效，从而获得更多的创新解决方案。然而，卓越的绩效来之不易，从一个新成立的群体成为一个高绩效团队需要时间。考虑所有有价值专家的建议后再来做决策会影响项目进度，然而团队的决策通常会比单个个体的决定更具有创造性。非常明显，任何组织都需要通过培训、辅导和团队奖励来投资他们的团队。

3）项目团队的组织结构

对于大型复杂的项目而言，最好进行结构化工作，就像一个由不同复杂程度的项目组成的项目群一样。在对项目群进行结构化时，需要建立一个核心的项目群领导团队和多个核心的项目领导团队，这些项目团队是小规模的（四到六人，最好只有四人）、全职服务于项目的、共同工作的（最好是在一个工作室）、训练有素的，并且具备多项能力素质的（通常包括全职的项目经理、业务分析师、首席IT架构师/开发员和业务创意师）。这些核心团队还会通过引进主题专家，或者形成子团队来强化他们的工作。

作为敏捷项目管理实践的理事和卡特联盟商业与技术委员会的资深会员，吉姆·海史密斯指出了大型复杂项目团队的组成部分，具体如下：

（1）中心组织结构。中心组织结构能同时反映层级结构和网络结构，这种模型可以包含数个顾客团队、多个功能团队、一个架构团队、一个验证和确认团队以及一个项目管理团队。团队承担所有可能的配置，包括虚拟的、同地协作的，或者两者结合的。

（2）自组织的扩展。随着项目内团队数量的增加，组织结构从一个团队的框架转变为了包含许多团队运作的一个项目的框架。建立一个自组织的团队框架包括：具备正确的领导者；沟通工作分解与集成的策略；鼓励团队之间的互动和信息互通；界定项目范围内的决策制定。显然，随着更多团队的形成，复杂性也在增加。管理团队之间的依赖性十分重要，团队需要充分理解他们的工作边界和相互依赖关系。

（3）团队自律。在这种结构下工作的团队要求具有的行为包括：接受对于团队绩效的问责；与其他团队进行协作；在项目的组织框架内工作；平衡项目目标与团队的目标。

项目团队的组成是非常重要的。研究表明，成功的团队都具有多样化的团队成员，多样化不是体现在性别和种族上，而是新老血液的结合，新的团队成员明显增加了创造性的火花。失败团队的成员是彼此隔绝的，而成功团队的成员之间是互动的，成为一个巨大的艺术家与科学家的集群。需要特别注意团队构成，并在团队的多样性和凝聚力之间保持平衡。新的协作需要多样性，而凝聚力来自重复的协作。

4）团队成员的职权

复杂项目经理需要决定哪些角色和职责自行保留或委托给他人，其目标是实现共享的、分布式的领导。此外，项目经理需要决定哪些流程在所有子团队中实现标准化，以及哪些可以允许他人定制。例如：整个项目群可以遵循一个周期，而子团队可以遵循其他周期。项目群可以使用瀑布模型的一种变体，它具有高度的结构化阶段和决策关卡，但是允许单个项目使用敏捷开发技术来实现自己的个人目标。

5）项目团队的纪律文化

建立一种纪律文化很重要，通常会误认为标准与纪律的设定会阻碍创造力。一个项目团队就像一个新创的公司，实现真正创新，团队需要重视创造力、想象力和风险承受力。然而，为了维持对一个大型团队的控制感，需要加强结构，坚持计划，并且使会议与报告系统制度化。

要求过于严格的风险就会使团队变得官僚主义，柯林斯称之为"创业死亡漩涡"。他认为官僚主义是对缺乏纪律性和能力不足的补偿，如果你有合适的人作为首选，这个问题在很大程度上会得到解决，目的在于学习如何利用严格和纪律同时做到不影响项目团队的创造力。

20.2.4　团队协作、沟通和协调

为了有效的团队协作、沟通和协调，建议采用标准的正式方法；坚持协作规划；借助最先进的协作工具。

（1）采用标准的正式方法。斯坦迪什集团发现，46%的成功项目都使用了正式的项目管理方法。就复杂项目而言，采用一种标准的方法，并鼓励每个团队根据需要量身定制，对于消除未知的跨团队依赖性大有帮助。

不要因标准不同对团队造成过度负担，但是需要提供项目的全局视野以及管理跨团队依赖性的相关标准。贯彻实施标准的协作过程、实践与工具，确保建立涉及所有核心项目团队成员在关键节点决策的检查点。

（2）坚持协作规划。在项目计划过程中应让所有核心团队成员参与，并且不断寻求反馈以提高团队绩效。在计划会议期间应采用面对面的工作会话，尤其是界定范围、制定进度、识别风险和依赖性，以及组织关键的控制评审环节。当准备项目预算的时候，应确保针对这些关键环节有充足的时间和团队核心成员一起进行编制。

（3）借助最先进的协作工具。获得最先进的软件工具实现协作与文档共享。两大类协作工具可供使用：专业服务自动化，用于优化服务活动；还有企业项目管理工具套装，用于管

理多个项目。此外,向团队成员提供个人沟通和通信工具便于联系。如果这些工具在属于非常规的费用项目,则需要向项目投资人强调协作的重要性,强调管理项目时相互依存的需要,这既会在项目开始时凸显,也会在项目进行中出现。

成功的团队并不是偶然产生的。对于将一群人变成一个高效的团队,努力地工作、计划以及自律的工作是必需的。对于复杂项目,所需要的工作是成倍的,因为涉及更大的、地域分散和具有多元文化的团队。复杂项目的领导者不再是项目经理,而是团队的领导者。

什么是优秀团队领导力的要素?它需要一种对大型多样的团队复杂性的理解和对于团队的能力、智慧和潜力的敏锐认识。要成为一个伟大的团队领导者,必须专注于这些方面:

(1) 确保在掌控复杂项目上拥有丰富老练的经验;并坚持其他关键项目角色由高级项目领导者来担任。

(2) 学习如何建立一个优秀的团队;投入大量的时间来确保团队是健康的,结构合理的,并且由正确的人员组成。

(3) 培养团队成员,使他们成长并授权以便展示自己的才华。

(4) 对于承包商团队给予特别关注,引导他们提升专业化水平。

(5) 将虚拟团队作为战略优势,但要确保足够的时间和他们会面。

(6) 通过"混沌边缘"领导鼓励实践、质疑与创新可以取得意想不到的成果。

(7) 领导团队致力于协作、沟通和协调。

20.3 复杂项目组织管理

20.3.1 组织理论与复杂项目

复杂项目的组织结构通常十分复杂。在横向上,通常要涉及多个职能部门,组织专业分工精细,部门化现象明显;在纵向上,复杂项目的组织层级多,部分具有重大意义的复杂项目可以从中央直接领导的决策管理层延伸到最底层的操作层。复杂项目由于其复杂性的特征,需要特殊的组织去完成,而复杂项目的组织理论同样由不同的组织理论构成。

1) 管理学视角下的复杂项目组织理论

本书的第三章详细介绍了管理学视角下的组织理论发展过程,而每一个阶段的组织理论都可以运用在复杂项目的组织管理中。

(1) 基于古典组织理论的复杂项目组织理论。复杂项目的组织构成十分复杂,为完成项目的各项任务目标,项目组织工作必须讲求效率,这一点与古典组织理论是吻合的。因此,复杂项目的正式组织的设置应遵循如下原则:组织管理标准化、规范化,分工明确;统一命令、统一指挥;必要时进行集权。

(2) 基于科学组织理论的复杂项目组织理。科学组织理论重视组织成员在组织中的作用,强调组织成员的满意程度。复杂项目往往有众多参与方,而每个参与方都可以视为一个有自我需求的人性化的组织成员。因此,复杂项目要充分考虑到项目各个层次组织成员的不同需求,在项目组织管理过程中,应协调好各方关系,尽量满足各方需求。

(3) 基于现代组织理论的复杂项目组织理论。现代组织理论强调组织与外部环境的关系,把组织看作一个开放的系统。根据现代组织理论中的权变理论,复杂项目组织应根据环境、目标、技术、组织活动的性质及决策过程的程序化与否等重要变量,采用适应性的有机组织。项目组织始终处于与环境的动态平衡中,应注重项目实施过程中的组织学习和必要的组织变革。

2) 自组织理论视角下的复杂项目组织理论

自组织理论以非线性原理、突变论、协同论等理论为基础,研究项目系统的演化规律及动力机制。复杂项目是一个开放性、不平衡的系统,不能仅用正式的组织管理方法来处理,还应该采用高度自由的自组织管理。表 20-3 说明了传统组织理论与自组织理论的区别。

表 20-3　　　　　　　　　传统组织理论与自组织理论的区别

	传统组织理论	自组织理论
关于组织的假设和概念	(1) 组织永久性 (2) 任务的金字塔结构 (3) 通过等级层次的管理和控制 (4) 共享"垂直与水平"的责任 (5) 反馈管理和基于统计的质量控制	(1) 针对每个项目运用不同的管理方法,并使用"超规则" (2) 在自组织原则上建立自治团队 (3) 审查实际绩效,目的在于修正普通规则和"超规则"
组织解决方案	(1) 通过项目进行协调 (2) 矩阵式组织结构	(1) 项目管理自治 (2) 按照可操作性进行任务分解 (3) 项目经理权威下的资源控制 (4) 每个项目都有明确的目标、政策、规则 (5) 每个项目按既定程序执行 (6) 所有项目在具体的管理原则下执行

20.3.2 复杂项目的组织特征

复杂项目的组织具有社会性、动态性、集成性等特征。

1) 复杂项目组织的社会性特征

复杂项目组织的社会性特征分为内部社会性特征和外部社会性特征。复杂项目一般有众多的投资主体、设计主体、实施主体和运营主体,而这些投资方、设计方、参建方、运营方甚至于执行项目管理职能的管理层成员,大多来自不同的永久性组织,他们共同组成复杂项目的组织系统,这就形成了复杂项目的组织内部社会性特征。此外,按照系统学的观点,任何系统都是其所处大系统的子系统,一定的系统总是存在于他所处的环境当中。复杂项目的环境动态多变、历时长、影响范围广,相对于其他项目组织,复杂项目在其政治背景、组织文化及组织制度方面显现极为突出的外部社会性特征。

2) 复杂项目组织的动态性特征

(1) 复杂项目组织的适应性调整特征。复杂项目组织是一个开放的、具有动力学特征的系统,但是复杂项目却需要其组织具有一定的稳定性。也就是说,复杂项目的组织作为动力学系统,它在动态的过程中基于决策函数做出选优的行为,并尽量在系统演化的过程中找到最佳平衡点。这就是复杂项目具有适应性调整特征的理论基础。

(2) 复杂项目组织的主动改进特征。所谓复杂项目组织的主动改进能力是指组织在变动的环境中,不断自我适应、自我调节、甚至改变组织结构的能力。也就是说,在复杂项目生命期不断推进的过程中,组织以自适应的形式不断完成符合生命周期特征的自我调节和改进。与一般项目的被动改进不同,复杂项目的组织是全生命周期内主动的、自适应式的调整,这与复杂项目组织的策划、设计阶段密切相关。在复杂项目启动时,组织设计者已经构思了复杂项目在其设计阶段、实施阶段直至运营阶段的不同组织结构形式,虽然具体的人员配置可能并没有详细分解,但是组织的职能部门设置已经经过了详细的规划。所以,这种在全生命周期内主动的、自适应式的动态调整,是复杂项目组织动态改进能力的一大特点。

3) 复杂项目组织的集成性特征

(1) 复杂项目组织信息集成性特征。复杂项目信息集成可以建立体系化数据结构以存储、查看、管理、获取和更新产品和过程信息,从而建立可控的信息流;能集成来自不同异构信息源的信息,以支持多个任务和软件应用程序,并能在多个系统中自动地进行数据交换,这些都是实行组织信息集成的思想。在具体的实现方法上,可以考虑采用文档管理服务器和关系型数据库系统进行数据管理;采用项目信息门户实现分布式协同工作;采用统一的信息分类与编码体系,实现信息的全寿命集成管理等。

(2) 复杂项目组织控制集成性特征。许多复杂项目都具有重大的政治意义,项目组织内部无法避免的渗透着行政组织的观念;其次,项目的复杂性和繁多的流程使得项目各类手续必须严格按照规定进行。因此,复杂项目的组织在整体架构上往往是层级分明的,带有行政性质的组织层次,形成一个基于科层制的、强有力的总控机制。它允许各子系统项目的独立性,又保证了子系统之间的连续和互补的相互依赖性,从而控制繁多而复杂的子系统在整体系统和目标的导向下顺利完成。

20.3.3 复杂项目的组织结构

合理的组织结构设计对复杂项目目标的实现起着重要的作用。复杂项目的组织结构设计,应该建立在对组织所处环境、项目特点以及现有资源充分分析的基础上。

复杂项目的组织结构设计存在以下难点:

(1) 项目构成复杂。复杂项目往往有众多的参与方,规模也比一般项目更加庞大。这就要求对项目实施有效的组织,以满足项目的进度、投资和质量等目标。

(2) 组织结构自身复杂。复杂项目的组织管理层次复杂,组织结构具有一般项目难以比拟的复杂性,组织本身的复杂性为复杂项目的组织策划与实施增添了难度。

下面以上海世博会 AB 片区临时场馆与配套设施项目(以下简称世博会 AB 片区项目)为例,介绍复杂项目的组织结构的策划与演变过程。

世博会 AB 片区项目是一个典型的复杂项目,由多个临时场馆及配套设施组成,参与方众多,人员构成复杂,项目范围也处于不断的变化之中。在项目正式开始时,按照强化项目部地位的总体指导原则,结合项目的实际情况,采取了职能式的组织结构,如图 20-7 所示。

随着项目的展开,项目范围发生了变化,项目的组织结构也随之演变。项目的建设场馆增多,规模不断扩大。同时,项目需求也发生了改变,为了完成外国自建馆的建设,配套部的部分成员被抽调出来,成立外国馆管理部。

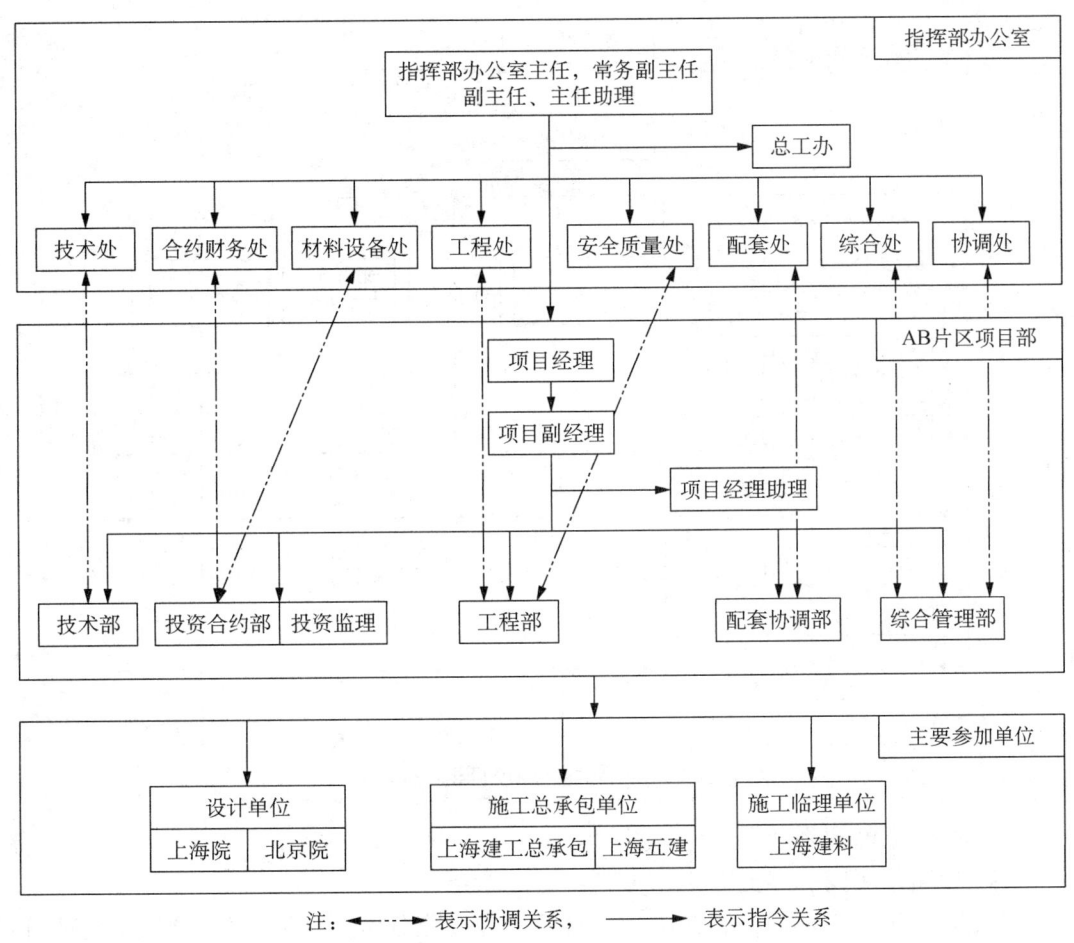

图 20-7 项目初期组织结构

为了适应这些的变化,项目的组织结构也发生了改变。采用了矩阵式的组织结构,项目按照地块、工程类型等内容划分为若干个子项目,归到不同的工作小组管理,责任落实到个人。如此,既保证项目整体组织结构的稳定性,又保证了各个专项工作的独立性。变更调整后的组织结构如图 20-8 所示。

复杂项目组织具有动态性的特征,因此在设计组织结构时应当充分考虑这一特点,运用先进的管理理念和灵活多变的组织方式,在项目实施过程中根据项目的需求做出必要的动态调整,以适应项目的变化。

20.3.4 复杂项目的组织集成管理

1) 组织集成的概念

组织集成的概念最早可以追溯到法约尔(1949)的合作和协调的概念,以及 Lawrence 和 Lorsch(1969)定义的"组织中各个子系统为实现组织目标而形成统一整体的过程"。

复杂项目中的组织集成,是指项目活动中具有不同功能的组织要素(单元组织、子系统组织)集合成为一个有机组织体的状态。其目的是使各组织要素以最合理的结构形式结合在一起,使组织行为更加和谐有序,并取得整体最优、功能倍增的效果。

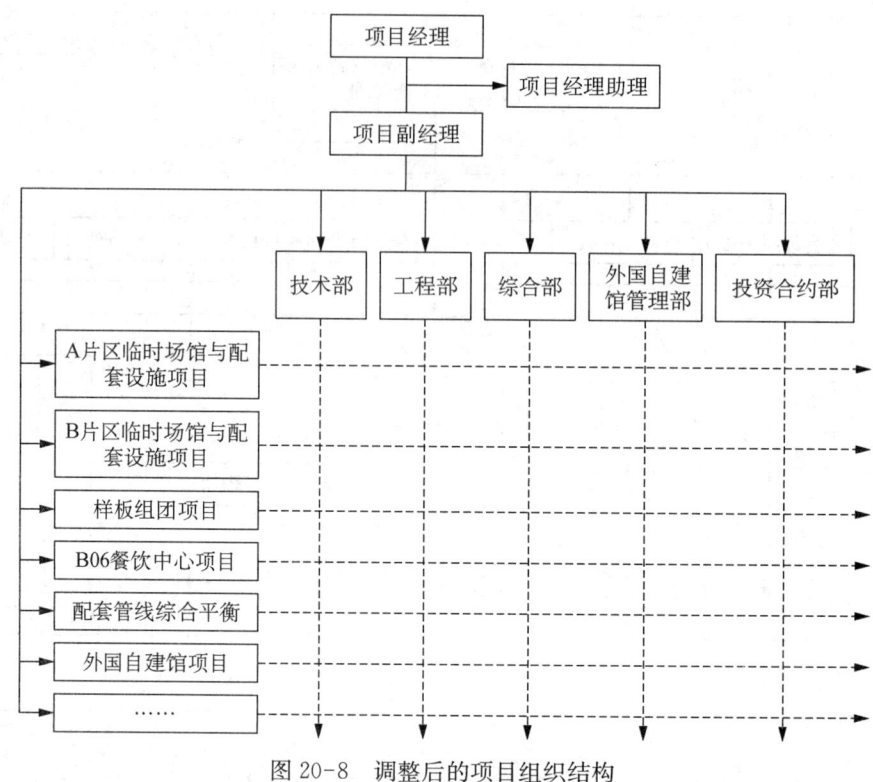

图 20-8 调整后的项目组织结构

2) 组织集成的原则

复杂项目的组织集成要遵循以下原则:

(1) 与实际相结合的原则。在决策项目目标时要充分考虑现场实际情况,避免项目目标与实际效果相互脱节,并根据项目实施阶段及运营阶段的要求进行原则范围内的不断修正及动态调节。

(2) 目标导向的原则。在进行项目实施过程中,要把握决策目标这条主线,与运营方进行充分沟通,了解其使用要求、功能要求,根据运营目标及现场实际情况商议出最优化解决方案。

(3) 早期介入的原则。运营方应在项目策划阶段就介入项目,将运营目标与项目决策目标最大程度上达成一致。

(4) 全寿命周期原则。使项目决策成为全寿命周期项目决策、项目实施成为全寿命周期项目实施、项目运营成为全寿命周期项目运营。

3) 复杂项目的全寿命周期组织集成模型

按照上述对组织集成概念和原则的分析,以全寿命周期项目管理理论为指导,建立贯穿复杂项目群全寿命周期的组织集成三层次模型。

第一层次:即决策层的集成,这也是全寿命周期组织集成体系的核心。要实现项目全寿命周期组织集成,必须建立一个基于业主/运营方需求的组织内核,作为决策的核心组织,同时作为项目全寿命周期集成管理的组织系统核心。

第二层次:即参与方各自组织的集成。如生产商和设计方的集成,通过网络组织或者虚拟组织形成的联合组织形式。

第三层次：即全体参与方的总体组织集成。基于 Partnering 模式的理念，通过信息技术和手段，通过建立和谐的项目文化，从而达成的全体参与方参与单一项目的战略性的长久的组织集成。

全寿命周期组织集成的三层次模型如图 20-9 所示。

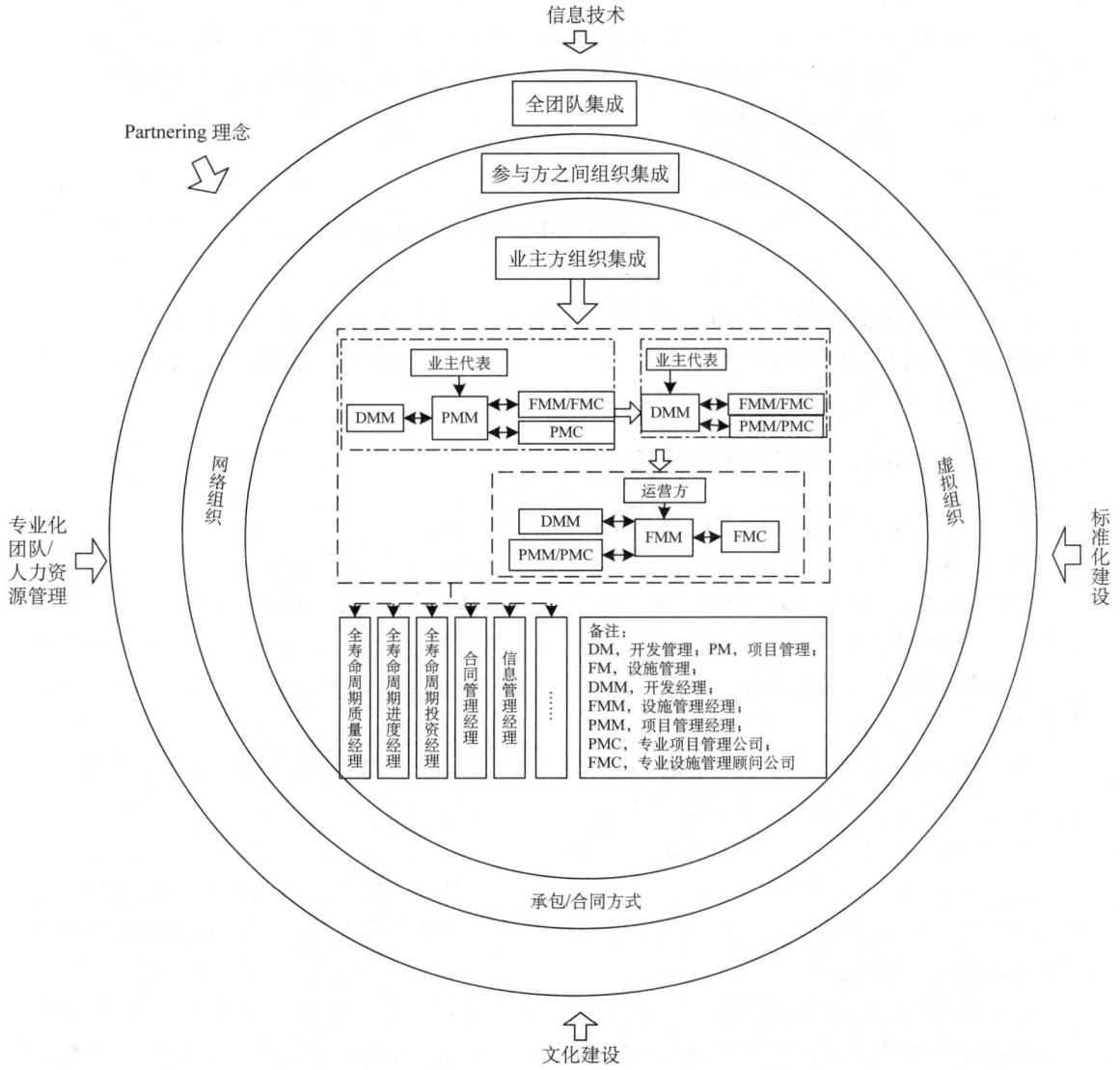

图 20-9　复杂项目全寿命周期组织集成模型

4）复杂项目组织集成的实施策略

（1）专业化的项目团队和人力资源管理。项目集成组织归根结底是人的组织而不是物的组织，因此人力资源是保证集成组织成功的最重要因素，项目实施效果的优劣与否依靠的不是物质资源，而是人力资源和人材的选择与应用。

（2）信息化与信息资源规划。复杂项目无时无刻不在进行信息的获取、信息的处理与信息的交流,要实现项目信息化管理,必须具备三大基础:第一,项目管理过程中的所有信息处理环节均实现数字化、系统化;第二,必须建立项目各参与方进行信息交流与信息共享平台;第三,提高全员信息化意识和运用信息技术的能力。

(3) 建立标准化和标准规范。复杂项目管理是管理不确定性的过程,其关键在于消除执行过程中的不确定性因素。标准化、制度化是管理不确定性的重要手段,也是组织集成顺利实施的重要保障。

(4) 建设良好的团队文化。复杂项目内部成员通常来自不同的组织,成员间存在文化差异。因此,必须重视项目文化建设,努力减少各种文化的摩擦,这是复杂项目组织集成化管理成功运作不可忽视的重要因素。

20.4 复杂项目与外部环境

与一般项目不同,复杂项目由于其范围大、影响广、利益相关方众多,因此更易受到外部环境的影响。与此同时,复杂项目对外部环境也会有一定的影响。在管理复杂项目的过程中,必须要充分考虑项目与外部环境的关系。

20.4.1 不稳定市场中的复杂项目管理

1) 市场不稳定对复杂项目的影响

所谓不稳定市场,指的是需求易变或是正在面临重大变革的市场环境。当市场需求易变时,项目的复杂性会增加。此外,当市场正在经历重大变革时,项目团队成员往往会抵制这些变化,因为团队成员已经掌握了目前的工作,而对角色、职责、业务流程等方面的改变不可避免地使团队产生焦虑、担心、紧张的心里,因而产生消极的、抵触性的反应,同样增加了复杂性。

如果不能正确应对不稳定的市场环境,项目将难以实现战略目标,从而导致市场地位的削弱,而组织中受变革影响的每一位成员都将十分痛苦。

2) 不稳定市场中的项目管理方法

(1) 建立需求集成团队。建立一支需求集成团队来管理复杂的市场需求。确保每一个团队都清楚自己的责任区域,团队要想获得成功,就必须掌握业务领域、IT、需求定义和管理流程方面的专业知识。

(2) 聘请专业的业务分析师。关键的复杂项目需要一位全职的高级业务分析师,甚至有可能需要一个业务分析团队对需求进行捕获、分析、指定、验证和管理。全职的高级业务分析师能够:引导需求活动,并管理需求集成团队;更新关键决策点的商业案例,确保项目投资仍有保证;与执行投资人一起审查更新的商业案例和项目文件,确保项目下一个阶段的资金到位。

(3) 严谨的行业分析。当市场环境发生变革时,可以利用波特五力模型进行行业分析。该模型由哈佛商学院迈克尔·波特教授开发,包含五种竞争力量,用来评估竞争环境,从而确定项目的可行性。当它们其中的任何一个发生变化时,可能会导致组织目前的商业实践发生变化。波特五力模型由以下五种力量组成:

① 替代产品的威胁，如果价格提高或满意度下降，可能导致买家转而购买竞争对手的产品。

② 同行业竞争者的威胁，包括竞争对手的强度和数量的考虑。

③ 新竞争者的威胁，将影响对利润的预测。

④ 供应商的还价能力，可能导致价格过高或材料短缺。

⑤ 消费者的还价能力，可能让公司迫于压力降低价格或提高质量。

（4）进行原型测试来获得市场反馈。如果项目面临的是一个全新而又不稳定的市场，那么市场数据可能是不存在的或者不可靠的。因此，进行快速原型测试来获得市场反馈是非常必要的。产品的定义将根据试验的结果和出现的错误进行反复修改。此外，为一个开创性的新产品创造市场需求可能需要广泛的客户教育。

20.4.2 重大政治环境中的复杂项目管理

类似 C919 国产大飞机项目、北京奥运会等大型复杂项目，通常具有重大的政治意义，涉及具有冲突预期的多个利益相关者，并且需要强有力的管理层支持。这些战略项目具有政治敏感性，涉及最强大的和具有影响力的人物，导致了复杂的组织和人际关系。

1）复杂项目的具体表现

具有重大政治意义的复杂项目，通常有如下表现：

（1）高可见性。项目在组织内部和外部受到高度关注，对于高层领导也是可见的。

（2）可能出现的政治操作和权力斗争。复杂项目会对政治环境产生巨大影响，同时每个组织都有潜在的政治进程和始终存在的权力斗争。政治操纵对于一个项目可以是抑制和压倒性的，如不合理管控，可能会导致项目失败。为了生存和成功，项目经理和领导者必须了解并且适应政治事件的发生。

（3）不断变化的策略和期望。重大政治环境中的复杂项目策略是会经常改变的，而这将导致项目的几乎所有方面的改变。战略项目涉及众多利益相关者，这些利益相关者的期望也有可能发生变化。协调利益相关者之间的相互关系，同样造成了项目的复杂性。

2）管理层的支持

获得管理层的支持是在重大政治环境中管理复杂项目的有效手段，也是复杂项目成功的关键。确保和维持管理层的支持需要做到以下几点：

（1）获得强有力的执行投资人的支持。重大政治环境中的复杂项目可能涉及多个投资人，包括其业务部门的管理人员、首席信息官，甚至首席执行官。应通过有效的沟通，建立与项目投资人的合作关系。

（2）建立项目指导委员会。组建一个由项目投资人和受项目影响的高层领导组成的指导委员会。指导委员会的职责是应对重大风险、管理重大变更、设置和不断明确项目目标。

（3）重视项目利益。通过实现战略目标（包括商业目标和政治目标）以推进项目。持续评估项目的预期价值和对外部环境的影响，确保项目价值是可以实现的、具体的、现实的和有时限的。将关注点由成本转向价值、创新和降低风险。

3）政治管理战略

在当今政治色彩浓厚的商业环境下，项目领导者必须意识到评估政治前景和建立政治管理战略的重要性。项目政治管理可采用以下方法：

（1）创建政治管理计划。创建一个政治管理计划,需要确定关键利益相关的团体和个人,以及项目的内部和外部环境。确定影响项目的人员,并且明确他们对项目产生积极还是消极的影响。确定每个关键利益相关者的目标并且评估政治环境。通过分析确定项目的优势、劣势、机会和威胁(SWOT),明确问题、解决方案和行动计划用以利用积极影响和抵制消极影响。在创建政治管理计划时,可以使用利益相关者分析工作表进行分析,如表 20-5 所示。

表 20-5　　利益相关者分析工作表

利益相关者(个人或团队)	参与/角色	优先/相关	所需支持的等级 1= 目前无需支持; 2= 支持是有所帮助的; 3= 支持是十分必要的	现有的支持 + = 积极支持该项目; 0= 对项目持中立态度; — = 反对项目,并可能抵制它; ? = 支持的等级未知	影响战略
客户 #1	主要客户	质量 工程管理 专业 准时交货	3 需要充分理解需求和预期	+	我们已经与新的项目经理建立了积极的合作关系。我们一直致力于容易共事,并以较低成本提供高质量产品

（2）提升项目经理的社交能力。积极的人际关系会给项目经理带来更大的便利。大体上,项目经理的地位越高,所获得的权力就越大,越有利于项目的实施。提升项目经理的社交面是不可或缺的,要做到这一点,项目经理必须是真诚的、高效的和可信的。项目经理要让团队的努力在重要利益相关者中变得可见,获取信任与支持。

4) 利益相关者管理

正如上文所述,利益相关者管理对于战略性项目十分重要。在识别关键利益相关者和创建政治管理计划之后,确保做到以下几点:

（1）与关键利益相关者建立积极的联系。布莱恩·欧文在《项目的政治和冲突管理》一书中提出了下面的利益相关者管理战略。

① 与最关键的利益相关者建立频繁的联系。与其探讨项目,并征询利益相关者对于项目的期望以及项目信息的沟通频率,记录利益相关者的回答。

② 记录已经接触和访谈记录过的人员,留心其个人工作作风和交流方式,在下一次交流过程中,尽量使用相匹配的沟通方式。

③ 与团队成员面谈,以更好地了解他们的专业网络和与他人相处的方式,这有助于提升工作效率,同时有利于扩张人脉网络。

④ 与政治对手讨论,尝试将其变成盟友。如双方都有积极的意图和共同的目标,那么讨论会对建立长期的合作关系大有裨益。

（2）建立和管理虚拟联盟。战略项目涉及与供应商、客户、主要政治团体和监管机构甚至竞争对手组成的联盟。在寻求合作伙伴时,应当寻找具有卓越能力的合伙人,能在最短的时间内生产高质量特定的产品和服务。项目领导团队应该花费大量的时间和精力,来促进与外部合作伙伴建立联盟。

（3）建立和管理期望。除了满足需求以外，一个成功的项目经理应当理解、设置、不断细化并满足利益相关者的期望。这些期望的来源是多种形式的，包括非正式谈话、电子邮件、需求、政治环境、文化规范、团队做出的承诺及在正式会议上的提议或是闲谈等。项目的期望是复合的，并由于它们之间的相互依赖关系变得更加复杂。要在项目早期确定预期，意识到期望的关联性，然后项目全生命周期注重期望管理。

20.4.3 其他不确定环境中的复杂项目管理

除了市场和政治环境，复杂项目还会受到外部不稳定环境的影响。不稳定环境包括许多高风险的限制条件，这些限制条件涉及多种依赖性和外部约束。项目管理者要十分注意在不确定环境中管理项目的风险和不确定性。

1) 其他不确定环境的内涵

不确定环境包括但不限于以下几种情形：

（1）外包的产品、服务或解决方案。项目的外包部分显著地增加了项目的复杂性和风险。当项目有外包合作伙伴参与时，项目经理就得放弃对项目的一部分控制，如果外包关系管理不当，就会导致项目的失败。

（2）跨职能和跨项目的依赖关系。因为项目职能部门的业务流程是水平的，一个职能部门的变化会对其他职能部门产生影响，这些依赖关系需要项目领导团队中的高级人员来识别、控制和管理。此外，复杂项目总是涉及与外部项目间的依赖关系，这种依赖关系也应得到妥善管理。

（3）监管和环境约束。项目实施过程中要遵循法律法规，如建筑规范、环境忍耐力水平、食品和药品安全政策，这些监管可能给项目带来潜在风险。对于那些受法规限制的项目，项目领导团队必须紧跟新兴监管问题，在项目外部条件强加在项目之前能够设计好可行的解决方案。

2) 管理不确定性

管理不确定性就是弄清楚项目当前的情况。只有当我们理解不确定性的来源、识别出项目的不确定性，我们才能确定适当的前进道路。

马修·雷奇在他的论文《基础知识》中提出了一种用来管理不确定性的七步方法：

（1）识别不确定性；

（2）考虑你的不确定性的影响；

（3）考虑监管和研究；

（4）考虑缓解和利用；

（5）阐明替代的未来结果；

（6）制定风险意识计划；

（7）设计内部控制体系。

3) 管理依赖性

复杂项目的成功可能会依赖于其他的外部项目，这使得对项目依赖性的管理格外重要。管理依赖性需要识别依赖性并妥善分配依赖所有权。

（1）识别依赖性。项目之间的依赖性可能存在于人员、信息交换、政策、商业规则、职能及流程等各个方面。这些依赖性被识别出来之后,利用可视化技术把这些相互依存的流程真实地展现出来,并随着认识的深入,不断地评审和细化。项目经理在做出重大决定的时候,要考虑到项目间的依赖性。

(2) 分配依赖所有权。当项目间依赖性和相互关系被发现以后,可以从核心领导团队中安排一个人做依赖性关系主管,来与相互依存的项目团队进行互动。对于依赖性关系管理的有效方式就是参加相互依赖的团队或项目的会议,向他们说明依赖性的重要性并直接监控依赖性的状态。

4) 管理外包项目

外包项目会导致项目环境的不确定性。项目领导者和团队确保外包伙伴能够理解项目需求,并且根据需求的变化进行修正。管理外包项目可以采取以下手段。

(1) 与供应商建立伙伴关系。如果想要适应环境的变化和管理项目的复杂性,积极的供应商伙伴关系是至关重要的。要寻找注重质量并积极与客户保持伙伴关系的供应商。与此同时,要执行价值链分析,确保从分包商到主要供应商,再到你的组织,最后到你的商业客户都在项目的价值链上,所有人都重视他们的产品和服务的质量。随着项目的进展和学习改进,要持续审查和调整价值链流程。

(2) 建立外包项目管理框架。面对有可能分布于全球的外包团队,管理复杂项目变得更加具有挑战性。对于重要的外包伙伴,项目经理需要建立一个坚实的管理框架。这样一个框架包括以下四个层面。

① 治理层面,包含:海外发展战略、工作模型定义、对服务水平协议的清晰表达、测量和监控、利益相关者管理及争议解决。

② 管理层面,包含:项目管理、全球团队管理、对全球化、外包、海外生产及国际化的追求。

③ 技术层面,包含的角色有:项目经理产品经理、业务开发经理、核心技术团队,包括模块领导人和开发人员及现场协调员。

④ 沟通层面,包含:定义通信协议、通信基础架构、优化时间差异。

复习思考题

1. 复杂项目管理有哪些关键技术?
2. 复杂项目领导者的职业发展路径是怎样的?
3. 如何正确领导复杂项目团队?
4. 复杂项目的组织具有哪些特征?
5. 如何管理具有重大政治意义的复杂项目?

第 21 章　敏捷项目管理

　　科学技术的高速发展推动高科技行业不断地更新已有产品或开发新的产品。这类产品更新或开发项目具有不确定性高、变更多、需要频繁交付的特点，使传统项目管理方法难以对其进行有效管理。经过多年的实践，人们发现了一个适用于这类项目的新型项目管理方法——敏捷项目管理（Agile Project Management）。

　　敏捷项目管理转变了项目管理者的思想和实践。它的重点在于商业价值的尽早交付、项目产品和流程的持续改进，并且注重项目团队的自我组织和客户参与。目前许多权威的出版物，如项目管理知识体系（PMBOK）指南、英国的 *PRINCE2*，均有关于敏捷项目管理的内容。美国项目管理协会（PMI）还推出了敏捷从业认证 ACP（Agile Certified Practitioner），以此调和敏捷方法与传统项目管理方法的差别。敏捷项目管理目前已经成为重要的项目管理方法之一，主要内容包括以下几部分：敏捷价值观、敏捷项目管理的基本步骤、敏捷项目管理的发展趋势。了解敏捷价值观是使用敏捷项目管理的核心；掌握敏捷项目管理的步骤是保证敏捷管理成功实施的手段；了解敏捷项目管理的发展趋势则可以提高敏捷项目管理的有效性。本章将基于上述重要内容对敏捷项目管理进行详细介绍。

21.1　敏捷项目管理概述

21.1.1　敏捷项目管理的产生与发展

　　敏捷方法诞生于 20 世纪 80 年代的日本产品开发领域。日本的两位学者——竹内弘高（Hirotaka Takeuchi）和野中郁次郎（Ikujiro Nonaka）致力于研究非传统产品开发方法。他们对消费电子行业的本田、富士施乐、佳能和爱普生等公司的产品开发项目进行调查，并将其成果发表在 1989 年的《哈佛商业评论》上。他们的文章提及了一种可以满足快速的产品需求的开发策略，并应用 Scrum 这一术语形容该策略。Scrum 原意为橄榄球赛中的一种团队形式，团队成员实时使用即兴的和自我指导的战术去运球。

　　在 20 世纪 90 年代，杰夫·萨瑟兰（Jeff Sutherland）完成了关于 Scrum 的著作，并与他的助手肯·施瓦伯（Ken Schwaber）一起推动 Scrum 的发展，将其演变成敏捷项目管理中最常用的方法。

　　另一种敏捷项目管理方法的早期实验者是肯特·贝克（Kent Beck），他在 20 世纪 90 年代后期与戴勒姆公司合作帮助其开发一个新的工资系统。最初，这个项目计划使用传统的开发模式，贝克等人加入项目后，用现在被称为极限编程的方法重新执行了项目并取得巨大的成功。

　　与此同时，瑞典的系统工程师汤姆·吉尔伯（Tom Gilb）开发出名为 EVO 的方法来构建复杂的、以用户为中心的系统。该系统进行增量开发,并与客户核对每次发布,在每次发布后针对客户需求进行调整。

2001年,许多软件和项目专家聚在一起找出了应用于软件开发管理中的各种非传统方法之间的共同基础,从而创造了一个框架,称之为《敏捷软件开发宣言》(简称《敏捷宣言》),并且成立了敏捷联盟,标志着敏捷项目管理方法正式诞生。

2005年,以吉姆·史密斯(Jim Smith)为主的一群专家为从哲学层面指导敏捷开发,撰写了现代管理项目依赖声明。《相互依赖声明》的发布,标志着敏捷项目管理已被业界广泛认可,并开始走向成熟。

21.1.2 敏捷项目管理价值观和原则

敏捷项目管理价值观

敏捷强调的是一种态度而不是某一项具体的流程。敏捷项目管理的手段多种多样,但是核心价值从未改变,指导着敏捷团队成员实现一次次卓越的表现。

敏捷价值观在《相互依赖声明》和《敏捷宣言》中均有详细表述。

《相互依赖声明》的内容为:

通过持续为客户创造价值来提高投资回报;

通过不断地与客户交互,共享所有权来交付可靠的结果;

预测不确定性,并设法通过迭代、预防、适应来应对不确定性;

个体价值是团队价值的源泉、创造能让个体卓越环境,实现创造和创新;

通过激发成员的使命感和责任感来提高团队绩效;

通过使用根据具体情况而定的策略、流程和做法来提高效率和可靠性。

《敏捷宣言》的内容如下。

我们一直在实践中探寻更好的软件开发方法,身体力行的同时也在帮助他人。由此,我们建立了如下价值观:

个体和互动高于流程和工具;

可工作软件高于详尽的文档;

客户合作高于合同谈判;

响应变化高于遵循计划。

理解敏捷宣言时,人们不能忽略右边事项的重要程度,只是相比之下左边的事项更重要。

上述两份文件涉及的价值观可以总结为以下四个方面:

(1)敏捷管理承认成员个体的独特性。每个人在项目中的贡献都是独一无二的,而不是像传统项目要求的个人只是执行计划的一员。在敏捷管理中更提倡自我管理以激发个人潜能和创造力,并且鼓励个体之间频繁的互动,以减少一些正式沟通途径,例如文档等带来的时间和费用成本。当然如果组织过于庞大,则必须要使用文件等方式帮助沟通。

(2)客户不是敌人而是伙伴。与客户合作可以清楚他们的需求,并且获得他们的支持和帮助,产出更好、更精益、更有用的产品。

(3)应将人力投入到真正能产生价值的地方,比如集中力量开发能够工作的产品。减少甚至消除在一些不产生价值的工作上的付出,比如写文档或更新文档。这不是抹杀文档的作用,因为只要拥有适量的文档就可以满足项目需求。

（4）以积极的态度面对和欢迎变化,因为变更是创造伟大产品有价值的工具。如果能够根据市场、客户需求及时改变产品的某些特性,那么这些产品必然会符合人们的需要。但是,不同行业因为行业特性的原因对变更的态度不同,如建筑行业就是拒绝变更的代表。因此,我们在实施策略时还需要根据具体情况采取不同的方法。

敏捷方法的创始者们又为敏捷价值编写了12条指导性原则,以支持项目团队向敏捷过渡。这些敏捷原则为开发团队提供了实践指南。这12条原则如下：

第1条　我们最优先考虑的是尽早和持续不断地交付有价值的软件,从而使客户满意。

第2条　即使在开发后期也欢迎需求变更。敏捷过程利用变更可以为客户创造竞争优势。

第3条　采用较短的项目周期(如几周几个月),不断地交付可工作软件。

第4条　业务人员与开发人员必须在整个项目期间每天一起工作。

第5条　围绕富有进取心的个体而创建项目。为他们提供所需的环境和支持,信任他们所开展的工作。

第6条　无论团队内外,传递信息效果最好且效果最高的方法是面对面交谈。

第7条　可工作软件是度量进度的首要指标。

第8条　敏捷过程倡导可持续开发。发起人、开发人员和用户要能够长期维持稳定的开发步伐。

第9条　坚持不懈地追求技术卓越和良好的设计,从而增强敏捷能力。

第10条　以简洁为本,最大限度地减少工作量。

第11条　最好的构架、需求和设计出自自组织团队。

第12条　团队定期地反思如何能提高成效,并相应地协调和调整自身的行为。

21.1.3　敏捷项目管理的优势

与传统方法相比,敏捷项目管理的优势在于具有更大的灵活性和稳定性、较少的非生产性工作,更快的高质量交付、更高的开发团队绩效、更严格的项目管控和更快的失败检测。

（1）更大的灵活性和稳定性。一个项目无论使用何种项目管理方法,在开始时都会面临两个问题:项目团队对产品最终状态的认知有限;项目团队无法预知未来。对产品知识和未来商业需求的有限了解,是造成项目变更的主要来源。但是应用敏捷方法,项目团队能够适应在项目进程中出现的新知识和新需求。敏捷方法会把项目完整的计划分割为许多迭代计划,并将优先级高的迭代计划优先完成。每次迭代计划都会完成产品的一个或多个功能,并且提交的产品都具有可工作性。迭代计划结束后,会根据对产品的回馈修正或开展下一次迭代计划,直到产品满足客户的需求。这样的方式可以随时接受来自客户需求的变更,并依据变更随时更改短期计划来保证实施项目的灵活性。

敏捷管理迭代一次的时间大约为两周。每次迭代解决的问题不同,成果关联较少,因此相比于横跨项目生命周期的计划,这种短期计划非常稳定。这种稳定性能给予团队成员更多精力去思考创新。

敏捷项目管理提供了一个稳定的开发、反馈和变更周期,使项目团队既可以灵活地开发需要的特性,还可以保持不断地创新。

（2）减少非生产性任务。团队成员在开发产品过程中通常执行一些用于管理和控制产品产出的外围工作，但这些工作无法直接创造价值。例如项目成员只花费20%的时间去完成任务，剩余时间用于会议、写电子文件或生成不必要的报告与文档，造成项目价值创造的效率低下。

而敏捷管理只包含一些目标明确、有特定主体和时间限制的正式会议。此外，敏捷管理经理还会采取措施防止开发者频繁受到会议的打扰。敏捷管理还推荐成员间使用面对面的方式沟通，提高交流的效率。鼓励使用大量简单且直观的工具来实现冗杂的文档所能完成的工作。这些行动都可以有效的减少非生产性任务。

（3）更高的质量，更快的交付。传统项目从完成需求到客户测试十分漫长。测试开始时，项目已接近尾声，此时出现产品严重缺陷，将会导致整个项目失败。而敏捷管理通过频繁的提交产品、测试来确保产品的质量，并按照情况更改产品的特性减少返工，实现快速地交付产品。

（4）提高团队绩效。敏捷项目可以显著提高团队绩效。敏捷项目中提高团队绩效的举措主要有：向项目团队提供来自客户等相关方的大力支持，帮助团队克服面临的问题，尽快完成产品开发；关注价值的增加，帮助项目成员花费更多时间专注于工作；持续改进帮助团队成员吸取更多经验，成功完成后续工作。

（5）严格的项目控制。敏捷项目的进展相比传统方式更迅速。传统项目中项目报告已提交，但产品还需数月才可交付。而敏捷项目每天更新报告，产品数周交付一次。所有项目成员均清楚项目的进展情况，高效的工作效率带来高水平的项目控制能力。

（6）速度更快，失败成本更低。传统项目管理过程在项目收尾阶段进行故障检测。该阶段，所有的成果集中在一起，同时大部分的投资已消耗殆尽。此时若发现软件存在严重问题，后果将十分严重。相比之下，敏捷项目管理在全生命周期中进行故障检测，确保问题不被挤压到最后阶段而导致不可挽回的后果，大大降低了项目失败的风险。图21-1对传统的项目管理方法和敏捷方法在风险与投入方面进行了比较。

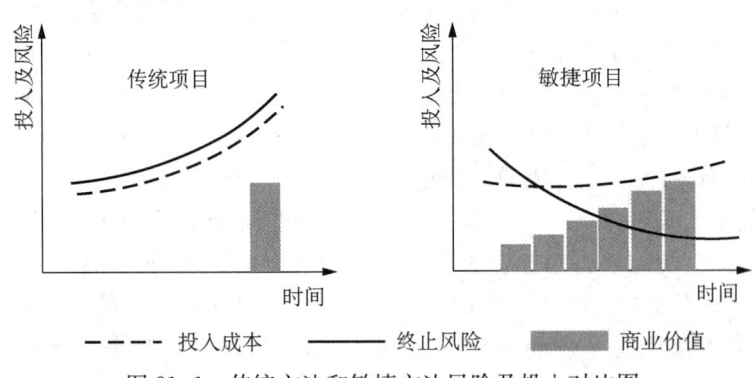

图21-1 传统方法和敏捷方法风险及投入对比图

21.1.4 经典敏捷项目管理方法

仅依靠《敏捷宣言》和敏捷项目管理的12条原则并不足以推动一个敏捷项目的完成，项目管理者还需要一些具体的管理方法来完成敏捷项目管理。目前，敏捷项目管理领域有三大著名的敏捷方法,分别是精益、极限编程(Extreme Programming,简称 XP)和 Scrum。

1) 精益

精益起源于生产。在精益生产中,人们通过多种更灵活的方法,例如准时制,主动减少和消除不产生价值的行为。

20 世纪 90 年代,Ebay 公司吸取了精益生产的思想,最先在软件开发中应用精益原则。Ebay 公司每天响应客户的需求,在短周期中开发出高价值的特性。最后,这一方法被广泛采用并总结为精益软件开发。事实上,从软件开发中诞生的敏捷原则正是深受精益原则的影响,在很多方面的原则和行动都源自精益方法。

2) 极限编程

极限编程,主要应用于软件开发领域,推动软件开发的实践走向极致。极限编程的重点是客户满意度。采用 XP 方法的开发团队可以根据客户的需求开发产品的特性,以此获得较高的客户满意度。处理新需求是 XP 开发团队的日常工作,无论这些需求何时出现,开发团队都被授权去处理。团队根据出现的任何问题及时调整组织的结构,并尽可能高效地解决问题。

极限编程的原则如下:

(1) 编码是核心活动。

(2) XP 团队展开大量测试。

(3) 让客户与程序员之间直接沟通。

(4) 对于复杂系统,超越任何具体功能的、某一层次的总体设计必不可少。

从这些原则可以看出,极限编程的基本方法与敏捷原则是一致的。

3) Scrum

Scrum 是目前最流行的敏捷框架之一。Scrum 是一种迭代的方法,它的核心是冲刺。在每一个冲刺中,开发团队开发和测试产品的一个功能部件,直到产品负责人接受它并且使其成为一个潜在的可交付产品。当一个冲刺完成,另一个冲刺便开始。Scrum 团队在每个冲刺结束时以增量形式交付产品特性,产品发布通常发生在一个冲刺或多个冲刺结束以后。

为了支持这一过程,Scrum 团队使用特定的角色、工件和时间。Scrum 团队通常包括:

(1) 产品负责人,代表项目的需求方,负责解释需求;

(2) 开发团队,执行日常工作;

(3) Scrum 主管,负责支持团队,使其免受干扰和阻碍;

(4) 敏捷导师,以项目外部人员的身份对敏捷团队进行指导。

Scrum 有 3 个有形的可交付成果,作为工件,分别是:

(1) 产品待办列表。它是一个完整的需求列表,用来记录定义产品的用户故事。

(2) 冲刺待办列表。它显示了一个给定的冲刺中的要素和任务列表。

(3) 产品增量。它是一个可用的产品。

最后,Scrum 还有 4 种关键会议,称为事件:

(1) 冲刺计划会议。在每次冲刺开始之前召开,用来讨论被纳入冲刺待办列表中的所有事项。

(2) 每日例会。用来讨论团队成员当天的工作计划。

(3) 冲刺评审会议,在每次冲刺结束时召开,对产品进行审查和验收。

（4）冲刺回顾。这是一个内部会议，在冲刺结束后召开，讨论在上一个冲刺中的收获，总结经验和教训，由此来改进和指导下一次冲刺过程。

21.2 敏捷项目管理过程

敏捷项目管理过程包括五个阶段：构想—推测—探索—适应—结束。从这五个阶段的命名中可以看出，敏捷项目管理各阶段的工作重点和内容与传统阶段不尽相同。在敏捷项目管理过程中，工作的重点在探索阶段和适应阶段。本节将按照这五个阶段对敏捷项目管理过程进行详细介绍。

21.2.1 构想阶段

构想阶段是为客户和项目团队创建构想的阶段，构想是项目早期"成功的关键因素"。构想阶段的任务包括明确产品和项目范围；确定项目参与者；制订项目参与者协同工作流程。

1）产品构想

产品构想主要包含两部分，产品构想框和电梯测试说明书。

产品构想框通常包含一个营销主题、一个简明直观的图像和功能描述，其目的是使潜在的客户对该产品做进一步的了解。对于软件和其他小型产品，产品构想是产品包；对于较大型的产品，如汽车或医学电子设备，该构想可以是一两页的产品手册或者网页。项目开发团队通常分为4～6人一组进行构想框的设计。

除构想框外，团队还要同时用"电梯测试说明书"编写产品定位的简短陈述。用几段文字表明目标客户、主要的利益和竞争优势。

电梯测试说明书的格式如下：

（1）对于（目标客户）；

（2）谁（需要）；

（3）这个（产品名称）是（产品类别）；

（4）它（主要优点、引人注目的购买原因）；

（5）不同于（主要的竞争产品）；

（6）我们的产品（主要差别）。

产品构想框和电梯测试说明书生动地描绘了产品构想，它们强调项目的目的是制造产品。特殊情况下，一些组织内部使用的项目可以视为内部市场的产品，方便产品用户对产品构想进行了解。

产品构想还需要经过项目团队几小时的讨论，以提高项目团队对产品构想文档的认识。一份完整的构想文档一般包括任务说明、构想框图、目标客户及其各自的需要、电梯测试说明书、客户满意评估标准、主要技术和业务要求、关键产品限制、竞争分析，以及主要财务指标。

产品构想最大的优点在于，只需要花费很短时间即可让每个参与者看到整个项目的蓝图而非局限于某个细节，这对完成项目具有很大好处。

2) 项目目标和约束

产品构想为产品团队、赞助商和开发团队需要的产品确定了基线，接下来项目需要明确商业目标（不同于构想）和质量目标，定义产品性能，以此来界定可交付产品的范围。敏捷项目管理中通常用项目数据表展示项目的范围和界限，项目数据表中包含了主要商业和质量目标、产品功能和项目管理信息，它帮助项目团队时刻了解项目的战略。项目数据表所含内容如表 21-1 所示。

表 21-1　　　　　　　　　　　　　　项目数据表

项目数据表				
项目名称：				项目领导：
项目开始时间：				产品经理：
客户：				高级主管：
营销：				
销售：				质量目标：
会计：				
				性能指导方针：
项目目标生命：				
				全球网络读取：
商业目标：				
				体系结构指导方针：
权衡矩阵				
	固定	灵活	可接受	目标
范围				
进度				
成本				
每个月延误成本：				
探索系数：				项目主要里程碑
功能				问题和风险：
销售管理				
营销管理				

权衡矩阵是项目数据表中一项重要内容，用以显示项目三个约束条件，范围、进度、成本的重要性。固定意味着受限程度最高，在项目中最重要；灵活其次；可接受则代表受限程度最低。

项目数据表另一项重要数据是探索系数，它是表示项目不确定性和风险的指标。探索系数最大为 10，最小为 1。10 代表项目风险高，不确定性大；1 代表项目十分稳定。阐明项目的探索系数有助于管理客户和主管的期望值。

3）团队构建

团队构建是敏捷项目管理中一项重要的环节。敏捷项目计划在执行时通常是多变的，并且问题的解决方案通常不明确，需要大量依靠个人能力的发挥。因此不同于传统项目将人员工作固定化，敏捷项目要求项目人员具有较高水准的技术能力和自组织、自律能力。

开发团队成员是敏捷项目中最重要的人员。项目初期项目管理者需要结合项目具体的工作和领域挑选出"适合"项目的人员，他们通常是所从事的项目相关领域的专家或者具有丰富经验的工作人员。

敏捷项目团队还包括产品负责人，负责处理客户、业务利益相关者和开发团队之间的认知差距。产品负责人是产品本身以及处理客户需求和优先级的专家，每天与开发团队协同工作来明确客户提出的需求。产品负责人需要决定产品包含的功能，同时还负责决定产品发布的时间和内容。

敏捷项目团队还包括敏捷项目经理，也称为项目引导员。敏捷项目经理负责为开发团队提供支持，清扫组织层面的障碍，并保证所有流程始终按照敏捷原则进行。敏捷项目经理与传统项目经理的职责不同。传统项目团队为项目经理工作；而敏捷项目经理是仆人式领导者，为团队提供支持。敏捷项目经理是一种促成者的角色，而不是问责者，因此需要具备较强的沟通能力，并具有足够的组织影响力，为项目成功创造条件。敏捷项目经理还应在项目冲突中寻求协商解决的方法，帮助团队自我克服困难。

敏捷项目中通常还要包含敏捷导师和利益相关者。敏捷导师指拥有实施敏捷项目经验，并能将此经验与项目团队分享的人。对于新组建的项目团队，以及想要拥有更高级别项目工作能力的项目团队，敏捷导师能为他们提供宝贵的意见。但需要注意，敏捷导师并不是团队中的一部分，不参与项目的实施。利益相关者的相关内容详见本书第 14 章，项目团队构建参见图 21-2。

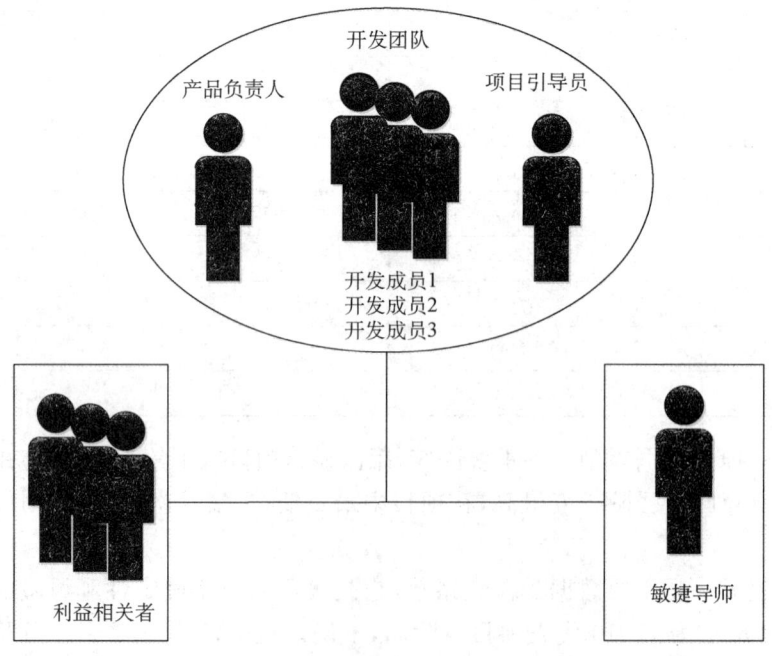

图 21-2　敏捷项目团队人员构成

21.2.2 推测阶段

推测在词典中的定义是根据不完全的事实或信息猜测某事。在推测阶段，项目成员要收集初始的广泛的产品要求；制订一个迭代的基于功能的交付计划；估计项目成本，并生成其他必要的行政管理和财务信息。

（1）产品功能单。创建一份产品功能单是推测阶段的首要任务。产品功能单是一份用来扩充产品构想的功能清单列表，是对构想阶段制订的清单的扩充和提炼。产品功能单列出那些经过可行性分析或市场研究、初步需求收集工作和产品构想等工作收集起来的产品功能，对于现有产品，客户、开发人员、产品经理和客服人员可以不断地提出改进建议，并添加到产品功能里。

产品功能清单通常包括故事卡、优先级别、探索系数和估算等信息。项目团队需要为每种产品功能建立一张或多张故事卡，其中包含基本的功能描述和开发工作估计等信息。探索阶段中的每次迭代会按照这些故事卡确定详细的需求，展开开发和测试工作。

故事是指从用户的角度来描述的功能。例如，传统的任务被描述为"开发用户界面"，从客户角度描述则是"能够审查用户信用等级"。故事是一个可交付的有用的功能，但不构成完整的功能。交付完整的功能需要完成几个故事。创建故事需要项目团队与客户共同合作，也可以邀请产品团队加入，协助制订详细的计划。如果一个故事无法在一次迭代内完成，则可以继续拆分成几个更小的故事。

实际操作中，故事卡片用来作为收集故事基本信息、记录高层次需求、开发工作估计和定义验收测试的工具。故事卡片只用于列出功能，而不详细定义功能。故事卡片是客户和项目团队成员在一次迭代期间讨论详细需求后达成的协议。表21-2是一个典型的故事卡片，一般故事卡片包含的信息如图21-3所示。

表 21-2　　　　　　　　　　　典型故事卡片示例

故事卡	计划的迭代：3
故事 ID：确定销售区域	功能类型：客户
故事描述：	
价值点估计：	
故事点估计：	
需求不确定性：	
与其他故事的相依关系：	
验收测试：	

在功能清单中，产品团队和开发团队还应定义功能的优先级，并列出这些功能在发布计划中的迭代时间表。功能清单上的功能具有易变性是敏捷项目的特点之一，因此每次迭代计划中的功能清单都可能发生变化。

```
故事卡片信息
• 故事 ID 和名称
• 故事描述：用一两个句子，从客户的角度描述功能
• 故事类型(C=顾客、T=技术)
• 估计工作量：交付该故事所需工作量的估计
• 估计价值点
• 需求不确定性：每个特定的故事才用一个探索系数
• 故事依赖关系：可能影响故事顺序的依赖关系
• 验收测试：客户团队用于接受或拒绝该故事的标准
```

图 21-3　故事卡片信息

（2）发布计划。发布计划是团队在项目数据表中所描述的在项目目标和约束内实现产品构想的路线图。发布计划的主要任务是依据价值和风险把故事分配到迭代中，如图 21-4 所示。

	第0次迭代	第1次迭代	第2次迭代
	任务…	故事1	故事5
	任务…	故事2	故事9
	任务…	故事12	故事14
计划		12	11
能力		12	12
…		…	…

图 21-4　部分发布计划

在传统项目中，项目管理计划用任务来构造工作分解结构，以此组织工作。敏捷生命周期则以迭代和故事驱动。故事驱动的表现在于将计划和执行的重点从任务转变为产品功能，将可交付的产品作为重点，然后创建交付这些产品所需的任务和工作。

因此在敏捷项目生命周期中，发布计划至关重要。发布计划需要团队（包括产品团队、开发团队和主管）共同协作来实现。

许多项目在制订计划时表现难以令人满意。因为计划往往基于愿景制订，而非能力，这就导致计划没有平衡需求和组织真实的工作能力。因此，在发布计划中应该按组织实际能力来制订计划。

对于一些包含大量功能的大中型项目，使用多层计划的方式来制订发布计划更合适。多层计划使计划既具有预测性又具有灵活性。

（3）迭代。迭代是指在一段确定的时间，开发团队从开始到结束持续创建特定的一组产品功能的过程。每次迭代之后，开发团队创建的产品应该能正常工作并进行演示。迭代

通常持续 1~4 周。任何迭代持续时间不应超过 4 周，一次迭代时间过长会加剧变更风险，违背敏捷的初衷。

发布计划一般包含第 0 次迭代。第 0 次迭代期间没有任何功能向客户交付，但是给予敏捷团队充足时间进行计划、需求说明和体系结构筹划工作，为以后开发工作做准备。

（4）估计。敏捷项目管理方法主要用于不确定性高的项目，因而项目估计难以获得良好的效果。项目团队应将进度和成本视为限制而非估计。在精益思想中，估计是一个不产生价值的活动，因此敏捷项目应减少甚至消除一些不必要的估计活动。为项目设定界限是一种常用的方法，例如，需要在多长工期以及多少预算的情况下完成项目。这种做法的好处在于，项目管理者能从战略的角度去把握团队是否有能力在项目约束期间内交付可发布的有品质的产品。

估计和设定界限经常随时间的变化而不断演变，项目团队应注意这些变化，及时修正估计。

一个完整的产品计划结构如图 21-5 所示。

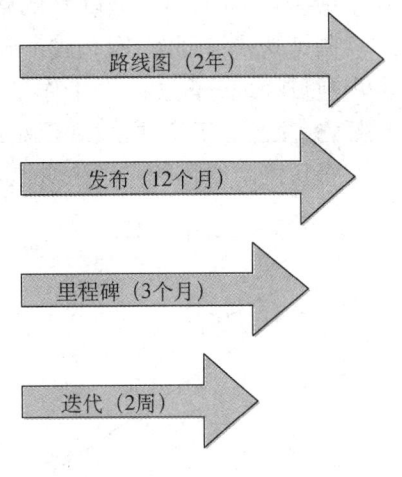

图 21-5　产品计划结构

21.2.3　探索阶段

探索阶段的内容包括执行工作、管理工作量、按计划交付产品功能；团队与客户、产品经理和其他利益相关方互相交流。

1）迭代计划

迭代计划是执行工作和监督工作的基础。制订迭代计划涉及以下活动：

（1）确定已知的风险对迭代计划的影响；

（2）确定进度目标；

（3）为每次迭代编制主题；

（4）将故事卡片分派给每次迭代，必要时平衡价值、风险、资源和依赖关系；

（5）结合故事卡片布局、完整的发布计划总结该计划；

（6）运用权衡矩阵，必要时调整完成的计划。

迭代计划的初步构建发生在推测阶段，全面计划发布之后就开始为下一次迭代制订详细的计划。团队从发布计划中摘出每一个迭代计划，重新估计工作量，必要时调整这次迭代计划中的故事。

整个项目团队（包括产品经理、产品专员、客户、开发人员、测试人员、迭代经理和项目领导）应该全部参与迭代计划会议，迭代计划会议所需的时间基于项目的类型和迭代的长度。为期一周的迭代计划会议大约为 1 个小时，以此类推。

敏捷计划的宗旨就是匹配能力与计划。敏捷团队应使用初期的开发速度来初步测量迭代能力，再对任务进行研究并估计。随着开发团队学习敏捷的能力提高，还可以再调整能力。

确定迭代长度是迭代计划中另一项重要内容，设定迭代长度需要考虑发布时间范围、探索系数、准备和评审时间、学习需要以及测试时间等因素。通常，发布时间范围越长，迭代时间也就越长。例如，12 个月的项目可能使用 4 周时间迭代，而 3 个月的项目可能使用 2 周时间迭代。另外，各个迭代时长要保持一致。迭代时长不同会打乱团队的开发节奏，也不利于估计工作。

2）工作管理

工作管理旨在让团队成员自己管理必要的日常任务，以便在每次迭代结束时交付故事。这是敏捷管理的特色：鼓励并依靠自我管理。

制订迭代计划时，团队成员确定交付计划所需的任务并签约承担哪些任务。这些任务不由项目经理分配。每个工作日的早上，敏捷团队应举行每日例会，监督工作量。会议内容包括：标注已完工事项，发现困难或障碍，提出需要迭代经理介入的事项以及当天要做的工作。每日例会的目的是讨论进展，计划当天的工作。

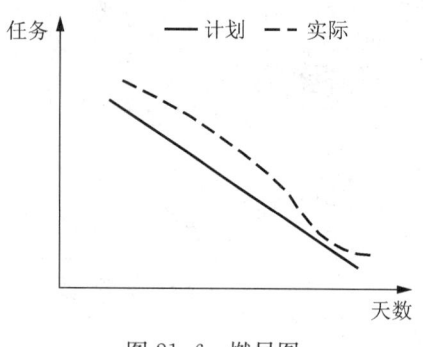

图 21-6 燃尽图

此外，敏捷团队需要使用图 21-6 所示的任务燃尽图来表明每天完成的迭代任务数，以此监督进度。燃尽图一般用于展示整个团队的任务完成程度，如果用于个人可能会打击自我管理的积极性。

3）持续集成

持续的集成可保证产品功能在开发期间尽早、经常性的组合成一个整体，从而减少以后无法组合造成的高成本和测试负担。产品集成的频率低，会导致后期发生问题而影响开发工作，发现和修正这些问题的难度也会增大。

集成的过程需要不断的测试，不断严格的测试可确保产品在整个开发过程保持较高的质量。如果在生命周期晚期再进行测试，产品则很难进行改进。因此，软件开发过程中持续地进行测试十分重要。

此外，开发团队还应适时对产品进行内部重构。重构指更新产品的内部组建，但重构不会改变实际功能。新技术、新想法会随项目的发展而出现，使用新技术、新想法重构产品能使产品适应未来市场的要求，因此非常重要。

4）团队管理

管理项目团队是执行阶段中重要的工作，合理的管理能够使团队高效地完成项目目标。

敏捷项目团队管理相比传统团队管理有很多特点。首先，敏捷项目经理应开发团队成员个人的能力，而不是限制他们的工作。敏捷项目较为依赖个人能力，工作计划没有限制个人的工作范围。因此，敏捷项目经理应为他们提供宽松的和集中于项目的工作环境。

创建合作的团队。群体的支持有助于个人能力的发挥，这种支持包括思想层面和技术层面。共享知识和经验会加快问题的解决，观点的交流会产生更优化的设计。

团队的节奏需要保持一致。敏捷项目中的迭代过程和评审过程节奏不同，会使项目团队感到难以适应，需要管理者为团队在两种节奏之间找到平衡。保持团队节奏一致体现的是另一类项目管理。

21.2.4 适应和结束阶段

适应阶段的主要工作是控制与纠正。适应阶段从客户、技术、人员和流程绩效等方面对结果进行检查，根据检查结果，比较实际与修改后的项目前景，将结果反馈并应用到新的计划工作中,开始新一轮的迭代。结束阶段总结项目中的经验和教训,形成文档用于下一次迭代或项目中。

1) 评审

评审通常有四种类型:

(1) 客户中心组会议。客户中心组会议从客户团队的角度去评价产品的功能性。会议中产品团队展示产品的现行版,获得客户的评价和需求反馈。随着演示的进行,产品需求变化,团队记录需求。

(2) 技术评审。技术评审的目的是保持较低的迭代成本,只有成熟稳定的技术才能保证较低的迭代成本和高适应性的产品。定期技术评审一般包括定期正式的和非正式的评审。技术评审为项目提供有关技术问题、设计问题和体系结构缺陷的反馈,可以尽早发现问题。

(3) 团队绩效评估。敏捷项目管理的一个基本观点是每个项目是独一无二的,不应将一个流程生搬硬套到所有项目。项目团队应根据自身绩效表现调整自己的行为。团队绩效评估应该包含以下两个基本方面:①自我组织原则,有效的构架应该赋予团队尽可能大的灵活度。②自律原则,团队成员在执行项目时应遵循项目要求。图 21-7 是团队自我评估表,评估表显示团队对自身绩效与行为的自我评估。此外,团队还应评估其工作流程和做法,从而更好地适应团队。

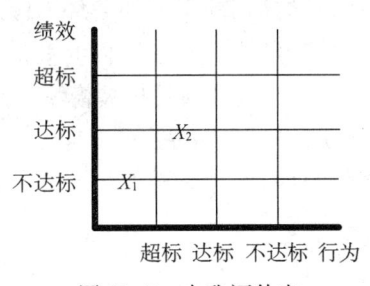

图 21-7 自我评估表

(4) 项目进度报告。进度报告是一份对项目经理、产品经理、主管等项目成员和利益相关方都非常有价值的文件。项目经理的工作包括管理利益相关方,并向他们提供信息。进度报告就是利益相关方需要的一项重要信息,它能为利益相关方制订决策提供巨大的帮助。

2) 适应措施

适应措施本质上表现为"响应"变化,而不是"纠正"变化。适应措施会覆盖全过程,从小的调整到下一次迭代的预定功能,从增加资源,到缩短项目进度。适应性调整通过影响技术活动或改变交付流程来使他们更有效。产品、技术、团队和项目进度 4 种评审类型中的任意一种都会产生适应措施。

3) 结束阶段

项目结束既是一个阶段,又是一种做法。组织和机构应该花费时间来开展结束阶段。正式的结束对项目是非常有益的,不仅可以提升士气,还明确了项目结束的时间。对项目进行评议是结束阶段中最重要的活动。最后的回顾可以帮助团队之间学习,吸收这本次项目的经验和教训。

21.3 敏捷项目管理的扩展与治理

21.3.1 敏捷项目管理的扩展

(1) 敏捷项目规模扩展。敏捷项目管理方法最初诞生于软件开发项目。这类项目通常规模小，人员少，时间跨度较短。因此，早期的敏捷管理方法更适合管理规模小、组织结构和关系简单的项目。

面对大型项目复杂的组织结构，超长的时间跨度，繁杂的项目工作人员，敏捷项目管理需要进行一定的扩展。敏捷项目扩展是指将敏捷方法进行扩展，使其应用到大型甚至是超大型的项目中。

想要实现敏捷扩展还有大量问题需要解决，这些问题主要来源于两个方面：向上和向外。向上，意味着敏捷项目管理扩展到人员更多的项目；向外，意味着敏捷项目管理扩展到人员地理位置更分散的项目。这要求管理者在管理扩展型的敏捷项目时，要设计一些特殊的管理方法。

敏捷项目管理方法的扩展受两个关键因素的影响——项目不确定性和复杂性。管理日益增多的不确定性的最佳手段就是敏捷管理，而管理项目复杂性则需要更多的结构化方法。敏捷和结构化在一定程度上是冲突的，这就需要管理者在项目中对两者进行平衡。

（2）敏捷项目扩展模型。应对敏捷项目的扩展需要建立一个敏捷扩展模型，如图 21-8 所示。模型中包括了商业目标、敏捷的价值观、组织、产品和流程，这些元素是管理一个大型敏捷项目必须具有的组成部分。

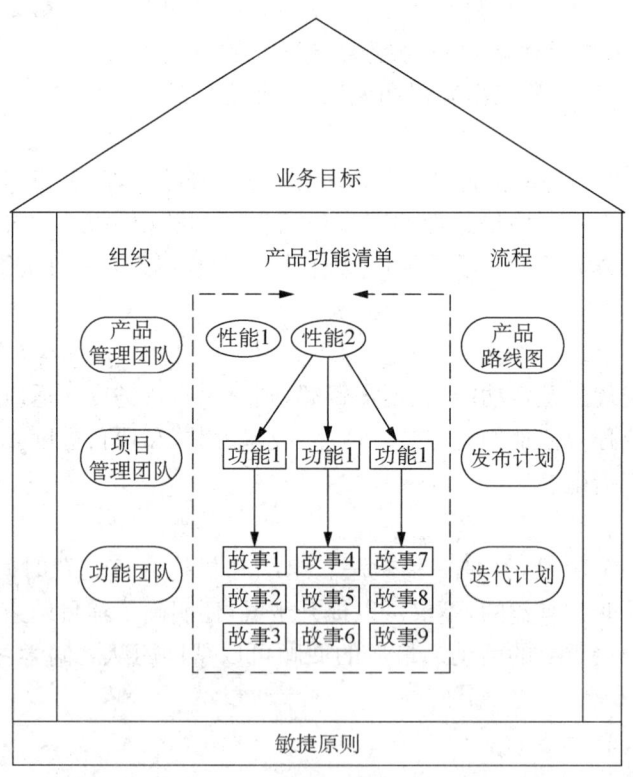

图 21-8　敏捷扩展模型

管理者应根据敏捷扩展模型中的要素对敏捷管理方法进行针对性的改造，使其适应一个大型的项目。例如，组建一个大型敏捷团队需要在以下 4 个领域尽早做出规划：组织设计、决策设计、协作/协调设计和应用敏捷原则。设计这些元素没有固定的方案，并且会受到诸多因素的影响。例如,设计组织结构需要考虑项目的具体情况,并且在项目的进展中不断调整设计方案。对协作、协调的设计要注意度的把握,如果沟通太多,会导致无尽的会议、长篇累牍的文档;而太少的沟通,意味着没人了解项目中的内容。

项目规模扩大同样增加了构建产品体系结构的重要性。体系结构工作是控制项目复杂度的一项重要手段,旨在指导技术工作、确定技术工作负责人。模型中与产品相关的扩展要素包括:项目体系结构,产品路线图和功能清单,多级发布计划等。构建产品体系结构应考虑团队的分配方式,工作重点放在功能的耦合、凝聚和界面上。分散的团队,为保持低成本的协作,应该分配高凝聚性且与特定界面松散耦合的部件;合作良好的团队可以分配高耦合或者搭配的工作。大型项目包含很多性能、故事,在制订路线图、功能清单和发布计划时,需要根据实际情况制订多级的相关文件,例如,多级发布计划、多级功能清单等。

大型项目中使用敏捷方法可以提高产品交付成功的概率。创建一个卓越的适用于大型项目的敏捷框架,需要管理者在实践和理论中进行不断地探索和实验。

21.3.2 敏捷项目管理的治理

治理带来秩序,推动创新,利用企业的力量来实现项目的目标。治理和敏捷看似矛盾,其实不然。治理使敏捷方法的自适应和演化的优点更有效,是保证项目的运行秩序不可或缺的部分。所有敏捷项目管理的实践者都认同治理的必要性。

1)治理原则

治理程序的目标是项目商业潜力最大化,企业绩效风险最小化。治理程序应该推动具有创新性和想象力的解决方案,但要阻止偏离正轨的行为。

治理的使命可以总结为以下 5 点:

(1)为了代表企业的受益人监督和批准投资。

(2)为了合理分配决策权,使团队具有一定的自治权和自由。

(3)为了在架构和运营规范的框架内推动创新、演化和技术卓越。

(4)为了成为影响企业绩效和可靠性的风险的最终仲裁人。

(5)为了保证复核必需的标准。

有效实施治理的四条原则如下:

(1)治理的应用应与损失量成正比。

(2)治理应阐明使命和目的、治理范围、决策的机构和决策权归属。

(3)治理应尊重辅助功能,不应干涉职能部门和项目经理的管理职能。

(4)治理应该精简、及时和快速响应,符合敏捷原则。

2)实施治理的要素

为了使治理工作有效,需要治理框架包含以下四个元素。

(1)治理的政策模型。政策可以确保治理有效实施。经验表明,执行下面几点将会更有效:

① 只确立约束行为所必需的政策;

② 提前确立政策;

③ 确立高层政策;

④ 允许对政策进行一些特定的扩展和解释,以填补具体的操作细节。

好的政策必须简短、清晰、与操作相关、随之可用并可以在操作上进行扩展。政策应该依据计划主动部署，并主动跟踪政策是否得到遵守。

（2）管理框架。治理是在项目边界之外执行的管理，用于保护客观性和独立性。客观性和独立性为公平竞争和决策上的信任提供基础。高层管理者建立和授权的委员——治理委员会，提供对治理的管理；治理委员会的使命，是实现治理的五项使命；治理委员负责制订治理的框架；治理委员会也负责每天检查商业计划，并依据组织的目标、战略和管理来决定是否继续进行项目。

（3）决策协议。有效的治理需要制订一份决策协议，包括对决策的指导和限制。决策协议旨在为决策所涉及的人员分配权利、责任和确定规则。决策权用来决定决策者归属，描述不同项目成员实施决策的权力。决策者的责任是遵守治理规定的规则，支持执行决策的团队，并对结果负责。规则带来了秩序，通过规则的制订也便于实现远程决策。

（4）可靠性机制。可靠性指项目团队对结果负责，保证产品的可靠性。完成项目目标需要服从治理的方向和指南。客户对产品的满意度反映了可靠性。敏捷项目一般使用一些工具，如计分卡、仪表盘、工作流记录来测量满意度。满意度结果可以帮助项目团队尽早发现问题，在未来采取措施或者改进方法来提高可靠性。

复习思考题

1. 敏捷项目管理的起源？其价值观有哪些？
2. 敏捷项目管理包括哪几个阶段？每个阶段的重要内容是什么？
3. 敏捷拓展模型的要素包含哪些？
4. 如何进行敏捷治理？

第 22 章　跨文化项目管理

22.1 ｜ 跨文化项目管理概述

22.1.1　跨文化项目管理的产生背景

跨文化的界定并未统一，一般意义上，一种文化跨越了不同的价值观、宗教、信仰、精神、原则、沟通模式、规章和典范等不同文化元素时，就形成了跨文化。跨文化管理又可以称为"交叉文化管理"，它是一个全新的管理理念，指对不同文化背景的人、物、事进行管理，是公司在全球范围内活动的产物。它在克服不同异质文化之间差异的基础上，重新塑造公司的独特文化，是一种跨越国界和跨越民族界限的文化管理，而消除文化差异是打造卓越绩效的管理行为所首先要解决的核心问题。

20 世纪 50 年代以来，全球化成为世界经济发展的一种趋势，在这种趋势中，最为显著的特征就是国际分工体系中的垂直分工愈来愈让位于水平分工，资本、商品、技术和信息等在国际间的流动越来越迅速，资本的配置也越来越超出民族国家的范围而向全球扩展，不同国家之间的相互依存度越来越高。全球化经济迫使来自不同文化的个体和群体在一起工作和学习，彼此需要被不同习俗的人群所接受。与此同时，也出现了越来越多的跨文化项目。在跨文化项目中，不同文化群体互动的加剧，让人们时时面对跨文化项目冲突。如何解决跨文化项目冲突，成为在这一时代背景下从个人到组织的迫切需求。在这种情形下，跨文化项目管理应运而生。随着这一领域吸引越来越多的研究者目光，跨文化项目管理的相关理论也逐步建立和完善。

在 21 世纪的今天，人们总是在做以前不可能做的事情，善于挑战极限。跨文化项目管理也在当下经济全球化、市场一体化、贸易区域化加速的趋势下，逐渐成为与国际事务息息相关的必由之路。公司或团队面对的不再是单一的文化模式，而是来自多种不同文化背景下的管理者和团队成员，需要他们不断变换自己的经营战略、管理模式和营销策略来进行合作管理跨文化项目。跨文化项目管理的关键是解决跨文化冲突，使不同的文化融合形成一种新型的文化，并让这种新型的"统一"的文化根植于团队所有成员之中，对不同文化背景下的团队成员的思想、价值观和行为产生有利的影响，只有这样才能实现真正的跨文化项目管理。

22.1.2　跨文化项目管理的内涵

跨文化项目具有一般项目的基本属性：一次性、独特性、目标确定性等特点。同时，跨文化项目又具有不同于一般项目的特征，具体归纳如下：

(1) 缺乏凝聚力。跨文化项目中多样化的员工不仅有不同的民族文化，还有不同的组织背景，因此具有不同的价值观、信念、工作态度以及工作方式，这可能导致工作期间出现文化冲突而缺乏凝聚力。

(2) 项目持续时间短。跨文化项目持续时间都较短，据一项调查数据显示，跨文化项目的工期一般为1～5年。这给项目人员的管理和协调带来很大的难度，也容易导致参与人员的不稳定。

在进行跨文化项目管理时，面对的是不同的文化环境以及由其所决定的价值观念和行为准则。项目管理人员所要解决的不仅仅是项目组织结构和人员配备、资金投向等问题，更重要的是要解决在跨文化背景下由于文化差异所产生的各种矛盾和冲突，这就需要跨文化的项目管理。跨文化的项目管理就是在整个项目的实施过程中，为了实现项目的目标，组织和控制两种或两种以上的文化，把文化多样性结合起来进行的统一管理。

具体到每个项目上，项目管理人员将面临项目内外不同文化的冲击。在项目团队外部，每个项目所在的国家都会有自己独特的经济、政治和文化，在项目进展过程中必须面对的各种社会团体、政府部门、供应商、咨询公司、当地群众及金融机构等对象都有自己独特的组织文化；在项目团队内部，往往有来自不同国家的成员，包括管理者和一般员工，处于不同文化背景的人员会由于在价值观念、思维方式、习惯作风等方面的差异，在经营管理中的一些基本问题上往往会产生不同的态度，如经营目标、管理方式、处事作风、原材料的选用、作业安排及对作业重要性的认识、变革要求，等等。随着项目的不断推进，项目部的员工还会有所变化，项目团队所面临的内部环境也在随之发生变化。这就需要项目管理人主动实施跨文化的项目管理，在全球效率和本地文化之间找到平衡。

22.2 │ 跨文化项目管理的相关理论

22.2.1　国家文化差异分析理论

在全球信息化的时代，组织内部所有员工都需要与不同国家的客户和同事进行交流和沟通。因此，建立良好的跨文化关系并进行管理是关键所在。最重要的是，人们需要更深入地了解管理与文化、民族特性之间的关系。通过人们相互理解，有助于不同文化协同，促使管理人员调整自己的行为，从而提高与其他民族的人们愉快共事的能力。

目前，对于国家文化差异有三种著名的分析方法：克拉克洪和斯托特柏克六大价值取向理论、吉尔特·霍夫斯泰德"五文化维度模型"、特罗姆彭纳斯和汉普顿·特纳七文化差异理论。下面对这三种理论作简要介绍。

1) 克拉克洪和斯托特柏克六大价值取向理论

美国人类学家克拉克洪和斯托特柏克(Kluckhohn&Strodbeck)提出六大价值观取向文化模型，强调价值观取向的多样性。他们认为人类共同面对六大问题，而不同文化中的人群对这六大问题的观念、价值取向和解决方法就能体现这些群体的特征。这六大问题是：对人性的看法、人们对自身与外部自然环境的看法、人们对自身与他人之关系的看法、人的活动导向、人的空间观念及人的时间观念。如表22-1所示。

表 22-1　　　　　　　　　　　　　价值观取向的文化模型

基本问题	反应或答案的范围		
基本人性是什么？ 人们是否可改变？	大多数人是恶性的 可以	大多数人善恶兼备 可能	大多数人是向善的 不能
人与自然的关系如何？	自然支配人：大多数事情是由命运和上帝决定的	人可以与自然协调	人支配自然：技术可以控制自然
人们的时间观念如何？	看重过去辉煌的历史	看重眼前，只争朝夕	看重未来，相信今天的行为影响明天
人们的行为方式如何？	存在性：人的反应是自发的、有情感的	混合型：人们寻求内在的发展	实干型：人们重视行动和努力工作
人们的相互关系如何？	权利主义：人们相信社会是线形的金字塔，每个人都有自己的位置	集体主义：人们保持对群体的绝对忠诚，群体的需要至关重要	个人主义：人们相信个人的目标与需要最重要
人们的空间关系如何？	私人的	两者兼有	公众的

2）吉尔特·霍夫斯泰德"五文化维度模型"

从 1967 到 1973 年，吉尔特·霍夫斯泰德在著名的跨国公司 IBM 进行了一项大规模的文化价值观调查。他的团队对 IBM 公司的各国员工先后进行了两轮问卷调查，用二十几种不同语言在 72 个国家里发放了 116 000 多份调查问卷。调查和分析的重点是各国员工在价值观上表现出来的国别差异。1980 年，霍夫斯泰德出版了巨著《文化的影响力：价值、行为、体制和组织的跨国比较》，后又采纳了彭麦克等学者对他理论的补充，总结出衡量价值观的五个维度。

（1）权力距离（Power Distance）。指某一社会中地位低的人对于权力在社会或组织中不平等分配的接受程度。各个国家由于对权力的理解不同，在这个维度上存在着很大的差异。欧美人不是很看重权力，他们更注重个人能力。而亚洲国家由于体制的关系，注重权力的约束力。

（2）不确定性的规避（Uncertainty Avoidance）。指一个社会受到不确定的事件和非常规的环境威胁时，是否通过正式的渠道来避免和控制不确定性。回避程度高的文化比较重视权威、地位、资历、年龄等，并试图以提供较大的职业安全，建立更正式的规则，不容忍偏激观点和行为，相信绝对知识和专家评定等手段来避免这些情景。回避程度低的文化对于反常的行为和意见比较宽容，规章制度少，在哲学、宗教方面他们容许各种不同的主张同时存在。

（3）个人主义/集体主义（Individualism and Collectivism）维度是衡量某一社会总体是关注个人的利益还是关注集体的利益。个人主义倾向的社会中，人与人之间的关系是松散的，人们倾向于关心自己及小家庭；而具有集体主义倾向的社会则注重族群内关系，关心大家庭，牢固的族群关系可以给人们持续的保护，而个人则必须对族群绝对忠诚。

（4）男性化与女性化（Masculinity and Femininity）维度主要看某一社会代表男性的品质如竞争性、独断性更多，还是代表女性的品质如谦虚、关爱他人更多，以及对男性和女性职能的界定。男性度指数的数值越大，说明该社会的男性化倾向越明显，男性气质越突出；反之，则说明该社会的女性气质突出。

（5）长期取向和短期取向（Long-term and Short-term）维度指的是某一文化中的成员对

延迟其物质、情感、社会需求的满足所能接受的程度。这一维度显示有道德的生活在多大程度上是值得追求的,而不需要任何宗教来证明其合理性。长期取向指数与各国经济增长有着很强的关系。20世纪后期东亚经济突飞猛进,学者们认为长期取向是促进发展的主要原因之一。

3) 特罗姆彭纳斯和汉普顿·特纳七因素文化差异理论

跨文化管理的开创性工作是由霍夫斯泰德完成的。特罗姆彭纳斯和汉普顿·特纳的"七因素模型"扩展了霍氏的"五因素模型",更多地综合了东西方文化的差异。同时,该模型在联系国家文化和组织管理之间也更为具体。这七个文化维度及其衡量的文化差异分别如下。

(1) 普遍主义对特殊主义:法律法规是普遍适用的还是存在例外情况?
(2) 局部主义对整体主义:人们生活的各个层面是不相关的还是相互关联的?
(3) 个人主义对集体主义:个人的利益还是集体的利益更应该受到关注?
(4) 主观能动和外部影响:成功取决于主观的努力还是外部影响?
(5) 序列时间和同步时间:过去、现在和未来是顺序延伸的还是交织的?
(6) 成就定位和归属定位:地位取决于成就还是某种优先权(比如年龄)?
(7) 平等与等级:管理者会选择扁平型还是陡峭型的组织结构?

22.2.2 跨文化沟通理论

跨文化沟通以具有不同文化背景的个人、组织、国家进行信息交流与沟通的社会现象为研究对象,于20世纪70年代末作为一门独立学科形成,在近二三十年来发展十分迅速。沟通和文化本身的发展错综复杂地交织在一起;语言与思维过程以及心理学习过程密切联系。一些学者已将两者交替使用:"文化就是沟通,沟通就是文化。"在不同的国家中,不同的社会与文化环境能够影响管理者在完成任务时所选择采用的方式。沟通系统,包括言语沟通和非言语沟通,都是文化的产物。沟通是把数据、信息、想法和念头从一个人传递到另一个人的过程。沟通过程中,主动去沟通的一方称为"发送方",接受沟通的一方称为"接受方"。信息通过所谓的"媒介"传递给接受方,这种"媒介"可以是面对面的会晤,抑或是电话、电子邮件,甚至可以是电视电话会议。接受方接收信息,将其翻译并理解。反馈过程与上述过程相似,只是此时接受方的角色变成了发送方而已。沟通的有效性是指接受方对发送方所传递信息的理解程度。对信息的扭曲和干扰将会引起"噪声",如由于技术原因电话串线了,或是有人在附近说话而引起信息改变,或是选择性的感知、过渡、语言难点、信息过载以及文化差异等,都会引起噪声。因此,所谓跨文化沟通发生在具有不同文化渊源的个人、团体、组织和社会之间。图22-1表示国家、文化差异对沟通过程的影响。

基于多样文化与单一文化的特点,沟通学家将多样文化定义为人际关系依存度低的社会,将单一文化定义为人际关系依存度高的社会。图22-2为不同人际关系依存度的社会特点。

爱德华·霍尔研究文化工具,是以沟通情境在沟通中所起的作用区分不同的文化。语境是指两个人在进行有效沟通之前所需要了解和共享的背景知识,所需要具备的共同点。这种共享的背景知识越多,具备的共同点越多,语境就越高;反之,语境越低。具体而言,高语境沟通指的是在沟通中,绝大部分信息或存在于物理环境中,或内化在个体身上,而很少

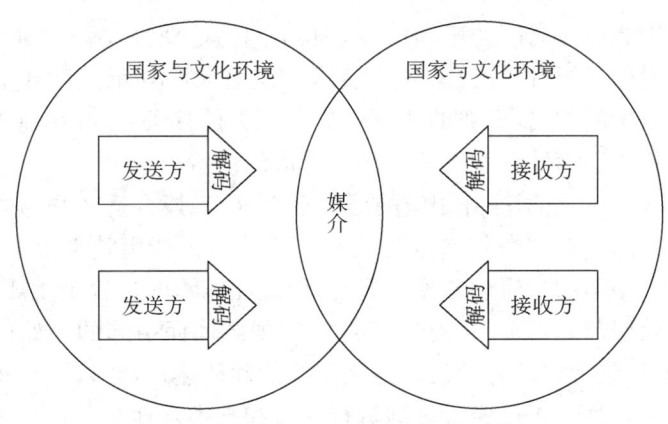

图 22-1　国家、文化差异对沟通的影响

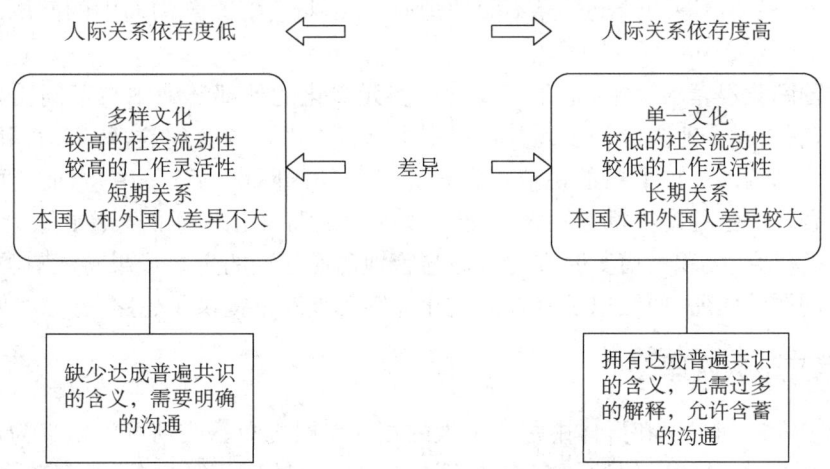

图 22-2　不同人际关系依存度的社会特点

存在于所传递的编码清晰的信息之中。低语境沟通正好相反，大量的信息存在于编码清晰的外在语言之中。此外，语境也影响人的思维方式，高语境文化多产生直觉型思考者，而低语境文化多产生分析形思考者。高语境沟通的典型例子，是在一对一起长大的双胞胎之间的沟通，他们只要用极少量的语言和动作就能交流大量的信息和情感。而低语境最典型的例子就是在两个法庭上相见的律师，需要对案件的每一个细节都用清晰的语言描述出来，否则对方或陪审团成员就不能理解。O'Hara-Deveraux 和 Johansen 根据他们的研究，对民族文化就语境不同进行了排列，如图 22-3 所示。

高语境　日本人
　　　　中国人
　　　　阿拉伯人
　　　　希腊人
　　　　墨西哥人
　　　　西班牙人
　　　　意大利人
　　　　法国人
　　　　法籍加拿大人
　　　　英国人
　　　　英籍加拿大人
　　　　美国人
　　　　北欧人
低语境　德国人
　　　　德籍瑞士人

图 22-3　不同民族的文化语境

在项目管理中，跨文化沟通方式的选择有两个基本原则：

（1）了解对方的文化和做事方式，求同存异。互相认可对方的观点和理念有难度，但至少要理解对方为什么会这么考虑，不同的人得出不同的结论或者给出不同解决方案的原因是什么。西方的文化对风险的承受度更高；而东方文化会侧重于花时间进行背景调查，建立正确的程序和系统然后再慢慢地变更。每种文化都有自己的优点和局限，应扬长补短，项目经理根据项目的范围和完成时间的不同可以采取不同的处理方式。短期项目缺乏足够的时间去完成流程的建设然后再开始工作，这就要求团队对风险的承受度要更强并更快地推进项目的进展。而对长期的项目，必要的步骤和流程定义是有意义的，在建立流程上花费的时间会减少在后续工作中因为流程职责不清晰而造成的浪费。

（2）针对语言的障碍，除了提升相应的语言水平外，选择合适的沟通方式对确保沟通顺利进行也非常重要。通过对信息传递过程的研究确认容易产生歧义或偏差的地方，保证沟通信息的顺利传递。根据沟通管理专家的研究，信息在传输的过程中主要有两种损耗，一种是因人的主观思想而引起的，第二种是因信息的客观载体而引起的。如何避免因损耗对项目造成的不利影响，接收者对信息的反馈是很重要的确认途径，让接收者重复或跟踪接收者接下来的行动来判定信息是否已经很好地进行传递和被很好地接收。反馈是一个验证的过程，在沟通中应尽力避免因各种原因造成的失真，这就需要选用不同的沟通方式。综合时间和地点的影响，根据不同的情况选择不同的沟通方式，将会对改善沟通中的问题起到很好的预防作用。

企业在国际化经营活动中，企业不仅要在多元文化的外部环境中与不同文化背景的合作者打交道，还要在企业内部的多元文化氛围中进行人力资源管理，这些都对国际化企业的组织内部与外部沟通提出了新的挑战。在日益激烈的国际市场竞争中，企业所面临的很多文化冲突问题在一定程度上都是由于不能实现有效的跨文化沟通而导致的。因此，对于文化冲突问题的研究，能积极借鉴跨文化沟通与管理沟通理论的主要成果将大有裨益，它为分析文化冲突问题的实质、原因以及有效的文化冲突管理对策提供了思路。

22.2.3　跨文化谈判理论

谈判几乎渗透到组织和群体中每一个人的相互作用之中。谈判可以定义为双方或多方互换商品或服务，并试图对他们的交换比率达成协议的过程。但若在"谈判"这个名词前加上"跨文化"这个前提，则其远比一般谈判复杂。跨文化谈判强调国际管理的跨国界、文化复合性的本质。其之所以复杂，是因为它涉及来自文化价值观和意识形态不同的社会的人。不同文化背景的人想要达到的目标的优先级不同，价值观差异、谈判风格、思维方式也在实际谈判过程中呈现出不同的特征，如下所述。

1）中西方的价值观差异在谈判中的体现

中国人崇尚和谐，往往更看重合作项目之外私人感情的培养，希望通过宴会、聊天等活动建立良好的私人关系，认为良好的私人关系有时候甚至比合作项目本身还要重要。同时，中国人具有极强的爱国情绪以及很浓厚的民族特色，有的时候可能会因为这些问题而放弃利益最大化。

而西方国家的员工，虽然有各种细小的差别，但是也有很多共同的地方。例如，美国人崇尚个人主义，注重个人价值的提升实现，注重实质性的东西，对表面化、形式性的东西不感兴趣。谈判风格比较直接，有话直说，不会含糊其辞，会针对谈判中的问题直接发问，"Why"这个单词是谈判中使用率最高的一个单词。对利益的追求是唯一的目标，希望能在最短的时间争取到最大的利益。

2）中西方思维方式的差异在国际商务谈判中的体现

东方人具有综合思维方法，喜欢从总体上掌握整个项目思维的方式。在谈判过程中，综合思维者倾向于先对谈判的内容或者对象给出综合的印象,即对方是否值得信赖,是否可靠,是否能得到预期的谈判效果。东方人的谈判行为可以体现为,谈判前先建立良好的人际关系,以缩短彼此的距离,缓和双方间的关系。而分析思维方式的西方人,喜欢将谈判的内容划分成很多部分,在谈判过程中就各个部分逐一进行思考和分析,分别进行讨论,各个击破,每一个部分都达到共识以后,才得出最终的结论。

3) 中西方谈判风格的差异在国际商务谈判中的体现

过程与结果。对西方人来讲,谈判是一种竞争,而不是合作。西方人喜欢直截了当,速战速决的谈判。但在中国人看来就是咄咄逼人,缺乏耐心。而且与中国人相比,他们更加注重短期的效益,忽视长期的合作。

个人决策。西方人参与谈判要么是单枪匹马,要么是二三人一起参加,效率很高,各司其职。但是,这种个人决策的风格往往让中国人认为这简直是强人所难。

非语言因素。由于非语言行为是下意识行为,容易成为误解的根源,因此它对谈判的成功与否有很大的影响。非语言行为可包括面部表情、身体距离、手势、沉默等。西方人在谈判或交谈中,喜欢目视对方的面部或眼睛表示对话题的兴趣与态度。中国谈判者则不习惯于一直注视对方,他们倾向于不时转动目光以避免与对方目光相遇。另外,中国人在沉默时表示自己正在考虑问题,有时还表示自己处于"是说还是不说"的犹豫状态。而西方人则认为沉默表示不同意,他们会失去耐心继而打破沉默,催促对方快速做出反应,以使谈判继续。但这可能会被中国人认为很粗鲁,结果使谈判难以达到预期的效果。

事实上,具有相同政治、经济和文化背景的人在进行沟通时也会遇到障碍,所以不同文化背景的人试图进行沟通时将会面临更大的挑战。由于文化差异,在谈判过程中,容易造成双方的误解与对立。然而,来自不同文化背景的人相互接触时,会产生一种叫"交易性文化"的沟通状况,这种状况既是谈判双方文化相互作用的结果,也是双方个性相互作用的产物。只有深入了解自己和对方的文化差异,才能有足够的能力改变自己的行为,将原来适用于自己的文化行为转变为最适合对方文化的行为。

4) 谈判过程

谈判过程包括五个步骤,即准备、关系建立、交换信息、说服和做出让步及达成协议。依据文化背景不同,每个步骤的重要性和时间长度也各不相同。影响跨文化谈判的主要活动有谈判目标选择、谈判方式、谈判成员构成、谈判地点与空间安排、谈判日程安排、礼节、沟通风格、沟通方式和协议等。下面基于文化差异分析维度,分析文化对以上跨文化谈判活动的具体影响。

(1) 谈判目标选择。通常,谈判双方追求的目标不一样,特别对于不同文化背景的人,各有自己的目标偏好。使用长期导向与短期导向、个体主义与集体主义文化维度分析谈判目标可以看出:多数亚洲国家注重长期导向,很喜欢与对方建立某种关系,因此与这类国家签订合同,意味着长期合作的开始。注重长期导向的国家具有集体主义价值观,倾向于相互依赖、相互合作,因此对关系的培养也在情理之中。北美人及欧洲人大多属于个人主义文化,尽管也存在个人对群体依赖的认同,但这也是个体选择的结果,以个人目的和利益为前提。因此,这类型国家倾向于短期利益,注重公平性与利益。

(2) 谈判方式。一般而言,谈判方式有两种,即零和谈判和双赢谈判。零和谈判是指即我所获得的任何收益恰恰是你所付出的代价。选择此类谈判方式,应该试图使对手同意你的具体目标点或尽可能接近它,其特点是输-赢模式。双赢谈判是合作模式,双方努力扩展可能的结果,从而通过共同分享成果来取得各自利益的最大值,其特点是赢-赢模式。应用个体主义与集体主义文化维度分析谈判方式发现,在竞争性文化中成长起来的企业或在国家荣誉感或家庭荣誉感很强的文化中成长起来的企业,特别注重结果、成就,但这两类企业不同在于,竞争性文化倾向于个体主义,国家荣誉感或家庭荣誉感很强的文化倾向于集体主义,但他们对于谈判方式倾向于零和谈判,即牺牲对方利益使自己获利。

注重长期导向或公平性的国家,一般来说谈判倾向于双赢策略,双方在讨价还价中做出适度的妥协或折中,使双方都受益。不同在于注重长期导向的大多具有集体主义倾向,而倾向平等、公平的文化大多具有个体主义倾向。

(3) 谈判小组成员构成及决策权。谈判小组成员包括一般职员、高职位成员、有特殊专长的成员和翻译等。依据成就与归属文化维度分析谈判小组成员构成可以得出如下观点:成就定位的文化,选择谈判代表的标准倾向于对谈判主题的了解、自身的经验、技能等因素。归属定位的文化,选择谈判代表的标准中,主要基于资历、级别、社会地位和关系等。

另外,翻译是小组中最重要的成员之一。跨国谈判中,配备本国翻译意味着在双方激烈的交谈中,能听清楚对方观点,或者从对方内部交流时获得更多信息。同时,熟悉相关专业术语的翻译尤为重要。

平等与等级文化中最终决策权也有差异。在等级观念森严的文化里,最终决策者可能从始至终并不在现场。在平等定位的文化里,最有影响的人可能就在谈判现场。

(4) 谈判地点、空间安排。谈判地点在一定程度上影响着谈判结果,大部分谈判是面对面会面的。谈判的地点有开放性或封闭性,桌椅的摆设可以一字排开或环绕等。一般来说,权力距离低的国家向往平等与尊重,而权力距离高的国家倾向等级与权威。

(5) 谈判日程安排。单时间制文化认为,时间随着谈判议程的进行呈线性流动,将时间看成一场赛跑,这类谈判人员专注于一次只做一件事,不在谈判议程内的问题一律不考虑。因此在谈判中易呈现急躁的特点。多时间制文化则允许同一时间同时进行多项活动,只要是值得注意的问题,不管其是否被列入谈判议程,都应该予以讨论。因此在谈判中具有耐心的特点。

(6) 风俗与礼节。大多数谈判会涉及不同的风俗与礼节,如晚餐、宴会、休闲场所、礼物和节气等。理解这些风俗与礼节可能有助于使谈判迅速进入主题,也可能会为双方带来一些有利条件。

(7) 沟通风格。谈判过程是双方信息交流的过程,可能由于交流的目的、成员的特点、语言习惯等差异,双方会呈现不同甚至完全对立的沟通风格。

若把沟通视为一种说明问题或解决问题的方式,思考问题的方式是直线型的,则谈判时言辞比较直接,强调未解决的问题,沟通风格是一种直接的、具体的、低语境方式,易公开表露情绪,很少沉默。若把沟通视为促协调、保护面子、发展长期关系的方式,思考问题的方式是综合、统一的,则谈判时强调积极、正面的问题,沟通风格是一种含蓄的、高语境方式,不易公开表露自己的情绪,比较喜欢沉默。另外,对于家族或国家荣誉感很强的国家,谈判风格会比较激进、强硬。

(8) 协议。谈判最后将走向协议,达成目标。注重长期导向的文化将合同当作是关系的开始,并且这类文化一般强调例外与人情,认为合同本身远没有双方相互依赖的良好关系重要。因此,这类谈判者的特点可能不太喜欢太顺利地签订合同。注重利益的短期导向文化将合同视为可执行的、具有法律效力的交易,可以减少不确定性与争执。

(9) 沟通方式。口头语言沟通大概占谈判过程的 80%~90%,这些通过言词传达的意义恐怕还不及 20%,其他的意义都是通过非语言的媒介传递的,例如,谈判的场所和布置、肢体语言、眼神及倾听方式等。场所本身有正面的和负面的效应,需要考虑的问题诸如谈判地点选择在本国或者东道国、座位的舒适度、保持距离还是挨在一起等。肢体语言包括眼、鼻、耳、嘴、肩、臂、手、腿、脚等。

22.3 跨文化项目管理的实施

22.3.1 跨文化项目管理的实施障碍

"夹在总公司和当地办事处之间无所适从,是全世界驻外经理都面临的一个两难境地。"这是《世界经理人文摘》对跨文化管理经营中文化困境的描述。文化差异造成了文化的冲突,在跨国企业中成员较多、文化背景较为复杂,因而在经营目标、管理方式、工作状况及处事风格等方面都存在着很大的差异;再加上企业成员在相互沟通时存在着语言方面的障碍,就必然使得成员之间在许多问题上难以达成共识,影响了跨文化团队的整体运作和工作效率。具体来说,跨文化项目管理有以下四种实施障碍。

(1) 语言障碍造成的沟通困境。语言是人们进行交流沟通和表达思想的主要形式,不同的语言具有不同的语法功能和表达方式;另外,语言表达的歧义、语义的模糊等都会对不同语言在理解上造成一定的阻碍。这就直接导致了团队成员之间的交流、信息的传递和情感的表达方面的困境,在团队管理上会产生理解上的偏差,给跨文化项目团队的管理带来一定的问题。由于语言方面的障碍,无形中也加大了管理成本。被管理者来自不同的国家,语言的差异会加大翻译成本;语言上的障碍、语义不清、表达歧义等因素致使在管理过程中一些重大信息或决策无法被理解或是被误解,这些都有可能造成企业经营项目的重大损失。

(2) 文化价值观的不同造成的困境。霍夫斯泰德认为文化就如人的心理程序,这种心理程序是人内在的感情、思维和行为方式,也是某一文化群体区别于其他群体成员的思想反映,是文化群体共同的价值观体系。文化差异造就文化价值观的不同。文化价值观具有很强的主观性,它对人们的思维方式、行为方式、处事态度等方面产生很大的影响,从而形成不同的思维方式和行为规范。不同的民族和国家在长期的生活实践中会形成各自独特的价值观体系。在跨文化项目团队管理中,由于团队成员具有不同的价值观,在相互接触的过程中必然会产生相互碰撞,出于本能,每个成员都会维护各自的价值观,这样就使得成员之间出现冲突,给跨文化项目团队的管理和决策带来困难。

(3) 思维方式不同。思维模式是民族文化的具体表现,不同的文化背景决定了不同的思维方式,不同思维方式形成了不同的工作习惯,不同的工作习惯导致了项目管理方式的差异,同时也造成了管理中的跨文化冲突。在思维方式上,东西方认识也存在着明显的文化差异,例如在逻辑特征方面,一般认为西方人士的特点是"将军"致胜的象棋逻辑,就事论事,重在挑战主帅;东方人则是顾虑全局的围棋逻辑,重在构筑包围圈,尽可能多地扩展地盘。因此,在商务往来中,中方人士很少开门见山,直入主题,明确提出自己的要求时,而是正在想方设法迫使对方满足自己的愿望。在思维方式上,一般认为西方人士是团队取向,忠诚于原则,注重个人;中国人则注重等级,因时因地制宜和注重整体。因此,在不同文化的环境中工作和学习,学会"入乡随俗"的思维方式是至关重要的。

(4) 企业文化和民族文化的双重文化差异带来的困境。跨文化项目团队管理不仅要面对民族文化差异带来的影响,而且还要受到企业文化差异的影响。民族文化影响着企业文化,企业是在民族文化的环境下产生和发展的,民族文化是企业文化形成的前提和基础。任何企业文化的形成都要受到民族文化的影响。民族文化的差异性造就了企业文化的差异性,比如,企业的管理理念、企业员工的激励机制、个人与集体的关系、领导和员工之间的权力距离等都存在着不同。因而,在跨文化项目团队管理的过程中,企业的管理者或企业成员由于受到自己以前企业文化的影响,因循守旧、恪守以前企业文化模式,就必然会给企业的管理和决策带来不利影响。这样在企业文化和民族文化的双重影响下,协调成员之间关系所花费的时间和精力就会更多。

22.3.2　跨文化项目管理的实施策略

跨文化项目团队受跨国公司全球化扩张的影响,其管理正面临不同程度的挑战。团队成员的价值观、行为规范、准则等对于组织中所有成员都会产生重大的影响。美国管理学家彼得·德鲁克也提出,跨文化团队管理就是政治和文化多样性的综合管理。因而如何在多元文化背景下消除文化偏见,减少文化冲突是跨文化项目团队管理的核心内容。以下是几种跨文化项目管理的实施策略。

1) 寻求文化之间的"求同存异"

在不同文化背景下生活的人们,文化具有差异性是客观存在的事实,因而承认差异、认识差异是有效进行企业跨文化项目团队管理的前提和保证。每一种文化都是在各国长期历史发展的过程中积累的宝贵财富,企业内部一定要正视差异,求同存异,树立正确的文化差异观。企业跨文化项目团队管理的首要条件应当是宽容和尊重,管理者应当重视文化差异性,尊重差异。同时,成员之间也要通过不断的学习和相互了解,努力寻求不同文化之间的交叉点。在求"大同"存"小异"的原则下,理解、尊重和吸收不同文化的精髓,采取优势互补,并且可以暂时将"小异"进行搁置。只有这样,才能有效地解决跨文化项目团队管理过程中出现的文化差异的困境。

企业在管理的过程中,也要注重把握好文化融合的时机,既要尊重对方的文化,同时也要促使不同文化之间的相互融合,进行优势互补,从而创造出一个全新的、适合本企业发展的企业文化。这个全新的企业文化需要全体企业成员共同理解和认可,需要彼此之间的包容和尊重,同时作为项目团队的每个成员也要愿意和自觉遵守、执行这种文化。

对待不同文化,还应该有一颗包容之心。只有这样,才能达到每个成员之间的平等与公正,不同的文化才能在平等的地位上进行交流和融合。

2) 运用跨文化敏感理论减少语言障碍

跨文化敏感(Intercultural Sensitivity)理论是 1984 年美国文化发展研究所主任 M. J. Bennett 提出的。在不同的语言环境下,由于人们不了解彼此的文化背景,容易造成对语言的误解和错解,最终使彼此双方得不到很好的交流和沟通。M. J. Bennett 针对这种矛盾冲突,提出了用跨文化敏感理论来解决冲突的方法。跨文化敏感是跨文化交际的重要因素,它包含三个部分:人们的认知、情感和行为。认知主要是指人们对不同文化知识的理解;情感则是人们对不同文化的敏感程度;行为包含人们的交往方式。跨文化交际敏感度是对企业或团队中文化差异的一种不断适应的能力,在不同的发展阶段,文化差异的表现不同。

在跨文化项目团队管理中,合理使用跨文化敏感理论可以减少语言交流障碍、消除文化差异的冲突。在跨文化敏感理论的否认文化差异阶段,帮助项目团队成员认识各国不同的文化差异,克服由文化差异带来的不安和焦虑情绪。在防卫文化差异阶段,帮助团队成员减少对不同文化产生的分歧,寻找不同文化之间的交叉点。在最小化文化差异阶段,帮助团队成员深入学习自身的文化,并加强对他国文化的理解。在接受文化差异阶段,培养团队成员对他国文化的理解和尊重,并在行为和价值观上逐渐接受他国文化。在适应文化差异阶段,培养团队成员用自身的文化价值观和行为模式对他国文化进行判断,并调整自身的文化观,以适应不同的文化差异。在最后的整合文化差异阶段,成员通过对不同文化差异的调整和融合,以他国文化的理念和价值观来调整自身的一些行为和方式,努力达到彼此的融合。通过跨文化敏感理论的运用,可以培养项目团队成员对文化差异的敏感度;成员能够看到不同文化之间的交叉点,促进项目团队成员间的相互理解,更好地进行交流。

3) 提高跨文化项目团队的管理能力

文化差异、语言障碍虽然对跨文化项目团队的管理存在着许多不利的因素,但科学的管理是企业提高经济效率最有力的保障。一个优秀的项目管理者对项目发展起着至关重要的作用。优秀的管理者能够制订明确的目标,把握项目进展和方向,能很好地协调成员之间的关系。优秀的管理者还应该引导成员建立合作监督机制,重视不同文化间的差异,促进文化之间的融合,可以使不同的文化在碰撞的过程中产生出创意的火花,为企业项目的创新提供思想来源。

跨文化项目团队管理还需要注重成员的跨文化培训。通过跨文化培训,可以有效地提高处理文化冲突的能力。只有了解和尊重不同国家的文化差异,才能解决由此带来的矛盾冲突。项目团队可以通过外派成员去国外学习,使成员能够切身感受其他国家文化的不同;也可以在国内聘请有经验的专家或其他团队对成员进行环境模拟,从而使成员在不同的文化环境中提高适应能力和反应能力。

4) 构建团队的核心价值观

构建团队成员间的共同价值观是跨文化项目团队管理的重要基础,也是减少成员之间沟通障碍、协调内部人际交往关系的有效方法。当项目团队成员拥有共同的核心价值目标和工作理念时,项目团队内部的文化冲突会随之减少,无形中使成员对项目团队有一种归属感和认同感,从而在内部形成良好的凝聚力和感召力。团队核心价值观的建立也可以起到约束作用,可以将成员的思维方式和行为方式约束到一个统一的价值观体系当中,培养成员的自我管理和自我约束力,从而为不同文化提供一个可以交流的平台,增强团队成员的归属感。团队核心价值观是跨文化项目团队管理的基石,为成员提供强大的精神动力,使团队具有较强的协作能力和凝聚力,从而提高跨文化项目团队的工作效率,最大限度地提高项目经营效率,进而使跨文化项目团队管理达到事半功倍的效果。

以下是一个实施跨文化项目团队管理的例子：

有一家总部位于美国的金融服务组织，其在 50 多个国家运营，并拥有九万名员工。团队领导确信他们没有限制全球各地的团队发展。这些团队都是独立运作的，几乎没有协作，也没有分享各自的实践经验。

公司雇佣一家咨询公司帮助开发一个程序，目的是为了实现各地团队间的相互协作和跨文化的项目团队管理。开发全球跨文化项目团队的策略是创建变革计划，向高级工程师分享最佳实践的经验，增加他们的技术和管理技能。这个变革计划将使用全球各地团队的真实案例，也能体现出不同文化之间的差异。

最终公司实现了其关键目标：增强了全球的工程师团队之间的沟通和协作，促进了跨文化项目管理的实施。此外，参与者还提高了他们解决问题的技巧和有效构建创新性解决方案的能力。

22.3.3　跨文化项目管理的实施工具

罗伯托·圭达、大卫·特里奇和埃齐奥·费雷南三人在《跨文化项目管理·多元文化项目团队的工具箱》一书中以柯马公司为例，介绍了多种跨文化项目管理的实施工具，具体包括：团队资源审核、团队文化描述、项目成长树形图、共同愿景、团队的基本准则、沟通概要、统一工作实践、文化多样性与书面沟通、影响型式图谱、冲突型式矩阵以及传播思维导图。本节将以冲突型式矩阵为例，介绍此工具在跨文化项目管理中的应用。

冲突型式矩阵是展现团队内部不同冲突型式的简单问卷、模式和表格，可以让团队探索处理冲突时，考虑正反两方面的各自偏好方向。此外，它还能揭示国家文化如何通过模型中的四种类型进行传播。其目的是建立团队认知，描绘处理团队冲突的不同方法，并理解他人在处理冲突时的偏好。同时，该方法可以防止冲突破坏人际关系。

在跨文化项目团队的日常活动中，成员必然面临或经历不同类型的冲突，包括：对于紧急情况的不同看法；评估问题的不同标准；本地限制的冲突；兴趣冲突；实现相同目标的不同需求；对工作质量的不同期望；对意愿的误解等，或者说是不同的世界观。无论面临什么冲突，我们通常认为自己已经掌握了"适当"的反应和响应方式。在某种程度上，处理冲突的方式受我们成长的文化影响。下列模型从两个维度探讨了沟通风格与情绪表达风格。

（1）低语境 VS 高语境沟通风格。低语境用以处理冲突的言语明确性——即实话实说。高语境用以处理冲突的言语间接性、故事和非口头提示——即传达言外之意。

（2）情绪外露 VS 情绪内敛。情绪外露遇到冲突时体现情绪透明度——您看到和听到我的感受。情绪内敛遇到冲突时体现情绪控制——我表现出镇定（即使我内心情绪激动）。

表 22-2 是冲突型式网格，项目经理要求项目团队成员在纵轴和横轴从 1 到 10 各选择一个数字，这两个轴上的数字完美地反映了他们对冲突处理方法的感知。将全部团队结果输入此网格中。然后项目经理按照两轴上的分数将团队分成小组，项目经理利用四张白板，要求各小组研究其形式的正反两面并记录他们自身冲突管理方式的优劣。小组全体出席分享其正反两面，并作出反思。然后，各小组说明其在面对其他组形式时，他们喜欢什么以及发现的最具挑战性的问题。

表 22-2　　　　　　　　　　　　　冲突形式网格

		情感内敛					情感外露				
		1	2	3	4	5	6	7	8	9	10
低语境	1										
	2										
	3										
	4										
	5										
高语境	6										
	7										
	8										
	9										
	10										

讨论形式：情感内敛(1～5)且低语境(1～5)。盎格鲁文化更为典型，例如美国、澳大利亚和英国，以及斯堪的纳维亚和德国。

参与形式：情感外露(6～10)且低语境(1～5)。法国、希腊、意大利、西班牙、俄罗斯和以色列更为典型。

和解形式：情感内敛(1～5)且高语境(6～10)。在墨西哥、秘鲁、中国、日本、泰国、印度尼西亚和马来西亚更为典型。

动态形式：情感外露(6～10)且高语境(6～10)。在中东地区更为典型，例如埃及、黎巴嫩、沙特阿拉伯。

表 22-3 是一个冲突型式网格的实例。

表 22-3　　　　　　　　　　　　冲突型式网格实例

		情感内敛					情感外露				
		1	2	3	4	5	6	7	8	9	10
低语境	1										
	2										
	3		■	■		■					
	4										
	5		■					■	■		
高语境	6		■								
	7										
	8										
	9										
	10		■								

团队中大多数成员(灰色方格)认为自己具备讨论型式(直接沟通与控制好情绪)。只有一名团队成员自称具备和解型式，另外有两名成员具备参与型式。完成此活动，团队认识到

他们以前常常忽略了唯一的具备高语境偏好的成员发出的冲突信号。该成员最终承认,他发现两个参与型式成员"以敏感的方式质疑不同意见"。团队开始理解近期冲突的不同反应:他们拒绝第三方调解人的调解,并且认为客户故意不抓住问题的要点。

复习思考题

1. 国家文化差异分析理论有哪几种?并说说各自的侧重点。
2. 影响跨文化谈判的主要活动有哪些?
3. 跨国公司对其海外运作的人力资源管理主要有哪几种方法?
4. 结合自身的学习与工作实际,谈谈跨文化项目管理的困难之处,并举例阐述。
5. 按照自己的理解,谈谈跨文化项目管理成功的关键要素有哪些?

第 23 章 项目管理成熟度模型

23.1 项目管理成熟度模型概述

23.1.1 项目管理成熟度内涵

项目管理的关键是在规定的成本和时间内，开发和提交满足客户某些需求的产品。换言之，项目的三个基本目标是成本、进度和质量。

项目失败的原因可能有：不正确的估计、松散的需求管理、薄弱的项目管理、错误的风险管理以及糟糕的项目解决方案等。所有这些原因都可以归结为一种类型——"过程失败"。换言之，项目经常失败是因为项目过程不合适。而项目成功的一个关键因素，在于项目有一套合适的过程。如果项目执行重要的任务时采用了合适的过程，而且过程得到正确地执行，那么项目成功的可能性就会非常大。任何一个项目管理组织，总有自己的项目管理过程，这些过程可能是初级的、低效的，也可能是高效的，它们在成熟性方面存在差异。

项目管理过程成熟度（Project Management Process Mature）是项目管理过程改进的一个重要概念。它可以用来界定项目管理过程，得到清晰的定义、管理、测量、控制以及有效的程度。不成熟的项目组织，往往缺少判断项目质量或是解决项目过程问题的客观基础。因为项目质量难以保证，在项目进度滞后时，项目组织往往缩短或取消如评审和测试这些旨在提高项目质量和有效性的活动。而成熟的项目管理组织，在整个组织范围内具有管理项目管理过程和维护项目管理过程的能力，能够把项目管理过程准确无误地传达给老员工和新员工，因而工作的活动均依据规划好的过程开展。项目管理的过程已形成可以使用的文件，并与实际开展工作使用的方法协调一致，在必要时，可以将过程定义更新，并且通过试验和成本效益分析实现过程改进。整个项目管理组织广泛而积极地投入到过程改进活动。在整个项目执行过程中，组织从上到下与过程相关的所有角色及其职责都是明确的。

在成熟的项目管理组织中，管理者监控项目的质量以及项目管理过程，在判断项目的问题和项目管理过程的问题时，都有客观的、可量化的依据。因此，进度计划和预算的制订可基于过去项目的绩效数据，且项目的成本、进度、功能和质量通常与预期的结果一致。一般成熟的项目管理组织能够一贯地遵循规范化的项目管理过程，因为所有参与工作的项目团队成员都能理解这项工作的意义。

表 23-1 对不成熟的项目管理过程与成熟的项目管理过程进行了对比。

表 23-1　不成熟的项目管理过程与成熟的项目管理过程对比

对比方面	不成熟项目管理过程	成熟项目管理过程
角色与职责	□ 没有明确规定角色和职责 □ 每个人在做他认为要做的事 □ 常会发生重叠和不清楚的所属关系和责任	□ 角色与职责已有明确规定 □ 相互关系重叠 □ 有明确的目标和测量方法 □ 能够体现持续改进过程的机制
处理变更的方式	□ 每个人都按自己的想法做事	□ 人员遵循一个规划好的文件化过程 □ 可分享取得的经验
对发生问题的反应	□ 无秩序的混乱现象随时可见 □ "救火"方式解决问题的情况经常发生 □ 每个人都想当英雄	□ 根据已有的知识和专业规划对发生问题进行分析和处理
可靠性	□ 有时延迟交付产品或超出预算 □ 如有估算也不可能	□ 估算准确 □ 项目得到有效的控制和管理 □ 目标一般都能够达到
对工作人员的奖励	□ 奖励的对象是"救火队员" □ 如果你第一次就把事情做好了,那是你的本分,没有人理睬你;但是你若是把事情搞乱了,然后再去解决,你就成了英雄	□ 奖励那些生产高质量产品的团队,他们的产品既能满足需求又没有或少有失效 □ 奖励那些防火者而不是那些救火者
预见性	□ 质量不可把握,它依赖于个人 □ 进度和预算不能根据以往的经验确定	□ 项目的进度和项目的质量均可预见 □ 进度和预算可根据以往项目的经验确定,并且是符合实际的

23.1.2　项目管理成熟度模型的产生和发展

项目管理成熟度模型最早起源于软件开发评估领域。20 世纪 80 年代,美国联邦政府提出了对软件承包商的软件开发能力进行评估的要求。在 Mitre 公司的帮助下,1987 年 9 月,美国卡内基-梅隆大学软件工程研究所(Software Engineering Institute of Carnegie Mellon University,简称 CMU/SEI)发布了软件过程成熟度框架,并提供了软件过程评估和软件能力评价两种评估方法和软件成熟度提问单。这就是最早用于探索软件过程成熟度的一个工具,即 CMM。CMM 是英文 Capability Maturity Model 的简称,意为软件能力成熟度模型。CMM 的本质是项目管理过程的一个部分。1991 年,美国软件工程协会(SEI)自己总结了 CMM 成熟度框架和初版成熟度问卷的实践经验,并以此为基础推出 CMM1.0 版。CMM1.0 版试用 2 年之后,1992 年 4 月,SEI 举行了一次 CMM 研讨会,大约 200 名富有经验的软件专家参加了研讨会。SEI 在广泛听取他们的意见之后,又于 1993 年推出 CMM1.1 版。2000 年,SEI 发布了集成能力成熟度模型(Capability Maturity Model Integration,简称 CMMI);2002 年对其进行了更新;2006 年和 2009 年(简称 CMMI 发展[DEV])更关注于整合软件和系统工程;2007 年通过 CMMI-ACQ 模型突破了收购过程;2009 年,通过 CMMI-services[SVC]关注向组织提供服务,以此带来性能的改进、客户满意度的提高和整体盈利能力的提高。SEI 的模型被广泛应用于遍及全球的软件企业,帮助软件企业改进和优化管理,在提高软件开发水平和效率的同时提高产品的质量和可靠性,实现软件生产工程化。

北欧的国际项目管理协会成员国和澳大利亚等一些国家最早提出了项目管理成熟度模型(Project Management Maturity Model,简称 PMMM 或 PM3),用于研究和规划项目型社区(如高新技术企业聚集的地区)以及项目型社会。之后,多个组织或个人从项目管理的角度，参考 CMM 模型和项目管理知识体系（PMBOK），基于不同的标准和依据，提出多种项目管理成熟度模型，目前常见的模型已有 30 多种。

23.1.3 项目管理成熟度模型内涵

项目管理成熟度模型是对组织项目管理能力进行度量、评价、改进与提升的途径与方法，同时也为组织提供了一种提升项目管理能力的工具。

项目管理成熟度模型不是一个数学解析式或一个图标，而是一整套科学的体系和方法，也是一个组织项目管理能力从低级向高级发展、项目实施的成功率不断提高的过程的表征。借助项目管理成熟度模型，组织可找出其项目管理中存在的缺陷并识别出项目管理的薄弱环节，同时通过解决对项目管理水平改进至关重要的几个问题，来形成对项目管理的改进策略，从而稳步改善企业的项目管理水平，使企业的项目管理能力持续提高。

项目管理成熟度模型由以下三个基本部分组成，如图23-1 所示。

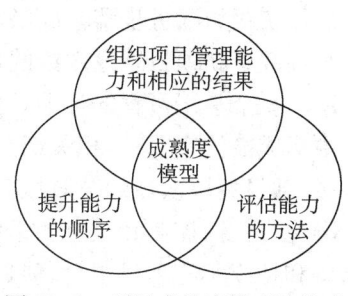

图 23-1　项目成熟度模型的构成

23.2 典型项目管理成熟度模型

项目管理成熟度模型不仅仅是理论，更是一套方法和工具，利用它们解决实际问题才是最终目的。企业往往需要通过权威的认证机构对其项目管理水平进行认证，以体现企业的经营实力和管理优势。同时，企业也需要借助一些方法体系有效地评估并提升自己的项目管理能力。本节简要介绍使用范围较广的"项目管理协会"的 OPM3 模型和科兹纳博士提出的项目管理成熟度模型（Project Management Maturity Model，简称 K-PM3 模型），以及其他几种比较著名的项目管理成熟度模型。

23.2.1 OPM3 模型

项目管理成熟度模型从 20 世纪 90 年代开始出现，1998 年"PMI 标准开发计划"在组织的项目管理成熟度模型标准上取得了重大进展，PMI 与几家公司一起为整个项目管理行业制订成熟度模型的指导方针，他们开始启动 OPM3 计划，并期望作为标准模型投入市场竞争。John Schlichter 担任 OPM3 计划的主管，并在全球招募了 100 多名来自不同的国家、不同的行业的志愿者，为 OPM3 计划带来了丰富的知识、经验和技巧。OPM3 于 2003 年 10 月完成，并与 PMBOK 的版本保持同步更新。

OPM3 是在 PMI 的单项目、项目集和项目组合几个标准的基础上建立起来的一个组织级项目管理成熟度模型，它为组织提供了一个成熟度改进模型，使组织通过采纳一种对单项目、项目集和项目组合进行管理的结构化方法，成功地执行其战略。这种结构化方法可以与组织的规模、行业类型和文化相互适应。

为了协助组织提升成熟度，以实现更好的业务成果，OPM3 使用时需要理解整个 OPM3 的环境，包括 OPM3 的架构——它展示了组成 OPM3 的所有要素。也应了解如何实施

OPM3 活动，即 OPM3 的运作过程。

1）架构及运作周期要素

OPM3 架构（图 23-2）描述了 OPM3 组件及其之间的关系，这些组件包括层次域、过程改进阶段、最佳实践、能力和成果。最佳实践，指目前公认的在一个特定行业或学科实现一个目标的最佳方法。OPM3 通过评估实际存在的最佳实践，度量组织级项目管理成熟度。当组织通过成功实施能力和项目成果证明成熟度时，该组织即实现了最佳实践。能力展示了人员、过程和技术的结合，使组织能够提供组织级项目管理。能力是引导达成一个或多个最佳实践的渐进步骤。成果是组织展示能力的结果，可能是有形的也可能是无形的，如项目管理政策和项目管理政策的口头承诺。层次域构成了 OPM3 最佳实践的基本维度空间，展示了三个基于过程的标准，这些标准充当了最佳实践的基础。当这些过程被集合到 OPM3 中形成最佳实践时，相关细节也同样被引入，包括项目和项目组合层次域的过程组和知识领域、项目集层次域的绩效域。过程改进阶段是 OPM3 应用质量组件，过程改进阶段包括标准化、度量、控制和改进。组织运行潜能是架构、文化、技术和人力资源实践，它们能成为支持和持续实施项目组合、项目集和项目中的最佳实践的杠杆。

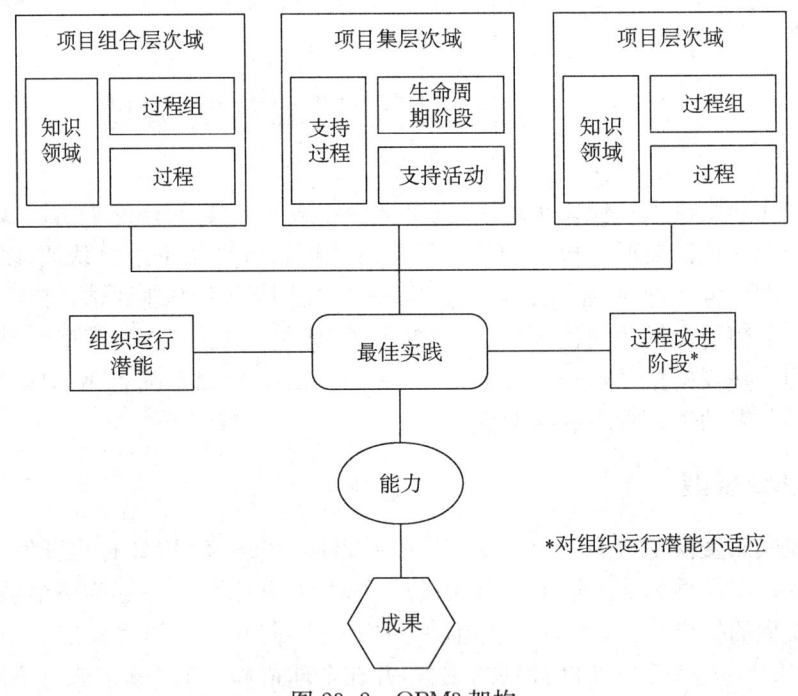

图 23-2　OPM3 架构

OPM3 运作周期要素是指实施一次 OPM3 活动所需过程的组合。OPM3 运作周期要素包括获取知识、实施评估和管理改进，如图 23-3 所示。

（1）获取知识是指干系人为 OPM3 活动获取 OPM3、组织、行业和机会的知识，主要包括理解 OPM、理解组织、评估变革准备状态三个过程。

（2）实施评估是评估领导者规划、执行和管理评估；编写分析数据和文档；展示结果。主要包括建立计划、定义范围、执行评估、发起变革四个过程。

（3）管理改进是改进领导者基于评估结果和组织业务成果的期望识别、选择和实施改

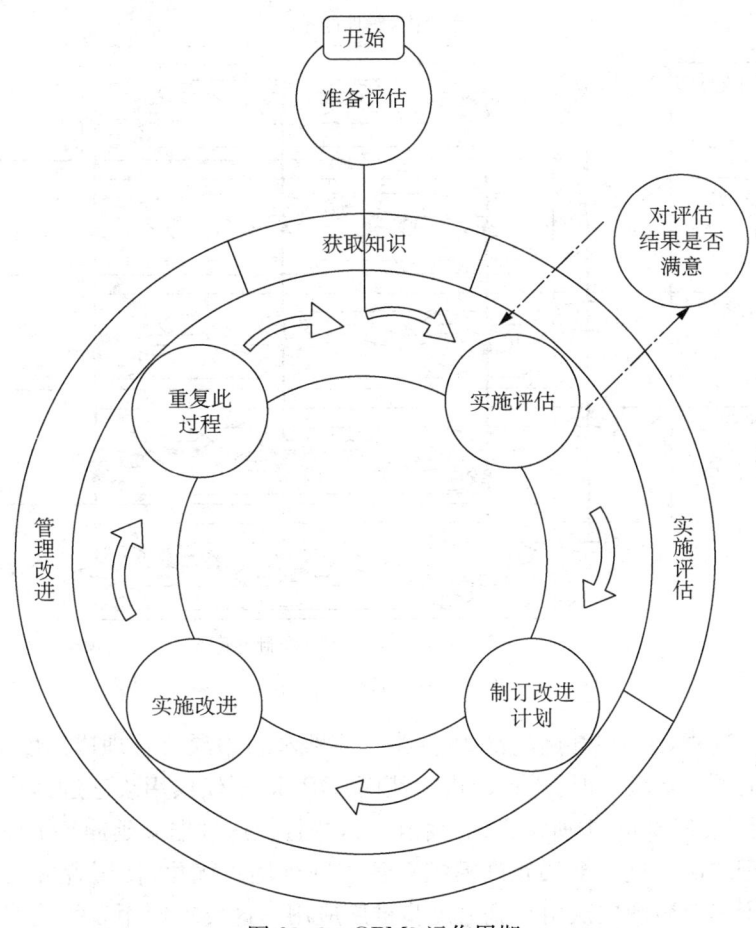

图 23-3　OPM3 运作周期

进活动,包括度量结果、制订建议、选择措施、实施改进和管理变革五个过程。

2) 三维模型

PMI 的组织级项目管理模型 OPM3 是一个三维的模型,第一维是过程改进的不同阶段(标准化、度量、控制或持续改进),第二维是组织项目管理的过程,第三维是组织项目管理的三个版图层次,具体如图 23-4 所示。

成熟度的四个梯级分别是:

① 标准化的(Standardizing);

② 可测量的(Measuring);

③ 可控制的(Controlling);

④ 持续改进的(Continuously Improving)。

组织项目管理过程包括项目和项目组合的过程组和知识领域,项目集的绩效域。具体知识领域、过程组、绩效域详见本书前面的章节。

组织项目管理的三个版图是单个项目管理(Project Management)、项目群管理(Program Management)和项目组合管理(Portfolio Management)。

OPM3 中每一种最佳实践在这个三维模型中都占据一个或多个位置。换言之,OPM3 告诉使用者一个最佳实践处于项目管理过程组的哪个位置,处于哪个版图,处于组织过程提

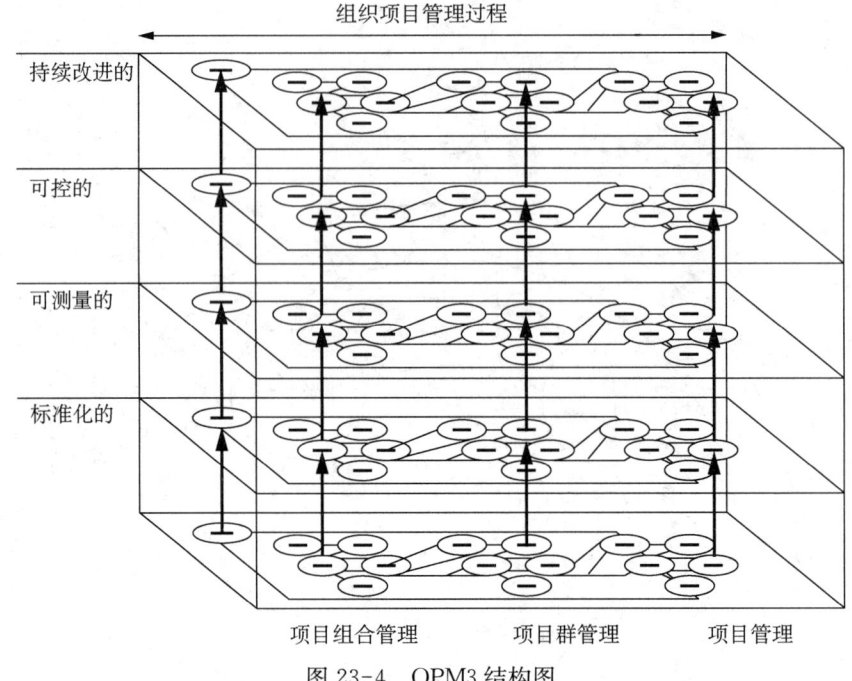

图 23-4 OPM3 结构图

高的哪个梯级。这样，组织就可以看出哪些最佳实践和组织项目管理成熟度最密切相关，组织处于成熟度的哪一等级，如何进行改进。然而，OPM3 不仅仅用改进过程梯级来构筑它的内容，它还使用了 PMBOK 中所定义的过程框架，并且把这种框架延伸到了项目组合和项目投资组合的管理层次。这个框架允许模型对管理进行逐步优化，使用者可以根据实际需要在组织项目管理三个版图层次由小到大逐步推广应用。这要求使用者须搞明白每个最佳实践在三个版图层次中逐层扩展的含意。

由于该项目管理成熟度模型的过程和内容，都与工程项目管理的内容吻合。因此，可以说，PMI 的项目管理成熟度模型是为工程项目管理量身设计的评估模型，在工程项目管理界具有十分广泛的应用前景。

23.2.2 K-PM3 模型

美国著名的项目管理大师哈罗德·科兹纳（Harold Kerzner）博士认为"如果缺乏某种形式的项目管理战略规划，至少在合理的时间框架内，不可能达到项目管理卓越的境地"。因此，科兹纳博士把企业的发展与项目管理的战略规划联系起来，并由此提出了 K-PM3 模型。该模型从企业的项目管理战略规划角度进行评估，具体分为五个梯次，如图 23-5 所示。

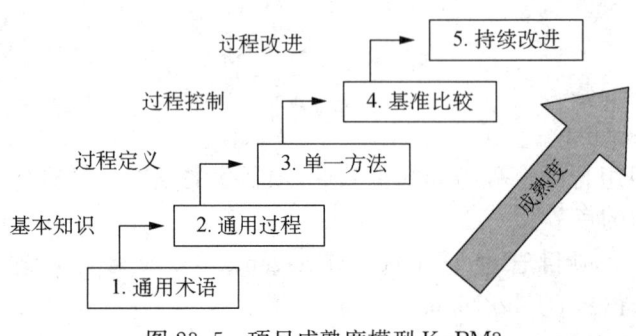

图 23-5 项目成熟度模型 K-PM3

科兹纳提出的项目成熟度模型

分为 5 个梯级。

（1）通用术语(Common Language)：在这一层次中，组织已了解项目管理的重要性，并需要进一步了解对项目管理基础知识以及相关的语言/术语。

（2）通用过程(Common Processes)：在这一层次中，组织认识到需要定义和建立通用过程，以便在一个项目成功之后还可以将该过程重复地用于其他许多个项目。这一层次还包括理解项目管理原则如何应用于并支持公司所用的其他方法。

（3）单一方法(Singular Methodology)：在这一层次中，组织认识到把公司所有方法结合成一个单一方法所产生的协同效应，其核心是项目管理。与使用多个方法相比，只用一个方法所产生的协同效应使得控制更加容易。

（4）基准比较(Benchmarking)：在这个层次上，组织认识到，为了保持竞争优势，过程改进是必要的。基准比较必须连续进行。公司必须决定以谁为基准点及需要比较什么。

（5）持续改进(Continuous Improvement)：在这一层次中，组织评估通过基准比较获得信息；然后决定这些信息是否能改进单一方法。

成熟度某些层次能够而且应该重叠，重叠的程度取决于组织愿意承受的风险大小。尽管重叠的确发生，但每个阶段完成的顺序不能改变。第一个层次与第二个层次的重叠：这种重叠能够发生。因为无论是在通用术语的精练过程中还是在培训过程中，组织都可开发项目管理通用过程。第三个层次与第四个层次的重叠：这种重叠发生是因为当组织还在开发单一方法的时候，用于改进方法过程的开发计划也正在编制中。第四个层次与第五个层次的重叠：当组织越来越赞成基准比较和持续改进时，组织想进行变革的速度可能会造成这两个层次有较大的重叠。从第五个层次到第四个层次和第三个层次的反馈，意味着这三个层次可以形成一个连续的改进环，而且，这三个层次都重叠在一起也是有可能的。

从不成熟到成熟的过程中，有一个关键的跃迁过程，即第二层次与第三个层次之间是不可重叠的。在实际的企业发展中，这个过程代表了企业项目管理制度的完善，各项规章制度的健全以及企业文化的形成。第四、五层次代表了企业项目管理的卓越。K-PM3 模型的另一个特征是重视风险管理。在第三层次，鉴于制订和实施一套通用方法的困难程度和耗时程度，组织的风险级别是最高的。

该模型分不同层次提出了若干自我评估题。针对第一层次，有 80 道类似 PMP 考试的选择题；针对第二层次，有 20 道评分题；针对第三层次，有 42 道选择题；针对第四层次，有 24 道评分题；针对第五层次，有 16 道评分题。评分根据企业的自我评估选出答案，对于每一个答案都提供了相应的得分，将这些得分相加得到总分，而这个总分就体现了企业现有的能力水平。得分在一定的分数段上，才表明企业达到了该成熟度层次。

通过在多个世界级的大型组织中进行实践，科兹纳博士的成熟度模型也在不断发展，其在 2005 年发布的新版本引入了对 PMO 的关注，2011 年又进行了更新，得到了行业的一致认可，并与项目管理知识体系指南(PMBOK)相协同。

23.2.3　其他项目管理成熟度模型

除 OPM3 和 K-PM3 这样极具代表性的模型，在管理界，还出现了许多其他关于项目组合、项目集和项目管理的成熟度模型。这些成熟度模型也在不断地发展与更新。

很多组织基于已有的发展基础进行完善创新。如，IPMA 提出的 IPMA Delta 模型，该模型是由 IPMA 的三个核心标准组成。其中 ICB(模型 I)用于选定人员的自我评估，IPMA 项目卓越模型(模型 P)用于选定项目的自我评估，最后 IPMA OCB(模型 O)用于评估组织项目管理能力。总而言之，IPMA Delta 三个模块的评估，为项目管理水平提供了一个较全面的观点。IPMA Delta 的评估结果用于确定当前的项目管理成熟度水平，并分析该水平与设定目标水平的差距，推动组织项目、项目集、项目组合管理能力的提升，也可以用于制订组织各方面长期发展的战略和计划。与其他项目管理成熟度模型类似，IPMA Delta 定义了五个能力等级，分别是初始级、已定义级、标准化级、已管理级和优化级。

英国商务部(OGC)也在积极开发项目管理成熟度模型，将其作为 PRINCE2(受控环境中的项目管理)方法论中的一部分。2006 年首次发布项目组合、项目集和项目管理成熟度模型(P3M3)，并于 2008 年和 2010 年进行了完善更新。这一模型也遵循以 CMM 架构为基础的 5 级阶段法。这一模型着重于识别当前的组织能力，促使组织当前能力与期望能力对比，确定需要进行的改进。不同的是 OGC 有意识地将 P3M3 设计为彼此之间不存在内部依赖关系的模型，便于评估独立进行。三个模型分别包含管理控制、收益管理、财务管理、干系人参与、风险管理、组织治理和资源管理七个方面，可以在每一级使用 OGC 的自我评估工具进行评估。每一个方面均有不同属性，且有恰当的专用名称和通用名称。

此外，还有一些其他类型的项目管理成熟度模型，具体如下：

（1）美国 KLR 咨询公司开发的 KLR-PM3；

（2）美国顶石计划与控制公司(Capstone Planning & Control，Inc)开发的 Ca-PM3；

（3）美国微构技术公司（Micro-Frame Technologies）和项目管理技术公司（PM Technologies，Inc.)开发的 MF-PM3；

（4）澳大利亚克纳谱和摩尔私人有限公司开发的 KM-PM3。

由于国际上对于权威机构专业认证要求的呼声越来越大，市场对于企业项目管理的成熟度越来越重视，项目管理成熟度模型的运用已经越来越广泛，在建筑行业、IT 行业的项目管理中起到了重要的作用。企业项目管理成熟度的评估和提升，无疑是企业谋求进一步发展的必经之路。同时，随着信息化时代的发展，数据收集、分析与储存进展迅速，促进了组织使用项目成熟度模型进行评估，突破原有定性定量方面的限制，实现对项目管理成熟度的评估不仅依靠文件这一类结构化的数据，还可以利用非结构化数据。大数据时代下，项目管理成熟度模型使用更加科学有效，也使成熟度提升改进的方式更加多元。

23.3 项目管理成熟度改进与模型构建

23.3.1 项目管理成熟度改进

项目管理成熟度模型的重要用途是找出自身管理水平与相应等级的差距并实施改进。要提升成熟度就必须进行改进，项目管理成熟度的提高无法一蹴而就，它是个循序渐进的过程，需要不断地评估与改进。不同的组织对于项目管理成熟度改进的描述有所差异。本节接下来主要介绍 OPM3、CMM、K-PM3 的成熟度改进过程。

1）OPM3 管理改进

OPM3 的运作过程包含获取知识、实施评估、管理改进三个要素，管理改进是基于评估结果和组织业务成果的期望、识别选择和实施改进活动。OPM3 的实践者将管理改进运作周期划分为五个分离且不一定按顺序的过程组成，分别是制订建议、选择措施、实施改进、度量结果和管理变革。

（1）制订建议：首先是使用 OPM3 的组织利用实施评估后的结果以及适当的技术来制订建议，需要阐明改进什么、为什么要进行改进，以及改进需要投入什么。

（2）选择措施：该过程列出实施改进的一系列措施，将相关最佳实践分组以满足改进目标的实现。

（3）实施改进：该过程将已选择的措施转化为相应的计划来执行，以获得更好的业务成果。

（4）度量结果：该过程关注与改进目标相关的整体状况和进展的监控与度量，收集整合各项措施的相关数据。

（5）管理变革：最后的管理变革是综合促进和阻碍改进的组织信息，包括结构、过程、工具、技能及文化等方面。

2）SEI 的 IDEAL 模型

类似地，美国软件工程学会（SEI）也开发和总结了一种全面完整的成熟度改进方法——IDEAL 模型。IDEAL 分别由启动(Initiating)、诊断（Diagnosing）、建立（Establishing）、行动（Acting）和提高（Learning）五个单词的首字母组成，分别代表了项目管理过程改进的五个阶段，如图 23-6 所示。

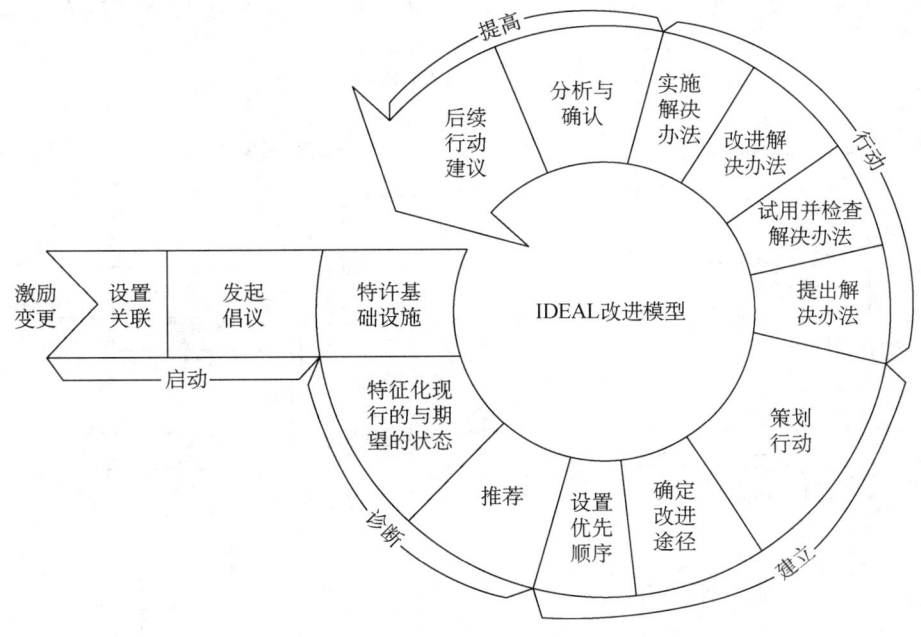

图 23-6　IDEAL 模型

3）K-PM3 的循环圈

K-PM3 认为项目的成熟是一个永无休止的循环圈，意味着项目管理成熟度模型的第

三、四、五层次不断重复。要在竞争中保持不败,有需要对项目管理方法进行持续的改进。持续改进的领域包括:现有过程的改进,综合过程的改进,管理问题的改进,行为问题的改进,基准比较的改进。具体的十个有效做法有:开发有效的程序文件;采用成功的项目管理方法;认识到持续改进的重要性;根据现实水平作出能力规划;用能力模型代替工作描述;合理有效地管理多项目;召开项目阶段结束评审会;项目的战略性选择;项目的投资组合选择;横向负责。

23.3.2 项目管理成熟度模型的构建

现在已有的项目管理成熟度模型版本很多,从中选择一种模型是一种构架项目管理能力持续改进机制的有效途径。一个组织也可以自行设计构建项目管理成熟度模型,但首先需要理解成熟度模型的基本原理。

1) 基本原理

现有的成熟度模型在开发目的、主要用途、内部结构和构成要素方面存在着共同的基本原理。

(1) 目的:建立项目管理成熟度模型的目的是提供项目管理能力度量、评价的途径和方法;提供项目管理能力改进和提升的途径和方法。

(2) 用途:项目管理成熟度模型的实际用途主要有:①用于判断组织的管理能力水平能否承担某一特定项目;②找出组织自身管理能力与相应能力等级的差距并实施改进,提升自身管理能力水平;③为新建组织或现存组织设定能力水平的目标。

(3) 结构与要素:项目管理成熟度模型通常由"领域"和"能力"两个部分组成(图23-7),其中"领域"确定了衡量项目管理成熟度的维度。由于目前大多数项目管理成熟度模型是针

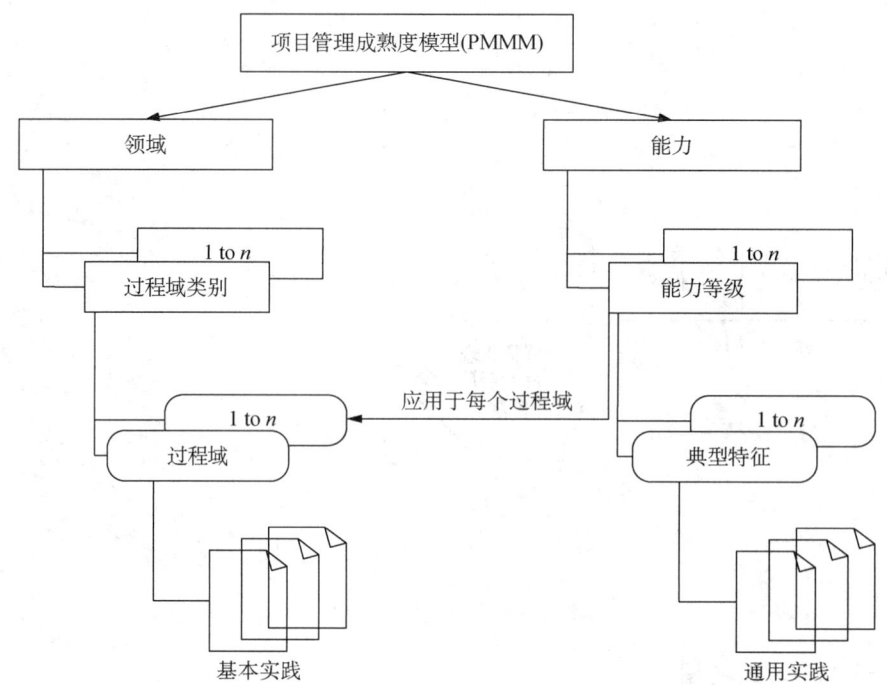

图 23-7　PMMM 的基本结构

对"过程能力"成熟度的评价,因此引入"过程域"的概念,即定义好的项目管理过程。当这一组过程发生时,就能实现某一特定的目标。"能力"部分定义了不同项目管理能力成熟度水平应该达到的基本要求,因而首先应该定义项目管理成熟度"能力等级",每一个能力等级又通过一些"典型特征"来定义该级别应达到的基本要求。通常具体化为"通用实践",通用实践通常是在大量实践基础上总结提炼出来的,被认为是应该做的活动或比较有效的做法,在成熟度模型中作为应该达到的要求或努力的方向。"领域"部分所定义的每一个过程域与"能力"部分所定义的各个能力等级相对应,通过比较、衡量可以确定某一过程域位于哪一个能力等级。如果所定义的某个级别相应的全部关键过程域均达到了相应级别的要求,则认定组织的项目管理成熟度达到了该级别。尚未达到要求的过程域,是需要改进的方面。

(4) 实质:应用项目管理成熟度模型开展能力评价与改进的过程,实质上是一个类似基准比较(标杆对照)的过程。所以,构建和选择项目管理成熟度模型时,根据组织自身情况选择或设定不同的"基准",确定相应适用的"过程域"和"能力"定义。

2) 构建实例

以神州项目成熟度模型为例,该模型是组织多项目管理环境下的项目管理成熟度模型,由组织级项目管理成熟度模型(SZ-PMMM-O)和项目级项目管理成熟度模型(SZ-PMMM-P)组成,如图 23-8 所示。图形下半部分的梯形立方体代表组织级模型,梯形界面表示组织级项目管理成熟度等级的提升。梯形立方块在垂直方向上又分两层,上层代表理念、文化等软实力,下层代表组织、过程、人员等硬实力。图形上半部分代表项目级项目管理成熟度模型,

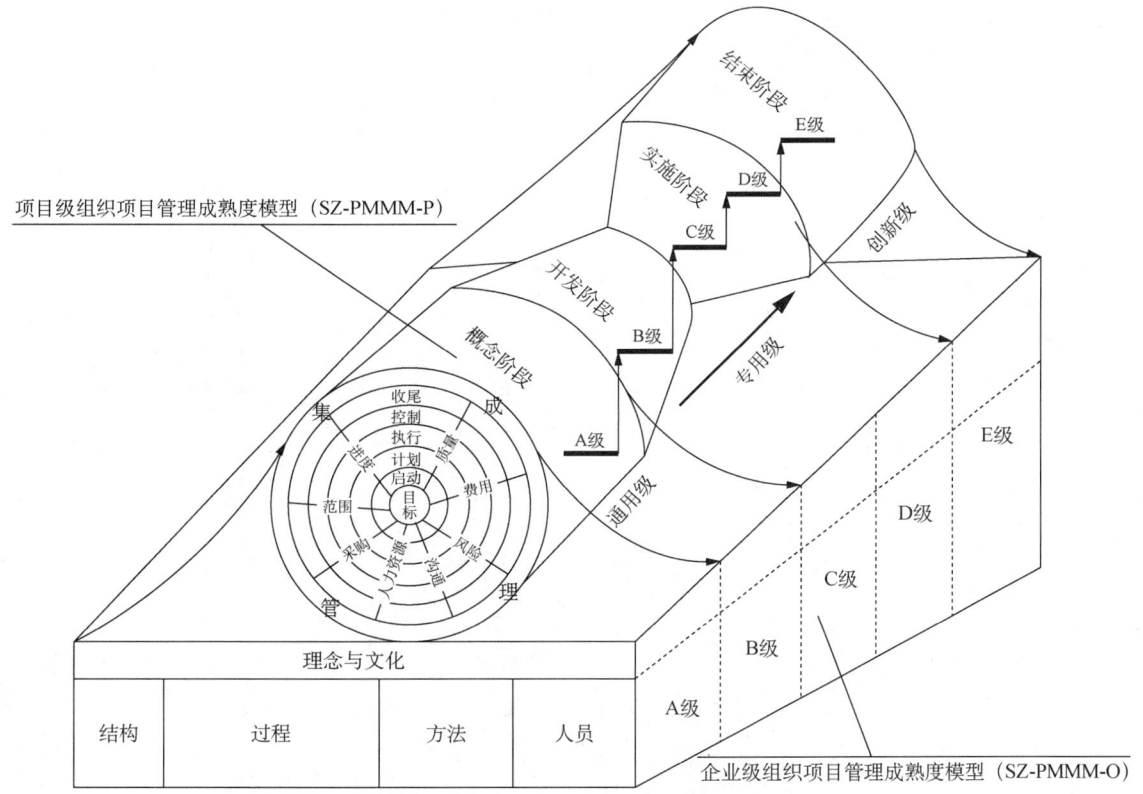

图 23-8 神州项目成熟度模型

由外向里推进代表着成熟度改进提升。圆环截面上标识了项目级项目管理能力的关键过程域，包括管理知识领域和过程组。上面的立方体与下方的梯形立方体之间通过上下箭线关联为一体，说明了组织级项目管理能力奠定了项目级项目管理能力的基础，且组织级项目管理能力的提升会直接影响项目级项目管理能力。同时，项目级管理能力在实践中提升也会促进组织级管理能力的提升。

复习思考题

1. 阐述项目管理成熟度模型的原理及基本结构。
2. 解释 OPM3 的构架及运行。
3. 简述项目管理成熟度如何改进。

第六篇
案 例 篇

第 24 章 案 例

24.1 案例 1 National 公司组织案例

"Don,项目管理是处理这类项目的惟一方法,我们不能冒着 4 000 万美元的风险而不用这个方法。"

"听着,Jeff,你的毛病就是,以为自己听听象牙塔里教授的讲座,就是个专家了。我已经从事这个行当 40 多年了,知道该如何处理工作——它可不是靠项目管理。"

1) 案例背景

Jeff 是个注册职业工程师,在拿到了机械工程师的学位后在 National 公司工作,到了公司后他就被分配到工程部。后来,他意识到需要了解更多的统计学知识,就到当地的大学攻读硕士。当他就要完成科学硕士学位时,公司派他到爱尔兰的一家分公司建立工程部。3 年后,他成功完成工作,回到公司总部,并晋升为首席工程师。Jeff 管理的部门增加到 80 名工程师和技术人员。考虑到将有大量的时间用于管理,他认为学校开设的 MBA 是很有必要的,所以在附近的大学里参加了一个 MBA 培训教程。当这个项目开始时,Jeff 即将结束他的 MBA 课程。

National 公司是一家大型跨国企业,每年的销售额约 6 亿美元,在全球范围内有 800 名员工,专为汽车和飞机制造商生产专用机器、零配件和工具。公司有 100 多年的历史,一直很成功,并且不断赢利。National 公司按照机器、零配件和工具生产划分组织部门,每一个部门都作为一个利润中心(图 24-1)。

Jeff 被分配到工具事业部。National 公司工具部大量生产常规工具和特殊工具,特殊工

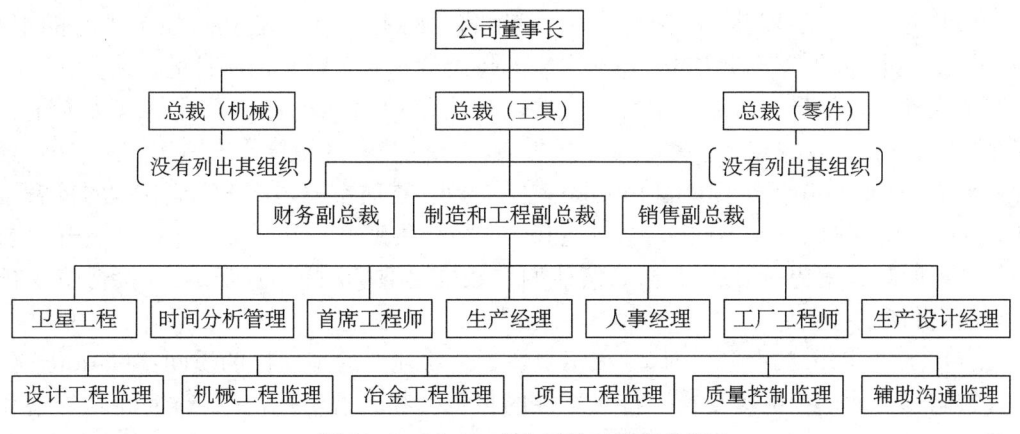

图 24-1 National 公司的工具事业部

具只占常规工具的10%；但在过去的5年中，其份额由5%上升到现在的10%，只有与常规工具类似的特殊工具的订单才会被接受。

National公司通过遍布全美的3 000多家经销商销售产品。此外，还雇有200多名销售代表与各个经销商联系，召开产品研讨会。

公司采用传统的项目分配方法。由Jeff领导的工程部主要负责购买资本设备和选择产品制造中使用的生产方法，并掌握项目任务评估，购买新机床，安排新产品生产。Jeff将不同项目分配给适当的部门，在项目工程师的指导下，完成项目。

项目工程师与所有向副总裁汇报的部门一起工作，包括生产、人事、工程、产品设计（项目工程市场与销售的联系）和时间分析。项目工程师选择新机器的地点并且为生产操作设计指令，这可看做工作关系的一个例子。工程师起草了新作业说明书，并选择合适的人操作新机器。项目工程师帮助工厂工程部把机器移动到合适的地方，并指导安装和提供所需的服务（空气、水、电和天然气等）。项目工程师与生产设计部门密切配合很重要，它会促进未来要销售的产品的设计。许多时候，产品设计部往往空有雄心抱负，设计的产品无法经济化生产。在解决这类问题时，各部门间的协调十分关键。

在新机器安装后，要选择操作人员并准备投入生产，在项目工程师的帮助下进行时间分析，建立激励机制。

生产经常无法达到客户的要求。在这种情况下，项目工程师与产品设计部门和销售部门沟通（后者负责与客户沟通）。然后，将这一沟通顺序反过来，项目工程师就得到答案。根据问题数量的多少，整个过程可能需要四五个星期。

公司成立后，工程部在时间分析、生产、产品设计和其他方面几乎没有任何权利。项目工程师得到这些部门信赖的惟一途径，是通过说服的方法或通过首席工程师联系制造部和工程部副总裁。如果该工程师有说服力，那么副总裁就会听取建议，要求有关经理去做该做的事情。

2）倒霉的项目

Jeff，National公司的首席工程师，飞往南加州的一个工具厂。这家工厂的经理Ben Ehlke，要购买一台价值25万美元的数控机床。在征得Jeff的同意时，他有很多疑问并希望进行面对面的交流。

这家南加州工厂为航空业提供产品，其中在一家航空公司的销售额占其总销售额的90%。Jeff最关心的是Ehlke的销售目标，该销售目标是为什么建立新加工中心的理由。Ehlke指出，该目标是基于该航空公司在未来5年内的预计采购量而制订的。

鉴于这种预计是建立新加工中心很重要的理由，Jeff建议与航空公司的有关人士召开座谈会，商讨项目开发的相关事宜。由于地方National公司的销售代表因病无法出席，分销商的销售员Jack White陪同Jeff和Ehlke参加会议。在航空公司（APC），APC的首席工具采购员Tom kelly被告知Jeff出席会议。Jeff在接待员那儿得知，Tom想在他离开之前见他一面。当回顾了销售项目后，Jeff确信他们的数据是真实可信的，于是，让接待员安排他和Tom的会谈。

当Jeff走进Tom的办公室时，导火索引燃了。欢迎他的是这样的质问："National公司出了什么问题？他们拒绝接受这一特殊零件的报价。我们寄给他们图纸，询问其价格和交付方式，并向其表明这会是个很可观的订单，然而他们拒绝了我，说没有完成此业务的能力。

我知道 National 公司是这一领域的老大，可以生产这种零件。你们销售部出了什么问题？"

这一切对 Jeff 来说太突然了。分销商的销售人员知道这一情况，但从未告诉过他。Jeff 看着零件图纸问："你们说的业务是哪一方面？"Tom 眼都不眨地说："每年 4 000 万美元。"

Jeff 清楚 National 公司有生产这种零件的专家，并且只需要增加一台机器（一台价值 2 万美元的压力机）就可满足全部生产能力。Jeff 也意识到自己正处于一个两难境地。National 公司的销售代表不在这儿，他当然不能对销售发表什么评论。但是，不能轻易丢掉一个每年 4 000 万美元的订单。Tom 表明只要 National 公司愿意接受这一项目，那么完成 90％的订单也可以。Jeff 向 Tom 表示，他会将这一信息带回去，与负责销售、制造和工程的副总裁商量，销售副总裁会与他联系。

在返程途中，Jeff 回顾了他与 Tom 会面的情况。为什么公司的销售副总裁 Bob Jones 会拒绝这一报价？难道他不知道会有 4 000 万美元的订单？尽管 Jeff 并不负责销售，但他决定尽力为公司争到这份订单。当天晚上，Jack 从加州给 Jeff 打电话说，他在 Jeff 离开后与 Tom 交谈过，并告诉 Tom 如果有人可以完成这项工作，那个人一定是 Jeff。Jeff 建议 Jack 通知 Tom 进行有关这一项目的进一步讨论。

第二天早上，当 Jeff 刚想查看下邮件时，Bob 就暴跳如雷地走进他的办公室。"你以为你是谁？可以在没有一个销售代表出席的情况下，为公司接受订单？你知道吗？所有与客户的沟通都要通过销售部门！"

Jeff 回答道："让我来解释究竟发生了什么吧。"

当 Jeff 解释完后，Bob 说："Jeff，我听到了你的解释，但不管在什么样的情况下，与客户的沟通必须通过正当的渠道。"

与 Bob 交谈结束后，Jeff 去见他的上司 Wolinski。他告诉 Wolinski 所发生的事情，然后说："我已仔细考虑过这个项目，Bob 也同意接受这项工作。但是，如果我们按照正常的渠道进行，就会耽搁很长的时间并出现问题。在这个项目的不同阶段，客户会有许多问题和变动，并要求不断的升级。我们先前的系统不允许这些发生。执行这个项目需要所有部门的协作，只有各部门在同一系统下工作，才有可能完成。我们需要的是项目管理，不采用这一方法，就无法统率整个项目，我们就无法完成工作。"

Wolinski 看着窗外说："许多年来，我们用传统方法成功地完成了项目工作。我向你保证，我们不必担心这样规模的订单，即使是 1 亿美元的订单，我也看不出有什么变化的必要。"

"Don，项目管理是处理这类项目的惟一方法。不采用这种方法，我们无法承受 4 000 万美元的风险。"

"听着，Jeff，你的毛病就是，以为自己听听象牙塔里教授的讲座，就是个专家了。我已经从事这个行当 40 多年了，知道该如何处理工作——它可不是靠项目管理。我将召集所有有关部门经理开会，然后就开始工作。"

当天下午，Jeff 和其他 5 个部门的经理被召集到 Wolinski 的办公室开会。Wolinski 总结情况，并让 Jeff 负责决定制造方法和相关的制造成本。当然，制造方法取决于产品设计部门的设计。Wolinski 任命 Jeff 和产品设计部经理 Waldo Novak 为项目的共同主管，他还提到，这个项目仍沿用以往通过产品设计经理进行销售沟通的常规渠道。

项目开始了。Jeff 花费大量时间去澄清客户提交的图纸，所有的沟通是通过 Waldo 进行的。在新建生产线前，要回答有关图纸的大量问题。客户非常迫切地想得到定价，因为他们的管理者要在8个星期内选择供应商。由于沟通的拖延，已经耽误了一个星期。Wolinski 决定，为加快报价过程，指派 Jeff 和 Waldo 和销售总裁 Bob 一起去会见客户。在 APC 开的会议有效地澄清了很多问题。Jeff 返回后，开始安排此零件的生产线。他任命了两个最富创新精神的机械师和工程师，对各种不同的制造方法单独测试，最终从测试结果中选择用于这一订单的生产线。8个星期已过去了2个星期，Jeff 还比较满意。然而这时，Waldo 却打来电话。

"Jeff，我认为如果我们改变零件的后部设计，就可以增加其长度。事实上，我已经让我的部下考虑这一方案，并付诸实施了，看来效果不错。"

就在这时，Wolinski 忽然冲进了 Jeff 的办公室，说销售部已经答应在2个星期内向 APC 公司寄出100件零件样品。Jeff 大怒，产品设计正在改变，而销售部承诺交付的样品，至今还没有人见过它的模样。

不必再说什么了，接下去的几天漫长而苦闷。Jeff 和 Waldo 用3天的时间解决设计线的问题。Wolinski 不提出任何的意见，只是一味地催促。在第三个星期结束时，解决了设计问题，报价也准备好了，并发给了客户。APC 公司在没有检测100件样品的情况下接受了报价。

第四个星期开始，Jeff 拿着行程安排找到生产经理 Charlie Henry，告诉他，在星期五之前，需要100个零件。Charlie 看着行程安排，说："我最早也要2个星期交货。"

讨论了1个小时后，两位经理同意去见 Wolinski。Wolinski 说他要检查销售情况，希望延长1个星期。销售部让分销商的销售人员请求推迟。Jack 确信那没问题，没有确认增加1星期是否可行，就答复了 Bob。

100件产品在3个星期后（不是2个星期）发出。这意味着已经过去6个星期，只剩下2周时间了。检查部门在第七个星期的周一接到样品，并立即通知他们样品不合格。Tom 很郁闷，他指望着 National 公司能够提供这些零件。Tom 也接到了其他4个公司的报价和样品：价格相近，却符合规格。然而尽管 National 公司的不合格，但视觉效果比较好。Tom 提醒 Bob 在签订合同之前只剩9天时间了。这意味着，100件样品要在9天内完成。Bob 立即通知 Wolinski，Wolinski 同意让员工在9天内完成。

工具在11天后寄出，比客户与其他3家公司签约晚了两天。Tom 对 National 公司的表现非常失望，但告诉 Bob 明年还会考虑 National 公司，至少考虑一部分。

当 Jeff 从 Waldo 那儿得知公司失去订单后，他返回办公室，关上门，静静思考了几个小时。由于缺乏沟通，没有统一的优先权，浪费了大量的时间，事实上这都是没有项目经理的缘故。"我想知道 Wolinski 是否从中吸取教训，也许没有吧。这个项目至少可以为公司带来600万美元的利润，一切都是因为没有采用项目管理。"Jeff 认为这项工作彻底把他激醒了，一定要让 Wolinski 和其他人认识到项目管理的优势。尽管 Wolinski 在两年前参加过一个为期一天的研讨会，但 Jeff 仍决定明年的目标之一是建议他了解更多的有关项目管理的知识。Jeff 认为要继续保持较高的利润，就必须采用项目管理。

电话铃响了，是 Wolinski。他说："Jeff，你有时间到我办公室来一下吗？我想与你谈一下有关你几个月前提到的项目管理的可行性问题。"

3）案例分析

案例中项目的失败很大程度上是因为该组织采用传统的管理方法，面对规模庞大的项目,传统方法的劣势明显,导致公司内部沟通效率低下,各部门协作程度低,缺乏统一的优先权。在这种情形下,National 公司应采用项目型组织,运用现代项目管理技术实施项目。

本案对应章节及知识点如表 24-1 所示。

表 24-1　　　　　　　　　　　案例对应章节及知识点

案例内容	对应章节	知识点
• 公司采用传统的项目分配方法	3.2 项目组织结构	——项目组织结构的设计 • 职能型组织结构
• Jeff 提议项目管理方式处理这类项目	3.2 项目组织结构	——项目组织结构的设计 • 项目型组织结构
• National 公司失去订单的原因	3.2 项目组织结构	——不同组织结构的比较 • 职能型与项目型组织结构的优缺点比较

24.2　案例 2 Multi project 公司案例

Multi Project 公司是一家拥有 400 名员工的咨询公司。这家公司有良好的信誉,近 30% 的业务来自老客户。考虑到将来的业务,它将客户目标瞄向成长中的公司,并且获得巨大的收获。由于业务的扩大,一些事情变得很紧迫,员工要尽力完成工作,让老客户满意,还要满足新客户的要求。Multi Project 公司一直在招聘人员,事实上,在过去 2 年里,员工已从 300 人增加到 400 人。

Multi Project 公司采用矩阵型组织结构,有了新项目后,就任命一名项目经理。根据项目规模,一个项目经理可能同时有好几个项目。项目价值从 2 万~100 万美元,期限一般为 1 个月至 2 年。绝大多数项目期限是 6 个月,价值约 60 万~80 万美元。公司提供一系列的咨询服务,包括市场研究、设计生产制造系统、招聘人员等。客户是一些大、中型组织,包括银行、生产企业和政府机构。

1) 案例背景

一天,Multi Project 公司接到 Growin 公司的电话,同意启动 Multi Project 公司 6 个月前提出的一个项目。这个消息令 Multi Project 公司的股东们感到意外,他们本以为这个项目已经没希望了。另外,他们也非常渴望能与 Growin 这个迅速壮大的公司进行合作。Multi Project 公司很有可能将来为 Growin 公司再完成几个大项目。

杰夫·阿姆斯特朗(Jeff Armstrong)被任命为项目经理,负责 Growin 公司的项目。他于一年前加入 Multi Project 公司,一直急于管理一个意义重大的项目。Growin 公司项目的计划报告就是由他完成的。

泰勒·博尼拉(Tyler Bonilla)是一个高级系统工程师,已经在 Multi Project 公司工作了 8 年,很多老客户都要求在他们的项目中要有他的参与。尽管非常忙,他还是干得很起劲。他目前正专职为一家老客户 Goodold 公司的项目工作。Goodold 说,他们不选择另一家咨询公司,而是与 Multi Project 公司合作的原因之一,就是因为泰勒在他们项目中的出色表现。

詹妮弗·弗尔南德斯(Jennifer Fernandez)是系统工程经理,在 Multi Project 公司已经工作了 15 年了。她是泰勒的直接领导,但由于泰勒工作任务繁重,经常出差,除了每月的员工会议,两人很少见面。

负责 Goodold 公司项目的经理是朱丽·卡普里奥罗(Julie Capriolo),她在 Multi Project 公司工作了 2 年。泰勒被分配到她的项目中专职工作。这个项目时间很紧,每天都要加班。朱丽的工作压力很大,幸好她有一个不错的项目团队,泰勒更是得力的助手。她曾听朋友说杰夫很爱面子,会不惜一切使自己出色。朱丽对此并未在意,因为她与杰夫有各自的项目,很少打交道。

在杰夫被任命为 Growin 公司项目的经理当天,他在走廊碰见了泰勒。他告诉泰勒:"我们争取到了 Growin 公司的项目!"

"很好。"泰勒回应道。

杰夫接着说:"你也知道,他们之所以把这个项目给了我们而不是其他咨询公司,一个主要原因是我们允诺要由你负责这个项目的系统工作。泰勒,当我们提出计划报告时,他们对你的印象很深。你认为什么时候可以开始在这个项目中工作?"

"很不巧,我帮不上忙。我在 Goodold 项目中脱不开身,事情确实很忙,我还得在这个项目中再工作 4 个月。"泰勒说。

"不行!"杰夫嚷道:"Growin 公司的这个项目对我——我是说对我们——太重要了,我要做好这个项目。"

"那么你最好去找詹妮弗。"

杰夫到了詹妮弗的办公室。詹妮弗正忙着,但他打断了她:"我要让泰勒参加我的 Growin 项目,他想参加,但告诉我应该先与你谈谈。"

詹妮弗说:"不可能,未来 4 个月的时间他已经被分配在朱丽的 Goodold 项目中工作。"

"朱丽?她是谁?我不管,我要找她解决这个事情。你最好给她的项目分配其他人员。"杰夫边说边冲出办公室,找朱丽去了。

詹妮弗喊道:"这由我决定,不是你或朱丽说了算!"但这时杰夫已不见了,没听到她的话。

朱丽正在会谈室里与她的项目团队开会。杰夫敲开了门,问:

"这里是有个叫朱丽的吗?"

"我是朱丽。"她回答。

"我要尽快与你谈一谈,非常重要,噢,顺便抱歉打扰。"泰勒也正在开会,杰夫看到他,说:"嗨,泰勒,等我与朱丽谈完后,就找你,老兄。"说完便关上门回去了。朱丽对此很是恼火。

散会后,朱丽打电话给杰夫:"我是朱丽,你这么着急与我谈什么?"

"要把泰勒调到我的项目中来。他也愿意,我已经与詹妮弗谈过了。"杰夫说。

"不可能,他对 Goodold 项目很重要。"朱丽拒绝道。

"实在抱歉,但如果 Growin 的项目成功了,我们就能从那儿获得更多的业务,绝对要比 Goodold 公司的多。"

"已经六点多了,我需要离开一个星期。我一回来就会与詹尼弗讨论这个事。"朱丽打断了他的话。

"好吧,随便你。"杰夫答道。

第二天,杰夫召集詹妮弗和泰勒开会,他首先宣布:

"这次会议是要确定泰勒开始参加 Growin 项目的时间,以及你(看着詹妮弗)什么时候能派人接替他在 Goodold 项目中的工作。"

詹妮弗说:"我认为朱丽应该参加这次讨论。"

"她来不了,她要出差一个星期,而我们需要马上着手启动 Growin 的项目。我们要准备好下周与他们的会议。没错吧,泰勒?"

"嗯,既然你问起来,我就说明吧,我对 Goodold 项目的工作已经厌倦,我学不到任何新东西。我是说,Goodold 项目工作没错,但我想变一变。"泰勒回答道。

詹妮弗感到很惊讶:"你从来没向我提起过这些,泰勒。"

杰夫说:"好了,我认为这个问题已经解决了。詹妮弗,你给 Goodold 项目再分配一位更感兴趣的人。朱丽回来后,跟她说一声。同时,我和我的伙伴泰勒要做许多事情。安排好下周与 Growin 公司的会议。"

2)案例分析

Multi Project 公司采用的是矩阵型组织结构,矩阵中的成员接受原部门负责人和项目经理的双重领导。采用这种组织形式的优势在于只要时间上不与其他项目冲突,项目经理通过职能经理有权调用公司资源,平衡资源使用以提升效率。但是缺点在于项目组织中的成员既要接受项目经理的领导,又要接受原职能部门的领导,当领导双方意见不一致时,项目成员便无所适从。

此外,各个项目可能在同一个职能部门中争夺资源,当难以确定管理项目的优先顺序时,就难免顾此失彼。所以在矩阵型组织结构中,必须加强项目经理同项目负责人之间的沟通,矩阵式组织的复杂性也会造成信息沟通量膨胀和沟通渠道复杂化,因此也必须明确划分组织的层次、职责、权限。

本案对应章节及知识点如表 24-2 所示。

表 24-2　　　　　　　　　　案例对应章节及知识点

案例内容	对应章节	知识点
• Multi Project 公司的矩阵型组织结构	3.2 项目组织结构	——项目组织结构的基本模式 • 矩阵型组织结构
• Growin 公司项目承接过程中组织成员之间的矛盾	3.2 项目组织分工	• 矩阵型组织结构的缺点 ——不同组织结构的比较

24.3　案例 3 国际合作双频微波辐射计研制项目进度管理

随着中国航天事业的发展,航天微波遥感技术也日臻成熟,微波遥感器作为卫星上的产品首次实现了国际合作。国际合作的双频微波辐射计项目是我国微波遥感器作为国外卫星的主荷载第一次出口,由中科院空间中心与合作方的某大学联合研制。该项目的研制体现了我国作为航天大国在微波遥感领域的最高技术水平,意义重大,对项目研制的管理也是一次挑战。

微波遥感技术实验室引入了项目管理的理念,在确保项目质量,确保飞行成功的前提下对资源和进度进行有效管控。本案例将主要介绍微波遥感器研制项目进度管理中的理念、技术与经验。

1）案例背景

微波遥感器研制项目的研发周期分为方案设计、初样研制、正样研制及在轨运行四个阶段,每一阶段可被视为一个子项目进行管理。从卫星总体的进度安排来看,研制工作始于 2005 年初。2005 年 11 月开始初样系统集成和鉴定级环境试验,12 月中旬交付,参加并通过了整星测试和试验。2006 年 9 月完成了双频微波辐射计产品正样的研制并交付。

在正样研制过程,该项目进度管理的内容主要分为 WBS 构建、层次网络构建、进度前锋线监控。其管理步骤如下：

（1）从工作分解结构（WBS）的构建需求切入,依据 WBS 构建原理进行产品的 WBS 重构。

（2）在构建的 WBS 基础上,依据不同应用需求制订层次网络计划,以满足不同管理及研制层面的需要。

（3）在项目进度计划的实施过程中,应用进度前锋线法对项目实施状况进行动态监控,并对项目计划做出相应调整。

2）微波遥感器 WBS 构建

微波遥感器研制计划要针对不同的管理层和研制层,制订面向对象的准确、逻辑关系紧密、层次清晰的项目计划,而系统科学的工作分解结构是项目计划编制的前提和基础。微波遥感器项目的 WBS 需要满足不同阶段的管理要求、产品结构的关系要求、工作流程的要求、参与人员要求和评审要求。对于这种大型航天项目,WBS 的构建涉及各个管理层的多家单位。首先必须明确项目的组织结构,明确 WBS 中负责各个单元的责任单位,然后才能在协同环境下编制 WBS。在每一层的工作分解结构编制过程中,必须负责继续细化下一层的责任单位和各个单元之间的时间约束条件和前后任务关系,再将本层 WBS 中编制的各个单元下发到对应的下一层责任单位,以此反复循环形成整个 WBS 结构。该项目将不同分解原则结合使用,应用于同一个 WBS 的不同层次中,明确了针对各研制层次和计划使用人员的不同层面任务单元。图 24-2 是本案例 WBS 的节选。

3）层次网络计划构建

网络计划的表达分为单代号网络计划图和双代号网络计划图。单代号网络计划图结构简单、逻辑清晰,结合 WBS 可以形成里程碑计划；双代号时标网络计划图直观形象,可以结合 WBS 工作包制订执行计划。单代号里程碑计划和双代号执行计划相结合,可形成层次清晰的的网络计划体系。

结合航天型号项目的 WBS 映射成一个单代号层次网络计划。设原有的 WBS 为 n 层,实际上这里的 WBS 网络就是层次网络计划的前 n 层,相当于里程碑计划,便于各主管对计划进行宏观调控。以 B 层为例,生成的单代号网络计划如图 24-3 所示。航天器有效荷载 WBS 分解到底层的工作包时,项目内容已经很详尽,需要对工作包的具体任务活动定义,并绘制成双代号时标网络图,以供科研生产部门使用的具体执行计划。绘制双代号时标网络图的具体步骤包括：①根据工作包的内容安排完成目标的任务活动。②确定工作任务之间

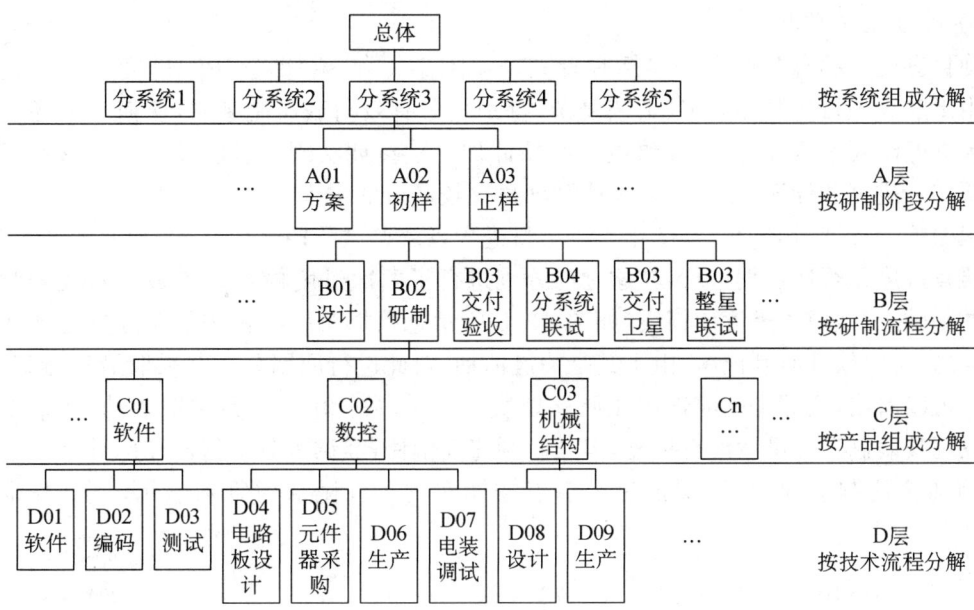

图 24-2 双频微波辐射计 WBS 树形结构图

的逻辑关系。③确定任务持续时间。④列出任务属性表。⑤根据任务属性表绘制网络图。以 D 层为例,双频微波辐射计项目生成的双代号时标网络计划如图 24-4 所示。

图 24-3 单代号网络计划

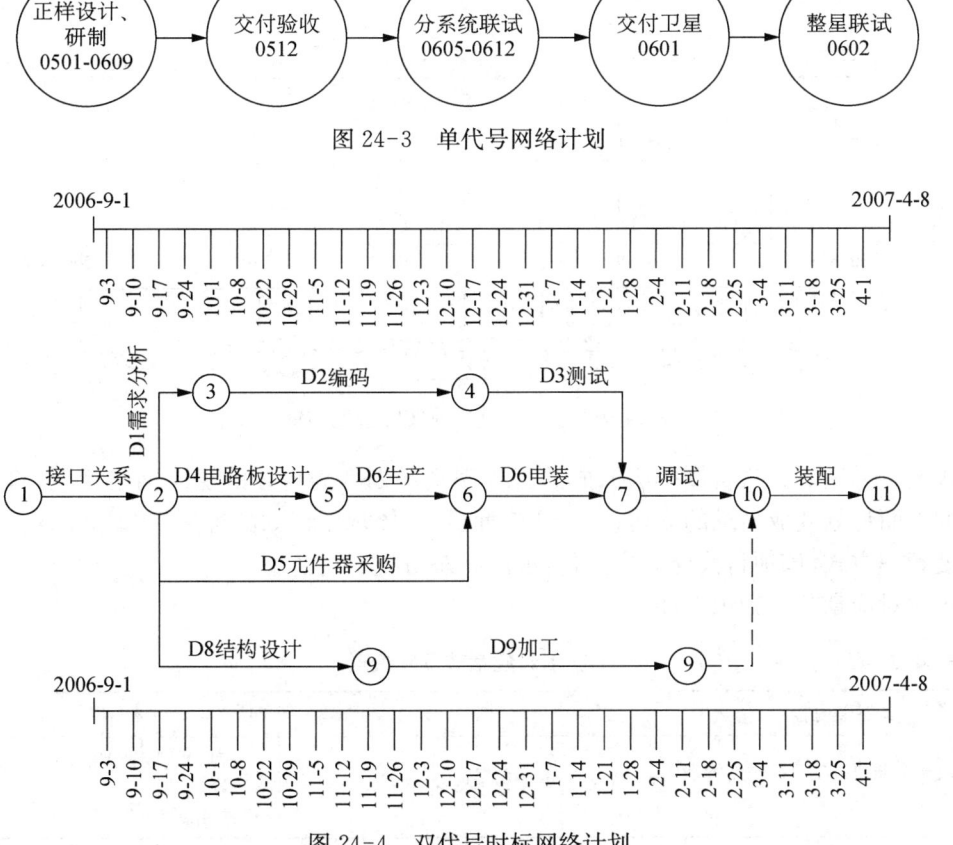

图 24-4 双代号时标网络计划

4）进度动态监控

项目进度的动态监控方法包括甘特图、S 曲线法、"香蕉"曲线法和进度前锋线法等几种。由于航天项目研制环节多、工艺复杂，特别是对有效荷载研制来讲，任何一个环节与项目整体进度出现不匹配，都会导致最后产品计划无法按期实现。进度前锋线能够直观清楚地表明实际进度和伸缩余地，是航天研制项目比较适合的进度控制方法。

根据项目计划，预计在 2007 年 1 月 7 日进入系统调试阶段，这是一个重要的工程节点。为了检查进度是否按计划进行，在这之前分别进行了两次进度检查。在 D 层双代号时标网络图的基础上，生成了进度前锋线，如图 24-5 所示。根据第一次检查的实际进度前锋线提供的信息可知，软件研制拖后，由于其是关键活动，对此进行原因分析并采取措施，到第二次检查时可以看出，实际进度前锋线比原计划快。同样，数管单元也是关键活动，在第二次检查后发现其研制进度虽然没有拖延，但其研制速度偏慢，经调查分析得出原因并采取必要管理措施加快研制进速度，以保证工程节点按期实现。机械结构研制单元正常，按原计划进行。

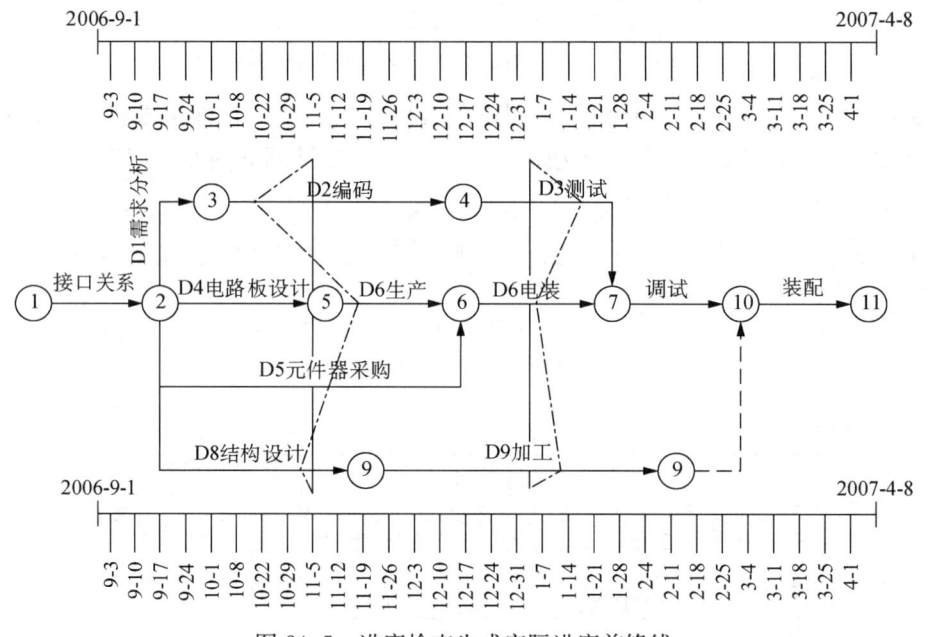

图 24-5　进度检查生成实际进度前锋线

该案例采用的方法将倒排法形成的里程碑式计划变为现在的层次网络计划，将计划从一维的平面计划变成多维的立体计划，适应面更广，体现了计划的准确性和适用性。按照这种进度管理方式，该项目按期完成交付，进度状态可视、可控。

本案对应章节及知识点如表 24-3 所示。

表 24-3　　　　　　　　　　案例对应章节及知识点

案例内容	对应章节	知识点
• 微波遥感器研制项目的进度管理内容划分	8.1 项目进度管理概述	——项目进度管理的内容： • 进度计划 • 进度控制

续表

案例内容	对应章节	知识点
• 双频微波辐射计WBS构建	15.2 创建工作分解结构	——工作分解结构的编制 • 自上而下法
• 层次网络计划构建	8.2 网络计划技术概述 8.3 常用网络计划技术	——网络计划技术的分类 • 双代号网络计划 • 单代号网络计划——双代号时标网络计划 • 编制
• 进度动态监控	8.3 项目进度控制	——项目进度控制的方法 • 前锋线比较法

24.4 案例4 项目采购与合同管理案例

1）案例背景

中国超大型央企（以下称为CP公司）第一次在非洲某个最不发达国家组织实施某大型项目，该项目的主要设备从西方发达国家采购。

（1）设备采购方案确定过程。CP公司首先根据自己多年的国内项目管理经验和该项目的主要特点，制订了设备采购方案。该方案的主要内容如下：

① 设备厂家的选择范围。主要从过去与本公司业务往来比较频繁的西方国家设备厂家采购大型和关键性设备，只是尽量从国内厂家采购主要材料和小型的非关键设备。

② 设备厂家的确定方法。通过邀请招标的方式确定各主要设备的最后生产厂家。首先通过资格预审的方式从每种主要设备的潜在厂家中确定至少3家作为入选厂家，然后通过"背靠背"的秘密协商谈判的方式，分别与各个入选厂家进行技术谈判和商务谈判，从中选定一家技术可靠、价格合理的最终设备供应厂家。

③ 设备厂家的服务范围。各个中标厂家除了必须严格按照相关技术标准生产相关设备以外，还要按照CIF价（到岸价）如期提供设备。在设备安装调试期间，设备厂家应提供一次现场服务（相关的费用包括在合同总价中并在合同价格分解中也同时标出）。设备的质保期为一年，设备在质保期期间发生问题时，根据相关责任的归属确定结果，设备厂家应提供有偿或无偿的售后服务，其中包括设备现场修理服务和设备返厂修理服务。

（2）设备供应合同谈判过程。资格预审过程结束后，在与每种设备的入选厂家进行秘密地"背靠背"谈判期间，相关的技术谈判的进展都比较顺利，但相关的商务谈判过程却都比较艰难。

其中欧洲某国的阀门厂家代表在没有正式谈几次就不耐烦地提出：由于供货时间要求太紧造成设备生产周期十分紧张，供货合同必须尽快正式签订，不能在价格问题上过分浪费时间，这是最后价格；如果你方不接受，请找其他厂家去谈，我方退出。考虑到该阀门厂家在过去与CP公司的业务往来中不仅一直是信誉最好和质量最高，也一直保持着降价幅度不大的传统风格，所以，CP公司很快决定接受该厂家的"最后价格"。

而欧洲某国的计量装置厂家不仅耐心地奉陪CP公司在谈判中打"持久战"，还屡屡在价格上做出让步,这与其他入选的计量装置厂家不太一样。为了尽量节约设备成本,CP公司最后决定该计量装置厂家为中标厂家。由于最终价格比初始报价低了大约20%,CP公司谈判人员颇有成就感。

(3) 设备供货过程。在各种设备的供货过程中,CP公司特别注意了以下主要环节,但在某些环节上还是出现了问题。

① 设备监造。对于一些关键性设备,合同本来规定CP公司要派代表到相关工厂实施驻厂监造,但是,由于选择既精通相关技术又懂相关国家语言的中方代表较为困难,所以,在厂家招待过于热情的条件下,有的驻厂代表实际上成了"住店客人",不能有效地履行其职责,有的驻厂代表甚至因种种原因被提前撤回。

② 设备出厂检验。CP公司十分重视设备出厂检验这个环节。即使是对于驻厂代表已经提前撤回的设备厂家,当厂家通知设备准备起运时,CP公司基本上都派专人到厂家见证了设备出厂检验过程,对设备的运输包装条件也特别给予关注。

③ 设备运输。有关设备主要通过以下运输方式从工厂运到了现场：

运输方式一——班轮运输。

大部分设备是通过班轮进行海上运输。其中有一艘运送某批设备的班轮到了指定目的港后,没有卸下该批设备就开往了下一个港口。经过追踪和协商,该班轮在回到某海港后卸下该批设备,然后该批设备又被装上另一班轮,这一次装船后,CP公司指定专人专门跟踪联系该班轮,确保货到目的港后被卸下。

运输方式二——航空运输。

对于一些供货时间太紧张的设备,为了满足整个项目完工的时间要求,CP公司不得不改用运费昂贵的空运方式。

运输方式三——汽车运输。

从港口到现场的设备运输方式主要是汽车运输。

运输方式四——火车运输。

对于已经船运到项目所在国港口的大批量国产材料,CP公司在汽车运输方式因在途时间长而不能满足现场需要的条件下,又同时使用所在国的唯一一条铁路进行运输。尽管由于该铁路设施十分落后且年久失修而车速非常慢,但由于一批次的运货量大,铁路运输也起到了加快材料运输的效果,同时节省了运费开支。

(4) 设备现场验收。在各种设备运到现场后,CP公司都进行了严格的现场开箱验货。在一次阀门卸车过程中,由于不小心,一大型阀门从吊车的吊钩上掉下来了,并使阀门上的部分部件发生损坏。CP公司立即电传通知上述阀门厂家：开箱检查时发现部分部件有严重损坏,我方没有任何责任,请你方立即派人到现场解决。对方立即回复：不论责任归哪一方,为了保证你方如期投产,我方立即派人到现场修理。因为该厂家不仅答应立即派人,还没有提"钱"的问题,所以CP方在万分火急中很受感动。又由于厂家在及时到现场解决问题的同时也发现了真实原因,所以,CP公司按照额外服务向厂家支付了相应的服务费用。

在项目投产前,提供计量装置的厂家突然提出：由于设备生产周期的限制,不能按期交货,相关设施只能推迟现场安装和投产使用的日期。其他设施投产后过了三个多月,该计量装置终于到货,厂家也派人提供现场服务。整个计量装置组装后,发现连其整体尺寸都变小了不少。CP公司代表与厂家现场代表交涉,厂家代表回答得很直接：价格太低了,我们只能把一些非关键性组成部分进行合理改进。CP 公司提出：装置上的观测和检修用通道太窄，不满足技术谈判过程结束时确定的技术条件中规定的下列要求：主要通道（通向需要人经常去观测和操作仪表和阀的位置）最小净宽度为 900 毫米，通行困难。对方解释说：这通道不是关键性部分，除了胖子，正常人可以侧身通过。

（5）设备售后服务过程。包含以下两项服务。

① 设备使用期间的额外服务。上述计量设施投产后，相关运行管理部门和操作人员非常不满意，不久还发现计量结果有很大误差的问题。CP 公司要求厂家来人立即重新进行设备调试。上述厂家回信：我方已经按照合同规定提供了现场服务，如果要求我方再次派人到现场提供额外服务，除了按照原合同的分项报价另外支付现场服务费以外，还要请贵方考虑满足以下两个条件：一是我方人员需要都坐客机的商务舱；二是为了保证他们的安全和休息条件，我方人员在当地需要住 4 星级以上饭店，相关的吃住行费用都应该由你方另外承担。在现场调试期间，CP 公司每天派专车向该厂家人员提供从首都的头等饭店到设施所在地的往返数百公里的交通服务。该厂家人员在现场工作期间，手中有一个调试程序表，每完成一个步骤，就要求 CP 方人员进行一次签字，由于工程完成后绝大多数人员都回国了，留下的这位 CP 方签字人员不仅不懂相关的专业，甚至不懂上面写的英文。

② 设备返厂检修服务。当上述计量装置厂家的现场服务人员回去后不久，该计量装置上的计量仪又坏了，从而整个装置无法显示任何计量结果。请厂家来人，厂家拒绝到场，而是要求 CP 公司派专人把计量仪送到厂家去，理由是精密仪器发快件邮寄容易途中损坏或丢失。CP 公司也只有这样做了，只要求厂家赶快把计量仪修好后送回。但厂家回答：经在厂内进行初步检查发现，该计量仪上被损坏的部件不是本厂自产的，需要重新再从北美洲某大国采购该专利产品。

2）案例分析

该案例中，由于采购项目前期的采购准备与合同谈判环节中存在工作不充分等缺陷，进而导致了采购实施过程中的供货、验收以及售后服务中出现了很多问题。

采购项目业主方的采购方案在可能对项目造成影响的制约因素方面思考不够全面，对后期具体采购管理方面的考虑比较薄弱。在设备供应合同的谈判过程中，直接在资格预审的基础上进行了协商谈判，没有开标评标环节。在具体的计量装置供应商选择时，在没有充分考虑合理性的情况下，为了节约成本选择报价让步 20% 的厂商。同时，谈判过程对于合同的履行、验收、违约责任等条款规定不明确。这些前期工作的不充分，都将导致实施过程出现很多问题。

在采购实施过程中的供货、验收、售后服务环节，业主方缺乏能够胜任的管理人员，计量装置供应方没有严格履行合同义务，对此业主方索赔意识不够，没有积极通过私下讨论、协商甚至仲裁或诉讼来解决争端。

本案对应章节及知识点如表 24-4 所示。

表 24-4　　　　　　　　　　案例对应章节及知识点

案例内容	对应章节	知识点
• 设备采购方案确定过程	11.2 采购准备	——采购计划编制 • 采购管理计划 • 采购工作说明书 • 采购文件

续表

案例内容	对应章节	知识点
• 设备供应合同谈判过程	11.3 招标投标与供应商确定	——授标签约阶段与采购谈判 • 采购谈判
• 设备供货过程 • 设备现场验收 • 设备返厂检修服务	11.4 采购实施与合同执行 11.5 采购完成与合同收尾	——采购监控与合同的履行 • 采购监控——合同索赔管理 • 索赔的处理 ——合同收尾

24.5 案例5 挣值法的应用

××项目中的一个可交付成果,成本总预算是13万元,要求10周内完成。该可交付成果包括3个工作包,成本预算分别是:工作包1,2万元;工作包2,10万元;工作包3,1万元,如图24-6所示。

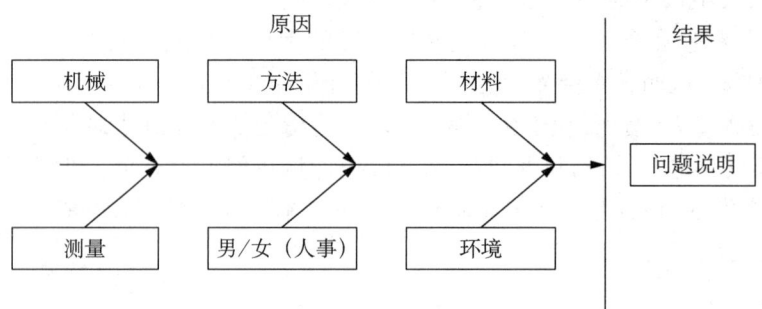

图 24-6 项目预算分解

该可交付成果的预算支出计划如表24-5所示。

表 24-5 预算支出计划

某可交付成果	BAC	周									
		1	2	3	4	5	6	7	8	9	10
工作包1	2	1	1								
工作包2	10			1	1	2	2	2	1	1	
工作包3	1										1
合计	13	1	1	1	1	2	2	2	1	1	1
计划值(PV)		1	2	3	4	6	8	10	11	12	13

在每周结束时记录每个工作包发生的实际成本,并计算这一周发生的实际成本的合计值,进而计算出截至本周前发生的实际成本。前8周的实际成本支出如表24-6所示。

在每一周结束前先估算出各工作包工作量完成的百分比,再把这些百分数乘以对应工作包的完工预算,转换成货币值,再把这些货币值相加即可得出截至这一周结束前的挣值。前8周的挣值情况如表24-7所示。

表 24-6　　　　　　　　　　　　　前 8 周实际成本支出

某可交付成果	周							
	1	2	3	4	5	6	7	8
工作包 1	0.5	1	0.5					
工作包 2			1	1.5	2	1.5	2	1.5
工作包 3								
合计	0.5	1	1.5	1.5	2	1.5	2	1.5
实际成本(AC)	0.5	1.5	3	4.5	6.5	8	10	11.5

表 24-7　　　　　　　　　　　　　前 8 周挣值计算

某可交付成果	BAC	周							
		1	2	3	4	5	6	7	8
工作包 1	2	35% 0.7	85% 1.7	100% 2	100% 2	100% 2	100% 2	100% 2	100% 2
工作包 2	10			5% 0.5	25% 2.5	45% 4.5	55% 5.5	75% 7.5	85% 8.5
工作包 3	1								
合计	13								
挣值(EV)		0.7	1.7	2.5	4.5	6.5	7.5	9.5	10.5

在上面三个关键指标的数据基础上,对项目前 8 周的绩效分析如下:

$CV = 10.5 - 11.5 = -1 (万元)$;

$SV = 10.5 - 11 = -0.5 (万元)$;

$CPI = EV/AC = 10.5/11.5 \times 100\% = 91.3\%$;

$SPI = EV/PV = 10.5/11 \times 100\% = 95.5\%$。

由于成本偏差 CV 为负值,成本绩效指数 CPI<1,因此项目实际成本超过预算值,成本偏差一般是不能消除的,但应该采取纠偏措施,防止后续工作继续超支。

由于进度偏差 SV 为负值,进度绩效指数 SPI<1,因此项目进度滞后于计划,应采取纠偏措施。

工作要求 10 周内完成,使用累积成本绩效指数和进度绩效指数的乘积进行完工估算:

$EAC = AC + (BAC - EV)/(累计 CPI \times SPI) = 11.5 + (13 - 10.5)/(0.913 \times 0.955) = 14.37 (万元)$;

$ETC = EAC - AC = 14.37 - 11.5 = 2.87 (万元)$;

$TCPI = (BAC - EV)/(BAC - AC) = (13 - 10.5)/(13 - 11.5) = 1.67$。

该可交付成果的绩效状况可以用图 24-7 清楚地表示。从图中可以看到项目目前成本偏差和进度偏差,项目可能会延期,但为了保证按时完成,更多资源将被投入。在按期完工的情况下,完工估算更高。

本案对应章节及知识点如表 24-8 所示。

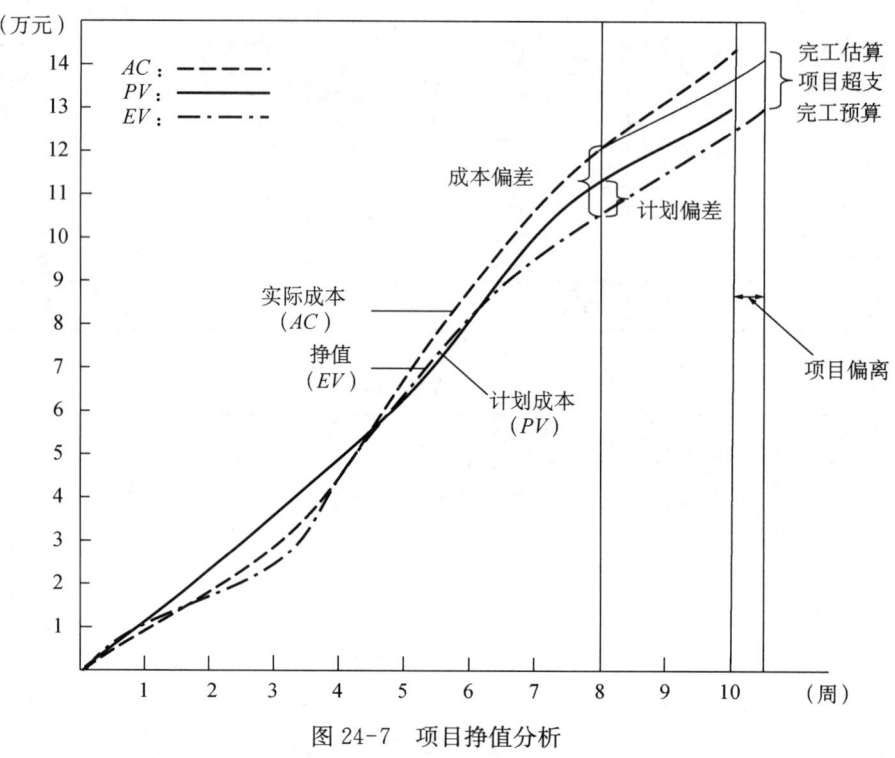

图 24-7　项目挣值分析

表 24-8　案例对应章节及知识点

案例内容	对应章节	知识点
• 关键指标的数据基础 • 项目前 8 周的绩效分析	16.2 挣值管理的基本指标	——挣值管理中的三个关键指标——偏差和绩效指标
• 工作进行完工估算	16.2 挣值管理的基本指标	——挣值法的其他指标——用挣值法预测完工估算 • 用成本绩效指数与进度绩效指数的积进行完工估算
• 项目挣值分析	16.3 偏差分析工具	——S 形曲线

24.6　案例 6 价值工程在商场营销项目中的应用

A 商场地处上海东部商业圈的中心,与数家商场相邻,竞争非常激烈。从 2007 年和 2008 年的经营状况和效益来看,A 商场处于不利的地位。为改变这种状况,商场负责人灵活运用价值工程技术,调查研究,寻找差距,采取措施,增强了市场营销功能,赢得了竞争优势,效益明显得到提高。

1)筛选具有市场营销功能的关键因素,进行功能评价

商场负责人邀请一些市场营销方面的专家,与管理人员、营业员和业务员一起,从诸多与零售企业市场竞争实力有关的因素中,筛选出了 10 项要素:商品质量、商品售价、花色品

种、卫生状况、购物环境、广告宣传、售后服务、服务态度和技术、服务速度、物品和柜台摆布。这些要素均具有树立企业形象和信誉、扩大市场占有率、争取更多顾客和满足顾客要求的市场营销功能。应用价值工程中的[0，1]评分法，请十名评价人进行功能评价，如表24-9所示。然后将结果汇总，得出这10项竞争要素的功能评价系数，如表24-10所示。

表24-9　　功能评价

序号	评价因素	[0，1]评分法										评分值
		商品质量	商品售价	花色品种	卫生状况	购物环境	广告宣传	售后服务	服务态度和技术	服务速度	物品和柜台摆布	
1	商品质量	*	1	1	1	1	1	1	1	1	1	9
2	商品售价	0	*	1	1	1	1	1	1	1	1	8
3	花色品种	0	0	*	1	1	1	1	1	1	1	7
4	卫生状况	0	0	0	*	0	0	0	0	0	0	0
5	购物环境	0	0	0	1	*	0	0	0	1	0	2
6	广告宣传	0	0	0	1	1	*	1	1	1	1	6
7	售后服务	0	0	0	1	1	0	*	0	1	0	3
8	服务态度和技术	0	0	0	1	1	0	1	*	1	1	5
9	服务速度	0	0	0	1	0	0	0	0	*	0	1
10	物品和柜台摆布	0	0	0	1	1	0	1	0	1	*	4

表24-10　　功能评价系数

序号	评价项目	功能平均得分	功能评价系数
1	商品质量	8.4	0.186 7
2	商品售价	8.2	0.182 2
3	花色品种	7.0	0.155 6
4	卫生状况	0.5	0.011 1
5	购物环境	2.1	0.046 7
6	广告宣传	6.4	0.142 2
7	售后服务	3.0	0.066 7
8	服务态度和技术	4.8	0.106 7
9	服务速度	0.5	0.011 1
10	物品和柜台摆布	4.1	0.091 1
	合计	45.0	1.000 0

从表24-10可见，功能评价系数高的要素主要有商品质量、商品售价、花色品种、广告宣传、服务态度和技术；而卫生状况、购物环境、售后服务、物品和柜台摆布的功能评价系数则相对较低。

2) 组织市场调查，分析比较商场竞争要素的优劣

在市场竞争中，一家商场的各种竞争要素的状态优劣，可在与同一市场上的竞争对手的比较中知晓。为此，A商场决定进一步对顾客进行调查。

A商场以市场上最大的竞争对手另一商场B为比较对象，使用语意差别提问法设计评卷，对50名顾客进行了访问调查，然后对问卷汇总整理，将每名顾客的评价按等级分数加总后平均，如表24-11所示。

表24-11　　　　　　　　　　顾客对商场评价的评分值

序号	评价项目	顾客评分平均值	
		A商场	B商场
1	商品质量	5.64	5.61
2	商品售价	2.43	4.33
3	花色品种	3.46	5.61
4	卫生状况	5.33	4.57
5	购物环境	4.51	2.94
6	广告宣传	3.11	4.35
7	售后服务	3.92	3.87
8	服务态度和技术	4.38	4.33
9	服务速度	6.44	3.84
10	物品和柜台摆布	4.63	4.27

3) 结合功能评价系数，抓住关键问题，制定改进措施

以功能评价系数为权数，与顾客对各项竞争要素的评分值相乘，得出各项竞争要素的加权得分。再将10项要素的加权得分加总，得出商场总加权得分，如表24-12所示。

从表24-12可见：A商场的总加权得分（3.9678分），明显低于另一商场B的得分（4.6671分）；在功能评价系数较大的五项竞争要素中，A商场有三项（商品售价、花色品种、广告宣传）的顾客评分不如另一商场；另外两项要素（商品质量、服务态度和技术）的顾客评分值，A商场仅占极其微弱的优势；在功能评价系数很低的卫生状况、购物环境、服务速度这三项要素上，A商场的顾客评分值却远远高于另一商场，表明这三项的市场营销功能相对过剩。

表24-12　　　　　　　　　　综合竞争能力计算

序号	评价项目	功能评价系数	A商场		B商场	
			评分值A	F'A	评分值B	F'B
1	商品质量	0.1867	5.64	1.0528	5.61	1.0472
2	商品售价	0.1822	2.43	0.4428	4.33	0.789
3	花色品种	0.1556	3.46	0.5382	5.61	0.8727
4	卫生状况	0.0111	5.33	0.0592	4.57	0.0508
5	购物环境	0.0467	4.51	0.2105	2.94	0.1372
6	广告宣传	0.1422	3.11	0.4423	4.35	0.6187

续表

序号	评价项目	功能评价系数	A 商场 评分值 A	A 商场 F'A	B 商场 评分值 B	B 商场 F'B
7	售后服务	0.066 7	3.92	0.261 3	3.87	0.258
8	服务态度和技术	0.106 7	4.38	0.467 2	4.33	0.461 9
9	服务速度	0.011 1	6.44	0.071 6	3.84	0.042 7
10	物品和柜台摆布	0.091 1	4.63	0.421 8	4.27	0.389
	合计	1		3.967 8		4.667 1

功能不足与功能过剩并存,说明 A 商场在经营资源的分配上存在问题。经认真分析研究,A 商场决定采取如下措施:

(1) 抽调部分营业员从事市场调查和商品采购工作,调查顾客的需求变化,收集新产品信息,了解竞争对手的经营之道,研究进货渠道的优劣,把握商品价格的动向,从而为商场合理地增加商品花色品种、及时采购价低质高的商品和科学地制定价格策略提供依据和保证。从功能分析角度讲,这样做是要减少服务速度的过剩功能,填补花色品种和商品价格市场营销功能的不足。

(2) 在商场内增设四个柜台,专售各种物美价廉的畅销商品。这样不但可以减少购物环境和服务速度的过剩功能,还从另一角度填补了花色品种和商品价格市场营销功能的不足。

(3) 委托上海市一家广告公司进行广告策划,利用各种宣传媒介向顾客宣传商场的商品,同时运用多种形式的促销手段加大商品的宣传和促销力度,以强化商场的广告宣传功能。

以上三条措施实施半年以后,A 商场的市场营销能力明显增强。2010 年上半年的利润比 2009 年同期增长 26.8%。2010 年 7 月份再次进行问卷调查,结果总加权得分为 4.980 5 分,超过了另一商场(4.502 8 分)。上一次顾客评价处在劣势状态的三项要素中,商品售价的本次顾客评分值与另一商场基本持平,花色品种、广告宣传两项的顾客评分值则超过了另一商场。

本案对应章节及知识点如表 24-13 所示。

表 24-13 案例对应章节及知识点

案例内容	对应章节	知识点
• 价值工程在商场中的应用	17.1 价值工程基本理论	——价值工程的应用领域
• 市场营销方面的专家,与管理人员、营业员和业务员的合作 • 对竞争对手的调查 • 改进措施	17.3 价值工程的实施步骤	——准备阶段 • 对象选择 • 工作小组的成立 ——分析阶段 • 资料收集 • 功能评价 ——创新阶段 • 方案的创新
• 评价因素的确定 • 应用价值工程中的 01 评分法,请十名评价人进行功能评价 • A、B 商场综合竞争能力的比较	17.4 价值工程常用方法	——功能分析 • 定义功能 ——功能评价 • 01 评分法的应用 ——方案评价的方法 • 加权评分法的应用

24.7 案例 7 三洋电机运用价值工程降低生产成本

20 世纪 50 年代,在日本的收音机市场上,三洋电机在同行中很不起眼,要想与老牌厂商和杂牌产品竞争,就必须在价格上做文章,力争将收音机的价格控制在一万日元以内。在实现这一目标的过程中,价值工程起到了重要的作用。

(1) 合理选择零件供应商。诸如真空管等零部件直接影响着收音机的性能,而其价格高低也影响着收音机的最终价格。因此,真空管被选为价值工程的重点分析对象,而真空管供应商的选择是重中之重。三洋起初想与著名的真空管厂家合作,得到质量上乘的零部件,但这些厂家的态度十分傲慢,价格也相对较高。经过细致的市场调查,三洋公司发现一些小厂家能够以低廉的价格提供同样质量合格的真空管,用这些零件生产出的收音机性能同样可靠。于是,三洋调整了自己的采购策略——不求名牌只求质量,按照自己制定的标准选择供应商,以更低的价格获得了能满足功能需求的零部件,降低了生产成本。

(2) 改善外观设计。零部件的价格得到控制后,外观设计的改善被提上了日程。三洋公司在设计收音机外壳时,发现市面上几乎所有的收音机都采用木质外壳。木质外壳能给人一种亲切感,但是造价很高。在木质外壳的制作过程中,需要经历很多道工序,而且大部分需要手工操作。当时,收音机零部件的成本几乎已经达到极限,没有降低的余地了。公司的价值工程团队认为,木质外壳的优点并不是收音机必要的功能,而为了实现这种过剩功能所需成本过高,因此可以考虑更改设计方案,选用其他外壳材料。幸运的是,当时一种全新的材料——塑料,正在悄然普及。经过充分论证,三洋公司最终决定用塑料外壳代替木质外壳。三洋公司的工程师与材料方面的专家合作,设计出了一款美观、耐用的塑料外壳收音机。

(3) 三洋电机终获成功。改良后的收音机在三洋电机的工厂投入生产,一个月后,这种命名为 SS-52 型的收音机进入市场。运用价值工程的方法,收音机的生产成本得到了有效的控制,最终的售价仅为 8 950 日元,低于日本国内所有同类型的收音机。这款收音机凭借其低廉的售价、较高的品质和美观的外形迅速抢占市场,为三洋电机赚取了巨大的利润。

本案对应章节及知识点如表 24-14 所示。

表 24-14 案例对应章节及知识点

案例内容	对应章节	知识点
• 通过市场调查选择小厂家作为供应商	17.3 价值工程的实施步骤	——分析阶段 • 资料收集
• 弃用木制外壳	17.1 价值工程基本理论	——功能的定义 • 对必要功能的理解
• 塑料外壳的研制	17.4 价值工程常用方法	——方案创新的方法 • 专家检查法

24.8 案例 8 项目风险管理

很少有项目从一次爆炸开始,从一次故意的爆炸开始的项目就更少了。然而,每次航天飞机进入太空时,都需要通过火箭推进器的 5 次大爆炸,才能把飞行器推入环绕地球的轨道。在短短 15 分钟内,飞行器的速度从 0 升高到每小时 28 000 公里。

航天飞机的发射是非常危险的事。2003 年 2 月 1 日,哥伦比亚号航天飞机遇难事件让所有人震惊。现在看来很清楚,当航天飞机升空进入地球轨道时,一些燃料箱的隔绝材料脱落并撞击航天飞机,在左翼的前缘上钻了一个致命的洞。这个洞使得约 5 500 摄氏度的超热气体在航天飞机返回地球时熔化了飞机的左翼,进而导致了飞机坠毁。

研究这次空难的结果时,人们得出结论:大多数项目经理处理的项目风险是那么的简单而直接。以编写软件为例,编写和交付计算机软件有它困难的地方,但是这种风险与航天飞机发射的风险不可同日而语。即使是标准的风险应对战略(回避、转嫁、减轻、接受),在加速到每小时超过 24 000 公里的速度时,都有了新的含义:

① 避免是不可能的;
② 只能积极地接受,不能消极地接受;
③ 转嫁是不可能的;
④ 减轻意味着要做非常多的工作,并且会面对极大的困难。

对于航天飞机来说,风险分析是非线性的。然而,对大多数软件项目来说,简单的线性影响分析可能就足够了。线性影响分析的方程为

$$风险的影响 = 风险的可能性 \times 风险的后果$$

对于一个给定的风险事件,存在相应的风险发生可能性,以及风险发生后果。风险发生的后果,通常可以用对项目成本、时间进度和质量造成的一定数量单位的影响来表示。上面这个方程是一个简单的线性方程,如果方程右边的一个因素翻倍了,风险的影响也就翻倍了。因此,通过这个方程,可以理解风险的影响,并为这些影响做好计划。

大多数计算机软件项目的风险函数相对简单。这些风险要么发生,要么不发生。供货商要么按时供货,要么延迟供货时间。当一个特别的风险事件被触发时,通常需要几天的时间来启动"风险响应"。项目可能有十几个风险,但是每一个风险都可以用 2~3 个变量来定义。

对计算机软件项目来说,这种线性的风险管理方法有几个特点:

① 便于理解风险,而且很容易解释清楚;
② 管理层能够理解风险可能性及风险后果的分析流程;
③ 通常,任何一个风险事件都只有一个风险影响;
④ 没有人意识到,需要很多战略才能预期到一个风险事件导致的所有可能后果。

航天飞机加速到轨道速度过程中的外在撞击风险,是一个多变量、多维度、非线性的风险函数,非常难理解,更不用说管理这样的风险了,这种说法是有道理的。与管理计算机软件开发项目中遇到的项目风险相比较,管理这种风险要复杂得多。

1）航天飞机发射的背景

航天飞机的3个液体燃料推进器需要非常多的超低温燃料。主燃料箱是隔绝材料制作的,以确保燃料的温度保持在零下几百摄氏度。就是这个隔绝材料,以前就曾从燃料箱上脱落并击中飞行器。大多数情况下,隔绝材料击中飞行器所造成的损害是非常小的,因为其使用的泡沫通常只有玉米粒大小。在以前的一两次发射中,这些泡沫曾经击落到飞行器上的金属片。幸运的是,飞行器还是安全返航了。所以大多数发射团队成员对哥伦比亚号被泡沫击中的消息并未给予关注,毕竟,如果这个风险在以前100次发射中都不是大问题,那么这次发射中也不会是个大问题。来回顾一下我们的线性影响方程:

$$风险的影响 = 风险的可能性 \times 风险的后果$$

风险的可能性非常高,但是后果总是可以接受的。因此,结论是这个风险一直是可以接受的,这就是当风险事件在整个生命周期中只产生一个风险后果时导致的结论。人们主观上倾向于相信,将来必定是历史的重现。

2）当航天飞机重新进入大气层时发生了什么

把轨道器发射进太空是一个问题,让轨道器返回则是另一个问题。重返大气层是一系列发展的、由计算机操纵把飞行器的速度转化为热能的机动过程。由于航天飞机金属元件的熔点只有1 100摄氏度左右,因此轨道器的前缘采用陶瓷瓦覆盖,因为陶瓷瓦的熔点大约在1 600摄氏度。重返大气层时,陶瓷瓦隔绝了大约500摄氏度的热量,使之不至于进入飞行器内部。如果一切顺利,轨道器首先在计算机的控制下将速度降至足够低,之后飞行员控制其完成最终着陆。

在哥伦比亚号发射时,泡沫撞击使左翼前缘的数片隔热瓦脱落,并形成了一个洞。在返回时,炽热的大气进入了哥伦比亚号的左翼,并熔化了其内部结构。当熔化到一定程度后,机翼完全毁坏,并最终导致整个轨道器的解体。

3）问题

为了理解从助推火箭启动到十多分钟后助推火箭从轨道器上分离这一过程中外来物与航天飞机撞击的风险,我们需要哪些变量呢?

4）风险函数

由于线性风险影响方程可能不再适用,如果想找到一个适用的风险函数,我们应该提出哪些问题呢?

让我们来考察一下,如果物体撞击航天飞机,你需要测量和跟踪些什么?

（1）外来物的属性是什么?

① 你与什么撞击了?

② 长、宽、厚度是多少?

③ 物体的重量是多少?

④ 物体的坚硬程度如何?

⑤ 它像一发加农炮弹,像个哑铃,或是像一张纸?

（2）撞击的属性是什么?

① 撞到哪儿了?

② 影响到多个点吗?

③ 造成多大损坏?
④ 这是一个孤立事件,还是之后仍会发生多起类似事件?
⑤ 以什么角度撞击的? 是侧面擦过,还是正面碰撞?
⑥ 外来物体被撞飞了,还是留在了飞行器上?
⑦ 为什么会撞上了? 是飞行器偏离轨道了,还是有些东西裂开了?
(3) 飞行器的属性是什么?
① 在撞击时速度有多快?
② 是在复杂的机动过程中吗?
③ 撞击是否损坏了当前的飞行任务所正在使用的元件?
④ 撞击是否损坏了飞行任务后续阶段所需的元件?

以上当然不是一份完整的清单,但这已经比大多数项目经理经历过的风险管理要复杂上好几个级别了。不幸的是,问题还要更复杂。

飞行器的加速给风险函数增加了另一个维度。时速 160 公里时与物体相撞,不同于时速 320 公里时与物体相撞。损坏不是线性的——速度变成 2 倍,损坏也变成两倍。现在的风险函数已经变为非线性的了,速度翻倍时,损坏可能变为 16 倍之多,而不仅仅是 2 倍。这对于跟踪和记录正在发生事件的频度,有重大的影响。

时间也是一个关键的问题。在一个速度如此快的项目中,事件并不在你的掌控之中,不仅风险是非线性的,连响应也是不断变化的。在飞行器从静止加速到每小时 24 000 公里的过程中,很多事情都可能在瞬间发生。

现在让我们看看,简单的风险影响方程发生了什么变化:

$$风险的影响 = 风险的可能性 \times 风险的后果$$

现在,风险的可能性对于风险事件来说,基本上还是单个变量,不同的是,风险的后果变为多个变量的函数。要想计算这些变量的影响,必须先测量这些变量。而且,风险的后果可能是一个非线性函数。相较于为每个风险事件识别一个可能性及一个后果而言,这个问题变得复杂多了。

5) 结论

可能有必要把风险后果函数压缩成一些相对简单的方程,然后把这些简单的方程组合成一个复杂得多的数学表达式。比如,考虑维度、重量、速度等变量,我们怎样定义规则,才能很容易地计算风险影响,进而对风险应对产生价值呢?

规则 1:如果长、宽、高的和小于 30,那么风险等级定义为 10;如果长、宽、高的和大于 30,则风险等级定义为 20。

规则 2:如果重量大于 500 克,那么风险等级要乘以 1.5。

规则 3:每飞行 5 秒钟,风险等级加倍。

这一定义规则的流程,可以应用于所有相关的变量。

风险应对等级(Risk-Response-Level,简称 RRL)是各个风险等级的和。RRL 小于 50,代表事件不重要。如果 RRL 大于 50 且小于 100,则需要启动流程 A、B、C 等,依次类推。

为了成功地管理项目的风险,事情越复杂,规则和预先计划好的应对措施就越重要。

6) 吸取的教训

查阅航天飞机坠毁前后的文章,可以得到以下几点。

(1) 在以前的发射中,航天飞机就曾在升空时被碎片击中。管理层认为,因为过去没出过问题,因此风险的影响是已知的,并且将来也不会改变。得到的教训:不要犯同样的错误。

(2) 风险可能很复杂。得到的教训:多学习风险及如何记录风险的影响,使得连不熟悉风险管理概念的经理也能掌握复杂的影响函数。

(3) 航天飞机的机组人员从来不知道这个飞机注定要坠毁。当他们意识到危险时,航天飞机已经解体了。得到的教训:生活就是这样,坏事常常发生得比你想象中的要频繁得多。

本案对应章节及知识点如表 24-15 所示。

表 24-15　　　　　　　　　案例对应章节及知识点

案例内容	对应章节	知识点
• 风险变量的确定 • 航空器发射的背景知识 • 泡沫击中航天器后安全返航的先例 • 物体撞击航天器的风险清单	13.3 风险识别	——风险识别的含义 • 确认风险因素 • 项目风险特点 • 风险原因的识别 ——风险识别的依据 • 历史资料和信息 ——风险识别的方法 • 检查表法
• 考虑维度、重量、速度等变量的风险定义方法 • 风险应对等级的计算 • 风险发生概率的确定 • 根据外来物、撞击属性、飞行器属性进行风险分类	13.4 项目风险分析	——风险定性分析 • 风险影响程度 • 风险分级评估 • 风险矩阵的运用 • 风险分类 ——风险定量分析 • 风险概率 • 风险影响程度
• 标准的风险应对战略	13.5 风险应对计划	——消极风险的应对方法 • 回避 • 转嫁 • 减轻 • 接受
• 对飞行器状态的实时监控 • 隔热瓦脱落后未能及时采取措施导致严重后果	13.6 项目风险的监控	——风险监控的过程 • 跟踪风险 • 风险评估及应对 ——风险监控内容 • 随机应变措施

24.9　案例 9　S 电梯公司 e-Logistics 项目延期案例研究

电梯行业竞争日趋加剧,局域性的 IT 外包不但整体维护成本过大,而且各个信息系统之间由于缺乏统一的接口,无论是报表数据分析,还是进一步的业务拓展,都难以满足当今行业的需求,从而大大地影响了母公司统一的战略规划和管理。对此,OTIS 集团制订并部署了全球子公司 ERP 整合战略。

2007 年 3 月,S 电梯公司按照母公司 OTIS 集团的战略规划,计划在 2010 年第一季度前将 10 个现有的和即将投放市场的新研发的直梯、扶梯及人行步道产品陆续通过基于因特网 B/S 结构的 e-Logistics 营业报价及合同管理系统实施上线，逐步替代基于局域网 C/S 结构的原系统 CMS（Contract Management System，简称 CMS）中的产品，以至最终关闭系统 CMS。

e-Logistics 项目团队也同其他兄弟公司一样，如期成立，主要包括三个层次：核心层、中间层、外延层。核心层是指项目经理；中间层，是指与项目经理有直接联系的、从相关职能部门抽调出来的专业骨干，为项目工作提供全职服务的项目团队成员，分别是来自设计部的 PA（Product Administration，简称 PA）实施担当、来自成本部的 CA（Cost Administration，简称 CA）实施担当、来自市场部的 SA（Sale Administration，简称 SA）实施担当、来自 IT 部的系统接口实施担当以及来自销售部门的测试担当；外延层，来自公司外部和公司内部两部分，分别是指开发 e-Logistics 系统的印度 ISRC 公司的系统实施顾问团队和为项目实施提供基础数据及支持等工作的兼职项目团队成员，他们分别来自研发部、采购部、生产管理部、区域销售运营部、工地运营部、出口部等职能部门，如图 24-8 所示。

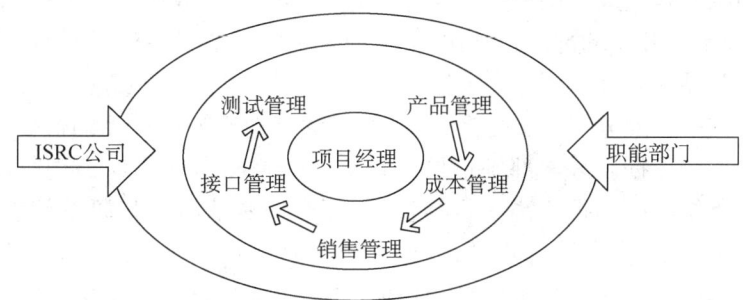

图 24-8　e-Logistics 项目组织结构图

最初，项目由 IT 部的高级经理崔彦文担任项目经理，直接向总裁汇报工作。2007 年 9 月，崔彦文提出辞任 IT 部高级经理职务，2007 年 11 月 2 日离开了 S 电梯公司。此时，由印度 ISRC 公司提供的为期半年的系统实施培训阶段已经结束，按计划实施基础数据的准备、产品部品配置的逻辑设计编码以及初始数据录入的工作已经开始了。

公司管理层对项目十分重视，经过反复考量，在 2007 年 10 月中旬的会议上，总裁孙承宪决定由项目团队成员梁石接任崔彦文的 e-Logistics 项目经理职务。任命梁石的原因有三：一是因为梁石是 e-Logistics 项目团队成员，经历了系统实施的培训阶段，对项目的整体情况非常熟悉，介于项目的进度因素考虑，显然从团队内部任命项目经理比空降更理智；二是因为梁石的英语听说能力是团队所有成员中最好的，这有利于同印度 ISRC 公司系统实施顾问团队的沟通；三是因为梁石目前担任设计部的初级经理，对产品配置信息足够专业，并且具备一定的管理经验。

当梁石得知自己将担任 e-Logistics 项目经理这一消息的时候，激动与兴奋之情溢于言表，而且干劲十足。

开始的两个月，由于总裁孙承宪关注较多，项目进展很顺利。然而，做技术出身的梁石相对缺乏管理经验，对管理过程中的人际关系也常常考虑不周，之后的项目工作便开始受到了多方面的影响，项目的推进工作困难重重。

在 2008 年 8 月 28 日的项目实施团队例会中，项目经理梁石从 CA 实施担当吴晓丽的工作汇报中得知：第一个实施的产品 ARES 还有 6 个外协部品的采购价格仍未得到采购部门的确定，而采购价格是系统实施的基础数据，已经被推迟了近 2 个月的时间。这意味着 CA 实施工作将停滞，后续 SA 的实施工作也将无法按期进行，甚至最终产品上线前的综合测试也将延期。而距离产品 ARES 的 e-Logistics 系统实施上线的计划期限仅剩下 2 个月时间，一方面，SA 的实施工作需要在 PA 和 CA 完成后进行，在不考虑系统的二次开发的前提下，至少也要 1 个月时间；另一方面，对于第一个产品上线前的综合测试，即使加班加点至少也得 1 个月的时间。另外，作为第一个产品，只有保证测试尽可能多、尽可能全面，才能为后面产品的实施提供足够的进度保障。梁石这下犯愁了，因为如此一来，作为第一个上线的产品 ARES 必定要遭遇延期。

"是什么原因导致采购部迟迟不能确定这 6 个部品的采购价格？"梁石急切地问道。吴晓丽无可奈何地说："采购部罗萍的反馈是研发部不同意供应商的报价，所以他们采购部也定不了。具体原因不清楚，只听说，这种情况只能等上面领导协商解决。"

为了搞清楚问题的根源，会后，梁石便去找采购部罗萍了解详细的业务流程。

兼职项目团队外延层成员的采购部初级经理罗萍向梁石解释道："根据咱们公司生产性采购政策规定，如果新开发的部品是外协部品，研发部需要通过《新品原价计算书》计算出部品的目标价格，《新品原价计算书》是对产品的原材料、工时、加工工艺、组装、运费、包装费、模具费等费用所作的详细分析的文件形式，其能够清晰地反映出产品的价格构成，并最终成为对产品合理定价的依据。采购部则依据其核算的价格与所选供应商进行议价谈判，获得供应商报价。如果供应商的报价高于目标价格，那么采购部需要与研发部进行合议。要么调整研发部目标价格，要么采购部重新谈判或者更换供应商，直至双方共同确定采购价格。目前，关于这 6 个部品，供应商的报价高于目标价格，但研发部始终拒绝同意供应商的报价，并且坚持目标价格，不肯做出半点让步，因此，采购价格才迟迟不能确定。"

听了罗萍的解释，梁石恍然大悟：对于新开发的产品及部品，如果属于外协品，采购部与研发部对于采购价格迟迟不能达成一致，其原因一定是两个部门所关注的绩效指标或利益不一致。但以往为了尽快将新产品投入市场，不至于影响产品的生命周期，当供应商的报价高于目标价格时，即使这两个部门再忙，也会硬着头皮坐在一起共同协商，双方或多或少都充当过妥协让步的角色。如今，新开发的扶梯产品 ARES 的外协部品所涉及的采购金额很大，双方都不想吃亏，自然协商难度不言而喻了。而这个新产品恰巧要通过 e-Logistics 系统实施后投放市场，并且 e-Logistics 项目进度紧、重要性高，显然这两个部门已经不声不响地将皮球踢给了自己。

对此，虽然身为项目经理，却有名无实的梁石，终于对汉高祖刘邦的那句"为之奈何"深有体会。然而，为了尽量缩短延期，万般无奈之下，梁石只能向总裁孙承宪汇报项目的延期状况，并寻求孙总的帮助。为此，2008 年 9 月 1 日下午，在项目经理梁石的陪同下，孙总在办公室分别相继约谈了采购部高级经理范志立和研发部高级经理杜胜杰。

首先被约谈的部门负责人是采购部的范经理。

范经理来到孙总的办公室，双方相互经过简单地寒暄客套之后，孙总便将话题引到了 e-Logistics 项目实施受阻的问题上。

范经理表示，关于 e-Logistics 项目，采购部已经非常配合了，还专门抽调出人手兼职协助梁经理的工作。不过，这 6 个部品的采购价格到目前为止还没能确定，因而影响了

e-Logistics 项目的推动。采购部没能及时、主动地反映出问题，的确有不可推卸的责任。但是公司的生产性采购政策有规定，采购价格不是采购部门自己就能定下来的。

一方面是关于研发部计算的目标价格，研发部为了达到新产品的成本控制指标，计算出的目标价格低得离谱，尤其是加工费，国内这些年的人工成本逐年上涨，研发部却视而不见。要知道我们与供应商之间应该是共赢的合作伙伴关系，而非竞争关系。这种做法无异于在与我们的供应商争利，缺乏全面性、战略性及前瞻性，很容易使我们在产品的质量、交货期等方面蒙受损失，甚至很可能使我们失去一个优秀的合作伙伴，再重新耗费时间和资源去寻找、评估、审核一个新的供应商，最终都可能导致我们自己得不偿失，不利于公司的长远发展。

另一方面是关于供应商的报价，近来研发部对这 6 个部品的工艺要求都有变更，从而导致供应商报价也将随之变更，这就需要我们重新与供应商谈判。但是，目前产品 ARES 要按照梁经理的 e-Logistics 项目实施进度安排投放市场，这样便导致距离产品投放市场的时间变得更紧迫，因此，我们对供应商的需求也变得迫切了，以致于很难获得最优报价，当然更不可能满足研发部的目标价格了。

总之，采购部一边要跟供应商谈，一边又要跟研发部谈，就是风箱里的老鼠，两头受气。

送走了采购部的范经理后，孙总又让秘书找来了研发部的杜经理。

杜经理一进孙总的办公室，孙总便开门见山地谈到了当前 e-Logistics 项目实施所面临的阻碍，并进一步谈到了导致采购价格未被确定的原因。

杜经理反映，关于 e-Logistics 项目的推动，研发部这边绝对不是有心阻挠。的确，研发部将目标价格核算得有点苛刻，但这不仅仅是为了满足研发部的成本指标。公司的产品 84％的零部件是通过外协提供，采购量如此之大，如果不苛刻，如何控制采购成本，如何提高利润呢？

杜经理接着又说，这几年原材料价格波动很大，但采购部门并没有采取任何有效的预防措施。当供应商以原材料价格上涨为由，提出部品加价时，采购部才会去核实原材料的市场价格，这种行情信息滞后的因素明显反映了采购部议价能力的欠缺。还记得不久前稀土价格波动给公司带来的损失吧，稀土是电梯曳引机内部使用的九个磁块的主要材质，当价格由最初的 80 元每块涨到 200 元时，采购部却无动于衷；涨到 500 元每块时，才与供应商签订了一份长达 6 个月供货协议；然而供应商供货不久，价格下降到 120 元左右时趋于稳定，结果导致公司损失近 700 万元。这件事都成了公司内的笑话了。

梁石此时左右为难。最后，孙总笑着表示以大局为重，不能再耽搁了，研发部就稍微再吃点亏，与采购部范经理协商一下，找一个适当的制衡点折中一下，解决这 6 个部品采购价格。

最后，不到两周时间产品 ARES 的 6 个部品的采购价格就确定下来了。2008 年 11 月 28 日，第一个产品 ARES 通过 e-Logistics 系统实施成功上线，比原计划延期一个月。此时的梁石已经不再是当初那个满腔热血，热情高涨的新任项目经理了，因为第一个产品的实施工作已经让他心力交瘁，而后边还有 9 个在等着他。梁石心里明白，总靠求助总裁解决问题毕竟不是长久之计，公司其他 ERP 项目也正在计划陆续实施，总裁对这个项目投入的精力也将越来越有限。因此，这个项目经理到底该怎么当？级别、权责问题如何处理？沟通、协调工作如何开展？项目管理方法如何改善？这些问题都是迫切需要解决的，而这一切也都将直接影响着梁石未来的发展……

案例分析

现代的组织权变理论的核心观点是没有任何一个组织模式是万能的。组织模式没有好坏之分，只有合适与不合适。S电梯公司e-Logistics项目之所以陷入困境，就是因为没有选择适合项目的组织模式，于是产生了一系列问题。

文中虽没有直接提及e-Logistics项目的组织模式，但是该项目的组织模式可以通过分析确定。首先，项目组织结构分为核心层、中间层和外延层三个层级，处于核心层和中间层的团队成员虽为全职，但人数有限，其他大多数团队成员均为来自职能部门的兼职人员，受职能部门和项目经理双重管理管理。所以，该项目组织结构主体是矩阵制。在该矩阵制中，明显看出项目经理梁石对来自各职能部门的团队成员命令权十分有限。而职能部门经理的权力远大于梁石，项目经理更多地起到协调各部门工作的作用。因此，e-Logistics项目实际使用的是一个弱矩阵的组织模式，如图24-9所示。

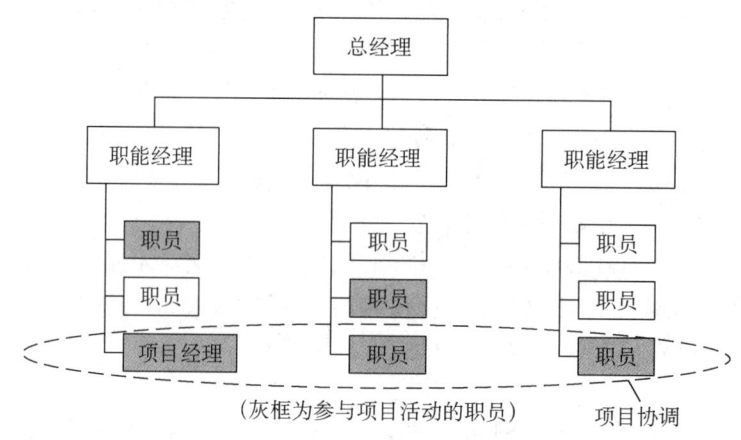

图24-9　e-Logistics项目组织结构模式

弱矩阵是以职能为导向，保留了较多的职能型组织结构的特点。项目团队中的成员主要服务于各职能部门，只是临时性地从事项目工作。所谓的项目经理充当的是项目协调者和监督者的角色，在资源分配及项目管理方面并无特权。因此，弱矩阵结构比较适用于规模较小、偏重技术、优先级较低的项目。

而S电梯公司e-Logistics项目的特点与弱矩阵项目恰恰相反。首先，e-Logistics项目战略地位非常高，它是OTIS集团的全球子公司ERP整合战略规划的一项重要组成部分，关系着公司和集团未来的发展。此外，该项目的项目工期十分紧张，要求在一个季度内将10个最新的产品使用新系统实施上线，实施完成难度高。每个产品均涉及多个部门的协作，也使项目的沟通管理显得非常复杂。

如此一个项目使用了弱矩阵的组织模式时必然产生如下的问题：

（1）管理者权责不对等。在一个重大项目中，作为整个项目的总负责人，项目经理肩负着圆满完成项目的责任，其最了解项目情况，也最有动力推动项目前进。但是，弱矩阵组织模式没有赋予其足够的权力调用资源来解决项目问题，反而权力分散在各职能经理手中。而职能经理并没有完成项目的压力，也无法全面地了解项目情况，面对一些项目问题，他们常缺乏动力去解决，并且当涉及自身利益时，可能会以损害项目整体利益为代价。

在 e-Logistics 项目中就发生了这类因权责不当引起的事故。当采购部和研发部的绩效产生冲突，职能经理只关注部门利益，没有大局意识，甚至以项目进度拖延为代价。项目经理梁石则只能采取协调的方法，收效甚微，工作效率低下，资源消耗于不产生价值的协调过程中。并且也造成了项目缺乏驱动力，致使项目进度超期，成本超支，项目经理缺乏威信和权力地位。

（2）多头领导。项目成员处于"多头领导"的状态。在矩阵系统中，通常存在两条命令链，一条顺着职能线下达，另一条是根据项目线下达。e-Logistics 项目成员又都是从各个部门抽调出来的，因而，项目经理和原职能部门负责人对于参加项目的人员都有指挥权。很多时候，项目成员至少需要接受两个方向的领导，这种人员上的双重管理很容易造成指令矛盾、行动无所适从等问题。显然，只有项目经理与职能部门负责人密切配合时，工作才能顺利展开。

（3）项目经理权力弱化。该项目中，职能部门的命令明显强于项目命令。项目团队成员主要受职能部门主管的领导，梁石对成员的工作主要起到监督和指导作用。一旦项目经理命令与职能部门经理有冲突，团队成员通常会服从职能部门的命令，这也直接导致了项目问题迟迟无法解决。

（4）沟通不畅。梁石在担任该项目的负责人之前只担任过部门的初级经理，主要负责技术，而管理经验较为匮乏。在一个矩阵制结构中，项目经理的工作一定涉及大量的协调。案例中问题的产生一个重要原因在于部门之间沟通不顺畅。研发部门和采购部门之间存在利益冲突，主要来自误解，但双方迟迟未进行过信息的交流。而公司总经理只作为信息的媒介介入事件中，就使事情得到了转机，证明了沟通的重要性。项目经理梁石需要为此负主要责任。

综合来看，在现有的三层组织结构不变的情况下，该项目使用强矩阵的组织模式更为有效。因为 e-Logistics 项目优先级非常高，需要集中资源来完成。而项目经理对该项目的责任最大，对项目有全面深入的了解，也有充足的动力完成项目。因此，项目经理应获得足够的调动资源的权力。强矩阵模式恰好关键地解决了该项目权责不对等的问题，赋予项目经理更多的权力来管理资源。强矩阵也在部门协调和沟通中赋予了项目经理一定的威信。

除了组织结构方面的变化，e-Logistics 项目还可以对项目经理的人选进行调整。公司高层管理者可以考虑任命职位更高、管理经验更丰富的职员作为该项目的经理，梁石可以作为助手协助工作。该变动会在一定程度上提升协调和沟通的效率和效果。

本案对应章节及知识点如表 24-16 所示。

表 24-16　　案例对应章节及知识点

案例内容	对应章节	知识点
• 项目组织结构建立的依据	3.1.2 组织理论的发展 3.2 项目组织结构 3.2.3 影响项目组织结构选择的因素	——现代组织理论阶段 ——权变理论 ——PMBOK：项目组织结构对项目管理的影响
• e-Logistics 项目弱矩阵组织模式	3.2.1 项目组织结构的基本模式 3.2.2 不同组织结构的比较	——弱矩阵组织模式的优点与缺点 ——弱矩阵组织模式的使用条件
• 弱矩阵组织模式	3.2.1 项目组织结构的基本模式	——强矩阵组织模式的优点 ——强矩阵组织模式的使用条件

24.10 案例10 梅赛德斯-奔驰汽车4S店的标准化项目管理

1) 案例背景

由于汽车4S店网络发展的需要,奔驰厂家计划在全国各个城市授权地方经销商建设上百个梅赛德斯-奔驰的4S店,其目标是达到奔驰厂家建设标准,符合品牌形象,实现和宣传品牌效应。在一定时期内,多个4S店同时建设形成了梅赛德斯-奔驰4S店多项目管理。随着梅赛德斯-奔驰4S店网络的飞速发展,奔驰厂家在多项目运作过程中面临多种问题困扰:

(1) 对于奔驰厂家而言,前期开发过程需要市场拓展部、建设管理部、后期运营部等各个部门的协同工作。如何对各部门的工作界面进行更有效的管理,如何实现信息的无缝交流,领导如何快速全面了解处于各个不同阶段的项目发展和运营情况,是摆在奔驰厂家管理层面前的棘手问题。

(2) 虽然奔驰厂家有一套统一的企业标识(CI)标准,但要体现在梅赛德斯-奔驰4S店建设中必然涉及建筑、结构、装饰和工业设计等专业,并且在实施过程中及时进行调整和更新,而奔驰厂家都缺乏了解相关专业的管理人员。

(3) 梅赛德斯-奔驰4S店建设项目数量众多,分散在全国各地,同时开展的项目常常达到几十甚至上百个。相对有限的管理人员和成本,奔驰厂家在建设过程中难以实现对各个项目的建设质量、进度、CI标准的有效控制。

为了更好地解决上述问题,奔驰厂家开始考虑引入专业的项目管理公司PMC(Project Management Company)来进行汽车4S店项目管理。考虑到KZCPM公司具有专业的汽车行业建设管理经验,奔驰厂家于2006年委托KZCPM全面管理梅赛德斯-奔驰全国4S店的建设管理。

KZCPM分析发现,梅赛德斯-奔驰4S店网络属于多项目管理,奔驰厂家与各个4S店项目之间的工作协同和管理协调所占比重大,需要合理的组织设计;各项目相似度高使得工作和管理流程标准化成为可能;4S店地域分散性强、项目参与方数量众多,需要进行远程监控,并对工作和管理流程标准化设计完成后的项目实施效果进行评价,因此,项目信息管理制度化是一项非常重要的工作。为此,KZCPM主要从以下三个方面开展梅赛德斯-奔驰4S店的项目管理工作。

2) 4S店项目管理整体组织结构设计

KZCPM项目管理团队首先建立了4S店项目管理的组织结构基本框架,并可以根据当地项目建设的环境和特点、最终参与单位的确定等对其进行动态调整。最终,在管理层次维度上,项目管理的组织结构分为决策层、控制层和实施层,如图24-10所示。在时间维度上,包括单个4S店从项目启动到项目竣工验收的建设全过程,如图24-11所示。同时,明确了组织中各个角色的任务分工。

3) 建立清晰的标准化工作流程

在进行了各层次的组织结构设计及任务分工后,KZCPM项目管理团队初步建立了4S店项目管理的整体工作流程,有利于明确各项管理工作之间的逻辑关系,从而保证各个4S店项目管理的顺利推进,具体如图24-12所示。

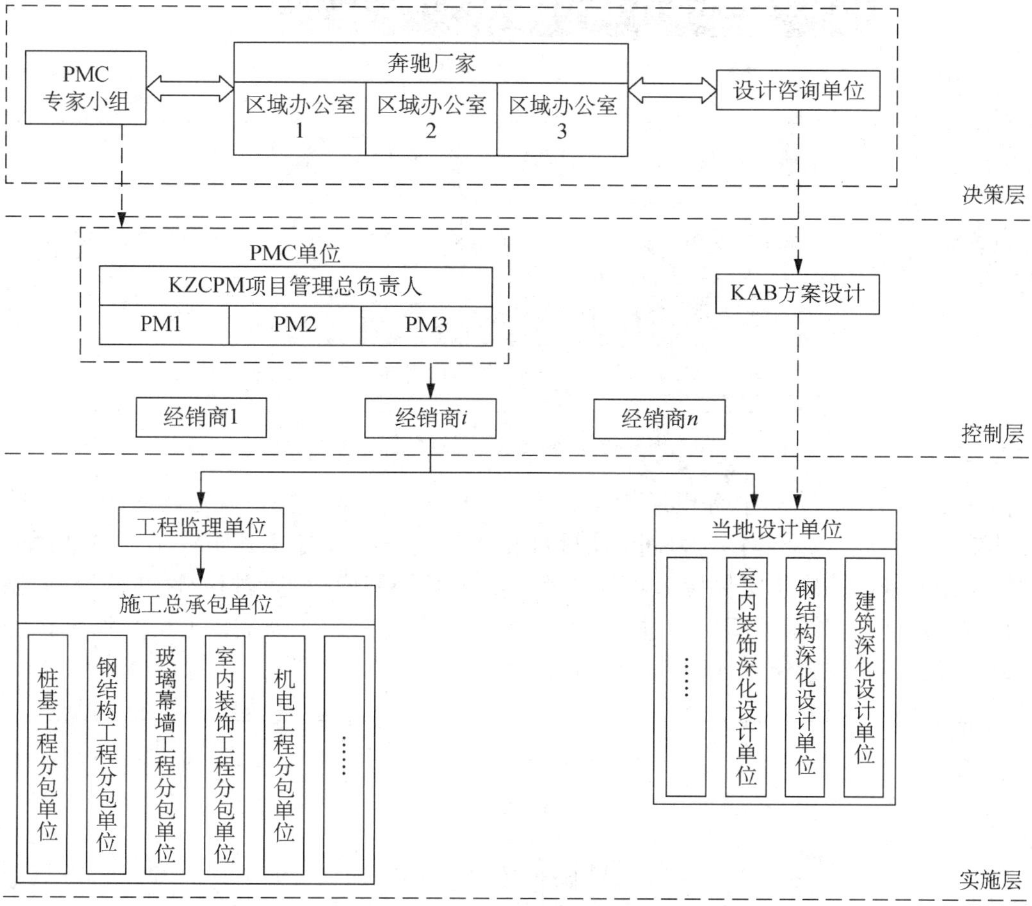

图 24-10 梅赛德斯-奔驰 4S 店项目管理组织结构的层次维度

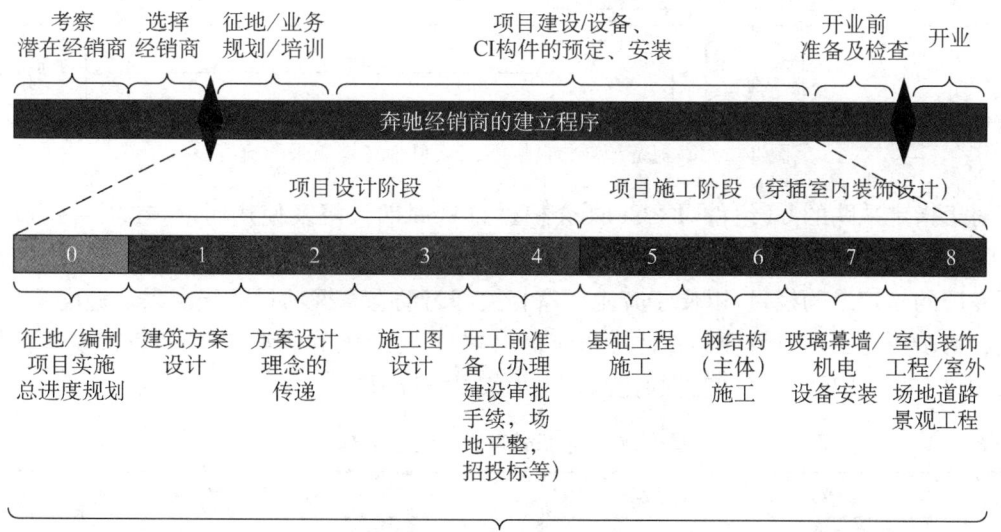

图 24-11 梅赛德斯-奔驰 4S 店项目管理组织结构的时间维度

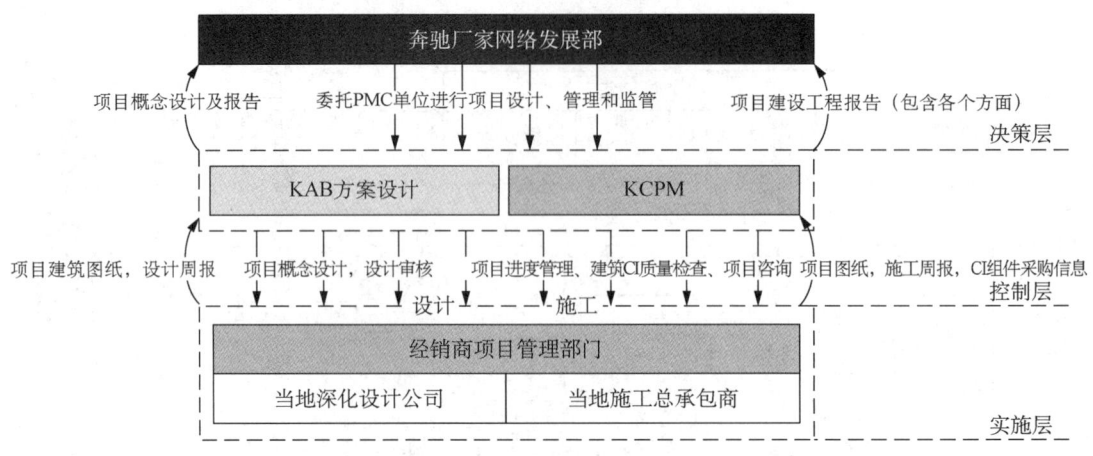

图 24-12　梅赛德斯-奔驰 4S 店项目管理工作流程

梅赛德斯-奔驰 4S 店中有相当部分设备及组件是需要采购统一或定制的产品,采购管理尤其重要。因此,以采购管理为例说明标准化工作流程。首先,KZCPM 项目管理团队与奔驰厂家相关部门确定指定供应采购的产品种类及其经销商信息等指导性文件,然后制订项目指定采购流程,并根据项目的进展督促经销商订购项目竣工所需的 CI 组件,具体的奔驰经销商项目指定采购流程如图 24-13 所示。

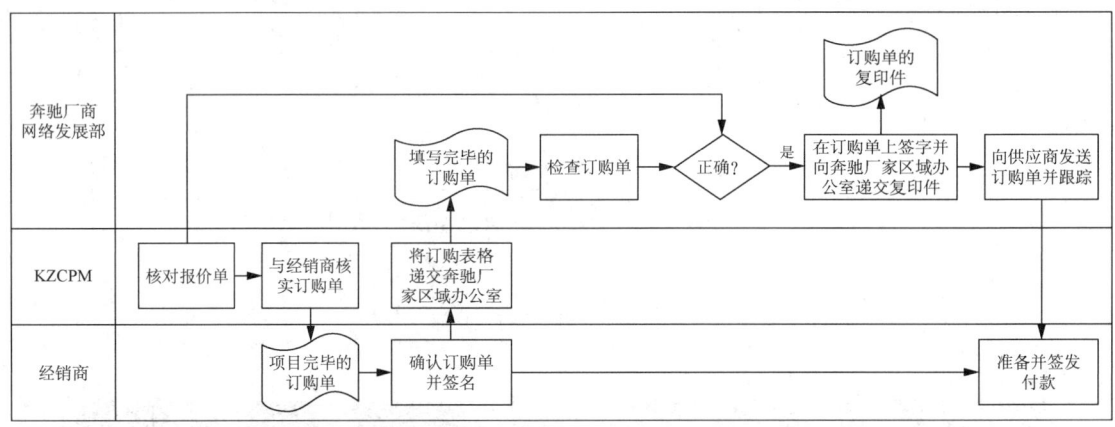

图 24-13　梅赛德斯-奔驰 4S 店项目中经销商采购流程

对于指定采购的 CI 组件,KZCPM 会根据订货周期长短及使用时间,在项目建设的不同阶段适时督促经销商进行采购,并对订货的规格、数量等进行审核。此外,在周报表上设置了专门的指定采购栏目,以便于奔驰厂家相关部门动态掌握项目的指定采购进度。

在初步建立了项目管理的整体工作流程后,有必要细化单个 4S 店项目管理实施的控制节点。单个 4S 店项目管理实施的控制节点如表 24-17 所示。

表 24-17　　　　　　　　　　单个 4S 店项目管理实施的控制节点

序号	控制节点	节点实施控制方	控制节点的实施
1	项目启动	KZCPM /KAB	召开项目启动会议
2	建筑方案设计交底	KAB	召开建筑方案设计交底会议

续表

序号	控制节点	节点实施控制方	控制节点的实施
3	建筑施工图设计审核和意见落实	KAB	签发建筑施工图设计成品校审单,如有必要,举行建筑施工图设计意见落实会议
4	建筑施工图设计交底	KZCPM/KAB	召开建筑施工图设计交底会议
5	项目建设开工	KZCPM	当地经销商向 KZCPM 上报项目开工报告书
6	室内装饰方案设计交底	KAB	召开室内装饰方案设计交底会议
7	室内装饰设计施工图审核和意见落实	KAB	签发室内装饰施工图设计成品校审单,如有必要,举行室内装饰施工图设计意见落实会议
8	钢结构施工前的检查	KZCPM	现场检查是否具备钢结构施工条件,签发项目管理巡查检查表
9	主体结构巡查	KZCPM	现场检查钢结构施工进度,钢结构与玻璃幕墙的连接,钢结构安装重要部位,签发项目管理巡查检查单
10	室内装饰施工图设计交底	KZCPM/KAB	召开室内装饰施工图设计交底会议
11	室内装饰工程开工	KZCPM	当地经销商向 KZCPM 上报室内装饰工程材料封样清单和封样材料样本
12	室内装饰工程开展一个月后的检查	KZCPM	现场检查室内装饰工程施工进度、装饰隐蔽工程状况是否具备表面材料的安装条件,签发项目管理巡查检查表
13	室内装饰工程开展一个半月后的检查	KZCPM	现场检查室内装饰工程施工进度,对比表面材料是否与封样样本符合及是否符合 CI 标准,签发项目管理巡查检查表
14	建筑工程预验收	KZCPM/KAB	召开项目竣工预验收会议,项目参与各方签发预验收交接单
15	项目竣工验收	奔驰厂家	召开项目竣工验收会议

由于梅赛德斯-奔驰 4S 店具有地域分散,项目参与方数量众多等特点,对单个 4S 店项目进行管理主要借助于互联网以及电话等远程通信手段来进行。但是要对项目进行全面的监控,确保项目建设效果,仅仅通过远程报表和沟通是远远不够的。对此,在项目管理的关键控制节点上采用项目会议和现场检查是一个有效的管理手段。

考虑到梅赛德斯-奔驰 4S 店地域分布广,而项目建设标准统一性要求高,KZCPM 项目管理团队在进行了上述汽车 4S 店项目管理的整体组织和流程设计,并确定了项目管理实施的控制节点后,编制了梅赛德斯-奔驰 4S 店项目管理实施手册,用以规范梅赛德斯-奔驰全国 4S 店的项目管理,并成为各个项目参与方必须遵守的文件。

4)标准化项目信息管理

由于梅赛德斯-奔驰 4S 店存在空间上分散、建设时间不一致等特性,KZCPM 制订了项目信息管理流程和制度,及时收集各个项目的工程信息并进行分析处理,形成了系统的报告制度、信息管理制度、文档管理制度等,并搭建了互联网信息技术平台,来实现项目管理过程控制的效果评估和整体管理。

KZCPM 首先制订了梅赛德斯-奔驰 4S 店项目信息管理流程,如图 24-14 所示。据此建立远程监控系统,定期向各个项目收集全面反映工程项目进度、质量等执行情况的报告,及时向奔驰厂家汇报,并向各个项目传递相关反馈信息。

为了使经销商能够迅速且便利地编写和提交项目报告及文件,保证项目文件收集信息的准确性,提高 KZCPM 信息处理的工作效率,方便奔驰厂家相关部门更迅速地获取项目进展信息,有必要建立项目信息管理制度,尤其是在项目信息管理中采用标准的文档格式。

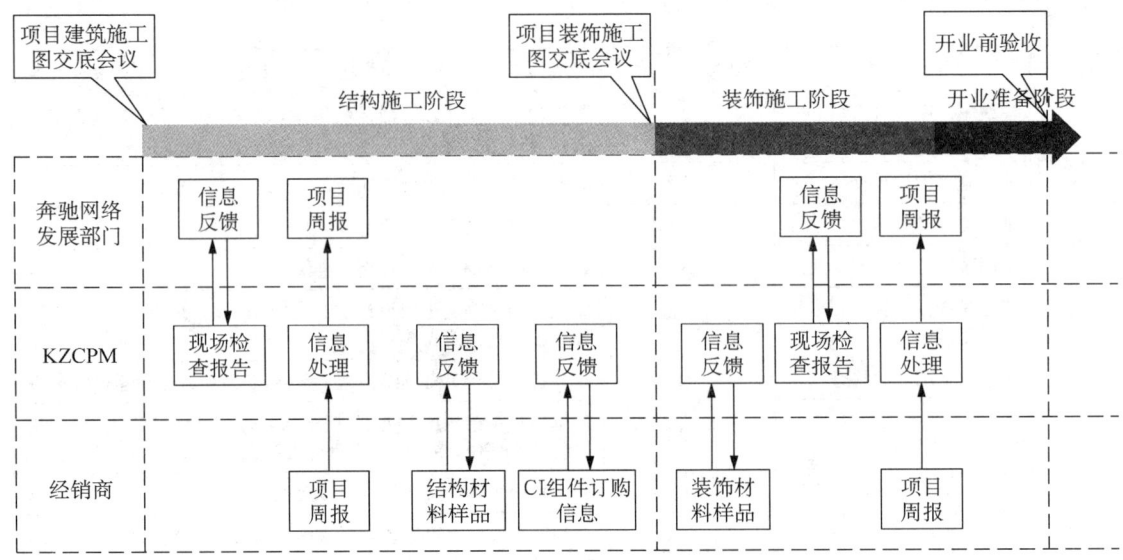

图 24-14　梅赛德斯-奔驰 4S 店标准化项目信息管理流程

（1）为了便于标准文档信息的管理，KZCPM 首先建立了项目文档信息的标准化编码体系。信息分类采用四位编码，如图 24-15 所示。其中前两位表示信息大类，后三位表示信息类。信息大类第一位表示信息总分类，第二位表示子分类，信息子类由三位组成。

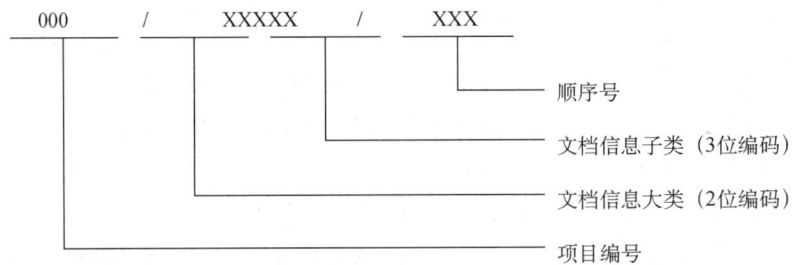

图 24-15　信息文档的标准化编码体系

在项目文档信息编码体系建立后，可以对各类标准文档信息进行分类编码，如：项目经理函为 000/HJPM0/000，会议纪要为 000/HYXXX/000，预验收交接单为 000/YYXXX/000 等。

（2）为了便于实施梅赛德斯-奔驰 4S 店项目全过程管理，KZCPM 制订了下列主要信息管理标准化文档。

- 项目管理周报
- 会议纪要
- 项目经理函
- CI 组件订购检查表
- 项目现场检查行程单
- 项目现场检查表
- 施工图设计校审单
- 预验收申请表
- 其他标准格式

（3）建立项目定期汇报制度。项目定期汇报制度主要包括经销商向 KZCPM 汇报制度和 KZCPM 向奔驰厂家汇报制度两个部分，并分别对汇报内容、汇报频度、汇报方式与时间及汇报附件等方面进行了规定，以便 KZCPM 和奔驰厂家能够迅速准确地获取各个项目进展信息。

除了定期汇报报告以外，KZCPM 还会非定期向奔驰厂家相关部门提交项目阶段性及年度工作汇报、各个项目竣工资料汇编、其他与 4S 店项目管理有关的非定期函件等。作为单个 4S 店建设项目的总结归档，KZCPM 通常会在项目竣工验收后三个月内整理完成该项目竣工资料汇编，并以书面和电子文档形式提交奔驰厂家相关部门。

（4）针对梅赛德斯-奔驰 4S 店的项目信息管理，KZCPM 开发了 ACP 项目管理信息中心，基于互联网技术的信息管理平台，实现了项目建设管理过程中信息文档处理的电子化和网络化，提高了项目信息沟通和管理的效率。项目管理信息中心的主要功能包括项目报告、项目图纸资料、照片资料等项目信息文档的上传和下载，项目信息文档的在线检索等。

（5）作为一种高度标准化的多项目管理，梅赛德斯-奔驰 4S 店项目在设计、施工、材料、家具上都有专门的标准，且可复制性较高，因此知识管理是做好此类项目管理的关键。KZCPM 项目管理团队设计了项目知识管理库，包含项目知识库和项目资料库两部分的信息，如表 24-18 所示。

表 24-18　　　　　　　　　　　项目知识管理库的标准化信息构成

项目知识库	标准图集	标准图库	项目常见问题汇总	项目标准文档模板	项目管理手册	
项目资料库	项目图纸	项目照片	项目周报	项目检查表	CI 组件订购列表	项目竣工资料

通过建立项目管理手册、项目管理组织与流程、信息管理制度等可重复可传授的指导性文件及制度，充分利用项目信息管理平台提炼和书面化地储存项目管理中的经验进而形成知识，可以螺旋式提高 KZCPM 项目管理团队的知识和能力，从而不断提高项目管理水平，降低管理运营成本。

本案对应章节及知识点如表 24-19 所示。

表 24-19　　　　　　　　　　　案例对应章节及知识点

案例内容	对应章节	知识点
• 梅赛德斯-奔驰 4S 店项目集实施组织结构 • 梅赛德斯-奔驰 4S 店项目集管理工作流程	1.3.3 项目集管理的组织结构 1.3.4 项目集管理活动 3.2 项目组织结构 3.5 项目管理办公室	——项目集管理的组织结构 ——项目集管理的时间维度 ——项目集管理的层次维度 ——基于 WBS 的项目管理定位 ——项目管理办公室的职能
• 梅赛德斯-奔驰 4S 店项目集的协同管理	1.3.4 项目集管理活动 12.3 项目沟通管理方法	——项目集管理与项目管理的区别 ——项目集与多项目的区别
• 梅赛德斯-奔驰 4S 店项目集知识管理	1.3.4 项目集管理活动	——项目集管理与项目管理的区别

24.11　案例 11 中国电信××公司业务支撑系统(BSS)项目集管理

1) 案例背景

面向客户服务和市场营销的业务支撑系统(Business Support System, 简称 BSS)是中国电信××省公司(以下简称"××电信")建成新一代企业信息化综合平台(CTG-MBOSS)的重要组成部分,是提升企业业绩的重要保障。它由客户关系管理(Customer Relationship Manage,简称 CRM)、计费、结算和营销分析四个系统组成,各个系统分别包含着多个功能域。各系统之间的衔接关系如下:

CRM 系统与计费系统的衔接关系。CRM 和计费是 BSS 中两个重要的应用系统。CRM 是与客户交互的统一界面,承担客户资料的整合和统一客户接触的职责。计费系统负责全业务计费和账务处理,负责所有与客户账务有关的处理操作。CRM 系统和计费系统间主要存在数据、流程功能两个层面上的衔接关系。CRM 和计费在数据衔接主要表现在 CRM 和计费系统间大量的公共数据共享,例如计费系统和 CRM 系统要对客户资料类、产品类、地域类等公共信息进行共享。这种数据共享一般采用数据库共享方式实现。由于业务处理的需要,很多前端的业务流程功能需要 CRM 和计费系统共同完成,例如客户评估、产品配置管理、费用争议处理和停复机等方面流程与功能的分工与协作。

CRM/计费系统与营销分析系统的衔接关系。营销分析系统是前端重要的分析型应用,主要负责数据分析相关处理、管理和查询的支撑。CRM、计费结算系统等业务系统向营销分析系统提供分析所需各类主题的基础数据。营销分析和 CRM/计费系统之间,主要有数据和界面两种衔接。数据衔接表现在 CRM 和计费系统为营销分析系统提供客户资料、产品资料、通话详单、账单、缴费销账情况和结算结果等数据。营销分析系统将客户分析的结果返回到 CRM 和计费系统,例如客户分群结果等。营销分析系统通过界面集成的方式,直接为 CRM/计费系统提供分析结果或者简单的分析功能。从 BSS 各系统间衔接关系看,BSS 系统内的基础系统间存在着很强的关联关系。

但是,××电信的 BSS 运营过程中存在着项目组间缺乏协调机制、项目进度难以保证、系统稳定性差、需求响应和处理速度慢等问题,因此需要对 BSS 下的基础系统进行新增和升级改造。但如上所述,BSS 系统内的基础系统间存在着很强的关联关系,因此在系统建设和运营维护过程中,如何保证在某个基础系统发生变动时,与之关联的基础系统能保持服务稳定性,从而顺利实现 BSS 的建设远景目标,这是必须重点考虑的问题。而运用项目集管理无疑是最积极有效的解决方法,它可以通过协同作用,达到有效利用资源,提高效率的目标。

2) 项目集管理组织结构与协作沟通

××电信将项目集的组织结构分为两个层次,即项目集管理办公室和项目集团队,两者之间是上下级的关系,即项目集团队由项目集办公室任命,其工作接受项目集管理办公室的管理。

BSS 管理办公室作为××电信的正式部门,有相应的管理人员,主要工作是建立和改进项目集实施的流程和规范,维护辅助信息系统。在具体项目集实施过程中负责接收需求,选择合适的人员或部门完成需求评审,组织和监控项目集实施,对项目集成果负有直接责任。项目集团队执行根据需求完成项目集实施,实现需求所提出的功能要求的任务,并对项目集的成果负责。因此,项目集团队组建和管理方式会直接影响到项目集能否成功。项目集团队的基本组织结构如图 24-16 所示。

在项目集的生命周期中,从计划阶段到收尾阶段,项目集的实施都是由项目集团队负责。在这个过程中,项目集经理主要负责对项目间的关系进行协调,对项目进度进行监控,协调与干系人的关系,处理项目所不能解决的风险和变更,并保证最终交付物符合预期。项

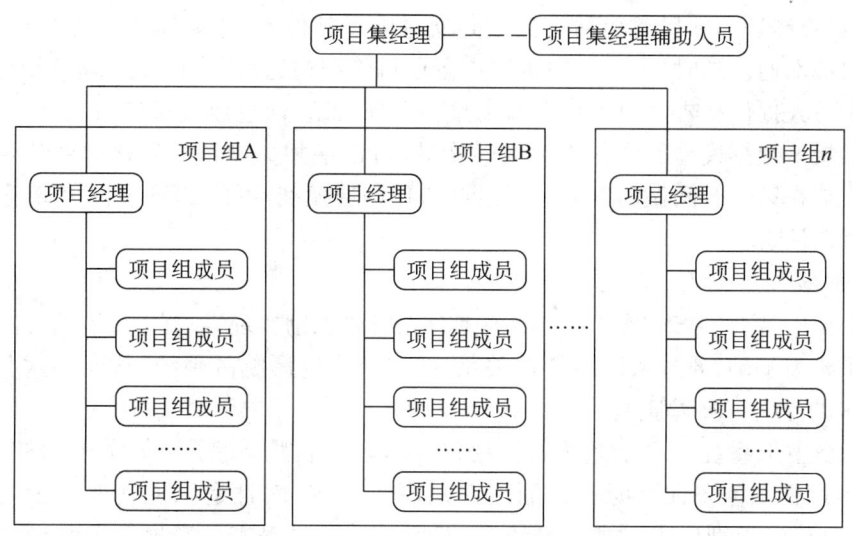

图 24-16　项目集团队组织结构图

目经理负责本项目的进度和最终交付物符合项目集对其的要求,并控制和处理在本项目范围内的风险和变更。

图 24-17 所示是假设在 BSS 一次项目集实施中,所包含的系统分别属于多个供应商的情况下构建的协作沟通模型。对于其他情况,则可根据项目集下所包含项目的实际情况和项目集团队的组成方式,对这个模型进行必要的改变。

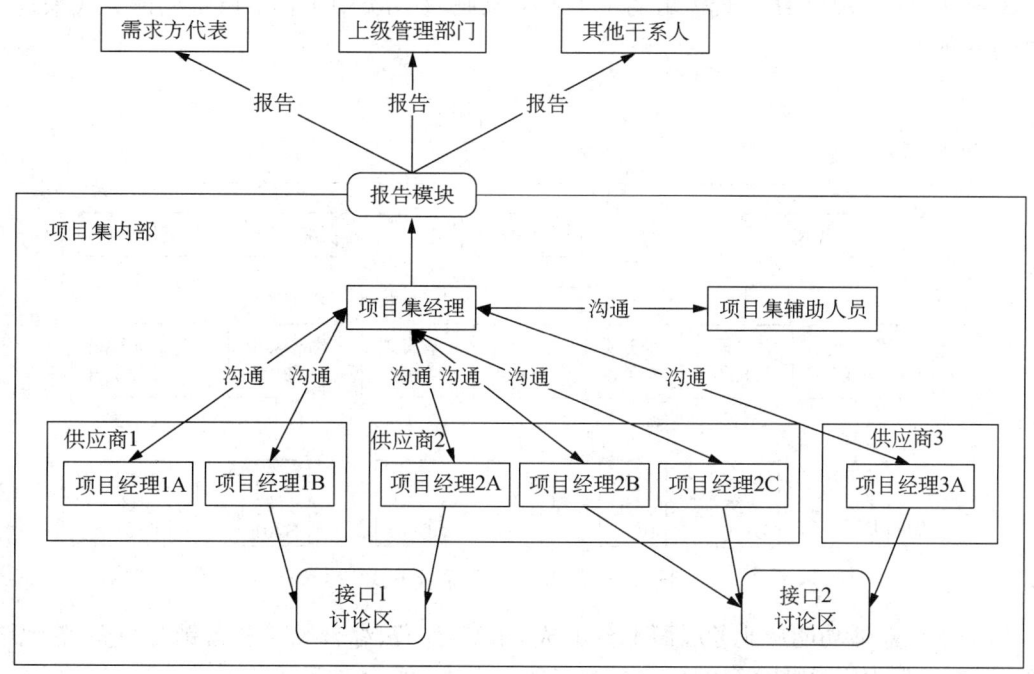

图 24-17　项目集协作沟通模型图

如前文所述,项目集经理的绝大多数时间都用于与团队成员和其他干系人的沟通,这些成员或干系人可能是来自组织内部(位于组织的各个层级上)或是组织外部。如图所示,项目经理、项目集经理和项目集辅助人员之间通过电子邮件、工作流模块等进行正式沟通,这属于项目内部沟通。同时,本模型中也存在着项目外部沟通,即项目集经理负责通过报告模块向各个干系人提供报告。对于存在着衔接关系项目组,通过建立接口讨论区,以便于接口项目组间对接口数据模型的变化进行及时沟通,可以使相关项目组对接口变化可能对本项目进度的影响在第一时间做出判断。通过此协作沟通模型,可使 BSS 项目集管理更加高效,同时减少资源浪费。

3)识别项目集范围

在本案例中,定义 BSS 项目集实施范围首先需要识别实现需求的系统,即主干系统。然后以主干系统为基础,通过系统间衔接关系,找出所有受影响的系统,从而将这些系统作为实施的整体进行统一协调管理。

(1)识别主干系统。主干系统直接决定项目集交付物,是项目集实施的核心部分,在项目集实施过程中需要在资源等方面享有最高优先权,而且是识别其他受影响基础系统的基础,需要首先识别出来。主干系统有两种情况,一种是需要新增一个基础系统来实现需求,另一种是已有基础系统增加功能模块或改变自身部分或全部功能模块来实现的需求。

新增基础系统本身就完成了需求的全部功能,因此根据需求,通过辅助信息系统的 BSS 基本信息模块确定其服务方系统,将这些系统纳入本次项目集范围。然后其客户方系统可以作为主干系统,经过以下几个步骤找出所有受其客户方系统影响的基础系统,也将这些基础系统纳入本次项目集范围。

对于由已有基础系统实现需求的主干系统识别,采用类似工作分解结构的方式来进行,分析方法如图 24-18 所示。

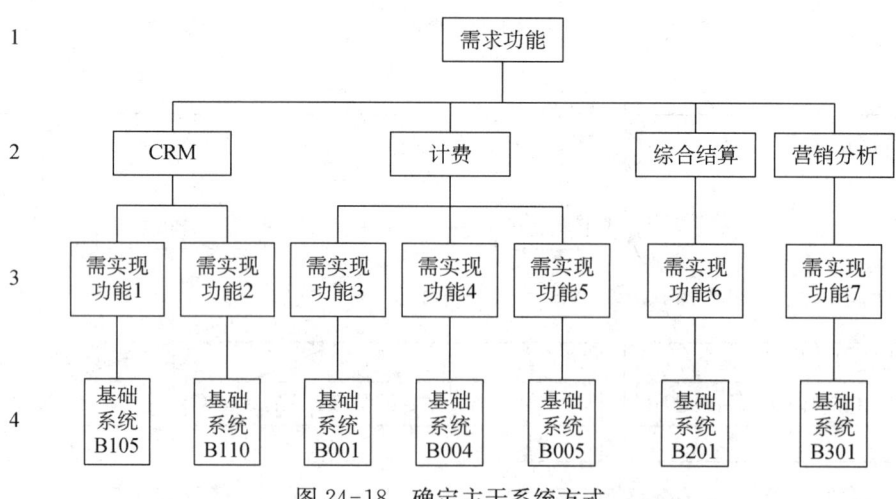

图 24-18　确定主干系统方式

将需求的总体功能从业务层面上分解成 CRM、计费、综合结算和营销分析系统所需实现的功能,然后根据这些分解的功能寻找实现相应功能的基础系统。

(2)识别衔接系统范围。通过辅助信息系统的系统衔接关系图,可以找出主干系统之间的衔接关系,然后将每个主干系统要实现的功能需求和其相关的衔接关系交给主干系统的专家进行评估,得到每个主干系统实现功能需求的技术难度和所需的资源,制订出实现需求的初步计划。同时确定为实现需求，主干系统衔接关系的接口是否会发生变化，然后要求各主干系统的供应商将自己的评估结果上交给 BSS 管理办公室。BSS 管理办公室将根据主干系统与非主干系统衔接关系是否会发生变化为依据，进行下一步工作。

（3）识别非主干系统。通过上一步骤，可以找到第一层受本次需求影响的非主干系统，然后根据这些非主干系统的衔接关系，去识别所有的非主干系统，这又分为两种情况：

一种是这个非主干系统是主干系统的服务方系统，则沿着对这个服务有影响的衔接关系一直找到顶级的服务方系统，并将主干系统的需求发给所有这些基础系统的专家，从而确定哪一层的服务方系统需要变更以提供主干系统所需要的服务，则其以下直到主干系统的非主干系统以及其他受到这个服务方系统变更影响的基础系统，都将被纳入成为本次项目集实施的范围内。

另一种是这个非主干系统是主干系统的客户方系统，则需要向下一层一层确定受到影响的非主干系统，并将所有受影响的非主干系统纳入成为本次项目集实施的范围内。

经过这三个步骤后，可以确定本次项目集实施影响到的具体基础系统数量和工作量，以及所需的资源情况。

4）项目集进度计划

项目集进度计划的制订方式是根据各系统项目组制定的初步进度计划，结合这些项目之间的衔接关系，对项目组计划进行调整。如，客户方系统的接口模块开始时间应晚于服务方对接口的设计完成时间、建议客户方系统项目组将接口模块的开发计划从关键路径中移开等，各项目组根据本系统的实际情况重新制订进度计划，调整各项目中模块进度计划以及开始时间。项目集经理根据各项目组最终的进度计划完成项目集总体进度计划。制订进度计划可以使用 MS Project 等项目管理工具软件来帮助完成。

图 24-19 是一次项目集总体计划的示例。B105，B110 是 CRM 的两个基础系统，是主干系统，代表了两个项目。其中 B105 是为了实现客户管理而开发的基础系统，B110 是为实现客户交互而开发的基础系统。B001 是计费的其中一个基础系统，也是主干系统，代表了一个项目，为实现计费数据处理而开发。B003 为非主干系统。这四大系统作为一个项目集进行进度管理。

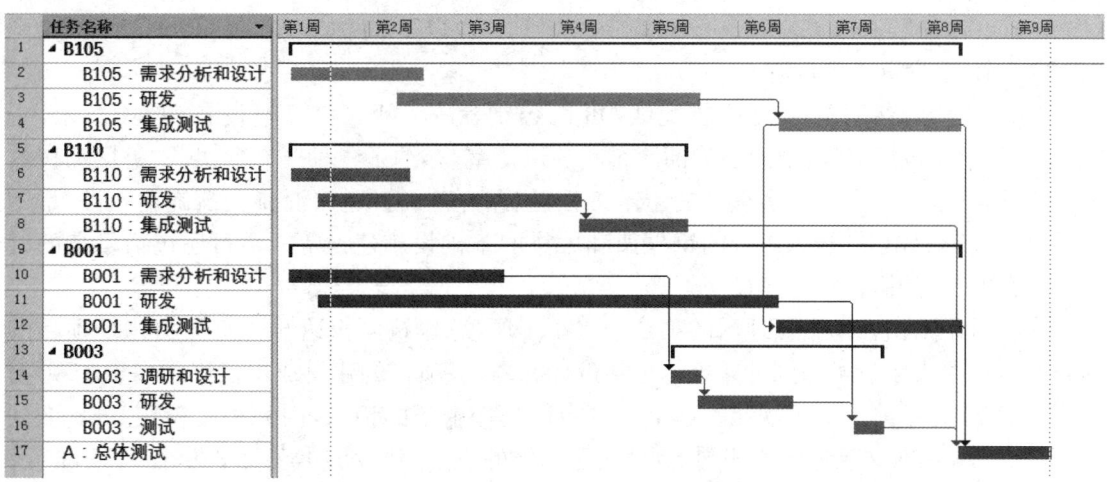

图 24-19　项目集总体进度计划示例（顶层）

在编制进度计划时，如案例背景中所提到的，需要考虑 CRM 和计费系统之间存在着相互衔接的关系。B105 客户管理系统在研发完成后，需要等待 B001 计费数据处理系统研发完成后才能开始集成测试，如图 24-19 中第 6 周中所示。另外，计费数据处理系统的集成测试也会与客户管理系统同时进行，并同时结束，因为客户管理系统全过程都涉及费用，两系统同时进行集成测试能相互及时反馈。

B003 为非主干系统，但是由于它是 B001 的客户方，与 B001 有数据衔接关系，但是改动量不大，因此，它的开始可以在 B001 的这个数据接口在研发完成后开始。此案例进度计划的制定体现了项目集整体管理的思想。

本案对应章节及知识点如表 24-20 所示。

表 24-20　　　　　　　　　　　案例对应章节及知识点

案例内容	对应章节	知识点
• CRM、计费、结算和营销分析四系统间的相互衔接关联	1.3.1 项目集管理的基本概念	——项目集的定义
• ××电信项目集的组织结构分为项目集管理办公室和项目集团队两个层次	1.3.3 项目集管理组织结构	——项目集管理组织结构的建立与核心 • 项目集管理办公室
• BSS 项目集过程中协作沟通模型图	12.3 沟通管理办法	——团队沟通方式 • 口头、书面、电子媒介 • 内部沟通、外部沟通
• 识别项目集范围的主干系统和非主干系统 • BSS 项目集进度计划编制	1.3.4 项目集管理活动	——项目分解结构——层次维度 • 采用类似 WBS 的方法 ——项目集管理过程——时间维度 • 计划和执行过程

24.12　案例 12 本田斯文顿新工厂建设项目管理

2001 年 9 月，本田公司在处于欧洲的英国斯文顿地区（Swindon）完成了新工厂项目（Construction of Honda's New European Car Plant，以下简称 NEP 项目）的建设，如图 24-20 所示，总投资 1.3 亿欧元。

NEP 项目拥有一条巨大的装配线，可以容纳汽车、职工和机械设备，长 400 米，宽 125 米，其中还包括深沟、中间层和油漆车间的地下室，容纳了各种复杂的工艺、机械和机器人。因此，该项目包含了许多重型的土木工程，如深开挖、钢板桩、混凝土螺旋钻孔桩、重钢筋混凝土基础、带有悬挂传送带的钢框架和大量的基础设施建设等。项目还包括复杂的机械、电力和工艺的服务设施建设。

该项目是本田在斯文顿地区的第二个汽车工厂，总建筑面积达 50 000 平方米。项目的建设和管理给人留下了深刻的印象。包括设计在内，该项目的建设成本仅仅稍多于 3 500 万欧元，相当于每平方米 701 欧元。这个关键指标是一个新的记录，因为相比较在 1988 年到 1992 年之间，在斯文顿地区的相同地点、几乎同样的工厂，建设成本在每平方米 1 173 欧元。而且在 1998 年最初成本估算时，大多数英国和日本公司都认为成本应在每平方米

图 24-20　本田斯文顿新工厂

800~1 000 欧元的范围内。当本田在全世界修建类似工厂时,它就如同其汽车制造成本一样,也设立了自己的建筑费用标杆。更为重要的是,这种进步并没有以削减建筑功能为代价,也并没有减少承包商(供货商)的利润。

本田之所以能够在建筑行业中取得如此巨大的成功,是因为他们把在汽车工业中合作、开放和沟通的项目文化带到了建筑业中,实现了良好的进度和投资效果。本田公司"One Team One Goal"(同一个团队,同一个目标)的项目文化,实现了 NEP 项目的增值。

1) NEP 项目的组织结构与核心文化

(1) 组织结构。在 NEP 项目中,本田有效地扮演了业主和项目经理的角色,并且利用了大量的外部支持,用在被认为是缺乏专家和资源的领域。该项目的组织结构如图 24-21 所示。

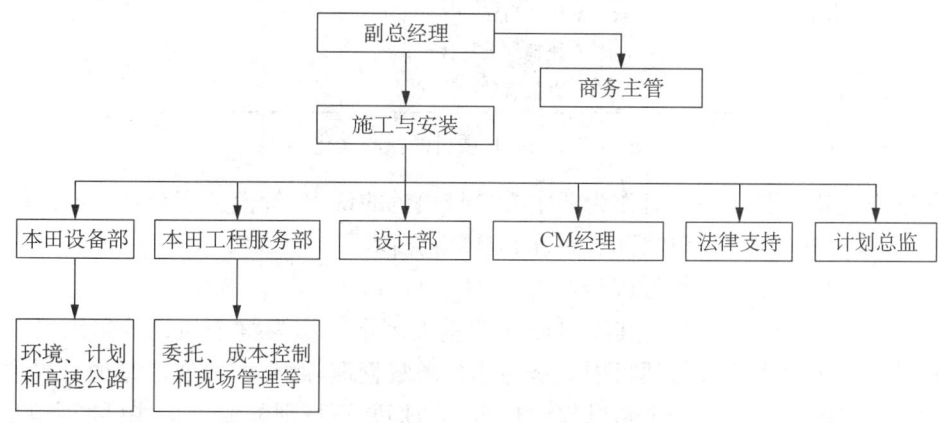

图 24-21　本田 NEP 项目的组织结构图

(2) CM 经理的选择。本田公司的战略是尽早地确定建设项目经理,从而可以和设计队伍共同工作,从价值工程和可建造性两方面对设计过程起到好的作用。因此,他们选择了 CM 模式进行该项目的建设和管理。

本项目中,CM 单位的选择是一个创新性的过程。

① 邀请来自全球的 14 家顶尖的建设工程管理公司做项目报告。询问的过程在远程举行,并且一开始故意隐去了本田公司的名字。

② 对于最先做出回应的 10 家公司,要求他们对 CM 服务进行投标,并对一个实际上是几年前已经建好的汽车工厂——"假建筑"提供所需的建设管理计划和费用。

③ 邀请 6 家候选公司的项目经理做现场陈述。本田的面试小组成员包括自己商业和建设部分的代表、美国 SSOE 建筑设计咨询公司的设计人员和当时与本田在其他项目上合作的第二顾问。面试时,每个项目经理用 30 分钟阐述他们的背景和相关项目的经验,之后,有 15 分钟是结构化的问题。本田希望衡量 CM 团队的能力是否达到项目整体的要求,并且评估他们关于"团队合作,成本控制,灵活性和公司管理结构"方面的态度和能力。

④ 有 3 家 CM 公司过关继续参加下一轮更加严格的评审,这次仍将由同一个面试小组成员进行 2~3 个小时的评估,直至最终选定 CM 单位。本项目最终选定的 CM 单位为 Vanbot 公司。

(3) 项目的核心文化。就像 CM 单位的选择标准一样,本田非常强调成员具有"同一个团队,同一个目标"的意识。在 NEP 项目中,这也是该项目的核心文化之所在,如图 24-22 所示。

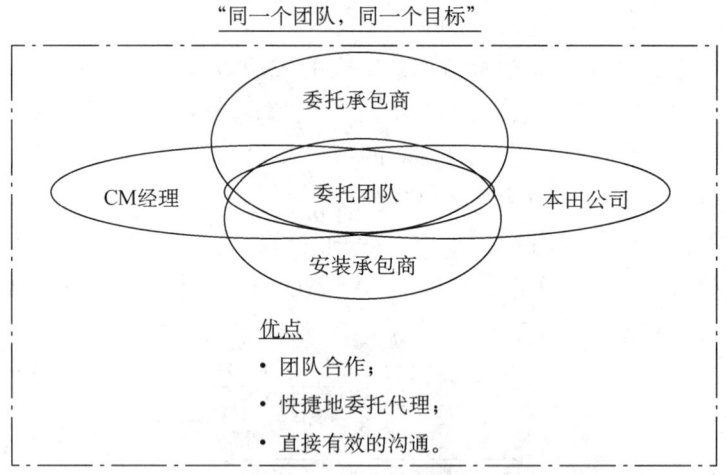

图 24-22　NEP 项目的核心文化

这种核心文化主要体现在对作为业主方自身角色的认识、价值工程会议、与参建方间的沟通和协调、团队精神和交互式智能白板的应用等方面。

2) 本田作为业主方的角色认知

(1) 本田自身的建筑知识是其项目成功的重大因素。作为整个项目的组织者,本田比大多数建设单位更深入地参与项目中。这并非是微观管理,而反映出他们是消息灵通、知识渊博、很有经验的业主,他们知道自己想要什么。他们并不特别关注于那些已经强调或应该怎么做的地方,而随时关注不同寻常的事物。总的来说,这些认知和态度在客户组织中运行得十分顺利。

本田的独到之处还表现在他们知道组建一个项目团队需要些什么。例如,有一个共同的目标;选择正确的队伍;队伍参与(战略)计划中;接受团队成员的承诺;和所有参与方交流(分解)目标;专业、公平地对待团队成员等。

(2) 与参建各方共同制定目标,并追踪实施。本田在项目开始时就明确制定了项目的理念和建设目标以及取得这些目标所应采取的战略,然后亲自参与到由战略演变出的具体策略中去。他们确保每个目标的制订都是和项目团队的所有成员(设计方,项目经理和承包商)进行了良好沟通的结果。本田和设计方、项目经理一起建立成功关键指标,通过指标来追踪项目目标的进度情况。

(3) 对现有程序和传统挑战的文化。本田并不接受现状,有时他们会像测试汽车零件一样测试事物的极限。但他们的方法并不是对抗,而是将顾问和供应商作为队伍的一部分进行对待。他们的文化是积极主动、预先察觉的,而不是消极的,有时候会议上"创造的紧张气氛"反映了成功所需的漫长道路。但是,本田不害怕犯错误,鼓励不断地挑战自我、超越自我。

3) 价值工程会议

(1) 会议的时间与参加单位。作为一项基本政策,所有本田的项目都要经历价值工程程序,在此程序中建议方案会被所有股东审查。本项目有三个原则性的价值工程会议,第一个于1998年6月在位于美国俄亥俄州的 SSOE 设计办公室举行,第二个于1998年7月在瑞士举行,第三个于1998年8月在 Vanbot 的多伦多办公室举行。每个会议持续3到4天,包括设计单位、本田和 Vanbot 的主要代表,由4到6个小型特殊利益集团和大约20个大一些的审查组混合组成,审查组通常在每天快结束的时候开始工作。

(2) 会议的组织与程序。这些会议并没有像一些大型项目通常的做法那样,采用一个外部的调解者,会议的主要调解者是 SSOE,但是每一个小组的主席定期更换以保证合适的专家领导讨论。

SSOE 作为会议的调解者记录各方的想法和评价。每个会议的时间通过电子白板控制,以头脑风暴的形式激励起所有与会者的想法。然后提出的建议会由 SSOE 对其技术优势和可行性进行评价,Vanbot 评价其成本和施工性,本田评价其大致的可接受性及其对项目增值性的贡献,最终实施的决定权由本田做出。

(3) 会议的成果。

① 本项目中,价值工程会议的关键成果之一是关于地下室部分建设油漆车间(占了汽车厂的很大一部分)的决定。传统油漆车间是建在地面水平以上的夹层中的,但在本项目中,价值工程组很早就在会议中证实了如果将车间降低到主楼以下将会有可观的成本节约。最终,通过调整设计方案以适应现场的地形,大大节省了土方上的资金,而项目整体保持不变。由于选址的天然倾斜,这样可以节省相当多的土方回填,这一概念也挑战了本田油漆车间的范式。

② 其他成果主要是通过把结构钢从43级改变为50级和对悬负荷进行严格评估而取得的。在之前的汽车厂,有一些对屋面结构过剩功能的设计以允许未来在额外设施、高架人行道和输送机上悬负荷的增加,在这种情况下项目的理念是要将增加的功能控制到最小,但是取而代之的是允许在未来悬负需要增加的地方能够进行独立的加强。

4）与参建方间的沟通与协调

（1）Vanbot 所主持的各方协调会议。本田自 20 世纪早期就采用了一套开放的管理哲学，最早运用于汽车供应商。这意味着所有现场的参建方共享他们各自计划和问题的信息，这对于很多英国建设项目来说是一种危险或者高风险的方式。而对于 CM 单位 Vanbot 来说，其很多在加拿大进行的项目都是以这样一种更简单的、开放的方式进行的，因此对 Vanbot 来说引进本田的文化没有障碍。

作为建设管理者的 Vanbot 采取了先发制人和积极主动解决问题的方法，协调会议的哲学就是将所有的问题呈现出来寻求对策来解决风险。在由 Vanbot 主持的和所有承包商的周例会上，所有对于整个现场"向前看"的方案会被投影到一个大屏幕上，所有的难题在开放的峰会中讨论。这样，交货延迟的承包商，设计延迟的设计单位都没有藏身之处。这种普遍存在于所有承包商中的项目文化是各方联合起来共同解决问题，而不是利用它们作为延迟和索赔的理由。

（2）建造方与设计方间的协调。本田和 SSOE 曾和选定的钢结构承包商 Severfield Reeve 在一些项目上合作过，所以对它的设计能力很有信心。因而，SSOE 和 Severfield Reeve 之间建立起了直接沟通链，本田和 SSOE 可以保持对钢结构设计进展情况的了解和掌控。这些关键专家之间直接沟通的有效性，意味着更畅通、更有效的信息流和设计的重整。

具体而言，建造者和设计者之间的误会会比在更传统组织下可能出现的情况少，在那种情况下承包商和专业设计者之间隔着"数臂之远"。这样积极沟通的价值很大，可减少大量重复而无用的设计工作。

5）团队精神

（1）团队合作。为了体现"同一个团队，同一个目标"，在 Vanbots 公司的接待处安放着一个巨大的展示工程图表和相关信息的写字板，所有的员工、承包商和来访者都能看到它。所有工程的参与者都被邀请在板上签名，板上写的内容如下："我们签名的人负责将工程顺利完成，以相互尊重、公平的精神共同合作，并用柔性的态度来完成目标，以确保各方的利益。"

Vanbots 与本田的团队合作，是工程中最积极的一个方面。双方共用办公室和共同的白色制服，坦诚地交流，使得任何小的提议都和建设目标以及本田的目标相一致，同时还控制了成本，也使承包商之间可以分享信息而不用感到害怕。特别在问题发生时，大家也都能保留自己的意见，尽快解决问题，而不是在这件事情上争论不休。

Vanbots 的工作地点是一个开放的办公室，这个办公室还与业主的外部顾问（设计方）共享。他们每天早上都要开一个简短的交流会议（最多 20 分钟），用来通知当天的工作和工作中的困难。项目团队的所有人员，都可以获得不论手写的还是通过 Vanbots 公司电脑网络所获得的信件、计划和数据。

（2）专项支持人员。本田用了很多年来完善自己内部的专项团队，比如成本控制、程序编制和安全保证，以便在需要的时间就能得到专项支持。除了保持内部员工较高的水平之外，本田还从这种方法中找到了知识交叉和柔性控制的好处，所有中层员工共享本田的企业文化。

NEP 项目使中层员工作为业主团队的一部分，在风险管理、项目计划、安全和成本控制方面展开工作。所有工作都要以项目利益最大化为目标,即意味着他们要扮演推动者的角色,并找出内外部交流需要改进的地方。同时,他们还负责找出那些还处于萌芽状态时的潜在问题。

6) 交互式智能白板的应用

本田多年来都将投影仪和白板作为汽车生意的一部分,运用到他们在斯文顿和其他地方的会议室中。不管这些会议是内部的还是外部的,不管关于供应商的、设计方的、还是承包方的,白板为大多数会议提供了焦点。同样,他们也把白板运用到了项目的建设中。

(1) 本田的白板文化。白板的目的是为会议提供一个技术环境。白板使与会者能够画出图表、计划和草图,就像活动挂图的使用方法一样。白板同样可以简要地记录与会者是谁,会议做出了什么关键的决定。所有这些白板都有一个投影设备,在会议结束的时候,每一个与会者都带走未来行动的计划。

理论上会议的主席可以将相同的记录打印在 A4 纸上并将它们复印后分发给与会的人员,但实际上白板更好地达到了这一点,因为它有更好的可视性。这意味着所有的与会者都是有效率的股东。所以如果有人对白板上的内容有异议的话,问题将被讨论并得到修正,如果是通过主席的私人笔记本,这种效果是很难达到的。更重要的是,每个与会者感觉到他的声音被倾听,会议可以比在其他环境下更具有建设性。在这种高度可视化的环境下,做笔记和制定行动计划往往会达成意见上的一致。如果不能达成一致,那么不同意见仍然被记录下来。

(2) 运用白板的优势。本田发现延长会议时间几乎没有收益,所以白板就成了会议的记录。这种方法的优势在于它的速度,在最终打印之前,现在的会议决定被记录下来,每个人都带着书面记录离开会议,管理的方式是以未来行动为目标而不是针对过去的总结。白板在本质上反映了本田公司开放和透明的公司文化。

(3) "交互智能"白板在 NEP 项目中的应用。在 NEP 项目上,用白板来管理会议被提升到了一个更高的技术层次,被称为"交互智能白板"。这实际上是"活动挂图"和计算机屏幕的一种结合,个人可以将手写版放在上面,也可以将计算机生成的图片放在上面。

这表明项目会议上有图表、程序、照片和文本,这都可以展示在屏幕上。这些图像经过注释和修改,达到更高的可视化程度,展示了与会者讨论结果的一致性。在会议结束时,所有重要的行动节点和注释过的图表、程序将会以常规的方式打印出来。另外,这些记录和注释的附件将会以电子邮件的形式传给项目团队的其他成员。

更重要的是,运用白板的计算机可以通过互联网与其他地方建立联系,举行"可视会议"。所以在项目实施的时候,每周项目会议时,Vanbots 和加拿大以及美国的 SSOE 办公室都可进行联系。远在美国的设计团队通过白板可以看到和斯文顿项目办公室一样的图像,通过扬声装置就可以讨论解决问题的方法。这种方法大大提高了决策的速度并大大地改善了沟通,这些措施极大地提高了项目团队整体的效率。

7) 结论

本田将自己在汽车工业中的企业文化,创造性地运用到了建设项目上,产生了"同一个团队,同一个目标"的项目建设文化,调动参建各方取得了良好的经济和社会效益。他们的业主角色认知、价值工程会议、各方沟通协调、团队合作精神以及交互式智能型白板等措施,都在该项目文化理念中发挥了重要作用,为项目造价目标的实行创造了良好的条件。

本案对应章节及知识点如表 24-21 所示。

表 24-21 案例对应章节及知识点

案例内容	对应章节	知识点
• NEP 项目组织结构图	3.2 项目组织结构	——项目组织结构的设计
• NEP 项目参建方合理的分工与合作	3.3 项目组织分工	——工作任务的分工 ——管理职能的分工
• NEP 项目的核心文化 • 创新精神和对传统的挑战	3.4 项目组织文化	——项目组织文化的内涵 • 成员认同 • 共同的愿景和价值观 ——项目组织文化的类型 • 创新型组织文化
• CM 经理的选择过程	4.3 项目团队领导	——项目团队领导的选拔
• 价值工程会议	17.4 价值工程常用方法	——方案创新的方法 • 头脑风暴法
• 交互式智能白板的应用 • 可视化会议	12.3 沟通管理方法	——协作沟通的工具 • 远程会议 • 电子交流设备

参考文献

[1] Bushuyev S D, Wagner R F. IPMA Delta and IPMA Organisational Competence Baseline (OCB)[J]. International Journal of Managing Projects in Business, 2014, 7(2).

[2] International Project Management Association, Coesmans P. IPMA competence baseline: ICB: Version 4.0[M]. International Project Management Association, 2015.

[3] International Centre for Complex Project Management. Complex Project Manager Competency Standard[C]. 2012.

[4] Lakhanpal B. Understanding the factors influencing the performance of software development groups: An exploratory group-level analysis[J]. Information & Software Technology, 1993, 35(8):468-473.

[5] PMCD. Project Manager Competency Development Framework[C]. Newtown Square, PA: Project Management Institute, 2007.

[6] Royal Institution of Chartered Surveyors. APC Requirements and Competencies[C]. 2015.

[7] Williams N, Ferdinand N P, Croft R. Project management maturity in the age of big data[J]. International Journal of Managing Projects in Business, 2014, 7(2):311-317.

[8] AlanWebb.项目经理指南:项目挣值管理的应用[M].天津:南开大学出版社,2005.

[9] 艾伦·沙洛维,盖伊·比弗,詹姆斯·R·特罗特,等.精益—敏捷项目管理:实现企业级敏捷[M].北京:电子工业出版社,2016 OGC.PRINCE2:成功的项目管理[M].北京:机械工业出版社,2009.

[10] 陈茂洸.价值工程[M].长沙:湖南科学技术出版社,1985.

[11] 曹莉莉.国际工程项目团队跨文化管理研究[D].上海:华东理工大学,2013.

[12] 程敏.项目管理[M].北京:北京大学出版社,2013.

[13] 丁荣贵,孙涛.项目组织与人力资源管理[M].北京:电子工业出版社,2009.

[14] 代宏坤,徐玖平.项目沟通管理[M].北京:经济管理出版社,2008

[15] 董小丽.价值工程在软件项目需求工程中的应用研究[D].天津:天津理工大学,2008.

[16] 傅家骥.价值分析在产品设计中的应用[M].北京:机械工业出版社,1986.

[17] 蒿云鹏.项目管理体系跨文化实施障碍分析——基于跨国公司 XMZ 的研究[D].济南:山东大学,2016.

[18] 房西苑,周蓉翌.项目管理融会贯通[M].北京:机械工业出版社,2010.

[19] 高岚.跨国项目的文化管理研究[D].成都:西华大学,2007.

[20] 郭元新.价值工程在餐饮产品质量创新中的应用[J].价值工程,2004(07):90-93.

[21] 科兹纳,杨爱华.项目管理:计划、进度和控制的系统方法[M].北京:电子工业出版社,2014.

[22] 科兹纳.项目管理的战略规划:项目管理成熟度模型的应用[M].北京:电子工业出版社,2002.

[23] 何清华,罗岚.大型复杂工程项目群管理协同与组织集成[M].北京:科学出版社,2014.

[24] 何清华,张菁,李永奎,等.上海世博会浦东 AB 片区项目群管理的组织策化与实施[J].施工技术,2009,38(10):78-81.

[25] 蒋卫平,李永奎,何清华.大型复杂工程项目组织管理研究综述[J].项目管理技术,2009,7(12):20-24.

[26] 黄玉清.冲突管理:创建高绩效的项目团队[J].中国人力资源开发,2005(04):26-30.

[27] JimHighsmith.敏捷项目管理[M].2版.北京:清华大学出版社,2010.
[28] 姜玉宝.中小型研发项目沟通管理的研究[D].北京:清华大学,2011.
[29] 克莱门斯,吉多,等.成功的项目管理[M].5版.北京:电子工业出版社,2012.
[30] 雷格,拉森.项目管理教程[M].2版.王立文,等,译.北京:人民邮电出版社,2005.
[31] 科歌昂,布莱克莫尔,伍德.项目管理精华[M].北京:中国青年出版社,2016.
[32] 莱顿,傅永康,郭雷华,等.敏捷项目管理[M].北京:人民邮电出版社,2015.
[33] 李文娟.霍夫斯泰德文化维度与跨文化研究[J].社会科学,2009(12):126-129.
[34] 李凯.项目管理中跨文化沟通管理研究[J].企业导报,2011(16):91-91.
[35] 罗岚.复杂建设项目的复杂性识别、测度与管理研究[M].北京:中国社会科学出版社,2014.
[36] 斯图尔特,邱菀华.价值工程方法基础[M].北京:机械工业出版社,2007.
[37] 特纳.项目管理手册[M].北京:中国电力出版社,2015.
[38] 乐云.建设工程项目管理[M].北京:科学出版社,2013.
[39] 林晶.界面管理在AC公司项目管理中应用的研究[D].上海:上海交通大学,2012.
[40] 林师健.项目成本管理[M].北京:对外经济贸易大学出版社,2007.
[41] 李俊辉.业主方建设项目施工阶段组织界面管理研究[D].青岛:青岛理工大学,2012.
[42] 刘成明.关于项目界面管理的研究[D].济南:山东大学,2004.
[43] 刘博,沈菊琴.界面及界面管理概念界定[J].华东经济管理,2012,26(9):109-111.
[44] 刘少珍.企业跨文化合作项目管理研究——以济柴与BP公司合作项目为例[D].济南:山东大学,2011.
[45] 路佩,简迎辉,刘博.建设项目设计界面管理对策研究[J].项目管理技术,2013(07):74-78.
[46] 卢有杰,卢家仪.项目风险管理[M].北京:清华大学出版社,1998.
[47] 卢向南.项目计划与控制[M].2版.北京:机械工业出版社,2009.
[48] 马庆国,马延路.价值工程的理论与方法[M].杭州:浙江人民出版社,1985.
[49] 牟文,徐玖平.项目成本管理[M].北京:经济管理出版社,2008.
[50] 邱菀华.现代项目管理学[M].北京:科学出版社,2013.
[51] 戚安邦.项目成本管理[M].天津:南开大学出版社,2006.
[52] 戚安邦.项目管理学[M].2版.北京:科学出版社,2014.
[53] 强茂山,王佳宁.项目管理案例[M].北京:清华大学出版社,2011.
[54] 时和兴.冲突管理学源流探析——兼论公共冲突管理学的发轫[J].国家行政学院学报,2013(05):55-60.
[55] 邵颖红,黄渝祥,邢爱芳.工程经济学[M].上海:同济大学出版社,2009.
[56] 沈明.价值工程原理与方法[M].北京:中国农业机械出版社,1984.
[57] 沈建明.项目风险管理[M].2版.北京:机械工业出版社,2010.
[58] 盛海涛,杨青.项目管理成熟度模型的分析与应用[J].中国科技论文,2005.
[59] 孙启霞.价值工程与动态不对称法[M].杭州:浙江科学技术出版社,1986.
[60] 孙继德.建设项目的价值工程[M].北京:中国建筑工业出版社,2004.
[61] 田雪莲,王要武,宋彧.工程项目界面管理研究综述与展望[J].科技管理研究,2014,34(7):203-207.
[62] 王志连,吕梦江.价值工程研究与应用[M].北京:中国财政经济出版社,1987.
[63] 王剑,徐国良.价值工程实务[M].大连:大连理工大学出版社,2009.
[64] 王燕.跨文化项目团队管理的困境与策略研究[J].项目管理技术,2015,13(9):39-42.
[65] 王雪青.工程项目成本规划与控制[M].北京:中国建筑工业出版社,2011.
[66] 魏法杰,王玉灵,郑筠.工程经济学[M].北京:电子工业出版社,2007.
[67] 魏永涛.工作分解结构WBS技术[J].中国高新技术企业,2011(17):50-52.

[68] 吴守荣.项目采购管理[M].北京:机械工业出版社,2004.
[69] 项目管理知识体系指南(PMBOK 指南)[M].5 版.北京:电子工业出版社,2013.
[70] 项目管理协会(Project management institute).工作分解结构(WBS)实施标准[M].北京:电子工业出版社,2015.
[71] 项目管理协会(Project management institute).组织级项目管理成熟度模型(OPM3)[M].2 版.北京:电子工业出版社,2015.
[72] 项目管理协会(Project management institute).项目组合管理标准[M].北京:电子工业出版社,2016.
赵涛,潘欣鹏.项目整体管理[M].北京:中国纺织出版社,2004.
[73] 项目管理协会(Project management institute).项目集管理标准[M].北京:电子工业出版社,2009.
[74] 玉井正寿.价值分析[M].北京:机械工业出版社,1981.
[75] 杨侃.项目设计与范围管理[M].北京:电子工业出版社,2013.
[76] 殷鹏.基于群体工程的项目沟通管理研究——以济南市某安置区项目为例[D].济南:山东建筑大学,2013.
[77] 赵可.群体内冲突及冲突管理研究:方法和实证[D].长沙:中南大学,2010.
[78] 张晋延,曹明颜.Project 2016 中文版项目管理从新手到高手[M].北京:清华大学出版社,2016.
[79] 张涑贤,乔宏.项目质量管理[M].北京:化学工业出版社,2009.
[80] 中国(双法)项目管理研究委员会.中国项目管理知识体系指南(C-PMBOK2006)(修订版)[M].北京:电子工业出版社,2008.
[81] 朱铮.价值工程概论[M].北京:科学出版社,1988.
[82] 朱云刚.实用价值工程[M].上海:上海科学技术出版社,1983.
[83] 周宁,谢晓霞.项目成本管理[M].北京:机械工业出版社,2010.
[84] 美国项目管理协会.项目管理知识体系指南[M].6 版.北京:电子工业出版社,2018.